Stéphane Courtois, Galia Ackerman (Hg.)

Schwarzbuch Putin

PIPER

Zu diesem Buch

Der gescheiterte Putsch 1991 in Moskau und der darauffolgende Rücktritt Michail Gorbatschows als Staatspräsident der Sowjetunion symbolisieren für die meisten Beobachter einen Abschied vom Kommunismus und eine Zeitenwende. Die Autorinnen und Autoren dieses Schwarzbuchs zeigen, in welchen Schritten die Rückeroberung der Macht durch den KGB/FSB und sein Geschöpf Wladimir Putin verlief, von dessen Aufstieg ins oberste Staatsamt bis zum andauernden Krieg in der Ukraine. Sie beschreiben die Summe der Verbrechen Putins gegen sein eigenes Volk und gegen andere – Ukrainer, Tschetschenen, Georgier, Moldawier, Syrer und Venezolaner. Völker, deren normale Entwicklung dieses Regime verhindert, indem ihre diktatorischen Herrscher gestützt werden oder ihnen ein Krieg aufgezwungen und ihre Wirtschaft zerstört wird. Schädigung als politisches Prinzip hat Putin weltweit bekannt gemacht. Seinen Werdegang und sein Handeln zu entschlüsseln ist deshalb eine zentrale Aufgabe, zu der dieses Buch einen wertvollen Beitrag leistet.

Stéphane Courtois, Jahrgang 1947, ist Historiker mit Schwerpunkt Geschichte des Kommunismus. Er ist Forschungsleiter am CNRS (Centre National de la Recherche Scientifique) und Herausgeber der Zeitschrift *Communisme*. Neben vielen französischen Veröffentlichungen zu diesem Thema erschien im Piper Verlag 1998 »Das Schwarzbuch des Kommunismus. Unterdrückung, Verbrechen und Terror«. Es wurde in 26 Sprachen übersetzt und ein Weltbestseller.
Galia Ackerman, Jahrgang 1948, ist Historikerin und auf die Geschichte der UdSSR, des postsowjetischen Russlands und der Ukraine spezialisiert. Sie ist Autorin mehrerer Bücher, darunter »Le Régiment Immortel. Putins heiliger Krieg« (Premier Parallèle, 2019, Neuauflage 2022). Zudem ist sie Chefredakteurin des englisch-französischen Onlinemagazins *Desk Russia*, das Desinformation bekämpfen und der internationalen Öffentlichkeit Schlüssel zum Verständnis von Putins Russland an die Hand geben soll.

Stéphane Courtois, Galia Ackerman (Hg.)

SCHWARZBUCH PUTIN

Aus dem Französischen von Jens Hagestedt, Ursula Held, Jörn Pinnow, Nadine Püschel, Barbara Sauser, Tomas Stauder und Elisabeth Thielicke

PIPER

Mehr über unsere Autorinnen, Autoren und Bücher:

www.piper.de

Unser Versprechen für mehr Nachhaltigkeit
- Klimaneutrales Produkt
- FSC®-zertifiziertes Papier
- Hergestellt in Europa

FSC www.fsc.org MIX Papier | Fördert gute Waldnutzung FSC® C021394

Aktualisierte Taschenbuchausgabe
ISBN 978-3-492-32057-3
April 2024
Die Originalausgabe erschien 2022 unter dem Titel »Le livre noir de Vladimir Poutine« bei Robert Lafont/Perrin, Paris.

Lektorat Originalausgabe: Christophe Parry
Umschlaggestaltung: Büro Jorge Schmidt, München
Umschlagmotiv: picture alliance / ASSOCIATED PRESS
Satz: Eberl & Koesel Studio, Kempten
Gesetzt aus der Minion
Litho: Lorenz & Zeller, Inning am Ammersee
Gedruckt von ScandBook in Litauen
Printed in the EU

Inhalt

Teil 2

Teil 3

Wie hat sich die Lage seit 2022 verändert?

Galia Ackerman und Stéphane Courtois

Als wir Ende Februar 2022 entschieden hatten, das *Schwarzbuch Putin* – unsere einzige sinnvolle Antwort auf den russischen Angriff auf die Ukraine – zu entwickeln, fürchteten wir, dass die Ukraine beim Erscheinen des Buches bereits überwältigt und unsere Initiative nichts weiter als ein Augenzeugenbericht post mortem sein werde. Als wir die Redaktion im September beendet hatten, währte der Krieg bereits sechs Monate, und die Ukrainerinnen und Ukrainer hatten bewiesen, dass sie Widerstand leisten wollten. Und heute, rund 550 Tage nach dem Beginn der russischen »Spezialoperation«, tobt diese noch immer. Für uns der Zeitpunkt, auf das Entstehen eines neuen Charakters innerhalb des Putin-Regimes und sogar bei der Persönlichkeit unseres »Hauptdarstellers« selbst hinzuweisen, der auch bis hinein in die russische Gesellschaft wirkt – die von fast 75 Jahren totalitärem Kommunismus sowie 23 Jahren Putinismus geprägt wurde, dessen Stärken die Propaganda und eine furchterregend effiziente Desinformation sind. Zudem soll in militärischer, politischer und vor allem menschlicher Hinsicht eine erste Bilanz der Aggression vom 24. Februar 2022 gezogen werden, der ein prägendes Datum des 21. Jahrhunderts bleiben wird.

Der Krieg, ein strategischer Fehler Putins

Viele Jahre lang, vor allem nach der Annexion der Krim im Jahr 2014, bereitete das Putin-Regime die russische Gesellschaft auf die Unvermeidbarkeit eines Krieges gegen den Westen vor. Die Propaganda brachte dazu eine ganze Reihe von Gründen in Stellung: die »Farbrevolutionen« in der Ukraine und Georgien, gleichgesetzt mit von den USA beauftragten Staatsstreichen; die Erweiterung der NATO; das Wiedererstarken des »Nazismus« in Europa; die Bedrohung durch die »ukrainischen Neonazis«; der Wunsch des Westens, die Fundamente der »russischen Zivilisation« zu unterspülen; der Drang, die »Mitbürger« der »russischen Welt« zu beschützen, also die russischsprachige Bevölkerung in anderen Ländern; die Notwendigkeit, die natürlichen Reichtümer des Landes zu verteidigen et cetera. Angesichts dieser »Bedrohungen« stellten Männer wie Wladimir Schirinowski, Dmitri Kisseljow und viele andere, die als Sprachrohr der Propaganda dienten, fest, dass die neuen russischen Waffen – »Weltuntergangswaffen« – mühelos mit den Vereinigten Staaten fertigwerden könnten, was gleich im Anschluss daran auch das Ende der Europäischen Union und der westlichen Welt bedeuten würde. Diese »Armageddon-Waffen« führte man bei der traditionellen jährlichen Parade am 9. Mai vor, ohne dass für die Betrachter erkennbar wurde, ob es sich dabei um Attrappen oder im industriellen Maßstab gefertigte echte Waffen handelte.

Wiederholt man dröhnende Propaganda nur oft genug, überzeugt sie meist irgendwann sogar die, die sie selbst lautstark verkünden. Wladimir Putin und seine engsten Vertrauten hielten ohne Unterlass überschwängliche Reden, in denen sie die »ukrainischen Neonazis« beschimpften und die braven Russischsprachigen der Ukraine lobten – jenen Teil des russischen Volks, der angeblich nur darauf wartete, von der in Diensten des Westens stehenden »Junta in Kiew« befreit zu werden. Sie verurteilten den feigen, perversen und korrumpierten Westen, während das russische Regime zugleich seine Bemühungen vervielfachte, die Eliten im Westen zu korrumpieren, insbesondere durch die Abhängigkeit von Gas und Erdöl. Putin und seine Komplizen wollten die Ukraine innerhalb weniger Tage »befreien«, ohne dass dem Westen Zeit für eine Reaktion bliebe, abgesehen von der üblichen Rhetorik und einigen pro forma beschlossenen Sanktionen. Das von seinen imperialistischen Ideen, seinem Hass auf die Ukraine, den Westen und die repräsentative Demokratie vergiftete russische Regime brach im Glauben an die eigene Straflosigkeit einen

Krieg vom Zaun, dessen Ende nicht absehbar scheint und der zweifellos nicht mit einem russischen Sieg zu Ende gehen wird. Der Krieg hat eine bis dahin verborgene Seite des Putin'schen Regimes sichtbar werden lassen: die strategische Unfähigkeit der russischen Armee, deren Führung noch immer einem Modell aus Zeiten des Zweiten Weltkriegs anhängt – veraltete Militärausrüstung, sehr hohe Opferzahlen, barbarische Brutalität der Soldaten und, vor allem, völkermörderische Absichten. Seit anderthalb Jahren versuchen Putins Schergen, die Ukraine sowie jene Ukrainerinnen und Ukrainer zu vernichten, die ihren »Befreiern« nicht um den Hals fallen wollen. Das Ergebnis ist eine gewaltige Katastrophe. Die Zahl der menschlichen Opfer ist erschreckend: fast 20 000 getötete ukrainische Zivilisten und noch einmal so viele Verwundete, geschätzt etwa 70 000 gefallene und 130 000 verwundete Soldaten, dazu kommen noch die in Gefangenschaft Geratenen sowie Verschwundene, außerdem mehrere Zehntausend Bewohner von Mariupol, jener Märtyrerstadt in russischen Händen, deren Schicksal ungewiss ist. Mehr als acht Millionen Ukrainerinnen und Ukrainer haben sich zu einem bestimmten Zeitpunkt einmal ins Ausland geflüchtet, davon neunzig Prozent Frauen und Kinder – die größte Völkerwanderung in Europa seit 1945: 1 500 000 Menschen flohen nach Polen, 1 000 000 nach Deutschland, 480 000 nach Tschechien ... und 115 000 nach Frankreich. Zu diesem Blutbad kommt noch die systematische Plünderung ukrainischer Kulturschätze hinzu, etwa der Diebstahl und Abtransport nach Russland von Tausenden Kunstwerken aus dem Museum in Cherson. Etwa 500 historisch bedeutsame Orte wurden beschädigt oder gleich in Ruinen verwandelt: Kirchen, Kathedralen, Theater, Denkmäler, Museen, Bibliotheken, Archive und vieles mehr. Die materiellen Auswirkungen sind nicht weniger desaströs, haben die Russen doch systematisch die Infrastruktur zerstört – Häfen, Flughäfen, Brücken, Straßen, den Staudamm am Dnjepr, Getreidesilos et cetera – und große Gebiete vermint, die fortan für die Landwirtschaft ungeeignet sind. Der Wiederaufbau wird mehr als 500 Milliarden Euro verschlingen und Dutzende Jahre dauern.

Am 17. März 2023 stellte der Internationale Strafgerichtshof einen internationalen Haftbefehl gegen den russischen Präsidenten persönlich aus, dem man die Entführung, die Deportation nach Russland sowie die erzwungene Adoption oder Inhaftierung in Umerziehungslager von mehr als 16 226 ukrainischen Kindern vorwirft, ohne die weiteren 366 als vermisst Gemeldeten mitzuzählen; Taten, die nach der am 9. Dezember 1948 von der UN-Vollversammlung verabschiedeten »Konvention über die Verhütung und Bestrafung des Völkermordes« nach Artikel II e als Völkermord verstanden werden – nämlich die »gewaltsame Überführung von Kindern«. Mit der für ihn typischen Fäkalsprache kommentierte der ehemalige »liberale« Präsident Medwedew die Ausstellung des Haftbefehls: »Es versteht sich von selbst, wo man dieses Papier benutzt«, begleitet vom Bild einer Toilettenpapierrolle. Früher oder später läuft Putin doch Gefahr, vor den Anklägern in Den Haag erscheinen zu müssen, während schon heute seine Entourage, sei es persönlich, sei es als Gruppe, das Ziel westlicher Sanktionen und die Wirtschaft seines Landes schwer getroffen ist. Angesichts dieses Fehlschlags versuchte das Regime, eine neue Erzählung seiner historischen Legitimität zu entwickeln.

Neuer antikolonialer Diskurs

Vor Februar 2022 legte die russische Regierung den ideologischen Schwerpunkt ihrer Propaganda auf den Sieg im »Großen Vaterländischen Krieg« über das nationalsozialistische Deutschland und auf die »Befreiung« der Hälfte Osteuropas: Sie galten als Prototypen und Vorbild aller zukünftigen Siege des unbezwingbaren und ewigen russischen Volks. Das Scheitern der »Spezialoperation« und die schwache Moral der russischen Armee, die unter der mangelnden Vorbereitung auf einen langen Krieg und endemischer Korruption leidet, erscheinen im Vergleich mit dem Zweiten Weltkrieg allerdings wenig ruhmreich. Das Regime bemüht sich folglich, die aktuellen »Helden« zu glorifizieren, also die im Kampf gefallenen Militärs, seien es die Tausenden Kriminellen, die sich zur Wagner-Miliz gemeldet haben, seien es Soldaten der regulären Armee. Auch die orthodoxe Kirche, die Medien und die Propagandisten, allesamt im Sold des verbrecherischen Regimes stehend, befeuern aktiv diesen Kult um den Tod für das Vaterland.

Nach dem fast vollständigen Bruch mit dem Westen benötigt der Kreml nun mehr denn je die Unterstützung anderer Staaten. Die Länder des globalen Südens lassen sich hingegen kaum für diesen Eroberungskrieg begeistern, der auf die »Vereinigung der historischen russischen Gebiete« abzielt, und verweigern zum Großteil ihre Zustimmung für die überbordende Aggression, die internationale Grenzen und die territoriale Integrität eines Nachbarstaates verletzt. Die russische Regierung musste daher ein Schauspiel erfinden, um den nur aus imperialistischen Gründen geführten Krieg zu rechtfertigen und Argumente vorbringen zu können, für die die Entwicklungsländer womöglich empfänglicher sind. Dieses Schauspiel ist der antikoloniale Diskurs, der noch aus Sowjetzeiten stammt, als die UdSSR, vor allem gleich nach dem Zweiten Weltkrieg, antikoloniale und revolutionäre Bewegungen in Asien – China, Vietnam –, in Afrika – Algerien, Angola, Mosambik, Äthiopien, Südafrika (African National Congress) et cetera – sowie in Lateinamerika – Kuba, Chile – unterstützte. Zu ihnen gehörten auch die sogenannten »Befreiungskriege« und Guerillabewegungen, von denen man sich eine Schwächung des Westens und eine Annäherung jener gerade erst unabhängig gewordenen Länder an die Sowjetunion erhoffte.

Bereits im Oktober 2019 veranstaltete der Kreml in Sotschi einen Afrika-Gipfel, dem 2023 in Sankt Petersburg ein zweites derartiges Treffen folgte, während die Politik der Rückeroberung des afrikanischen Kontinents und der Verdrängung der westlichen, also vor allem französischen, Präsenz vor Ort bereits jahrelang betrieben wurde, insbesondere mithilfe der Wagner-Miliz. Vom russischen Generalstab und den russischen Geheimdiensten ferngesteuert und vom Staat finanziert, war die Gruppe Wagner in rund einem Dutzend Länder aktiv und stellte sich in den Dienst diktatorischer Regime, derweil sie die dort vorhandenen Rohstoffe ausbeutete, die sie angeblich aus »Dankbarkeit« der lokalen Potentaten in ihren Besitz bringen durfte. Mit dem für ihn typischen Zynismus und noch während er einen Expansions-

und Assimilationskrieg in der Ukraine führte, stellte sich Putin den Afrikanerinnen und Afrikanern als Beschützer der Opfer des französischen Kolonialismus dar. In seiner Rede vom 30. September 2022 erklärte er, die antikoloniale Befreiungsbewegung entwickle sich überall in der Welt und dass diese Macht, die dem westlichen Diktat und unipolarer Hegemonie entgegenstehe, die künftige geopolitische Realität bestimmen werde.

Für die Kreml-Ideologen ist dieser angebliche »Befreiungskampf« Teil der zivilisatorischen Auseinandersetzung zwischen dem Guten – Russland und den Entwicklungsländern – und dem Bösen – dem Westen. In der erwähnten Rede sprach Putin vom »regelrechten Satanismus« des Westens, dessen Politik nichts anderes als schlecht verkleideter Kolonialismus, Totalitarismus, Despotismus und verkappte Apartheid sei. Er erklärte, Russland stehe in vorderster Reihe, an der Spitze dieses Kampfes, und der Kremlchef posaunte sogar hinaus, dass »der bereits begonnene Zusammenbruch der westlichen Hegemonie unumkehrbar« sei. Im Grunde berief sich der Herrscher in Moskau auf eine neue messianische Idee, die er den Russinnen und Russen versprach: die Verteidigung des »Reichs des Guten« gegen die moralische Verdorbenheit und Habgier des Westens. Die Lehren aus der Vergangenheit beachtete er nicht: Ganz gleich, ob es bei Moskau um das »Dritte Rom«, den Beschützer der christlichen Orthodoxie, um das kommunistische Trugbild einer egalitären Gesellschaft oder um den Kult ums Vaterland ging, das die »historischen russischen Gebiete« zurückgewinnen und die »russische Zivilisation« verteidigen werde, immer handelt es sich um dasselbe Traumbild einer strahlenden Zukunft für eine Bevölkerung, die allerdings weiterhin in Bedürftigkeit und Unterdrückung lebt.

Heute bietet das Regime jungen Russen den »Heldentod« auf den Schlachtfeldern der Ukraine im Namen eines Hirngespinsts an: die Rückkehr des von der Freiheit begeisterten ukrainischen Volkes in den Schoß Russlands sowie den Kampf gegen den Westen im Namen einer neuen Weltordnung, in der Demokratie und Menschenrechte keine allgemein menschlichen Bestrebungen mehr sind, sondern nur ein politisches System unter anderen, gleichrangig mit den Diktaturen und zugleich im Niedergang begriffen. Welch wunderbare Aussichten für die Frauen in Afghanistan, die iranische Jugend, die Syrerinnen und Syrer unter dem Joch Assads, die von den chinesischen Kommunisten einer Völkermordlogik unterworfenen Uigurinnen und Uiguren, für zahlreiche afrikanische Minderheiten und die unzähligen Unterdrückten dieser Erde!

Ist Putin geschwächt?

Der Krieg hat nicht nur die russische Führungskaste, sondern auch die Gesellschaft in ihrer Gesamtheit unvorbereitet erwischt. Bis zum letzten Augenblick glaubten selbst russische Experten nicht an die Möglichkeit eines groß angelegten Krieges, trotz der aufsehenerregenden Äußerungen der Machthaber und der Truppenkonzentration entlang der tausend Kilometer langen Grenze mit der Ukraine. Nachdem er zuvor die letzten oppositionellen Stimmen zum Verstummen gebracht hatte, konnte Putin seinem Land diesen Krieg überstülpen.

Diese »Spezialoperation« sollte nur wenige Tage dauern und sich durch die vollständige Besetzung des Landes und die wirtschaftliche Ausbeutung seiner Reichtümer, insbesondere der wertvollen Weizen- und Maisfelder, bezahlt machen. Fast zwei Jahre später tobt sie noch immer, fordert jeden Tag zivile wie militärische Opfer und führt zu weiterer Zerstörung. Doch dank westlicher Hilfe und technologischer sowie taktischer Innovationen, beispielsweise dem massenhaften Einsatz von Drohnen, ist die ukrainische Armee inzwischen in der Lage, Stellungen hinter der russischen Front zu treffen, ja sogar die Krim – Putins »heilige Kuh« – und Ziele in Moskau. Damit wurde der Konflikt auch auf russisches Territorium getragen, und der Kreml und seine Schmeichler sind gezwungen anzuerkennen, dass es sich um einen Krieg handelt, den zu legitimieren ihnen die Argumente fehlen.

All diese unvorhergesehenen Schwierigkeiten haben einen deutlichen Bruch quer durch die russische Führung verursacht, der von der »Affäre Prigoschin« symbolisiert wird. Noch vor wenigen Monaten war den wenigsten Experten klar, welche Rolle dieser Mann im informellen Organigramm der Machthaber spielte – einem System, in dem ein ehemaliger Judotrainer oder ein Ex-Bodyguard dieselbe Bedeutung für den Machthaber besitzt wie seine Minister und andere Funktionäre. Jewgeni Prigoschin, der wie Putin aus Sankt Petersburg stammte, war ein exemplarisches Produkt der Sowjetzeit. Aus einer einfachen Familie stammend und mit einem Großonkel, der als Veteran im Zweiten Weltkrieg gekämpft hatte und mit dem Leninpreis ausgezeichnet worden war, erhielt Prigoschin nach seinem 18. Geburtstag mehrfach Haftstrafen wegen Diebstahls und Einbruchs als Mitglied einer organisierten Bande. 1981 wurde er zu zwölf Jahren Gefängnis verurteilt, wo er die Kultur der (unpolitischen) Strafgefangenen und ihre besondere Vulgärsprache, das Mat *(mat)*, kennenlernte – das auch von Putin praktiziert wird und nicht nur skatologisch, sondern auch äußerst derb ist und in unserem Buch von Yves Hamant ausgezeichnet erklärt wird. Es war also dieser abgehärtete ehemalige Strafgefangene, der nach seiner vorzeitigen Freilassung 1990 in das Fastfood-Geschäft einstieg, bevor er zu »Putins Koch« wurde. Tatsächlich lud er den Präsidenten wiederholt in eines seiner Luxusrestaurants ein und erhielt fantastische Aufträge zur Belieferung von Schulmensen, Kasernenküchen und für die Organisation von Staatsbanketten des Kremls, die aus ihm einen milliardenschweren Oligarchen machten.

Prigoschin, dessen absolute Loyalität zu Putin sich ab 2011 entwickelte, nahm die Rolle des großen Bösewichts an und wurde mit der »Drecksarbeit« des Regimes beauftragt. Zunächst kümmerte er sich um die Überwachung der Oppositionellen. Dann entwickelte er ein mächtiges System zur Verbreitung von *fake news* und stellte Trollfabriken auf die Beine, die gegen das Ausland eingesetzt werden – was bis zur Einmischung in Wahlen reicht, vor allem in den Vereinigten Staaten – und darüber hinaus Propaganda in Russland sowie prorussische Propaganda in Afrika verbreiten. Schlussendlich und vor allem schuf er mithilfe seines Gehilfen Dmitri Utkin – eines ehemaligen Obersts des Militärnachrichtendienstes GRU und notorischen Neonazis – die Gruppe Wagner mit Tausenden gut bezahlter Söldner. Die

Miliz wurde unter politische, materielle und finanzielle Aufsicht der Geheimdienste und damit des Kremls gestellt, auch wenn Putin 2022, ohne mit der Wimper zu zucken, gegenüber dem französischen Präsidenten Emmanuel Macron behauptete, Russland habe nichts mit Wagner zu tun. Die Söldner griffen militärisch zunächst in Syrien ein, dann in mehreren afrikanischen Ländern, wo sie als Leibwache der jeweiligen Diktatoren fungierten und prorussische Propaganda betrieben. Die Miliz erhielt im Gegenzug entscheidende Vorteile bei der Ausbeutung der natürlichen Ressourcen vor Ort, wobei sie auch vor Massakern an Oppositionellen nicht zurückschreckte. Ab 2014 kämpfte die Gruppe Wagner zudem im Donbass, bevor sich zahlreiche Kämpfer an der »Spezialoperation« beteiligten und in russischen Gefängnissen mehr als 40 000 Strafgefangene rekrutierten, die als »Kanonenfutter« eilig die russischen Verluste an der ukrainischen Front ausgleichen sollten.

Prigoschin gehörte somit zum engsten Kreis um Putin, ebenso wie die Chefs der verschiedenen Geheimdienste, Verteidigungsminister Sergej Schoigu und Generalstabschef Waleri Gerassimow. Im vorliegenden Buch betonen wir immer wieder die Tatsache, dass das russische Regime nach mafiösen Prinzipien organisiert ist und Putin dabei den Platz des »Paten«, des Chefs der kriminellen Bande einnimmt. Er muss folglich den Wohlstand und den Schutz der »Seinen« garantieren, zugleich aber auch die Differenzen zwischen den verschiedenen Clans regeln, aus denen die besagte Bande besteht.

Obgleich die Konkurrenz und der Hass zwischen Prigoschin und Schoigu schon lange bestanden und sich hartnäckig hielten, war Putin doch auf beide Männer angewiesen: Ersterer sorgte für die Mittel der hybriden Kriegführung – Söldner und Desinformation –, Letzterer repräsentierte die Armee und verbrachte mit Putin gemeinsam den Urlaub in der Taiga, wo sie, so hört man, an schamanischen Ritualen teilgenommen haben. Der von seiner Autorität überzeugte Präsident ließ den Konflikt derart lang eskalieren, bis der Chef der Gruppe Wagner öffentlich die Versorgung seiner Männer durch das Verteidigungsministerium als unzureichend kritisierte und zudem die Strategie der Armee, die in ihren Reihen grassierende Korruption und sogar den Zweck des Kriegs bemängelte. Anfang Juni 2023 kam der neue Zar Russlands zur Ansicht, Prigoschin sorge für mehr Störungen, als dass er Probleme beseitige, und autorisierte Schoigu, der Gruppe Wagner am 10. Juni ein Ultimatum zu stellen: Entweder gliedere sie ihre Männer in die reguläre Armee ein oder schicke sie zurück ins zivile Leben. Als Deadline wurde der 1. Juli gesetzt.

Prigoschin stand vor einer drastischen Entscheidung – unterwerfen oder aussteigen. Getrieben von seinem Temperament als größenwahnsinniger Abenteurer, angesteckt von seinen eigenen kriegstreiberischen Reden und ermutigt durch seine Kommandeure, die nicht nur durch ihren ultranationalistischen Wahn verblendet waren, sondern zugleich auch fürchteten, ihre komfortablen Privilegien zu verlieren, ging Prigoschin aufs Ganze: Er wagte einen Gewaltstreich, organisierte am 24. Juni 2023 die Besatzung der Stadt Rostow und kündigte den »Marsch der Gerechtigkeit« auf Moskau an, von dem er die Absetzung des Oberkommandos der Streitkräfte erhoffte. Augenblicklich reagierte Putin mit einer dramatischen Fernsehansprache, in der er den Geist des Bürgerkriegs der Jahre 1917 bis 1921 wachrief. Noch am selben Nachmittag bekam die Angelegenheit einen Dreh ins Burleske und entschieden sich die Wagner-Söldner für eine überstürzte Flucht, während der unkündbare Außenminister Sergej Lawrow den afrikanischen Diktatoren die unerschütterliche Unterstützung durch Russland zusicherte.

Wem kann man in diesem Regime mit seiner Geheimhaltung glauben und wie diese Affäre erklären? Im Juni und in Hinblick auf die militärische Lage war Putin nicht mehr auf die Dienste Wagners in der Ukraine angewiesen, wo sich der nach Monaten härtester Kämpfe errungene, vermeintliche Sieg in Bachmut als Niederlage herausstellte, da es den Ukrainern gelang, das Gebiet rund um die Stadt zurückzuerobern. Zudem war in der Zwischenzeit die russische Armee reorganisiert worden, hatte im gesamten Donbass defensive Stellungen eingerichtet und die Front stabilisiert, wodurch eine schnelle Offensive des Feindes unmöglich gemacht wurde. Gleich anschließend hatte sich Schoigu das Monopol auf die Rekrutierungen in den Gefängnissen gesichert – was Wagner seiner Rekrutierungsquelle beraubte – und einige neue, private Militärgruppen gegründet, die die verschiedenen Aktivitäten der Miliz übernehmen konnten.

Dabei dürfte noch ein weiterer Faktor eine wichtige Rolle gespielt haben. Wegen der Anklage vor dem Internationalen Strafgerichtshof konnte Putin nicht zum Gipfeltreffen der BRICS-Staaten reisen, das vom 22. bis 24. August in Südafrika stattfand, obgleich die Führungsriege dieses Staatenbundes ihm zugeneigt ist. Was wäre geschehen, hätte Prigoschin, durch den Verlust seiner Machtposition wütend geworden, einige streng gehütete Geheimnisse an die US-Amerikaner verraten oder, schlimmer noch, sich nach Den Haag abgesetzt, um gegen den russischen Präsidenten auszusagen? Es war aus Putins Sicht folglich dringend nötig, sich dieses besonders störenden Zeugen zu entledigen, war dieser doch für die auf Befehl des Kremls durchgeführte »Drecksarbeit« verantwortlich gewesen. Der sicherlich in eine Falle gelockte Prigoschin und seine engsten Mitarbeiter starben beim Absturz ihres Flugzeugs am 23. August 2023. Das ähnelt verblüffend genau den Methoden Stalins: Dieser hatte dem Chef des NKWD Nikolai Jeschow die Ausführung des Großen Terrors der Jahre 1937 bis 1938 befohlen – mehr als 700 000 Ermordete in vierzehn Monaten, mehr als 700 000 in Gulags Verbannte – und ließ ihn anschließend mitsamt seinen Vertrauten verhaften und 1940 ermorden, um somit den Mantel des Schweigens über dieses Verbrechen gegen die Menschlichkeit auszubreiten. Es wurde erst nach dem Ende der Sowjetunion und der Öffnung der Archive in seinem ganzen Ausmaß deutlich.

Ein weiterer Hinweis auf die »juristische« Unruhe Putins war die Verhaftung von Igor Girkin, auch als »Oberst Strelkow« bekannt, Mitte Juli 2023. Der Ex-Geheimdienstoffizier stand dem ultranationalistischen Milieu sehr nahe, insbesondere Alexander Dugin, der ab 2014 dafür warb, alle Ukrainerinnen und Ukrainer auszulöschen. Girkin/Strelkow, als Spezialist für die hybride Kriegsführung zunächst in Bosnien, dann in Tschetschenien aktiv, war ein sehr umtriebiger Vertreter des Kremls vor Ort – zu Beginn in Kiew, als dort Anfang 2014 die Revolution auf dem Maidan ausbrach, dann bei der Abspaltung des Donbass und der

Besetzung der Krim. Er wird vom Internationalen Strafgerichtshof gesucht wegen seiner Rolle als Befehlshaber der russischen Geschützbatterie, von der aus am 17. Juli 2014 ein Flugzeug der Malaysia Airlines (Flug MH17) mit 298 Menschen an Bord über dem Donbass abgeschossen wurde. Schon von Beginn der »Spezialoperation« an äußerte sich Girkin/Strelkow ausgesprochen kritisch über den Feldzug und nannte den Krieg einen »totalen Misserfolg«. Seine neueste Provokation gelang ihm am 31. August 2023, als er aus dem Gefängnis heraus seine Kandidatur für die russische Präsidentschaftswahl 2024 ankündigte. Putin wollte sich vermutlich auf einen Schlag von den mit der »Drecksarbeit« befassten Kriminellen befreien – die auf internationalem Niveau zu kompromittierend geworden waren –, zugleich aber auch die ultranationalistischen und neonazistischen Extremisten loswerden, die nicht nur seine Operation gegen die »ukrainischen Neonazis« unglaubwürdig machten, sondern auch dem Kreml gefährlich werden und womöglich eine von ultrachauvinistischen Propagandisten aufgeheizte öffentliche Meinung auf ihre Seite hätten ziehen können. Darüber hinaus lässt sich dies auch als Drohung gegenüber dem Westen verstehen: Falls ihr mich stürzt, werden meine Nachfolger noch schlimmer sein als ich! Erste vorsichtige Warnungen in diesem Sinne waren nicht nur in Frankreich nach Prigoschins verrückter Unternehmung vom 24. Juni 2023 zu hören.

Letzterer wurde in größter Heimlichkeit am 29. August im Großraum Sankt Petersburg beerdigt, ohne die Anwesenheit von Offiziellen und ohne Militäreskorte, -kapelle oder Salutschüsse, die ihm eigentlich zugestanden hätten, hatte Prigoschin doch aus den Händen Putins persönlich den Orden als »Held Russlands« entgegengenommen. Dies dürfte eines Tages bei einem weiteren »Helden Russlands« womöglich anders verlaufen, beim GRU-General Andrej Awerjanow, dem Kopf einer geheimen Einheit zur Liquidation von »Verrätern« – von 2014 bis 2018 heimlich im französischen Savoyen untergekommen! – der, nach Auskunft britischer Geheimdienstquellen, den Absturz von Prigoschins Flugzeug organisiert haben dürfte. Das größte Sakrileg in diesem Zusammenhang dürfte indes gewesen sein, dass die Behörden der an der Wolga gelegenen Millionenstadt Samara mit Bulldozern die Gräber von Wagner-Soldaten auf dem städtischen Friedhof abgeräumt haben. Man könnte sagen, dass Wladimir Putin, ganz nach dem berühmten Orwell'schen Modell und von Stalins Vorbild inspiriert, bereits dabei ist, die Vergangenheit umzuschreiben und aus der Geschichte all das zu tilgen, was womöglich an Prigoschin und Wagner erinnert. Er hat dem unheimlichen Abenteurer den wahnsinnigen Vormarsch gen Moskau nicht verziehen und möchte eine klare Botschaft an alle richten, die versucht sein könnten, ihn nachzuahmen. Das Verschwinden Prigoschins steht dabei symptomatisch für den zwischen dem Inlandsgeheimdienst FSB und der Armee wiederkehrenden Konflikt und kündigt für die Zukunft weitere Schwierigkeiten für dieses imperialistische Regime an, das von einem Mann geleitet wird, der die Büchse der Pandora öffnete, aber nicht in der Lage ist, sie auch wieder zu verschließen.

Die Verantwortung der russischen Gesellschaft

Eine der wichtigsten Lehren aus dem Krieg betrifft den Zustand der russischen Gesellschaft. In ihrer Quasi-Totalität ist sie, genau wie die Mehrheit der Oppositionellen, nicht bereit, die moralische Verantwortung für den Angriffskrieg gegen die Ukraine zu übernehmen. Es bleibt zwar dabei, dass die Entscheidung für den Gewaltausbruch des Konflikts allein von Putin und seinem engsten Kreis getroffen wurde, ja nicht einmal die Armee war auf einen großen Eroberungskrieg vorbereitet, schließlich war der Angriffsplan geheim gehalten worden. Und doch wählten die einfachen Russinnen und Russen, genau wie die Eliten, im Jahr 2000 mit großer Mehrheit den ehemaligen Chef des FSB und einstigen Oberstleutnant des KGB zum Präsidenten. Sie waren es auch, die den zweiten Tschetschenienkrieg umfassend befürworteten, der 1999 von derselben Person, damals als Ministerpräsident, nach dem altbekannten und heute auch in der Ukraine wieder genutzten Muster des verbrecherischen Kolonialkrieges erneut in Schwung gebracht wurde. Sie waren es auch, die die offizielle Version für die Sprengstoffanschläge auf Wohnhäuser im September 1999 »schluckten« – mit fast 300 Toten und 1700 Verletzten –, welche tatsächlich aber vom FSB organisiert worden waren, um den Krieg in Tschetschenien zu rechtfertigen. Die nicht gegen die Übernahme der beiden großen Fernsehsender ORT und NTV durch die Machthaber protestierten. Die nicht gegen die willkürliche Verhaftung und den höchst ungerechten Prozess gegen Michail Chodorkowski demonstrierten, das Zeichen des Zur-Ordnung-Rufens der großen Vermögenden, die fortan gezwungen waren, Putins Projekte zu unterstützen. Die den ersten ukrainischen Maidan der Jahre 2004 und 2005 – eine umfassende Protestbewegung gegen die gefälschte Wahl von Viktor Janukowitsch, Putins Wunschkandidaten – nicht ermutigten. Die nicht auf die Straßen gingen, um 2008 gegen die Besatzung von rund zwanzig Prozent des georgischen Staatsgebietes zu protestieren. Die, schaut man landesweit, nur zu sehr wenigen gegen die gefälschten Duma-Wahlen 2011 und die dritte Wahl Putins zum Staatspräsidenten 2012 demonstrierten, zu der es nach dem »Reise nach Jerusalem«-Intermezzo von Dmitri Medwedew kam. Die sich 2014 begeistert über die Besatzung und Annexion der Krim zeigten und in ihrer großen Mehrheit den Kampf des imaginierten »Volks vom Donbass« für seine Unabhängigkeit unterstützten, der doch vollständig von Moskau aus gesteuert wurde. Die sich nicht für die Ermordung von Boris Nemzow, dem Oppositionsführer und erbitterten Gegner des Ukrainekrieges, 2015 vor den Mauern des Kremls interessierten. Die 2018 Wladimir Wladimirowitsch im ersten Wahlgang und mit einer satten Mehrheit zu seiner vierten Amtszeit als Präsident verhalfen. Und die 2020 für die Verfassungsänderung stimmten, die es ihm erlaubt, bis 2036 an der Macht zu bleiben, so es ihm gefällt.

Diese Aufzählung ließe sich noch fortsetzen und ausbreiten: Die russische Gesellschaft hat in den letzten zwei Jahrzehnten die Freiheiten, die sie während der Perestroika und unter Jelzin genoss, gegen eine falsche Neubewertung von Würde, gegen eine obsolet gewordene und giftige nationalistisch-imperialistische Idee eingetauscht, vor allem aber gegen eine gewisse Verbesserung ihres Lebensstandards, die durch den Anstieg der Rohstoffpreise auf dem internationalen Markt möglich geworden war.

Zweifelsohne hat sich die russische Gesellschaft in die sowjetische Schablone zurückfallen lassen, die im Gegenzug für vollständige Passivität und totalen Gehorsam einen sicheren Studienplatz und eine sichere Arbeitsstelle garantierte. Der derzeitige mafiöse Staat übernahm die Kontrolle über die entscheidenden Wirtschaftssektoren, zerstörte einen Großteil der kleinen und mittleren Unternehmen zugunsten des Großkapitals und erlaubte Putins Entourage, den Oligarchen und lokalen Größen sich zu bereichern. An die Bevölkerung, vor allem aber an die Silowiki, die Sicherheitsorgane – Armee, Polizei, Geheimdienste etc. – und all jene, die das reibungslose Funktionieren des Regimes sicherstellen, wurden »Krümel« verteilt.

Eine an den Krieg gewöhnte Gesellschaft

Schlimmer noch ist, dass diese ohnehin schon sehr konformistische Gesellschaft sich an den Krieg gewöhnt hat und auf ihn ausgerichtet ist. Sie nimmt aktiv oder passiv an der Aggression gegen das Nachbarland teil oder hält doch zumindest einen Schein der Normalität im eigenen Land aufrecht, das einen somit akzeptabel gewordenen Krieg mit Völkermord führt. Eine im Juni 2023 durchgeführte Umfrage des Instituts Levada hat ergeben, dass 73 Prozent der Russinnen und Russen die »Spezialoperation« befürworten – auch wenn solche Umfragen aufgrund der Repressionen nicht unbedingt unter freie Meinungsäußerung fallen können … Dank der tief verwurzelten und durch eine nachdrückliche und wirksame Propaganda verstärkten Herrschaftsmatrix unterstützt die Gesellschaft mehrheitlich den Krieg oder unternimmt nichts, um sich ihm zu widersetzen, auch wenn fast eine Million junger Männer, die für eine Mobilisierung infrage kamen, ins Ausland geflohen sind. Das Leben geht weiter, als wäre nichts geschehen. Die Intellektuellen publizieren weiter und treten unvermindert in den Talkshows auf, die Schriftstellerinnen veröffentlichen, Künstler zeigen ihre Kunst. Die Restaurants und Cafés in Moskau sind gut besucht, und man umgeht die Sanktionen wo immer möglich. Selbst extreme Maßnahmen wie die Einführung von verpflichtenden allwöchentlichen Schulunterrichtsstunden über die »militärische Spezialoperation« rufen kaum Reaktionen hervor. Einige Dutzend Grundschullehrerinnen weigerten sich, das zu unterrichten, einige Lehrer haben gekündigt, doch die gut geölten Zahnräder der Propagandamaschine greifen weiterhin ungehindert ineinander.

Warum unterstützt die Gesellschaft den Krieg? Einige Russinnen und Russen sind überzeugt, die Ukraine und der Westen seien an den Kämpfen schuld, andere glauben, die Führung des Landes wisse besser als sie selbst, was richtig ist, wieder andere sind der Meinung, dass es ihre Pflicht sei, ihr Vaterland zu unterstützen, was immer es auch tue, genau wie »unsere Jungs an der Front« Unterstützung verdient haben et cetera. Es lassen sich auch wirtschaftliche Gründe finden: Der Staat bezahlt all jene großzügig, die einen Vertrag mit der Armee abschließen – wodurch vermieden wird, Wehrpflichtige an die Front schicken zu müssen –, und die Familien der im Krieg Gefallenen erhalten Summen, die über das hinausgehen, was ein normaler Arbeiter im Laufe seines gesamten Lebens verdienen kann. Für viele Russen mit bescheidenem Einkommen wird der Kriegseinsatz somit zu einer wirtschaftlich interessanten Option. Und jeder Bürger, der an die Front aufbricht, spinnt ein Netz der Solidarität mit Dutzenden von Angehörigen, Freunden und Kolleginnen.

Vor dem Hintergrund der unnachgiebigen Unterdrückung jeglicher Antikriegsaktivitäten und der allgegenwärtigen Zensur wirkt der Staat, gestützt durch eine zu Diensten stehende orthodoxe Kirche, auf Föderations- wie auf lokaler Ebene darauf hin, dass die Unterstützung für den Krieg weiter gesteigert wird. Es entstehen Bücher und Filme, man zeigt Ausstellungen, organisiert Konzerte und sammelt Geld für die Armee sowie zur Unterstützung der russischen »Kriegsopfer«, darunter die Zivilbevölkerung im Donbass und anderen annektierten Gebieten. Selbst Kinder und Jugendliche werden zunehmen militarisiert – all das, um die Gesamtheit der Gesellschaft in einen barbarischen und ungerechten Krieg hineinzuziehen. Nach der Annektion der Krim lauteten weitverbreitete Slogans etwa »Wir schämen uns nicht!« und »Wir können es wiederholen!«. Die furchtbare Bedeutung dieser Losungen wird erst heute vollumfänglich deutlich.

Russland stilisiert sich als Opfer

Aggressive und vor allem totalitäre Regime greifen systematisch zu einer Rhetorik, die sie die Opferrolle einnehmen lässt. So prangerte Hitler die Ungerechtigkeit des »Diktatfriedens« von Versailles an, der die deutsche Nation in die Knie zwingen solle, wo sie von den »perfiden« Juden dann »beraubt« und »bestohlen« werde. Das Sowjetregime wiederum warf inneren wie äußeren Feinden vor, an seinem Untergang zu arbeiten, und die Propaganda wiederholte immer wieder, dass die gesamte Welt, und insbesondere der Westen, den Tod der »jungen sowjetischen Republik« zu erreichen suche. Dabei rief sie selbst unentwegt zur Zerstörung des Kapitalismus und der »bürgerlichen« demokratischen Regierungen sowie zur Weltrevolution auf. Ab September 1939 begann die mit Hitler verbündete Sowjetunion, die östliche Hälfte Europas einzunehmen und zu sowjetisieren, bevor sie später eine ganze Reihe weiterer Länder unter ihre Kontrolle brachte. Putin hat nun ebenfalls eine viktimisierende Rhetorik entwickelt, die teilweise den sowjetischen Diskurs aufgreift: Europa sei seit Langem »faschistisch« gewesen und würde es bleiben; die ethnischen Russen seien die wahren Opfer des deutschen »Völkermords« – womit er nebenbei erneut dafür sorgt, dass wie zu Sowjetzeiten der Genozid an den Juden verschleiert wird –; der westliche Imperialismus verhindere die Errichtung einer gerechten internationalen Ordnung; die Russlandfeindlichkeit – insbesondere das angebliche Verbot der russischen Kultur in den westlichen Ländern – sei auf ihrem Höhepunkt angelangt, angesichts des legitimen Wunschs des russischen Volks, seine »historischen Gebiete zurückzugewinnen«; und natürlich hätten die Ukrainer den Krieg gegen ihre »russischen Brüder« begonnen, und zwar aus Hass und auf Befehl ihrer westlichen Herren, die versuchten, Russland über die Sanktionen zu »ersticken«, während die bösartige NATO Russland »einkreisen« und »zerstören« wolle und so fort.

Dieser Diskurs stößt in der Bevölkerung auf ein ausgeprägtes Echo. So lassen sich den Menschen die Schwierigkeiten mit der »militärischen Spezialoperation« erklären, die auf die geballte

Stärke des Westens treffe: Letzterer mobilisiere gegen das arme Russland, das doch nichts anderes tue, als seine Werte und seine Sicherheit zu verteidigen. So wird auch der durch die Sanktionen und Einschränkungen sinkende Lebensstandard gerechtfertigt, unter dem vor allem Reiche und der gehobene Mittelstand leiden, etwa wenn sie versuchen, in die Länder des Westens zu reisen oder ihre Neuanschaffungen mit Dollar oder in Euro zu bezahlen. In ihrer großen Mehrheit empfindet die Bevölkerung keinerlei Mitleid mit den Ukrainerinnen und Ukrainern, die unter der russischen Armee unsagbar leiden, dafür beschweren sie sich aber leidenschaftlich über die Unannehmlichkeiten, die dieser Krieg für sie selbst mit sich bringt. Diese Haltung ist die direkte Folge aus dem Russozentrismus und dem jahrhundertealten Imperialismus, den das Putin'sche Regime zu reaktivieren und verstärken wusste. Die Abwesenheit von Empathie ist sicher intrinsisch in einem Großteil der Bevölkerung verankert, der so sehr unter dem kommunistischen Joch gelitten hat und dann das vom Zusammenbruch der Sowjetunion provozierte Chaos überstehen musste, dass er angesichts des Leidens »desensibilisiert« wurde und die Fähigkeit verlor, den anderen ebenso zu lieben wie sich selbst. Der vielfach ausgezeichnete russische Regisseur Andrej Swjaginzew belegte dies 2017 auf sehr überzeugende Art und Weise mit seinem Film *Loveless (Nelyubov)*.

Dieser Kontext erklärt, warum die russische Gesellschaft nicht gegen die hohen militärischen Verluste aufbegehrt, die auf 120 000 Gefallene und mehr als 200 000 Verwundete und Verstümmelte geschätzt werden – deutlich mehr als die 15 000 toten russischen Militärs während der zehnjährigen Auseinandersetzung in Afghanistan! Die Propaganda befeuert dabei sowohl eine gewisse Gleichgültigkeit dem Tod gegenüber als auch eine Heroisierung des Tods auf dem Schlachtfeld. So erklärte Putin im November 2022 bei einer Begegnung mit Müttern, deren Söhne angeblich an der Front gefallen sind, dass in Russland jedes Jahr fast 30 000 Menschen durch Verkehrsunfälle und noch einmal so viele an den Folgen von Alkoholismus sterben, und fuhr dann fort: »Wichtig ist, dass wir alle sterblich sind, alle dem Herrn unterstehen. Und irgendwann werden wir diese Welt verlassen, das ist unvermeidlich. Die Frage ist, wie wir gelebt haben.« Die orthodoxe Kirche bleibt ebenfalls nicht untätig, da Patriarch Kyrill I. die Gläubigen häufig aufrief, keine Angst vor dem Tod für das Heimatland zu haben, und den Helden das ewige Leben an der Seite Gottes zusagte.

So erstaunlich es auch klingen mag, doch Opferdiskurs und fehlende Empathie sind auch für eine Mehrheit der Regimekritiker charakteristisch. Eines der markantesten Phänomene der jüngsten Zeit war die Emigration einiger Menschen, die »den Geschmack von Blut nicht im Mund schmecken« konnten, so der Philosoph Sergej Medwedew, und die Ausreise von noch deutlich mehr jüngeren Russen, die allein oder mit ihren Familien der Einberufung entgehen wollten. Unter dieser Million Russen ist nur eine kleine Minderheit politisch aktiv. Und die Zahl derjenigen unter ihnen, die den Ukrainerinnen und Ukrainer ihr Mitleid aussprechen oder tun, was sie können, um der Ukraine zu helfen, ist noch einmal kleiner.

Die Diskussionen unter Russinnen und Russen, die sich in sozialen Netzwerken aufregen, zeigen, dass die Ausgewanderten sich beispielsweise über ihre Probleme beschweren, Papiere zu bekommen, eine Arbeit zu finden, sich an das neue Land zu gewöhnen – an Georgien, Armenien, Kasachstan, das Baltikum und andere europäische Staaten, die Emirate et cetera – sowie über mangelnde Beachtung, eine kulturelle »Russophobie«. Im Klartext: Sie selbst sind die Bemitleidenswerten, nicht die Ukrainerinnen und Ukrainer, die von Bomben zerfetzt werden, nicht die ukrainischen Frauen und Kinder, die zu Millionen nach Europa flüchten, während ihre Männer und Väter für das Heimatland kämpfen. In den sozialen Medien zeigt sich auch ein Ressentiment gegen die Ukrainerinnen und Ukrainer, die in der westlichen Welt freundlicher aufgenommen werden. Die Synthese dieses Gefühls von Groll hat eine der einflussreichsten Politologinnen Russlands, Ekaterina Schulmann, die seit April 2022 in Deutschland lebt und in ihrer Heimat zur »ausländischen Agentin« erklärt wurde, brillant zusammengefasst. In einer Replik, die im Internet ein großes Echo ausgelöst hat, formulierte sie: »Das Haus unserer Nachbarn hat gebrannt, während bei uns der Abwasserkanal geplatzt ist. Jedem sein eigenes Problem, wie man so schön sagt. Nur mit dem Unterschied, dass das Haus des Nachbarn natürlich von der ganzen Welt gemeinsam wieder aufgebaut werden wird, während man uns sogar verbietet, Reparaturen zu planen, unter dem Hinweis, es sei schon immer so bei uns gewesen und dass man ganz grundsätzlich doch zuerst einmal verstehen sollte, woher das kommt und was da über unseren Boden treibt.« Damit ist alles gesagt. Es sind nicht »wir«, die das Haus des Nachbarn angezündet haben, sondern das Schicksal hat es so gewollt. Die ganze Welt steht auf der Seite »unseres« Nachbarn, während »wir« genauso von einem Unglück getroffen wurden. Obendrein zwingt man »uns« noch, die Ursache für »unser« Unglück zu suchen, anstatt Anteil zu nehmen und »uns« einfach mal zu helfen. Denn auch »wir« sind schließlich Opfer.

Die Weigerung, die moralische Verantwortung für den Krieg zu übernehmen, führt selbst in Kreisen der russischen politischen Opposition zu außergewöhnlichen Erklärungen, zeigt sie sich doch überzeugt, dass die Machtposition des russischen Präsidenten »usurpiert« wurde. Die Oppositionellen vergessen dabei, dass dies mit dem Einverständnis eines Großteils der Gesellschaft geschah. Die Opposition behauptet, man müsse nur den »Usurpator und Verbrecher« von der Macht entfernen, um den Krieg beenden und ein »freies und glückliches« Russland aufbauen zu können. Diese Überzeugung wird von oppositionellen Politikern wie ein Mantra wiederholt, etwa von Ilja Jaschin – im Dezember 2022 zu achteinhalb Jahren Gefängnis wegen der Verbreitung von Falschinformationen über die »militärische Spezialoperation« verurteilt – oder von Alexej Nawalny, erst kürzlich erneut wegen »Terrorismus« abgeurteilt, obgleich er doch im Gefängnis sitzt – wo er bis Ende der 2030er-Jahre wird bleiben müssen, sofern man nicht einen weiteren Prozess gegen ihn anstrengt.

Äußerungen jener, die verstanden haben, dass ein Ende Putins nicht die moralischen Probleme der russischen Gesellschaft lösen würde, sind kaum zu hören. Und auch nur wenige – wie etwa der ehemalige Schachweltmeister Garri Kasparow – beteuern deutlich vernehmbar, dass ein vollständiger militärischer Sieg der

Ukraine sowie eine Rückkehr zu den internationalen Grenzen des Jahres 1991 notwendig ist, und kaum jemand versteht, dass die Kinder und Enkel von heute die schwere Bürde der Reparationszahlungen an die Ukraine und die moralische Verantwortung für Abertausende von Toten, Hunderttausende von Verletzten und Millionen von aus der Ukraine Vertriebenen zu tragen haben werden. Und noch seltener sind jene, die bereit sind anzuerkennen, dass die beste Lösung für die Zukunft Russlands und den Frieden auf der Erde der Zusammenbruch der Russischen Föderation wäre. Die Künstlerin und politische Aktivistin Katia Margolis, die in Venedig lebt und diese Ideen öffentlich vertritt, wird von »angepassten« Russinnen und Russen über die sozialen Netzwerke massiv angegriffen.

Natürlich darf man dabei nicht vergessen, dass in Russland Tausende für ihre Opposition gegen den Krieg zu politischen Gefangenen gemacht wurden und dass Zehntausende aus demselben Grund mit Geldbußen belegt oder unterdrückt wurden. Russische Vereine im In- wie im Ausland helfen ukrainischen Flüchtlingen und nehmen an Veranstaltungen gegen den Krieg und gegen Putin teil. Einige Dutzend bekannte Vertreter der russischen Opposition im Exil, wie etwa Michail Chodorkowski, Garri Kasparow, Lew Ponomarjow und andere, haben gemeinsame Aufrufe veröffentlicht, doch all das ist im Moment noch zu wenig. Man könnte sagen, dass die Anti-Putin-Opposition auf den Sturz des Regimes wartet, in der Hoffnung, im sich dann anschließenden Vakuum eine Rolle spielen zu können.

Scheitern auf der ganzen Linie und Flucht nach vorn

Nach rund zwei Jahren Krieg sieht die Bilanz für Russland verheerend aus. Militärisch gesehen ist die »Spezialoperation«, die die gesamte Ukraine innerhalb weniger Wochen erobern, in Kiew ein »Kollaborationsregime« einsetzen und dabei helfen sollte, die industriellen und landwirtschaftlichen Reichtümer der Ukraine auszubeuten, auf ganzer Linie gescheitert. Die ukrainische Armee hat lange widerstanden – in Mariupol, in Bachmut – und ist inzwischen sogar zum Gegenangriff übergegangen – in

Charkiw im Norden, in Cherson im Süden. Sie ist heute vor allem dank des Einsatzes von Drohnen in der Lage, den Krieg weit ins russische Hinterland zu tragen, Militärflughäfen, Munitionsdepots und Treibstofflager zu treffen und sogar Moskau beziehungsweise den Kreml zu treffen. Es gelingt der Ukraine immer besser, ihren Luftraum zu schützen.

In geopolitischer Hinsicht ist die Isolation Russlands offensichtlich geworden: Das Land wurde aus der Runde der G8 ausgeschlossen und muss sich anstrengen, die Unterstützung der von China dominierten BRICS-Staaten zu gewinnen. Putin war sogar gezwungen, sich Ratschläge des chinesischen Präsidenten Xi Jinping anzuhören, als dieser im März 2023 Moskau besuchte: »Alle mit Atomwaffen ausgerüsteten Staaten sollten auf den Einsatz solcher Waffen im Ausland verzichten« – die Begegnung der beiden Staatschefs endete nicht einmal mit einem gemeinsamen Kommuniqué. Und was die NATO betrifft, so war sie niemals zuvor derart präsent an der russischen Grenze, da die lange Zeit neutralen Staaten Finnland und Schweden sich angesichts der neuen Bedrohungslage dem Bündnis angeschlossen haben. Die Ostsee, seit 1945 eine Art »sowjetisches Meer«, droht für Russland unzugänglich zu werden. Und die Europäische Union zeigt sich geeinter denn je und sich der russischen Bedrohung bewusst, und ein Großteil ihrer Mitgliedsstaaten hob als Reaktion in aller Eile finanzstarke Militärprogramme aus der Taufe.

Im Gegenzug übt Putin maximalen Druck auf einen weiteren autoritären Machthaber aus, der in seinem Land Oppositionelle rücksichtslos unterdrückt, auf seinen devoten Alliierten Alexander Lukaschenko, den illegitimen Präsidenten von Belarus, damit dieser russische Atomwaffen auf seinem Staatsgebiet stationiert, obwohl dies der Verfassung des inzwischen atomwaffenfreien Landes widerspricht. Zudem unternimmt Putin alles in seiner Macht Stehende, damit Georgien sich nicht weiter an die Europäische Union annähert. Doch die Potentaten der ehemaligen Sowjetstaaten Zentralasiens scheinen sich immer weniger einer völlig bedingungslosen Treue zu Putin hinzugeben. Das geht so weit, dass Putin sich zum Verrat an Armenien gezwungen sah, dessen Schutzmacht Russland traditionell war, um sich durch den Seitenwechsel den Export seines Erdöls über Aserbaidschan zu sichern. Die Folge: 150 000 Armenierinnen und Armenier aus Bergkarabach waren von ethnischen Säuberungen bedroht und wurden gewaltsam gezwungen, die Gebiete zu verlassen, auf denen die Christen seit 2000 Jahren lebten. Auch die Führungsriege der osteuropäischen Staaten erkannte inzwischen, wie viel KGB und Mafia in Putins Regime steckt, und entwöhnte sich von der russischen Fata Morgana, selbst wenn der ehemalige französische Präsident Nicolas Sarkozy noch immer von der alten slawophilen Mythologie besessen zu sein scheint, wie sie etwa von der ehemaligen Leiterin der *Académie française* Hélène Carrère d'Encausse verbreitet wurde, und erklärte: »Die Russen sind Slawen. Sie sind anders als wir.« Als wären die Ukrainer, die Polinnen, die Tschechen und die Slowakinnen keine Slawen, wo sie doch die Demokratie einer Diktatur vorziehen. Sarkozy regte zudem an, Putin solle den Donbass und die Krim behalten, während die dann neu gezogenen Grenzen der Ukraine durch »eine internationale Vereinbarung« überwacht werden könnten, die »extrem starke Sicherheitsgarantien vorsieht«.[1] Genau das war schon im Jahr 2014 der Fall, und wer kann es heute noch glauben, wenn Putin eine Zusage macht?

Trotz der propagandistischen Prahlereien des Kremls und der Umgehung der Sanktionen mithilfe der Chinesen und Inder zeigen in wirtschaftlicher Hinsicht die im Westen ergriffenen Maßnahmen zunehmend Wirkung. Im August 2023 verlor der Rubel 25 Prozent seines Werts gegenüber dem US-Dollar, und die russische Zentralbank war gezwungen, Sofortmaßnahmen gegen die galoppierende Inflation zu ergreifen, während den russischen Unternehmen jene elektronischen Bauteile ausgehen, die für die Herstellung von Waffen auf internationalem Niveau unabdingbar sind. Ein Großteil der bedeutenden ausländischen Unternehmen hat sich aus dem russischen Markt zurückgezogen, was häufig mit herben finanziellen Verlusten einherging, die sie nicht dazu verlocken werden, baldmöglichst in das Land zurückzukehren.

Eine der aufsehenerregendsten Maßnahmen bei dieser Flucht nach vorn ist die Neuschreibung der Geschichte. Auf der einen Seite gab Wladimir Putin zwei »Historikern« den Auftrag, die

Geschichtsbücher für die letzten beiden Schuljahre vor dem Abitur neu zu schreiben – sie sind nun mit Unwahrheiten und einer Glorifizierung des Krieges gespickt. Unter der Federführung von Wladimir Medinski, dem früheren Minister für Kultur und versessenen Propagandisten des Ruhms des russischen und sowjetischen Militärs, haben sich die Autoren damit begnügt, die unter Stalin und später unter Leonid Breschnew etablierte Erzählung des 20. Jahrhunderts aufzuwärmen, die auch in Frankreich von der Kommunistischen Partei Frankreichs weitergetragen wird. Die groben Züge dieser Interpretation sind allgemein bekannt: Russland hat, selbst und vor allem unter seinem Führer (*woschd*) Stalin, der Welt seine Großartigkeit bewiesen und sie vor der nationalsozialistischen Gefahr gerettet – natürlich wird hier mit keinem Wort der Hitler-Stalin-Pakt zwischen 1939 und 1941 und dessen Rolle beim Ausbruch des Zweiten Weltkriegs erwähnt; die Ausländer, insbesondere aus Polen, den baltischen Staaten oder Rumänien sowie aus den westlichen Ländern, sind für jegliches Unglück Russlands verantwortlich; schließlich findet sich in den Geschichtsbüchern ein ganzes Kapitel zur »Spezialoperation«, die durch den unaufhörlichen Kampf Russlands gegen den »Faschismus«, in diesem Fall gegen die »ukrainischen Neonazis« aus Kiew, gerechtfertigt wird. Die Schülerinnen und Schüler werden nicht einmal erfahren, dass ihr Land in einem umfassenden und langwierigen Krieg kämpft … Dasselbe gilt für die Einführung eines neuen Pflichtkurses für alle Studentinnen und Studenten im ersten Studienjahr, die sich mit den »Grundlagen des russischen Staates« beschäftigen müssen, wobei der Kurs nichts anderes als ein Gespinst aus imperialistischen und wahnhaft messianischen Lügen ist. Und um das Maß vollzumachen droht die russische Justiz dem Mitbegründer der Menschenrechtsorganisation Memorial (Friedensnobelpreis des Jahres 2022) und Sacharow-Preisträger Oleg Orlow, der seit 35 Jahren historische Forschungen zu den Verbrechen des Sowjetregimes betreibt, eine langjährige Gefängnisstrafe an. Der Kreml förderte zudem, um dem Ganzen die Krone aufzusetzen, die Errichtung von Dutzenden Stalin-Denkmälern und ließ am 11. September 2023 in Moskau eine Kopie jener Statue von Feliks Dzierżyński wieder neu errichten, die man dort im Jahr 1991 abgerissen hatte. In seiner Rede zur Einweihung lobte Sergej Naryschkin, Chef des russischen Auslandsgeheimdienstes SWR, den Gründer der Tscheka – des Vorläufers des KGB – und Verantwortlichen für die Ermordung von Hunderttausenden als »Vorbild an Ehrlichkeit, Hingabe und Pflichttreue [...], der bis zum Ende seinen Idealen von Güte und Gerechtigkeit treu geblieben ist«. Die Botschaft des ehemaligen KGB-Offiziers Putin über die Natur des von ihm geleiteten Regimes könnte nicht deutlicher sein.

Auf der anderen Seite hat die russische Invasion in der Ukraine die dortige Entsowjetisierung des öffentlichen Raums nur beschleunigt, die immer mehr einer ganz allgemeinen Entrussifizierung ähnelt. Tausende Straßen und Plätze wurden umbenannt und tragen heute Namen ukrainischer Persönlichkeiten. Die gewaltige Statue der (sowjetischen) »Mutter Heimat«, die mit mehr als 60 Metern Höhe seit 1981 das Stadtbild Kiews dominiert, verlor das 13 Meter hohe (!) Wappen mit Hammer und Sichel auf dem von ihr in die Höhe gereckten Schild, auf dem inzwischen der Dreizack zu sehen ist, das Symbol der unabhängigen Ukraine. Und seit dem 24. August 2023 heißt das Denkmal auch offiziell »Mutter Ukraine«. Im gesamten Land wecken die von der russischen Armee seit Februar 2022 begangenen Verbrechen die Erinnerungen an den langen Kampf der Kosaken gegen die Kolonisierung durch das Zarenreich und an die furchtbaren Verbrechen der Massenmorde zunächst durch die Tscheka, dann durch den NKWD und schließlich den KGB an der Elite und der übrigen ukrainischen Bevölkerung. Von nun an trennt ein unüberbrückbarer Fluss aus Blut die berühmten »Brudervölker«, die sowohl von der Sowjetunion wie auch von Putin so gepriesen wurden, sich inzwischen aber feindlich gegenüberstehen.

Ganz gleich, ob das Regime Putins derzeit noch fest im Sattel sitzt oder sich inzwischen seinem Ende nähert, nichts garantiert, dass dessen Nachfolger nicht dieselben Ideen hochhält und ähnliche imperialistische und kolonialistische Ansprüche verfolgt, nur unter einem anderen Aushängeschild. Aus diesem Grund muss der Westen aufmerksam bleiben: Die russische Gesellschaft, durch mehr als siebzig Jahre totalitären Kommunismus, die Reaktivierung eines neozaristischen Imperialismus und eines Russozentrismus geformt, ist von Putin pervertiert und korrumpiert worden. Sie bildet einen fruchtbaren Boden, auf dem ein für die Zukunft der Ukraine und der Gesamtheit der freien Welt extrem gefährliches Regime erwachsen kann. Nur eine echte nationale Reue für die Verbrechen der kommunistischen Vergangenheit und für jene des aktuellen Angriffskrieges kann den ansonsten unweigerlichen Abstieg Russlands verhindern und zugleich den Weg zur Rückkehr in den Kreis der zivilisierten Nationen öffnen. In dieser Hinsicht bestätigen die Ereignisse der letzten Zeit die Analysen, die wir für unser Buch im September 2022 entwickelten und die auch im Ausland Anklang fanden, schließlich wurde das *Schwarzbuch Putin* aus dem Französischen nicht nur ins Deutsche, sondern auch ins Italienische, Spanische und Rumänische übersetzt; eine polnische und eine ukrainische Fassung erscheinen in Kürze.

Lassen wir zum Abschluss den schwer erkrankten und ins französische Exil geflohenen russischen Filmregisseur Andrej Swjaginzew zu Wort kommen, der all dies in einen Satz fasste: »Dieser Krieg ist eine humanitäre Katastrophe für die Ukraine und eine zivilisatorische für Russland. Unsere Schicksale haben sich soeben und für sehr lange Zeit voneinander getrennt. Wir werden nicht so schnell wieder am Konzert der Nationen teilnehmen können.«[2]

Paris, 27. September 2023

Aus dem Französischen von Jörn Pinnow

Einleitung

Galia Ackerman und Stéphane Courtois

Den Namen Wladimir Putin kennt man selbst in den abgelegensten Gegenden der Welt. Dabei ist das heutige Russland doch ein kleineres und vor allem wesentlich schwächeres Land als die UdSSR. Diese bestand aus 15 inzwischen unabhängigen Teilrepubliken, sie war Matrix und Motor eines weltweiten kommunistischen Systems, das seit 1919 alle kommunistischen Parteien in der Dritten Internationale zusammenfasste. Ab 1945 reihte sie diejenigen, die die Macht an sich gerissen hatten, in das sogenannte sozialistische Lager ein; es stand unter ihrer engmaschigen Kontrolle und umfasste vor allem Mittel- und Osteuropa, aber auch Vietnam, Kuba, lange Zeit China sowie weitere Länder. Und schließlich wurde die UdSSR von zahlreichen Entwicklungsländern unterstützt, die sich zu »blockfreien Staaten« erklärten, daneben aber auch von unzähligen Sympathisanten auf der ganzen Welt. Über die 90 kommunistischen Parteien auf allen Kontinenten hinaus verfügte sie über zusätzliche ausgedehnte Einflusskanäle: das Netzwerk der Friedensbewegung, den Weltgewerkschaftsbund und besonders die antikolonialistischen Bewegungen. Diese Faktoren und natürlich auch der Sieg über Nazideutschland 1945 sowie der Besitz der Wasserstoffbombe seit 1949 machten die UdSSR zur zweiten globalen Supermacht nach den Vereinigten Staaten.

Davon ist heute nichts mehr übrig. Mit seinem für 2022 hochgerechneten Bruttoinlandsprodukt ist Russland auf Platz 11 hinter Indien und Brasilien abgerutscht, und wegen der nach dem Angriff auf die Ukraine verhängten Sanktionen wird es nicht einmal diesen Platz halten können. Russland hat nur wenige Freunde, die meisten davon Pariastaaten wie Syrien unter Baschar al-Assad, Venezuela unter Nicolás Maduro, Nordkorea unter Kim Jong-un, der Iran der Ajatollahs und last but not least China unter Xi Jinping. Anders als die international einflussreichen kommunistischen Ideen kann es der Welt nichts Ansprechendes bieten, sondern beschränkt sich auf die Ablehnung des Westens und besonders der USA. Damit kann es in den Entwicklungsländern noch Punkte machen, was diese aber nicht daran hindert, ihre eigenen Interessen zu verfolgen und mit dem Westen Handel zu treiben. Und es steht außer Zweifel, dass die Länder, die früher zur »sowjetischen Interessensphäre« gehörten, niemals dahin zurückwollen.

Warum also nimmt Wladimir Putin nun schon seit gut zehn Jahren eine internationale Spitzenposition ein? Sicherlich, weil sein Regime abscheuliche Taktiken benutzt, denen die Demokratien manchmal ohnmächtig gegenüberstehen. In nur 22 Jahren hat sich das sogenannte postkommunistische Russland unter Putin in eine destruktive Macht verwandelt, deren wichtigster Exportartikel die Angst ist. Mit der Androhung von Atomschlägen versucht Russland, größere westliche Hilfe für die Ukraine zu verhindern, um so seinen imperialistischen Krieg zu gewinnen. Mit der Androhung von Nahrungsmittel- und Energieknappheit will es uns in die Knie zwingen, damit wir die Sanktionen aufheben, die seine Wirtschaft abstürzen lassen. Es setzt weltweit und besonders bei uns Propaganda- und Desinformationsnetzwerke ein, um die Einigkeit des Westens auszuhöhlen und sogar Bürgerkriege auszulösen.

Diese zersetzende Politik wurde im Komitee für Staatssicherheit (KGB) ausgebrütet, dem sowjetischen Inland- und Auslandsgeheimdienst, Putins Alma Mater, seiner Universität, an der er seine eigentliche theoretische und praktische Ausbildung erhielt. In Russland sagt man, es gebe keine Geheimdienstmitarbeiter im Ruhestand, keine Tschekisten a. D., und in Bezug auf Putin würde das heißen: »Einmal Tschekist, immer Tschekist.« Vielleicht sollte man sich jetzt einmal eine ganz einfache Frage stellen: Wie ist es möglich, dass jemand, der passenderweise am 20. August 1991 aus dem KGB ausschied – während des gescheiterten Putsches gegen Michail Gorbatschow also, und das, obwohl sein Chef, der Sankt Petersburger Bürgermeister Anatoli Sobtschak, sich gegen die Putschisten ausgesprochen hatte –, wie ist es möglich, dass so jemand 1998, nur wenige Jahre später, Direktor des in *Föderaler Dienst für die Sicherheit der Russischen Föderation (FSB)* umbenannten KGB wurde? Es ist undenkbar, dass einer, der den KGB in einer Krise »verlassen« hatte und nicht etwa General, sondern nur Oberstleutnant war, den höchsten Posten der Organisation bekommen konnte – es sei denn, er gehörte in Wirklichkeit zur »aktiven Reserve« aus ehemaligen KGB-Genossen, die jetzt für den FSB arbeiteten und den aus der Implosion der UdSSR 1991 hervorgegangenen Staatsapparat unterwandern sollten. So erklärt sich auch Putins berühmter »Scherz« bei einem Treffen von FSB-Leuten im Dezember 1999, am Tag des Tschekisten: »Ich möchte darauf hinweisen, dass die Gruppe der FSB-Offiziere, die zur Infiltration der Regierung entsandt wurde, zunächst ihre Aufgaben erfüllt.« Da war er bereits Regierungschef, und seine nächste Aufgabe war es, die Präsidentschaft zu erlangen, derer er sich im Jahr 2000 bemächtigte und die er seit 22 Jahren innehat, mit einem kurzen Zwischenspiel des Scheinpräsidenten Dmitri Medwedew.

Wir erforschen hier Putins Werdegang, den Weg eines vom Geheimagenten zum Zaren aufgestiegenen Mannes, der seinen Wurzeln als Homo sovieticus und seiner im Schoß des KGB gebildeten Weltsicht die Treue bewahrt hat, außerdem aber auch seinen unbekannten wahren Mentoren. Wie der Dissident Wladimir Bukowski sinngemäß sagte: Putin ist Oberstleutnant, aber über ihm gibt es Generäle.

Die besten französischen und ausländischen Experten für Russland und den Kommunismus – mehrere stammen aus der früheren UdSSR – haben zu diesem Werk beigetragen, um Putins Weg nachzuzeichnen und seine Regierungsführung zu beleuchten. Dabei vertreten wir einen einzigartigen Ansatz mit der These, seine Methoden und seine Taktik seien von den Werten des KGB geprägt. Weiter oben haben wir das sogenannte postkommunistische Russland benannt. Allerdings widersprechen wir der These vom Postkommunismus, denn wir beobachten mit Bitterkeit, dass der Kommunismus zwar eine Ideologie, dabei aber sehr anpassungsfähig ist; so erklärt es sich, dass Stalin einen Pakt mit dem Naziregime schließen konnte. Wie schon Lenin gezeigt hat, bestand die Praxis des Kommunismus vor allem darin, einer Gruppe von Berufsrevolutionären mit den geeigneten Methoden an die Macht zu verhelfen. Durch eine Klassenideologie – egal, ob es sich um eine soziale oder ethnische Pseudogruppe handelte –, legitimierte er eine grundsätzliche Ungleichheit zugunsten der Partei, die die Bevölkerungsmehrheit unterjochte. Und er diente als Grundlage, auf der alle, auch ökonomische Maßnahmen erdacht wurden, die in seiner Scheinideologie darauf abzielten, die erreichte Macht für alle Zeiten zu festigen, wobei der Unterdrückungs- und Terrorapparat, die Tscheka – das »Schwert der Revolution« –, die zentrale und entscheidende Rolle spielte. Dieses Modell eines totalitären Regimes galt und gilt für alle kommunistischen Herrschaftssysteme auf der ganzen Welt.

Putin ging weiter. Zwar wurde die kommunistische Idee abgeschafft, und die Partei verlor ihre Macht, doch konservierte er das kommunistische System der Staatsführung mit ihren wichtigsten Elementen, der vertikalen Ausrichtung und der Absage an einen Machtwechsel. Garantiert werden sie durch die Geheimdienste, in erster Linie den Inlandsgeheimdienst FSB, eine privilegierte Gesellschaftsschicht und die Kontrolle der Wirtschaft. Man könnte also vom »Sowjetsystem ohne kommunistisches Gedankengut« sprechen. Neu an Putins Variante ist zum einen die Fusion der Regierung mit mafiösen Gruppen und folglich auch die Übernahme von deren grausamer Praxis, zum anderen die endemische Korruption besonders an den Schaltstellen der Macht. So sieht das Regime aus, das global für Chaos sorgt und dessen imperialistische Absichten weit über die Ukraine hinauszielen.

Im Jahr 1997 veröffentlichten die Éditions Robert Laffont und der verstorbene Charles Ronsac das *Schwarzbuch des Kommunismus*, das nach der Öffnung der Moskauer Archive den Umfang und den intrinsischen Charakter der von Lenin begründeten und von Stalin systematisierten Verbrechen des kommunistischen Regimes dokumentiert. Die Verbreitung des Buches in mehr als

25 Ländern schien damals dazu beizutragen, das moralische Prestige der UdSSR zu zerstören. Außerdem symbolisierten der gescheiterte Putsch 1991 in Moskau und der darauf folgende Rücktritt Michail Gorbatschows für die meisten Beobachter einen Abschied vom Kommunismus und eine Zeitenwende. Wir zeigen in unserem Buch, in welchen Schritten die Rückeroberung der Macht durch den KGB/FSB und sein Geschöpf Wladimir Putin verlief, von dessen Aufstieg ins oberste Staatsamt bis zum andauernden Krieg in der Ukraine, dessen Ausgang im Augenblick niemand vorhersagen kann. Wir beschreiben die Summe der Verbrechen Putins gegen sein eigenes versklavtes und verdummtes Volk und gegen weitere Völker – Ukrainer, Tschetschenen, Georgier, Moldawier, Syrer, Venezolaner und andere –, Völker, deren normale Entwicklung dieses Regime dadurch verhindert, dass ihre diktatorischen Herrscher gestützt werden oder ihnen ein Krieg aufgezwungen und ihre Wirtschaft zerstört wird. Die Schädigung als politisches Prinzip hat Putin weltweit bekannt gemacht. Seinen Werdegang und sein Handeln zu entschlüsseln ist eine zentrale Aufgabe.

Teil 1

Chronik einer angekündigten Diktatur

1

Wladimir Putin, ein Homo sovieticus

Galia Ackerman und Stéphane Courtois

Wladimir Putins Auftritt auf der Bühne der Weltgeschichte gehört zu den eigentümlichsten Ereignissen der vergangenen dreißig Jahre. Der kometenhafte Aufstieg des kleinen, so gar nicht charismatischen Mannes wird gerüchteweise auf eine Abstammung aus dem kommunistischen Hochadel zurückgeführt: Einmal heißt es, er sei der Enkel von Stalins Koch[1], dann wieder soll er der Sohn eines heldenhaften Offiziers und Angehörigen der Geheimpolizei NKWD[2] gewesen sein. Auch wird behauptet, er sei aus einer außerehelichen Affäre mit einer russischstämmigen Georgierin namens Vera Putina hervorgegangen, die den Jungen im Alter von zehn Jahren zu seinen Großeltern zurückgebracht habe, bevor er dann von seinen offiziellen Eltern adoptiert worden sei.[3]

Die Wahrheit ist natürlich profaner. Wladimir Putin wurde 1952 in Leningrad, dem heutigen Sankt Petersburg, in sehr einfachen Verhältnissen geboren. Die Familie war zutiefst geprägt durch die 872-tägige deutsche Belagerung Leningrads in den Jahren 1941 bis 1944: Der Vater trug eine Kriegsverletzung davon, die Mutter entkam nur knapp dem Hungertod. Anfangs selbst Prügelknabe der Nachbarjungen, entwickelte sich der Jugendliche zu einem aufsässigen Raufbold. Schließlich begann Putin, an der Leningrader Universität unter Professor Anatoli Sobtschak Jura zu studieren – das heißt, sozialistisches Recht, mit dem man »Volksfeinde« in den Gulag schicken oder zum Tode verurteilen konnte.

Er war fasziniert von der Macht des KGB und tat alles, um rekrutiert zu werden. Von ganz unten arbeitete er sich hoch und wurde schließlich Offizier, der für die Bekämpfung von Dissidenten in der Region Leningrad zuständig war. Seine Tätigkeit brachte ihm eine Beförderung ein, er absolvierte ein einjähriges Praktikum am Institut Andropow. Trotz einer eher negativen Beurteilung[4] wechselte Putin anschließend zum Auslandsgeheimdienst und wurde 1985 in der offiziellen Tarnung als Mitarbeiter des örtlichen KGB-Verbindungsoffiziers zur DDR-Staatssicherheit nach Dresden geschickt, wo er in Wirklichkeit andere, weniger verbindende Tätigkeiten ausübte.

Ein Hauptbetätigungsfeld Putins galt der großen Leipziger Industriemesse, die alle zwei Jahre stattfand und als »Schaufenster« des kommunistischen Lagers diente. Dort tummelten sich Dutzende westlicher Geschäftsleute, die auf lukrative Aufträge hofften, und Putin suchte unter ihnen nach interessanten Zielen zum Abgreifen von Spitzentechnologien. Letzten Endes köderte man die Männer mit den banalsten Methoden: einem Bataillon hübscher Mädchen, das zur Unterhaltung der netten Herren aus der Wirtschaft abgestellt wurde. Am Ende dieses Vergnügens ermöglichten eindeutige Fotos einen »asymmetrischen« Dialog, sprich sexuelle Erpressung. Putins Geschick im *Kompromat,* der KGB-Methode zur Erzwingung einer Kooperation, ist berüchtigt.[5] Offenbar versuchte er unter anderem, einen Medizinprofessor aus der Bundesrepublik dazu zu bringen, ihm Informationen zu spurlos zu verabreichenden tödlichen Giften zu liefern, indem er ihn mit kompromittierendem pornografischem Material erpresste.

Im November 1989 verfolgte Putin mit Entsetzen, wie Demonstranten die Berliner Mauer zu Fall brachten und daraufhin innerhalb weniger Wochen die kommunistischen Regimes in fünf der sogenannten Volksdemokratien – DDR, Polen, Tschechoslowakei, Rumänien und Bulgarien[6] – wie die Dominosteine fielen. Während er noch Stasidokumente verbrannte, damit sie nicht in die Hände der Bürgerrechtler fielen, stand ihm immer deutlicher vor Augen, welch große Gefahr die Macht der öffentlichen Meinung und das Aufkommen friedlicher Massenproteste für eine Diktatur bargen. Von den Ereignissen behielt er eine Angst vor dem Volk und einen zunehmenden Hass auf die Demokratie zurück. Nun musste er in Gorbatschows UdSSR zurückkehren, als diese gerade von einer starken Demokratiebewegung infiziert wurde. Ein weiteres Trauma erlitt er, als im Sommer 1991 ein Putschversuch reaktionärer Kräfte fehlschlug und ein zerstörerischer Konflikt zwischen Gorbatschow – dem ersten und letzten vom Kongress der Volksdeputierten gewählten Präsidenten der UdSSR – und Boris Jelzin – dem in allgemeiner Wahl gewählten Präsidenten der Russischen Föderation – losgetreten wurde. Diese Konfrontation führte innerhalb weniger Monate zur Implosion der UdSSR. Bereits im August 1991 erklärten Estland, Lettland und Litauen ihre Unabhängigkeit. Am 24. August rief der Oberste Sowjet der Ukraine die Unabhängigkeit aus, welche im Dezember 1991 durch ein Referendum bestätigt wurde: Fast 90 Prozent der Wähler, auch im Donbass und auf der Krim, sprachen sich für die Loslösung von der Sowjetunion aus.

Am 8. Dezember 1991 gründeten Jelzin und seine ukrainischen und belarussischen Pendants die »Gemeinschaft Unabhängiger Staaten«, mit der man die UdSSR endgültig begrub und zwölf eigenständige Nachfolgestaaten ins Leben rief: Russland, die Ukraine, Belarus, Moldawien, Armenien, Georgien, Aserbaidschan, Usbekistan, Kasachstan, Tadschikistan, Kirgistan und Turkmenistan. Am 25. Dezember 1991 um 19 Uhr unterzeichnete Gorbatschow seine Rücktrittserklärung und beendete damit die Existenz der Sowjetunion – des ersten, im November 1917 von Lenin ausgerufenen totalitären Regimes der Geschichte. Eine Stunde später wurde die über dem Kreml wehende rote Flagge mit Hammer und Sichel durch die weiß-blau-rote Flagge Russlands ersetzt, und die Welt dachte, nun werde endlich eine demokratische Ära eingeläutet.

Die Realität sah ganz anders aus. Anders auch im Vergleich zu Nazideutschland, das 1945 militärisch besiegt und nach seiner bedingungslosen Kapitulation in verschiedene Besatzungszonen aufgeteilt worden war; die Nazielite war entweder im Laufe des Krieges verschwunden, zum Tode oder zu Gefängnisstrafen verurteilt oder gesellschaftlich degradiert worden. Die Nürnberger Prozesse hatten die rassistische Ideologie des Naziregimes, seine Führer und ihre Verbrechen vor der Welt gebrandmarkt. Die

USA, Großbritannien und Frankreich führten in ihren Besatzungszonen demokratische Standards ein und stellten sich den Sowjets entgegen, als diese 1948 die Berlin-Blockade als Druckmittel einsetzten. Die Westalliierten organisierten in einem gewaltigen Kraftakt eine Luftbrücke, mit der ihre Garnisonen und die Berliner Zivilbevölkerung mit dem Nötigsten versorgt werden konnten. So zwangen sie Stalin innerhalb eines Jahres zum Nachgeben.

Derlei sucht man im postsowjetischen Russland vergebens. Das System kollabierte ohne äußeres Zutun, da die kommunistische Planwirtschaft in einem gewaltigen Konkurs an die Wand fuhr. Die Funktionärswelt hatte nichts als Stagnation und Gerontokratie befördert. Gehalten hatte sich das System ohnehin nur durch mehr oder weniger intensiven Terror, dem Gorbatschow – und das ist sein großes Verdienst – ein Ende setzte. Eine wirkliche Entsowjetisierung fand unter seinem Nachfolger Jelzin nicht statt, die sowjetische Mentalität verschwand nicht einfach wie durch Zauberhand. Bezeichnenderweise griff die neue russische Hymne auf die unter Stalin geltende zurück, wenn auch mit verändertem Text. Gorbatschow und Jelzin unterstützten scheinbar die freie Meinungsäußerung, es gelang ihnen jedoch nicht, demokratische Institutionen und einen Rechtsstaat aufzubauen. Viele Institutionen wechselten lediglich ihre Etiketten, rasch übernahm Jelzins Präsidentschaft die geheime und undurchsichtige Arbeitsweise des ehemaligen Politbüros der KPdSU. Vor allem aber blieb das Personal des ehemaligen totalitären Regimes im Amt, auch wenn der KGB in den Inlandsgeheimdienst FSB und den Auslandsgeheimdient SWR umgewandelt wurde.[7]

Der Zusammenbruch der kommunistischen Ideologie rehabilitierte auf einen Schlag das Privateigentum und damit die Möglichkeit für nahezu unendliche persönliche Bereicherung. Es kam zu einem regelrechten »Goldrausch« und einer umfassenden Plünderung der Reichtümer des Landes durch eine Handvoll Eingeweihter unter den Funktionären des Komsomol (der kommunistischen Jugendorganisation) und der KPdSU. So entstand ein wilder »Kapitalismus«, beherrscht von Ex-Bürokraten, die ihre Machtposition ausnutzten, um sich die besten Stücke zu sichern, und zugleich von einem entfesselten Banditentum, das ein Klima der Anarchie schuf und die Kultur der »Diebe im Gesetz«, also das »Recht« der Kriminellen stärkte. Den Bolschewiki, den Berufsrevolutionären, die sich mit einer laut Lenin fast »militärischen Disziplin« dem »demokratischen Zentralismus« verschrieben und eine Apparatschiksprache pflegten, hatte die Kaste der »Diebe im Gesetz« schon lange ihren eigenen Slang und ihre eigene Hierarchie entgegengesetzt: Die von einem aus der Gruppe ernannten Paten dominierte Mafia folgte einem Ehrenkodex, der jegliche Illoyalität mit dem Tod bestrafte (vgl. auch Kapitel 6, »Putins Jargon«).

Schon 1869 hatte Lenins Vorbild Sergei Netschajew in seinem *Katechismus eines Revolutionärs* erklärt: »Wir müssen uns mit den abenteuerlustigen Stämmen von Briganten verbünden, die die einzig wahren Revolutionäre Russlands sind.«

Und weiter heißt es in seiner Schrift:

> »Der Revolutionär ist ein vom Schicksal verurteilter Mensch. Er hat keine persönlichen Interessen, keine geschäftlichen Beziehungen, keine Gefühle, keine seelischen Bindungen, keinen Besitz und keinen Namen. Alles an ihm wird von dem einzigen Gedanken an die Revolution und von der einzigen Leidenschaft für sie völlig in Anspruch genommen. Der Revolutionär weiß, dass er in der Tiefe seines Wesens, nicht nur in Worten, sondern auch in Taten, alle Bande zerrissen hat, die ihn an die gesellschaftliche Ordnung und die zivilisierte Welt mit allen ihren Gesetzen, ihren moralischen Auffassungen und Gewohnheiten und mit allen ihren allgemein anerkannten Konventionen fesseln. Er ist ihr unversöhnlicher Feind, und wenn er weiterhin mit ihnen zusammenlebt, so nur deshalb, um sie schneller zu vernichten.«[8]

Ebenso schworen die »Diebe im Gesetz«, diese Elite der sowjetischen Unterwelt, ihrer Gemeinschaft absolute Treue, indem sie sich als für die Außenwelt »tot« erklärten.[9] Bei den einen wie bei den anderen wurden allein Stärke, Gewalt, Unerbittlichkeit und Arglist respektiert. Felix Dserschinski, Gründer und Chef der

1917 entstandenen Tscheka – dem bewaffneten Arm der Bolschewiki, aus dem GPU, NKWD und schließlich KGB wurden –, wiederholte am 31. Mai 1918 noch einmal eine grundlegende Direktive dieser gigantischen Terrororganisation: »Es gibt nichts Wirksameres als eine Kugel, um jemanden zum Schweigen zu bringen.«[10]

Schon im Gulag, wo die Strafgefangenen oft selbst für die Durchsetzung der sowjetischen Ordnung zuständig waren, kam es zu einer Vermischung der beiden Machtpole, und letzten Endes führte die gemeinsame Gewaltkultur zu einer Kriminalisierung der Gesellschaft: Zwischen 1960 und 1991 wurden in der UdSSR 35 Millionen Strafurteile gefällt, einer von vier Sowjetbürgern hatte eine Haftstrafe verbüßt. Die Mentalität und der Jargon der Unterwelt hatten die Gesellschaft derart infiltriert, dass Alexander Solschenizyn in seinem *Archipel Gulag* die Frage stellte: »Wer hat wen umerzogen? Die Tschekisten die Unterweltler? Oder die Unterweltler die Tschekisten?«

Vor allem aber gab es Millionen unschuldiger Opfer, die bei großen geheimen Terroraktionen ums Leben kamen: der »Entkosakisierung« im Jahr 1919, bei der etwa 300 000 Menschen vor allem in der Ukraine ermordet wurden; der »Entkulakisierung« von 1929 bis 1933, bei der vier Millionen ukrainische Bauern (Männer, Frauen und Kinder) während der von Stalin 1932/33 organisierten, als *Holodomor* bezeichneten Hungersnot starben; dem Großen Terror von 1937/38, bei dem 700 000 Menschen durch Kopfschuss hingerichtet und weitere 700 000 in den Gulag verschleppt wurden; dann den ungeheuren Massakern und Verschleppungen, die in den 1939/40 eroberten Ländern – in Ostpolen, den baltischen Staaten und Bessarabien – durchgeführt wurden; den Deportationen von sowjetischen Volksgruppen – Wolgadeutsche, Tschetschenen und andere Völker des Nordkaukasus, Krimtataren –, die der »Kollaboration« zu Kriegszeiten beschuldigt wurden; den Säuberungen, Hinrichtungen, Verschleppungen von 1944 bis 1953 in allen mittel- und osteuropäischen Staaten, die ironischerweise als »Volksdemokratien« bezeichnet wurden.

In dieser von absoluter Willkür, völliger Straffreiheit und offener, an Sadismus grenzender Gewalt geprägten Gesellschaft war der kleine Wladimir Putin aufgewachsen und hatte schon früh deren »Werte« und Codes übernommen. Und vergessen wir nicht: Der »totale Krieg«, den Hitler zwischen Juni 1941 und dem Sommer 1944 gegen die UdSSR und ihre Bevölkerung führte, hatte den Tod von zwölf Millionen Soldaten und fünfzehn Millionen Zivilisten gefordert.

Dem Zerfall der UdSSR folgte keinerlei Entkommunisierung. Weder Mitglieder der Kommunistischen Partei noch Angehörige des KGB wurden vor ein den Nürnberger Prozessen vergleichbares Tribunal gestellt, das die unzähligen Verbrechen gegen die Menschlichkeit und Genozide öffentlich abgeurteilt hätte. Mit Ausnahme einer kleinen demokratischen Minderheit aus dem Umfeld der Dissidentenbewegung, die bestrebt war, einen Rechtsstaat zu errichten, erinnerte die Mentalität der neuen postsowjetischen Eliten sehr an jene der alten kommunistischen Nomenklatura, aber eben auch an jene der kriminellen Mafia: Sie war geprägt durch Unmoral, Verachtung für das Volk, Missachtung des Rechts, Unterwürfigkeit gegenüber dem Kreml, tödlichen Auseinandersetzungen mit Konkurrenten, der mitleidlosen Vernichtung von Unterlegenen und Schwachen und dem besessenen Streben nach Reichtum.

Die Gesellschaften in Mittel- und Osteuropa durchliefen einen Prozess der »Lustration«, durch den Personen, die besonders eng mit dem früheren totalitären Regime verbunden gewesen waren, aus öffentlichen Ämtern entfernt wurden – in Moskau dagegen endete die Auseinandersetzung mit den Verbrechen des Kommunismus mit der 1992 verkündeten Legalisierung der Kommunistischen Partei der Russischen Föderation. Zwar wurde anerkannt, dass sich die Führung des Zentralkomitees der KPdSU und die Führung des sowjetischen Staates der Verbrechen des Stalinismus schuldig gemacht hatten, doch sollte dies weder für die Basis- und Primärorganisationen der Partei, die nicht an diesen Verbrechen beteiligt gewesen waren, noch für die 1990 gegründete Kommunistische Partei der Russischen Föderation gelten. Die Hoffnung auf ein Tribunal wie in Nürnberg, das über die Verbrechen des Kommunismus befinden würde, wurde endgültig begraben.[11] Trotz einer Neuorganisation blieben die Sicherheitsstrukturen der ehemaligen UdSSR bestehen, und das oftmals mit denselben Verantwortlichen. Sie umfassen die Polizei (Miliz), Sondereinsatzkräfte (Speznas), die aus dem KGB hervorgegangenen Dienste FSB und SWR (Ersterer zur Gegenspionage, Grenzüberwachung und Bekämpfung von Terrorismus, organisiertem Verbrechen und Korruption, Letzterer zur Auslandsspionage), die Armee und deren Nachrichtendienst GRU sowie die Staatsanwaltschaft.

Diese bewaffneten Kräfte aus Geheimdienst und Militär, die sogenannten *Silowiki,* hatten nie aufgehört, dem Kreml zu Diensten zu sein. Anders als in der Sowjetzeit aber – und in der Absicht, das Land auszuplündern – schlossen sie sich mit den Großkriminellen zusammen, die sie eigentlich bekämpfen sollten. Und wie in der bolschewistischen Partei – aber auch wie in jeder Mafia – bestand das entscheidende Kriterium für das Funktionieren ihres Systems in der absoluten Loyalität gegenüber dem Anführer. Diese Loyalität stellte man am deutlichsten durch einen Blutpakt unter Beweis – die Beteiligung an einem – symbolischen oder tatsächlichen – Mord.[12]

In dieser unbeständigen Lage eskalierten die Clankämpfe zwischen Präsident Jelzin und den das neue Parlament beherrschenden Kommunisten des Obersten Sowjets. Kommunisten und Ex-Kommunisten kämpften in einem Klima des latenten Bürgerkriegs um die Macht. Am 21. September 1993 schlug Jelzin eine Verfassungsreform vor, die der Auflösung des Volksdeputiertenkongresses und des Obersten Sowjets der Russischen Föderation gleichkam. Dies löste einen bewaffneten Aufstand von Teilen des Parlaments aus, der am 4. Oktober mit Waffengewalt niedergeschlagen wurde. Es gab 146 Tote und zahllose Verwundete.[13]

Im folgenden Jahr, am 11. Dezember 1994, brach Jelzin mit dem Ziel des Machterhalts einen Krieg gegen die kleine autonome Republik Tschetschenien los. Das Land hatte 1991 seine Unabhängigkeit erklärt und verweigerte den Anschluss an Russland. Jelzin verkündete, die Separatisten seien »tollwütige Hunde«, die man erschießen müsse – eine Anlehnung an Stalins Ausspruch aus den 1930er-Jahren, als dieser gegen die ebenso als »tollwütige Hunde« bezeichneten Trotzkisten vorging. Jelzin nahm an, die tschetschenische Hauptstadt Grosny könne innerhalb von zwei Stunden von Fallschirmjägern eingenommen werden – eine düstere Vorwegnahme der Fehleinschätzung beim Angriff auf die Ukraine 2022. Die Tschetschenen leisteten jedoch erbitterten Widerstand, sodass sich Russland am 31. August 1996 gezwungen sah, ein Waffenstillstandsabkommen zu unterzeichnen und die Autonomie Tschetscheniens anzuerkennen – bis dahin waren auf beiden Seiten knapp 100 000 tote Zivilisten und Soldaten zu beklagen.[14]

In diesem katastrophalen Umfeld musste sich der aus der DDR zurückgekehrte Wladimir Putin erst einmal zurechtfinden. Niedergeschmettert bezeugte er den Zusammenbruch einer Weltsicht, die von der Idee der sowjetischen Supermacht und ihrer »strahlenden Zukunft« beherrscht gewesen war. Wieder gab ihm der KGB Halt. Als Oberstleutnant trat Putin in die Leningrader KGB-Führung ein und wurde zudem Berater für internationale Angelegenheiten seines ehemaligen Professors Anatoli Sobtschak, der dem Leningrader Sowjet vorstand. Als dieser 1991 zum Bürgermeister der Stadt Sankt Petersburg gewählt wurde, beförderte er seinen treuen Berater zum Vorsitzenden des städtischen Ausschusses für auswärtige Beziehungen.

Putin war loyal, diskret und zu allem bereit. Ganz Opportunist, verließ er den KGB und trat aus der Partei aus. Im allgemeinen Chaos machte er sich unentbehrlich und wurde zu Sobtschaks grauer Eminenz – am Ende setzte ihn dieser sogar als stellvertretenden Bürgermeister ein. Leningrad war damals die Hauptstadt des organisierten Verbrechens, eine Art russisches Chicago der 1930er-Jahre, und Sobtschak ein durch und durch korrupter Mann. Putin, der sowohl als Jurist wie auch als ehemaliger KGBler mit seinem Schutz betraut war, unterhielt Verbindungen zur örtlichen Mafia, die den Ostseehafen kontrollierte, und zugleich zu staatlichen Stellen – insbesondere zum FSB – und zu Partnern in Deutschland. Er nutzte diese Kontakte, um die Bank Rossija unter seine Kontrolle zu bringen, bei der Parteigelder der KPdSU geparkt waren.[15] Putin setzte ein Modell der organisierten Korruption ein, das sich aus Schutzgelderpressungen und Geldwäsche speiste – Geld, das aus kriminellen Aktivitäten wie Drogenhandel, Prostitution und Schmuggel stammte. Er sammelte einen Clan aus Ergebenen um sich und fand immer mehr Gefallen an der Macht – dies zeigt auch ein ihm zu Ehren gedrehter Film aus dem Jahr 1992 mit dem Titel *Macht*. Dabei handelte es sich um eine verborgene, willkürliche und äußerst einträgliche Macht. Damals war Putin gerade 39 Jahre alt.[16]

Sein Aufstieg wurde 1996 jäh unterbrochen. Die Verwaltung von Sankt Petersburg war in einem so desaströsen Zustand, dass Sobtschak die Wiederwahl nicht gelang und Putin ihm in den Abgrund folgte. Er verlor alles auf einen Schlag, lernte aber eine wichtige Lektion: Man sollte seine Macht nicht von demokratischen Wahlen abhängig machen. Doch Putin hatte Glück im Unglück: Mit der Unterstützung mafiöser Strukturen, den von ihnen kontrollierten Medien und ehemaligen Apparatschiks wurde Boris Jelzin am 3. Juli 1996 erneut zum Präsidenten Russlands gewählt. Diese Wahl markierte den Triumph einer immer einflussreicheren Gruppe – der sogenannten Oligarchen. Aus Angst, ihre unlauter erworbenen Industrie- und Finanzimperien zu verlieren, falls Jelzin nicht wiedergewählt würde, finanzierten sie seinen Wahlkampf, der von die öffentliche Meinung manipulierenden Politikberatern und den Silowiki geführt wurde. Pawel Borodin, der notorisch korrupte Verwalter des Kremlvermögens, schlug Putin kurz nach den Wahlen vor, in die Präsidialverwaltung des bereits schwer erkrankten Jelzin einzutreten. Dort erwies Putin sich als so fleißig und loyal, dass Jelzin ihn 1998 zum Direktor des FSB für ganz Russland ernannte. Was für ein phänomenaler Aufstieg für diesen jungen Offizier, der bei seinem Amtsantritt erklärte, für den Geheimdienst zu arbeiten sei für ihn wie eine Rückkehr in sein Elternhaus. Für die rasante Beförderung hatte Jelzin sicherlich eine Vereinbarung mit den FSB-Granden getroffen. Als man den Dissidenten Wladimir Bukowski auf die Ernennung Putins ansprach, antwortete dieser sarkastisch: »Wie? Wissen Sie nicht, dass es über einem Oberstleutnant noch Generäle gibt?«

Im Sommer 1998 führte das immer tiefer greifende Chaos in die wirtschaftliche Katastrophe: Die Hälfte der Banken ging pleite, der Wert des Rubels fiel um 75 Prozent, Millionen Bürger verloren ihre Ersparnisse, zahllose Unternehmen schlossen, die Arbeitslosigkeit kletterte in die Höhe. Jelzin geriet in Bedrängnis und war gezwungen, seine Regierung umzustellen: Er ernannte Jewgeni Primakow, einen alten sowjetischen Apparatschik, zum Ministerpräsidenten. Dieser war 1991 erster stellvertretender Vorsitzender des KGB, dann Direktor des SWR (1991–1996) und schließlich Außenminister (1996–1998) gewesen. Ein eindeutiger, wenn auch unnötiger Beweis dafür, dass Russland zehn Jahre nach dem Fall der Berliner Mauer alles andere als entsowjetisiert war. Nichtsdestoweniger brachte Primakow, der Mann der Ordnung, die Wirtschaft schnell wieder auf Kurs, blieb aber auf Distanz zum Jelzin-Clan, dessen Geldhunger er gefährdete.

Putins Karriere nahm nun endgültig Fahrt auf. Im Jahr 1997 hatte der russische Generalstaatsanwalt Juri Skuratow Korruptionsermittlungen eingeleitet, die insbesondere das Schweizer Unternehmen Mabetex betrafen, eine Baufirma, die verdächtigt wurde, Jelzins Vertrauten hohe Bestechungsgelder gezahlt zu haben, um lukrative Aufträge für die Renovierung des Kremls, des Weißes Hauses (Sitz des russischen Parlaments) und anderer öffentlicher Gebäude zu erhalten. Ins Visier gerieten neben dem Präsidenten auch seine beiden Töchter und sein Schwiegersohn Alexej Djatschenko, dem die Präsidialverwaltung, das Herzstück der Macht, oblag. Vor der Duma wurde ein Amtsenthebungsverfahren eingeleitet, dessen erfolgreicher Ausgang Jelzin und seine Familie vor Gericht bringen würde. Am 18. März 1999 kam es dann zu einer unglaublichen Wendung: Im russischen Fernsehen wurde ein Video mit dem Titel »Zu dritt im Bett« gezeigt. Man erkannte darin einen von hinten gefilmten Mann, der sich auszog und anschließend mit zwei nackten Frauen im Bett herumtollte. Dieser Mann, so hieß es, sei Skuratow. Dieser konnte noch so sehr widersprechen – Putin griff in seiner Funktion als FSB-Chef unverzüglich ein, attestierte die Echtheit der Aufnahmen und verkündete, sie zeigten in der Tat Generalstaatsanwalt Skuratow mit zwei Prostituierten. Im April wurde Skuratow seines Amts enthoben und kaltgestellt.[17]

Zur gleichen Zeit machte sich der von Jelzins Familie bevorzugte Oligarch Boris Beresowski bereits Gedanken über die Nachfolge des schwer herzkranken Präsidenten. Er wollte für die Wahl im Jahr 2000 einen ihm getreuen Mann ins Spiel bringen, der Primakows Sieg verhindern würde, und entschied sich für Putin, der sich in der Skuratow-Affäre doch so loyal und effizient gezeigt hatte.

Die erste Phase der Operation erfolgte am 9. August 1999, als Jelzin einem verblüfften Russland die Entlassung Primakows verkündete und drei Monate später – nach Interims-Ministerpräsident Sergej Stepaschin – einen der Öffentlichkeit noch weitgehend unbekannten Putin an dessen Stelle setzte. Die zweite Phase begann im Sommer 1999, als man eine Gruppe islamistischer Rebellen aus Tschetschenien dazu brachte, in die Nachbarregion Dagestan einzufallen. Damit war der Vorwand für einen Krieg gewonnen, man konnte die öffentliche Meinung in Stellung bringen und den Wunsch nach einem starken Mann befördern, der da Putin heißen sollte. Wenig später, zwischen dem 4. und 16. September, wurde die dritte und letzte Phase ausgelöst. Ein harter Kern der Silowiki beschloss ein noch brutaleres Vorgehen und plante vier Attentate, die zwischen dem 31. August und 16. September 1999 unter anderem gegen Moskauer Wohngebäude verübt wurden und mehr als 300 Tote forderten.[18]

Die Empörung war gewaltig, und der neue Ministerpräsident Putin beeilte sich, die Tschetschenen zu beschuldigen und brutale Hetze zu betreiben: »Man kann sie nicht einmal Tiere nennen; wenn sie das wären, wären sie tollwütig. … Wir werden sie überallhin verfolgen … wenn wir sie auf der Toilette erwischen, dann werden wir sie eben dort auf dem Scheißhaus abknallen.« Es handelte sich um eine doppelte Provokation: Zum einen erinnerte das Vorgehen an den Reichstagsbrand vom 27. Februar 1933, den die Nazis genutzt hatten, um ihre Politik des »legalen« Terrors gegen ihre Gegner einzuleiten; zum anderen wurden die Tschetschenen endgültig zu Feinden Russlands erklärt. Schon zu Zarenzeiten hatte man sie als Wilde betrachtet, weil sie sich dem russischen Drängen widersetzten. Russische Mütter drohten ihren aufmüpfigen Kindern mit dem Tschetschenen so wie wir mit dem Knecht Ruprecht. Dabei blieb vollkommen außer Acht, dass Stalin im Februar 1944 innerhalb von nur fünf Tagen die gesamte Bevölkerung Tschetscheniens und Inguschetiens – fast 600 000 Menschen – nach Kasachstan und Kirgisistan deportiert hatte. Deren Überlebende konnten erst in den 1970er-Jahren wieder in ihre Heimat zurückkehren, falls Haus und Hof nicht einfach russischen Siedlern zugesprochen worden waren. Mit der aktuellen Stigmatisierung der Tschetschenen drückte man aus, dass Russland weder Reue für das stalinistische Ethnozid noch Mitleid mit diesen »Feinden des russischen Volks« empfinden sollte.

Am 1. Oktober riss Putin Russland also erneut in einen grausamen Krieg gegen Tschetschenien, wobei das Militär dieses Mal auf die intensive Bombardierung Grosnys setzte – mit ebendieser Taktik ging man 2022 auch gegen ukrainische Städte und insbesondere Mariupol vor. Die um ein Vielfaches überlegene russische Armee konnte im März 2000 das gesamte tschetschenische Gebiet besetzen, wobei es zu unzähligen, an Genozid grenzenden Verbrechen gegen die Menschlichkeit kam: Bei einer Gesamtbevölkerung von rund 1,4 Millionen Menschen hatte das tschetschenische Volk mehrere Zehntausend Tote zu beklagen.[19]

Zur Rechtfertigung der Massaker entwickelte man eine propagandistische Rhetorik, die 2022 gegen die unabhängige Ukraine aufgegriffen werden sollte. Vor allem aber setzte sich eine völlig neue Machtkultur durch: eine Verbindung aus dem extremen Gewaltkult der Mafia, den Manipulationsmethoden und verdeckten Operationen des KGB und der hemmungslosen Bereicherungsgier der Machthaber und ihres Umfelds.

Zur gleichen Zeit gründete Beresowski aus dem Nichts eine neue regierungsnahe Partei namens *Einheit,* die im Bündnis mit der Kommunistischen Partei – für viele Russen die Erbin der KPdSU – am 19. Dezember 1999 die Wahlen gewann.[20] Nach diesem Erfolg kündigte Jelzin am 31. Dezember seinen Rücktritt an und ernannte Putin zum Interimspräsidenten. Im Gegenzug unterzeichnete dieser ein Dekret, das Jelzin und seiner Familie Straffreiheit zusicherte; außerdem setzte er an die Stelle des geschassten Generalstaatsanwalts Skuratow einen gewissen Wladimir Ustinow, dessen erste Amtshandlung darin bestand, den Fall

Mabetex ad acta zu legen. Putin hatte seine Versprechen gegenüber Jelzin gehalten. Skuratow erklärte daraufhin, Ustinov sei »eine zuverlässige Waffe in den Händen des Präsidenten und der Exekutive, die offenbar vergessen hat, dass es mal die Pflicht zur Einhaltung des Gesetzes gab«.

Die Affäre Skuratow ist ein Lehrstück für das innerhalb des KGB weitverbreitete und über Jahrzehnte genutzte Kompromat. Schon die im Dezember 1917 auf Befehl Lenins gegründete Tscheka nutzte diese Erpressungstaktik: die Verbreitung kompromittierender Informationen über Personen, welche die eigene Machtausübung stören könnten. Dazu gehört auch eine vorangegangene »aktive Operation«, mit der diese Personen in eine – reelle oder ganz und gar fingierte – Situation gebracht werden, die zur Erpressung genutzt werden kann. Das Ziel besteht also darin, sich eines Gegners, eines banalen Störenfrieds oder auch eines ungehorsamen Kollaborateurs »sanft« zu entledigen. Dies geschieht durch Verleumdung oder mithilfe eines korrupten Justizsystems: Der Gegner muss nicht – wie unter Lenin und Stalin üblich – physisch beseitigt werden, sondern wird in die Enge getrieben und in den Augen der Öffentlichkeit diskreditiert. Moderne Techniken ermöglichen dies mithilfe von Fotos oder Filmen, die ohne das Wissen der Person aufgenommen werden, mit Audioaufnahmen, gestohlenen oder gefälschten Schriftstücken oder sogar mit kompromittierenden Inhalten, die in den Computer der Zielperson eingeschleust werden. Meistens interessiert man sich im Rahmen des Kompromats für das Privatleben der Zielperson, insbesondere für ihre Sexualpraktiken – Details, nach denen ein voyeuristisches Publikum giert. So hat man Schadenfrohe wie Moralapostel auf seiner Seite, und über jedem, der sich zum Feind des Systems macht, schwebt das Damoklesschwert des Kompromats.

Im Fall Skuratow stellte das deutsche Recherchezentrum Correctiv nach eingehenden Nachforschungen fest, dass der Skandal von FSB-Männern auf Befehl Putins konstruiert worden war.[21] Man fragt sich in der Tat, wie Skuratow – wenn er es überhaupt ist, der in dem Video zu sehen ist – an einem anonymen Ort mit den beiden Frauen gefilmt werden konnte, wenn es sich dabei nicht um eine Falle handelte. Putin jedenfalls nutzte die Erpressung gleich doppelt. Auf der einen Seite hatte er Jelzin in der Hand, der gezwungen war, ihn im Gegenzug für Skuratows Kaltstellung an die Spitze der Macht zu befördern. Auf der anderen Seite konnte er auf Skuratow und durch ihn auf den gesamten Justizapparat Druck ausüben. Ein zu genialer Coup, um von einem kleinen Oberstleutnant ersonnen worden zu sein. Sicher hatten da die Generäle des KGB ihre Marionette tanzen lassen – die sich aber schnell von ihnen losmachte.

Da sie sich nicht mit Erpressung und Gewalt begnügen konnte und jeder Ansatz zu einer echten Demokratisierung aufgegeben wurde, musste die neue Macht im Kreml die längst demontierte kommunistische Ideologie durch eine Erzählung ersetzen, die einen Teil der Öffentlichkeit hinter sich vereinen könnte. Die leninistische und stalinistische Erzählung von der »strahlenden Zukunft« der kommunistischen UdSSR hatte versagt, da deren Ruinen doch vor den Augen der Weltöffentlichkeit ausgebreitet lagen. Es musste eine neue große Erzählung über die Geschichte Russlands her. Zunächst entschied man sich für eine Rückkehr zur zaristischen Tradition. Durch einen Erlass vom 6. September 1991 erhielten mehrere Städte ihre Namen aus der Zarenzeit zurück: Leningrad wurde wieder zu Sankt Petersburg und Swerdlowsk, benannt nach einem der wichtigsten bolschewistischen Führer, wurde wieder zu Jekaterinburg. Genau in dieser Stadt war in der Nacht des 17. Juli 1918 auf Lenins persönlichen und geheimen Befehl die gesamte Familie von Zar Nikolaus II. ermordet und ihre sterblichen Überreste verscharrt worden. Im Jahr 1976 hatte Jelzin, damals KP-Chef von Swerdlowsk, den Ort des Massakers, das »Ipatjew-Haus«, auf Geheiß des KGB abreißen lassen. Als er 1991 Präsident Russlands wurde, weihte er nicht nur die erste Gedenkstätte für die Opfer stalinistischen Terrors ein, sondern ordnete auch noch an, nach den sterblichen Überresten der Zarenfamilie zu suchen. Dank der Öffnung der Archive wurden sie in einem Massengrab im Wald entdeckt, exhumiert, anhand ihrer DNA identifiziert und am 16. Juli 1998 – auf den Tag genau 80 Jahre nach dem Massaker – mit großem Pomp in der Peter-und-Paul-Kathedrale in Sankt Petersburg beigesetzt.

Allein der russisch-orthodoxe Patriarch Alexius II. verweigerte die Teilnahme.

Um seine Zukunft an die als glorreich dargestellte Vergangenheit des Zarenreichs anzudocken, ließ der Kreml ab Januar 1995 die Christ-Erlöser-Kathedrale in Moskau wieder aufbauen. Stalin hatte sie 1931 sprengen und durch ein Schwimmbad (!) ersetzen lassen. Man verbreitete die Vorstellung, Russland sei weiterhin eine Supermacht, während die demokratischen und rechtsstaatlichen Werte, die vor Gorbatschows Sturz teilweise gegolten hatten, zugunsten eines zaristisch-bolschewistischen Ideologie-Sammelsuriums fallen gelassen wurden, das die unermessliche Größe des ehemaligen Reichs und einen totalitären Absolutismus hervorkehrte. Jelzins Sprecher Wjatscheslaw Kostikow hatte schon im Februar 1994 erklärt: »Die ideologischen Konflikte werden durch den Kampf um Einflusssphären im geopolitischen Bereich ersetzt.«

Die durch den jämmerlichen Zusammenbruch der UdSSR hervorgerufene kollektive Demütigung und das dramatische Scheitern der marxistischen Doktrin von der Abschaffung des Privateigentums wurden durch einen aggressiven, expansionistischen und antiwestlichen Nationalismus kompensiert, den man um die alte, neu aufgelegte Ideologie des »Eurasismus« rankte. Befördert wurde diese von Alexander Dugin, der in seinem 1998 erschienenen Buch *Grundlagen der Geopolitik* von einer eurasischen Union fabulierte, die Russland, die Ukraine, Belarus, Kasachstan, Tadschikistan, Usbekistan und Kirgisistan vereinen sollte und der sich Serbien, Griechenland, Iran, Irak, Syrien, Libyen und sogar Indien anschließen könnten. Von diesem Wahn sollte sich Putin zehn Jahre später inspirieren lassen.[22]

Am 26. März 2000 sollten Präsidentschaftswahlen stattfinden, bei denen Putin sicherlich der Favorit war, obgleich er zu diesem Zeitpunkt keine absolute Garantie hatte, gewählt zu werden, da er zum ersten Mal kandidierte und mit dem inzwischen völlig diskreditierten Jelzin in Verbindung gebracht wurde. Dem Kreml war es nicht gelungen, Skuratows Kandidatur zu verhindern: Dieser versprach, seine Kampagne über das Thema Korruption zu führen. Es folgte eine durch die absolute Medienkontrolle ermöglichte massive Manipulation der öffentlichen Meinung, am Ende wurde Putin bereits im ersten Wahlgang gewählt. Am 19. April 2000 stimmten die Mitglieder des Föderationsrates in einer spektakulären Kehrtwende mehrheitlich für ihn – und das, nachdem sie Präsident Jelzins Antrag zur Entlassung von Generalstaatsanwalt Skuratow dreimal zurückgewiesen hatten. Dieser Abstimmung lag eindeutig ein Deal mit dem Kreml zugrunde, da die Regionalabgeordneten von der Zentralmacht abhängig sind, wenn es um die Vergabe von Geldern und um verschiedene, auch persönliche Privilegien geht. Skuratow, der des politischen, juristischen und medialen Guerillakriegs gegen sich leid war, akzeptierte die Entscheidung, wiederholte jedoch seine Anschuldigungen gegen »die nach wie vor zum Umfeld des Präsidenten gehörende Gruppe von Kriminellen«. Auch 22 Jahre später hat diese von Wladimir Putin angeführte Gruppe keinen Deut an Macht verloren.

2

Der KGB kommt wieder an die Macht

Galia Ackerman und Stéphane Courtois

Im Dezember 1999 sagte Putin bei einer anlässlich des Tages des Tschekisten (sic!) einberufenen Besprechung hochrangiger FSB-Beamter einen bezeichnenden Satz: »Ich möchte darauf hinweisen, dass die Gruppe der FSB-Offiziere, die zur Infiltration der Regierung entsandt wurde, zunächst ihre Aufgaben erfüllt.«[1] Tatsächlich berief der neue Präsident gleich nach seiner Wahl alle aus dem KGB hervorgegangenen Mitglieder seines Sankt Petersburger Clans in den Kreml.[2] Wie die Soziologin Olga Krychtanowskaja festgestellt hat, waren um 2003 fast 80 Prozent der höchsten Positionen im Staat von Silowiki besetzt, von denen ein Großteil aus dem Geheimdienst stammte. Ihr zufolge gab es an der Spitze des Staates und in Putins engstem Kreis fast nur noch Leute, die aus den Diensten für Spionage und Spionageabwehr hervorgegangen waren. Noch interessanter war, dass die Silowiki in die Vorstände großer staatlicher oder privater Unternehmen einzogen.[3]

Putin nahm rasch eine Reorganisation der Präsidialverwaltung vor, einer Instanz, die nicht in der Verfassung verankert war, aber das eigentliche Machtzentrum bildete. (Genauso war zu Zeiten der UdSSR – verborgen hinter der parteipolitischen Fassade des Politbüros, der staatlichen der Regierung und der pseudodemokratischen des Obersten Sowjets – das nur aus einigen wenigen Personen, von 1931 bis 1953 sogar nur aus Stalin bestehende Sekretariat der KPdSU der tatsächliche Ort der Macht gewesen.) Diese Reform wurde von Wladislaw Surkow, einer schillernden Figur des Putin-Establishments, vorangetrieben. Surkow hatte sein Erwachsenenleben von 1983 bis 1985 mit dem Militärdienst bei der Speznas, der Spezialeinheit des Militärgeheimdienstes GRU, begonnen und war dann in die Werbe- und Kommunikationsbranche gewechselt, wo er im Dienst von Oligarchen wie Michail Chodorkowski oder Michail Fridman von Erfolg zu Erfolg geeilt war. Vom Kreml war er schnell bemerkt und im August 1999 zum Vizedirektor der Präsidialadministration ernannt worden.

Die Reorganisation zielte auf Errichtung eines politischen Systems, das sich der aufkeimenden Demokratie und Rechtsstaatlichkeit entledigt hätte. Laut einem offiziellen, aber geheimen Dokument sollte sie »die Verwaltung zu einem mächtigen Organ machen, das Einfluss oder Druck ausüben [könne] auf politische Parteien und Bewegungen sowie auf deren Führer, auf führende Politiker und Parlamentarier auf regionaler Ebene, auf Kandidaten für alle politisch wichtigen Ämter [...], Journalisten [...] sowie die Aktivitäten der Wahlkommissionen und ihrer Mitarbeiter«, um es dem Präsidenten zu ermöglichen, »die in Russland ›notwendige‹ politische Lage vorherzusehen und herbeizuführen, aber auch die politischen und sozialen Prozesse in der Russischen Föderation sowie in den Ländern des nahen Auslands wirklich zu lenken«. Das gesamte putinsche von der KGB-Kultur geprägte Programm für die nächsten zwanzig Jahre war bereits vorhanden: die paranoide Vorstellung von einem allseitig bedrohten Russland und die Besessenheit von dem Wunsch, die Lage autoritär zu beherrschen, und zwar sowohl im Inneren als auch nach außen, was absolute Einigkeit des Landes und die Jagd auf die Gegner von der fünften Kolonne beinhaltete.[4]

Aus diesem Grund wurden die 89 Regionen der Russischen Föderation mit dem Stichtag 13. Mai 2000 zu sieben Provinzen zusammengefasst, die mit den Militärregionen der ehemaligen UdSSR identisch waren und von sieben vom Kreml ernannten Bevollmächtigten regiert werden sollten. Die Risiken einer Wahldemokratie und die Gefahren, die von einer freien Presse, einer informierten Öffentlichkeit und einer unabhängigen Justiz ausgingen, waren rasch beseitigt, und diese Potentaten, die größtenteils aus den »Machtstrukturen« stammten, führten die uneingeschränkte Herrschaft von Korruption und Willkür ein.[5]

Bedingung für ihre Herrschaft war natürlich, dass die sieben sich dem Kremlclan unterwarfen, der damit begann, die Provinzen systematisch auszubeuten und bis zu 80 Prozent ihrer Steuereinnahmen abzuschöpfen.

Um den Konformismus der veröffentlichten Meinung zu sichern, erließ Putin im September 2000 ein Dekret zur Informationssicherheit und schuf im März 2001 ein Informationsministerium, das dem Kreml unterstellt war. Unmittelbar danach entzog er den mächtigen Oligarchen Boris Beresowski und Wladimir Gussinski die Kontrolle über die wichtigsten Fernsehsender (ORT und NTV), schränkte die von Gorbatschow eingeführte Glasnost stark ein, die es der Presse erlaubt hatte, zahlreiche Skandale aufzudecken, und sorgte dafür, dass die Macht für die Öffentlichkeit weitaus intransparenter wurde. Als unabhängige Informationsquellen standen dem russischen Normalbürger bald nur noch einige wenige Funk- und Printmedien zur Verfügung; das vom Großteil der Bevölkerung genutzte Medium blieb das Fernsehen, das nun vollständig unter Kontrolle war.[6]

Um seinen Machtapparat zu vervollkommnen, beschloss Putin, die Parteien mit einem Gesetz vom Mai 2001 staatlicher Finanzierung und eigennütziger Kontrolle durch eine gelenkte »Justiz« zu unterwerfen. Last but not least wies er den FSB an, die Parteien zu unterwandern (die Bildung von kleinen Gruppen innerhalb oppositioneller Kreise war eine alte Praxis der Bolschewiki, die Lenin schon 1920 in seinen Befehlen an die neu gegründete Kommunistische Internationale formalisiert hatte). Dann wies er Surkow an, seine selbst gegründete Partei *(Vereintes Russland)* mit dem Block von Jewgeni Primakow und dem Moskauer Bürgermeister Juri Luschkow *(Vaterland – Ganz Russland)* zwangszuvereinigen, um im Dezember 2001 die Partei *Einiges Russland* zu gründen, das künftige Machtgerüst, das ihm die Kontrolle über die Duma sicherte. Statt die Interessen der Wähler zu vertreten, begnügte sich die Duma damit, gegen üppige Vergütung die Befehle des Kremls weiterzugeben und eine Scheineinigkeit im Land herzustellen.

Dieses Abdriften der Macht in den Autoritarismus wurde durch ein unerwartetes Ereignis beschleunigt. Am 23. Oktober 2002 nahm ein Kommando tschetschenischer Islamisten als Reaktion auf die Übergriffe der russischen Armee in Tschetschenien die 900 Zuschauer und Angestellten des Moskauer Dubrowka-Theaters als Geiseln und forderte den Rückzug der russischen Truppen. Im Namen des Kampfes gegen den islamistischen Terrorismus, der nach den Anschlägen vom 11. September 2001 in den USA zu einem weltweiten Anliegen geworden war, lehnte Putin Verhandlungen ab und ließ das Theater am 26. Oktober stürmen. Dabei wurden unbekannte chemische Kampfstoffe eingesetzt, 130 Geiseln[7] getötet und die 41 Mitglieder des Kommandos exekutiert. Im Jahr 2011 verurteilte der Europäische Gerichtshof für Menschenrechte Russland zur Zahlung von 1 254 000 Euro an 64 Kläger – ehemalige Geiseln und Angehörige von Opfern –, weil das Land seine Intervention nicht gründlich genug vorbereitet habe.[8] Wie sich später herausstellen sollte, war der Kreml jedoch eindeutig dem Grundsatz gefolgt, mit den Geiselnehmern nicht zu verhandeln, sondern sie auszulöschen, ganz gleich, wie hoch der Preis für die Opfer sein würde.

Um sich vorrangig um die Festigung seiner Macht kümmern zu können, übertrug Putin die Führung der laufenden Geschäfte seinem Ministerpräsidenten Michail Kassjanow, dem ehemaligen Finanzminister Jelzins. Kassjanow leitete eine Reihe von Steuer- und Rechtsreformen ein, die den Fortbestand privater Unternehmen förderten und innerhalb von vier Jahren zu einer Erholung der Wirtschaft führten. Diese basierte weitgehend auf dem Export von Öl, dessen Preis immer weiter stieg. Hinzu kam im Dezember 2001 ein neues Arbeitsgesetz, das allen sozialen Forderungen sehr abträglich war und die unabhängigen Gewerkschaften allmählich schwächte. Die Oligarchen, die jetzt nicht mehr als unabhängige Unternehmer und Eigentümer ihrer Unternehmen betrachtet wurden, sondern als »vom Staat Bevollmächtigte, die beauftragt sind, diesen oder jenen profitablen Sektor der Wirtschaft zu verwalten, und zwar nicht für den Staat, sondern für die Kremlbesetzer, die ihnen erlauben, sich dabei die Taschen zu füllen«,[9] verlor der Präsident jedoch nicht aus den Augen. Bereits im Oktober 2000 hatte Putin seine Absichten dargelegt und in Bezug auf die Oligarchen erklärt: »Der Staat hat eine Keule in der Hand, die er ein für alle Mal einsetzen kann. Nämlich indem er damit auf den Kopf schlägt. [...] niemand wird unseren Staat seinem Gesetz unterwerfen. Und wenn es nötig ist, werden wir die Instrumente zerstören, die diese Erpressung [durch die Oligarchen] möglich machen.«[10]

Das emblematischste Beispiel für den Einsatz der »Keule« war die erstaunliche Verhaftung von Michail Chodorkowski, dem reichsten Geschäftsmann Russlands, am 25. Oktober 2003. Chodorkowski war Geschäftsführer des wichtigen Ölkonzerns Jukos, einer der größten privaten Ölgesellschaften der Welt, die 20 Prozent des russischen Öls förderte, was 2 Prozent der weltweiten Ölproduktion entsprach. Der Grund für die Verhaftung? Das »beleidigende« Verhalten Chodorkowskis, der es gewagt hatte, vor Putin selbst und seinen Kumpanen über die Korruption in den hohen Macht- und Geschäftskreisen zu sprechen, sowie seine Pläne, mit Exxon Mobil und Chevron Texaco gemeinsame Projekte zu verfolgen. Am 31. Mai 2005 wurde Chodorkowski wegen Steuerhinterziehung zu neun Jahren Haft und 2010 zu weiteren sechs Jahren und Internierung in einer 6500 Kilometer von Moskau entfernten sibirischen Strafkolonie verurteilt, mit Anrecht auf nur vier Besuche seitens seiner Familie pro Jahr![11] Mehr noch als der Ausgang eines politischen Prozesses war diese Verurteilung eine kostenfreie Warnung an alle russischen Wirtschaftsbosse, die etwa erwogen, sich in die Politik einzumischen, gar ohne sich strikt dem Kreml zu unterwerfen.[12]

Chodorkowskis Verhaftung war das Vorspiel zur überraschenden Entlassung der gesamten Regierung Kassjanow am 24. Februar 2004, die kurz darauf wegen Korruption angeklagt wurde, obwohl sie sich in Wirklichkeit nur einer Entscheidung von Gazprom widersetzt hatte. Die 1993 gegründete staatliche Aktiengesellschaft, die einen Großteil der russischen Öl- und Gasindustrie kontrollierte, wurde 2005 zum in puncto Marktkapitalisierung größten Unternehmen des Landes und zum fünftgrößten der Welt. Sie erwirtschaftete 20 Prozent der Einnahmen des Staates, 8 Prozent des BIP und hatte 400 000 Beschäftigte. Mit anderen Worten, sie war ein Mammut, das zum für den Präsidenten reservierten Sektor geworden war, und durch die Inhaftierung Chodorkowskis hatte Putin den Oligarchen demonstrativ jeden wirklichen Einfluss genommen.

Die Präsidentschaftswahlen vom 14. März 2004 kündigten die Entwicklung des Regimes zur Diktatur an. Gegen fünf reine Außenseiterkandidaten angetreten, erhielt Putin im ersten Wahlgang bei einer Wahlbeteiligung von über 96 Prozent mehr als 71 Prozent der Stimmen. Man kann nur seine für den KGB typische Kunst der perfekten Koordination von Winkelzügen bewundern, mit denen er die Öffentlichkeit beeindruckt und seine Gegner in Angst und Schrecken versetzt hatte. Auffällig waren aber auch diese fundamentalen Überbleibsel des Bolschewismus: wirtschaftliche Räuberei, Plünderung des Eigentums anderer und eine Wirtschaft, die auf Rohstoffen basiert, mit einem Wort: die fundamentale Unfähigkeit, eine echte Marktwirtschaft zu etablieren, was unweigerlich einen Rechtsstaat, der die Einhaltung von Verträgen sicherstellte, sowie eine unabhängige Justiz und eine freie Presse voraussetzen würde. So entstanden »Imperien« – Gas, Öl, Kupfer, Aluminium, Waffen –, eine vom Kreml kontrollierte Wirtschaftsoligarchie und eine schleichende Re-Etatisierung, die die große Mehrheit der Bevölkerung von der Macht abhängig machte: Von 146 Millionen Russen werden einschließlich Familien 100 Millionen vom Staat bezahlt.[13]

Durch seine leichte Wiederwahl ungeheuer selbstbewusst und arrogant geworden, begann Putin, sich für einen neuen Zaren zu halten, und wollte zunächst die Tschetschenienfrage »endgültig« lösen. Nachdem er jeglichen bewaffneten Widerstand hatte niederschlagen und die Zivilbevölkerung in großem Umfang massakrieren lassen, hatte er 2003 den inzwischen prorussischen Clan des ehemaligen Rebellen Achmad Kadyrow an die Macht gebracht. Keine zwei Monate nach Putins Wiederwahl wurde Kadyrow am 9. Mai 2004 durch ein Attentat ermordet und bald durch seinen Sohn Ramsan ersetzt, nachdem der neue Ministerpräsident Tschetscheniens, Sergej Abramow, im November 2005 in Moskau einem schweren Autounfall zum Opfer gefallen war.[14]

Von da an verschafften sich der Kadyrow-Clan und seine *Kadyrowzy* – eine Art Privatarmee –, die weitgehend von Moskau finanziert wurden, extrem gewaltsam Geltung, wofür Putin Ramsan mit der höchsten Auszeichnung des Landes, der Medaille »Held Russlands«, dekorierte. Im Rahmen der Eurasischen Doktrin und des Bündnisses mit der dem KGB völlig ergebenen russisch-orthodoxen Kirche wurden Tschetschenien und der gesamte Nordkaukasus einer Re-Islamisierung unterzogen – sogar mit einem Verweis auf die Stalin-Zeit, indem die russische Ministerin für nationale Bildung ihre Freude darüber zum Ausdruck brachte, dass Stalin 1943 die Kirche eingeschaltet hatte. Diese Re-Islamisierung, die sich vollständig gegen den Westen richtete, sollte später zu stark symbolischen Gesten führen. So organisierte Kadyrow im Januar 2015 in Grosny eine große Demonstration, um die gerade in Paris ermordeten Karikaturisten von *Charlie Hebdo* zu verurteilen. Und im Oktober 2021 verkündete der Vater des Mörders von Samuel Paty, dem ein Jahr zuvor in Paris enthaupteten Lehrer, von Tschetschenien aus, sein bei der versuchten Festnahme von der Polizei erschossener Sohn sei gestorben, »um die Ehre aller Tschetschenen und aller Muslime der Welt zu verteidigen«!

Als Reaktion auf Moskaus Vorgehen organisierten tschetschenische und inguschetische Terroristen – Angehörige zweier Völker, die im Februar 1944 nach Zentralasien deportiert worden waren – mehrere Anschläge, darunter die Explosion zweier Maschinen auf russischen Inlandsflügen und am 31. August ein Selbstmordattentat in der Moskauer U-Bahn, bei dem zehn Menschen getötet und 50 verletzt wurden. Am 1. September 2004, dem Tag des Schulbeginns nach den großen Ferien, nahm ein Kommando in der Stadt Beslan in der russischen Republik Nordossetien in einer Schule mehr als 1100 Kinder und Erwachsene als Geiseln. Nach drei Tagen stürmten Spezialeinheiten die Schule in größter Konfusion: mit Raketen, Panzern und Flammenwerfern. Die beklemmende offizielle Bilanz: 382 Tote, darunter 186 Kinder und 31 Geiselnehmer.[15]

Die Krise begünstigte die Vereinnahmung der russischen Außenpolitik durch die Erben des KGB, da sie ihnen erlaubte, in diese Politik »ihre ›aktiven Maßnahmen‹, ihre Paranoia, ihren Verschwörungswahn und ihre fundamentale Unfähigkeit, die Wirklichkeit objektiv zu sehen«, einfließen zu lassen.[16] Putin hatte von 2000 bis 2003 eine Charmeoffensive in Richtung Europa gestartet. Zunächst war er eine gewaltige Energiepartnerschaft mit Deutschland eingegangen, die sich zu einem fantastischen Erpressungsinstrument entwickeln sollte (Deutschland bezog fortan 40 Prozent seiner Gas- und 30 Prozent seiner Ölimporte aus Russland). Dann hatte er die Operation mit dem von Silvio Berlusconi regierten Italien wiederholt. Er hatte sogar die Briten und Tony Blair, der ihn von der Queen empfangen ließ, verführt, ebenso die Franzosen und Jacques Chirac, die sich mit ihm in der Irakfrage einig waren. Die Russen waren so weit gegangen zu fordern, dass Putin »wie einst Peter der Große« in die Académie française aufgenommen werde.[17]

Doch als George W. Bush und Putin im Februar 2005 in Bratislava zusammentrafen, war der Ton ein anderer. Auf die vom amerikanischen Präsidenten geäußerte Besorgnis über die Entwicklung der Demokratie in Russland antwortete der Kremlchef sehr zweideutig: »Zu sagen, dass es hier oder dort weniger Demokratie gebe, ist aus meiner Sicht nicht korrekt. [...] Wir sind nicht im Begriff, eine Form von Demokratie zu kreieren, sondern wir übernehmen die wesentlichen Grundsätze der Demokratie, aber diese Grundsätze müssen den Traditionen Russlands angepasst werden.« Doch während Bush versprach, sich für die Aufnahme Russlands in die Welthandelsorganisation einzusetzen, verfolgte Putin ab 2006 eine offen antiamerikanische Politik und förderte, vor allem nach der Ablehnung des Referendums über die EU-Verfassung durch die Franzosen im Mai 2005, alles, was zur Entkopplung der Europäischen Union von Washington beitragen konnte. Und er erhöhte bei Einschüchterungen und gröbsten Provokationen die Schlagzahl, wie etwa 2007, als er Bundeskanzlerin Angela Merkel im Kreml in Anwesenheit seines riesigen Labradors empfing, obwohl allgemein bekannt war, dass Merkel nach einem zuvor erlittenen Biss Angst vor Hunden hatte.

Diese Politik Putins beruhte auf zwei fundamentalen Irrtümern: Der erste bestand im Festhalten am Mythos von der UdSSR als Supermacht, obwohl diese 1991 krachend zerbrochen war, der zweite in der im 21. Jahrhundert absurden Vorstellung, dass die

Macht eines Staates von der Größe seines Territoriums abhänge, wobei die archaischste Geopolitik an die Stelle der einst effektiven Dynamik der kommunistischen Revolutionsideologie trat. Von da an wurde die russische Außenpolitik von Rachegelüsten und der ständigen Manifestation eines Gefühls der Allmacht und Straffreiheit bestimmt, das sich an der Demütigung von Nachbarvölkern und des Westens erfreute. Lenin hatte auf eine große proletarische Weltrevolution hingearbeitet, die ihren Machtbereich mit internationalistischen Parolen über den Globus ausdehnen sollte, um weltweit ihre neue Art von Regime, den Totalitarismus, durchzusetzen. Putin formulierte diese Idee neu, allerdings gemäß der für das 19. Jahrhundert typischen geopolitischen Logik der Einflusssphären, wie sie Hitlers und Stalins Bündnis von 1939 zugrunde gelegen hatte. Er reaktivierte die panslawistische und ultranationalistische Idee, dass Russland, das »Dritte Rom«, die Achse der Welt sei, und setzte zunächst Methoden der Infiltration ein – Softpower, Bestechung und Kontrolle der Führungs- und Medieneliten durch das Kompromat,[18] durch Wahlmanipulation usw. –, die je nach Möglichkeit in eine »hybride« bewaffnete Intervention mit Akteuren vom Typ »Gruppe Wagner«[19] oder »kleine grüne Männchen«[20] mündeten, bevor es zu großen Militäroperationen wie in Tschetschenien, Georgien und vor allem 2022 in der Ukraine kam.

Diese Denkweise führte zu einem beschleunigten Einsatz massiver Propaganda und immer plumperer Staatslügen, die an die schlimmsten Zeiten der Sowjetunion erinnerten, als Stalin 1942 im Kreml, Auge in Auge mit General Sikorski, dem Chef der polnischen Exilregierung, behauptete, er wisse nicht, wo 15 000 polnische Offiziere abgeblieben seien, obwohl er am 5. März 1940 den Befehl zu deren Ermordung gegeben hatte.[21] In Alexander Solschenizyns Rede aus Anlass der Verleihung des Nobelpreises für Literatur 1970 heißt es gegen Ende: »[...] vergessen wir doch nicht, dass die Gewalt nicht allein lebt und nicht allein leben kann: sie ist notwendigerweise mit der Lüge verstrickt. Zwischen ihnen besteht das innigste, das tiefste natürliche Band. Die Gewalt findet ihre einzige Zuflucht in der Lüge, die Lüge ihre einzige Stütze in der Gewalt. Jeder Mensch, der einmal der Gewalt als seiner *Methode* gehuldigt hat, muss unausweichlich die Lüge als seinen *Grundsatz* wählen.«[22]

Diese Neuorientierung beschleunigte die nostalgischen und paranoiden Tendenzen der Macht. Putin erklärte in seiner Ansprache an die Nation nach der Tragödie von Beslan: »Wir leben heute in einer Zeit nach dem Zusammenbruch eines großen, riesigen Staates. […] Aber trotz aller Schwierigkeiten haben wir es geschafft, den Kern dieses Riesen, der die Sowjetunion war, zu erhalten. […] Allerdings […] hat unser Land seine einst mächtigen Verteidigungsanlagen an seinen westlichen und östlichen Grenzen verloren. […] Wir haben Schwäche gezeigt. Und die Schwachen werden verprügelt. Einige wollen uns ein ›saftiges‹ Stück entreißen, andere helfen ihnen dabei, weil sie Russland, eine der größten Atommächte der Welt, immer noch für eine Bedrohung halten – für eine Bedrohung, die man beseitigen muss.«[23] Ein Vorgeschmack auf die Rede, die Putin 2022 zu Beginn des Angriffs auf die Ukraine hielt.

Damals – 2004 – war Surkow Vizedirektor der Präsidialverwaltung und hielt nach Putin eine weit radikalere Rede, die an die Gewalt des von den Bolschewiki von 1918 bis 1921 geführten Bürgerkriegs und an die stalinistische Paranoia der 1930er- bis 1950er-Jahre erinnerte: »Das Hauptziel der [ausländischen] Intervention ist die Vernichtung des russischen Staates. […] Wir alle müssen uns dessen bewusst werden, dass der Feind vor unserer Haustür steht. Die Front verläuft durch jede Stadt, jede Straße, jedes Haus […]. Und in unserem belagerten Land hat sich eine fünfte Kolonne von Rechts- und Linksradikalen gebildet.« Surkow schloss mit den Worten: »Angesichts dieser Bedrohung ist der Präsident ganz einfach gezwungen, den Verfassungsgrundsatz der Einheit der Exekutive voll zu verwirklichen.«[24] Das war schlicht und einfach eine Rückkehr zu den beiden großen leninistischen Prinzipien, die die Grundlage jedes totalitären Regimes bildeten: die »Einheit des Willens« an der Spitze der Macht und das Verbot, sich über Meinungsverschiedenheiten unter den Führern öffentlich zu äußern.[25] Im Anschluss daran fällte der Kreml zwei Entscheidungen, die seine Kontrolle über das Land erheblich verschärften: Am 13. September 2004 kündigte er an, dass (1) die bisher in allgemeiner Wahl gewählten Gouverneure der Regionen in Zukunft von Moskau ernannt und dann von den lokalen Parlamenten bestätigt und (2) die bisher in Wahlkreisen gewählten Abgeordneten künftig von auf nationaler Ebene aufgestellten Listen nach dem Verhältniswahlrecht gewählt werden würden.

Neben der Beslan-Krise wurden diese Entscheidungen weitgehend durch die politischen Entwicklungen in Georgien ausgelöst. Präsident des unabhängigen Staates war seit 1992 Eduard Schewardnadse, der ehemalige Außenminister Gorbatschows. Bei den Parlamentswahlen im November 2003 gab es massive Wahlfälschungen, die friedliche, vor allem von Micheil Saakaschwili angeführte Massenproteste gegen das äußerst korrupte Regime zur Folge hatten. Am 22. November drangen die Oppositionellen mit Rosen in der Hand ins Parlament ein, was Schewardnadse veranlasste, die Armee zu rufen. Diese weigerte sich jedoch einzugreifen, und am 4. Januar 2004 wurde Saakaschwili zum Präsidenten gewählt. Seine Anhänger, die für eine von Russland unabhängige und dem Westen zugewandte Politik eintraten, gewannen anschließend auch die Parlamentswahlen.

Dieser ersten »Farbrevolution« folgte 2004 in der Ukraine, nach der Präsidentschaftswahl, eine zweite. Bei dieser Wahl standen sich mit Viktor Janukowitsch und Viktor Juschtschenko zwei Männer gegenüber, die für zwei gegensätzliche Schicksale der unabhängigen Ukraine eintraten. Janukowitsch, der 1950 im Donbass geboren wurde, wo er seine gesamte berufliche und später politische Karriere absolvierte, war als ehemaliges Mitglied des Komsomol und später der KPdSU zweimal, 1967 und 1969, wegen Diebstahls und Körperverletzung zu mehrjährigen Haftstrafen verurteilt worden, was ihn nicht gehindert hatte, die Führung der prorussischen *Partei der Regionen* (PR) zu übernehmen und 2002 Ministerpräsident der Ukraine zu werden, unterstützt vom Clan aus Donezk (der Hauptstadt der Provinz Donbass), der von dem Oligarchen Rinat Achmetow beherrscht und seinerseits öffentlich von Putin unterstützt wurde. Janukowitsch stand der 1954 geborene Juschtschenko gegenüber, der seit 1993 Direktor der neu gegründeten Nationalbank der Ukraine und von 1999 bis 2001 Ministerpräsident gewesen, dann zurückgetreten und Oppositionsführer geworden war. Juschtschenko vertrat einen vor allem in Kyiv und Lviv ansässigen Teil der Bevölkerung, der Korruption ablehnte und die Werte der Europäischen Union verwirklichen wollte.

Der Wahlkampf war besonders hitzig, weil Juschtschenko am 5. September 2004 eine spektakuläre Dioxinvergiftung erlitt. Sein Leben wurde in letzter Minute von österreichischen Ärzten gerettet, aber sein Gesicht war entstellt, und er litt Qualen.[26] Doch er gab seinen Wahlkampf nicht auf. Nach der Stichwahl am 21. November löste die Bekanntgabe des für Janukowitsch günstigen Ergebnisses heftige Proteste wegen mutmaßlichen massiven Wahlbetrugs aus, die nach der Farbe des unterlegenen Kandidaten als »Orange Revolution« bezeichnet wurden. Der Oberste Gerichtshof beschloss, die Wahl für ungültig zu erklären und einen dritten Wahlgang anzusetzen, aus dem am 26. Dezember unter anscheinend normaleren Bedingungen Juschtschenko mit 52 Prozent der Stimmen gegenüber 44 Prozent für Janukowitsch als Sieger hervorging, was den Kreml in Rage versetzte und Putin gesteigerte Angst vor einer friedlichen demokratischen Massenbewegung in Russland machte.

Im Jahr darauf, 2005, zog Surkow die Lehre aus den »Farbrevolutionen« und leitete eine Reform der Parlamentswahlen ein, um Kandidaten von Parteien, die vom Kreml nicht kontrolliert wurden, an der Kandidatur zu hindern – ein klassisches Mittel autoritärer Regime, um das Wahlsystem dadurch zu ihren Gunsten zu korrumpieren, dass sie nur die Kandidaten der Machthaber antreten lassen. Damit war die Tür zu jedem Versuch einer friedlichen Reform des politischen Systems Russlands endgültig geschlossen. Um die Illusion einer demokratischen Debatte aufrechtzuerhalten, inszenierte Surkow die Gründung vom Kreml manipulierter Parteien, die einen linken und einen rechten Flügel innerhalb der Macht repräsentieren sollten – genau wie Stalin einen Pseudokonflikt zwischen »Rechten« und »Linken« inszeniert und anschließend mit Säuberungen und Scheinprozessen »geschlichtet« hatte. Surkow ergänzte dieses System durch die Gründung der *Naschi* – »Die Unseren«[27] –, einer neuen Form von Jugendbewegung, die Putin persönlich und seine »souveräne Demokratie« unterstützen sollte und historische Erfahrungen, die Rituale des Komsomol – des kommunistischen Jugendverbands der Sowjetzeit – und die ultranationalistische Ideologie der Hitlerjugend vermischte, ergänzt durch orthodoxen Klerikalismus, imperiale, vom reaktionären Zweig der Panslawisten aus der Zarenzeit inspirierte Fremdenfeindlichkeit und schließlich Militarismus. Die Naschi wurden einer Indoktrination unterzogen, die Russland als von zahlreichen, vor allem europäischen Feinden bedroht darstellte, und dienten dem Kreml auch als Resonanzkörper für Angriffe auf all seine Gegner, sowohl – wie im Falle von Ex-Ministerpräsident Michail Kassjanow – im Inland als auch im Ausland, insbesondere in den sozialen Netzwerken, wo von der russischen Regierung kontrollierte Hacker und Trolle ihr Unwesen trieben.

Am 25. Mai 2005, nach seinem Treffen mit George W. Bush, hielt Putin vor der Duma und dem Föderationsrat, die zu einer Föderalversammlung zusammengekommen waren, eine programmatische Rede für das kommende Jahrzehnt.[28] Er attackierte die Oligarchen und kündigte die Einführung eines einheitlichen Steuersatzes von 13 Prozent auf Gelder an, die aus dem Ausland auf russische Banken zurückgeführt würden – eine Amnestie für alle Steuerhinterzieher. Darüber hinaus brandmarkte er eine »ineffiziente und korrupte« Bürokratie, versprach den Beamten aber gleichzeitig eine Anhebung ihrer Bezüge um 50 Prozent innerhalb von drei Jahren – die alte Taktik von Zuckerbrot und Peitsche. Vor allem bezeichnete er den Zusammenbruch der UdSSR als »größte geopolitische Katastrophe des letzten Jahrhunderts« – eine Beleidigung für die 22 Staaten, die zwischen 1989 und 1991 der Diktatur der KPdSU und des KGB entkommen waren: 8 »Volksdemokratien« in Mittel- und Osteuropa und 14 Sowjetrepubliken. Auch mit seiner Aussage, es gelte, »unsere eigenen Werte zu bewahren, unsere Errungenschaften nicht zu verlieren und unseren eigenen Weg zur Demokratie zu finden«, bezog sich Putin auf ein geopolitisches – und damit Territorien betreffendes, imperiales – Politikverständnis, das dem Selbstbestimmungsrecht der Völker entgegensteht. Außerdem bekannte er sich zur Ablehnung der universellen Werte der Demokratie zugunsten der Werte eines jahrhundertelang von Autokratie bestimmten Russlands, das nach der Februarrevolution 1917 nur ein knappes Jahr lang eine Art von demokratischer Herrschaftsform gekannt hatte – bevor die Bolschewiki die äußerst kurzlebige, nach allgemeinem Wahlrecht von Männern und Frauen gewählte erste verfassungsgebende Versammlung am 19. Januar 1918 für aufgelöst erklärten und einen totalitären Kommunismus einführten, der ein Dreivierteljahrhundert lang Bestand haben sollte. Für alle, die es nicht verstanden hatten, fügte Putin hinzu: »Diejenigen, die dachten, die junge russische Demokratie stehe nicht in der Tradition des russischen Staates, sondern sei die Agonie des Sowjetsystems, haben sich geirrt.«

Diese Erklärung wurde um eine geopolitische Machtstrategie auf dem Öl- und Gassektor ergänzt. Bereits im November 2002 hatte Gazprom den Bau der Pipeline Nord Stream 1 gebilligt: Durch den Transport von Gas durch die Ostsee nach Deutschland sollten die Pipelines durch die Ukraine und Polen, über die bis dahin 80 Prozent des russischen Gases nach Europa gelangten, umgangen und das größte europäische Industrieland Schritt für Schritt von diesem Gas abhängig gemacht und damit dem Willen des Kremls unterworfen werden. Dieses Unterfangen wurde durch die Kooperation von Bundeskanzler Gerhard Schröder erleichtert, der einen Teil der Finanzierung durch deutsche Banken absichern ließ und das endgültige Bauprojekt am 18. September 2005, zwei Wochen vor den Bundestagswahlen, genehmigte. Nachdem er diese verloren und von Angela Merkel abgelöst worden war, wurde der Ex-Kanzler sofort von Gazprom als Vorsitzender des Konsortiums eingestellt, das mit dem Bau beauftragt worden war und an dem das russische Unternehmen 51 Prozent der Anteile hielt. Bereits im Januar 2006, mitten im Winter, drohte Gazprom, der Ukraine den Gashahn zuzudrehen, sollte das Land nicht einer deutlichen Preiserhöhung zustimmen. Das verhinderte nicht, dass Putin Mitte Juli 2006 seinen größten Triumph erleben und in Sankt Petersburg am Treffen der G8 teilnehmen durfte, der sieben bedeutendsten demokratischen Industriestaaten – USA, Kanada, Japan, Deutschland, Frankreich, Italien und Großbritannien – sowie eben Russlands. So wurde es entgegen dem Gerede über feindliche Machenschaften des Westens als – vor allem wegen seiner Rohstoffvorkommen – eine der führenden Industrienationen und als demokratisches Land anerkannt.

Aber statt den Kreml zu besänftigen, schien diese Öffnung ihn zu radikalisieren. Im Dezember desselben Jahres unterbrach Gazprom die Gaslieferungen nach Belarus und übernahm en passant die Hälfte der Anteile an der belarussischen Gasgesellschaft Beltransgaz.[29] Anfang Januar 2009 unterbrach Gazprom erneut den Gastransit durch die Ukraine, weil diese mit ihren Zahlungen in Verzug geraten war. Die beiden Manöver zielten darauf, das »nahe Ausland« einzuschüchtern, die Europäische Union ihre Energieabhängigkeit spüren zu lassen und, noch wichtiger, de facto ein auf der Erpressung mit Gas beruhendes Bündnis mit Deutschland zu schließen.

Der 7. Oktober 2006 war ein schwarzer Tag für die gesamte russische Presse, nachdem eine Nachbarin die bekannte Journalistin Anna Politkowskaja im Aufzug ihres Wohnhauses gefunden hatte, ermordet durch vier Schüsse, neben ihr eine Makarow-Pistole – eine Waffe der Sicherheitskräfte. Im Jahr 1958 in New York als Tochter eines Diplomaten geboren, der die Ukrainische Sozialistische Sowjetrepublik bei den Vereinten Nationen vertrat, hatte Politkowskaja in der Zeitung *Nowaja Gaseta* kritisch über das aktuelle Geschehen in Russland geschrieben und sich für die Verteidigung der Menschenrechte eingesetzt. Vor allem hatte sie über den zweiten Tschetschenienkrieg berichtet und schon 2004, als sie über die Geiselnahme in Beslan berichten wollte, einen Mordanschlag – eine Vergiftung – überlebt. Sie war nicht davor zurückgeschreckt, offen Kritik an der mafiösen und kriminellen Herrschaft Kadyrows und am Abdriften Putins in die Diktatur zu üben – und wurde genau an dessen 54. Geburtstag erschossen,[30] als Nummer 21 der seit 2000 in Russland ermordeten Journalistinnen und Journalisten. Das Attentat auf sie leitete die Unterdrückung aller unabhängigen Medien ein, die 2022 aus Anlass des Krieges gegen die Ukraine zur offiziellen Wiedereinführung der Zensur nach sowjetischem Vorbild führte.

Nach dem Mord an Politkowskaja erklärte Putin, ihre Schriften hätten nur einen »unbedeutenden« Einfluss auf die öffentliche Meinung in Russland gehabt, und bereitete die Präsidentschaftswahlen von 2008 vor, bei denen er nicht antreten durfte, da die Verfassung mehr als zwei aufeinanderfolgende Amtszeiten verbot. Zunächst ließ er Dmitri Medwedew zum Ministerpräsidenten ernennen, einen Absolventen der Fakultät für Rechtswissenschaften an der Universität Leningrad, der zu Beginn seiner Karriere, Putin selbst unterstellt, Berater Anatoli Sobtschaks gewesen war sowie von 2000 bis 2003 als erster stellvertretender Leiter der Präsidialverwaltung, ab 2002 auch als Vorsitzender des Aufsichtsrats von Gazprom und ab 2005 schließlich als erster stellvertretender Ministerpräsident fungiert hatte. Im Dezember 2007 ließ Putin dann eine vollkommen von ihm abhängige Duma wählen. Für die Präsidentschaftswahlen im März 2008 stellte er schließlich Medwedew auf, der mit den mittlerweile rituellen 70 Prozent der Stimmen gewählt wurde. Quasi postwendend ernannte Medwedew Putin zum Ministerpräsidenten und übertrug ihm als Ex-Präsidenten die meisten seiner Vorrechte. Dies führte zu einem Rollenspiel, bei dem Medwedew im Westen die neue, junge, moderne und liberale politische Klasse Russlands repräsentieren sollte.

Von da an driftete das Regime in Richtung einer zunehmend autoritären und an eine einzige Person gebundenen Macht ab. Putin wurde zum Schiedsrichter in den oft mit Gewalt ausgetragenen Konflikten zwischen den vier Clans, die sich die Einkünfte aus dem Öl- und Gasgeschäft teilten. Die Oligarchen, die dem Kreml ergeben waren und die Einkünfte verwalteten, widersetzten sich der Staatsbürokratie – die von 700 000 Beamten zu Zeiten der Sowjetunion bis 2009 (bei einer nur noch halb so großen Bevölkerung) auf 1,7 Millionen anwuchs –, den Regionalgouverneuren, die die politische Kontrolle der Bevölkerung vor Ort durchsetzen sollten, und auch den Silowiki, die für die polizeiliche Rasterfahndung und die Drecksarbeit – die Einschüchterung von Oppositionellen und gegebenenfalls ihre Ermordung – zuständig waren. Das gesamte System diente allein dazu, die neue »Nomenklatura« immer reicher zu machen, allen voran Putin, der sich die Kontrolle über den Gassektor und die nationalen Banken reserviert hatte und damit begann, sich in Sotschi am Schwarzen Meer einen gigantischen Palast bauen zu lassen. Die anderen standen ihm nur wenig nach, kauften hemmungslos in Monaco vor Anker liegende Luxusjachten, prächtige Villen an der Côte d'Azur, riesige Chalets im französischen Wintersportort Megève, Stadthäuser in Paris und London oder auch ganze Fußballvereine und führten auf Kosten der Russen, aber auch der Menschen in ihren Gastländern, ein Leben wie Mogule.

Um seinen Öl- und Gassektor so sicher und rentabel wie möglich zu machen, intensivierte Putin die Zusammenarbeit mit Deutschland. Am 8. November 2011, nach Abschluss der 2005 begonnenen Arbeiten, wurde in Anwesenheit von Dmitri Medwedew, dem damaligen nominellen Präsidenten Russlands, und dem französischen Premierminister François Fillon der erste Abschnitt von Nord Stream 1 in Betrieb genommen. Die gesamte Pipeline wurde einige Monate später in Dienst gestellt. Im August 2012 durfte Gazprom trotz zahlreicher Warnungen vor der politischen Gefahr, die mit diesem Projekt für Europa verbunden sein würde, mit den ersten Studien für den Bau von Nord Stream 2 beginnen, zwei neue durch die Ostsee führende Pipelines.[31] Im Jahr 2020 waren Deutschland und seine mächtige Industrie in Sachen Gas – und damit Strom – zu 55 Prozent von Russland abhängig, was Putin saftige Deviseneinnahmen – 25 Prozent der deutschen Ausgaben für Energie – und ein fantastisches politisches Druckmittel verschaffte. Er hatte geplant, dies bei seinem Einmarsch in die Ukraine 2022 voll auszuspielen.

Ab Herbst 2007 ließ die Subprime-Finanzkrise, die zunächst die USA und dann einen Großteil der Weltwirtschaft traf, den wahren Herrn des Kremls glauben, dass der Westen sterbenskrank sei und Russland und sein Regime gewinnen würden. Wie 1929, als die Weltwirtschaft schon einmal von einer existenziellen Krise erfasst worden war und Stalin und die Kommunisten auf der ganzen Welt den Ruhm der UdSSR als prosperierendes Land ohne Arbeitslose besungen hatten, das mit Volldampf in die strahlende Zukunft des Kommunismus fahre, »stellte die offizielle Propaganda [Putins] Russland als sicheren Hafen inmitten des globalen Sturmes dar«.[32] Doch das war es nicht: Bereits im November 2008 verlor der russische Finanzmarkt 75 Prozent seines Wertes, und das BIP fiel 2009 um fast 8 Prozent. Um davon abzulenken, entfachte Putin einen Konflikt in Georgien, indem er separatistische Einheiten in der abtrünnigen Region Südossetien dazu brachte, am 1. August bewaffnete Zwischenfälle zu provozieren. Diese führten zu einer Reaktion der georgischen Armee, was wiederum den Vorwand für eine massive Intervention der russischen Armee am 8. August lieferte. In der Folge erkannte Russland die Unabhängigkeit Südossetiens und auch Abchasiens an, zweier Regionen, die seither vollständig von der Russischen Föderation kontrolliert werden. Auch Nicaragua, Venezuela, die winzige Republik Nauru im Pazifik und später Syrien erkannten die Unabhängigkeit der beiden georgischen Gebiete an. Die wenige Tage dauernden Kämpfe zwischen der russischen und der georgischen Armee brachten jedoch die Schwächen der schlecht ausgerüsteten, schlecht koordinierten und wenig motivierten Russen zum Vorschein, gerade wenn man sie mit den kleinen, aber modernen und mit westlichen Waffen ausgerüsteten georgischen Streitkräften verglich. Obwohl die Russen die Kontrolle über Südossetien gewonnen und den Marsch nach Tbilissi angetreten hatten, war klar, dass ihre Armee einer Reform unterzogen werden musste. Diese wurde bereits im Herbst 2008 angekündigt, endete aber mit einer sehr gemischten Bilanz.[33]

Die von »Ministerpräsident« Putin vorbereiteten Militäroperationen mussten von »Präsident« Medwedew abgesegnet werden, was bei diesem zu Gewissensbissen führte, die sich am 10. September 2009 in einem aufsehenerregenden Artikel mit dem Titel »Vorwärts, Russland!« niederschlugen. Darin wurde eine schonungslose Bilanz der Putin-Jahre gezogen, die vor allem durch weitverbreitete Korruption, die die Wirtschaft erstickt habe, und Einkünfte aus Kohlenwasserstoffen, die das Land starken Konjunkturschwankungen ausgesetzt und die Entwicklung von Hochtechnologie verhindert hätten, geprägt gewesen seien. Im Grunde war dies die Ankündigung eines Wahlprogramms Medwedews für eine zweite Amtszeit als Präsident. Natürlich reagierte Putin auf diesen Affront: indem er Medwedew im September 2011 zwang, öffentlich auf eine Kandidatur für die Präsidentschaftswahlen 2012 zu verzichten, und indem er vor allem ankündigte, selbst zum dritten Mal zu kandidieren. Das löste eine mächtige Protestwelle aus, sodass sich die Machthaber gezwungen sahen, für die Duma-Wahlen im Dezember 2011 massiven Wahlbetrug zu organisieren. Dieser wiederum führte am 10. und 24. Dezember zu heftigen Straßenprotesten, die Putins Angst vor einer »Farbrevolution« in Russland und seiner ausgeprägten Paranoia, die ihn überall »Verschwörungen« des Westens sehen ließ, einen Schub gaben.

Die Präsidentschaftswahlen im März 2012 waren daher Anlass zu besonderen Maßnahmen. Zum einen hätschelte der Kreml die Silowiki: Er kündigte die Verdoppelung oder Verdreifachung der Gehälter aller Angehörigen der Sicherheitsdienste und die Reaktivierung des militärisch-industriellen Komplexes an, der seit dem Zusammenbruch der UdSSR auf Eis gelegen hatte.[34] Zum anderen startete der Kreml eine heftige Propagandakampagne gegen den Westen, der als degeneriert, von Sodomiten und Pädophilen regiert, von Migranten überschwemmt und am Rande eines Bürgerkriegs stehend dargestellt wurde. Und schließlich verherrlichte Putin, insbesondere bei einer riesigen Kundgebung im Luschniki-Stadion im Februar, bei der er die ruhmreiche Erinnerung an den »Großen Vaterländischen Krieg« wachrief, nach dem Vorbild der Panslawisten der 1880er-Jahre in einem beinah rassistischen Ton den »russischen Weg«: »Wir sind ein Volk von Siegern. Das liegt in unseren Genen. […] Wir fordern alle auf, nicht nach dem Fremden zu schauen, nicht das Vaterland zu verraten. […] Wir werden wie unsere Brüder vor den Toren Moskaus sterben. […] Die Schlacht um Moskau geht weiter, wir werden siegen!«[35]

Am 4. März 2012 wurde Putin mit »nur« 64 Prozent der Stimmen zum dritten Mal zum Präsidenten Russlands gewählt. Danach bereitete er systematisch und akribisch die Rückkehr einer totalitären Diktatur nach Russland vor, die sich von jenem Jahr an voll entfalten sollte.

3

Putins Flucht nach vorn in die Vergangenheit

Galia Ackerman und Stéphane Courtois

Wladimir Putins Arroganz, Überheblichkeit und Allmachtsanspruch wurden durch seine Wiederwahl im Jahr 2012 erheblich verstärkt – genau wie durch die im Raum stehende Aussicht, 2018 erneut »gewählt« zu werden. Umgehend ließ er Gesetze verabschieden, mit denen härter gegen Bürgerproteste und die »Diffamierung« der Regierung vorgegangen werden sollte. Er ließ als »gefährlich« gebrandmarkte Internetseiten verbieten und solche Nichtregierungsorganisationen als »ausländische Agenten« klassifizieren, die »störten« und Geld aus dem Ausland bekamen. Insbesondere nahm er die Menschenrechtsorganisation Memorial ins Visier, die sich 1989 in Moskau konstituiert hatte und später, in schwierigen Zeiten, 2022 mit dem Friedensnobelpreis ausgezeichnet werden sollte. Ihre Historiker untersuchten die bedeutenden Terrorphasen der Sowjetherrschaft – vom Bürgerkrieg 1918 – 1922 über den Großen Terror der Jahre 1937/1938 bis hin zum ukrainischen *Holodomor* und zur Zeit kurz vor Stalins Tod; ihre Recherchen in Archiven und vor Ort brachten regelmäßig Massengräber mit Opfern des NKWD ans Tageslicht, was den verherrlichenden Erzählungen Putins vom »großen Manager« Stalin widersprach. Fortan suchte der Präsident eine Möglichkeit zur Rache an all denen, die die Opposition zu ihm wagten oder lieber Medwedew im Amt gesehen hätten – »die Liberalen, die Eliten, die Westler«.[1]

Im August 2012 veranlasste Putin eine erhebliche Erweiterung der Definition von »Hochverrat«, des Vorwurfs der »Spionage« und des »illegalen Erlangens von Staatsgeheimnissen«, auf die nun Strafen von bis zu zwanzig Jahren Gefängnis standen. Ab diesem Zeitpunkt konnte jegliche Kritik an den Machthabern unter diese Paragrafen fallen.[2] Ein weiteres Ereignis änderte die Lage zusätzlich: Am 17. August wurden drei junge Frauen der Punkrock-Band Pussy Riot (»Muschi-Aufruhr«) wegen »Rowdytums aus religiösem Hass« zu zwei Jahren Arbeitslager verurteilt – eine von ihnen auf Bewährung. Ihr Verbrechen? Sie hatten am 21. Februar in der Moskauer Christ-Erlöser-Kathedrale ein Punk-Gebet aufgeführt. Im Nachgang zu diesem surrealen Gerichtsprozess wurde der Straftatbestand der »Beleidigung religiöser Gefühle« eingeführt, womit dieses Gesetz zweifellos als freiheitsfeindlich gelten muss. Die Urteile im Pussy-Riot-Prozess riefen international scharfen Protest hervor, wurden von Putin jedoch gutgeheißen, »da man die Grundfesten der Moral nicht untergraben, das Land nicht zerstören darf. Was bleibt uns sonst noch?«. Der aggressive Charakter der Urteile verrät den Aspekt der persönlichen Rache: Das an die Muttergottes gerichtete Gebet bat ausdrücklich um die Vertreibung Putins![3]

Hier bot sich für den Präsidenten die Gelegenheit, seine Beziehung zur orthodoxen Kirche und insbesondere zu Patriarch Kyrill I. zu stärken, der ebenfalls aus Sankt Petersburg stammt und dessen Großvater, ein Pope, in das Gulag auf den Solowezki-Inseln im Weißen Meer deportiert worden war. Kyrill selbst hatte in einer zu großen Teilen vom Geheimdienst kontrollierten Kirche Karriere gemacht, war ab den 1970er-Jahren unter dem Tarnnamen »Michailow« KGB-Agent und hatte unter dem Deckmantel des Kirchenvertreters von Genf aus operiert. Nach seiner Wahl ins höchste Amt der russischen Orthodoxie 2009 bemühte sich Kyrill verstärkt um die religiöse Diplomatie, sowohl zu den polnischen Katholiken als auch zu den Christen des Nahen und Mittleren Ostens – in Syrien, dem Libanon und Ägypten –, vor allem aber in Richtung der orthodoxen Kirchen in der Ukraine, in Belarus, Moldau, Aserbaidschan und Kasachstan, die er eng zu kontrollieren suchte. Wenig Erfolg hatte er bei der ukrainischen autokephalen orthodoxen Kirche – damals nur eine kleine Minderheit –, während die wesentlich einflussreichere ukrainisch-orthodoxe Kirche weiterhin seinem Moskauer Patriarchat unterstand.[4] Schon 2012 erklärte Kyrill, die Wiederwahl Putins sei ein »Wunder«. Übrigens war der auch als »orthodoxer Oligarch« bekannte Konstantin Malofejew entscheidend sowohl an der Finanzierung der russischen Kirche als auch an jener der prorussischen Vertreter auf der Krim und im Donbass beteiligt und trug zur Stigmatisierung des liberalen »Totalitarismus« des Westens bei.[5]

Zeitgleich zu seinem Angriff auf die Opposition setzte Putin im November 2012 eine große Antikorruptionskampagne in Gang, deren Ziel es war, eine dem Kreml vollkommen untergeordnete neue Elite hervorzubringen. Die Oligarchen sollten unter anderem ihre Verbindungen zum Westen kappen, wohin die Neureichen bislang die Früchte ihrer Beutezüge vor dem Zugriff des Staates in Sicherheit brachten. In seiner Rede an die Nation vom 12. Dezember verschärfte der Präsident seine Attacken gegen die »ausländischen Agenten«, kündigte die Erhebung einer Steuer auf große Vermögen an und forderte die Entwicklung einer »patriotischen« Wirtschaft sowie die Rückführung der Vermögen nach Russland.[6] Parallel zwang er die Abgeordneten der Partei *Einiges Russland* dazu, persönlich solche Gesetzesinitiativen zu unterschreiben, die sich gegen Menschenrechte richteten, »um sie vom Ausland zu isolieren und ihre Namen auf den schwarzen Listen des Westens erscheinen zu lassen«.[7] Trotz allem beliefen sich die 2017 legal ins Ausland exportierten russischen Vermögenswerte auf eine Summe von rund 1,2 Billionen US-Dollar[8], wobei dieser Betrag sicherlich verdoppelt werden müsste, wollte man das »schmutzige« Geld mit einbeziehen.

Seit Beginn seiner dritten Amtszeit wandte sich Putin erneut auch gegen das »nahe Ausland«, ernannte Wladislaw Surkow zum Vizeministerpräsidenten der Regierung und beauftragte ihn mit der »ukrainischen Frage«. Zusätzlich stachelte er ab 2013 den Oligarchen Jewgeni Prigoschin dazu an, die in Sankt Petersburg ansässige Nachrichtenagentur für Charkiw (Nahnews) zu finanzieren, mit deren Hilfe die derzeitige Separatistenbewegung in der Ukraine, vor allem auf der Krim und im Donbass, angeheizt werden sollte.[9]

Tatsächlich verfolgte Putin die Situation in der Ukraine bereits seit der ukrainischen Präsidentenwahl im Februar 2010 ganz genau, bei der Viktor Janukowitsch – gewählt mit 48,9 Prozent der Stimmen, die sich auf den Osten der Ukraine konzentrierten – über Julija Timoschenko triumphiert hatte, die 45,4 Prozent bekam, vor allem in der Zentral- und Westukraine. Kaum gewählt, unterzeichnete der neue ukrainische Präsident am 21. April einen Vertrag mit Russland, um den Pachtvertrag für die russische Flotte im Hafen von Sewastopol auf der Krim um 25 Jahre zu verlängern, im Gegenzug für einen 30-prozentigen Nachlass auf russische Gaslieferungen an die Ukraine. Überdies erklärte Janukowitsch öffentlich, er sei nicht mit dem von der Rada am 26. November 2006 verabschiedeten Gesetz einverstanden, nach dem der Holodomor ein »Völkermord am ukrainischen Volk« war; für ihn sei dies eine gemeinsame Tragödie der russischen, ukrainischen und kasachischen Völker – was der russischen Sichtweise der Ereignisse entsprach.[10] Zugleich erweiterte eine Verfassungsreform die Machtbefugnisse des ukrainischen Präsidenten erheblich. Die Opposition reagierte empört auf diese Entscheidungen, wurde aber von der Justiz schnell in die Schranken verwiesen: Julija Timoschenko wurde verhaftet und im Oktober 2011 zu sieben Jahren Gefängnis verurteilt, während man nach 15 ihrer ehemaligen Ministerinnen und Minister unter unterschiedlichen Vorwänden fahndete. Die Europäische Union, die einen Freihandelsvertrag mit der Ukraine unterzeichnen wollte, forderte vergeblich die Freilassung der unterlegenen Präsidentschaftskandidatin.

Während er seine traditionell guten Beziehungen zu Russland weiter pflegte, bemühte sich Janukowitsch zugleich um eine Annäherung an die EU, die ihm einen Wirtschaftspakt versprach. Putin setzte den ukrainischen Präsidenten in Hinblick auf sein Wunschprojekt einer Eurasischen Union weiterhin unter Druck und wählte, als wirtschaftliche Argumente kein Gehör fanden, am 19. September 2015 beim Treffen des internationalen Waldai-Clubs ganz andere Worte: »Die Ukraine ist zweifellos ein unabhängiger Staat. […] Aber wir vergessen nicht, dass die Wurzeln des heutigen russischen Staats am Dnepr liegen. […] Die Kiewer Rus steht am Ursprung des gewaltigen russischen Staats. Wir haben eine gemeinsame Tradition, eine gemeinsame Mentalität, eine gemeinsame Geschichte, eine gemeinsame Kultur. […] In diesem Sinne möchte ich noch einmal wiederholen, dass wir ein einiges Volk sind.«[11] Damit reaktivierte er die alte Vorstellung des Zaren als »Herrscher der ganzen Rus«, worunter die Herrschaft der »Großrussen« in Moskau über die »Kleinrussen« (die Ukrainer in Kyiv), die Weißrussen (die Belarussen in Minsk) und die *Noworossija* (Neurussen auf der Krim und im Süden der Ukraine bis ins heutige Transnistrien – ein international nicht anerkannter und von Russland gestützter Staat, der einen Teil der Republik Moldau umfasst) – verstanden wird. Auch die Bolschewiken hatten dieses Thema mit ihren »sowjetischen Bruderrepubliken« teilweise aufgegriffen, ebenso wie Stalin mit seiner noch deutlicher nationalistisch klingenden Rhetorik von den »Brudervölkern«. Damit wurde offiziell die Grundlage gelegt für die expansionistische und kriegerische Rhetorik Russlands der Ukraine gegenüber, die 2021 in Putins Aufsatz mit dem Titel *Zur historischen Einheit von Russen und Ukrainern* gipfelte.[12]

Am 21. November 2013 schließlich, nachdem der Herrscher im Kreml ihm einen Kredit in Höhe von mehreren Milliarden Dollar in Aussicht gestellt hatte, zog Janukowitsch seine Zustimmung zum Assoziierungsabkommen mit der Europäischen Union zurück und erklärte seine Absicht, »den aktiven Dialog mit Moskau wiederzubeleben«. Augenblicklich kam es zu großen proeuropäischen Demonstrationen, vor allem in Kyiv, und wenig später zur dauerhaften Besetzung des Maidan-Platzes in der Hauptstadt, wo die Opposition den Rücktritt Janukowitschs forderte (»Euromaidan«). Aufgrund der für Februar 2014 in Sotschi angesetzten Olympischen Winterspiele, die von wichtigen westlichen Staatschefs wegen der russischen Gesetzgebung gegen »homosexuelle Propaganda« boykottiert wurden, waren Putin in dieser Frage kurzfristig die Hände gebunden, doch kaum waren die Spiele vorbei, gab der Kreml Janukowitsch grünes Licht. Ab dem 18. Februar griffen Spezialkräfte den Maidan an und erschossen mindestens 75 Demonstranten – die Ukrainer sprechen von den »Himmlischen Hundert«. Aus Angst vor dem Volkszorn floh Janukowitsch am 22. Februar aus der Stadt, wobei er zunächst eine Nacht in seiner Datscha bei Charkiw verbrachte und dann nach Donezk weitereilte, bevor er schließlich, da er kein Flugzeug nehmen konnte, von einem russischen Kommando aus Jalta gerettet wurde.[13] Nach seiner Flucht setzte das ukrainische Parlament ihn wegen »nicht verfassungsgemäßer Vernachlässigung seines Amtes« ab, und die Protestierenden erstürmten seine Privatresidenz: Die prachtvollen Anlagen, die sie dabei entdeckten, verdeutlichten für alle noch einmal das Ausmaß der Korruption unter Janukowitsch.

Der seit 2013 von Putin mit der ukrainischen Frage betraute Wladislaw Surkow – der auch die Unterdrückung des Euromaidan überwachte – organisierte umgehend die gewalttätige Reaktion des Kremls, bei der vor allem die Krim ins Visier geriet. Die 1954 an die Ukrainische Sozialistische Sowjetrepublik übergebene Halbinsel erhielt 1991 den Status der Autonomen Sozialistischen Sowjetrepublik der Krim innerhalb der unabhängigen Ukraine, und Sewastopol, dessen Hafen die russische Schwarzmeerflotte beherbergte, wurde zu einer Stadt mit Sonderstatus. Im Jahr 2014 war das Heimatland der Krimtataren,[14] dessen Küste von russischen Touristen zu Zeiten der Zaren wie auch der Sowjets sehr geschätzt wurde, zu rund 65 Prozent von ethnischen Russen besiedelt. Schon Jahre zuvor hatte Russland mit einer intensiven Propaganda begonnen, um in der Bevölkerung ein Zugehörigkeitsgefühl zu Russland oder, genauer gesagt, zur UdSSR zu erzeugen.

Während das Projekt einer Annexion der Krim vermutlich schon seit Jahren in Putins Gedanken gereift war, bot sich die konkrete Gelegenheit zum Eingreifen mit dem Interregnum in Kyiv, also zwischen der Flucht Janukowitschs im Februar und der Wahl des neuen ukrainischen Präsidenten im Mai, wie sie von der ukrainischen Verfassung vorgesehen war. Ab dem 28. Februar brachten irreguläre und maskierte Soldaten Flughäfen unter ihre Kontrolle, während Janukowitsch bei einer in Russland abgehaltenen Pressekonferenz an russische Truppen appellierte, in der Ukraine – und vor allem auf der Krim – zu intervenieren, um »Gesetz und Ordnung« zu gewährleisten. Nachdem es 150 000 Mann in unmittelbarer Nähe zur Krim zusammengezogen hatte und unter dem Vorwand, einen »Genozid« an der russischsprachigen Bevölkerung verhindern zu wollen, marschierte Russland militärisch in das Gebiet ein und brachte sämtliches Militärmaterial in seinen Besitz, vor allem Schiffe. Am 11. März erklärten die Autonome Republik Krim und die Stadt Sewastopol ihre Unabhängigkeit von der Ukraine und verlangten die Angliederung an Russland, wobei sie zugleich alle ukrainischen Besitztümer beschlagnahmten – so gelangte die Gaspumpstation der Krim in den Besitz von Gazprom … – und die neue Währung einführten. Der soeben unabhängig gewordene Staat wurde augenblicklich von Russland anerkannt, in deutlichem Widerspruch zu allen internationalen Abkommen, die seit 1992 die Grenzen der Ukraine garantierten. Am 14. April bestätigte Putin per Erlass Sergej Aksjonow – den Vorsitzenden einer prorussischen Kleinpartei, der bei den Parlamentswahlen 2012 in seinem Bezirk eine einstellige Prozentzahl an Stimmen erreicht hatte, am 27. Februar allerdings während der Besetzung des Krimparlaments durch Bewaffnete unter dubiosen Umständen zum Ministerpräsidenten der Autonomen Republik eingesetzt worden war – als Regierungschef der ausschließlich von Russland und seinen Verbündeten anerkannten Republik Krim.[15] Der russische Präsident präsentierte die Annexion wie einen großen Sieg seiner Regierung und lobte das *Krymnach* – eine Wortneuschöpfung, die so viel bedeutet wie »die Krim gehört uns« –, womit ein weiteres Mal der ultranationalistische und expansionistische Aspekt der Unternehmung betont wurde. Am 28. März hatte Russland übrigens entschieden, das an die Ukraine verkaufte Gas um 80 Prozent zu verteuern.

In der Folge begann Surkow nach dem Vorbild der Krim auch in der Ostukraine eine Separatistenbewegung aufzubauen. Insbesondere in den beiden an Russland angrenzenden Regionen Donezk und Luhansk nahm diese Auseinandersetzung an Schärfe zu. Damit wurde ein doppelter Konflikt ausgelöst: ein Nationenkrieg zwischen der Ukraine und den von Moskau dirigierten Separatisten sowie ein Bürgerkrieg im Herzen des Donbass zwischen den Verfechtern einer demokratischen Ukraine und eines diktatorischen Russlands. Zwischen 2014 und 2022 forderten die Auseinandersetzungen auf beiden Seiten insgesamt mehr als

14000 Todesopfer. Mehr als 1,5 Millionen Menschen flüchteten aus dem Donbass in die Ukraine, rund eine Million Menschen fanden in Russland Zuflucht.[16] Ganz ähnliche Kämpfe wurden im April 2014 von Pro-Putin-Milizen auch in mehrere ukrainische Städte im Osten des Landes getragen, vor allem in die große Hafenstadt Odessa, aber auch nach Dnipro oder Charkiw. Hier scheiterten sie jedoch am hartnäckigen Widerstand von Gegendemonstranten und ukrainischen Freiwilligenbataillonen, die mithilfe der Finanzmittel ukrainischer Oligarchen aufgestellt worden waren – etwa das Bataillon Asow. Die prorussischen Separatisten mussten vielerorts Niederlagen einstecken, nur in etwa einem Drittel des Verwaltungsgebiets des Donbass waren sie erfolgreich. Die Konfrontation zwischen prorussischen und proukrainischen Kämpfern führte zu tragischen Konsequenzen: Ein Molotowcocktail löste am 2. Mai 2014 einen Brand in einem Gewerkschaftshaus in Odessa aus, in das Prorussen eingedrungen waren; es kamen 42 Menschen ums Leben. In Russland wurde dies zum Ausgangspunkt einer intensiven Propaganda über eine »neonazistische« Ukraine und »Nationalsozialisten«, die es dort zu bestrafen gebe, ganz nach dem Vorbild des »Großen Vaterländischen Krieges«.[17]

Mit der brutalen Annexion der Krim und dem Beginn der Infiltration des Donbass durch »Militärberater« und russische »Freiwillige« war ein Wendepunkt in der Beziehung zwischen Putins Russland und dem Westen erreicht. Es kam zu Wirtschaftssanktionen, und das Land wurde zu einem Pariastaat und von wichtigen globalen Treffen (G8, G20 etc.) ausgeschlossen. Da diese aggressive Politik auch innerhalb der russischen Eliten zu Meinungsverschiedenheiten führte, entschied sich Putin, seinen kleinen Kreis an Vertrauten fester an sich zu binden und einen Teil von ihnen auszutauschen. Nach 2014 nahm die Bedeutung der Sicherheitskräfte, der Silowiki, aufgrund der Mentalität der Führungseliten deutlich zu, in denen sie nicht so sehr durch ihre Anzahl, als vielmehr durch ihre Ideologie bestimmend sind: Sie bringen ihre korporative Gesinnung und die Wahrnehmung Russlands als belagerter Festung ein. Damit noch nicht zufrieden, entschied sich Putin 2016 zu einer veritablen Säuberung in den Reihen der Silowiki.[18] Im November 2016 wurde der Minister für wirtschaftliche Entwicklung, Alexej Uljukajew, nach einer vom Putin-Vertrauten Igor Setschin aus der Luft gegriffenen Provokation verhaftet; Setschin war zu diesem Zeitpunkt zugleich Chef der staatlich kontrollierten Rosneft, nach Gazprom zweitgrößter Erdölproduzent des Landes. Das war ein deutliches Zeichen an alle Verantwortlichen, die Putin und seinen Freunden noch keinen Treueeid geschworen hatten.[19]

Die Herrschaftsstruktur in Russland ähnelt zusehends jener der Sowjetunion. Einerseits gibt es die offizielle Fassade der Regierung und ihrer Ministerien, andererseits liegt die wahre Macht in den Händen des Präsidenten, seiner Verwaltung und seiner spezialisierten »Kommissionen«, die ihre Entscheidungen den betroffenen Ministerien auferlegen. Natürlich funktionieren diese Parallelstrukturen in völliger Dunkelheit und ohne dass Verantwortlichkeiten erkennbar würden. Der um seinen Machterhalt besorgte Putin schuf am 6. April 2016 per Dekret eine Nationalgarde aus fast 350 000 Mann – geleitet von Viktor Solotow, dem Chef seines Sicherheitsdiensts –, die auch die Befugnis besitzt, im Ausland zu agieren. In der Zwischenzeit liegt die Gesamtzahl der Soldaten beim russischen Militär und Paramilitär wieder bei vier Millionen Mann und damit genauso hoch wie zu Zeiten der UdSSR, während die Bevölkerung von 290 Millionen (1991) auf 146 Millionen (2022) abgenommen hat.

Noch bevor die USA im August 2017 Sanktionen gegen Russland ergriffen, hielt Außenminister Sergej Lawrow am 23. März desselben Jahres vor Offizieren des Generalstabs eine antiwestliche Rede: »Während der letzten Jahrhunderte kamen die großen Unglücke fast immer aus dem Westen zu uns.« Damit bewies er allerdings nur, wie schlecht er sich mit der russischen Geschichte auskennt. Denn einen seiner größten Rückschläge erlebte Russland im Mai 1905 im Pazifikhafen von Port Arthur, als die Japaner die gesamte russische Kriegsflotte in der Meerenge von Tsushima vor Korea versenkten; diese aufsehenerregende Niederlage war einer der Auslöser für die Revolution von 1905. Und wenn die UdSSR ab dem 22. Juni 1941, dem Beginn des deutschen Angriffskriegs, eine unglaubliche Katastrophe traf und bis 1945 rund 27 Millionen Todesopfer zu beklagen hatte, ist dann nicht auch Stalin eine Mitschuld daran zuzuweisen, der sich für clever hielt, als er das »Dritte Reich« gegen Frankreich und Großbritannien antreten ließ – um Ostpolen (die aktuelle Westukraine), die baltischen Staaten und das rumänische Bessarabien leichter erobern zu können – und mit Hitler einen sogenannten Nichtangriffspakt unterzeichnete, der sich nach der Niederlage Frankreichs gegen ihn kehrte? Und könnten nicht die unabhängigen Staaten Mittel- und Osteuropas, die zwischen 1939 und 1941 von der Sowjetunion annektiert und zwischen 1945 und 1989 ins »sozialistische Lager« gezwungen wurden, Lawrow wiederum vorwerfen, dass seit drei Jahrhunderten »die großen Unglücke« aus dem Osten, genauer gesagt, aus Russland gekommen sind?

Seit Langem schon wird der Putin/Lawrow-Diskurs in Frankreich durch russische Soft Power aufgegriffen. So übernahm Natalija Narotschnizkaja – zu Sowjetzeiten ausgebildete Wissenschaftlerin, inzwischen zur eifrigen orthodoxen Nationalistin und Slawophilen geworden und 2003 in die Duma gewählt – im Jahr 2008 die Leitung der Pariser Filiale des im Vorjahr in Moskau gegründeten Instituts für Demokratie und Zusammenarbeit, das als Treffpunkt von europäischen Populisten und russischen Nationalisten gilt.[20] Ein Jahr später veröffentlichte sie ein Buch mit dem Titel *Was bleibt von unserem Sieg? Russland und der Westen: das Missverständnis*, für das zwei französische Wissenschaftler, François-Xavier Coquin und Jacques Sapir, Beiträge lieferten.[21] Darin wirft die Autorin Großbritannien, Deutschland und den Vereinigten Staaten vor, seit Jahrhunderten Russland zerstückeln zu wollen, und kontrastiert das westliche liberale Denken mit der »russischen Seele«. Mit diesem Diskurs, von Slawophilen seit dem 19. Jahrhundert gepflegt, lassen sich alle Aggressionen im Namen der »russischen Welt« rechtfertigen. Der weltweit meistgelesene ukrainische Autor Andrej Kurkow wiederum resümiert die Situation folgendermaßen: »Das Konzept der russischen Welt kennt eine Phrase, die von russischen Politikern besonders häufig in den Mund genommen wird: ›Die Grenzen Russlands verlaufen dort, wo niemand mehr Russisch spricht.‹ Aber da man überall Russisch spricht, bedeutet das, dass Russland keine Grenzen kennt.« Schon 2005 erklärte der vom tschechischen Dissidenten 1989 zum Präsidenten der Tschechoslowakei aufgestiegene Václav Havel: »Russland weiß weder genau, wo es anfängt, noch, wo es aufhört«, und verwies darauf, dass die »Bruchlinie« zwischen der Europäischen Union und der Russischen Föderation durch die Ukraine verlaufe.[22]

Von diesem Augenblick an wurde die Eroberung der Ukraine zu einer wahren Obsession Putins; sie fügte sich in ein größeres Projekt ein, mit dem die russischen Grenzen wieder auf den Stand der UdSSR im Jahr 1991 ausgedehnt werden sollten, auch durch eine Konfrontation mit der EU und den USA. Es war dieses Vorhaben, das Boris Nemzow anprangern wollte, als er Anfang 2015 die Veröffentlichung eines Berichts über die russische Einmischung auf der Krim, im Donbass und in der Ukraine insgesamt ankündigte. Als Großneffe des Bolschewiken Jakow Swerdlow selbst Teil der sowjetischen Nomenklatura, hatte Nemzow ab 1991 Boris Jelzin unterstützt und sich für eine Demokratisierung des Regimes eingesetzt. Der weithin bekannte und beliebte Politiker wurde 1997 Vizeministerpräsident der Russischen Föderation und war als einer von Jelzins möglichen Nachfolgern im Gespräch, bis der Präsident zur allgemeinen Überraschung und nachdem er einige Personen in der Funktion des Ministerpräsidenten »getestet« hatte, Wladimir Putin dazu auserkor.

Der Konflikt zwischen Letzterem und Nemzow verschärfte sich zusehends, vor allem in Hinblick auf die Olympischen Winterspiele in Sotschi im Februar 2014. Nemzow hatte sich 2009 um das Bürgermeisteramt seiner Geburtsstadt Sotschi beworben und dabei die astronomisch hohen Kosten der Olympischen Spiele kritisiert, die zur Korruption einluden. In einem zusammen mit dem Oppositionellen Wladimir Milow unter dem Titel *Das olympische Projekt Putins ist ein riesiger Diebstahl und ein nicht wiedergutzumachender Eingriff in die Umwelt* verfassten Bericht legte er Beweise dafür vor, dass es sich bei den Winterspielen um eine gigantische Verschwendung von Staatsgeld handle, das unter Putins Freunden für deutlich überteuerte Leistungen verteilt werde.[23]

Es war allerdings ein anderer Bericht, dem Nemzow zum Opfer fiel. Im Februar 2014, nachdem Putin als Armeechef seine »grünen Männchen« zur Invasion der Krim losgeschickt hatte, arbeitete Nemzow an einem Bericht, mit dem er nachwies, dass diese Machenschaften gegen internationales Recht verstießen und einen echten Krieg mit schwerwiegenden Folgen bis hin zur Staatspleite nach sich ziehen würden. Er schilderte darin unter anderem, wie Russland sich in der Geisteshaltung eines Belagerungszustands einkapsele und von einem revanchistischen und militaristischen Nationalismus angetrieben werde, der auf Lügen und Unterdrückung beruhe und unter der Bevölkerung mit der Angst vor einem Krieg spiele.[24] Zu dem Bericht gehörte auch die Analyse des Krieges im Donbass zwischen 2014 und 2015, und er nannte die Verantwortlichen für den katastrophalen Abschuss des Flugs MH17 vom 17. Juli 2014 über dem Oblast Donezk.[25] Nemzow kritisierte darüber hinaus ohne Unterlass den von prorussischen Separatisten militärisch geführten und von Moskau wirtschaftlich gestützten Krieg und rief für den 1. März 2015 zu einer großen Antikriegsdemonstration in Moskau auf. Damit unterschrieb er eigenhändig sein Todesurteil: Am 27. Februar gegen 20 Uhr, kurz nachdem er dem Radiosender Echo Moskwy ein Interview zum Krieg in der Ukraine gegeben hatte, wurde er von einem Auftragsmörder in Sichtweite des Kremls erschossen. Der Mord an einem führenden Politiker im postsowjetischen Russland rief große Emotionen wach und führte zu Schweigemärschen während der Beisetzung, wohingegen Putin vorgab, nichts von der Angelegenheit zu wissen. Tatsächlich musste dies aber als eine blutige Warnung an die politische Opposition und die gesamte Zivilgesellschaft verstanden werden. Die Arbeit an dem Bericht wurde von Nemzows Mitarbeitern unverdrossen fortgesetzt, und der Text erschien posthum 2015.[26]

Im Gegensatz dazu entschied sich Patriarch Kyrill zu einem Gebet, »damit niemand das Heilige Russland zu zerstören vermag, indem er ihm die Ukraine entreißt, deren Hauptstadt Kiew die Wiege der russischen Orthodoxie ist«. Im Jahr 2015 unterstützte der Kirchenmann die Bemühungen des Kremls, Stalin zu rehabilitieren, und erklärte: »Man kann nicht an den Verdiensten eines Staatsmannes zweifeln, der sein Land zur Wiedergeburt und in die Moderne führte, selbst wenn er einige Verbrechen beging.«[27] Die Analogie zur Person Putin ist hier offensichtlich. Übrigens hat die »Treue« des Patriarchen, der einem kriminellen und mafiösen Regime als moralisches Rückgrat dient, ihren Preis: Kyrill besitzt mehrere Luxuswohnungen in Moskau und Sankt Petersburg, Immobilien an der Schwarzmeerküste, Luxusautos, Privatjachten und -flugzeuge, edle Armbanduhren im Wert von 30 000 US-Dollar und andere »Kleinigkeiten«.[28]

Nach der Annexion der Krim begab sich das Putin-Regime, das sich bis dahin immer weiter in Richtung Autoritarismus bewegte, in einen Prozess der »Involution«, die einen deutlichen Kontrast zu den antikommunistischen und antitotalitären Revolutionen der Jahre 1989 bis 1991 bildet – in der DDR, Polen, Tschechien, der Slowakei und den baltischen Staaten – sowie zu der mehr oder weniger raschen Hinwendung zur Demokratie – in Rumänien, Bulgarien, Ungarn und der Ukraine. Schrittweise sorgte Putin für eine Rückkehr zum Totalitarismus niedriger Intensität, wie er die poststalinistische UdSSR geprägt hatte: Die Partei *Einiges Russland* wurde zur Herrschaftspartei, die in der Staatsduma die Mehrheit besitzt und das Gerüst des Regimes bildet, während die anderen im Parlament vertretenen, sogenannten systemischen Parteien (die *Kommunistische Partei der Russischen Föderation* (KPFR), die *Liberal-Demokratische Partei Russlands* (LDPR) des verstorbenen Wladimir Schirinowski und die Partei *Gerechtes Russland – Patrioten – Für die Wahrheit*) zwangsläufig für die Regierungsvorschläge stimmen und das gesamte Feld der außersystemischen Politik nur auf der Stelle tritt. Hinzu kommen der Personenkult rund um Putin und dessen Unfehlbarkeit sowie eine dominierende, im Grunde verpflichtende Ideologie mit revisionistischem, ultranationalistischem und expansionistischem Charakter. Stalin und die UdSSR als Großmacht werden rehabilitiert, wobei der Sieg im »Großen Vaterländischen Krieg« ins Zentrum der Aufmerksamkeit gerückt wird;[29] die orthodoxe Kirche wird zunehmend im Sinne der Herrschenden manipuliert; es kommt zu einer umfassenden Propaganda gegen den Westen und die Demokratie, was zur Zensur jeglicher unabhängigen und kritischen Meinungsäußerung passt. Außerdem unterliegt die Kontrolle der wirtschaftlichen und finanziellen Ressourcen nur den Herrschenden, und last but not least greift der Terror um sich, der zunächst gezielt, später massiv und wahllos eingesetzt wurde – wie im Donbass seit 2014 und der Ukraine 2022.

Um seine Machtstellung endgültig zu sichern, organisierte der Herrscher im Kreml am 1. Juli 2020 ein Referendum, das es ihm erlaubte, nach der für 2024 vorgesehenen Wahl noch zwei weitere Amtszeiten anzutreten. Damit könnte er bis 2036 im Kreml bleiben … mit anderen Worten: bis er 83 Jahre alt ist!

Dieses Manöver provozierte einen letzten Anlauf der Opposition, koordiniert von Alexej Nawalny, der seit 2011/2012 gemeinsam mit Boris Nemzow den Kampf gegen die Korruption des Herrschaftsclans führte. Der Anwalt Nawalny, dessen Vater aus einem Dorf in der Nähe des AKWs Tschernobyl stammte, hatte während des Präsidentschaftswahlkampfs 2012 *Einiges Russland* als »Partei der Diebe und Betrüger« bezeichnet. Im September 2013 forderte er das Regime heraus, indem er es wagte, sich als Kandidat für das Bürgermeisteramt in Moskau aufstellen zu lassen und über den früheren *Einiges Russland*-Oberbürgermeister Juri Luschkow zu schimpfen, der gemeinsam mit seiner Ehefrau Jelena Baturina in seinen 18 Amtsjahren ein enormes Vermögen, vor allem im Immobilienbereich, angehäuft hatte. Obgleich man Nawalny den Zugang zur Fernsehöffentlichkeit versperrte, kam er in der ersten Runde auf rund 30 Prozent der Stimmen.[30] Von nun an wurde er von der Putin-Justiz gegängelt, unter Hausarrest gestellt und unter verschiedenen Vorwänden verurteilt. Im Februar 2015 kam er in Haft, um seine Teilnahme an den Beisetzungsfeierlichkeiten für Nemzow und der für den 1. März angekündigten Antikriegsdemonstration zu verhindern. Ähnliches geschah in den fünf darauffolgenden Jahren. Am 20. August 2020 erkrankte er während eines russischen Inlandsflugs schwer und musste eilig nach Deutschland ausgeflogen werden, wo genauere Untersuchungen ergaben, dass er mit Nowitschok vergiftet worden war, einem Nervengift, das zwei Agenten des Militärnachrichtendiensts GRU bereits beim Mordversuch vom 4. März 2018 am ehemaligen Sowjetspion Sergej Skripal und dessen Tochter in Großbritannien eingesetzt hatten.[31]

Kaum genesen und trotz der Bedrohungslage kehrte Nawalny am 17. Januar 2021 nach Moskau zurück, wo er umgehend inhaftiert wurde: Er habe gerichtliche Auflagen nicht respektiert – zu einer Zeit, in der er noch in einem deutschen Krankenhaus lag. Doch zwei Tage später veröffentlichte er ein Video über die Ergebnisse einer langwierigen Recherche seiner Antikorruptionsstiftung FBK. Der Film widmete sich vor allem dem gewaltigen Palais an der Schwarzmeerküste, das Putin mit zweckentfremdeten Finanzmitteln von Oligarchen und Staatsunternehmen hatte erbauen lassen. Die Anlage hat pharaonische Ausmaße: 18 000 Quadratmeter luxuriös möblierte Wohngebäude auf einem 7000 Hektar großen Grundstück, zu dem ein Weinberg mit Weingut von rund 300 Hektar Fläche ebenso gehört wie zwei Hubschrauberlandeplätze, eine unterirdische Eisbahn fürs Eishockey, ein Teich, ein Schwimmbad, ein Casino, ein Theater, ein Elektrizitätswerk, ein Privathafen und … eine Kirche! An diesem Tag wurde das russischsprachige Video, von dem es untertitelte Versionen in verschiedenen Sprachen gibt, rund 130 Millionen Mal aufgerufen.[32] Am 2. Februar wurde Nawalny wegen des Verstoßes gegen gerichtliche Anordnungen zu drei Jahren Gefängnis verurteilt.[33] Die öffentlichen Demonstrationen gegen diese Entscheidung der Putin-Justiz wurden gewaltsam unterdrückt. Am 22. März wurde ihm wegen »Veruntreuung« von Geldern seiner eigenen Stiftung und wegen »Beleidigung von Richtern« der Prozess gemacht: Nawalny erhielt neun Jahre Arbeitslagerhaft.[34] In der Zwischenzeit wurde seine als »extremistisch« eingestufte Stiftung zerschlagen, und die Mitglieder seines engsten Teams mussten emigrieren, während gegen mehrere Dutzend (leitende) Mitarbeiterinnen und Mitarbeiter in den regionalen Niederlassungen seiner Stiftung Strafverfahren eingeleitet wurden.[35]

Parallel dazu ergingen Verbote gegen Hunderte weiterer Nichtregierungsorganisationen (NGO), die als »extremistisch«, »unerwünscht« oder »ausländische Agenten« eingestuft wurden; Letzteres traf auch auf Hunderte Einzelpersonen zu.[36] Die schockierendste Liquidation war Ende Dezember 2021 die von

Memorial, der man die »Verzerrung des Bildes der UdSSR« vorwarf – nachdem die Organisation Stalins Verbrechen dokumentiert hatte[37] – sowie im April 2022 von dessen Menschenrechtszentrum.[38] Die Auflösung der ältesten, bekanntesten und international respektierten russischen NGO – der wie schon zu Anfang gesagt ebenfalls 2022 der Friedensnobelpreis verliehen wurde – konnte nur eines bedeuten: Putin war entschlossen, für seinen Krieg zur Rückeroberung des postsowjetischen Raums alles auf eine Karte zu setzen und dabei auch mit dem Westen zu brechen.[39]

Und tatsächlich: Nachdem er die Opposition im eigenen Land beseitigt hatte und die US-Amerikaner auf chaotische Art und Weise im August 2021 aus Afghanistan abgezogen waren, glaubte der Herrscher im Kreml den Moment gekommen, um eine groß angelegte Offensive zu beginnen. Am 17. Dezember stellte er den USA ein Ultimatum für ein neues Jalta – eine neue Machtverteilung in Europa –, durch die mit einem Federstrich die Auswirkungen des sowjetischen Zusammenbruchs 1991 aufgehoben worden wären und es in Russlands Hand gelegen hätte, erneut die Kontrolle über die inzwischen unabhängigen ehemaligen Sowjetrepubliken – die Ukraine, aber auch die baltischen Staaten und Moldau, entsprechend dem Beispiel von Belarus und Georgien – sowie über die ehemaligen »Volksdemokratien« zu gewinnen, insbesondere Ungarn, die Slowakei, Rumänien und Bulgarien, nicht zu vergessen die aus Ex-Jugoslawien hervorgegangenen Staaten. Das Ultimatum blieb unbeantwortet, da die Forderungen unerfüllbar waren, woraus nach Putins Logik folgte, dass nunmehr ein Krieg unausweichlich war.[40]

Laut Sergej Medwedew[41], einem russischen Historiker und Politologen mit Schwerpunkt auf der postsowjetischen Ära, kämpft der ehemalige KGB-Agent bereits seit Jahren in einem vierfachen Krieg: einem territorialen Krieg neoimperialistischer Prägung, der vor allem auf die Ukraine abzielt; einem symbolischen Krieg, der eine neue, auf militärischer, vor allem nuklearer Stärke beruhende russische Identität durchsetzen möchte; einem »biopolitischen« Krieg, der die Bürgerinnen und Bürger zwingen möchte, den »Werten« der Machthaber zu folgen, und zwar sowohl in ihrem Privatleben, ihrer sexuellen Orientierung und religiösen Überzeugungen als auch in ihren politischen Meinungen oder ihren Beziehungen zum Ausland; und schließlich einem Erinnerungskrieg, der durch die Rehabilitierung von Stalin und die Verherrlichung des »Großen Vaterländischen Krieges« die Größe des Zarenreichs und die sowjetische Supermacht emporstilisiert. Fortan stürzte sich Putin in einen Krieg gegen die Ukraine, den begehrten Nachbarn, wobei die Auseinandersetzung Dimensionen annimmt, wie man sie seit dem Zweiten Weltkrieg nicht mehr erlebt hat.

Während der Westen und weite Teile der Welt erkannten, dass dies die Aggression eines Staates gegen einen anderen, souveränen Staat und eine unabhängige Nation war, betrachtete Putin, der dem leninistischen Modell des Jahres 1917 stets treu verhaftet blieb, sie als Bürgerkrieg, den »Patrioten«, also die Erben und Verteidiger des »sowjetischen Vaterlands« mit dem KGB als Speerspitze, gegen »innere Feinde«, »Landesverräter« und die »fünfte Kolonne« führten. Indem der russische Führungszirkel an dieser Interpretation des Krieges festhält, betrachtet er die Ukraine als ein zu den historischen Gebieten des zaristischen Russlands und der UdSSR gehörendes Territorium und versteht das ukrainische Volk als integralen Bestandteil der »russischen Welt«, über die zu herrschen er vorgibt. Dem Beispiel Stalins folgend, der sich für einen großen Theoretiker hielt, veröffentlichte Putin, wie bereits erwähnt, im Juli 2021 einen langen Artikel unter der Überschrift *Zur historischen Einheit von Russen und Ukrainern.*[42] Zweifellos handelt es sich dabei einerseits um eine ideologische Etikettierung, die auf einem trügerischen Historizismus und konfusen geopolitischen Theorien beruht, andererseits um den nur schlecht verschleierten Wunsch nach Ausbeutung der landwirtschaftlichen Reichtümer und Bodenschätze der Ukraine sowie um die Revanche an einem wirtschaftlich erfolgreichen und demokratischen Westen. Es ist dabei sicher richtig, dass die Wiedererrichtung eines russischen Reichs die Eroberung der Ukraine verlangen würde, da sie dessen Herzstück wäre. Und natürlich hat diese Art von Diskurs schlussendlich eine performative Wirkung, wenn sie massiv und seit Jahren unter der russischen Bevölkerung verbreitet wird, wobei die Zensur den Oppositionellen und Kriegsgegnern jegliche Möglichkeit zur Gegenrede raubt.

In Putins Vorstellung sollte sich der Angriff auf die Ukraine auf eine »militärische Spezialoperation« beschränken, unter der die ukrainische Regierung hätte zusammenbrechen und Platz für eine Marionettenregierung machen sollen, ohne dass der Westen die Zeit oder gar den Willen für eine Intervention gefunden hätte. In gewisser Weise wiederholte Putin damit Stalins Manöver: Nachdem dieser dank des Vertrags mit Hitler vom 29. August 1939, dem besagten »Nichtangriffspakt«, die Hälfte Polens erhalten hatte, ohne einen einzigen Schuss abzufeuern, unterschrieb er am 28. September einen »Freundschaftsvertrag« mit dem »Dritten Reich« und sagte ihm umfangreiche Erdöl- und Getreidelieferungen zu. Auf ähnliche Weise ging Putin davon aus, dass seine Gas- und Öllieferungen Deutschland dazu verlocken könnten, jegliche Reaktion auf die Invasion der Ukraine zu neutralisieren. Die Abhängigkeit Deutschlands von russischem Öl und vor allem Gas war ja einige Jahre zuvor mit der Eröffnung von Nord Stream 1 in Gang gesetzt worden. Dessen wichtigster Architekt, der ehemalige Bundeskanzler Gerhard Schröder, wurde 2005 zum Aufsichtsratsvorsitzenden des Pipeline-Betreibers berufen, stieg 2017 an die Spitze des Aufsichtsrats der mehrheitlich staatlichen Gasgesellschaft Rosneft auf und sollte 2022, kurz vor dem Angriff auf die Ukraine, in den Aufsichtsrat von Gazprom aufgenommen werden. Außerdem gab Rosneft im Mai 2022 bekannt, dass er seine dortige Tätigkeit aufgebe. Neben seinen Altersbezügen und Privilegien als Ex-Kanzler erhielt Schröder bislang von Rosneft und Nord Stream jährliche Vergütungen, die sich nach unterschiedlichen Angaben in der Summe im hohen sechsstelligen Bereich bewegt haben.[43]

Offenbar hat Putin die historischen Lehren nicht verstanden, vor allem nicht aus Stalins Berlin-Blockade von 1948. Damals versuchte jener Herrscher über den Kreml und das weltweite kommunistische Bündnis, den westlichen Alliierten den Zugang zur deutschen Hauptstadt zu verwehren, indem er sie daran hinderte, die Sowjetische Besatzungszone zu durchqueren. So sollte zugleich die Westberliner Bevölkerung unter die kommunistische Herrschaft des Ostens gebracht werden. Dem stellten sich allerdings die Vereinigten Staaten mit all ihrer Kraft entgegen und errichteten für rund ein Jahr eine beeindruckende Luftbrücke, die so lange dauerte, bis Stalin einlenkte.

Möglicherweise ergeht es Putin nun ebenso, der unter anderem die im ukrainischen Raum vorherrschende Erinnerung und Loyalität unterschätzt haben könnte, die sich in der Phrase ausdrückt: »Eine Vergangenheit, die nicht vergangen ist«. Da gibt es zum einen die Bevölkerung im Ostteil des Landes – vor allem im Donbass –, die seit 1921 und dem Friedensvertrag von Riga zwischen der UdSSR und Polen sowjetisiert wurde, dann den Holodomor und die brutale Unterdrückung der Eliten während des Großen Terrors von 1937/1938 durchmachen musste, bevor sie teilweise durch Russen ersetzt wurde; und da ist zum anderen die Bevölkerung im Westteil der Ukraine, die 1921 zu Polen kam, ab September/Oktober 1939 überfallen, annektiert und sowjetisiert wurde, was bis 1941 andauerte, sich dann ab Sommer 1944 fortsetzte und bis 1956 einen starken, antikommunistischen Widerstand hervorrief. Während die ehrenvolle Erinnerung an den »Großen Vaterländischen Krieg« vor allem in der Osthälfte gepflegt wird, prägte die tragische Erinnerung an die Sowjetzeit dem westlichen, an Polen grenzenden Teil ein starkes antisowjetisches, aber auch ein aus der Zarenzeit stammendes antirussisches Gefühl ein. Der ukrainische Blick auf die Vergangenheit unterscheidet sich auch zwischen den älteren Generationen und den Menschen unter dreißig, die die UdSSR nicht miterlebt und Europa als Vorbild kennengelernt haben.

Am 24. Februar 2022, als mitten in der Nacht Hunderte russischer Panzer in die Ukraine einrollten und deren Städte bombardiert wurden, inszenierte sich Putin im Kreml und verlas eine aufsehenerregende Erklärung: »Wer auch immer versucht, uns zu behindern, geschweige denn eine Bedrohung für unser Land und unser Volk zu schaffen, muss wissen, dass die Antwort Russlands sofort erfolgen und zu Konsequenzen führen wird, die Sie in Ihrer Geschichte noch nie erlebt haben. Wir sind auf jede Entwicklung der Ereignisse vorbereitet. Alle notwendigen Entscheidungen wurden in dieser Hinsicht getroffen. Ich hoffe, dass ich gehört werde.«[44] Nachdem Russland 1991 in seiner sowjetischen Form auf mitleiderregende Art und Weise untergegangen war, nahm es nun in der brutalsten Form seinen Marsch gen Westen wieder auf, was an die Bestrebungen von Nikolaus I. (in den 1830er-Jahren), Lenin (1917/1918) und Josef Stalin (1939–1941) erinnerte. Alexander Solschenizyn sagte bereits 1990 voraus: »Ich sehe mit Sorge, dass das erwachende russische Nationalbewusstsein zu einem großen Teil nicht in der Lage ist, sich von der Denkart einer Großmacht zu befreien und den berauschenden Dämpfen zu entkommen, die aus einem Reich aufsteigen. Man muss sich ganz eindeutig entscheiden: zwischen einem Reich, das vor allem unser Verderben ist, und dem spirituellen und körperlichen Heil unseres Volks.«[45] Wladimir Putin hat sich bereits entschieden, im Guten wie vor allem auch im Schlechten für das russische Volk. Da es sich nicht vom Einfluss eines Dreivierteljahrhunderts Totalitarismus frei zu machen wusste, rast Russland in hohem Tempo auf eine Vergangenheit potemkinscher Größe zu, die ebenso katastrophal ist wie die von den Bolschewiken versprochene »strahlende Zukunft«.

4

Wladimir Putin: Einmal Tschekist, immer Tschekist

Andreï Kozovoï

»Weißt du, was das Emblem der Tschekisten enthält? Den Schild und das Schwert. Und wir müssen diesen Schild benutzen, um die Menschen zu schützen, um sie vor dem Bösen zu schützen, wo immer es sich befindet.«
Wadim Koshewnikow, Im Labyrinth der Abwehr

An einem schönen Montagmorgen, man schrieb den 27. Juli 1998, erschien der amtierende Ministerpräsident Sergej Kirijenko vor den hochrangigen Offizieren des FSB, des Föderalen Dienstes für Sicherheit der Russischen Föderation. Boris Jelzins zweite Amtszeit neigte sich dem Ende zu, und Kirijenko, ein 35-jähriger Technokrat, war erschienen, um den neuen Chef der russischen Spionageabwehr, einen gewissen Wladimir Wladimirowitsch Putin, in sein Amt einzuführen. In der klaren Sprache eines russischen Enarchen,[1] die sich von der wortreichen Ausdrucksweise seines Vorgängers Viktor Tschernomyrdin abhob, zeichnete Kirijenko ein vorteilhaftes Bild des neuen Mannes: »Die Ernennung Wladimir Putins ist kein Zufall. Er ist ein Profi, der in der Lage ist, den FSB in seiner ganzen Vielfalt zu verwalten. Als ehemaliger Geheimdienstler weiß er genau, welche Ziele er erreichen und welche Mittel er einsetzen muss, um die Spionageoperationen ausländischer Dienste zu vereiteln. Er ist ein Verwaltungsbeamter, der gut gerüstet ist, um Wirtschaftskriminalität zu bekämpfen. Außerdem wird es ihm am Herzen liegen, das materielle Leben der Führungskräfte zu verbessern und – daran kann kein Zweifel bestehen – das Image einer zu Unrecht verrufenen Institution aufzupolieren.«

Der 46-jährige Putin hatte einen wächsernen Teint und angestrengte Gesichtszüge. Seine Augen wirkten leer, er schien mit den Gedanken woanders zu sein. Er trauerte um seine Mutter, die drei Wochen zuvor im Alter von 87 Jahren gestorben war, während sein schwer kranker Vater im darauffolgenden Jahr sterben sollte. Auch hatten sich zwei Jahre an der Spitze der Präsidialverwaltung negativ auf Putins Familienleben ausgewirkt. Nach Bekanntwerden der Nachricht war seine Frau Ljudmila zusammengebrochen und hatte einer Freundin ihr Herz ausgeschüttet: »1991, nachdem er den KGB verlassen hatte, hat er mir geschworen, dass es vorbei sein würde, dass wir wie normale Menschen leben würden, uns öfter sehen, Freunde empfangen würden … Und jetzt fängt der Albtraum wieder von vorn an!«

Putin hatte seine Ernennung zum Chef des FSB kaum ablehnen können. Er hatte sie Boris Jelzin zu verdanken, der ihn per Präsidialdekret berufen hatte. Er gehörte zu den Vertrauten des russischen Präsidenten und musste sich noch beweisen, um ein *prejemnik,* ein designierter Nachfolger von »Zar Boris«, zu werden. Putin ahnte, dass seine Ernennung nicht auf ungeteilte Zustimmung gestoßen war: Die altgedienten FSB-Leute mussten sich zumindest gewundert haben, dass ein einfacher Oberstleutnant auf diesen Posten berufen worden war, für den doch ein General angemessen gewesen wäre. Und Putins Ruf, an der Spitze der Präsidialadministration ein *chosiáistwennik,* ein Manager, gewesen zu sein, der seiner Aufgabe allerdings nach Art einer Schocktherapie nachging, ließ zu Recht befürchten, dass es nun beim FSB zu einer »Säuberung« kommen würde.

Mit unverändert ausdruckslosem Gesicht stand Putin auf und erklärte vor seinen neuen Untergebenen mit monotoner Stimme: »Für mich ist die Rückkehr zur Arbeit in den Sicherheitsorganen wie eine Heimkehr. Wie mein Vorgänger [Nikolai Kowaljow] habe ich im KGB ganz unten angefangen, er in Moskau, ich in Leningrad. Das war vor dreiundzwanzig Jahren. Für mich gehören diese Mauern zur Familie.«

»Putin oder der KGB an der Macht«: Diese Vorstellung, die seit mehreren Jahren von französischen und ausländischen Fachleuten entwickelt wird, scheint heute eine Selbstverständlichkeit zu sein, ebenso wie die Vorstellung, dass Männer aus dem sowjetischen Geheimdienst das Rückgrat von Putins Regierungssystem bilden. Das tun sie, aber man sollte vorsichtig sein und Putin keine Eigenschaften attestieren, die er – angefangen bei der Fähigkeit, den Geheimdienst zu beherrschen – nie besaß, wie das jüngste Beispiel beweist, sein Fiasko in der Ukraine. Dieser zynische und korrupte Diktator hat die Legende vom »Meisterspion«, der er nie war, zu Zwecken der Selbstdarstellung geschmiedet, um bei einer Wählerschaft an Respekt zu gewinnen, die auf das Image des »Machthabers mit fester Hand« und des Verteidigers der Russen, wo immer sie sich befinden, anspricht.

Seine Äußerungen vom Juli 1998 können jedoch nicht als leere Worte oder bloße Gelegenheitsrede zur Beruhigung der Zuhörerschaft abgetan werden. Alles deutet darauf hin, dass Putin stolz darauf war, dieser Organisation angehört zu haben, dass er nostalgisch auf seine Zeit beim KGB zurückblickte und sogar, scheuen wir uns nicht vor diesem Wort, Liebe zu den »Mauern der Lubjanka« – zum historischen Sitz der Tscheka und später des KGB in Moskau – empfand. Im Grunde schlummerte in dem Putin von 1998 – und schlummert in vielerlei Hinsicht auch heute noch – ein Kinder-Putin, der ehemalige kleine Hinterhofboss, der davon träumte, ein sowjetischer James Bond zu werden, ein Held der Neuzeit, der den Lauf der Welt würde verändern können, ein Ritter ohne Furcht und Tadel. Es war ein Kind, das frustriert war, weil es seinen Traum nicht hatte verwirklichen können, und den erwachsenen Putin antrieb, alles zu tun, um das nachzuholen, sobald er an der Macht wäre.

Der Erfolg ist bekannt. Putin blieb nur ein Jahr an der Spitze des FSB, aber diese kurze Phase war mehr als nur ein Zwischenspiel in seiner Karriere: Das Übergangsjahr bereitete ihn auf das Amt des Ministerpräsidenten und auf das des Interimspräsidenten nach Jelzins Rücktritt im Dezember 1999 vor. Dieses Jahr genügte ihm, um die Unterwanderung der Macht durch eine neue Elite, die Silowiki, die »Männer der Stärke«, zu fördern, die in erster Linie ehemalige Geheimdienstkader waren.

Putin verdankte diesen fast unaufhaltsamen Aufstieg seiner Ausnutzung des »Tschekisten-Mythos«, der mit der Gründung der WeTscheKa (kurz Tscheka) durch die von Lenin geführte

Regierung am 20. Dezember 1917 keine zwei Monate nach der Machtübernahme der Bolschewiki inauguriert worden war. Die Abkürzung WeTscheKa steht für »Allrussische Außerordentliche Kommission zur Bekämpfung von Konterrevolution, Spekulation und Sabotage«. Ursprünglich als vorläufige politische Polizei gedacht, entwickelte sich die Organisation rasch zum bewaffneten Arm der Kommunistischen Partei, zu einem Instrument der Unterdrückung, des Terrors und der sozialen Kontrolle, aber auch zu einem Spionageabwehrdienst, der sich damit befasste, die Operationen ausländischer Geheimdienste zu vereiteln, die in den ersten Jahren des kommunistischen Regimes als sehr gefährlich galten. Im Dezember 1920, als die Bolschewiki sicher waren, die Kontrolle über das Land erlangt zu haben, wurde innerhalb der Tscheka eine Auslandsabteilung, die INO, gegründet, die Vorläuferin der Ersten Hauptverwaltung (PGU) des KGB, und die Tschekisten begannen mit der Durchführung von Auslandsoperationen. Die Bolschewiki unterschieden zwar zwischen zivilem und militärischem Geheimdienst, gaben aber eindeutig dem Ersteren den Vorzug und übertrugen ihm die Funktionen der politischen Polizei, der Spionageabwehr und des Auslandsgeheimdienstes. Dasselbe galt für die Nachfolger der Tscheka: die GPU (oder OGPU, Vereinigte staatliche politische Verwaltung, 1922–1934), den NKWD (Volkskommissariat für innere Angelegenheiten, 1934–1943), das MGB (Ministerium für Staatssicherheit, 1943–1953) und schließlich den KGB (Komitee für Staatssicherheit, 1954–1991).

Der KGB war eine gleichsam mit Tentakeln versehene, in Hauptverwaltungen untergliederte Maschine. Deren bekannteste war die bereits erwähnte PGU, die für Auslandsspionage zuständig war. Ihre Mitglieder hielten sich für die Elite des Geheimdienstes, ja viele dieser Ersten verachteten ihre Kollegen in der Zweiten Hauptverwaltung, der VGU, der Vorläuferin des FSB, deren Aufgabe die Spionageabwehr war. Während sich die Namen der Geheimdienste änderten und die Methoden zur Bekämpfung der Feinde des Regimes sich nach Stalins Tod 1953 »zivilisierten« und an Brutalität verloren, ohne die vollständige Kontrolle über die Bevölkerung aus der Hand zu geben, überdauerte das glorreiche Wort »Tschekist« die Zeiten bis heute. Grund dafür ist der bewusst gestiftete Kult um den ersten Chef der Tscheka, den grausamen Felix Dserschinski (1877–1926), einen polnischen Revolutionär, der sich zum Bolschewismus bekannt hatte und wegen seines Fanatismus und seiner aufopfernden Hingabe an die Partei »Eiserner Felix« genannt wurde. Wie Stalin, der »Mann aus Stahl«, hatte er übrigens ursprünglich Priester werden wollen.

Dserschinski, der von Lenin in Anspielung auf den Ankläger des Revolutionstribunals während des französischen *terreur* 1793/94 als »unser Fouquier-Tinville« bezeichnet wurde, tat sich durch den am 5. September 1918 öffentlich verkündeten »roten Terror« hervor, ein im Bürgerkrieg geschmiedetes Herrschaftsinstrument des Staates. Geiselnahmen und Massaker an der Zivilbevölkerung, Verurteilung (ohne Prozess) und Hinrichtung ganzer Gruppen angeblicher Straftäter – von als *Kulaken* diffamierten Kleinbauern, Geistlichen, zaristischen Beamten, ehemaligen, nun als »Volksfeinde« betrachteten Revolutionäre, ja ganzen »verdächtigen« ethnischen Gruppen – und Veranstaltung von Schauprozessen, um die für die Katastrophen des Regimes angeblich Verantwortlichen – Sündenböcke, die unter der Folter die unwahrscheinlichsten Verbrechen gestanden hatten – der Rachsucht des Volkes auszuliefern: All diese Verbrechen wurden von Dserschinski und seinen Nachfolgern – die bekanntesten waren Jagoda, Nikolai Jeschow und Lawrenti Beria – auf Befehl der Kommunistischen Partei organisiert, das heißt zunächst von Lenin, der 1920 behauptete: »Ein guter Kommunist ist gleichzeitig ein guter Tschekist«, und später von Stalin. Die Tscheka spielte eine wesentliche Rolle beim – um mit Michel Foucault zu sprechen – »Überwachen und Strafen«, aber auch bei der Bildung einer »tschekistischen Kultur«, einer Mischung aus einem Gefühl der Straffreiheit und Allmacht und der Ausübung äußerster Grausamkeit, gepaart mit unbedingtem Hass auf das Fremde und fanatischer Hingabe an die Chefs, die »Führer«, an Lenin, Stalin und ihre Gefolgsleute.

An dieser Stelle muss daran erinnert werden, wie die tschekistische Gewalt während der Lenin-Stalin-Jahre ausgesehen haben könnte. Zwar waren die Jahre 1937 und 1938 mit mehr als 700 000 Toten, darunter einem Großteil der tschekistischen Kader selbst, die tödlichste Phase, doch wurde der »Große Terror« (siehe die Bücher von Robert Conquest und den von Stéphane Courtois herausgegebenen Sammelband *Das Schwarzbuch des Kommunismus*) schon zu Lenins Zeiten eingeführt: 1919/20 ermordeten oder deportierten die Tschekisten mehr als 300 000 Donkosaken, und allein 1922 richteten sie fast 2700 Priester, 2000 Mönche und 3500 Nonnen hin. Von 1929 bis 1932, als Stalin noch nicht der absolute Herrscher war, verhafteten sie rund 900 000 Menschen wegen »konterrevolutionärer« Verbrechen, und 10 000 wurden hingerichtet. Von 1930 an waren sie mit der Verwaltung des Gulag betraut, eines riesigen Konzentrationslagersystems, dessen Grundlagen Lenin schon zwischen 1918 und 1922 gelegt hatte und in dem Millionen von *Zeks*[2] unter entsetzlichen Bedingungen arbeiten mussten. Während des Holodomor, der großen ukrainischen Hungersnot von 1932/33, hatten die OGPU-Truppen die Aufgabe, die Bauern daran zu hindern, aus den Dörfern zu fliehen und in den Städten Hilfe zu suchen. Es muss eine Atmosphäre wie in einem Horrorfilm gewesen sein; ein Überlebender hat sie später als »Auschwitz ohne Öfen« bezeichnet.

Nachdem sie sich schon unzähliger Verbrechen gegen die Menschlichkeit und des Völkermords schuldig gemacht hatten, steigerten die Tschekisten ihre Aktivitäten während des Zweiten Weltkriegs weiter und deportierten fast zwei Millionen Sowjetbürger, darunter »bestrafte Völker« wie die Wolgadeutschen, die Krimtataren und die Tschetschenen, die kollektiv für angebliche Komplizenschaft mit dem Feind zur Rechenschaft gezogen wurden. Von 1939 bis 1945 setzte Beria, Stalins rechte Hand, die Tradition der Massenmorde fort, von denen der Mord an mehreren Tausend polnischen Offizieren im Wald von Katyn das bekannteste Beispiel ist. Nach dem Krieg kam es auch in den von der UdSSR annektierten »neuen Gebieten« zu Morden und Zwangsdeportationen, während der KGB in ganz Mittel- und Osteuropa Institutionen nach seinem Vorbild und unter seiner Kontrolle aufbaute. Die Operationen der Tschekisten im Ausland waren ebenfalls von Gewalt geprägt, insbesondere diejenigen, die gerichtet waren gegen Stalins Gegner wie Leo Trotzki, der 1940 in Mexiko »liquidiert« wurde, gegen Überläufer aus dem Geheimdienst wie die drei »Verräter« Georgi Agabekow, Ignaz Reiss und Walter Kriwitzki, die in Frankreich, der Schweiz und sogar den Vereinigten Staaten ermordet wurden, aber auch gegen »Feinde« der UdSSR, etwa Weißrussen wie die Generäle Alexander Kutepow und Jewgeni Miller, die 1930 bzw. 1937 in Frankreich entführt, nach Moskau gebracht und dort hingerichtet wurden. Last but not least war es Lenin, der das berüchtigte »Giftlabor« ins Leben rief, das dann unter Stalin sein goldenes Zeitalter erlebte, später nicht geschlossen wurde und zur Liquidierung von Feinden aus dem Inneren, aber auch von Ausländern bestimmt war.

Ein Hauptmerkmal dieses Massenterrors war Geheimhaltung: Verbrechen und Repressionen wurden vor der sowjetischen Bevölkerung sorgfältig verborgen. Bis Gorbatschows Perestroika Ende der 1980er-Jahre unter dem Eindruck der antikommunistischen Revolutionen in Osteuropa einen Gang höher schaltete und Kritik an der Partei und dem KGB zuließ, behielt dieser seine Kontrolle über das öffentliche Leben. Die Sowjetmacht hatte große Anstrengungen unternommen, um sowohl den Schrecken der tschekistischen Vergangenheit zu verheimlichen als auch den Geheimagenten das makellose Image tapferer Ritter und der wahren Verteidiger von Witwen und Waisen zu verschaffen. Dserschinski war neben Lenin der einzige Bolschewik, dem nach seinem Tod Verehrung zuteilwurde. 1926 wurde der Lubjanka-Platz in Dserschinski-Platz umbenannt, es wurden hagiografische Erzählungen für Jugendliche veröffentlicht, und 1958 wurde auf »seinem« Platz ein vor dem Krieg angedachtes Denkmal für den »Tschekisten Nummer eins« errichtet; indem er auf diese Weise bestätigte, dass er ein guter Kommunist geblieben war, der zur »Reinheit der leninistischen Ursprünge« zurückkehren wollte, konnte Chruschtschow die Gegner seiner »Entstalinisierung« beruhigen. Seit Anfang der 1960er-Jahre und vor allem in der Breschnew-Ära war der »Eiserne Felix« immer häufiger auf Kinoleinwänden und Fernsehbildschirmen zu sehen, wobei die Studios mit Experten der »zuständigen Organe«, wie es hieß, zusammengearbeitet hatten, um ihn ins beste Licht zu rücken.

Wie sehr war der junge Putin für den Kult um Dserschinski empfänglich? Verehrte auch er den »Eisernen Felix« als Apostel der Revolution und großen Kinderfreund? Das ist schwer zu sagen, weil Putin darüber nie öffentlich gesprochen hat, aber er hatte sich zweifellos Dserschinskis berühmte Charakterisierung des »guten Tschekisten« als Mannes »mit warmem Herzen, kühlem Kopf und sauberen Händen« zu eigen gemacht. Als Sohn eines Vaters, der im Krieg den »Diversionbrigaden« des NKWD angehört hatte, den »Partisanen«, die hinter die feindlichen Linien geschickt wurden, war Putin ein ideales Ziel für die tschekistische Propaganda der 1960er-Jahre, die der sowjetischen Jugend die Geheimagenten, die für den Sieg von 1945 gearbeitet hatten, als neue nachahmenswerte Vorbilder darstellte.

Diese Helden der »unsichtbaren Front« hatten nach Stalins Tod begonnen, die Vorstellungswelt zu bevölkern, und erlebten unter Breschnew im Rahmen des Kults um den »Großen Vaterländischen Krieg«, der am 9. Mai 1965 anlässlich des 20. Jahrestags des Sieges gestiftet wurde, ihre Sternstunde. Die ersten Romane, in denen sie auftraten, waren zum Teil von ehemaligen Geheimagenten wie Georgi Brjanzew (1904–1960) verfasst, der während des Krieges für den Militärgeheimdienst gearbeitet hatte. (Übrigens gab es im Westen einen ähnlichen Trend: Ian Fleming, ein ehemaliger Geheimdienstoffizier der Royal Navy, erfand James Bond, und auch John Le Carré ist ehemaliges Mitglied des Geheimdienstes.)

Im Jahr 1965 wurde ein Roman veröffentlicht, der eine Generation von zukünftigen Tschekisten, darunter auch Putin, prägte: Щит и меч *(Schtschit i metsch,* Schild und Schwert[3]) von Wadim Koschewnikow (1909–1984), einem ehemaligen Kriegsberichterstatter, der die Heldentaten von Alexander Below beschrieb, einem NKWD-Agenten, der unter falschem Namen den Geheimdienst der deutschen Wehrmacht, die »Abwehr«, unterwandert hatte. Um seinen Helden zu erschaffen, hatte Koschewnikow sich von den Taten Alexander Swjatogorows inspirieren lassen, eines berühmten Kommandoführers des NKGB, des Volkskommissariats für Staatssicherheit, das zwischen April und Juli 1941 sowie zwischen 1943 und 1946 ein kurzlebiges Dasein gefristet hatte. Eine vierteilige Verfilmung des Romans wurde im August 1968 im Fernsehen gezeigt – während der Niederschlagung des Prager Frühlings … –, im Sommer des darauffolgenden Jahres auch in der DDR. Es war die Zeit, da Putin im Alter von etwa 15 Jahren in Leningrad zum KGB ging, um dem Wachoffizier seine Dienste anzubieten, und zur Antwort bekam, *iniziatiwniki* (Freiwillige) seien nicht willkommen und man werde ihn später rekrutieren, wenn man ihn für nützlich halte – nach seinem Militärdienst oder einem Universitätsstudium. »Und welche Studiengänge werden besonders gern gesehen?«, fragte Putin. »Rechtswissenschaft!«, bellte der Wachoffizier, genervt von so viel Beharrlichkeit.

Juri Andropow, der von Breschnew 1967, als sich die Große Sozialistische Oktoberrevolution zum 50. Mal jährte, zum Leiter des KGB ernannt wurde, setzte die Propagierung des tschekistischen Mythos mit noch mehr Mitteln als seine Vorgänger fort, indem er talentierte Autoren förderte und eng mit Film- und Fernsehstudios zusammenarbeitete. Die Helden des Kalten Krieges hatten nun das Recht, sich zu präsentieren. Ende 1968 konnten die sowjetischen Zuschauer in *Miortvy sezon* (Die tote Jahreszeit) die Heldentaten eines »Illegalen« – eines Agenten, der mit falscher Identität im Ausland arbeitete – namens Konstantin Ladinikow bewundern. Dieser Film, der erste seiner Art, basierte auf der Agentenkarriere des 1951 vom Geheimdienst angeworbenen Konon Molodi (1922–1970), der jetzt zur Legende wurde, da Andropows KGB bereit war, einige Geheimnisse zu enthüllen, um den Film glaubwürdig zu machen.

Seinen letzten großen Erfolg hatte dieses goldene Zeitalter des »Spions auf dem Bildschirm« 1973 mit *Semnadzat mgnoweni wesny* (in der DDR-Fassung *Siebzehn Augenblicke des Frühlings*), einer Fernsehserie, die auf einem Roman von Julian Semjonow basierte und ebenfalls den Heldentaten eines Agenten gewidmet war: denen von Oberst Maxim Issajew – besser bekannt unter seinem Pseudonym Stierlitz –, der gegen Ende des Zweiten Weltkriegs in Nazideutschland eingesetzt wird. Zwischen Issajews

Einschleusung, Tarnen und Unterwandern und der Strategie, die Putin ab 1991 verfolgte, als er im Rathaus von Sankt Petersburg den »Demokraten« spielte, ließe sich ein Zusammenhang herstellen. Ein weiteres Thema dieser Serie war ein Gemeinplatz der antiamerikanischen Propaganda der UdSSR: eine angebliche geheime Absprache der CIA mit den Nazis, eine »ideologische Filiation«. Als Putin bei der Verkündung seiner Kriegsziele im Februar 2022 behauptete, die Ukraine, einen Marionettenstaat der Amerikaner, »entnazifizieren« zu wollen, erinnerten seine Worte an diesen Gemeinplatz.

Im Jahr 1973 war er an der juristischen Fakultät der Universität Leningrad ein fleißiger, aber kein brillanter Student – das perfekte Profil für den KGB, der nicht nach außergewöhnlichen Persönlichkeiten suchte, sondern nach Individuen mit dem Herzen »am rechten Fleck«, wie die stehende Redewendung lautete. Nach seiner offiziellen Biografie wurde Putin 1975 rekrutiert und durchlief in Moskau ein Jahr lang das klassische Tschekisten-Curriculum – Überwachen und Beschatten, Festnehmen, Verhören und Manipulieren –, bevor er als Praktikant für Büroarbeit nach Leningrad zurückgeschickt wurde. Von Februar bis Juli 1976 war er für eine Ausbildung in der Fünften Hauptverwaltung des KGB (der *pjatjorka),* die für »feindliche ideologische Ablenkungsmanöver« zuständig war, wieder in Moskau. Nachdem die PGU auf ihn aufmerksam geworden war und er sich ein Jahr lang neu profiliert hatte, arbeitete er viereinhalb Jahre lang in der ersten Abteilung des KGB in Leningrad. Als Major erhielt er schließlich grünes Licht, ein drittes Mal nach Moskau zurückzukehren, und wurde in die KGB-Akademie aufgenommen, die auch als »Waldschule« bezeichnet wurde und für zukünftige Spione bestimmt war. Da hier der Sprachunterricht im Vordergrund stand, erweiterte er seine Deutschkenntnisse. Zehn Jahre nach seiner Anwerbung wurde er 1985 endlich ins Ausland geschickt. Sein Traum, ein neuer Stierlitz zu werden, erfüllte sich jedoch nicht, da er in ein kommunistisches Land, die DDR, versetzt wurde, um in Dresden in einem regionalen Verbindungsbüro zur Stasi, des ostdeutschen Pendants des KGB, zu arbeiten. Es war ein Abstellgleis – im Russischen spricht man von einem *otstoinik,* einer

Senkgrube –, von dem er Anfang 1990 in seine Heimatstadt zurückkehrte, desillusioniert und gedemütigt durch den Fall der Mauer und den Beginn der deutschen Wiedervereinigung.

Putin war damals ein KGB-Offizier unter vielen, ohne besondere Begabung, ohne Karriereaussichten und gezwungen, einen Platz für sich in einer Sowjetunion zu finden, in der seine Arbeitgeber nur noch Hass und Verachtung hervorriefen. Zu dieser Zeit begannen ehemalige Geheimdienstoffiziere, die zu »übergelaufenen Insidern« geworden waren, im Zuge von Glasnost sensationelle Enthüllungen über die »schmutzigen Geschäfte« des KGB und die Gefahr, die diese Organisation für die Perestroika darstelle, zu machen. Initiator dieser Bewegung war der ehemalige General Oleg Kalugin, der Ende der 1980er-Jahre einen Brief an Gorbatschow schrieb, in dem er dem KGB Untätigkeit und Korruption vorwarf. Obwohl Kalugin, der anschließend durch Veröffentlichungen und Vorträge hohe Bekanntheit erlangte, nicht den Bruch mit dem Kommunismus anstrebte, sondern eine Rückkehr zur vermeintlichen »revolutionären Legalität« und, wie der große Lenin am Ende seines Lebens, eine Einschränkung der Kompetenzen der Tscheka, wurde er schnell zum Schreckgespenst des konservativen Randes des KGB, der das Gerücht verbreiten ließ, er sei von der CIA angeworben worden. So kam es, dass Kalugin mit seinem alten Rivalen Wladimir Krjutschkow aneinandergeriet, dem ehemaligen Stellvertreter Andropows und späteren Direktor des KGB, einem der Drahtzieher des Moskauer Putsches vom August 1991. Dieser wurde nach drei Tagen von jelzinfreundlichen Truppen niedergeschlagen und endete unter dem Beifall einer jubelnden Menge mit der Beseitigung der Dserschinski-Statue vor der Lubjanka.

In diesem äußerst unruhigen Umfeld erkannte Putin, dass er sich, um zu überleben, als vertrauenswürdig erweisen musste, indem er seine Umgebung davon überzeugte, dass er sich auf die Seite der »Demokraten« geschlagen habe. Wie Hunderte anderer Agenten wurde er zu einem echten Stierlitz, gab das Chamäleon und schloss sich Boris Jelzin weniger aus persönlicher Überzeugung als aus reinem Opportunismus an. Der offiziellen Version zufolge wurde er im Mai 1990 Mitglied des Teams von Anatoli

Sobtschak, dem Vorsitzenden des Leningrader Sowjets und späteren Bürgermeister von Sankt Petersburg. Einige Monate später habe er dem KGB ein Kündigungsschreiben geschickt, das jedoch verloren gegangen sei, weshalb er sich persönlich mit Krjutschkow in Verbindung gesetzt habe, um sicherzustellen, dass er nicht mehr als KGB-Kader betrachtet werde. In Wirklichkeit war es wohl ganz anders, und es ist wahrscheinlich, dass Putin nach dem Putsch noch ein Jahr lang sein Gehalt als KGB-Agent bezog.

Wie dem auch gewesen sein mag, sich Sobtschak anzuschließen, einem entschiedenen Gegner des KGB, um bei den »Liberalen« an Popularität zu gewinnen, war ein Kalkül, das sich im Juni 1996 auszahlte, als Putin von Jelzins Team für die Arbeit in der Präsidialverwaltung rekrutiert wurde. Ein Kalkül derselben Art funktionierte bei den regierungsnahen Oligarchen, die ihn bei Jelzin einführten. Jahre später erklärte Boris Beresowski – zusammen mit Walentin Jumaschew, dem Schwiegersohn des Präsidenten, und dem Bankier und Unternehmer Sergej Pugatschow einer von Putins »Paten« – auf die Frage, warum er den Bock zum Gärtner gemacht habe: »wenn die Tschekisten Verbrechen begangen haben, dann auf Befehl der Partei«. Kirijenko hatte nichts anderes gesagt, als er vom FSB als einer »zu Unrecht verrufenen« Institution sprach!

Putins Aufstieg in den 1990er-Jahren fand in einem für den im Oktober 1991 von Jelzin aufgelösten KGB äußerst komplizierten Umfeld statt. Schnell wurde der SWR, der Auslandsgeheimdienst und Nachfolger der PGU, gegründet und im Dezember Jewgeni Primakow zu seinem Leiter ernannt. Der Nahostexperte, der seinerzeit Andropow nahegestanden hatte – Jelzin berief ihn nicht zuletzt, um die Stimmen der Konservativen zu gewinnen – und später Außenminister und Ministerpräsident werden sollte, wurde von Putin stark umworben. Doch für die Spionageabwehr entstand mit dem FSB erst im April 1995, nach mehreren erfolglosen Reformen, eine stabile Institution, der die Grenzüberwachung und die Bekämpfung des Terrorismus sowie »besonders schwerer« föderaler Verbrechen wie der »Wirtschaftskriminalität«, darunter Korruption in großem Stil, übertragen wurden.

Die Schwierigkeiten bei der Gründung des FSB waren vielfältig gewesen: Die Politik des abrupten Übergangs zur Marktwirtschaft, die als »Schocktherapie« bezeichnet wurde, hatte eine Hyperinflation zur Folge, die den Haushalt der staatlichen Institutionen, einschließlich des Geheimdienstes, belastete. Außerdem war das politische Umfeld unsicher, da die neue Verfassung erst Ende 1993, nach einem heftigen Konflikt zwischen Jelzin und dem Parlament, verabschiedet wurde und die notwendig gewordene Aktualisierung der Geheimdienstgesetzgebung einige Zeit dauerte. Ein weiterer Grund für das Zögern bei der Gründung des FSB war ein existenzieller Zweifel unter den ehemaligen Tschekisten, da die Gegner des Kalten Krieges verschwunden und neue Gefahren – das organisierte Verbrechen und der Terrorismus – an die Stelle feindlicher Spione und Dissidenten getreten waren. Vor allem aber musste man mit den Vorbehalten eines Teils der Bevölkerung rechnen, der im FSB eine neue Version des KGB sah, eine Unterdrückungsmaschinerie, die zudem verdächtigt wurde, Putschbestrebungen zu hegen. Dieses Misstrauen war durchaus berechtigt, da der 1995 aus sowjetischen Zeiten wiederbelebte Tag des Geheimdienstmitarbeiters, besser bekannt als »Tag des Tschekisten«, am 20. Dezember begangen wurde, wie stets seit 1917!

In diesem Umfeld, in dem der tschekistische Mythos wieder Rückenwind bekam, erwarb sich Putin einen Ruf als Silowik, der es ihm später ermöglichte, sich um die Leitung des FSB zu bewerben. Als Sobtschaks erster Stellvertreter im Rathaus von Sankt Petersburg hatte er den Vorsitz im Komitee für Außenbeziehungen inne, eine Position, die ihm die Kontrolle über die Rohstoffe sicherte, die über den Hafen der Stadt verschifft wurden – ein Hebel, den er mit der Unterstützung krimineller Organisationen und der Komplizenschaft ehemaliger Tschekisten, seiner späteren »neuen Bojaren«, zu seiner persönlichen Bereicherung nutzte. Die bekanntesten dieser Helfershelfer waren Igor Setschin, der spätere Herrscher über Rosneft, den größten russischen Ölkonzern, Sergej Iwanow, der spätere Verteidigungsminister, Viktor Tscherkessow, zunächst Leiter des Sankt Petersburger FSB-Büro, dann Putins Vize als FSB-Direktor und später Chef der Antidrogenbehörde, und Wladimir Jakunin, der ehemalige KGB-Resident in New York, der zum Chef der Eisenbahn wurde.

Weniger bekannt, aber ebenso wichtig war Putins Funktion als »Koordinator der Ordnungskräfte«, in der er den Dokumentarfilm *Mannesarbeit* (1996) anregte, der das Image des FSB aufpolieren und seine Person »menschlicher« erscheinen lassen sollte. Der Film, in dem Putin selbst mitwirkte, wurde von dem bekannten Fernsehjournalisten Igor Schadchan (1940–2014) gedreht. Putin hatte mit ihm bereits bei einem anderen Film zusammengearbeitet, in dem er als ehrlicher, kompetenter und moderner Beamter dargestellt worden war, der sich für die liberale Demokratie einsetzte und Lenin kritisierte, weil der seiner Meinung nach »eine Zeitbombe unter den Sockel Russlands gelegt« habe. In *Mannesarbeit* erzählte der Archivar des FSB, dass er den Opfern stalinistischer Repressionen und ihren Kindern geheime Dokumente zukommen lasse, was den FSB als Institution erscheinen ließ, die Recht und Ordnung respektierte. Putin bekannte sich in dem Film uneingeschränkt zu seiner tschekistischen Vergangenheit und behauptete gleichzeitig, das Kapitel Stalinismus sei zu seiner Zeit, in den 1970er-Jahren, endgültig abgeschlossen gewesen und er selbst habe nie im Bereich »politische Verbrechen« gearbeitet – eine reine Lüge. Übrigens hat der ehemalige Illegale Sergej Schirnow berichtet, dass er Putin 1980, zur Zeit der Olympischen Spiele, in Moskau getroffen habe, wohin er aus Leningrad zur Überwachung ausländischer Touristen beordert worden sei.

Als Putin 1998 zum Direktor des FSB ernannt wurde, begnügte er sich nicht damit, Jelzin als Bürge zu dienen, indem er mittels eines Sextapes die Operation zur Entfernung von Generalstaatsanwalt Juri Skuratow organisierte. Es gelang ihm auch, den Skandal zu vertuschen, der durch die Enthüllungen einer Gruppe von FSB-Offizieren (darunter Alexander Litwinenko, das spätere Opfer einer Poloniumvergiftung) ausgelöst worden war, die ihre Chefs beschuldigt hatten, den (gescheiterten) Versuch, den Oligarchen Beresowski zu ermorden, in Auftrag gegeben zu haben. Putin begann daraufhin, seine Männer in Führungspositionen innerhalb des FSB zu bringen. Weniger bekannt ist, dass er den regionalen Einfluss des FSB vergrößerte, indem er diesen mit Kompetenzen im Bereich der Auslandsaufklärung ausstattete, die bisher dem SWR und der GRU, dem militärischen Geheimdienst, vorbehalten gewesen waren. Er beteiligte sich auch an der Rehabilitierung des tschekistischen Mythos, allerdings in einem ganz anderen sozialen Kontext als zwischen 1989 und 1991, da die Mehrheit der Bevölkerung, von der Demokratie enttäuscht und von wiederholten Wirtschaftskrisen erschöpft, sich nach »Ordnung« und »Stabilität« sehnte. Die Attentate von 1999, bei denen eine finstere Rolle als Anstifter gespielt zu haben der FSB seit Langem verdächtigt wird, boten ihm eine wunderbare Gelegenheit, seinen Ruf als Mann der Vorsehung, als Tschekist, der der Bevölkerung dient und seine Wurzeln achtet, zu festigen: Noch vor seiner Wahl zum Präsidenten ließ er an der Fassade der Lubjanka eine Tafel zum Gedenken an Juri Andropow anbringen, und im September 2014 gründete das Innenministerium wieder eine unabhängige operative Abteilung mit dem Namen »Dserschinski«. Doch während es in Russland heute 50 Denkmäler zu Ehren Dserschinskis gibt, von denen einige der FSB initiiert hat, lässt die Rückkehr seiner berühmten Statue – derzeit steht sie im Skulpturenpark Museon an der Moskwa – auf den Lubjanka-Platz noch auf sich warten …

Ras tschekist, wsegda tschekist, sagen die Russen: »Einmal Tschekist, immer Tschekist.«

5

Die Erschaffung des Homo post-sovieticus: Putins »Ingenieure der Seele«

Françoise Thom

> Man bedenke, dass der Mensch, der vom Tier abstammt, leicht stürzt und dass es ihm schwerfällt, sich wieder aufzurichten.[1]
> *Iwan Petrowitsch Pawlow*

> Wie einer meiner Kontakte beim KGB im Gespräch mit einem Philosophen wissen ließ: Sie haben die Ideen, wir haben die Methoden.[2]
> *Oleksij Arestowytsch*

Man könnte meinen, dass mit dem Verschwinden der UdSSR und dem Scheitern der marxistisch-leninistischen Ideologie auch das Projekt zur Erschaffung des »Neuen Menschen« fallen gelassen wurde. Tatsächlich wurde allein die Utopie begraben. Der harte Kern des KGB verfolgte ab der Regierungszeit Jelzins das Vorhaben, auch den *Homo post-sovieticus* zu einem vollkommen formbaren Wesen zu machen. Sicher waren die Tschekisten selbst erstaunt über den Erfolg ihrer ersten Bemühungen, der ihren Ehrgeiz schürte und sie glauben ließ, es sei eine noch viel größere Idee zu verwirklichen: sich ein Volk nach ihren Vorstellungen zu erschaffen. Ein zutiefst zynisches, moralfremdes Volk – fasziniert von Gewalt und Verbrechen, angestachelt vom Instinkt der Meute, fernsteuerbar dank täglicher Verabreichung von Hass und Paranoia, darauf abgerichtet, den Anführern blind zu folgen, bis in den Abgrund, wie die vom Flötenspiel verzauberten Nager dem Rattenfänger von Hameln.

Unter Gorbatschow nahmen die später immer weiter verzweigten Machenschaften Form an. Ab 1988 waren die Tschekisten zunehmend in Sorge über die Auswirkungen von Glasnost und Perestroika auf die Zukunft ihrer Organisation. Würde man sie für ihre Verbrechen zur Rechenschaft ziehen? Würden sie arbeitslos, an den Pranger gestellt und in der künftigen demokratischen Gesellschaft Russlands an den Rand gedrängt werden? Man beschloss, die Dinge selbst in die Hand zu nehmen: Am 21. April 1989 verabschiedete das KGB-Präsidium eine Resolution mit dem Titel *Die Entwicklung von Glasnost in der Tätigkeit der Organe und Truppen des KGB der UdSSR*. Man wollte die Öffnung der Archive kanalisieren, ihre Auswertung in Richtung Apologie lenken und eine grundlegende Auseinandersetzung mit den Verbrechen der Vergangenheit verhindern. So entwickelte der KGB schon früh eine Gegenoffensive, mit der die Ansicht verbreitet werden sollte, dass die »Organe« nicht etwa nur Sowjetbürger erschossen und deportiert, sondern vor allem selbstlos dem Vaterland gedient hatten.[3]

Da man befürchtete, dass sich ein Mehrparteiensystem durchsetzen könnte, vervielfachte der KGB seine Bestrebungen zur systematischen Infiltration aufstrebender Oppositionsgruppen. Ein Kernstück der Maßnahmen war die am 31. März 1990, nur zwei Wochen vor Einführung des Mehrparteiensystems eingetragene *Liberal-Demokratische Partei Russlands* (LDPR), die Marionettenpartei von Wladimir Schirinowski. Glaubt man Alexander Jakowlew, dem engen Berater Gorbatschows, der als geistiger Vater der Perestroika gilt, so empfahl KGB-Chef Wladimir Krjutschkow den Mitgliedern des Politbüros in einem Memorandum, die neue Partei finanziell zu unterstützen.[4] Vorrangige Absicht dieses Manövers war die Diskreditierung der Demokratie: »Seht, was passiert, wenn man dem Volk eine Stimme gibt«, hieß es mit Hinweis auf die Pseudopartei, und dieser Vorwurf galt vor allem dem Westen.

Die Operation zur Reinwaschung des KGB und die Operation Schirinowski hatten zahlreiche gemeinsame Merkmale. Zum einen bedienten sie die Sensationslust, die in der sowjetischen Öffentlichkeit jahrelang hatte darben müssen, da man unter einem betäubenden Regime aus Apparatschiksprache und ideologischem Einerlei gelebt hatte. Schon bald wurden die Enthüllungen über die Verbrechen des Kommunismus durch die Veröffentlichung von Archivmaterial übertönt, das angebliche Sensationsmeldungen enthielt: pikante Details über die Ermordung Trotzkis, die Rolle des KGB bei der Beendigung der Kubakrise oder die Heldentaten sowjetischer Agenten. Und dazu besetzte Schirinowski die politische Bühne mit einem wuchtigen Statement nach dem anderen. Die Sensationsgier hatte den Vorteil, dass moralische Erwägungen in den Hintergrund traten, eine Reflexion über die Ereignisse verhindert wurde und es zu keinerlei Einordnung oder Bewertung kam. Außerdem machte sie süchtig: Ein Publikum, das aufregende Enthüllungen serviert bekam, hatte kein Interesse an seriösen Berichten, die größeres intellektuelles Engagement gefordert hätten. Und in den Augen der neuen »Ingenieure der Seele«, also der Politikberater, die sich um die Regimegrößen scharten, gab es sogar noch einen Vorteil: Die Sensation steigerte die Lust an der Übertreibung und am Rausch, alle Verbote zu brechen, auch die der allgemeinen Moral.

Die zweite Gemeinsamkeit war die Berufung auf einen hybriden – zugleich sowjetischen, imperialen und russischen – Patriotismus, den man als Staatskult maskierte. Die Veröffentlichungen des KGB zur Zeit von Glasnost wurden derart gelenkt, dass der Eindruck entstand, die »Organe« hätten sich nicht etwa vorrangig der Unterdrückung gewidmet, sondern eine patriotische Aufgabe erfüllt, indem sie den sowjetischen Führern Informationen zu in- wie ausländischen Bedrohungen lieferten und die Grenzen und Interessen des Landes verteidigten. Schirinowski für seinen Teil trat von Beginn an für die Idee eines entsowjetisierten eurasischen Reichs ein.

Dank dieser beiden Methoden, der Befriedigung von Sensationslust und dem Ruf nach einem synkretischen Großmacht-Patriotismus – sei dieser nostalgisch, sowjetisch, vorsowjetisch oder postsowjetisch –, verhinderten die ex-kommunistischen Apparatschiks und Tschekisten eine wirkliche Entkommunisierung und eine Lustration des Staatsapparats, das heißt die Entlassung von Beamten, die sich durch ihre Tätigkeit für das kommunistische Regime besonders kompromittiert hatten. Instinktiv entdeckte man die Rezepte für das Überleben an der Macht, und die Kremlführung begann, ein noch ehrgeizigeres Ziel ins Auge zu fassen: die Formung des Homo post-sovieticus, um so die

Gefahr eines Umschwungs endgültig zu bannen und den Fortbestand der eigenen Macht zu sichern.

Die Wiederwahl von Boris Jelzin zum Präsidenten der Russischen Föderation im Jahr 1996 dank massiver, von Oligarchen finanzierter Propaganda überzeugte sie davon, dass die Massen völlig manipulierbar waren, wenn man sie nur entpolitisierte. Wie ließ sich dies erreichen? Durch die Kultivierung von Menschenfeindlichkeit. Man musste nur Tag und Nacht berichten und belegen, wie korrupt, verlogen, egoistisch, heuchlerisch und bereitwillig kriminell die gesamte Menschheit ist. Presse und Fernsehen würden ihre Freude am Aufdecken und Anprangern aller möglichen Schandtaten haben. Diese schleichende Indoktrination sollte die demokratische Idee im Keim ersticken: Was nützt ein Parlament, wenn alle seine Mitglieder Betrüger und Lügner sind? Was nützt politisches Engagement, wenn alle Seiten nur bestrebt sind, die eigenen Taschen zu füllen? Umgekehrt rechtfertigte diese Gehirnwäsche die Diktatur: Denn wenn der Mensch des Menschen Wolf ist, kann nur ein starker Führer den Krieg aller gegen alle verhindern.

Eben diese Menschenfeindlichkeit war den Tschekisten schon in den KGB-Schulen eingetrichtert worden, wo man als Rekrutierungsmethode beigebracht bekam, die Schwächen anderer – sexuelle Begierde, Minderwertigkeitskomplexe, Missgunst, Habgier, Faulheit, Eitelkeit, Stolz – auszunutzen und auszustellen. Es ging darum, sein Gegenüber einzuschüchtern, abhängig zu machen und ihm das Gefühl zu geben, wichtig zu sein. All dies konnte auch auf der Ebene der Bevölkerung umgesetzt werden. Schirinowski führte vor, welche Hebel in Bewegung gesetzt werden mussten. Mit dem Instinkt eines Polit-Tiers entwickelte er die hocheffektive Propaganda, von der die Kommunisten geträumt hatten, die sie aber wegen des ideologischen Ballasts, den sie mit sich herumschleppen mussten, nie zu Ende hatten denken können. Alle großen Propagandisten des Putinismus – Jewgeni Kisseljow, Wladimir Solowjow, Olga Skabejewa und Margarita Simonjan – sind heimliche Erben Schirinowskis.

Mit dem großmäuligen Gebaren eines König Ubu stellte dieser ein Programm auf, dessen Folgen uns heute klar vor Augen stehen: Verehrung von Gewalt und Brutalität, unverhohlener militärischer Expansionismus, weltweite Schutzgelderpressungen, eine diktatorische Staatsform, absurde Gebietsrückforderungen – etwa die Rückkehr Finnlands und Alaskas zu Russland, dort könne man laut Schirinowski »die Ukrainer unterbringen« –, Drängen auf Anschluss der ehemaligen Sowjetrepubliken an Russland, atomare Erpressung. Schirinowski schlüpfte geschickt in die Rolle des Narren, und so sank die Aufmerksamkeit der Zuschauer, da man sich in einem fiktiven Universum wähnte, in dem nichts Konsequenzen hatte und man alles sagen konnte. Schirinowski schärfte den Russen ein, dass Politik ein Schauspiel ist, das sie nichts angeht. Und als Narr des Königs konnte er sich alles erlauben: Was ein Narr sagt, zählt nicht. Für das Geschehen auf der Bühne können weder die Schauspieler noch die Zuschauer zur Verantwortung gezogen werden.

Schirinowski wusste instinktiv um die Sehnsüchte der russischen Bevölkerung, die sich von einem Strudel der Veränderungen mitgerissen sah, der sie verstört und verängstigt zurückließ. Es herrschte Frustration angesichts der Entwicklungen, die man als Statusverlust Russlands wahrnahm. Schirinowski verstand, dass die Menschen nach einfachen Lösungen verlangten. Von Anfang an spielte er die Rolle des Eisbrechers und brachte bereits in KGB-Kreisen gehegte radikalste Ideen in clownesker Verpackung unter die Leute. In seinem Wahlprogramm vom Frühjahr 1991 versprach der durchgeknallte Demagoge, Russlands Ernährungsfrage innerhalb von 72 Stunden zu klären: »Ich schicke Truppen in die ehemalige DDR, anderthalb Millionen Mann, ich beschwöre eine atomare Bedrohung herauf, und schon wird uns alles geliefert. […] Wir schicken die Streikenden in den Knast, und die Schutzgelderpresser ins Ausland, damit sie dort die nationalen russischen Interessen verteidigen, wir holen uns Arbeiter aus dem Ausland, die, ohne zu mucken, für 100 Rubel im Monat für uns arbeiten.« Der Populismusvirtuose versprach, dass im Falle seiner Wahl kostenloser Wodka an alle verteilt werden würde. Er machte sich dafür stark, alle Russen mit kostenloser Unterwäsche zu versorgen und allen russischen Frauen einen Mann zu verschaffen. Die Lösung für wirtschaftliche Schwierigkeiten? Ganz einfach: »Man muss Sklaven aus der ganzen Welt heranholen, dann wird jeder Russe ein Grundbesitzer, ein Manager.«[5] Er vertrat Themen, die ab 1993 von den russischen Demokraten aufgegriffen wurden: »Wir benötigen eine starke zentralisierte Macht. Andernfalls werden keine Reformen möglich sein.«[6] Schon damals plädierte er dafür, die Republiken der Russischen Föderation in Provinzen umzuwandeln und die Konfrontation zwischen den lokalen Behörden und den föderalen Instanzen zu beenden. Das Schreckensszenario eines vom Ausland gedemütigten und beleidigten, in die Knie gezwungenen Russlands schlachtete er voll aus, unermüdlich mahnte er vor dem überall lauernden »Komplott gegen Russland«. Auch verbreitete er die aktuell populäre Ansicht, die liberale Opposition bestehe aus »Satanisten«. »Mögen wir Zeugen sein, wie die Dämonen verschwinden und dorthin zurückkehren, woher sie gekommen sind, nämlich in die finstere und eisige Verzweiflung. Sie werden sich festkrallen, sie werden brüllen und fluchen, ganz wie vom Exorzisten in die Enge getriebene Dämonen. Doch mit vereinten Kräften können wir sie loswerden«, schrieb er 1996 in *Der letzte Wagen Richtung Norden.*[7]

Bei den Parlamentswahlen am 12. Dezember 1993, auf dem Höhepunkt ihrer Macht, erhielt die LDPR 23 Prozent der Stimmen und war überall im Land vertreten, wobei sie in 64 von 87 Regionen die Mehrheit stellte. Im Dezember 1994 unterstützte Schirinowski Jelzins Militärintervention in Tschetschenien und empfahl den Einsatz von taktischen Atomwaffen gegen die rebellische autonome Republik. Noch dazu beförderte der nützliche Eisbrecher eine Annäherung an Europas extreme Rechte, die unter Putin offizielle Politik des Kremls werden sollte. Bereits 1996 verkündeten Jean-Marie Le Pen und der Chef der LDPR die Absicht, die rechten Kräfte in Europa zu vereinen. Im Jahr 1997 unterstützte Schirinowski die italienische Lega Nord von Umberto Bossi.[8]

Schirinowski gefiel sich darin, westliche Staatsoberhäupter zu beleidigen, und scheute dabei auch nicht vor Obszönitäten zurück. Als Condoleezza Rice im Januar 2006 die russische Außenpolitik im Zusammenhang mit dem Gasstreit mit der Ukraine kritisierte, erklärte er, ihre feindselige Haltung sei auf die Tatsache zurückzuführen, dass die US-Außenministerin ledig und kinderlos sei: »Was Condoleezza Rice braucht, ist eine Kompanie Soldaten. Sie muss mal in die Kaserne geholt werden, da wird sie befriedigt.«[9] Er schreckte auch nicht davor zurück, zur Vergewaltigung einer schwangeren ukrainischen Journalistin aufzurufen, deren Fragen ihm missfallen hatten.[10] Im Jahr 2007 verhöhnte er die Briten, als er Andrei Lugowoi, der von Großbritannien als wichtigster Tatverdächtiger in der Affäre um den tödlichen Poloniumanschlag auf den Überläufer Alexander Litwinenko gehandelt wurde, auf den zweiten Listenplatz für die Parlamentswahlen am 2. Dezember setzen ließ. Bei einem späteren Treffen mit europäischen Journalisten trug Lugowoi dann ein T-Shirt mit dem Aufdruck »Polonium«.[11]

Auch in Bezug auf die Ukraine preschte Schirinowski voran: »Ich schlage vor, dass sich die Präsidenten Russlands, Weißrusslands und der Ukraine in Beloweschskaja Puschtscha treffen und die Geschichte zurückdrehen: Im Dezember 1991 haben sie die UdSSR aufgelöst; heute muss diese Entscheidung rückgängig gemacht und die Union wiederhergestellt werden«, schlug er am 3. Dezember 2013 in seinem Blog vor und kündigte damit Putins Politik seit 2014 an.[12] Seiner Ansicht nach könnten die Probleme, mit denen die Ukraine konfrontiert sei, nur durch ihre Teilung gelöst werden.[13] »Stalins Fehler war, dass er 1945 nicht Lviv zur Hauptstadt der Ukraine gemacht hat, als ihm die westlichen Gebiete Iwano-Frankiwsk, Ternopil, Luzk, Rivne und Lviv zufielen. Den Rest – den Donbass, Odessa und die Krim – hätte man an Russland angliedern müssen. Dadurch wären viele Probleme vermieden worden. […] Es gibt dort zwei verschiedene Völker. Auf der einen Seite die Russen und russifizierten Ukrainer, auf der anderen die Westler, die in den zu Österreich-Ungarn gehörenden Gebieten gelebt haben. Zwischen ihnen wird es immer Konfrontationen geben. Nur die Teilung der Ukraine nach einem zivilisierten Kriterium – der Westen für Katholiken und der Osten für Orthodoxe – wird das Problem lösen. Andernfalls geht das Gemetzel weiter.« Schirinowski hat die Hintergedanken des Kremls in Bezug auf den Ukrainekonflikt sehr treffend ausgesprochen: Dieser habe Russland »die Gelegenheit gegeben, in den Kreis der Großmächte zurückzukehren. Es ist absolut entscheidend, dass Russland wieder zu einem Reich wird, wie es das unter den Zaren oder zu Sowjetzeiten war. Wenn uns das einmal gelungen ist, können wir uns um den Ausbau unserer Wirtschaft kümmern. Aber zuerst müssen wir uns vom Westen befreien.«[14]

Schirinowski empfahl schon frühzeitig die nukleare Erpressung. Nachdem er vorgeschlagen hatte, mithilfe großer Ventilatoren radioaktiven Abfall in die baltischen Staaten zu blasen,[15] befürwortete er am 10. August 2014 einen Angriff auf Polen und die baltischen Länder: »Von diesen Staaten bleibt nichts übrig. Sie werden vernichtet. Die Führer dieser schwächlichen Zwergstaaten sollten lieber zweimal nachdenken.«[16] Als am 24. November 2015 türkische F-16-Kampfjets eine russische Su-24 abschossen, drohte er am 27. November der Türkei: Man könne sie »durch einen Atomraketenschlag ausradieren. Es ist sehr einfach, Istanbul zu zerstören: Man muss nur eine Atombombe in die Meerenge werfen und die Stadt wird von der Landkarte getilgt. Es gibt eine schreckliche Überschwemmung, eine zehn bis fünfzehn Meter hohe Wassersäule geht auf die Stadt nieder, und sie verschwindet mitsamt ihren neun Millionen Einwohnern.«[17] Zur gleichen Zeit schlug er vor, Kyiv mit Napalm zu bombardieren. Und im Oktober 2016 forderte er die Amerikaner auf, Trump zu wählen, da ihnen sonst die nukleare Vernichtung drohe.[18]

Schirinowski diente als Abschussrampe für unverschämte Lügen, wann immer der Kreml bestrebt war, die Verantwortung für sein skandalträchtiges Vorgehen zu verschleiern. Nach der Ermordung von Boris Nemzow im Jahre 2015 verkündete er, dieser habe es nicht anders verdient und es sei Nemzow selbst gewesen, der Hass geschürt habe. Er unterstellte, dem Mord liege eine Provokation der Ukraine zugrunde: Nemzow sei ein Mann der Amerikaner gewesen, doch diese hätten ihn zugunsten von Nawalny fallen gelassen.

Mit unerhörtem Zynismus begrüßte Schirinowski den Krieg in Syrien und betonte den Vorteil, den es für das Militär habe, auf Menschen aus Fleisch und Blut zu schießen, anstatt sich auf Manöver zu beschränken: »Ein übles Regime kann auch nützlich sein. Nehmen Sie Syrien. [...] Wir möchten unsere Armee unter perfekten Bedingungen ausbilden. Aber so groß die Manöver auch sein mögen, es sind immer nur Manöver. Man kann nicht mit scharfer Munition schießen, Städte und Dörfer zerstören, Menschen ausrotten. Aber hier haben wir einen echten Krieg. Wir können unsere *Kalibre*-Marschflugkörper ausprobieren und sie aus dem Kaspischen Meer, dem Mittelmeer, dem Asowschen Meer, dem Schwarzen Meer, aus dem Weltraum, einfach von überallher abfeuern. Unsere Spione gewinnen enorm an Erfahrung. [...] Wir bleiben sicher zehn bis zwanzig Jahre.«[19]

Wie Putin schätzte er den politischen Nutzen des Terrorismus. Nachdem bei Terroranschlägen in Brüssel am 22. März 2016 32 Menschen ums Leben gekommen waren, äußerte sich Schirinowski in einer Talkshow zufrieden über den positiven Effekt solcher Anschläge auf die Stellung Russlands: »Für uns ist das nur von Vorteil. Sollen sie ruhig krepieren.« Seiner Meinung nach würden sich die westlichen Länder angesichts der islamistischen Gefahr noch mit Moskau verbünden wollen und um Hilfe betteln.[20]

Schirinowski und seine Nacheiferer Solowjow, Kisseljow und Skabejewa – die Propagandaprofis des Putin-Regimes, die in seine Fußstapfen getreten sind – haben auf diese Weise zerstört, was innerhalb der russischen Bevölkerung noch an Widerstand gegen Niedertracht, Boshaftigkeit, Brutalität, Hass und Aggressivität vorhanden war. Sie haben sämtliche Tabus gebrochen, unter dem Beifall einer abgestumpften Öffentlichkeit, die immer mehr Lügen, mehr Gewalt, mehr üble Scherze auf Kosten der gerade aktuellen Sündenböcke, immer größere Demütigung und Schande für die Feinde Russlands verlangte. Schirinowski und seinesgleichen sind das Instrument, mit dem der KGB die russische Bevölkerung nach seinen Vorstellungen geformt hat. »Der Putinismus hat den systemischen Sadismus des Stalinismus übernommen«, stellt der Journalist und Blogger Igor Jakowenko sehr treffend fest.[21] Diese Übernahme hat der KGB in die Wege geleitet.

Mit Putin an der Macht verblasste Schirinowskis Aura, da er das Monopol auf Übertreibung und Rüpelhaftigkeit nicht länger innehatte. Die Tabus waren gebrochen, sein Stil wurde allgemeine Praxis. Die herrschenden Eliten überboten sich gegenseitig in ihrer Grobheit und wetteiferten darum, wer Ganovenslang und skatologische Ausdrucksweise am besten beherrschte. Als der russische Präsident nach seinem im Westen versteckten Privatvermögen gefragt wurde, beschuldigte er den Journalisten, »in der Nase gebohrt und seinen Rotz auf dem Papier verschmiert« zu haben.[22] Außenminister Sergej Lawrow empfahl gar, »sich in den internationalen Beziehungen an das Verbrechergesetz zu halten«.[23] Einige Tage zuvor hatte der russische Botschafter in Schweden, Viktor Tatarintsev, die Androhung von Sanktionen gegen die Russische Föderation im Falle einer Invasion der Ukraine mit den Worten kommentiert: »Entschuldigen Sie meine Ausdrucksweise. Aber was die Sanktionen betrifft, so scheißen wir darauf.«[24]

Schirinowski hat das Feld dafür bereitet, dass heute im russischen Fernsehen zum Genozid aufgerufen wird. Der Schriftsteller Alexander Prochanow rechnete in einer Fernsehsendung vom 4. April 2014 vor, Russland könne mindestens dreißig Millionen Leben opfern, um das »kosmische Übel« des Maidan auszuradieren. Alexander Dugin wiederum war der Ansicht, die Ukraine müsse »von Dummköpfen befreit« werden, und rief unumwunden zum Genozid an der »Bastardrasse« auf.[25] Heute bricht das russische Talkshowpublikum bei der Erwähnung zerstörter europäischer Hauptstädte in schallendes Gelächter aus. Pjotr Tolstoi, der stellvertretende Vorsitzende der Staatsduma, kann seine Begeisterung über die Aussicht auf einen grausamen Krieg nicht verbergen: »Jeder muss jetzt erkennen, dass uns eine Mobilmachung und ein weltweiter Krieg auf Leben und Tod bevorsteht. Der eine verliert seinen Arbeitsplatz, der andere sein Unternehmen, es werden viele verstümmelt und noch mehr unserer Landsleute vom Tod hinweggerafft werden. Der Krieg ist unsere Staatsideologie!«[26] Der Duma-Abgeordnete Alexej Schurawlew lässt seiner Freude über die seiner Ansicht nach nahende Zerstückelung der Ukraine freien Lauf: »Die Ukraine darf nicht mehr existieren! Es wird die Republik Charkow geben, die Republik Donezk. Keine Ukraine mehr. Wir werden so lange verhandeln, bis wir die Grenzen Polens erreicht haben.«[27] Der Untergang Europas wird genüsslich heraufbeschworen: »Die Franzosen können schon mal ihre Krötenbeine lang machen und sich auf den Tod vorbereiten. Die Herren werden vor regelmäßigen Stromausfällen und anderen Schrecken gewarnt. [...] Der den Ländern der Eurozone auferlegte Entscheidungszwang, ob sie [russisches Gas] in Rubel bezahlen oder nicht, führt zum Zusammenbruch der Union und zur Rückkehr zu nationalen Währungen. Der Gas-Stopp wird den Zusammenbruch von ganz Gayropa zur Folge haben.«[28] »Gayropa«, das Europa der Schwulen, so lautet die verächtliche Bezeichnung der Propagandisten des Kremls.

Der Einsatz schamloser Lügen übertrifft inzwischen alles, worauf uns Schirinowski vorbereitet haben mag. Ausländischen Politikern die dreistesten Lügen an den Kopf zu werfen, wird im Kreml als Zeichen der Macht gewertet. Mit ihren unverschämten Lügen ernten russische Politiker und Propagandisten Begeisterungsstürme, die das russische Fernsehpublikum täglich live miterleben darf. Bei einem Treffen mit dem französischen Präsidenten Macron am 7. Februar 2022 erklärte Putin, ohne mit der Wimper zu zucken, dass die Gruppe Wagner unabhängig agiere und in keinerlei Verbindung zum russischen Staat stehe. Sergej Lawrow verstieg sich am 10. März sogar zu der Aussage, Russland habe »die Ukraine nicht angegriffen«.[29] Das Massaker von Butscha? Eine Inszenierung der Ukraine. Weiß doch jeder, dass die Ukrainer sich selbst bombardieren und Nawalny sich selbst vergiftet hat, um Publicity zu generieren. Putin bleibt dabei: Die russischen Truppen sind in der Ukraine, weil man »den Menschen helfen« will. Wie zu Zeiten Stalins gilt: Die Gewaltigkeit der Lüge ist Gradmesser für die Allmacht des Regimes, das seiner Missachtung für die eigene Bevölkerung und seinem Hass auf die verfluchten Ausländer freien Lauf lassen kann.

Neben dem Hass bedient die Kremlpropaganda seit Jahren eine ganze Reihe an Gefühlen, die sich aus niederen menschlichen Antrieben speisen, insbesondere aus dem Rausch der Macht und dem Drang, andere zu erniedrigen. Im Jahr 2008 stellte Lawrow seinen britischen Amtskollegen David Miliband nach dessen Bemerkung über den Einmarsch in Georgien in elegantem Englisch zur Rede: »Who are you to fucking lecture me?« – »Was fällt Ihnen verdammt noch mal ein, mich zu belehren?« Als man ihn 2015 bat, die Möglichkeit einer Rückkehr des Eisernen Vorhangs in Europa zu kommentieren, antwortete er: »Wenn sie [die Westler] einen Eisernen Vorhang über uns fallen lassen, könnten sie sich etwas darin einklemmen«.[30] Im Jahr 2016 beschimpfte er einen Kameramann von Reuters als »debilen Schwachkopf«.[31] Gerne gerät man über das Unglück anderer in Ekstase: Welche Freude kommt in den russischen Medien bei der Vorstellung auf, die Deutschen könnten aufgrund des Gasmangels so jämmerlich erfrieren wie die Wehrmacht im Dezember 1941 vor Moskau! Mit welchem Genuss berichtet die Presse, dass die ukrainischen Krankenhäuser nicht beheizt werden können! Und Präsident Putin stimmt mit ein: Die Europäer sollten statt auf Treibstoff auf Schlittschuhe setzen, scherzte er, und die Niederländer könnten sich bald gegenseitig auf Schlittschuhen besuchen, um sich ein bisschen aufzuwärmen.[32]

Ebendiese hetzerische Propaganda hat die Russen systematisch zum Verbrechen hingeführt. Nach dem Sturz des Kommunismus wurde die Einführung der Demokratie mit einem »Alles geht, alles ist erlaubt« gleichgesetzt, und dies führte in einen Rausch der Macht und der Straflosigkeit, der offenbar alles mit sich gerissen hat: Die Sprache ist losgelöst von jeglichem Anspruch auf Wahrheit und den Regeln des Anstands; Institutionen wie die Duma dienen demonstrativ dazu, Diebe und Mörder reinzuwaschen; die Diplomatie wird durch Gangstermoral in den Dreck gezogen; es herrscht ein Kult der Stärke, der keine Kompromisse erlaubt; das Völkerrecht wird durch Gewalt gegen Zivilisten mit Füßen getreten; die internationale Ordnung verhöhnt man in der Person von António Guterres, dem Generalsekretär der Vereinten Nationen, dessen Besuch in Kyiv von russischen Bombardements begleitet war. Diese Lust an der Grenzüberschreitung erklärt den russischen Amerikahass – und allgemein die Feindseligkeit gegenüber der englischsprachigen Welt. Die USA werden als Weltpolizisten wahrgenommen, die für das Gesetz eintreten und über die militärische Stärke verfügen, dieser Aufgabe gerecht zu werden. Der Kreml sieht in ihnen das letzte

Hindernis für den endgültigen Triumph einer allumfassenden Grenzüberschreitung, der offenbar zur Daseinsberechtigung der russischen Politik avanciert. Die russische Führung macht keinen Hehl daraus, dass die »Spezialoperation« vom 24. Februar 2022 mehr noch als auf die Niederschlagung der rebellischen Ukrainer zuvorderst auf den Umsturz der internationalen Ordnung abzielte.

Wie Lawrow sagte: »Unsere militärische Spezialoperation dient dem Zweck, der Vormacht der USA und des Westens auf dem internationalen Parkett ein Ende zu setzen.«[33] Der Politologe Gevorg Mirzayan reibt sich schon die Hände, wenn er daran denkt, wie der Westen seine Werte verleugnet: »Der Westen hat Angst. Und zwar zu seinem und der gesamten Menschheit Glück. Die Hoffnung einzelner idealistischer Träumer, die meinen, der Weltfrieden werde durch universelle Normen und Werte gesichert, entspricht nicht der Wirklichkeit. Der Westen versteht nur Macht und die Angst vor dieser Macht. Und so wird es auch in Zukunft sein.«[34]

Während der Sowjetzeit war die Propaganda penetrant, aber nicht so zersetzend für Seele und Geist wie heute. Putins Propaganda wirkt ausschließlich in Richtung Zerstörung. So weigerte sich die Bevölkerung massiv, sich gegen Covid impfen zu lassen, entgegen der Empfehlungen der Behörden und der Überzeugungsversuche der Medien. Offenbar kann diese Propaganda nur negative Ziele verfolgen und erweist sich als unwirksam, wenn es darum geht, dem Gemeinwohl zu dienen. Sie duldet Klugheit nur dann, wenn diese in den Dienst des Bösen gestellt wird. Wie lautete noch das Gebot des alten Königreichs Polen? »Der König hat keine Macht, Böses zu tun, und alle Macht, Gutes zu tun.«[35] Eben die umgekehrte Formulierung trifft auf Putins Autokratie zu.

Die Rolle Schirinowskis wurde hier deshalb hervorgehoben, weil er einen erheblichen Beitrag zum moralischen Verfall der russischen Bevölkerung oder, besser gesagt, zum Ausdruck dieses Verfalls im politischen Verhalten geleistet hat. Dennoch war er nur Werkzeug einer Politik, die von anderen ersonnen wurde. Während die klassische Staatsphilosophie jahrhundertelang darüber nachgedacht hat, wie man angehende Herrscher zu besseren Menschen erziehen kann und wie man sie lehrt, sich nicht von impulsiven Leidenschaften treiben zu lassen, sondern sich in Milde und Mäßigung zu üben; während Denker seit Platon und Aristoteles Mittel ersonnen haben, wie sich das Volk der Tyrannei und der Willkür widersetzen und sich, angetan vom Beispiel des guten Herrschers, der Tugend zuwenden könnte – so sind die Kremlobersten in der direkten Nachfolge ihrer kommunistischen Vorgänger dem Ziel nachgegangen, ihre Landsleute zu schlechteren Menschen zu machen, indem man sie systematisch den niedersten Leidenschaften, den übelsten Instinkten und der gemeinsten Dummheit aussetzte. Man hat die Niedertracht dermaßen geschürt, dass sich viele Russen, die nach wie vor an die Menschlichkeit glauben, gezwungen sehen, das Land zu verlassen.

Diese Umerziehung zum Schlechteren gibt sich nicht einmal als Utopie aus, wie es bei den totalitären Regimen des 20. Jahrhunderts der Fall war. Nur indem sie die übelsten Seiten der menschlichen Seele zu ihren Gunsten kanalisieren und das Land in einem Gebräu aus Hass und Aggression köcheln lassen, können die Kremltschekisten sich an der Macht halten. Laut Sokrates beweist sich ein guter Herrscher dadurch, dass er sein Volk zu besseren Menschen macht. Wendet man dieses Kriterium auf Putin an, so fällt die Bilanz erschreckend aus. Von allen Verbrechen, die der russische Präsident begangen hat, ist dieses wohl das schlimmste. Ohne die Korruption der Seelen in Russland wie im Ausland – denn vergessen wir nicht, dass seine giftige Propaganda überall auf der Welt aufgesogen werden kann – hätte er niemals all die Untaten begehen können, für die seine Herrschaft berüchtigt ist. Und doch, es gibt so etwas wie eine Nemesis. Der jahrzehntelang gezüchtete Hass droht in Russland selbst zu explodieren und wird vielleicht sogar die von Putin errichtete Festung zum Krieg gegen alle Welt mit sich reißen.

6

Putins Jargon: Markierung einer »Lebenseinstellung«

Yves Hamant

Am 24. September 1999 antwortete Wladimir Putin auf einer Pressekonferenz in Astana, Kasachstan, einem Journalisten: »Russlands Flugzeuge greifen in Tschetschenien derzeit und in Zukunft ausschließlich die Stützpunkte der Terroristen an, und das wird so bleiben, wo auch immer die Terroristen sind … Wir werden sie überallhin verfolgen. Bis in einen Flughafen, wenn sie sich auf einem Flughafen befinden. Und – entschuldigen Sie meine Ausdrucksweise – wenn wir sie auf der Toilette erwischen, dann werden wir sie eben dort auf dem Scheißhaus abknallen.« Erst einen Monat zuvor war er von Boris Jelzin zum Ministerpräsidenten ernannt worden, wodurch er zum vierten Inhaber dieses Amtes binnen eines Jahres wurde. Damals wusste man nur wenig über ihn. Als ehemaliger Oberst des KGB hatte er zuvor ein Jahr lang den föderalen Sicherheitsdienst FSB geleitet, nach dem Zusammenbruch der UdSSR die Nachfolgeorganisation des KGB als Inlandsgeheimdienst. Putins Ernennung zum Ministerpräsidenten fiel zeitlich mit einer Serie mysteriöser Anschläge und dem Beginn eines zweiten Krieges in Tschetschenien zusammen. Durch seinen Spruch, man werde die Terroristen auch auf dem Klo umlegen, wurde er schlagartig bekannt.[1]

Diese Ausdrucksweise brachte Dolmetscher und Übersetzer in Verlegenheit und führte zu zahlreichen Kommentaren. Die Verwendung eines solchen Jargons gegenüber den Medien war für einen russischen Politiker zweifellos sehr ungewöhnlich. Die russischen Linguisten waren ziemlich schockiert, wobei die einen dies offen zugaben und die anderen versuchten, ihn zu rechtfertigen. Von der Öffentlichkeit wurde die Formulierung jedoch positiv aufgenommen, man sah darin sogar ein Signal, dass es nunmehr erlaubt sei, solch eine Sprache auch außerhalb der bis dahin üblichen Kreise zu verwenden. Deshalb kam die Frage auf, ob es sich nicht vielleicht um eine geschickt geplante Form von Öffentlichkeitsarbeit gehandelt habe. Einige Jahre später behauptete Putin, diese Worte bereut zu haben, aber soll man das tatsächlich glauben? Wie auch immer, sein berühmt gewordener Satz wurde zu einem Meilenstein in der Geschichte des politischen Diskurses in Russland.

Putins Ausdrucksweise wurde zum Gegenstand sprachwissenschaftlicher Untersuchungen. Die Linguisten beschäftigten sich vor allem mit dem Umstand, dass er diesen Jargon in seinen jährlichen, oftmals mehrere Stunden dauernden Onlinediskussionen mit der Bevölkerung gebrauchte. Vordergründig wirken diese Veranstaltungen spontan, doch wurde das Publikum ausgewählt und die zu stellenden Fragen wurden unverkennbar im Voraus vereinbart. Laut Michael Gorham, Professor für Russistik an der University of Florida, tritt Putin je nach der sozialen Gruppe, an die er sich wendet, ganz unterschiedlich auf: als Technokrat, Pragmatiker, Freund der Sicherheitskräfte, Macho oder Patriot. Seine bevorzugte Rolle ist die des Technokraten, der die bürokratische Sprache perfekt beherrscht. Wir beschränken uns hier jedoch darauf, seine Verwendung eines bestimmten Jargons zu analysieren.

Bei einem Jargon geht es um die Konnotation, und im Lauf der Zeit und je nach Adressat verschieben sich die Grenzen zwischen den verschiedenen Registern: Die Sprache kann zum Beispiel locker, umgangssprachlich, volkstümlich, vulgär oder grob sein. Alles hängt davon ab, wie die Abweichung von der Norm in einer bestimmten Epoche und in einem bestimmten gesellschaftlichen Umfeld wahrgenommen wird. Außerdem durchdringen sich die verschiedenen soziolinguistischen Kulturen gegenseitig. Mit der Frage des Jargons haben sich die französischen Schriftsteller des 19. Jahrhunderts ausgiebig beschäftigt, insbesondere Honoré de Balzac, Gustave Flaubert und Victor Hugo. Letzterer widmete dem Thema ein Kapitel seines Romans *Die Elenden (Les Miséra-*

bles). Von der Norm abweichende Sprache im politischen Diskurs kam mit der Mediatisierung des politischen Alltags im Fernsehen auf und verbreitete sich in den letzten Jahrzehnten. Dazu gehören Grammatik- und Aussprachefehler, Versprecher sowie die Verwendung von Wörtern, die zur allgemeinen Umgangssprache gehören, d.h. die nicht mehr das Kennzeichen einer bestimmten sozialen Gruppe sind und ihren transgressiven Charakter verloren haben. Hinzu kommen ungeschickte Formulierungen sowie Sprüche und Slogans, die offensichtlich vor allem das breite Publikum beeindrucken sollen. George W. Bush, Silvio Berlusconi und Nicolas Sarkozy haben ihren Teil dazu beigetragen. Auch Emmanuel Macron begab sich auf diese Stilebene, als er mit Bezug auf finanzielle Sozialleistungen von einer »Wahnsinnskohle« sprach oder ankündigte, »den Ungeimpften Feuer unterm Arsch zu machen«. Die schlimmsten Ausrutscher leistete sich natürlich Donald Trump.

Zur Zeit der Sowjetunion tat sich bereits Nikita Chruschtschow 1962 bei seinem privaten Besuch einer Ausstellung von Avantgardemalern in der Moskauer Manege hervor, indem er die Künstler heftig beschimpfte und sie wiederholt als Päderasten bezeichnete. Von Chruschtschow ist auch in Erinnerung geblieben, dass er im Oktober 1960 bei der 15. UN-Generalversammlung aus Protest gegen die Rede des britischen Premierministers mit seinem Schuh auf sein Pult schlug und den philippinischen Delegierten als Lakaien des US-Imperialismus bezeichnete. Vor Putin bereicherte Wiktor Tschernomyrdin, von 1992 bis 1998 Ministerpräsident Russlands, die Landessprache mit Dutzenden und Aberdutzenden schlagfertigen Bemerkungen, überraschenden Gedankensprüngen, Binsenweisheiten und paradoxen Formulierungen, von denen die berühmteste wohl folgende ist: »Wir wollten unser Bestes tun, und das Ergebnis war dasselbe wie immer.« Er drückte sich jedoch nur selten vulgär aus – »Es ist besser, der Kopf einer Fliege zu sein als der Arsch eines Elefanten« –, und bei mancher seiner Formulierungen weiß man nicht, ob sie absichtlich schlüpfrig war oder nicht: »Obwohl viele vom Gegenteil überzeugt sind, ist die Regierung kein Organ, wo man nur mit der Zunge aktiv sein kann.«

In gewisser Weise trat Putin in Tschernomyrdins Fußstapfen, aber seine Formulierungen sind gegenüber seinen Gesprächspartnern und Gegnern kalkulierter und bissiger. Unter seinen legendären Sprüchen ist »Hier muss man hinschauen! Und mir zuhören bei dem, was ich sage« besonders bezeichnend, denn auf diese Weise rügte er einen seiner Minister, der während eines Treffens von hohen Staatsbeamten mit seinem Nachbarn schwätzte. Fast täglich ist im Fernsehen zu sehen, wie ein Minister Putin Bericht erstattet, wobei beide einander gegenübersitzen und von der Seite gefilmt werden, sodass der Minister wie ein Student vor seinem Prüfer wirkt. Einmal verglich Putin seine politischen Gegner mit einer Bande von Affen, den Bandar-Log aus Rudyard Kiplings *Dschungelbuch*, die von der Python Kaa hypnotisiert werden, und fügte mit einem grimmigen Lächeln hinzu: »Kipling habe ich schon als Kind geliebt.«

Seine Witze sind oft unter der Gürtellinie, wie die folgende Blütenlese zeigt. Auf einer Pressekonferenz im Jahr 2002 antwortete er auf die Frage, wie er darauf reagiere, dass sein Konterfei auf Ostereiern abgebildet sei: »Ich werde auf Eier gemalt? Ich weiß nicht, was man auf die Eier malt. Ich habe das nicht gesehen.« Nach der Verhaftung von Michail Chodorkowski im Jahr 2003 mahnte er: »Man muss das Gesetz stets respektieren und nicht nur dann, wenn man an einem bestimmten Körperteil erwischt wurde.« Während einer Pressekonferenz nach einem Gipfeltreffen zwischen Russland und der Europäischen Union im November 2002 erwiderte er einem Journalisten, der Russland vorwarf, in Tschetschenien die Freiheit zu unterdrücken: »Wenn Sie ein ganz radikaler Islamist werden wollen und bereit sind, sich beschneiden zu lassen, dann lade ich Sie nach Moskau ein und empfehle Ihnen, sich so operieren zu lassen, dass nichts mehr nachwächst.« Im Jahr 2011 spottete er über Demonstranten, die gegen Wahlbetrug protestierten und dabei weiße Schleifen trugen: »Ich dachte, das wären Kondome.« Sein vorerst letzter Spruch stammt aus dem Juni 2022, als es um den möglichen Beitritt Finnlands und Schwedens zur NATO ging: »Wissen Sie, bei uns werden grobe Scherze gemacht: Heute steckt man es dort hinein und dann woanders.

Das ist deren Sache. Sollen sie doch dort hinzustoßen, wo sie wollen.«

Paradoxerweise sah sich Putin im Jahr 2014 veranlasst, ein Gesetz zu unterzeichnen, das die Verwendung von »anstößigem« *(netsenzourny)* Wortschatz in den Medien untersagte. Dieses Verbot war zuvor bereits seit mehreren Jahren in Vorbereitung gewesen. Es wird gemeinhin als Gesetz zum Verbot des Mat bezeichnet. In seiner engsten Bedeutung bezieht sich das russische Wort *mat* auf vier vulgäre Ausdrücke für männliche und weibliche Geschlechtsteile, Geschlechtsverkehr und Prostituierte samt allen davon abgeleiteten Bezeichnungen. Dies wurde bestätigt von Roskomnadsor, dem offiziellen Föderalen Dienst für die Aufsicht im Bereich der Kommunikation, Informationstechnologie und Massenmedien, nachdem die Öffentlichkeit verwirrt festgestellt hatte, dass das Gesetz keine explizite Liste unanständiger Wörter enthielt: Abgesehen von den vier oben angesprochenen Begriffen, so Roskomnadsor, gehörten andere Ausdrücke der Gossensprache nicht zum Mat, der nicht mit dem Soziolekt der Unterwelt verwechselt werden dürfe. In der Tat verfügt der Gaunerjargon, der im Russischen heutzutage als *blatnoi iazyk* oder *fenja* bezeichnet wird, über einen viel größeren Wortschatz. Eine Website des Föderalen Dienstes für Strafvollzug bietet sogar ein Lexikon dieser Verbrechersprache, das für Personen gedacht ist, die mit Strafgefangenen korrespondieren wollen. Allerdings verschiebt sich die Bedeutung bestimmter Wörter, wenn sie von unterschiedlichen Bevölkerungsgruppen oder in anderen Epochen verwendet werden, und sei es auch nur von einer Generation zur nächsten. Denn es gibt keine »Akademie des Gaunerjargons«, die für eine Normierung des Sprachgebrauchs sorgen könnte. Sieben Jahre später wurde die Gültigkeit des Verbots obszöner Sprache auf soziale Netzwerke ausgedehnt; in dieser Form trat es im Februar 2021 in Kraft.

Der Ursprung des Wortes *mat* ist umstritten, aber es hängt offenbar mit einer der schlimmstmöglichen Beleidigungen zusammen: *job twoju mat* im Sinne von »Ich habe es mit deiner Mutter getrieben«. Seine Geschichte reicht sehr weit zurück. Ein Wort mit einer derartigen Ausdruckskraft gibt es wohl in keiner anderen Sprache; ihm wurden zahlreiche Untersuchungen gewidmet. Das zum Mat gehörige Vokabular ist in erster Linie ein Ausdruck von Kränkung, Wut und sozialer Frustration. Das gängige Wort mit den drei Buchstaben, von dem die ersten beiden in kyrillischer Schreibung »xy« sind und das in Russland von Teenagern auf alle Zäune gesprüht wird, ist nicht Ausdruck einer Vorliebe für mathematische Formeln, sondern des Erwachens der Sexualität und jugendlichen Trotzes, denn *xyn (chui)* ist in seiner ursprünglichen Bedeutung die vulgäre Bezeichnung für den Penis als »Schwanz«, wird aber auch etwa im Sinne von »scheiß« verwendet. Der Mat kann voller Hass sein, den Gesprächspartner beleidigen, ihn verbal erniedrigen. Seine Mutter zu erwähnen oder ihn mit einem Begriff in Verbindung zu bringen, der *xyn* beinhaltet, ist eine Art Hinrichtung. Der Kontext und die Intonation sind dabei entscheidend. Mit dem Mat kann man ganz unterschiedliche Botschaften übermitteln: Der Psycholinguist Wladimir Jelvis hat nicht weniger als 27 Funktionen identifiziert! Und der zeitgenössische Schriftsteller Wiktor Jerofejew schrieb wahre Hymnen auf den Mat, die man nicht für bloße Provokation halten sollte. In metaphorischem Stil analysierte er alle Facetten dieser Sprache, in der er eine Trägerin von Emotionen sieht: »Der Mat ist malerisch. Indem er die Flexibilität der Suffixe und die Vielfalt der Präfixe im Russischen nutzt und damit spielt, dass lexikalisch verwandte Wörter ähnlich klingen, schafft er anthropomorphe Bilder. Der Mat ist ein Spektakel menschlicher Formen; mit einem minimalen Aufwand an Wortmaterial kann das ganze Universum benannt werden.«

Obwohl der Regisseur Nikita Michalkow sich als Stütze des aktuellen Regimes und von Putins konservativer Politik in nahezu jeder Hinsicht von Jerofejew unterscheidet, stimmt er bei diesem Thema mit ihm überein: »Der Mat ist eine der großen und subtilen Erfindungen des russischen Volkes. Es gibt nicht nur den vulgären Mat, der in den Pendlerzügen gesprochen wird, sondern auch einen differenzierten Mat als Ausdrucksmittel in einer Extremsituation: bei Schmerzen, im Krieg, angesichts eines Angriffs, gegenüber dem Tod.« In der volkstümlichen Kultur hat der Mat zahlreiche Spuren hinterlassen, und Dostojewski war beeindruckt von seiner Ausdrucksfähigkeit: Durch ein einziges Substantiv wurde die Kraft der gesamten Sprache in nur einem Wort konzentriert. In seinem *Tagebuch eines Schriftstellers* berichtet er aus dem Jahr 1879, dass er an einem Sonntag spät in der Nacht auf eine Gruppe betrunkener Arbeiter gestoßen sei, die sich gestritten und sich dabei mit einem einzigen Wort geantwortet hätten, wodurch er zu dem Schluss gekommen sei: »Mir wurde plötzlich klar, dass man alle Gedanken, alle Gefühle und sogar komplizierte Argumente durch den bloßen Namen dieses Substantivs ausdrücken konnte.«

Die großen russischen Schriftsteller haben es nie verschmäht, in ihrer Dichtung oder ihren privaten Briefen darauf zurückzugreifen; dies lässt sich nachweisen für Puschkin, Lermontow, Turgenew und Tschechow. Gleichzeitig wurde diese Art von Sprache mehr als in anderen Ländern bekämpft. Bereits Katharina II. hatte für ein diesbezügliches Verbot gesorgt. Auch die orthodoxe Kirche untersagte den Gebrauch des Mat, laut Jerofejew galt er sogar als blasphemisch. In der Sowjetzeit wurde er völlig aus dem öffentlichen Raum verbannt, wo jede Anspielung auf sexuelle Sachverhalte tabu war, sodass man scherzhaft sagte, in der UdSSR gebe es keinen Sex. Über den Umweg der Straflager drang der Mat dennoch in die Sowjetgesellschaft ein. Der Gulag war nicht nur mit politischen Gefangenen gefüllt, sondern auch mit echten Kriminellen, von Mördern und hart gesottenen Ganoven über »gewöhnliche« Häftlinge bis hin zu kleinen Schwarzhändlern. Im Fall einer Amnestie waren sie die Ersten, die davon profitierten, und wenn sie herauskamen, kamen andere dafür herein. Dies führte zu einem ständigen Bevölkerungsaustausch zwischen den Lagern und der Zivilgesellschaft, wodurch sich die Verhaltensweisen der Unterwelt verbreiteten; dazu gehörten ein bestimmter Lebensstil, eine typische Körperhaltung, eine charakteristische Sprache und eine Art von »Moral«.

Später entwickelte sich in der russischen Gesellschaft eine neue Form der Kriminalität, die durch die Unordnung infolge der plötzlichen Einführung der Marktwirtschaft ausgelöst wurde; die Schattenwirtschaft trat aus dem Dunkel hervor, und »informelle Verdienstquellen« ließen sich in beträchtlichem Ausmaß neu erschließen, was zu oftmals blutigen Abrechnungen zwischen Rivalen führte, die sich um das privatisierte Eigentum stritten. Außerdem setzte sich die mafiöse Gewalt in Waisenhäusern, Internaten und in der Armee fort, wo sie ein größeres Ausmaß annahm denn je. Sie basierte auf einer Struktur systematischer Misshandlungen, der *Dedowschtschina*, die weitaus schlimmer war als etwa die auch mit körperlichen Schikanen verbundenen Aufnahmerituale an französischen Universitäten. Ein Fall dieser Art erregte im Jahr 2006 besonderes Aufsehen in der Öffentlichkeit. Am Neujahrstag wurde ein Wehrpflichtiger namens Andrei Sytschow, der sich geweigert hatte, seinen Vorgesetzten oral zu befriedigen, daraufhin gefoltert; seine Verletzungen blieben mehrere Tage lang unversorgt. Als man sich endlich entschloss, ihn zu behandeln, war der Wundbrand so weit fortgeschritten, dass man ihm beide Beine und das Geschlechtsorgan amputieren musste. Dementsprechend haben nahezu alle jungen Männer heutzutage große Angst vor dem, was ihnen im Rahmen ihres Militärdienstes zustoßen könnte.

Die von Michail Gorbatschow 1987 eingeleitete Glasnost-Politik wirkte sich durch die Lockerung der Zensur auch auf den Sprachgebrauch aus und ermöglichte es, bis dahin verbotene Themen anzusprechen. Mat und Jargon konnten nunmehr offen verwendet werden, das Tabu rund um sexualisierte Sprache wurde allmählich aufgehoben. In den 1990er-Jahren tauchte der Mat sowohl in Thrillern als auch in Dokumentarfilmen über Kriminalität im Kino und im Fernsehen auf. Die plötzliche Verbreitung dieses Sprachstils führte jedoch auch zur Gegenreaktion in Form des Gesetzes von 2014, in dessen Vorfeld es viele Diskussionen zwischen Befürwortern und Gegnern des Mat gab.

Unter Putins schlüpfrigen Bemerkungen wurde einer allerdings nicht ausreichend Aufmerksamkeit geschenkt, er streute sie während der gemeinsamen Pressekonferenz mit Emmanuel Macron am 7. Februar 2022 ein. In Bezug auf das Abkommen von Minsk meinte er, die Ukraine müsse es eben umsetzen, und garnierte seine Aussage mit dem sexistischen Spruch: »Ob es dir gefällt oder nicht, du musst es mit dir geschehen lassen, meine Schöne.« Und ganz nebenbei drohte er auch noch mit dem Einsatz von Atomwaffen. Am darauffolgenden Tag erwiderte der ukrainische Präsident Wolodymyr Selenskyj bei seiner eigenen Pressekonferenz mit Macron, dass der russische Präsident nur zum Teil recht habe: Die Ukraine sei zwar tatsächlich schön, aber er hätte sie nicht »meine« Schöne nennen sollen. Es ist nicht bekannt, ob Putin sich bei seiner Formulierung von einer anzüglichen *Tschastuschka* – einem humoristischen und oftmals deftigen Volkslied – über eine schlafende Prinzessin inspirieren ließ:

»Sie schläft im Grab, meine Schöne.
Ich beuge mich hinunter und küsse dich,
ob es dir gefällt oder nicht.
Du musst es dir gefallen lassen, meine Schöne.«

Einige Tage später, am 18. Februar, erklärte der russische Außenminister Sergej Lawrow in einem Interview mit der internationalen Presse: »Wir werden uns bemühen, dass alles auf ehrenhafte Art geschieht. Ich möchte mich nicht des Jargons bedienen, aber wir haben eine Redensart: Was der Kerl *[patsan]* gesagt hat, hat er auch getan. Bestimmte Auffassungen *[poniatia]* sollten auch auf internationaler Ebene respektiert werden.« Dieser Satz fiel den ausländischen Beobachtern damals offensichtlich auch nicht auf, weil sie seine Ungeheuerlichkeit nicht erkannten: Er bedeutete, dass die Beziehungen zwischen den Staaten so geregelt werden sollten wie unter Ganoven üblich. Denn mit »Auffassungen« ist hier vor allem der Ehrenkodex der Gauner gemeint, der vergleichbar ist mit den Ehrvorstellungen der sizilianischen Mafia. Es sind die Verhaltensregeln der Aristokratie der Unterwelt, deren typischer Vertreter der *vor v zakone* ist, der »gesetzestreue Dieb«, auch *blatnoi* genannt, wobei, wie bereits erwähnt, *blatnoi iazyk* ganz allgemein den Jargon der Unterwelt bezeichnet.

Alexander Solschenizyn hat diese Ganoven beschrieben; wie andere Zeitzeugen wandte er sich gegen ihre Idealisierung. Die »gesetzestreuen Diebe« wollen nicht arbeiten, sondern nur das Leben genießen. Sie weigern sich aus Prinzip, mit der Staatsmacht zu kooperieren, wenngleich man im Gulag ausgerechnet ihnen die alltägliche Aufsicht über die Häftlinge überließ. Es wurde behauptet, dass diejenigen keine echten »gesetzestreuen Diebe« gewesen seien. Das sei aber falsch, entgegnete Solschenizyn: »Ich habe mir verschiedene Arten von Gaunern angesehen, aber keine Unterschiede zwischen ihnen bemerkt. Mit Robin Hood kann man keinen von ihnen vergleichen. Ihr Verhaltenskodex gilt nur unter ihresgleichen und wird auf andere Personen nicht angewandt. Sie zögern nicht, einen völlig entkräfteten Gefangenen auszurauben oder einem in Eiseskälte frierenden Mann die Socken von den Füßen zu reißen.« Und zum Abschluss bemerkte Solschenizyn, der selbst *Zek,* also Gulag-Insasse, gewesen war: »So wie ein bestimmter Boden keine Früchte trägt, kann man von einem Banditen nichts Gutes erwarten.«

Unter den Büchern zu diesem Thema sei hier vor allem auf die gut geschriebene Autobiografie eines ehemaligen Blatnoi verwiesen, Michail Diomin, Cousin des Schriftstellers Juri Trifonow. Er hatte eine Zeit lang im russischen Gauneruniversum gelebt, war schließlich in Frankreich gelandet und veröffentlichte seine Autobiografie im Westen; zuerst erschien sie auf Deutsch unter dem Titel *Die Tätowierten.* Diomin berichtet, dass die Unterwelt sehr hierarchisch organisiert ist, wie in einem Kastensystem. Es gibt keine übergreifende Struktur, sondern nebeneinander existierende Gruppen mit pyramidenförmigem Aufbau. Unterhalb des »gesetzestreuen Diebes« und einer niedrigeren Kategorie angehörend, befindet sich der Baklan – was im Standardrussischen »Pelikan« bedeutet –, eine Art Diebeslehrling, der sich häufig undiszipliniert verhält. Schließlich gibt es noch eine weitere Kategorie, den Gopnik: Dieser wäre zwar gerne ein »gesetzestreuer Dieb« und ahmt ihn nach, gehört aber in Wirklichkeit zu den Jugendbanden, die sich in den Hinterhöfen der Mietshäuser herumtreiben. Die Bezeichnung »Patsan«, die oben im Lawrow-Zitat mit »Kerl« übersetzt wurde, ist zweideutig. Normalerweise meint dies einen Jugendlichen, einen Burschen, einen Typen, aber in dem Kontext, in dem Lawrow den Ausdruck gebrauchte, bezog er sich auf den Angehörigen einer kriminellen Organisation, deren Anführer einem Mafiapaten vergleichbar ist, dem der Patsan Gehorsam schuldet.

Jeder aus diesen Kategorien behauptet, sich auf die berühmten »Auffassungen«, die *poniatia,* zu beziehen, aber in Wirklichkeit haben sich diese vom legendären Ehrenkodex der »gesetzestreuen Diebe« gelöst und scheinen auf die Verhaltensregeln jeder einzelnen Bande reduziert zu sein. Der Psychologe Stanislaw Khotski hat eine Reihe von Merkmalen aufgelistet, die für die Subkultur der kleinen Ganoven charakteristisch sind, sich aber anscheinend in allen Kategorien wiederfinden. Der jeweilige Kodex gilt nur für die Personen, die von den Gruppenmitgliedern als ihresgleichen betrachtet werden. Wer sich von ihnen unterscheidet, wird bis zum Beweis des Gegenteils als Fremder oder Feind angesehen. Gegenüber diesen anderen hat man selbst zunächst einmal immer recht. Wenn der andere arrogant auftritt, ist die Anwendung von Gewalt gerechtfertigt. Dabei gilt die bloße Tatsache, anders zu sein, bereits als Zeichen von Arroganz. Bevor man diesen Fremden angreift, muss man sich rechtfertigen und zeigen, dass man das darf. Von Anfang an muss man sich seinem Gegenüber überlegen fühlen. Wenn dieses nicht die Sprache spricht, die in der eigenen Gruppe in Gebrauch ist, dann wird es zu einem potenziellen Opfer. Was zählt, ist immer das Recht des Stärkeren.

Einige Journalisten zögerten nicht, den jungen Putin mit einem Gopnik zu vergleichen. Seine Kindheit und Jugend verbrachte er in Leningrad. Nach dem Unterricht stieß er immer zu einer Bande von ziellos herumhängenden Jugendlichen, wie es sie in vielen Großstädten gibt, mit einer Hierarchie von Anführern und einfachen Mitgliedern, die deren Befehle befolgen müssen. Putin war schmächtig und klein, sodass er zu denjenigen gehörte, die sich unterordnen mussten. Psychologen zufolge löste dies bei ihm Ressentiments und Rachegelüste aus, die sein Bestreben erklären, seine körperliche Stärke und Männlichkeit öffentlich zur Schau zu stellen. Laut den Korrespondenzen des US-Außenministeriums in Washington, die 2011 von der Website Wikileaks veröffentlicht wurden, bezeichneten amerikanische Diplomaten Putin deshalb als »Alphamännchen«. Zu dieser dominanten Haltung gehört auch die Verwendung eines bestimmten Jargons. Außerdem lernte Putin Judo, um sich selbst verteidigen zu können. Das sind die Folgen seiner Jugend in der Subkultur der Hinterhöfe.

Im Jahr 1997 präsentierte der Kinofilm *Bruder* (im Original *Brat*) von Alexei Balabanow einer durch wirtschaftliche Schwierigkeiten frustrierten, durch den Verlust ihres alten Wertesystems desorientierten und durch die Kriminalisierung der Gesellschaft verängstigten Bevölkerung das Porträt eines russischen Killers, der aus dem Ersten Tschetschenienkrieg zurückgekehrt war und inmitten von mafiösen Machtkämpfen als Rächer auftrat. Dank der Schauspielkunst von Sergei Bodrow, dessen verführerischer Charme den Amoralismus des von ihm verkörperten Protagonisten verdeckte, und dank der Hintergrundmusik der beliebten Rockband Pontilus Nautilus wurde *Bruder* sofort zum Kultfilm. Die Fortsetzung *Bruder 2 (Brat 2)* litt leider unter einer ziemlich wirren Handlungsführung. Beide Filme sind bis heute immer noch erfolgreich. Eine Filmkritik wies jedoch darauf hin, dass dem Betrachter mit zeitlichem Abstand unweigerlich die Infantilität des Helden auffällt, der zu keinerlei Reflexion fähig ist. Seine Sicht der Welt ist beschränkt auf die Unterscheidung zwischen den eigenen Leuten und allen übrigen. Die Unsrigen müssen gerettet werden, auch wenn sie böse sind, die anderen müssen sterben, auch wenn sie gut sind. Diese Ablehnung aller Andersartigen hat in Russland die Fremdenfeindlichkeit genährt.

Putin versäumt es nicht, sich bei der Jugend einzuschmeicheln. So kommt er unerwartet zu einem Auftritt einer berühmten Rockband oder einem Rap-Wettbewerb; er ist sogar schon mit vier Stunden Verspätung zu Gesprächen mit ausländischen Staatschefs erschienen, weil er zuvor einen bekannten Motorradfahrer mit dem Spitznamen »Der Chirurg« treffen wollte. Als im Jahr 2018 einige Rapper wegen Drogenhandels verhaftet wurden, forderte er ihre Freilassung. Natürlich müsse man solche illegalen Aktivitäten bekämpfen, aber nicht in diesem Fall. Auch die Verwendung des Mat in ihren Liedern störte ihn nicht. Die Rapper waren Vertreter der Kultur benachteiligter Kreise der Gesellschaft, deren Wählergunst sich Putin auf diese Weise sichern wollte.

Wie oben erwähnt, rief der russische Außenminister Sergei Lawrow, ein offenbar gebildeter Mann, also dazu auf, die internationalen Beziehungen gemäß dem Ehrenkodex von Ganoven und Kleinkriminellen zu regeln. Doch er ging verbal noch weiter. Am 3. März 2022 schimpfte er auf einer Pressekonferenz, an der verschiedene internationale Medien teilnahmen, über den französischen Außenminister Jean-Yves Le Drian, der im Zusammenhang mit der russischen Drohung eines Atomangriffs erwidert hatte, dass auch Frankreich über Atomwaffen verfüge. »Den Hahn darf man wohl als das Nationalsymbol der Franzosen bezeichnen«, sagte Lawrow. »Und die Franzosen verhalten sich häufig wie ein Hahn.« In welchem Register wollte er sich damit ausdrücken? Womöglich im Jargon der Unterwelt? »Den Hahn machen« bedeutet im Standardrussischen »sich aufplustern«, das deutsche »wie ein Gockel daherkommen« geht auch in diese Richtung. Im Soziolekt der Straflager bezeichnet man mit »Hahn« jedoch einen affektierten Schwulen, etwa im Sinne von »Schwuchtel«. Dann würde Lawrows Formulierung bedeuten, dass er den Franzosen vorwarf, sich wie »warme Brüder« zu benehmen. In der Welt der sowjetischen und russischen Lager wurde und wird ein Häftling, der als »Schwuchtel« gilt, sofort versklavt, vergewaltigt und allen möglichen Schikanen unterworfen.

Putins vulgärer Spruch in Anwesenheit Macrons öffnete symbolisch die Schleusen. Die russischen Diplomaten müssen sich nun nicht nur nicht mehr zurückhalten bei der Verbreitung von propagandistischen Lügengeschichten, sondern sie müssen auch in sprachlicher Hinsicht keine Vorsicht mehr walten lassen. Vergessen sind die Zeiten, als in den 1960er-Jahren eine Prinzessin aus dem Fürstenhaus Wolkonski den zukünftigen sowjetischen Diplomaten Unterricht in richtiger Haltung erteilte! Deshalb konnte der russische Botschafter in Schweden am 13. Februar 2022 auf die Möglichkeit eines Beitritts Schwedens zur NATO auch mit folgenden Worten reagieren: »Entschuldigen Sie meine Ausdrucksweise. Aber was die Sanktionen betrifft, so scheißen wir darauf.«

Eine derartig vulgäre Sprache verblüffte die ausländischen Beobachter. Ein russischer Diplomat, Berater der russischen Vertretung bei den Vereinten Nationen in Genf, der es wagte, den Krieg in der Ukraine zu kritisieren, bemerkte, dass zwar bereits seit 20 Jahren das Ausmaß an Lügen und Dilettantismus im Außenministerium stetig gestiegen sei, doch in letzter Zeit sei die Situation wirklich katastrophal geworden. Das Ministerium sei nicht mehr in der Lage, objektive Analysen zu erstellen, sondern arbeite nur noch mit Propagandaklischees, die denen ähnelten, die in den 1930er-Jahren die sowjetischen Zeitungen gefüllt hätten. Es habe ein System der Selbsttäuschung geschaffen. Und der Minister sei das deutlichste Beispiel für diesen Niedergang: Man habe ihn als kultivierten Intellektuellen und einen von seinen Kollegen geachteten Fachmann gekannt, doch nun ergehe er sich in widersprüchlichen Erklärungen und drohe mit einem Atomkrieg.

Ein Jahr nach der Annexion der Krim hatte der russische Journalist Juri Martschenko 2015 bereits die »Diplomatie der Hinterhöfe« angeprangert. Die in Oxford oder an der Sorbonne ausgebildeten europäischen Diplomaten könnten sich laut Martschenko nicht vorstellen, dass sich jemand so verhalte wie ein kleiner Gangster, der im Halbdunkel einer Toreinfahrt mit einem Messer auf sein Opfer losgehe und ihm die Geldbörse entreiße. Oder, wie in diesem Fall, die Krim. Es sei sinnlos, Putin erklären zu wollen, dass man so etwas in der zivilisierten Welt nicht tun dürfe. Er würde es nicht verstehen. Das Ziel der russischen Diplomatie sei es nicht, eine Einigung zu erzielen, sondern den Schwachen Angst zu machen und die Starken mit Worten zu betäuben. Eines ihrer Prinzipien sei es, eigene Fehler niemals zuzugeben. Jeder Kompromiss werde als ein Zeichen von Schwäche aufgefasst. Genauso wenig dürfe man sich von einem Argument des Gesprächspartners überzeugen lassen. Zurückzuweichen gelte als unmännlich, man müsste sich dafür verspotten lassen. Die russische Diplomatie wolle stur bleiben bis zum Ende, ungeachtet der Konsequenzen für das Land.

In den Sog dieser aggressiven Haltung geriet sogar Dmitri Medwedew, der heute stellvertretender Vorsitzender des Sicherheitsrates der Russischen Föderation ist; zuvor war er nacheinander Ministerpräsident und Präsident gewesen und hatte sich dabei den Ruf eines »Liberalen« erworben. Er hatte eine völlig andere Kindheit als Putin gehabt: Als Sohn gebildeter Eltern hing er nach dem Unterricht nicht auf der Straße herum, sondern zog es vor, fleißig seine Hausaufgaben zu machen. Nun musste aber auch er Hetze gegen die Ukrainer betreiben; so erklärte er: »Ich hasse sie, sie sind Bastarde und Degenerierte. Sie wollen unseren Tod und den Tod Russlands. Solange ich lebe, werde ich alles tun, damit sie vom Erdboden verschwinden.«

Schon im Jahr 2004, noch vor dem Ende von Putins erster Amtszeit, vor dem Angriff auf Georgien, vor der Annexion der Krim und sogar bevor das russische Parlament seinen Gesetzentwurf zum Verbot des Mat einbrachte, schrieb Jerofejew, dass der Mat eine militärische Aggression symbolisieren könne und ein sprachliches Äquivalent zum russischen Imperialismus sei. Das berühmte Wort mit den drei Buchstaben sei wie die rote Fahne der Sowjetunion auf dem Berliner Reichstag; es bedeute: »Hier sind wir, wir sind die Sieger!«

Teil 2

Eine Politik der Destabilisierung und Aggression

7

Tschetschenien unter Putin

Mairbek Watschagajew

Als das Zarenreich 1859 die Eroberung Tschetscheniens abgeschlossen hatte, fanden sich die Einheimischen als Untertanen eines Staates wieder, mit dem sie nichts gemein hatten: weder die Religion noch die Sprache, noch die Traditionen. Sie widersetzten sich folglich jedweder Maßnahme der neuen Herrscher, was häufig in Revolten mündete. Zudem lehnten sie dauerhaft die eingeführten lokalen Strukturen der neuen Machthaber und deren Gesetze ab, wobei Letztere sogar so weit ignoriert wurden, dass nur das traditionelle juristische System der Bergbevölkerung – das *Adat*[1] – und die islamische Rechtsprechung – die Scharia – angewandt wurden. Die tschetschenische Gesellschaft lebte damit weiterhin in ihrer eigenen, parallelen Welt,[2] was wiederum eine brutale Repression durch die russische Führung nach sich zog; die Revolten wurden niedergeschlagen und die Menschen in sibirische Gulags gesteckt, bevor im Februar 1944 die gesamte Bevölkerung nach Kasachstan und Kirgisistan deportiert wurde. Als nach 1956 die Überlebenden zurückgekehrt waren, sorgte die Vorherrschaft des Kremls über die autonome Republik dafür, dass nur wenige Tschetschenen Führungspositionen in der Republik übernehmen konnten, das Tschetschenische in den städtischen Schulen nicht unterrichtet werden durfte und sein Gebrauch an öffentlichen Orten, als Amtssprache und beispielsweise als Sprache der Fernsehnachrichten, eingeschränkt wurde.

Diese Situation brachte die Verfechter einer tschetschenischen Unabhängigkeit – oder zumindest einer tatsächlichen Autonomie – dazu, einen offiziellen Wechsel des Status zu fordern: Sie wollten nicht länger ein autonomes Gebilde im Rahmen der Russischen Sozialistischen Föderativen Sowjetrepublik sein, sondern den Status einer eigenen Republik im Rahmen der Union der Sozialistischen Sowjetrepubliken erhalten. Diese Veränderung war aufgrund der konstitutionellen Weiterentwicklung durch den letzten Staatspräsidenten der Sowjetunion Michail Gorbatschow juristisch möglich geworden.[3] Doch da sich die Politik der Russischen Föderation in Richtung Grosny verhärtete, wo man die Machtbefugnis der Föderation nicht länger anerkannte, brachte die Forderung nach mehr Autonomie eine ganze Reihe von Konflikten mit sich. In der Folge stellten sich jene, die eine tschetschenische Unabhängigkeit befürworteten, schließlich ganz offen gegen die ehemalige Machtzentrale in Moskau.

Mit dem Zusammenbruch der UdSSR im Dezember 1991 erklärten die tschetschenischen Repräsentanten ihre Unabhängigkeit, zeigten sich jedoch bereit, mit Moskau über gemeinsame Aufgaben zu sprechen, die die Grundlagen der Unabhängigkeit – etwa die Währung und das Verteidigungssystem – nicht beeinträchtigten. Sie weigerten sich, dem Beispiel von Tatarstan oder Baschkortostan zu folgen, die im Gegenzug für ein »Maximum« an Souveränität in der postsowjetischen Russischen Föderation verblieben. Diese eingeräumten Sonderrechte wurden nach der Jahrtausendwende von Wladimir Putin wieder gekündigt. Die Tschetschenen, die eine solche Entwicklung vorausgesehen hatten, hatten die Tataren vergeblich davor gewarnt.

Da die russischen Behörden bei Ersteren nicht das bekamen, was sie bei Letzteren erreicht hatten, griffen sie auf militärischen Druck zurück. Der erste Versuch, russische Truppen nach Tschetschenien zu führen, endete im November 1991 mit einem Fiasko: Die Tschetschenen blockierten die Flugzeuge, die russische Spezialkräfte in der Nähe von Grosny abgesetzt hatten, und zwangen sie zum Rückzug, wobei die Russen einen Großteil ihrer Ausrüstung zurücklassen mussten.[4]

In der Folge bemühte sich Moskau darum, Dschochar Dudajew, den gewählten Präsidenten Tschetscheniens, indirekt zu stürzen, indem es eine politische und kriminelle Opposition zu ihm aufbaute und unterstützte – ein wenig vergleichbar mit dem, was

Putin später im ukrainischen Donbass unternehmen sollte. Doch diese Oppositionsbrennpunkte wurden recht schnell besiegt – Beslan Gantemirow in Gechi, Ruslan Labazanow in Argun und Ruslan Chasbulatow in Tolstoi-Yurt: Im Herbst 1994 war nicht mehr viel übrig außer einem »Provisorischen Rat«, dem trojanischen Pferd Moskaus im Norden Tschetscheniens, von dem aus ein letzter Versuch der »indirekten« Intervention angegangen wurde. Am 24. November rückten die Reste der von Moskau bewaffneten und finanzierten tschetschenischen Truppen – zu einem gewichtigen Teil in russischen Diensten stehend und vom Ex-KGB, dem zukünftigen FSB, kontrolliert – auf Panzern in Grosny ein. Nach weniger als 24 Stunden waren sie besiegt, und man filmte die russischen Gefangenen: Sie berichteten vor laufenden Kameras, dass sie auf Militärbasen in Russland für diesen Einsatz vorbereitet worden waren. Diese umfassende Niederlage der russischen Kämpfer, die aus Grosny heraus in die ganze Welt übertragen wurde, war das Vorspiel zum offenen Krieg Russlands gegen Tschetschenien.

Boris Jelzin und der »erste« Tschetschenienkrieg

Der Krieg begann mit einer für die Nachwelt aufgezeichneten Aufschneiderei des russischen Verteidigungsministers Pawel Gratschow, der vor laufenden Kameras versprach, die Ordnung in dieser Republik wiederherzustellen: »Es braucht nur ein Regiment Fallschirmjäger, um Grosny in zwei Stunden zu erobern.« Diese Äußerung lässt sofort an die Ukraine denken, wo vorgesehen war, dass die russischen Truppen am dritten oder vierten Tag nach Beginn der Invasion am 24. Februar 2022 siegreich durch Kyiv ziehen sollten. Eine weitere Ähnlichkeit: Es ging in Tschetschenien angeblich nicht um einen »Krieg«, sondern um die »Gewährleistung der staatlichen Sicherheit und der territorialen Einheit der Russischen Föderation, der Gesetzlichkeit, der Rechte und Freiheiten der Bürger und der Entwaffnung illegaler bewaffneter Verbände«,[5] all das unter der Leitung des Innenministeriums und einer simplen »Unterstützung« durch das Verteidigungsministerium; wobei es am 1. Dezember 1994 Letzteres war, das den Befehl zur Aufstellung von Truppen entlang der Grenzen zu Tschetschenien gab.

Am 11. Dezember drangen russische Truppen von drei Seiten aus in Tschetschenien ein. Am 26. Dezember entschied der Sicherheitsrat der Russischen Föderation, die Hauptstadt Grosny zu erobern, eine Stadt mit 405 000 Einwohnern, die bereits zuvor aus der Luft und per Artillerie Viertel für Viertel beschossen und zu »70 Prozent« zerstört worden war, so damals die Aussage offizieller Stimmen vor Ort.[6] Betrachtet man die 1995 von internationalen Presseagenturen veröffentlichten Fotos der Stadt, könnte man sie mit den im April und Mai 2022 in der ukrainischen Hafenstadt Mariupol entstandenen verwechseln. Auch nach 25 Jahren scheint die russische Armee nichts an ihrer Strategie geändert zu haben, die offenbar auf Terror nach dem Prinzip der Kollektivschuld der gesamten Bevölkerung beruht – wenn sich die Truppen nicht ergeben, muss eben die Einwohnerschaft dafür bluten! Es dauerte allerdings nicht zwei Stunden, sondern vierzig Tage, bis die russische Armee die Ruine des Präsidentenpalasts im Herzen Grosnys einnehmen konnte. Hinzu kamen enorme Verluste, vor allem bei dem erfolglosen ersten Versuch, den Palast zu erobern: Allein in der Silvesternacht wurden Dutzende Panzer zerstört, Tausende russische Soldaten getötet und Hunderte gefangen genommen.[7] Die Luftangriffe wurden daraufhin noch einmal verstärkt. Der russische Abgeordnete und renommierte Bürgerrechtler Sergej Kowaljow, der sich im Präsidentenpalast aufgehalten hatte, konnte entkommen und traf am 6. Januar Boris Jelzin in Moskau. Er flehte den russischen Präsidenten an, dem Massaker ein Ende zu machen, doch dieser antwortete: »Die Zeit ist noch nicht reif dafür.« Einen Monat später schätzte Kowaljow die Zahl der Toten auf 25 000; sein Kollege Sergej Juschenkow[8] sprach von 30 000 Toten unter der Zivilbevölkerung allein in Grosny.

Der Widerstandskampf gegen die russische Armee, damals als eine der stärksten weltweit eingeschätzt, wurde von kleinen Partisanengruppen geführt, die eilig gebildet worden waren, und zwar nicht von den zentralen Behörden, sondern von unterschiedlichen Autoritäten in Dörfern oder Stadtvierteln. Es dauerte einige Wochen, bis der Chef des tschetschenischen Generalstabs Aslan Maschadow[9] diese mit seinen »regulären« Kräften koordinieren konnte, wobei diese selbst weder Flugzeuge noch Panzer oder schwere Waffen besaßen – lauter Dinge, über die der russische Feind fast grenzenlos verfügen konnte. Den Tschetschenen fehlten sogar leichte Waffen und Munition, weshalb sie diese korrupten russischen Militärs abkauften. Am 7. und 8. April 1995 führten die Truppen des russischen Innenministeriums im Städtchen Samaschki eine der furchtbaren *Tschistka* durch (»Säuberungen«) und machten sich dort des Mordes, der Plünderung und der Brandstiftung schuldig. Das Internationale Komitee vom Roten Kreuz schätzte die Zahl der Getöteten, die in dem Dorf gelebt hatten, auf 250, und genau diese Art von Massaker sollte sich 2022 in Butscha, Irpin und anderen Dörfern und Städten der Ukraine wiederholen. Die Übergriffe begannen also bereits in Tschetschenien, doch der Westen zog es vor, vor diesen Gräueltaten die Augen zu verschließen und Russland nicht zu beschuldigen. Die russischen Soldaten dieses »ersten« Tschetschenienkriegs waren demoralisiert, wurden mangelhaft ernährt und von häufig korrupten Offizieren schlecht geführt, und sie griffen systematisch auf Folterungen ihrer Gefangenen zurück, um sie tot oder lebendig an deren Familien zu verkaufen. Die Tschetschenen rächten sich mit den Mitteln, die ihnen zur Verfügung standen: große Geiselnahmen auf russischem Gebiet, Anschläge auf Verantwortliche der Besatzung, aber auch verwegene militärische Gegenoffensiven wie etwa jene von Maschadow in Grosny im März und August 1996, als es 877 Kämpfern – also allen Soldaten, die die tschetschenische Armee aufbieten konnte – gelang, die Hauptstadt zurückzuerobern. In den folgenden Tagen wurde dieser Erfolg von zahlreichen Freiwilligen unterstützt, die zur Sicherung des Siegs herbeiströmten.

In der Nacht des 31. August 1996 wurde das »Abkommen von Khasavyurt« unterzeichnet, das den Krieg mit einem Abzug der russischen Truppen beendete und die Klärung der Beziehungen zwischen Russland und Tschetschenien in den kommenden fünf Jahren versprach. Dieses Abkommen besiegelte die schmachvolle Niederlage einer russischen Armee, die über mehr Soldaten verfügte als Tschetschenien an Einwohnern zählte, inklusive Frauen, Kindern und alten Menschen.

Wenn es im Fall der Ukraine eines der Leitmotive der russischen Propaganda ist, einen angeblichen »Genozid« an der prorussischen Bevölkerung des Donbass seit 2014 anzuprangern, dann betonte der Kreml in Bezug auf Tschetschenien gern, dass es den zwischen 1991 und 1999 im Grunde unabhängigen Tschetschenen[10] »nicht gelungen ist, ihren Staat zu konsolidieren«. Wobei Moskau den Krieg verschweigt, den es Tschetschenien aufgezwungen hat, und nicht von den daraus resultierenden Zerstörungen spricht, den Zehntausenden Opfern – manche Beobachter sprechen von bis zu 200 000 – und Tausenden »Verschwundenen« beziehungsweise der Wirtschaftsblockade, die den Krieg begleitete und ihm folgte. All dies auf einem Gebiet, das kleiner ist als Thüringen und nur von wenig mehr als einer Million Menschen bewohnt wird. Und doch war der Sieg von Aslan Maschadow bei den Präsidentschaftswahlen 1997, die unter den Augen der Organisation für Sicherheit und Zusammenarbeit in Europa (OSZE) stattfanden – ein im postsowjetischen Raum äußerst seltener Vorgang, sieht man einmal von den baltischen Staaten ab –, ein gutes Omen, marginalisierte er doch die »wahhabitisch« genannten radikalen Kräfte, die diesen Namen ihrer Ausrichtung auf den von Saudi-Arabien geförderten Zweig des Islam verdanken.

So kam es zu dem eigentlich Undenkbaren: Am 12. Mai 1997 unterzeichneten der russische und der tschetschenische Präsident, Boris Jelzin und Aslan Maschadow, im Kreml einen Friedensvertrag. Mit diesem wurde das Ende ihres »jahrhundertealten« Konflikts bestätigt und die Absicht verkündet, Konflikte künftig auf dem Verhandlungsweg »nach den Regeln des Völkerrechts« zu lösen, womit die Anerkennung der Unabhängigkeit Tschetscheniens angedeutet wurde. Die innertschetschenischen Spannungen blieben jedoch auch nach der Beilegung des kriegerischen Konflikts virulent. In der Hoffnung, sie damit zu besänftigen, hob Maschadow gegen den Rat seiner Anhänger Anführer des »radikalen« Lagers auf wichtige Regierungsposten. Das brachte jedoch nicht den erwünschten Effekt, und im Sommer 1998 kam es in Gudermes, der zweitgrößten Stadt des Landes, zu blutigen Auseinandersetzungen. Freiwillige aus dem Ausland[11], die nach Tschetschenien gekommen waren, um gegen Russland zu kämpfen, operierten nun von tschetschenischem Gebiet aus, um die nordkaukasischen Nachbarn, noch immer Mitglieder der Russischen Föderation, zu destabilisieren. Die Beziehungen zwischen Moskau und Grosny verschlechterten sich wieder, und der Einfall bewaffneter radikaler Islamisten aus Tschetschenien und anderen Ländern in die Nachbarrepublik Dagestan im August 1999 löste einen neuen Krieg gegen Tschetschenien aus. Russland hätte sich mit der Wiederherstellung der Kontrolle über Dagestan zufriedengeben können, doch der Einfall kam als Vorwand gerade recht. Putin wollte auf keinen Fall einen Teil dessen, was er als zu seinem Reich gehörig empfand, aus der Hand geben und fürchtete, die rebellische Republik könnte anderen zum Vorbild werden. Im schlimmsten Fall käme es zu einem Dominoeffekt – wie nach dem Fall der Berliner Mauer in Mittel- und Osteuropa.[12]

Wladimir Putin und der »zweite« Tschetschenienkrieg

Für den neuen Herrscher im Kreml war der Tschetschenienkrieg ein Weg, sich als starker Mann in der russischen Politik zu präsentieren, ein Gegenentwurf zum »laxen« Präsidenten Boris Jelzin. Bei dieser Gelegenheit gab er sich als grausame und kalte Führungsfigur zu erkennen, ausgebildet in der politischen Schule des ehemaligen KGB. Der zweite Präsident des postsowjetischen Russlands sah es als seine Pflicht an, dem Weg der Zugeständnisse an die Separatisten in Tatarstan und Baschkortostan nicht länger zu folgen – aber in erster Linie auch, die Tschetschenen zu zwingen, ihre Zugehörigkeit zu Russland anzuerkennen. Noch bevor er zum Ministerpräsidenten ernannt worden war, hatte er bereits gewusst, dass der Krieg erneut ausbrechen würde, und bereitete ihn seit Herbst 1998 vor. Er wollte beweisen, dass er in der Lage war, dort erfolgreich zu sein, wo seine Vorgänger – Tschernomyrdin, Stepaschin und Kirijenko – versagt hatten.

Daher war er bereit, alle notwendigen Maßnahmen zu ergreifen, um die Situation ganz grundsätzlich zu ändern. Die Zeit der Menschenrechte, von *Glasnost* und zivilgesellschaftlichem Antikriegsengagement war vorbei.

Der »zweite« Tschetschenienkrieg begann im Herbst 1999 und führte zu neuen Verwerfungen in Tschetschenien, sowohl im Zentrum des bewaffneten Widerstands als auch in der Gesellschaft als ganzer. Die Begeisterung, die noch während des »ersten« Kriegs geherrscht hatte, löste sich auf, und die Bevölkerung zeigte sich in der Frage der Verantwortung für diesen erneuten Gewaltausbruch gespalten. Einige gaben nicht ganz zu Unrecht den Salafisten die Schuld, da diese die erneute Tragödie provoziert hätten. Und zunächst führten die Truppen von Maschadow und die der Islamisten den Krieg gegen die russischen Invasoren je allein für sich. Dennoch lässt sich nicht von einem »Bürgerkrieg« in Tschetschenien sprechen, wie es später einige Wissenschaftler taten. Russland bereitete diesen »zweiten« Krieg, den Rachefeldzug,[13] wie eine Militäroperation »mit hoher Intensität« gegen einen ausländischen Staat vor und mobilisierte mehr als 100 000 Mann. Ihnen stand keine Armee gegenüber, sondern einer Reihe kleiner Gruppen von Partisanen, deren Gesamtzahl im Lauf der Zeit variierte, deren Höchstzahl aber Anfang 2000 mit rund 4000 Kämpfern erreicht war. Diese Zahl an Tschetschenen reduzierte sich nach den verlustreichen Kämpfen in zwei Dörfern im gleichen Jahr und durch die Abwanderung von Freiwilligen auf einige Hundert. Sie verteidigten sich gegen eine Armee von 80 000 in Tschetschenien befindlichen russischen Soldaten, zu denen noch in der Umgebung stationierte Truppen kamen.

Warum musste sich Putin unter diesen Umständen noch um Alliierte in den Reihen der Tschetschenen bemühen, darunter solche, die im »ersten« Krieg gegen Moskau gekämpft hatten? Weil er genau verstanden hatte – so wie auch der FSB, den er zuvor geleitet hatte –, dass dies die einzige Möglichkeit war, dem örtlichen »Fluch« zu entgehen: Welche Probleme es hier gab, war bereits 1840, also während der zaristischen Eroberung Tschetscheniens, in der Moskauer Zeitung *Moskowskije Wedomosti* beschrieben worden: »In Tschetschenien beherrschen wir nur jene Orte, an denen unsere Truppen stationiert sind. Sobald sie abrücken, geht dieser Ort augenblicklich wieder in die Hände unserer Feinde über.« Putin verbündete sich nacheinander mit mehreren führenden Persönlichkeiten vor Ort. Im Sommer 1999 traf er sich zunächst mit ehemaligen tschetschenischen Parlamentsabgeordneten aus der Zeit von Doku Zawgajew, dem ersten Sekretär der tschetscheno-inguschischen kommunistischen Partei, als Tschetschenien und Inguschetien noch eine gemeinsame autonome Republik gebildet hatten, bevor Tschetschenien sich unilateral für unabhängig erklärte. Putin erkannte jedoch schnell, dass deren Beliebtheit nahe null lag. Daher lud er nun einen reichen russischen Unternehmer mit tschetschenischen Wurzeln ein, Malik Saidullajew, der jedoch ebenfalls nicht passte. Die nächsten in der Reihe der vorgestellten und wieder fallen gelassenen Kandidaten waren der frühere Bürgermeister von Grosny, Bislan Gantamirow, kurz zuvor aus dem Gefängnis freigekommen, sowie der Ex-Chef einer Moskauer Klinik, Khassan Mussalatow, der an die Spitze der provisorischen Verwaltung in Grosny gestellt wurde, ohne dass er dort jemals gelebt hatte. Die endgültige Wahl fiel im Sommer 2000 auf Achmad Kadyrow, zuvor Mufti des unabhängigen Tschetscheniens.[14] Im Kreml hoffte man, dass dieser Anhänger des Sufismus – einer mystischen Strömung im Islam, die in der Bevölkerung sehr weit verbreitet war und der salafistischen Minderheit gegenüberstand – helfen könnte, der Mehrheit der Einheimischen die Unterwerfung unter Moskau zu erleichtern. Und Kadyrow nahm die Rolle als Verwaltungschef umso leichter an, als seine Entourage seit 1999 geheime Kontakte mit Putins Abgesandten unterhalten hatte.

Auch wenn die Führer der Unabhängigkeitsbewegung von dieser Entscheidung nicht überrascht wurden – sie hatten davon bereits Wind bekommen –, so unterschätzten sie diese Wahl des russischen Präsidenten doch. Die tschetschenischen »Radikalen« selbst zweifelten nicht daran, dass sie schlussendlich gegen Russland gewinnen würden, wie es ihnen auch 1996 gelungen war. Allerdings war die Lage nun eine grundsätzlich andere. In einer von zahlreichen Massakern in Stücke gerissenen Gesellschaft entwickelten die Worte eines prorussischen tschetschenischen Muftis, der von mehreren Zehntausend russischen Soldaten getragen wurde, ein erhebliches Gewicht, insbesondere bei einigen führenden Sufis, die es 1999 lieber gesehen hätten, wenn man sich herausgehalten und eine neutrale Haltung eingenommen hätte. Die Devise bestimmter Radikaler – »Kämpfen bis zum letzten Tschetschenen« – passte nicht mehr zu einer Gesellschaft, die sich lieber jenen anvertraute, die von einer möglichen Verständigung mit Moskau und damit der Verhinderung eines weiteren Krieges sprachen. Viele hofften, eine solche Lösung sei möglich.

Zumal die Regierung unter Putin astronomisch hohe Summen zur Verfügung stellte, um die Autorität von Kadyrow zu stärken. Ein kleiner Teil dessen, was von den Unabhängigkeitskämpfern noch übrig geblieben war – die meisten waren bereits entweder tot, im Gefängnis oder im Exil –, wurde nun vom neuen Moskauer Repräsentanten angeworben und zu den *Kadyrowzy* geformt. Es ging darum, sie als tschetschenische Truppe erscheinen zu lassen, die ganz allein, also ohne die Gegenwart der russischen Armee, in der Lage war, dem bewaffneten Widerstand der Unabhängigkeitsbefürworter standzuhalten. Natürlich war dies reine Propaganda, vor allem in der Anfangszeit, da die russischen Truppen mit weitem Abstand die wichtigsten Akteure blieben – mit ihren Tschistka, der Bombardierung von Dörfern, den Verhaftungen von vielen jungen Menschen, der Verschleppung Tausender ohne Gerichtsurteil oder Untersuchung … Und doch erreichte man so schlussendlich ein Umschwenken im tschetschenischen Bewusstsein, viel mehr als durch die hinausposaunte »Liquidation« dieses oder jenes Kämpfers.

Obwohl es dem Kreml gelungen war, einen wichtigen Vertreter des Sufismus auf seine Seite zu ziehen, genügte dies noch nicht, um sich die Treue der anderen einflussreichen Sufis zu sichern. Deutlich machte dies die Präsidentschafts-«Wahl«, 2003 von Grosny organisiert, bei der zur Überraschung Moskaus neben dem Kremlkandidaten Kadyrow noch einige weitere Kandidaten auftauchten, die von anderen Sufi-Orden unterstützt wurden. Unvorbereitet auf dem falschen Fuß erwischt, griffen die

Putin-Vertreter zu wirklich kriminellen Methoden, um diese Kandidaten zum Rückzug und zur Aufgabe jeglicher politischer Aktivität zu zwingen. Die Wahl entwickelte sich, genau wie alle folgenden, zur Farce.

Der Kreml benötigte also viel Zeit, um sich in seiner Tschetschenienpolitik zu orientieren. Als Achmad Kadyrow am 9. Mai 2004 im Stadion von Grosny ermordet wurde, rief Putin am nächsten Tag dessen Sohn Ramsan nach Moskau. Das Fernsehen zeigte, wie sich beide an einem Tisch gegenübersaßen, der Sohn mit niedergeschlagener Miene und im Jogginganzug, jedoch vom Herrscher im Kreml zur Führungsfigur auserkoren. Allerdings entschied man sich zunächst für einen anderen Nachfolger für Kadyrow senior, denn Ramsan war nach verfassungsrechtlicher Grundlage noch zu jung, um das Präsidentenamt zu übernehmen. Im Vergleich zum brutalen, ungebildeten und rachsüchtigen Kadyrow junior war Alu Alchanow eine eher blasse Figur, aber 2007 kam nach einer weiteren unglaubwürdigen Wahl dann endlich Ramsan in Grosny an die Macht – eine Position, die er bis heute als gnadenloser Satrap ausfüllt, dessen Schicksal untrennbar mit jenem von Putin verbunden ist.[15]

Nach dem Mord an Präsident Maschadow

Der legitime Präsident des unabhängigen Tschetscheniens, der in den Untergrund gezwungene Aslan Maschadow, wurde auf Befehl Putins am 8. März 2005 ermordet. Damit löste sich die theoretisch letzte noch vorhandene Möglichkeit von Verhandlungen mit dem bewaffneten tschetschenischen Widerstand auf. Fortan konnte es nur um die völlige Auslöschung dieser Opposition gehen, welche Mittel dazu auch immer nötig waren. Moskau geduldete sich bis April 2009, um das Ende der »antiterroristischen Operation« zu verkünden, denn nur unter diesem Namen sprach Moskau von dem Krieg, ganz ähnlich wie dann 2022 in der Ukraine. Einige Widerständler führten den Kampf bis zum Januar 2021 fort, als mit Aslan Biutukajew der letzte Kommandant der ehemaligen Unabhängigkeitskämpfer getötet wurde.

In der Zwischenzeit war es zu entscheidenden Veränderungen innerhalb des Widerstands gekommen, ausgelöst durch den Aufstieg von Doku Umarow zum Präsidenten der tschetschenischen Untergrundregierung im Sommer 2006: Sein Ziel war nicht länger die Unabhängigkeit Tschetscheniens, sondern die Errichtung einer islamischen Republik auf diesem Gebiet. Ihre Flagge stimmte nun mit der des »Kaukasus-Emirats« überein, unter der bereits eine Reihe bewaffneter Gruppen – die *Dschamat* – aus verschiedenen Republiken im Nordkaukasus kämpften. Dieses »Emirat« existierte jedoch nur bis 2014, als mit dem Übertritt zahlreicher nordkaukasischer Kommandanten unter die Führung des Islamischen Staats (IS) eine neue Ära begann. In der Folge tauchten in der Russischen Föderation Ableger dieser im Nahen Osten beheimateten Terrororganisation auf, die sich in Syrien und im Irak nur vergleichsweise kurz halten konnte. Der Sturz des IS und der Verlust seiner Gebiete in diesen Ländern führte auch zum Ende des bewaffneten Widerstands im Nordkaukasus. Die vereinzelten Taten von Tschetschenen in Tschetschenien – etwa Angriffe auf Polizisten – änderten fast nichts an der Gesamtsituation und erlaubten es nicht, den Widerstand insgesamt aufrechtzuerhalten, war er doch von den russischen Geheimdiensten bereits physisch zerstört. Da diese individuellen Übergriffe dem Bild der prorussischen Autoritäten unter Putin schadeten, ließ Ramsan Kadyrow die Familien der getöteten Kämpfer grausam bestrafen, etwa indem er ihre Angehörigen verhaften und aus Tschetschenien ausweisen sowie ihre Häuser niederbrennen ließ.[16]

Die Entwicklung der tschetschenischen Diaspora in Europa

Im Jahr 2022 umfasste diese Diaspora rund 70 000 Exilierte in Frankreich, mehr als 50 000 in Deutschland, mehr als 30 000 in Österreich, mehr als 20 000 in Belgien, mehr als 15 000 in Norwegen und bis zu 10 000 in Polen und anderen europäischen Ländern. Es liegen keine präzisen Zahlen vor, aber die Gesamtzahl in Europa dürfte bei mehr als 200 000 Menschen liegen. Zählt man noch die Exilierten in der Türkei und dem Nahen Osten, in den Vereinigten Staaten und Kanada hinzu, kommt man zum Schluss, dass jeder fünfte Tschetschene außerhalb seines oder ihres Ursprungslandes lebt. Zahlreiche Vereine, Stiftungen und Zentren wurden gegründet, um die tschetschenische Sprache und Traditionen für kommende Generationen zu bewahren, etwa der von Aslan Murtasalijew geleitete Verband der Tschetschenen in Europa oder die Exilregierung der unabhängigen Tschetschenischen Republik Itschkerien, die in London von Achmed Sakajew vertreten wird. Ehemalige Parlamentsabgeordnete und andere Aktivisten sind ebenfalls um das Schicksal ihrer Landsleute bemüht. Einige Kadyrow kritisch gegenüberstehende Blogger erreichen inzwischen ein recht großes Publikum. Die in Europa, Kanada und den Vereinigten Staaten verstreute Diaspora strebt eine politische Plattform an, über die sich die Ausgewanderten und die in Tschetschenien Verbliebenen vereinen könnten. Doch bei den bislang organisierten Debatten und Konferenzen, bei den veröffentlichten Erklärungen und den Aufrufen zur Geschlossenheit zeigt sich augenblicklich dieselbe Spaltung wie im Innern Tschetscheniens selbst. Die junge Generation der Geflüchteten ist dabei die aktivere, etwa wenn es um die Gründung von Vereinen geht, die sich grenzüberschreitend mit ihresgleichen verbinden wollen: Die jungen Tschetscheninnen und Tschetschenen sprechen mehrere Sprachen, kennen die Entwicklungscodes westlicher Gesellschaften und sind in der Lage, die Suche nach einem Weg in die Zukunft für die tschetschenische Gemeinschaft auf neue Grundlagen zu stellen.

Tschetschenen und die Ukraine

Die Frage nach der Beteiligung von Tschetschenen an einem Konflikt außerhalb ihres historischen Heimatlands, die sich bereits während des Syrienkriegs gestellt hatte, ist mit dem von Putin gegen die Ukraine vom Zaun gebrochenen Krieg ein weiteres Mal virulent geworden. In Syrien hatten mehrere Tausend Tschetschenen gegen Baschar al-Assad und die beiden von Ramsan Kadyrow zu seiner Unterstützung entsandten Bataillone gekämpft. In der Ukraine gibt es auf deren Seite sehr viel weniger Tschetschenen, die in vier »Bataillonen« organisiert sind[17]: das Scheich-Mansur-Bataillon, geführt von Muslim Tscheberlojewski; das Dschochar-Dudajew-Bataillon, geführt von Adam Osmajew; ein Bataillon freiwilliger Tschetschenen aus Europa, die in ukrainischen Einheiten integriert sind; sowie das Spezialkräftebataillon (OBON) der bewaffneten Kräfte Itschkeriens, die Teil der Internationalen Legion der Territorialverteidigung der Ukraine sind und von Oberst Hadschi-Murat Zumso kommandiert werden. Der Begriff »Bataillon« entspricht hierbei nicht seiner Bedeutung in einer regulären Armee, doch allein seine Existenz führte bei Ramsan Kadyrow zu Verärgerung, weshalb er ein Kopfgeld auf Tscheberlojewski und Osmajew aussetzte und sie damit auf die gleiche Ebene wie den Chef des Asow-Bataillons hob. Er versprach auch eine Belohnung für jegliche Information zu ihrem Aufenthaltsort.

Die tschetschenische Diaspora in Europa und der Türkei erklärt in ihrer überwiegenden Mehrheit ihre Unterstützung für die Tschetschenen, die in der Ukraine gegen Russland kämpfen. Sie lässt ihnen Verpflegung und Medikamente zukommen und schickt Abgesandte, um sie ihrer Unterstützung zu versichern. Einige der politisch Engagierten unter ihnen machen sich in der Ukraine und den mit ihr solidarischen Ländern bereit, um eine neue Seite in ihrer Geschichte aufzuschlagen: Sie fordern, es sei nun notwendig, die Unabhängigkeit Itschkeriens auszurufen, die Deportation der tschetschenischen Bevölkerung im Februar 1944 als Genozid anzuerkennen und im Rahmen der ukrainischen Rada eine Unterstützergruppe für den Kampf der Nordkaukasier zu bilden.

Ramsan Kadyrow wiederum organisierte mehrere Kadyrowzy-Einheiten, die heute in der Ukraine präsent sind. So ist die Führung der »Russischen Nationalgarde« *(Rosgwardija)* in Tschetschenien sowohl an das in Grosny stationierte Bataillon »Sewer« (Norden) unter Magomed Tuschajew – das in Wirklichkeit das 141. motorisierte Spezialregiment des russischen Innenministeriums ist – als auch an das in Wedeno stationierte Bataillon »Jug« (Süden) unter Khussein Mejidow – das 249. motorisierte Spezialbataillon der 46. Operationsbrigade im Nordkaukasus – delegiert worden. Die in Tschetschenien angeworbenen Männer bilden einen Teil der in Chankala bei Grosny untergebrachten 18. motorisierten Brigade der Nationalgarde. Die Militäreinheit 27777 ist Teil dieser 18. Brigade, allerdings im nordtschetschenischen Naurski untergebracht. Die Panzersoldaten des 70. Regiments der 42. motorisierten Division der Nationalgarde (die Einheiten 65384 und 44842) sind in Schali stationiert. Das 2. Regiment (Einheiten 16544 und 44842) dieser 42. Division, auch als »Bergregiment« bekannt, kommt aus dem Hochgebirgsort Borzoi im Distrikt Schatoiski. Zu erwähnen sind auch die sogenannten Freiwilligenbataillone, die häufig nicht in Tschetschenien, sondern in ganz Russland rekrutiert wurden.[18]

Kadyrow ist damit der einzige Chef der 84 »Föderationssubjekte« der Russischen Föderation, der über seine eigenen bewaffneten Militäreinheiten verfügt, und obwohl er behauptete, es seien »tschetschenische Kämpfer, die an den heißesten Orten [des Krieges] sein werden«, lässt sich bezweifeln, ob sie jemals tatsächlich an der Front gestanden haben. Vor allem da die Mitglieder der Rosgwardija grundsätzlich gar nicht an Kämpfen teilnehmen dürfen. Hingegen wurden Kadyrowzy-Einheiten an solchen Orten gesichtet, an denen zahlreiche Verbrechen gegen Zivilisten verübt wurden, auch wenn ihnen bislang keines dieser Vergehen zugeschrieben wurde (Stand August 2022). Sie waren die Ersten, die sich aus dem Gebiet nördlich von Kyiv zurückzogen, bevor der Rest der abziehenden russischen Armee durch dieselben Dörfer kam. Anschließend wurden sie zunächst nach Mariupol, dann in die Region Luhansk geschickt. Kadyrow brüstete sich mit seinen 12 000 zum Kampf in der Ukraine bereitstehenden Männern und ihren angeblichen überwältigenden Siegen, die sie dort errungen hätten. Offenbar ging es ihm darum, etwas wiedergutzumachen: Er war in der Nacht vom 3. auf den 4. Februar 2022 in den Kreml bestellt und dort von Putin zurechtgewiesen worden, vermutlich wegen seines aus Grosny im Fernsehen übertragenen Aufrufs, seine Gegner physisch zu erledigen. Denn es kam zu der seltsamen Situation, dass Kadyrow kurz darauf im tschetschenischen Fernsehen bekannt gab, die tschetschenischen Behörden würden fortan nicht mehr von ihren Widersachern im Ausland sprechen, sondern sie vielmehr schlicht ignorieren ... Wie dem auch sei, der Ukrainekrieg ist für Kadyrow zum Mittel geworden, dem Herrscher im Kreml seine absolute Loyalität zu beweisen. Gleiches gilt für seine Entourage, die hier einen Weg zum Aufstieg entdeckt hat, verteilt Putin doch die begehrtesten Orden an den engsten Kreis um Kadyrows Ukraine-Entsandte.

Schließlich erklärte der tschetschenische Despot dem russischen Fernsehen gegenüber, dass man in dieser »Spezialoperation« nicht allein das Gesicht des russischen Volkes sehen sollte, das gegen sein ukrainisches Brudervolk kämpfe, sondern auch alle anderen Völker der Russischen Föderation beachten müsse, die daran teilnähmen. Wobei Berechnungen anhand offen gelegter Quellen zeigen, dass der Anteil der Kriegstoten dieser kleinen nicht russischen Völker nicht über ein Prozent hinausgeht. Und dennoch betonen russische Medien die Beteiligung der Tschetschenen in der Ukraine deutlich stärker als die Rolle der Russen. Mit anderen Worten: Der Krieg der Tschetschenen, der Burjaten, der Tataren, der Kalmücken, der Osseten, der Dagestaner und anderer Völker dient dazu, den Hass der Ukrainer auf sie zu lenken, um sich für die Zukunft die Möglichkeit einer erneuerten russisch-ukrainischen Freundschaft zu bewahren. Damit bringt Wladimir Putins Krieg in der Ukraine wieder jene Fragen zurück auf die Tagesordnung, die der Westen auszublenden versuchte: die Probleme der nordkaukasischen Völker und der russischen Politik in diesen Regionen.

8

Putin und Georgien: die Verweigerung der Souveränität

Thornike Gordadze

Diese Frage zu stellen ist legitim: Wie konnte nach Russlands Invasion in Georgien 2008 der Ukrainekrieg noch überraschen? Es ist unübersehbar, dass die fehlende Berücksichtigung der Lehren aus dem Georgienkrieg im Westen und der Wunsch vieler Staaten, die damaligen Ereignisse unter den Teppich zu kehren, Putin ermutigt und in seiner revisionistischen Politik bestärkt haben. In ihrer passiven und immer wieder beschwichtigenden Haltung hat die demokratische Welt den russischen Präsidenten in seiner Meinung über die westliche Schwäche und Dekadenz bestätigt. Faktisch hat ihn dies angefeuert, unter völliger Missachtung des internationalen Rechts weitere Eroberungen anzugehen.

Durch die blutige Unterdrückung des tschetschenischen Widerstands und durch den Beifall, den er dafür vorab von seinem vor Begeisterung geradezu weiß glühenden Publikum im monopolisierten Fernsehen erhielt, noch zuversichtlicher geworden, konnte Putin sich fortan den störrischsten ehemaligen Sowjetrepubliken widmen – auch sie sollten die russische Dominanz wieder akzeptieren. Georgien war hier das ideale erste Ziel: Das kleine Land war durch ethnische Konflikte zerrissen, die auf das Ende der Sowjetära zurückgingen – kunstvoll von Moskau wachgehalten und instrumentalisiert –, und wartete seit Jahren vor den Toren der Europäischen Union und der NATO auf Einlass. Es wurde von einer Politelite regiert, die vor allem nach der Rosenrevolution im November 2003 (die mit dem Rücktritt des Präsidenten Eduard Schewardnadse endete) hartnäckig prowestlich eingestellt war, und befindet sich zudem im Südkaukasus in einer geografisch beneidenswerten Lage.

Der Angriff im August 2008 war die erste von Moskau gesteuerte bewaffnete Invasion gegen ein unabhängiges Land seit dem Angriff 1979 auf Afghanistan. Die Niederlage der georgischen Truppen und die Besetzung von Abchasien und Südossetien durch Russland wurde von Putin wie ein großer Sieg gefeiert und stellte endgültig sicher, dass sich Russland nach seiner erniedrigenden Niederlage im Kalten Krieg wieder »von den Knien erheben« konnte. Der langfristig angelegte Rachefeldzug kam hier jedoch noch nicht an sein Ende, und einige Hellsichtige sagten bereits voraus, dass die Ukraine als Nächstes auf der Liste stehen dürfte. Und sofern Putin in seinem imperialen Elan nicht aufgehalten wird, dürfte sich dieser später auf Polen und die baltischen Staaten ausdehnen.

Der Georgien- oder auch Kaukasuskrieg ließ die grundlegenden Prinzipien der putinschen Politik erkennen. Zunächst ist da der Bezug auf den Krieg als gebräuchliches und wirkungsvolles Mittel, um sowohl geopolitische Ziele als auch die Konsolidierung seiner Macht nach innen zu erreichen. Dann ist da die völlige Missachtung des Völkerrechts, umgangen durch den virulenten Revisionismus, der Putin dazu bringt, nach eigenem Gutdünken bestimmte Gebiete als »unabhängige Staaten« anzuerkennen und sie dann militärisch zu besetzen (Abchasien, Südossetien, die »Volksrepubliken« Donezk und Luhansk) oder Teile anderer Staaten an sich zu reißen und sie zu annektieren (die Krim). Außerdem wird der Krieg, also das materielle Geschehen auf dem Schlachtfeld, vorbereitet, begleitet und nachbereitet durch einen sogenannten hybriden Krieg, der sich gleich auf einer ganzen Reihe von Schlachtfeldern abspielt: zum einen auf dem digitalen (Desinformation, Schaffung einer alternativen virtuellen Realität), zum anderen auf dem ökonomischen (die Instrumentalisierung von Energielieferungen als Waffe, das Herbeiführen von Verknappungen wie beispielsweise Hungersnöten), aber auch auf dem politischen Schlachtfeld (Korruption eines Teils der Elite und Manipulation von Wahlen im Ausland) und im Cyberraum (Angriffe auf lebenswichtige Infrastruktur in den

Zielländern). Im Gegensatz zum zeitlich begrenzten klassischen Krieg kommt diese hybride Kriegsform, auch »politische Kriegsführung« genannt,[1] dauerhaft zum Einsatz und bildet die wichtigste Charakteristik des politischen Modus Operandi des russischen Staats. Und schließlich fördert das Regime einen virulenten Antiliberalismus und fährt einen scharfen Kurs gegen die westliche Welt, und zwar mithilfe einer Ideologie, die zwar einen globalen Gültigkeitsanspruch erhebt, zugleich aber durch ihren ausgesprochenen Eklektizismus auffällt – sie vereint konservative und faschistische, aber auch kommunistische und Dritte-Welt-bezogene Elemente in sich. Diese Gemischtwarenideologie wird jeweils für das spezifische Publikum ausgebreitet und angepasst und erscheint daher für das russische anders als das in den Ländern des Südens oder im Nahen Osten. Sie stimmt mit einer Vielzahl von Parteien oder Bewegungen überein, die sich allesamt »gegen das System« richten.

In dieser Hinsicht ist es unabdingbar, die in diplomatischen, politischen und Expertenkreisen verbreitete und fest verankerten Vorstellungen über den russisch-georgischen Krieg zu widerlegen. Um ihren Rückzieher vor dem Aggressor besser rechtfertigen zu können, bemühte sich die öffentliche Meinung im Westen darum, relativierende Gründe zu finden und von einer »geteilten Verantwortung« der Kriegsparteien zu sprechen. Ja, Russland habe Georgien angegriffen und 20 Prozent seines Staatsgebiets besetzt, aber die georgische Regierung habe sich ja bereits im Konflikt mit ihren »prorussischen Minderheiten« in Abchasien und Südossetien befunden. Ja, Russland habe internationales Recht gebrochen, aber die georgische Führung habe sich ja auch sehr unvorsichtig verhalten, als sie darauf gedrängt habe, Mitglied in der Europäischen Union und der NATO zu werden. Das erfolgreichste Beispiel dieser eingetrübten Denkungsart ist der Bericht über die Ursachen des russisch-georgischen Krieges, den die internationale Untersuchungskommission unter Leitung der Schweizer Diplomatin Heidi Tagliavini vorlegte.[2] Das vielhundertseitige im September 2009 veröffentlichte Dokument kommt zum Schluss, dass Russland die Verantwortung für seine »unverhältnismäßige Reaktion« auf den georgischen Angriff auf

Zchinwali, die Hauptstadt Südossetiens, trägt. Dieser Angriff wiederum war, so der Bericht, eine Überreaktion auf die zahlreichen Provokationen und den Beschuss durch südossetische Separatistenmilizen. Das Zögern, Moskau eindeutig die Verantwortung für den Überfall eines souveränen Staates zuzuweisen sowie die fehlende angemessene Bewertung der jahrelangen Vorbereitung dieses Konflikts durch eine bewusste Politik Russlands, also durch seine militärische, wirtschaftliche und politische Unterstützung für die südossetischen und abchasischen Separatisten, führten zu diesem zweideutigen Urteil, das der Kreml mühelos in seinem Sinne nutzen konnte.

In Wirklichkeit bestand der Wunsch, Georgien zu unterwerfen, schon lange vor der Machtübernahme des (zu) sehr westlich eingestellten Micheil Saakaschwili und den georgischen Bestrebungen, Mitglied der NATO zu werden. Er bestand sogar schon, bevor Putin Präsident wurde. Und: Von der Unabhängigkeitserklärung rebellischer Provinzen bis zu den Cyberattacken wurden beinahe alle russischen »hybriden« Praktiken oder Zwangsmaßnahmen, die wir heute in der Ukraine beobachten, bereits einmal in Georgien ausprobiert.

»Georgia on his mind«: Was Georgien für Putin bedeutet

In der Ideologie der »russischen Welt« spielt Georgien keine so zentrale Rolle wie die Ukraine. Es gehört nicht in den ersten Kreis, der von den drei slawischen Einheiten gebildet wird – Russland, Ukraine, Belarus –, doch es kommt sofort dahinter in der zweiten Reihe. Georgien ist eine überwiegend christlich-orthodoxe Nation, die ab der ersten Hälfte des 19. Jahrhunderts Stück für Stück vom russischen Reich annektiert wurde. Die Brille, durch die man in der zaristischen und russisch-nationalistischen Historiografie diese Eroberungen und die Abschaffung von Königreichen und georgischen Fürstentümern betrachtete, war jene einer »freiwilligen Angliederung« und einer »Befreiung« Georgiens von der Herrschaft der osmanischen und persischen Reiche. Die symbolisch wichtige Besetzung einiger der höchsten

Ämter des Reiches durch Georgier – etwa General Pjotr Bagration, Held der Schlacht von Borodino, aber auch Stalin und Beria – verstärkte die Überzeugung, Georgien sei nicht etwa eine Kolonie, sondern profitiere im Gegenteil sogar von seiner Position. So zeigte sich beispielsweise Putin irritiert, als er erfuhr, dass Georgien 2006 ein Museum über die sowjetische Besatzung eröffnete. »Von welcher Besatzung sprechen wir hier? Die Sowjetunion wurde immer von Georgiern geführt!«, rief er in einem gestellten, als spontan dargestellten Interview.[3] Die georgischen Wurzeln Stalins und der orthodoxe Glaube machen Georgien zweifellos zu einem Gebiet, das »außerhalb der amerikanischen Wahrnehmung« gehalten werden muss.

Obwohl die unter dem derzeitigen Herrscher im Kreml vollständig rehabilitierte Figur Stalin sogar als Mittel der Soft Power genutzt wird, um zumindest eine Randgruppe der georgischen Bevölkerung zu verführen, so ist ihre Verwendung im Vergleich zum Einsatz der orthodoxen Kirche deutlich weniger effizient. Dabei ist die georgische orthodoxe Kirche autokephal und unterliegt folglich keinerlei hierarchischer Abhängigkeit von der russisch-orthodoxen Kirche. Im Gegensatz zur ukrainischen Orthodoxie ist sie vereint und sehr zentralisiert. Nach der von Putin geförderten Ernennung Kyrills I. zum Patriarchen verstärkte die russisch-orthodoxe Kirche ihren Einfluss auf die georgische Kirche, die in Georgien selbst zum Bollwerk des gegen den Westen und den Liberalismus gerichteten Denkens sowie zur Propagandistin der »orthodoxen Brüderlichkeit« mit Russland wurde. Mit anderen Worten: Je mehr sich die politischen Beziehungen zwischen den beiden Ländern verschlechterten, umso wichtiger wurde der vom Kreml geförderte »spirituelle Aspekt«. Einige Amtsträger der georgischen Kirche weigerten sich gar, die russische Invasion 2008 zu verurteilen – im September desselben Jahres konnte man im Vorwort einer offiziellen Zeitschrift des Patriarchats lesen, dass die von den Russen abgeworfenen Bomben eine göttliche Strafe für die georgischen Politiker seien, die das Land an den Westen annähern wollten.[4] Putin traf sich persönlich mit dem Patriarchen der georgischen orthodoxen Kirche Ilia II., wohingegen er den Präsidenten der Republik offenkundig ignorierte. Dieser Flirt mit dem Patriarchen trug Früchte, sprach dieser doch nun vom Herrscher im Kreml als »warmherzigem und weisem« Mann, der »die Situation in Georgien und die erneute Vereinigung des Landes überdenkt«.[5] Zudem hat das georgische Patriarchat, trotz des Krieges und der Unterbrechung der diplomatischen Beziehungen zu Russland, die Autokephalie des Patriarchats Kyiv nicht anerkannt, womit es der Position Moskaus folgt und nicht der des Ökumenischen Patriarchats von Konstantinopel.

Der Krieg vor dem Krieg: Russlands diplomatischer Druck auf Georgien

Es ist abwegig zu behaupten, die russisch-georgischen Beziehungen hätten sich erst nach der Rosenrevolution 2003 und dem von Tbilissi geäußerten Wunsch zum Beitritt in die NATO verschlechtert.[6] In Wirklichkeit waren sie von den ersten Monaten der Unabhängigkeit an schlecht und bei der Machtübernahme Putins bereits völlig zerstört, was eindeutig mit dem zweiten Tschetschenienkrieg (1999–2009) zusammenhängt. In diesem Kontext konnte die georgische Position in Hinblick auf den Konflikt nur noch mehr irritieren. Denn während des ersten Tschetschenienkriegs (1994–1996) war Georgien, das nach dem Bürgerkrieg mit voller Wucht die *pax russica* ertragen musste, noch gezwungen, seinen Luftraum für russische Flugzeuge zu öffnen, die den Grenzbereich zu Tschetschenien bombardierten. Im Jahr 2000 hingegen fühlte sich der georgische Präsident Eduard Schewardnadse stark genug, die eigenen nationalen Interessen in den Mittelpunkt zu stellen und dem Kreml weder Zugang zu seinem Staatsgebiet noch zu seinem Luftraum zu genehmigen. Was die Sache noch verschlimmerte: Zwischen den beiden Kriegen hatten Georgien und Itschkerien[7] herzliche Beziehungen aufgebaut und Divergenzen aus dem Weg geräumt, die vor allem durch die Teilnahme zahlreicher tschetschenischer Einheiten im Abchasienkrieg (1992/1993) aufseiten der Separatisten entstanden waren. Die erwähnte georgische Weigerung wurde in Moskau sehr schlecht aufgenommen, und es folgten sehr schnell verbale Angriffe und unfreundliche Militärmaßnahmen wie etwa die Verletzung des georgischen Luftraums und die Bombardierung des Grenzgebiets, der mehrere Menschen zum Opfer fielen.

Putin warf Georgien vor, Rückzugsbasen tschetschenischer »Terroristen« zu beherbergen und als Verbindungsweg internationaler Dschihadisten zu dienen, die sich Tschetschenien anschließen wollten. Das im Nordosten Georgiens gelegene Pankissi-Tal, in dem seit mehr als einhundert Jahren die Volksgruppe der Kisten siedelt – eine Vainachisch sprechende und den Tschetschenen nahestehende Ethnie –, rückte in den Mittelpunkt der Aufmerksamkeit und Anschuldigungen. Bei Ausbruch des zweiten Tschetschenienkriegs wurden im Tal ganz sicher tschetschenische Flüchtlinge aufgenommen, unter denen sich auch verwundete oder erschöpfte Kämpfer befunden haben dürften, doch insgesamt war die Situation weit von dem apokalyptischen Bild entfernt, das die russische Propaganda zeichnete. Diese suchte vor allem einen Vorwand, um die Intervention auf georgischem Territorium rechtfertigen zu können.

Die russische Agitation rund um Pankissi mündete in ein für den Kreml sicher nachteiliges Ergebnis. Putin hatte geplant, von der durch den »Glücksfall« der Attentate vom 11. September 2001 erzeugten Atmosphäre zu profitieren, die USA zu imitieren und tschetschenische »Terroristen« jenseits der russischen Staatsgrenzen zu verfolgen. Damit rückte Georgien ins Visier einer möglichen »militärischen Spezialoperation«. Die russische Propaganda bereitete dafür den Boden, indem sie von Rizin-Laboren und al-Qaida-Trainingslagern in Georgien berichtete. Allerdings erreichte sie damit das Gegenteil des Erwünschten. Washington gab kein grünes Licht für eine russische Intervention in Georgien, sondern legte aus Solidarität mit seinem kaukasischen Verbündeten für 64 Millionen Dollar das Georgia Train and Equip Program (GTEP) auf. Vorgesehen war, 150 bis 200 amerikanische Militärberater nach Georgien zu entsenden, um dessen Antiterroreinheiten auszubilden und auszurüsten. Das GTEP traf den Kreml unvorbereitet, und plötzlich steckte Moskau in seiner selbst gelegten Falle: Putin konnte nunmehr kaum sein Missfallen an dem offiziellen Plan äußern, da die Vereinigten

Staaten ja auf seine Bedenken bezüglich der Situation in Pankissi reagiert hatten, und zudem bekam er noch etwas, das er sich sicher niemals gewünscht hätte: eine amerikanische Militärpräsenz im Kaukasus – wenn auch nur zeitlich und örtlich beschränkt, aber doch zum ersten Mal überhaupt.

Um Tbilissi zu bestrafen, kündete Putin unilateral die Vereinbarungen zum freien Grenzübergang zwischen den beiden Ländern auf und führte für georgische Staatsbürger Visabestimmungen ein. Georgien war das einzige Land der Gemeinschaft Unabhängiger Staaten (GUS), dem eine solche diskriminierende Regulierung auferlegt wurde. Um die Medizin noch bitterer zu machen, gab Russland bekannt, dass die Bewohner der sezessionistischen Regionen Abchasien und Südossetien aus »humanitären Gründen« von dieser Regelung ausgenommen würden. Mit diesem Vorgehen stellte es die territoriale Integrität Georgiens infrage und machte einen Schritt in Richtung der zukünftigen Zerlegung des Landes. Zugleich beschleunigte Moskau die Verteilung russischer Pässe in Abchasien und Südossetien, sodass zu Beginn der 2000er-Jahre 90 Prozent der südossetischen Bevölkerung in von Separatisten kontrollierten Zonen lebten und 70 Prozent der abchasischen Einwohnerschaft bereits die russische Staatsbürgerschaft besaßen. Darüber hinaus hatte diese Zwangsmaßnahme zum Ziel, die sozialen Spannungen in Georgien zu steigern, da Putin und seine Entourage der offensichtlich falschen Überzeugung aufsaßen, dass die Emigration aus Georgien nach Russland und die Rücküberweisung von dann dort erzieltem Einkommen den wichtigsten Faktor der makroökonomischen Stabilität des Landes bildeten. Das Versiegen oder die Komplikation des Auswanderungsstroms nach Russland sollte eine soziale Unzufriedenheit in Georgien erzeugen, die die einheimische Regierung in die Knie hätte zwingen können. Allerdings wurden im Kreml die Anzahl der in Russland lebenden Georgierinnen und Georgier und ihr Einfluss auf die Wirtschaft des Landes erheblich überschätzt; und da die Emigration nach Russland damit genauso schwierig oder sogar schwieriger als die nach Europa geworden war, entschieden sich die Auswanderungswilligen dann doch lieber gleich für Letzteres. Schlimmer noch, viele der bereits von Georgien nach Russland Gekommenen brachen nun ebenfalls auf, um in Europa oder Nordamerika ein besseres Leben zu beginnen. Abgesehen von Abchasien und Südossetien entfremdete sich Georgien damit zusehends von Russland, seiner Sprache und Kultur, und die Anzahl der Studierenden, die sich an russischen Universitäten einschrieben, sank auf eine kaum messbare Zahl ab.

Der wahre Grund für Putins Unzufriedenheit und seine wachsende Verärgerung dürfte das allmähliche Abdriften Georgiens in den Anziehungsbereich des Westens gewesen sein. Ende der 1990er-Jahre war das Land bereits der größte Empfänger pro Kopf von staatlichen amerikanischen Hilfszahlungen. Außerdem entledigte es sich Schritt für Schritt der russischen Militärpräsenz. Ab 1998 wurden die russischen Grenz- und Küstenwachen abgezogen, und Tbilissi übernahm endlich den vollen Besitz seiner Land- und Seegrenzen, abgesehen von den Abschnitten in Abchasien und Südossetien. Und im April 1999 erreichte Georgien während eines OSZE-Gipfels in Istanbul im Rahmen der Übereinkunft zur Anpassung des »Vertrages über Konventionelle Streitkräfte in Europa« die Schließung russischer Militärbasen auf seinem Staatsgebiet. Der Beginn von Bauarbeiten zu den Öl- und Gaspipelines Baku–Tbilissi–Cehyan und Baku–Tbilissi–Erzurum nahm Moskau zusätzlich eine wichtige Möglichkeit, Einfluss auf die Energieexporte vom Kaspischen Meer auszuüben, und erklärt seine wachsende Unzufriedenheit.

Da für Putin der Untergang der UdSSR die schlimmste geopolitische Tragödie des 20. Jahrhunderts ist, galt in seinen Augen Schewardnadse, neben Gorbatschow und Jakowlew, als einer der Totengräber des Reichs und als einer jener Verräter, die vor allem bei der Wiedervereinigung Deutschlands eine Hauptrolle gespielt hatten.[8] Immer wieder wurde auf die unterschiedliche Haltung hingewiesen, die der russische Präsident einerseits Schewardnadse, andererseits dessen aserbaidschanischem Amtskollegen Heidar Alijew gegenüber einnahm. Letzterer nötigte Putin bedeutend mehr Respekt ab, und sei es nur, da auch dieser beim KGB Karriere gemacht hatte. Das erklärt zudem die sehr strengen und misstrauischen Worte Putins über Schewardnadse, als dieser im November 2003 friedlich zum Rücktritt gedrängt worden war. Die Ereignisse kommentierend, erklärte Putin: »Der Wechsel in der Führung der Republik ist die direkte Konsequenz aus der Reihe systematischer Fehler in der Außen-, Innen- und Wirtschaftspolitik, die ihre ehemaligen Führer begangen haben. [...] Die Außenpolitik von Herrn Schewardnadse ignorierte die historischen und kulturellen Verbindungen Georgiens und die offensichtlichen geopolitischen Realitäten. [...] Wirtschaftlich war Georgien tief in der Korruption verhaftet und daher gezwungen, auf erniedrigende Art und Weise das Ausland um Hilfe zu bitten. In den letzten Jahren haben mehr als eine Million Georgier das Land verlassen und sind auf der Suche nach Arbeit zum Großteil nach Russland gekommen. Die hier legal oder illegal arbeitenden Georgier schicken pro Jahr mehr als zwei Milliarden Dollar in ihr Land zurück, was mehr ist als die gesamte westliche Hilfe.«[9] In der postrevolutionären Euphorie schenkten die Georgier Putins kurz nach Schewardnadses Rücktritt geäußerten Worten wenig Aufmerksamkeit. Allerdings fassen die Bemerkungen treffend die Überzeugungen zusammen, die im Kreml in Hinblick auf Georgien herrschten.

Georgien nach der Rosenrevolution: eine zu zerstörende »Anomalie«

Gegen jede Erwartung führte die erste Auslandsreise des neuen Präsidenten Micheil Saakaschwili nach Russland. Das Treffen verlief nicht allzu schlecht, Putin begrüßte ihn mit nicht mehr als zwei oder drei Stunden Verspätung. Auch Georgien zeigte sich bemüht, etwa indem es trotz der Proteste einiger NGOs mehrere tschetschenische Kämpfer auswies. Im Gegenzug erhoffte sich Tbilissi die Abschwächung der russischen Position Abchasien gegenüber, doch diese Erwartung erfüllte sich nicht. Saakaschwili erinnerte sich, dass Putin ihn schon bei ihrem ersten Treffen einer Art Test unterzog, als er ihm klipp und klar zu verstehen gab, dass der Chef des georgischen Geheimdienstes »ihr Mann« sei und auf seinem Posten bleiben müsse.[10] Es war stets oberste Priorität der sowjetischen und später russischen Strategie, die

Machtstrukturen in den Nachbarländern unter Kontrolle zu behalten, und mit der Regierungszeit Putins erhielt die Kontrolle über die Geheimdienste der benachbarten Staaten noch eine zusätzliche Dimension: Hier verlief eine wichtige rote Linie. Sei es in der Ukraine, in Belarus oder in den zentralasiatischen Ländern, Moskau schenkte den offiziellen Erklärungen der Außenministerien wenig Beachtung, wichtig war vielmehr die konkrete Machtausübung über die Silowiki und die Geheimdienste, die, falls es nötig würde, zu den entscheidenden Faktoren werden konnten.

Es war vorhersehbar: Der Loyalitätstest konnte nicht positiv ausfallen bei einem Politiker, dessen ausdrückliches Ziel es war, mit den Relikten der Sowjetzeit in Georgien aufzuräumen und sich mit festen Schritten der Europäischen Union und der NATO anzunähern. So kam es, wie es kommen musste: Saakaschwili entließ den Chef des Geheimdienstes, und einige Wochen später, am 6. Mai 2004, floh Aslan Abaschidse, der wichtigste prorussische Politiker Georgiens und Präsident der Region Adscharien, nach Moskau. »Das ist das letzte Geschenk, das wir euch machen«, erklärte Igor Iwanow, Sekretär des Sicherheitsrates der Russischen Föderation, als er mit seinem Privatflugzeug kam, um Abaschidse und dessen Familie zu evakuieren.

So hatte Moskau im Sommer 2004 bereits begriffen, dass unter Saakaschwili die Entfremdung Georgiens vom russischen Einflussbereich ganz andere Ausmaße annehmen würde als unter seinem Vorgänger. Der Kampf gegen die Korruption, der Austausch hoher, zu Sowjetzeiten aufgestiegener Funktionäre durch den an europäischen und US-Universitäten ausgebildeten Nachwuchs, die Beseitigung der berühmten »Diebe im Gesetz« – eine kriminelle Elite mit engen Verbindungen nach Russland –, die Säuberungen in den Reihen der Silowiki und der Abgang der traditionellen georgischen, in Moskau so geschätzten Intelligenzija von ihrem Podest waren weitere interne Entwicklungen, die zeigten, wie ernst es Saakaschwili mit der politischen Emanzipation von der russischen Bevormundung war. Die Neuerung im Vergleich zu Schewardnadse, der ja ebenfalls gen Westen ausgerichtet war, ergab sich dadurch, dass diese Annäherung nicht taktischer Natur war: Es ging vielmehr darum, diesen Prozess auf stabile Grundlagen zu stellen, und dazu gehörten auch die gemeinsamen Werte.

Man begann, Georgien als »Anomalie« wahrzunehmen. Diese Formulierung stammt vom russischen Außenminister Sergej Lawrow, der sich in einem Interview mit dem Sender *Mir* explizit so ausdrückte.[11] Georgiens Reformen, zu denen die Bekämpfung der Korruption und der parallele Aufbau einer modernen, effizienten Verwaltung sowie eines demokratischen politischen Systems gehörten, erregten unter den Staaten der Region einige Aufmerksamkeit. Der Kreml nahm die Veränderungen als ungemein gefährlich wahr, da sie jenes Entwicklungsmodell infrage stellten, das von Putin als einzig mögliches im eurasischen Raum präsentiert wurde: »die Vertikale der Macht« – also der antidemokratische Autoritarismus, begleitet von seinem Pendant in der Außenpolitik, der »souveränen Demokratie«, die die Trennung von der westlichen Welt und die Angliederung an Moskau bedeutete. Tbilissi befand sich im Zentrum der Aufmerksamkeit aller liberalen und demokratischen Kräfte der Region, und die russische Opposition ließ sich in ihrem Programm von Georgien inspirieren.[12] Putin musste also dringend eingreifen, um diese Reformen zu diskreditieren und zum Scheitern zu bringen.

Die ersten gewaltsamen Zusammenstöße mit den russischen Interessen ereigneten sich im August 2004 in der Region Zchinwali, Südossetien. Sie brachen aus, nachdem die georgische Regierung entschieden hatte, Schmuggelwege aus und nach Russland zu schließen. Damit wurde die wichtigste Einkommensquelle der von Russland unterstützten südossetischen Separatisten getroffen, schließlich kamen 70 Prozent der aus Russland nach Georgien eingeführten Güter durch das südossetische Gebiet und entgingen somit jeglicher Besteuerung. Das schmälerte zugleich den offiziellen Staatshaushalt. Die Kämpfe zwischen durch russische »Friedenstruppen« unterstützte südossetische Milizen einerseits und der georgischen Polizei und Armee andererseits dauerten vom 10. bis zum 19. August 2004. Diese schwersten Auseinandersetzungen seit Beginn der 1990er-Jahre forderten rund 30 Menschenleben. Eine neue, von den Beteiligten unterzeichnete Waffenstillstandsvereinbarung brachte vorläufig Frieden, doch die Situation in der Region blieb weiter angespannt.

Die Destabilisierung der Grenzregion sollte nicht das einzige Mittel zur Bestrafung Georgiens bleiben. Im März 2006 kam es zu einem russischen Embargo auf georgische Landwirtschaftsprodukte, vor allem auf Wein. Der weitestgehend fadenscheinige Vorwand: Die Pflanzenschutzbestimmungen seien nicht eingehalten worden. Für den Sektor und die gesamte Region war dies ein harter Schlag, war seit Sowjetzeiten der russische Markt doch der wichtigste Absatzmarkt für die georgische Landwirtschaft. Erst nach zwei schwierigen Jahren und dem Rückgang der Produktion eroberte das Land alternative Märkte, die es über die Verbesserung der Qualität seiner Produkte erreichen konnte.

Im Januar 2006 kappte Russland die Gaslieferung nach Georgien, und nur durch die Verdopplung der Einfuhr aus Aserbaidschan kam das Land durch den Winter. Im Herbst 2006 organisierten russische Behörden dann eine Kampagne zur massiven Ausweisung georgischer Staatsbürger. In einigen russischen Städten wurden wahre Razzien durchgeführt, die mit der Verschleppung mehrerer Tausend Georgierinnen und Georgier endeten, darunter auch solcher, deren Papiere in Ordnung waren. Die Rückführungen fanden unter entwürdigenden Umständen statt, etwa mithilfe von Frachtflugzeugen. Diese Menschenjagd, die an die Massenverhaftungen von Jüdinnen und Juden während des Zweiten Weltkriegs erinnerte, verriet Putins persönliche Rachegelüste und war eine Antwort auf die medial sehr ausgebreitete Verhaftung von vier russischen Spionen in Georgien und deren Ausweisung nach Russland. In den Augen des ehemaligen KGB-Agenten war das über russische Spione hereingebrochene Unheil stets die schlimmste Form von Demütigung. Da Menschenrechtsorganisationen mehrere Fälle von Misshandlungen und Todesfällen aufgedeckt hatten, verurteilte der Europäische Menschenrechtsgerichtshof Russland 2014 und gab ihm zwölf Monate Zeit, sich mit Georgien über die genauen Modalitäten einer Wiedergutmachung für den georgischen Staatsbürgern zugefügten Schaden zu einigen. Freilich gelang es Russland weder über die wirtschaftlichen und energiepolitischen Erpressungsversuche noch durch die Maßnahmen gegen Auswanderer, die georgische Entschlossenheit zur politischen Emanzipation vom Kreml zu brechen. Allerdings ließ dies einen Krieg leider immer unausweichlicher werden.

Der Fünftagekrieg: Ende eines langen Prozesses

Die in der Konfliktzone stationierten russischen »Friedenstruppen«, die niemals neutral waren, lancierten einen Nervenkrieg gegen Georgien. So organisierten sie ab 2005 gemeinsame Militärmanöver mit den Separatistenmilizen. Die Kollision der übereinstimmenden Interessen der Russen und der Sezessionisten erreichte ihren Höhepunkt mit der Nominierung von Karrieresoldaten und russischen FSB-Kadern für südossetische »Regierungsposten«. Sie alle kamen aus der Russischen Föderation und hatten zuvor nie in der Region gelebt: der südossetische Premierminister Juri Morosow, der über russische Privatbanken Wirtschafts- und Finanzhilfen für Südossetien anwerben sollte; der Präsident des Sicherheitsrats Anatoli Barankewitsch, ein Oberst der russischen Armee und bezahlt vom Verteidigungsministerium der Russischen Föderation; Verteidigungsminister Wassili Lunew, ehemaliger Militärkommissar des zentralrussischen Oblast Perm und stellvertretender Kommandant der russischen Truppen in Sibirien; Innenminister Michail Mindzajew, ehemaliger Chef der Spezialeinheit der nordossetischen Polizei; Minister für Staatssicherheit Boris Atojew, ehemaliger stellvertretender Chef des russischen FSB in Kabardino-Balkarien. Unter anderem durch die Errichtung einer mit Russland verknüpften Infrastruktur (Straßen, Pipelines) bemühte sich der Kreml um eine schleichende Annexion der Region. Ab 2004/2005 wurde die russische Verstrickung derart offensichtlich, dass der rein lokale Faktor in den Hintergrund rückte. So reiste etwa der »Präsident Südossetiens« Eduard Kokoity zweimal pro Monat nach Moskau – nach offiziellen Angaben für »Konsultationen« mit der russischen Regierung.

Bereits 2004 begannen die russischen Truppen mit dem Aufbau einer Militärbasis in Djawa, einem Dörfchen rund 20 Kilometer nördlich von Zchinwali, womit sie gegen alle von den Beteiligten unterzeichneten Abkommen verstießen. Das südossetische »Militär« beging auf Anweisung von Barankewitsch hin mehrere Sabotageakte gegen strategische Ziele (Dämme und Hochspannungsleitungen), die sich auf von georgischen Behörden kontrolliertem Gebiet befanden. Die russischen »Friedenstruppen« bildeten den Deckmantel für die Machenschaften der Ablenkungsgruppen des russischen Militärgeheimdienstes GRU, dessen Offiziere Attentate und anderen Sabotageakte auf ossetischem Gebiet planten. In diesem Zusammenhang verhafteten georgische Ermittler im Oktober 2006 den GRU-Offizier Anatoli Sysojew: Er hatte 2004 einen Anschlag auf ein Polizeigebäude in Gori organisiert, bei dem mehrere Menschen ums Leben gekommen waren.

Im November 2006 ließ Russland in Südossetien ein Referendum zur Frage der Unabhängigkeit abhalten, das mit mehr als 99 Prozent der Stimmen angenommen wurde. Obgleich die internationale Staatengemeinschaft die Abstimmung für null und nichtig erklärte, entsandte Russland anschließend seine »Beobachter« vor Ort, und der Präsident der Staatsduma begrüßte das Ergebnis. Das Referendum und die mediale Berichterstattung darüber wurden vollständig von der Russischen Föderation übernommen, die in Zchinwali zudem ein internationales Pressezentrum eröffnete, um dem Ereignis mehr Bedeutung zu verleihen. Dieses Propagandawerkzeug wurde vom stellvertretenden Leiter der offiziellen Direktion für interregionale Beziehungen der Präsidialverwaltung der Russischen Föderation geleitet. Von russischen Offizieren gesteuert und über Gebühr militärisch aufgerüstet, entwickelte sich Südossetien im Laufe der Jahre zu einem der wichtigsten Hebel des Kremls, um die Regierung von Saakaschwili zu destabilisieren und eine Annäherung Georgiens an die NATO zu verhindern. Zu diesem Ziel setzte Russland zudem auf das »Auftauen« der Konflikte in Abchasien und Südossetien.

Die offizielle Militärinvasion begann am 7. August 2008, nachdem es zuvor eine Woche lang zu immer heftigeren Auseinandersetzungen zwischen Separatistenmilizen und georgischen Truppen gekommen war. Vergleichbar mit den Vorgängen im Februar 2022 rund um die Ukraine, hatte Russland seit Juli 2008 unter dem Vorwand eines Manövers mehrere Zehntausend Soldaten an die Nordgrenze Georgiens verlegt. Die Übungen sollten eigentlich bis Ende des Monats dauern, wurden jedoch verlängert, und die Einheiten kehrten nie wieder in ihre angestammten Kasernen zurück. Zur gleichen Zeit wurden Schiffe der Schwarzmeerflotte vor der Krim mit Kriegsmaterial beladen. Dann erklärte der südossetische Separatistenchef Kokoity, dass »die bewaffneten Kräfte der Republik Südossetien bereitstehen, die Gesamtheit ihres Territoriums zu befreien, genau wie das historische Ossetien«. Parallel dazu ordnete die sezessionistische »Regierung« die Evakuierung der Zivilbevölkerung nach Russland an – was von Dutzenden russischen Fernsehkameras live übertragen wurde, hatte man sie zur Berichterstattung doch extra nach Zchinwali beordert.

In der Woche vor dem Angriff strömten verschiedene bewaffnete Gruppen, als »Freiwillige« getarnt, nach Südossetien. Am 7. August waren dies bereits reguläre Kolonnen der russischen 58. Armee, doch Russland erkannte erst am 8. August an, dass es sich mit Georgien im Krieg befand, nachdem es in den Reihen seiner »Friedenstruppen« erste Tote gegeben hatte und die georgische Armee auf Zchinwali vorrückte. Wie in der Ukraine 2014 und 2022 weigerte sich der Kreml, für das, was sich in Georgien ereignete, das Wort »Krieg« zu verwenden; der für den zu diesem Zeitpunkt »nur« als Ministerpräsident amtierenden Putin den Präsidentensessel warm haltende Medwedew sprach lieber von »einer Operation, um die georgische Seite zu zwingen, einem Frieden (zuzustimmen)«.[13]

Was aus dem Georgienkrieg nicht gelernt wurde

Die unter Schirmherrschaft des französischen Staatspräsidenten Nicolas Sarkozy, der im zweiten Halbjahr 2008 zugleich EU-Ratspräsident war, international ausgehandelte Vereinbarung über einen Waffenstillstand wurde am 15. (Georgien) und 16. (Russland) August unterzeichnet. Der sechs Punkte umfassende Plan sah eine sofortige Waffenruhe vor, den Rückzug der Truppen in die Stellungen vor dem 8. August, freien Zugang für humanitäre Hilfe, die Heimkehr der Flüchtlinge und Vertriebenen, die Schaffung eines internationalen Verhandlungsforums, das die Sicherheit und Stabilität in Südossetien und Abchasien gewährleisten sollte, sowie die Entsendung einer Beobachtermission durch die Europäische Union (European Monitoring Mission, EUMM).

Durch den Vormarsch der russischen Truppen auf Tbilissi in die Enge getrieben, besaß Georgien bei den Verhandlungen keinen großen Spielraum. Es wollte einen zusätzlichen Punkt in die Vereinbarung aufnehmen, mit dem die territoriale Integrität Georgiens gesichert worden wäre, was Russland jedoch verweigerte, da es seinen militärischen Sieg auf dem Schlachtfeld in einen diplomatischen Sieg am Verhandlungstisch verwandeln wollte. Moskau wiederum wünschte eine mehrdeutige Formulierung des Paragrafen über die Zukunft Südossetiens und Abchasiens, um ihn in Hinblick auf eine spätere eventuelle Annexion oder Anerkennung der Unabhängigkeit dieser Regionen nach Belieben interpretieren zu können. Wie der Ukraine nach dem Abkommen Minsk II im Februar 2015 und in den ersten Monaten nach der Invasion 2022 rieten die westlichen Partner auch Georgien, angesichts der russischen Kampfkraft kompromissbereit zu sein und eine Verständigung zu akzeptieren, sei sie auch noch so nachteilig. Und Georgien fügte sich.

Doch kaum war die Tinte unter der Übereinkunft getrocknet, setzte Moskau unbeirrt seine eigenen Pläne fort. Im Jahr 2022 sind fünf der sechs vereinbarten Punkte von Russland noch immer nicht umgesetzt worden. Nur die aktive Phase der Kämpfe wurde beendet. Die georgischen Flüchtlinge und Vertriebenen durften noch nicht nach Hause zurückkehren, und Kokoity forderte – und rechtfertigte – öffentlich die völlige Zerstörung georgischer Dörfer. Die Beobachtermission der EU darf kein unter russischer Kontrolle stehendes Gebiet inspizieren, was im Grunde ganz Südossetien und Abchasien umfasst. Die EUMM hat damit nur Zugang zu den von Georgien verwalteten Zonen. Und wie man auf georgischer Seite befürchtet hatte, wartete Russland nicht die internationalen Verhandlungen ab, sondern erkannte zwei Wochen nach der Unterzeichnung des Abkommens unilateral die Unabhängigkeit Abchasiens und Südossetiens an. Wenn sich zu diesem Zeitpunkt noch die Option »Unabhängigkeit« gegen die Option »Annexion« durchsetzte, wie sie 2014 dann die Krim ereilte, geschah dies nur auf Wunsch Putins, der der Anerkennung des Kosovo durch den Westen etwas entgegensetzen wollte. Auch wenn er damals zwischenzeitlich Ministerpräsident war und Medwedew das Amt des Präsidenten innehatte, sind doch alle an den Verhandlungen Beteiligten unisono der Ansicht, dass Putin die Zügel in der Hand hielt und Medwedew zum schmückenden Beiwerk degradiert hatte. Mehrere Diplomaten bestätigten, dass an Präsident Medwedew gerichtete Telefonate systematisch von Putin beantwortet wurden. Dieser war sehr heftig, was den georgischen Präsidenten betraf, was so weit ging, dass er Sarkozy in einem Gespräch sogar drohte, »Saakaschwili an den Eiern aufzuhängen«.[14] Und schließlich weigerte sich Russland auch, seine Truppen in die Stellungen vom 8. August 2008 zurückzuziehen. Im Gegenteil: Unter Missachtung der Vereinbarungen errichtete Moskau neue Militärbasen in den zwei Provinzen.

Wie reagierten westliche Regierungen auf den Einmarsch in Georgien und die Nichtbeachtung des vom Kreml unterzeichneten Abkommens? Abgesehen von mündlich ausgesprochenen Verurteilungen und dem nur zeitweiligen Ausschluss von Dialogplattformen zwischen Russland und dem Westen – wie etwa dem NATO-Russland-Rat oder der Parlamentarischen Versammlung des Europarates –, musste Russland für seine wiederholte unverhohlene Verletzung des Völkerrechts nicht büßen. Die Europäische Union konnte unter ihren Mitgliedern nicht den erforderlichen Konsens erreichen, um Wirtschaftssanktionen zu verhängen; die baltischen Staaten und Polen konnten sich gegen das Gewicht Deutschlands und Frankreichs nicht durchsetzen. Noch enttäuschender war womöglich, dass sich die Vereinigten Staaten, ansonsten recht standhaft gegenüber dem Kreml, ebenfalls zurückhielten. Wenige Monate nach der Invasion schlug die Obama-Regierung ein »Reset« und einen politischen Neustart mit Putin vor.[15] 2012 versprach Obama Medwedew bei einem

Gipfeltreffen in Seoul, er werde nach seiner Wiederwahl ins Präsidentenamt über »mehr Flexibilität« verfügen. Obwohl Medwedew zu diesem Zeitpunkt noch offiziell Staatspräsident von Russland war, sagte er zu, »diese Nachricht an Wladimir weiterzugeben«.[16]

In der Europäischen Union wiederum gab es Stimmen, die nicht die Begriffe »russische Besetzung« oder »ethnische Säuberung« verwendeten, sondern lieber von »abtrünnigen Regionen« und »einer sicheren und würdigen Rückkehr aller Binnenvertriebenen und Flüchtlinge« sprachen.[17] 2011 legten die Vereinigten Staaten und die EU all ihr Gewicht in die Waagschale, um die georgische Regierung zu zwingen, ihr Veto gegen die Aufnahme Russlands in die Welthandelsorganisation (WTO) zurückzuziehen. Georgien, das bereits Mitglied der WTO war, wollte durch die Blockade auf Russlands Verstoß gegen eine der grundlegenden Regeln des zwischenstaatlichen Handels aufmerksam machen: die Achtung der Einmaligkeit des auf einen souveränen Staat angewandten Handelsregimes. Von Wirtschaftskreisen beeinflusst, erhofften sich die Regierungen Europas und der USA von einer Mitgliedschaft Russlands in der WTO zweierlei: Zum einen könnte der Handel einen wichtigen Impuls erhalten, wodurch Moskau gezwungen wäre, die allgemeinen Regeln zu akzeptieren, und zum anderen bestand die Hoffnung, dass der Kreml Abstand nehmen würde von der missbräuchlichen Anwendung von Zwangsmaßnahmen, die den Freihandel behinderten. Georgien knickte unter dem Druck aus Brüssel und Washington ein, während Moskau wie bisher auch schon die internationalen Regeln weiter missachtete.

Der von den demokratischen Ländern stets aufs Neue gewählte Weg der Beschwichtigung und des Beschönigens führte nicht zur Entwicklung einer echten Partnerschaft mit Russland. In seiner Beziehung zum Westen, die er insgesamt als Konfrontation mit diesem versteht, vertritt der Kreml die Meinung, dass jede Konzession, jedes Gesprächsangebot ein Eingeständnis von Schwäche und eine Gelegenheit zur Offensive ist. »Und die Schwachen schlägt man« – die Worte des russischen Präsidenten am Abend des Blutbads nach dem Geiseldrama von Beslan im September

2004 gaben den Ton vor. Zwischen dem Georgienkrieg 2008 und der zweiten Invasion der Ukraine 2022 ist Russland, von der Dekadenz und Schwäche des Westens überzeugt und jede ausgestreckte Hand ausschlagend, zur weltweit wichtigsten antiwestlichen Kraft geworden. Außerdem begab sich das Putin-Regime wie jede Diktatur, um nach innen die eigene Macht zu sichern, auf die Suche nach äußeren Feinden und wies diese Rolle dem Westen zu, womit jegliche Annäherung unwahrscheinlich wird. Trotzdem hingen viele politischen Führer, von Bush bis Macron, von Merkel bis Obama, der fast blinden Überzeugung an, man könne mit jenem Mann zu einer Übereinkunft kommen, der die internationalen Beziehungen als Nullsummenspiel und als Abfolge von »Spezialoperationen« versteht. Anstatt eine friedliche Koexistenz zu gewährleisten, führte die westliche Appeasement-Politik zu einem kampfbereiten Russland, das inzwischen Kriege in der Ukraine, in Syrien und Afrika führt, eine Diplomatie der Zwangsmaßnahmen pflegt und gegen ebendiese westlichen Länder einen hybriden Krieg begonnen hat.

9

Mentale Militarisierung und Vorbereitung auf Krieg

Galia Ackerman

Über die russische Militärreform vom Oktober 2008, die wegen der Schwierigkeiten erfolgte, die die russische Armee gegenüber der zwar kleinen, aber besser ausgebildeten und besser ausgerüsteten georgischen Armee bekundet hatte, ist viel geschrieben worden,[1] ebenso über die Entwicklung hochraffinierter Weltuntergangswaffen durch Russland, die bisher zum Glück nicht in Serie produziert werden.[2] Doch weder eine professionalisierte Armee noch ultramoderne Waffen führen zum Sieg, wenn die öffentliche Meinung einen Krieg nicht gutheißt. Nachdem der Zweite Weltkrieg in der Sowjetunion 27 Millionen Angehörige der Streitkräfte und der Zivilbevölkerung das Leben gekostet hatte, lautete der Tenor: »Wir sind bereit, alles zu ertragen, wenn es nur keinen Krieg mehr gibt.« Tatsächlich führte die UdSSR nach 1945 nie mehr direkt Krieg, abgesehen von den Stellvertreterkriegen (Korea, Vietnam usw.) und »Normalisierungsoperationen« (Ostberlin 1953, Ungarn 1956, Tschechoslowakei 1968) und außer von 1979 bis 1989 in Afghanistan, als Breschnew ein »sozialistisches« Regime militärisch unterstützte, das von »marxismusfreundlichen« Afghanen wie Nur Muhammad Taraki, Hafizullah Amin oder Babrak Karmal, um einige der bekanntesten zu nennen, aufgebaut worden war.[3] Michail Gorbatschows Entscheidung, die sowjetische Armee aus der afghanischen Notlage zurückzuziehen, beruhte auf einer simplen Erkenntnis: In feindlicher Umgebung und ohne Unterstützung durch die öffentliche Meinung im eigenen Land lässt sich kein Krieg gewinnen. Zwar propagierten die sowjetischen Medien das »Heldentum«

der sowjetischen Soldaten, die »ihre internationale Pflicht erfüllten«, doch mit der Einführung der Glasnost kam ans Licht, was man in der Bevölkerung über diesen Krieg wirklich dachte. Davon zeugt beispielsweise das Buch *Zinkjungen. Afghanistan und die Folgen*[4] der späteren Nobelpreisträgerin Swetlana Alexijewitsch, in dem die Autorin Mütter, Ehefrauen und Soldaten zu Wort kommen lässt, für die dieser Krieg nicht nur schrecklich, sondern auch unbegreiflich war. Das 1989 in der UdSSR veröffentlichte Buch löste kontroverse Reaktionen aus, manche Befragte verglichen das Verhalten der sowjetischen Soldaten mit jenem der deutschen Nazis.

Bevor Putin sich an die Rückeroberung des Imperiums machen konnte, von der er bestimmt seit seinem ersten Tag an der Macht träumte und für die er mit dem russisch-georgischen Krieg den Grundstein legte, musste er die Mentalität der russischen Bevölkerung radikal verändern und insbesondere die junge Generation auf Höchstleistungen und Opfer für das Vaterland einstimmen. Nach dem Intermezzo Medwedews (2008–2012), dessen Macht weitgehend fiktiv war, kehrte Putin offiziell ins Präsidentenamt zurück und traf verschiedene Maßnahmen zur mentalen Militarisierung der Bevölkerung. Zu den ersten gehörte die Gründung per Dekret der Russischen Gesellschaft für Militärgeschichte bereits kurz nach seinem Amtsantritt im Mai 2012, der durch die beispiellose Niederschlagung einer Demonstration der Opposition auf dem Moskauer Bolotnaja-Platz symbolisiert wird. Vorsitzender dieser staatlich finanzierten Organisation wurde der damalige Kulturminister Wladimir Medinski, der für seinen flammenden »Patriotismus« bekannt ist.[5]

Die Ziele dieser Gesellschaft? »Die staatlichen und gesellschaftlichen Kräfte stärken, um die Militärgeschichte Russlands besser zu erforschen, Versuchen der Verzerrung entgegenwirken, Patriotismus pflegen, das Ansehen des Militärdienstes heben und das militärhistorische Erbe bewahren.« Putin formulierte es so: »Wir müssen alles dafür tun, dass die heutigen Kinder und überhaupt alle unsere Bürger stolz darauf sind, Nachfahren, Enkel und Urenkel von Siegern zu sein, alle sollen die Helden ihres Landes und ihrer Familie kennen und verstehen, dass das zu unserem Leben gehört.« Die Gesellschaft wurde von Anfang an unter die wachsame Aufsicht einiger »Falken« gestellt, namentlich des Verteidigungsministers Sergej Schoigu. Sie eröffnete Zweigstellen in allen russischen Regionen und begann in Zusammenarbeit mit dem Verteidigungs- und dem Kulturministerium, militärhistorische Ferienlager für Jugendliche zu organisieren, Expeditionen zur Suche nach den sterblichen Überresten gefallener Soldaten durchzuführen, den Helden der verschiedenen russischen Kriege Denkmäler aufzustellen und unter dem Namen »Wege zum Sieg« kostenlose Ausflüge zu Schauplätzen von Schlachten anzubieten. Nicht zuletzt organisierte sie auch grandiose Schlachtnachstellungen.

Ein Beispiel dafür ist etwa die Nachstellung des Frontdurchbruchs am Mius vom August 1943, dem zwei Jahre erbitterter Kämpfe vorausgegangen waren. Manche Historiker schreiben dieser Schlacht eine ähnliche Bedeutung zu wie jener von Kursk. Die Front bestand aus drei befestigten, durch Minenfelder voneinander getrennten deutschen Verteidigungslinien, die sich im Donbass auf einer Länge von etwa 100 Kilometern den Fluss Mius entlangzogen. Die Geschichte dieser Schlachten wurde jahrzehntelang schweigend übergangen, weil die Verluste so hoch gewesen waren – innerhalb von zwei Jahren starben 830 000 sowjetische Soldaten gegenüber knapp 120 000 deutschen – und weil die Kämpfe sich so lange hingezogen hatten. Mius war eine Hölle, Überlebenden zufolge ein »kleines Stalingrad«. Über die Nachstellung vom August 2018 wurde im Ersten Kanal des russischen Fernsehens mit folgenden Worten berichtet: »Kampffahrzeuge, Panzer, uniformierte Kämpfer und natürlich Pyrotechnik. […] Die Dutzenden Mitglieder militärpatriotischer Vereine fühlten sich wie auf einem echten Schlachtfeld. […] Sie haben in die Vorbereitungen für diese Nachstellung viel Zeit investiert. Schützengräben wurden ausgehoben, Unterstände und Bunker gebaut, Stacheldrahtverhaue gezogen und so weiter, damit das Publikum sehen konnte, wie die großartigen deutschen Befestigungsanlagen an der Mius-Front ausgesehen hatten. […] Von dort aus wollte Hitler eine Offensive gegen den Kaukasus starten. Die Wehrmacht besetzte die Anhöhen, die Soldaten der Roten

Armee rückten in der Ebene vor, in der Schusslinie. Es gelang ihnen erst beim dritten Versuch, diese Anhöhen einzunehmen.«

Warum organisiert man eine so grandiose, kostspielige Nachstellung? Damit ein paar Hundert junge Leute »wissen und die Erinnerung bewahren«, wie die Instrukteure behaupten? Es gibt gute Gründe für die Annahme, dass man sich aus anderen Gründen für diese Schlacht entschied. Der Mius durchfließt die Regionen Donezk und Luhansk, die zu einem großen Teil von prorussischen Separatisten besetzt sind. Das Nachspielen des Kampfes gegen die deutschen Faschisten war also wahrscheinlich gleichsam eine Nachbildung des Kampfes der Separatisten gegen die ukrainischen »Faschisten«. Zweifellos besteht das wichtigste Anliegen der Übungen der russischen Gesellschaft für Militärgeschichte genau darin: Den jungen und weniger jungen Leuten soll künftiger Krieg schmackhaft gemacht werden, und sie sollen wissen, wer der Feind ist.

Ein weiteres Beispiel für die dunklen Machenschaften der Gesellschaft für Militärgeschichte waren die Ausgrabungen im karelischen Sandarmoch, wo das NKWD in der Zeit des Großen Terrors 1937/1938 Massenhinrichtungen vornahm, unter anderem an den führenden Vertretern der ukrainischen Intelligenzija. Der Historiker Juri Dmitrijew von der 2022 mit dem Friedensnobelpreis ausgezeichneten Organisation Memorial, der mehrere Massengräber entdeckte, Ereignisse rekonstruierte und Tausende Namen von Erschossenen ermittelte, wurde zu 15 Jahren Gefängnis verurteilt. Der Vorwand war so fadenscheinig wie absurd:[6] Die Mitglieder der Gesellschaft durften nicht daran gehindert werden, 2018/2019 weitere Ausgrabungen vorzunehmen und Grabstätten zu »entdecken«, damit sie »beweisen« konnten, dass es sich nicht um in der Zeit des Großen Terrors gefallene sowjetische Opfer handelte, sondern um sowjetische Kriegsgefangene, die während des Finnlandkriegs 1939/1940 von den Finnen exekutiert worden waren. Der Fall wird oft als zweite Katyn-Lüge bezeichnet![7]

Die russische Gesellschaft für Militärgeschichte ist bei Weitem nicht die einzige Institution, die die jungen Generationen rekrutieren soll. Ein Präsidialdekret vom Oktober 2015 führte zur Gründung einer weiteren militärpatriotischen Organisation, der *Junarmija,* wörtlich »Jugendarmee«, deren Abteilungen militärischen Einheiten angegliedert sind – Militärschulen und -akademien, der Luftwaffe, der Marine und den Sportclubs der Streitkräfte. Die Konfektion der Uniformen, Abzeichen, Symbole und Baretts der Junarmija-Mitglieder wurde von der Regierung finanziert. Im Emblem und der Flagge sind das Rot und der fünfzackige Stern des Sowjetkommunismus und ein stilisierter Adler vereint, der an den doppelköpfigen Adler sowohl des zaristischen als auch des postkommunistischen Russlands erinnert. Wie so oft im Russland Putins stellt diese postmoderne Flagge in undifferenziertem Patriotismus die zaristische und sowjetische Vergangenheit auf ein und dieselbe Stufe. Wenige Monate nach ihrer Gründung war die Junarmija schon operativ tätig, ihrem Schöpfer Sergej Schoigu zufolge mit dem Ziel, die junge Generation zu Patrioten zu erziehen, die ihr Vaterland mit der Waffe in der Hand zu verteidigen wissen. Mittlerweile zählt die Junarmija bereits eine Million Mitglieder ab acht Jahren. Sie lernen nicht nur den Umgang mit Waffen und dürfen mit Kalaschnikows schießen, sondern erfahren, wie sich Krieg wirklich anfühlt. Bei der ersten großen Zusammenkunft von Junarmija-Vertretern, die im Mai 2016 aus ganz Russland nach Moskau kamen, versprach Schoigu Folgendes: »Ihr werdet an allen unseren Aktionen teilnehmen dürfen. Ihr werdet in Flugzeugen fliegen und mit Fallschirmen springen, auf unseren Kriegsschiffen und in unseren U-Booten fahren, […] mit allem schießen, was schießt, außer mit Raketen. Ihr werdet alle unsere Kampffahrzeuge betreten können.«[8]

»Spaßverderber« vergleichen die Junarmija mit der Hitlerjugend. Anders als bei dieser ist die Mitgliedschaft in der Junarmija freiwillig, was ein enormer Unterschied ist. Nichtsdestoweniger sind die Ähnlichkeiten frappierend. In beiden Fällen handelt es sich um ein Projekt der Militarisierung und mentalen Rekrutierung junger Leute, wie auch die Hymne der Junarmija zeigt:

Schulter an Schulter marschieren die russischen Truppen,
Krieg ist kein einfacher Weg,
aber wir werden Russland treu dienen.
In unerschrockenen Angriffen haben wir die russische Flagge
und unsere heimatlichen Häuser und Lieder gerettet.
Kommt Ungemach, dann stellen wir uns schützend
vor die Heimat, mein Freund.[9]

Wie beim »Unsterblichen Regiment«, von dem noch die Rede sein wird, verschmelzen in dieser Hymne Vergangenheit und Gegenwart. Das »Wir« bezieht sich sowohl auf die sowjetischen Soldaten, die die russische Flagge, die heimatlichen Häuser und die Lieder erfolgreich verteidigt haben, als auch auf die Mitglieder der Junarmija, die bereit sind, die Heldentaten ihrer Vorfahren zu wiederholen und das auch mit dem Leben zu bezahlen. In Nazideutschland fruchtete die Indoktrination: Die Hitlerjugend hielt die hinterste Verteidigungslinie des Reichs und opferte sich bis zum letzten Kriegstag für die Heimat und den Führer. Wie alle Kindersoldaten kannten sie keine Furcht …

Seit mehreren Jahren wird die Bevölkerung in Russland überall auf Krieg eingestimmt, insbesondere seit der Annexion der Krim, da Putin seine Kriegsbeute von 2014 um jeden Preis behalten will.[10] Das Schulfach »Militärische Grundausbildung«, das sowohl theoretischen als auch praktischen Unterricht umfasst, ist zwar nicht obligatorisch, wird aber an zahlreichen Schulen unterrichtet. Seit 2015 haben außerdem viele Schulen Kadettenklassen eingerichtet, die nur gute Schülerinnen und Schüler aufnehmen: Nach dem Unterricht lernen sie Militärgeschichte und die Grundlagen der militärischen Ausbildung, namentlich Schießen, Kampftechniken und so weiter. Diese Kinder erhalten später erleichterten Zugang zu militärischen Hochschulen. Praktiken dieser Art sind nicht neu, sie kennzeichnen eine Art groß angelegte Rückkehr zu sowjetischen Traditionen. So unterzeichnete Putin im März 2014 ein Dekret, das den Status und die Praxis des GTO wiedereinführte, eine sowjetische Tradition, deren Namen er beibehielt. Die Abkürzung steht im Russischen für »Bereit für Arbeit und Verteidigung!«. Es handelt sich um ein Programm von Wettkämpfen in mehreren Sportarten, darunter auch Schießen. Im Jahr 2016 beteiligten sich Schüler aller Schulen und Bildungseinrichtungen des Landes daran, seit 2017 dürfen alle Sechs- bis Siebzigjährigen teilnehmen. Formell sind diese Wettkämpfe freiwillig, aber in der Praxis werden die jungen Leute – es sind auch Studierende dabei – oft dazu gezwungen. Im Grunde handelt es sich um eine Form von Fitnessaktivitäten, die der Integration in die Armee förderlich sind.

Die Rekrutierung von Kindern beginnt in Wirklichkeit noch früher. So sind im Handel beispielsweise Malbücher für Ein- bis Dreijährige erhältlich, in denen verschiedene militärische Berufe, Panzer und Kriegsschiffe dargestellt sind. Mit drei geht es weiter mit einem großen Malbuch für Jungen, das den Titel *Technische Kampfmittel* trägt. Wie auf dem Umschlag der vierten Auflage steht, lenkt das Buch »die Aufmerksamkeit der Kinder auf die neuesten Modelle von Panzern, Gefechtsfahrzeugen und Raketenwerfern. Das schwere Gerät, das unsere Militäringenieure entwickelt haben, ist unser Stolz und begründet die Stärke und die Macht unserer Armee. Mit solchen Waffen ausgerüstet, brauchen wir keinen Feind zu fürchten.«[11] Es gibt auch Malbücher über bestimmte Spezialtruppen wie die Speznas.[12] Diese Bücher sind aber nichts im Vergleich zur Flut an Romanen, Novellen, Gedichten, Sachbüchern und Comics über den Zweiten Weltkrieg und die russische Armee. Ein Teil davon sind neu aufgelegte Werke aus sowjetischen Zeiten. Der Unterschied zwischen »sowjetisch« und »russisch« scheint umso unwichtiger zu werden, je mehr Zeit vergeht. Und damit die Kinder sich in dieser militarisierten Welt wohlfühlen, schenkt man ihnen am besten Uniformen. Sie sind unverzichtbar für die Feiern zum 23. Februar oder 9. Mai. Diese Aufmachung, die in der Regel aus einer Bluse, einem Gürtel mit sterngeschmückter Schnalle, einer Hose beziehungsweise einem gerade geschnittenen Rock sowie einer Feldmütze und Kunstlederstiefeln besteht, soll das Bild früherer Soldaten und Offiziere wachrufen und die Kinder an ihre Großväter und Urgroßväter erinnern, die in der Armee gedient und das »sozialistische« Vaterland verteidigt haben. All diese Dinge sind in zahlreichen Onlineshops erhältlich.[13] Ein Shop für Partyartikel regt an, Kinderpartys zum Thema Militär zu veranstalten, und bietet zu diesem Zweck Uniformen, Spielzeugwaffen und Süßigkeiten in Handgranatenform an.[14]

Gern wird mit den Kindern auch einer der neu geschaffenen militärpatriotischen Vergnügungsparks besucht, um die viel Tamtam gemacht wird. Der größte davon, der »Militärisch-patriotische Kultur- und Erholungspark der Streitkräfte der Russischen Föderation ›Patriot‹«, wie er mit vollem Namen heißt, wurde im Herbst 2014 während des Donbasskrieges im Landkreis Odinzowo in der Nähe von Moskau eröffnet. Die Beschreibung des über 5000 Hektar großen Parks ist beeindruckend: Er umfasst Museen über Luftfahrt, gepanzerte Kampfmittel und Artillerie, Sportanlagen und so weiter und so fort. Das Gelände ist in Bereiche unterteilt, die jeweils einer anderen Truppengattung zugeordnet sind: Infanterie, Luftwaffe, Marine, Raumfahrt, Strategische Raketen, Fallschirm. Man kann dort militärisches Gerät unter Kampfbedingungen ausprobieren und sich bei verschiedenen Attraktionen vergnügen. Für den Transport der Kettenfahrzeuge und Panzer in den Park wurde übrigens eigens eine Bahnlinie gebaut!

Zum 75. Jahrestag des »Großen Sieges« 2020 wurde auf dem Gelände die Hauptkirche der russischen Streitkräfte eingeweiht, mit einer Kuppelhöhe von beinahe 100 Metern. Das Gotteshaus gilt als »geistliches Symbol Russlands, das den größten Sieg des Lebens über den Tod preist«. Alle ihre Maße haben eine symbolische Bedeutung, sie basieren auf den wichtigsten Zahlen der Geschichte des »Großen Vaterländischen Krieges«, was einer völlig heidnischen Praxis entspricht: Der Durchmesser des Tambours der Hauptkuppel beträgt 19,45 Meter – 1945 war das siegreiche Kriegsende –, der Durchmesser der Kuppel beträgt 22,43 Meter, da Deutschland am 8. Mai 1945 um 22.43 Uhr seine bedingungslose Kapitulation unterschrieben hat; die Höhe des Glockenturms beträgt 75 Meter, weil sich 2020 das Kriegsende zum 75. Mal jährte, die Höhe der kleinen Kuppel beträgt 14,18 Meter, weil der Krieg 1418 Tage und Nächte dauerte, und so weiter. Ein Rundgang namens »Weg des Sieges« führt in ebenfalls 1418 Schritten um die Kirche herum, und unterwegs können

»Reliquien« bewundert werden, darunter ein authentischer Anzug und eine Kopfbedeckung Hitlers [sic!].[15]

Das größte Event, das die ganze Nation vereint und an dem Groß und Klein teilnehmen, ist aber der Gedenkmarsch »Unsterbliches Regiment«.[16] Diese 2012 von drei Journalisten aus Tomsk initiierte Veranstaltung verfolgte zu Beginn ein hehres Ziel, nämlich »in jeder Familie die Erinnerung an die Generation zu bewahren, die den »Großen Vaterländischen Krieg« erlebt hat«. Die Bevölkerung von Tomsk war eingeladen, am Tag des Sieges, der am 9. Mai gefeiert wird, Fotos von Vorfahren, die am Krieg teilgenommen hatten, in einem Umzug durch die Stadt zu tragen. Den großen Unterschied zu anderen Initiativen dieser Art machte der Name: Alle Vorfahren erhielten den Status »unsterblich«, was bei den regionalen und nationalen Medien für Begeisterung sorgte und der Bewegung sofort zu Popularität verhalf. Schon bald eigneten sich der Kreml und seine Vertrauten diesen feierlich-festlichen Umzug an. Nicht nur ideologisch, sondern auch durch den Geldsegen, den der Kreml einer Vielzahl von patriotischen Vereinigungen sowie lokalen und regionalen Behörden zukommen lässt. Im Jahr 2015 wurde das »Unsterbliche Regiment« in das panrussische Programm der Feierlichkeiten zum 70. Jahrestag des Sieges aufgenommen und zog zum ersten Mal nach der Militärparade durch die Straßen Moskaus und über den Roten Platz. Fast eine halbe Million Menschen nahmen am Gedenkmarsch teil, angeführt von Putin, der ein Porträt seines Vaters in die Höhe streckte.

Während in der Ukraine die »militärische Sonderoperation« im Gang war, beteiligten sich 2022 mehr als zwölf Millionen Menschen an diesen Gedenkmärschen, zuvorderst Putin. »Die steigende Teilnehmerzahl ist unsere Antwort auf den Vormarsch des Nazismus, auf die schleichende ›Renazifizierung‹, die in den letzten Jahren in der Ukraine und im Westen stattgefunden hat«, erklärte der russische Senator Konstantin Dolgow in einem Interview mit dem einflussreichen Onlinemedium vzgliad.ru. Der Parlamentarier fügte hinzu: »Dieses Jahr fanden zum ersten Mal Märsche in den befreiten ukrainischen Gebieten statt. Auch das zeigt, dass die Entscheidung, in der Ukraine diese Operation durchzuführen, richtig war. Gewöhnlich verboten sie [die ukrainischen Behörden] die Märsche des Unsterblichen Regiments, aber nun, unter russischem Schutz, können wir eine Rückkehr zum normalen Leben beobachten.«[17]

Letztlich bekräftigen die Russen mit diesem merkwürdigen Ritual ihren Sieg über die Nazis und signalisieren der ganzen Welt, dass sie dem Westen und auch den übrigen Ländern moralisch überlegen sind. Diese aus dem »Großen Sieg« abgeleitete immanente Unbesiegbarkeit stellt eine heidnische Verherrlichung des Nationalkults dar. Die Vergangenheit und die Gegenwart sind eins: Die Sowjetunion kehrt ewig wieder. Die Lebenden, die am »Unsterblichen Regiment« teilnehmen, sind genauso ewig wie die im Himmel Weilenden. Letztere geben ihnen die Kraft, wieder von Neuem für das heldenhafte, unbesiegbare Vaterland zu kämpfen, da dieser Kampf vom Himmel geheiligt ist.

Alexander Prochanow, Schriftsteller und leidenschaftlicher Nationalist, früher eine Randfigur, heute eine hoch angesehene Persönlichkeit, äußerte sich folgendermaßen über die Emotionen, die er während der Militärparade und des Marsches des »Unsterblichen Regiments« empfand: »Besonders aufwühlend war das Mysterium Unsterbliches Regiment. Eine Million marschierender Menschen, Woge um Woge, tränennasse Gesichter, begeisterte und verzückte Gesichter. [...] Der Marsch war wie eine riesige religiöse Prozession. Die Porträts der Soldaten erinnerten an kostbare Ikonen, ein Leuchten ging von ihnen aus. [...] Diese Soldaten haben den Don und den Dnjepr, die Weichsel und die Oder überwunden, sie sind in die europäischen Hauptstädte gestürmt und haben das riesige, glitschige Reptil des Faschismus zertrampelt, es mit dem Schwert durchbohrt, mit bloßen Händen erwürgt.«[18] Prochanow zufolge waren und sind die Russen ein großes, unbesiegbares, ewiges Volk: »Es ist unser Schicksal, die Schläge der Finsternis auf uns zu nehmen. Uns gegen diese Finsternis zur Wehr zu setzen. Sie von der Erde zu vertreiben, Licht auf die Erde zurückzubringen. So hat Gott verfügt, als er uns zu Russen machte.« Diese ganze Ideologie adelt das imperialistische und reaktionäre Wesen des russischen Regimes: In der Ukraine wird das Mysterienspiel des Sieges des Guten über das »nazistische« Böse wiederaufgeführt!

Die Mobilisierung des Bewusstseins und die Militarisierung der Gesellschaft, diese messianische Vorstellung des Heiligen Krieges, den die Russen führen müssen, wird der Gesellschaft selbstredend von einem Heer gut bezahlter und höchst effizienter Propagandisten eingeimpft. Sie nehmen in den wichtigsten staatlichen Fernsehsendern – Rossija 1, Kanal, NTV, RTR Planeta (für das Ausland) und einigen weiteren, weniger bedeutenden – den ganzen Raum ein. Wer solche Sendungen noch nie gesehen hat, kann sich kaum vorstellen, was für ein Hass gegenüber dem Westen, insbesondere gegenüber der Ukraine, dort verbreitet wird. Wenn man ihnen zuhört, erhält man den Eindruck, dass Putins Anhänger in einer parallelen Realität leben. Zu den wichtigsten und bekanntesten, inzwischen international mit Sanktionen belegten Propagandisten und Propagandistinnen gehören Wladimir Solowjow, Dmitri Kisseljow, Olga Skabejewa und Margarita Simonjan. Typisch für sie ist, dass sie mit unglaublicher Aggressivität und viel Können Fluten von Lügen von sich geben, um die Realität zu verzerren und die Ukraine und den Westen für Dinge zu beschuldigen, die die Russen selbst getan haben, wie etwa im Fall der von den russischen Truppen in der Ukraine begangenen Kriegsverbrechen. Die Entwicklung dieser Journalistinnen und Journalisten, die einst zum Kreis der Liberalen und der Anhänger der Meinungsfreiheit gehörten, verlief parallel zu jener Russlands unter Putin.

Wladimir Solowjow, der Anfang der 1990er-Jahre in den Vereinigten Staaten lebte und sich erfolgreich als Geschäftsmann betätigte, gehört heute zu den führenden Persönlichkeiten der Medienwelt: Seine Bildschirmpräsenz bewegt sich zwischen 20 und 30 Stunden pro Woche. Er moderiert eine fast täglich ausgestrahlte Sendung, *Abend mit Wladimir Solowjow*, in der er seit 2014 dazu aufruft, die Ukraine zu besetzen, um den ukrainischen Staat auszulöschen, die russische Grenze durch Lwow – also Lviv – verlaufen zu lassen, sich von den ukrainischen »Faschisten« und »Nazis« zu befreien und ihren amerikanischen »Meistern« auf diese Weise einen harten Schlag zu versetzen. Im Jahr

2018 sagte er: »Russland befreit die Welt immer wieder vom ewigen Bösen! Russland hat Napoleon gestoppt, es hat die mongolische Invasion gestoppt, es hat den schwedischen König Karl XII. gestoppt, es hat Hitler gestoppt!« Im Jahr darauf drohte er: »Die Ukraine war immer dann siegreich, wenn sie mit Moskau verbunden war. Und sie war nie siegreich, wenn sie sich Russland zu widersetzen versuchte. [...] Es geht immer gleich aus, der Bär [Symbol für Russland] darf nicht unterschätzt werden. [...] Wir warten lange, aber wenn wir in die Offensive gehen, dann wird es heftig.«

Dmitri Kisseljow ist ebenfalls ein Gigant. Der Berufsjournalist galt in den 1990er-Jahren als prowestlich. Inzwischen hat er seiner Vergangenheit den Rücken gekehrt und gehört zu den wichtigsten Sprachrohren des Kremls. Ich kann hier den unverwechselbaren Rüpelton nicht wiedergeben, den er annimmt, sobald er über den Westen spricht. Von ihm stammt die Aussage, Russland sei in der Lage, die Vereinigten Staaten in radioaktive Asche zu verwandeln. Er war es, der sein tiefes Bedauern darüber äußerte, dass Gorbatschows UdSSR anno dazumal die DDR und ihren Staatssicherheitschef Mischa [Markus] Wolf verraten habe. Er war es, der lange vor dem Krieg von 2022 verkündete, die Ukraine existiere nicht mehr, sie sei nur noch ein »virtuelles Land«. Ihm verdanken wir auch diesen so aufschlussreichen Satz: »In Bezug auf die Tragweite seiner Handlungen ist Putin unter seinen Vorgängern im 20. Jahrhundert einzig mit Stalin vergleichbar.«

Auch den bekannten Schriftsteller Sachar Prilepin möchte ich erwähnen, dessen Bücher in mehrere Sprachen übersetzt wurden und der 2016 zu den Waffen griff, um im Donbass auf der Seite der Separatisten zu kämpfen. Im Jahr 2017 räumte er in einem Interview in der Wochenzeitschrift *Swesda* ein, das Ziel des Krieges im Donbass sei die Einnahme Kiews: »Denn Kiew ist eine russische Stadt. Eine ukrainische russische Stadt ... Unser Ziel ist die ganze Ukraine. Es kann kein anderes Ziel geben.«

Auf diese Weise wurde der aktuelle Krieg seit Jahren von der Propaganda des Putin-Regimes vorbereitet. Der Ton des politischen Journalismus, egal ob Nachrichten, Politsendung oder Talkshow, wird immer aggressiver, als würde der Dritte Weltkrieg unmittelbar bevorstehen. Inzwischen ist der Ton noch einmal einen Zacken schärfer geworden: All jene, die das Land lieber verlassen haben, weil es ihnen unmöglich ist, »mit dem Geschmack von Blut im Mund zu leben«[19] – wie etwa der politische Philosoph Sergej Medwedew –, werden als Vaterlandsverräter und Abtrünnige bezeichnet, da es die Pflicht jedes ehrbaren Bürgers sei, auf der Seite des Landes, seiner Armee und ihres »gerechten Krieges« zu stehen. Kritische Stimmen sind nicht mehr möglich: Sämtliche unabhängigen Medien wurden verboten oder zur Emigration gezwungen, sodass sie nur noch über VPN abrufbar sind. Zu Sowjetzeiten waren es die westlichen Radiosender, die es zu stören galt …

Bis wann wird das russische Volk in diesem Palast aus Zerrspiegeln leben? Im Jahr 2017 ging im russischen Internet das Lied eines Kinderchors viral, das im Zentrum von Wolgograd (dem ehemaligen Stalingrad) vor dem Mamajew-Hügel, wo das weltgrößte Denkmal für den Zweiten Weltkrieg steht, vorgetragen worden war. Der Titel dieses bis heute beliebten Liedes? *Onkel Wowa.* So nennen russische Kinder ältere Personen aus dem Familien- oder Freundeskreis: »Onkel« oder »Tante« und dazu die Kurzform des Namens. Wowa ist die Kurzform von Wladimir. Die Kinder und Jugendlichen, Mädchen und Jungen in Militäruniformen, schwören gewissermaßen dem netten Onkel Putin, für den sie zu sterben bereit sind, ihre Treue:

> Von den nördlichen Meeren bis zu den südlichen Grenzen,
> von den Kurilen bis zur Ostseeküste
> möchten wir in Frieden leben,
> aber falls der oberste Befehlshaber zur letzten Schlacht ruft,
> dann, Onkel Wowa, sind wir mit dir![20]

Wenn das Denken von frühester Kindheit an vergiftet wird, ist es dann möglich, zu universellen Werten und zum Humanismus zurückzukehren? Man wünscht es sich, aber das Erwachen dürfte lang und schmerzhaft werden.

10

Putins hybride Kriegsführung und die Destabilisierung des Westens

Nicolas Tenzer

Putins Kampf gegen vom Westen verkörperte Prinzipien wie Freiheit, Achtung der Menschenrechte und Rechtsstaatlichkeit hat sich immer mehr zu einem umfassenden Konflikt entwickelt und ist in einigen Ländern, insbesondere in der Ukraine, in einen totalen Krieg gemündet. Der Konflikt hat an Umfang zugenommen, da er in unterschiedlichem Maße alle Kontinente betrifft; er hat aber auch an Tiefe gewonnen, da er sich unterschiedlichster Maßnahmen bedient – von der systemischen Korruption bis zum offenen Krieg, von Cyberangriffen bis zum Informationskrieg,[1] von terroristischen Anschlägen bis zum Eindringen in Macht- und Intellektuellenkreise, ganz zu schweigen vom Einsatz von Energieboykotts oder Hungersnöten. Man kann in diesem vielgestaltigen Konflikt die Fortsetzung der Praktiken des ehemaligen KGB erkennen, doch gibt es drei Unterschiede oder »Verbesserungen« in der Größenordnung: erstens eine Verstärkung seiner Auswirkungen im Zeitalter des Internets; zweitens eine weniger sichtbare und dadurch eindringlichere Ideologie der Zerstörung, die sich in die kommunistische Ideologie der Zerschlagung des demokratischen und wohlhabenden Westens einreiht; drittens eine zunehmende Bedeutung der Korruption, durch die ideologische Affinitäten aufseiten der westlichen Verbindungsleute vorteilhaft ersetzt werden.

Mit den häufig anzutreffenden Begriffen »hybrider Konflikt« oder »hybride Bedrohung« soll der multidimensionale Charakter der russischen Kriegsführung hervorgehoben werden. Dabei ist die Bezeichnung »hybrid« an sich nicht falsch, bei ihrer Verwendung dürfen wir jedoch zwei symmetrische Risiken nicht außer Acht lassen: Zum einen sollten wir den »heißen« Krieg nicht vergessen, der Hunderttausende von Menschen getötet hat und weiterhin tötet. Er ist die Realität, die eine Reaktion und Aktion der demokratischen Staaten erfordert. Und zum anderen besteht die Gefahr, dass bestimmte Kriegshandlungen Putins nicht als solche eingestuft werden und Russlands Einflussnahme nicht genügend Bedeutung beigemessen wird.

Der wichtigste, keinesfalls zu vernachlässigende Aspekt ist dabei die vom Kreml intendierte Wirkung: Aktionen, die nicht in den Bereich des offenen Krieges fallen, verfolgen letztlich die Absicht, liberale Demokratien von Kriegshandlungen abzuhalten. Dies ist der Hauptzweck der Propaganda, der Agentenanwerbung und der Drohungen, insbesondere mit einer nuklearen Apokalypse. Putin hat damit nicht wenig Erfolg: Seit 23 Jahren und dem Beginn des zweiten Tschetschenienkriegs hat er mangels einer nennenswerten Reaktion der freien Länder alle seine Kriege gewonnen – zumindest bis 2022.

Die Grammatik des Verbrechens

Diese Kriege können nur schwer als konventionelle Kriege eingeordnet werden, auch wenn sie diese Dimension weiter beinhalten und reale Grabenkämpfe einschließen – wie Loup Bureau mit seinem Film *Tranchées* über den ab 2014 aktiven Krieg in der Ostukraine deutlich macht. Kennzeichnend für diese Konflikte sind der Massenterror gegen die Zivilbevölkerung und andere Kriegsverbrechen, denen insbesondere Anna Politowskaja,[2] Natalja Estemirowa, Stanislas Markelow und Boris Nemzow nachgegangen sind – alle vier wurden ermordet. Das systematische und vorsätzliche Vorgehen erlaubt den Schluss auf Verbrechen gegen die Menschlichkeit.

Dasselbe trifft, wenn auch in geringerem Ausmaß, auf den Krieg in Georgien zu, wie der Europäische Gerichtshof für Menschenrechte in einem Urteil vom 21. Januar 2021[3] feststellte – obgleich er sich für diese russische Aggression vom August 2008 eine nur eingeschränkte Zuständigkeit zuerkannte.[4] Noch deutlicher trat der systematische Charakter der Verbrechen in Syrien hervor, wo Putins Streitkräfte aufseiten von Baschar al-Assad und dem Iran mehr syrische Zivilisten ermordeten als der IS.[5] Systematisch und vorsätzlich wurden Krankenhäuser, Pflegeeinrichtungen, Märkte und Schulen sowie Rettungskräfte, vor allem Weißhelme, ins Visier genommen. In der Ukraine sind seit 2014 und in noch massiverem Ausmaß seit dem 24. Februar 2022 erneut Zivilisten, Wohnhäuser und auch Krankenhäuser Ziele von Angriffen gewesen. Die Ermordung unbewaffneter Zivilisten war die Regel: Allein in Mariupol dürfte die Zahl derer, die direkt getötet wurden oder indirekt aufgrund fehlender medizinischer Versorgung, Nahrung und Wasser ums Leben kamen, bei rund 50 000 liegen.[6] In den besetzten Gebieten im Donbass und auf der Krim und auch in der Region Cherson sind gewaltsames Verschwindenlassen und Folterungen an der Tagesordnung, wobei die Gewalttaten gegenüber der tatarischen Minderheit auf der Krim die massive Deportation dieser Bevölkerungsgruppe unter Stalin in Erinnerung rufen. Nicht zu vergessen die in Syrien, mehreren afrikanischen Ländern und nun auch in der Ukraine begangenen Gräueltaten der vom russischen Staat beauftragten Gruppe Wagner und der von Ramsan Kadyrow entsandten tschetschenischen Kämpfer.

Diese lange Liste an Verbrechen[7] lässt sich in vier Kategorien einordnen: Kriegsverbrechen, Verbrechen gegen die Menschlichkeit, Völkermord, Angriffskrieg bzw. Verbrechen gegen den Frieden. Keines dieser Verbrechen verjährt, wobei es im Übrigen keine formale Hierarchie zwischen den Taten oder ihrer Bestrafung gibt. Für die ersten drei ist der Internationale Strafgerichtshof zuständig, für das letzte kann ein Sondertribunal einberufen werden. Die in den genannten Ländern begangenen Kriegsverbrechen gelten juristisch als Verbrechen gegen die Menschlichkeit, wenn sie systematischen Charakter haben – was in Tschetschenien, Syrien und der Ukraine, insbesondere seit 2022, unbestreitbar der Fall ist. Das Verbrechen des Völkermords – das Staaten, die es feststellen, zu Präventionsmaßnahmen verpflichtet – ist dann gegeben, wenn die Absicht besteht, eine bestimmte nationale, religiöse oder ethnische Gruppe im Ganzen oder teilweise zu vernichten. Laut der Konvention über die Verhütung und Bestrafung des Völkermordes vom 9. Dezember 1948 fällt die Verschleppung von Kindern und ihre Trennung von den Eltern unter den Tatbestand des Genozids. Auch dieser ist auf Putins Russland anwendbar, da seine Truppen etwa zwei Millionen Ukrainer – darunter mehr als 300 000 minderjährige Personen[8] – auf russisches Gebiet angeblich »evakuiert«, tatsächlich aber deportiert haben.

Das Verbrechen gegen den Frieden schließlich ist laut der Definition des Nürnberger Tribunals eindeutig gegeben und mit dem 2022 begonnenen Angriffskrieg noch offenkundiger geworden. Die russische Invasion ist das Verbrechen, das alle anderen Verbrechen einschließt und dessen die russische Führung angeklagt werden kann, ohne dass die genaue Befehlskette für einzelne Taten nachgewiesen werden muss. Bereits am 16. März 2022 forderte der Internationale Gerichtshof Russland auf, seine Aggression einzustellen. Die von der Ukraine eingeleiteten und von den meisten westlichen Ländern unterstützten Verfahren könnten eine Anklage der russischen Führung zum Ergebnis haben. Nun reicht es aber nicht aus, diese Verbrechen nur festzustellen: Man muss auch ihre Absicht verstehen. In Wirklichkeit ist das Verbrechen die Botschaft. Doch als Putin die Botschaft schickte, ahnte er, dass die westlichen Führer sie nicht verstehen wollen würden.

Seine Absicht war, dem als »feige«, »verweichlicht« und »schwul« bezeichneten Westen zu beweisen, dass es ihm gelingen würde, seine selbst erfüllende Prophezeiung wahr werden zu lassen. Der Höhepunkt dieser »Beweisführung« fand vor allem in Syrien statt – mehr als in Tschetschenien, das weniger mediale Unterstützung erhielt, vor allem weil zu dieser Zeit noch keine sozialen Netzwerke existierten. In Syrien hat das russische Regime ab Herbst 2015 Zehntausende Zivilisten ermordet, unter denen sich sehr viele Kinder befanden. Der französische Verteidigungsminister räumte damals ein, dass die russischen Luftangriffe zu über 90 Prozent gegen die Gegner von Baschar al-Assad und zu weniger als zehn Prozent gegen die Terroristen des IS gerichtet waren. Westliche Demokratien haben diese Verbrechen gegen die Menschlichkeit und Kriegsverbrechen nicht angeprangert und baten Putin gar, auf Baschar al-Assad einzuwirken, damit dieser sich in Zurückhaltung übe – während doch der Kremlchef selbst die schlimmsten Verbrechen anordnete.[9] Es wurden weiterhin scheinbar freundschaftliche Beziehungen gepflegt, und man weigerte sich, die 2018 in Russland stattfindende Fußballweltmeisterschaft zu boykottieren.

So wurden diese für das russische Regime charakteristischen Verbrechen absichtlich aus dem öffentlichen Bewusstsein verdrängt. Dies nahm Putin anscheinend als Anreiz, seine Strategie fortzusetzen und sich noch darin zu überbieten – wie in der Ukraine geschehen. Mit der Gleichgültigkeit gegenüber dem Verbrechen wurde der Sieg der russischen Propaganda eingeleitet.

Cyberangriffe, Leaks und Propaganda: Das Ausnutzen von Verwundbarkeiten

Die Taktik des Putin-Regimes zielt in erster Linie darauf ab, von den Schwächen des Westens zu profitieren, indem es diese vergrößert und zugleich auf die Kleinmütigkeit der Regierungen setzt. Eine dieser Schwächen ist die Asymmetrie, die sich daraus ergibt, dass Russland glaubt, sich alles erlauben zu können, während der Westen seine Maßstäbe nicht aufgeben kann, wenn er die Propaganda diktatorischer Regime nicht noch anfeuern möchte. Dennoch, die demokratischen Staaten könnten sich viel deutlicher zur Wehr setzen, auch ohne ihre Grundprinzipien zu verletzen. Sie sind keinesfalls gezwungen, vor den Machenschaften des Kremls die Augen zu verschließen. In einigen Fällen, insbesondere bei der Bekämpfung der Korruption (mag diese manchmal auch gesetzlich nicht als solche definiert oder schwer nachzuweisen sein), ist der Westen ja eher von seinen Werten abgewichen, indem er sie nicht verteidigte oder gar gesetzeswidrige Praktiken tolerierte.

Die von Russland ausgehenden Cyberattacken sind als Kriegshandlungen zu bewerten, ebenso wie die Piraterie von E-Mails und Datenbanken. Erstere können erhebliche Schäden an der öffentlichen Infrastruktur verursachen und ein Land desorganisieren, Letztere können als Grundlage für Kommunikationskampagnen gegen politische Persönlichkeiten dienen. Dabei kann Russland übrigens auch von Hackerangriffen anderer profitieren und, wenn es sich anbietet, gemeinsame Sache machen, wie es bei WikiLeaks der Fall war.[10] Gezielte »Leaks«, vor allem aber die damit einhergehende Desinformation, sind somit ein Bestandteil der russischen Angriffe auf die freie Welt. Inhaltlich verfolgen sie den Zweck, Verschwörungsdiskurse zu verstärken und die Feindseligkeit gegenüber den »Eliten« zu schüren. Indem man die angeblich »üblen Praktiken« der Demokratien aufdeckt, soll der Gegensatz zwischen demokratischen und diktatorischen Regierungen, und hier insbesondere Putins Diktatur, verwischt werden.

Die Grenze zwischen Cyberangriffen und Propaganda ist porös, und ebendiese Uneindeutigkeit stellt ein Markenzeichen des Kremls dar. Cyberangriffe sind nicht spezifisch für das russische Regime. Die zu ihrer Bekämpfung erforderlichen technischen Mittel sind erheblich aufgestockt und zusammengelegt worden und bilden inzwischen eine eigenständige Komponente der westlichen Gegenmaßnahmen. Die propagandistische Einflussnahme widersteht diesen Gegenoffensiven größtenteils, da oftmals verborgener und zugleich invasiver[11] vorgegangen wird. Die russische Propaganda übernimmt bestimmte Eigenschaften ihrer sowjetischen Vorgängerin, steht dabei aber für sich und fällt viel massiver aus, seit sie ihre ideologische Ausrichtung aufgegeben hat. Sie hat drei Komponenten: Destabilisierung, Verwirrung und Verharmlosung.

Die Destabilisierung stellt die direkte Fortsetzung des sowjetischen »Agitprop« dar. Dabei geht es darum, Verwirrung und Aufruhr innerhalb von Demokratien zu säen und den Äußerungen von Protestbewegungen Nachhall zu verleihen. In den meisten Fällen existieren bereits »geeignete« Protestbewegungen – falls nicht, werden sie unterlaufen. Sämtliche dieser Manipulationsstrategien des Kremls wurden bereits in einem umfassenden Bericht dargelegt.[12] Durch die direkt von ihm abhängigen Medien und mithilfe von sozialen Netzwerken, E-Mail-Kommunikation, Internet-Videokanälen und seiner Multiplikatoren im

Westen – Komplizen oder »nützlichen Idioten« – konnte das russische Regime auf diese Weise so unterschiedlichen Bewegungen wie Occupy Wall Street, der rechtsextremen Antimigrationsbewegung PEGIDA und der französischen Gelbwestenbewegung ein größeres Publikum verschaffen. Ganz ähnliche antiwestliche Destabilisierungsoperationen sind für Afrika dokumentiert. Kremlnetzwerke finden sich auch hinter den Bewegungen, die sich während der Coronakrise gegen Impfungen und restriktive Präventionsmaßnahmen aussprachen. Moskau hat systemfeindliche Gruppierungen oder Parteien, insbesondere rechtsextreme Bewegungen in den USA und Europa, umfassend – darunter finanziell – unterstützt. Ohne dass sich derart direkte Verbindungen problemlos nachweisen ließen, konnte sich das russische Regime stets auf die »Panzerideologie« der extremen Linken verlassen, die den US-Imperialismus und die Atlantische Allianz ebenso prompt geißelt, wie sie gegenüber Imperialismus, Menschenrechtsverletzungen und Verbrechen von Diktaturen nachsichtig ist.

Die Destabilisierung verfolgt die Absicht, gemäßigte Regierungen zu delegitimieren und die demokratische Staatsführung zu erschweren, indem extreme Positionen gestärkt werden, die dem russischen System vermeintlich näherstehen. Sie führt dazu, dass westliche, angeblich »diktatorische« Maßnahmen – wie etwa die »Coronadiktatur« im Rahmen der Covid-19-Pandemie – zunehmend mit dem Vorgehen tatsächlicher Diktaturen gleichgesetzt werden. Ziel ist immer, die eigenen Verbrechen zu relativieren. So konnte Putin einen kritischen Bericht über die teilweise erbärmliche Lage in französischen Gefängnissen dazu nutzen, die alltägliche physische und psychische Folter in russischen Gefängnissen zu überdecken.[13] Verschwörungstheorien – die oftmals nicht frei von Antisemitismus sind – folgen derselben Logik, wie zahllose Beispiele, etwa die Gelbwestenbewegung[14] oder die Proteste gegen die Pandemiemaßnahmen zeigen: Es geht darum, eine vermeintliche Verschwörung von »globalisierten Eliten«, beispielsweise Pharmaunternehmen, gegen die Bürger anzuprangern. Die Verschwörungsrhetorik befeuern zahlreiche Websites, auf denen man angeblich an die »wahren« Informationen gelangt.

Diese Websites, von denen viele im Einflussbereich des Kremls liegen, liefern alternative Fakten zu den »Mainstream-Medien« und bedienen sich der Waffe des systematischen Zweifels[15] (der rein gar nichts mit dem methodischen Zweifel zu tun hat) im Umgang mit der traditionellen Presse, die angeblich von ebendieser »globalisierten Elite« kontrolliert wird. Auch hier ist das Ziel, die Menschen davon abzuhalten, an irgendetwas zu glauben. Sie sollen den Boden der Tatsachen verlassen, und das in Bezug auf offensichtliche Fakten wie auf wissenschaftlich ermittelte Wahrheiten. Auf diesem Terrain kann sich die Propaganda des Kremls ausbreiten und die unterschiedlichsten Themen bearbeiten: die ukrainischen »Faschisten«, den im Juli 2014 von einer russischen Buk-Rakete abgeschossenen Flug MH17, bei dem 298 Menschen starben, den Einsatz von Chemiewaffen in Syrien und die Vergiftung von Alexej Nawalny. Zur gewollten Verwirrung trägt auch das Ablenkungsmanöver des »Whataboutismus« bei, das darin besteht, die Fehler des Westens aufzuzählen, sobald die vom Kreml begangenen Verbrechen erwähnt werden.

Man darf nicht vergessen, dass diese Propaganda letztlich nicht Zustimmung erzeugen, sondern die Tragweite und Bedeutung der eigenen Verbrechen verharmlosen will. Auf diese Weise soll die Entschlusskraft der demokratischen Regierungen und der öffentlichen Meinung geschwächt werden. So kommt es, dass subtil agierende Propagandisten immer wieder den Westen und Russland gegeneinander ausspielen und von einem Gefühl der »Bedrohung« sprechen, das der Kreml angeblich empfindet, vor allem aber zu Propagandazwecken missbraucht.[16] Es wird auf die von Moskau angeblich erlittene »Demütigung« verwiesen, die Putins Kriege »verständlich« macht und ein »Fehlverhalten« des Westens einschließt. Dasselbe gilt, wenn vom Donbass und der Krim als »umstrittenen« Gebieten die Rede ist, als ob dort kein Völkerrecht gälte, oder wenn die »Interessen« Russlands vorgebracht werden, als ob diese, wie Raymond Aron bereits in Bezug auf die Sowjetunion deutlich machte, nicht eine Konstruktion des Regimes wären. Die Propaganda schlägt also zwei Fliegen mit einer Klappe: Die vielen Kanäle, welche die Situation als »komplex und widersprüchlich« (ein klassischer Ausdruck aus der Sowjetzeit) darstellen, bewirken, dass von der Beschäftigung mit den Verbrechen abgelenkt wird und die russischen Kriege letztlich gerechtfertigt werden. Noch dazu wird Putins ideologischer Sieg befördert, indem zwei für die internationale Ordnung konstitutive Begriffe – nämlich die territoriale Integrität und das humanitäre Völkerrecht – in den herrschenden Kreisen und Meinungen nebensächlich, wenn nicht gar unwirksam werden.

Schwächung der NATO?

Die »Bedrohung« durch die NATO ist eine von Putins Regime fabrizierte Obsession und ein zentrales Element seiner Propaganda. Dabei wird die atlantische Organisation sicher nicht als echte Bedrohung wahrgenommen, doch besteht das Interesse, so zu tun, als wäre sie es. Dabei fing alles scheinbar so gut an. Die Zusammenarbeit zwischen Russland und der NATO begann bereits 1994 mit der Partnerschaft für den Frieden und wurde in der von Boris Jelzin mit unterzeichneten Gründungsakte am 27. Mai 1997 festgeschrieben. Zu Beginn seiner Amtszeit im Jahr 2000 zeigte sich Putin scheinbar kooperativ, und am 28. Mai 2002 wurde sogar ein NATO-Russland-Rat gegründet, der sich mit dem Antiterrorkampf in Afghanistan befasste, während die russischen Kriegsverbrechen in Tschetschenien übergangen wurden. Die russische Aggression gegen Georgien beendete schließlich die Existenz des Rates, zuvor hatte man die Münchener Rede des russischen Präsidenten vom 10. Februar 2007, in der er die NATO-Erweiterung als »Provokation« bezeichnete, offenbar schnell vergessen. Die Zusammenarbeit setzte sich bis zum russischen Krieg gegen die Ukraine 2014 fort, und auch danach blieben die Kommunikationskanäle offen.

Die russische Rhetorik beruht auf drei Fiktionen. Die erste ist das vermeintliche Versprechen, die NATO nicht auf die mittel- und osteuropäischen Länder auszuweiten. Es gibt jedoch keine offiziellen Dokumente, die diese Behauptung stützen. Die zweite Fiktion ist die angebliche Einkreisung Russlands durch die NATO: Abgesehen davon, dass die NATO wie die Europäische

Union stets versucht hat, Wege für eine Zusammenarbeit mit Russland aufzuzeigen, war und ist sie in erster Linie ein Verteidigungsbündnis, das keinen nicht aggressiven Staat bedroht. Die dritte Fiktion schließlich ist die Bedrohung durch die NATO über die Ukraine, einer der Vorwände für den 2022 begonnenen Angriffskrieg. Dabei hatten Deutschland und Frankreich beim NATO-Gipfel in Bukarest 2008 einen Beitrittsplan (Membership Action Plan, MAP) für Kiew blockiert, und die Ukraine war gemäß dem Budapester Memorandum von 1994 ein neutrales Land, dessen Status Russland 2014 verletzte.

Die Realität ist offensichtlich stets die Kehrseite des vom Kreml präsentierten Bildes. Die NATO hat immer den Dialog mit Moskau gesucht, und ein kooperatives und demokratisches Russland hätte ihr wahrscheinlich irgendwann beitreten können. Bis zuletzt hat die Atlantische Allianz alle möglichen Kompromisse akzeptiert, und das über das vernünftige Maß hinaus: Blockierung des Beitritts der Ukraine und Georgiens im Jahr 2008; verhaltene Reaktion nach 2014, obwohl die NATO-Planungsdokumente Russland nunmehr als Hauptbedrohung auf europäischem Boden identifizierten; keine direkte Intervention nach dem 24. Februar 2022, gerade im Namen der Unterscheidung zwischen Mitglieds- und Nichtmitgliedsländern (Ukraine). Erst der neue russische Krieg ließ Schweden und Finnland beschließen, der NATO beizutreten, und nach seinem Ende könnte, ja müsste die Kandidatur der Ukraine ernsthaft überdacht werden: Zumindest hat die russische Aggression ihre Notwendigkeit offenbart.

11

Epochenbruch oder: Zum (vorläufigen) Ende deutscher Russlandpolitik

Katja Gloger

Ob Nachdenkliches oder Wortgewaltiges – auf rhetorische Überraschungen verstand er sich schon immer. Aber dieser Auftritt sollte zu einem regelrechten Schuldbekenntnis geraten. Im Juni 2022 stand Sigmar Gabriel, ehemals SPD-Vorsitzender, von 2013 bis 2018 Wirtschafts- sowie Außenminister und Vizekanzler der Bundesrepublik Deutschland, an einem Rednerpult in Berlin und rechnete mit sich und der deutschen Russlandpolitik ab.

»Wir dachten, wir hätten die magische Formel im Umgang mit Russland gefunden«, sagte er. »Viele von uns wurden darüber arrogant und selbstgefällig.« Ein öffentlich vorgetragenes »mea culpa« sollte dabei wohl mitschwingen, war Gabriel doch maßgeblich an der Formulierung und Umsetzung ebenjener Politik beteiligt, die er jetzt zum Großcrash erklärte: »Das Konzept, Wandel durch Annäherung und ökonomische Integration mit Russland zu erreichen, stellt das größte Scheitern deutscher Außenpolitik seit 1948 dar.« Jetzt gelte es, dafür die Verantwortung zu übernehmen. »So schmerzhaft es auch sein mag.«

Im Kriegsjahr 2022 stand die politische Elite Deutschlands vor den Trümmern ihrer Russlandpolitik, genauer: ihrer Putin-Politik. Einer offensichtlich viel zu lange auf Verständnis und Ausgleich zielenden Strategie der »Modernisierungspartnerschaften«, die jahrelang als friedenssicherndes Erfolgsmodell galt – und gut war fürs Geschäft, vor allem für das deutsche und das der Putin'schen Machtelite. So gut jedenfalls, dass man sich den Vorwurf der Kumpanei gefallen lassen musste.

Obwohl im Osten der Ukraine schon seit acht Jahren Krieg

herrschte, der 14 000 Tote gefordert hatte, wollte man es nicht wahrhaben, weder in Berlin noch in Paris oder Brüssel: »Die Amerikaner sagten uns, ›Sie greifen an, sie greifen an‹«, erinnerte sich der EU-Außenbeauftragte Josep Borrell erschüttert noch Monate später. »Und wir wollten es nicht glauben.«

Wenige Tage vor dem Angriff waren sie nach Moskau gereist, der französische Staatspräsident, auch der Bundeskanzler. Hatten an diesem symbolträchtig langen Tisch sitzen und Putin zuhören müssen, wieder einmal, seinen Anschuldigungen und Beschuldigungen wegen der feindseligen Politik des »kollektiven« Westens. Olaf Scholz hatte ihm sogar noch versichert, die Ukraine werde auf längere Zeit nicht Mitglied der NATO werden.

Hatte sich doch vor allem Deutschland, das gewichtigste Land in Europa, als »Russland-Versteher« empfohlen – ihm seit Jahrhunderten in eng verknoteter Beziehung verbunden, schwankend zwischen Bewunderung und Verachtung, Nähe und Entfremdung, romantisierender Freundschaft und tiefster Feindschaft. Lukrative Handelswege und dynastische Verflechtungen bis in kleinste deutsche Herzogtümer suggerierten Verbundenheit. Deutsche Aufklärer wirkten in Sankt Petersburg; deutsche Entdecker durchquerten Sibirien; Russlands Kultur wiederum glänzte in deutschen Landen, die Musik, die Literatur, die Kunst, all die flirrenden Zukunftsentwürfe. Moskau war näher als Paris.

Das deutsche Gütesiegel »Ostpolitik« – was immer man darunter verstehen wollte – galt auch als moralische Grundfeste friedens- und wohlstandssichernder (west-)deutscher Außenpolitik, dieses Paradigma, das man parteiübergreifend als »Wandel durch Annäherung« beschrieb und das im Laufe der Jahre so oft missbraucht wurde.

Und man hatte sich in den vergangenen dreißig Jahren der historischen Verantwortung für den ab 1941 geführten deutschen Vernichtungskrieg gegen die Völker der Sowjetunion gestellt. Diese viel zu lange beschwiegene Schuld bedeutete eine besondere deutsche Verantwortung auch für die Gestaltung einer europäischen Zukunft Russlands. Wobei es auch nach 1991 im Grunde – und das ist Teil des Problems – vor allem um Russland ging. Postsowjetische Staaten wie etwa die Ukraine wurden ignoriert, am Rand von Wahrnehmung und Aufmerksamkeit. »Grenzland« eben und Terra incognita.

Lange standen die deutsch-russischen Beziehungen unter dem Versprechen »Nie wieder Krieg«; Maxime und Mantra einer ganzen Politikergeneration: dass Frieden in Europa nur mit und nicht gegen Russland möglich sei. Umso irritierender, dass man noch nach Putins Annexion der Krim 2014 und dem beginnenden erklärt-unerklärten Krieg im Osten der Ukraine in Deutschland – und dort besonders im Osten der Republik – mit erstaunlichem Langmut Erklärungen, gar Entschuldigungen für Putins Politik der neoimperialen Revanche fand. Für seine gefährliche Instrumentalisierung der Geschichte und seinen Revisionismus mit dem Ziel, russische Dominanz und Kontrolle in Eurasien – und damit auch im Osten Europas – wiederherzustellen. Da wurden echte – und vermeintliche – Fehler des Westens bemüht; die NATO-Osterweiterung, angeblich gebrochene Versprechen, Bedrohungsängste und die Demütigung der russischen Seele. Man kritisierte – auch zu Recht – die Politik der USA, äußerte Verständnis für russische, nein, für Putins Sicherheitsinteressen. Es waren die Machtinteressen seines Systems.

Kronzeuge dafür wurde eine ganze Phalanx aus aktiven und ehemaligen Politikern, Ex-Diplomaten und gut vernetzten Unternehmern etwa vom »Ostausschuss der Deutschen Wirtschaft« oder dem wirtschaftsfreundlichen »Deutsch-Russischen Forum«, dazu mindestens ein Bundeswehrgeneral a. D. sowie talkshowerprobte Journalistinnen und Intellektuelle mit schlagzeilenträchtig steilen Thesen; »Russland-« und »Putin-Versteher« aller Art. Man forderte mehr »Respekt« gegenüber Russland – auch wenn man damit der brutalen Politik sogenannter privilegierter Interessensphären Respekt zollte. Die in Sewastopol auf der Krim stationierte russische Schwarzmeerflotte diente als Argument zur Rechtfertigung einer völkerrechtswidrigen Annexion. Und zu deren Legitimierung musste auch die grobe Fehleinschätzung des 2015 verstorbenen ehemaligen Bundeskanzlers Helmut Schmidt herhalten, der noch im Mai 2014 erklärte, es sei ein »großer Irrtum des Westens, dass es ein Volk der Ukrainer gebe, eine nationale Identität«.

Es ging so weit, dass Kritik an Putin und seinem repressiven System als Kriegstreiberei, Missachtung Russlands und Dämonisierung des Präsidenten diskreditiert wurde. Dabei wurde sie oft von den besten deutschen Russlandkennern und den mutigen Vertreterinnen der russischen Zivilgesellschaft geäußert. Von denen, die als »ausländische Agenten« und »Extremisten« gebrandmarkt wurden.

Dazu gesellten sich populistische Vertreterinnen der Partei Die Linke und querfrontbildend auch die europafeindliche und zunehmend rechtsradikale Alternative für Deutschland (AfD), die deutsch-russische Sonderwege propagierte und in Putins Russland den Hort wahrer konservativer Werte ausmachte – ausgerechnet dort.

Und über allem und allen stand der bereits seit 2005 als Lobbyist in gut bezahlten Diensten des russischen Staatskonzerns Gazprom – und damit Putins – stehende sozialdemokratische Altkanzler Gerhard Schröder. Er galt als Gewährsmann besserer Putin'scher Absichten und bester deutscher Friedens- und Wirtschaftspolitik gegenüber Russland. Noch 2017 hatte er im Gespräch eine »Art Seelenverwandtschaft zwischen Russen und Deutschen« ausgemacht.

Die zunehmende Ideologisierung und Selbstviktimisierung Putins und seiner Machtelite nahm man in Berlin zu lange nicht ernst genug. »Russkij mir«, seine »russische Welt« als Antagonist des Westens: Zarentum. Autokratie und Imperium, Orthodoxie und Nation. Die ethnozentrierte »Sammlung russischer Erde«, Eingliederung all der Russen, die nach 1991 jenseits der russischen Grenzen lebten. Da war einer mit wachsendem Appetit für das Risiko bereit, für die Korrektur angeblich historischer Ungerechtigkeiten und erlittener Zurückweisungen einen Weltenbrand zu entfachen. Dass es Russlands – Putins – Mission und heiliges Recht sei, die Ukraine in ein wiederauferstandenes »Großrussland« einzugliedern. Die unabhängige Ukraine sei ein »Anti-Russland«, eine Verschwörung des Westens. Dort drohe Russen »eine gewaltsame Assimilation«, vergleichbar mit dem »Einsatz von Massenvernichtungswaffen« gegen Russland. Das im Juli 2021 von Putin veröffentlichte Traktat »Über die historische Einheit der Russen und der Ukrainer« alarmierte Historiker und Expertinnen in den Thinktanks, blieb aber im mit Pandemiebekämpfung und Wahlkampf beschäftigten politischen Berlin ohne große Resonanz. Eher irritiert nahm man zur Kenntnis, wie fixiert Putin auf die Ukraine war.

Umso tiefer 2022 der Absturz. Der Realitätsschock in Berlin war gewaltig, emotional wie politisch. Seit dem 27. Februar 2022 sollte mit Kanzler Scholz' »Zeitenwende«-Rede auch ostpolitisch eine neue Realität gelten. Scholz beschrieb Putins Krieg jetzt als Teil eines »größeren Kreuzzugs gegen die liberale Demokratie«; und der SPD-Vorsitzende Lars Klingbeil erklärte: »Die Aussage, dass es Sicherheit und Stabilität in Europa nicht gegen, sondern nur mit Russland geben kann; dieser Satz hat keinen Bestand mehr. Heute geht es darum, Sicherheit vor Russland zu organisieren.« Deutschland müsse Verantwortung als Führungsmacht übernehmen: »Friedenspolitik bedeutet für mich, auch militärische Gewalt als ein legitimes Mittel der Politik zu sehen.«

Bundespräsident Frank-Walter Steinmeier entschuldigte sich öffentlich auch für seine persönliche »Fehleinschätzung« Putins, ein einmaliger Vorgang. Und bezeichnete ihn ebenso öffentlich als »Kriegstreiber« von »imperialer Besessenheit«. Seitdem herrscht »Epochenbruch«.

Aber doch blieb die realpolitische Frage: Hatte man es versäumt, Putin enger an Europa zu binden, ihn wenigstens »einzuhegen«? Oder hätte man ihn viel früher mit aller politischer Kraft und militärischer Hardware entlang einer neuen Ostfront abschrecken müssen? Hätte man so das vorläufig Schlimmste verhindern können, den Großangriff auf die sich zunehmend nach Westen orientierende Ukraine? Oder war es Bundeskanzlerin Angela Merkel im Lauf der Jahre im Umgang mit Putin immer wieder gelungen, Schlimmeres zu verhindern? »Diplomatie ist ja nicht, wenn sie nicht gelingt, deshalb falsch gewesen«, erklärte sie im Juni 2022. »Also ich sehe nicht, dass ich da jetzt sagen müsste: Das war falsch, und werde deshalb auch mich nicht entschuldigen.«

Und doch – oder gerade deswegen – steht man in Berlin als Appeaser Putins da.

Dass es sich beim deutsch-russischen Verhältnis um etwas Besonderes, gar Einzigartiges handle, hat auch mit den Abgründen des deutschen »Russland-Komplexes« zu tun, den der Frankfurter Historiker und Kommunismus-Biograf Gerd Koenen bereits 2005 beschrieb: diese kollektiven, noch immer wabernden Prägungen, dass Deutschland und Russland gemeinsam zu Höherem bestimmt seien.

Eine deutsch-russische »Wahlverwandtschaft« machte Thomas Mann zum Ende des Ersten Weltkriegs aus: »Deutschland und Russland sollen Hand in Hand in die Zukunft gehen.« Zwei große Kulturnationen, von denen sich die eine nach dem verlorenen Weltkrieg und die andere nach dem zur Oktoberrevolution erklärten Staatsstreich Lenins vom Westen verstoßen fühlten. Zwei »Parias der Weltgeschichte«, so Koenen, an denen die Welt genesen könne: Idealismus gegen Kommerz, mystische Reinheit gegen die sozialen Abgründe der Industrialisierung, Kultur gegen den Werteverfall der Moderne.

Bereits im April 1922 öffnete sich mit dem Vertrag von Rapallo ein deutsch-russischer Sonderweg, die Chance auf den von reichsdeutschen Nationalisten und Militärs erhofften Schulterschluss gegen das nach dem Ersten Weltkrieg wiederauferstandene Polen. Es müsse zertrümmert werden, hieß es. Der Weg zu neuer großdeutscher Weltmachtstellung führte über die geheime Wiederaufrüstung Deutschlands mit sowjetischer Hilfe; deutsche und sowjetische Offiziere übten Panzerschlachten an der Wolga und testeten chemische Kampfstoffe in der Steppe bei Saratow. So wie der Hitler-Stalin-Pakt 1939 eine Weltkriegsallianz besiegelte, die vorläufige Aufteilung Osteuropas. Der Pakt zweier Massenmörder machte den Weg frei für Hitlers Vernichtungskrieg gegen Polen und ab 1941 auch gegen die Sowjetunion. Belarus und die Ukraine wurden die »bloodlands«, wie sie der US-Historiker Timothy Snyder beschreibt. So lange verdrängt und auch politisch beschwiegen in der Bundesrepublik, zu deren Identitätsbildung nicht nur Adenauers Westintegration, sondern auch harter Antikommunismus gegenüber Moskau und Ostberlin gehörte.

Erst Anfang der Sechzigerjahre befreite man sich aus diesem

politischen Blockadezustand. Die ersten Entspannungsmomente zwischen den USA und der Sowjetunion nach Beilegung der Kubakrise 1962 trugen maßgeblich zu dem bei, was als Willy Brandts »Ostpolitik« zum Erfolgsmodell (west-)deutscher und vor allem sozialdemokratischer Außenpolitik wurde: Um der deutschen Wiedervereinigung willen stellte man sich dem »Zwang zum Wagnis der Koexistenz«. Das Paradigma »Wandel durch Annäherung« berücksichtigte ein Sicherheitsbedürfnis Polens, der DDR und der Sowjetunion, vor allem durch die Anerkennung der Grenzen. Brandts »Neue Ostpolitik« begründete sich auch in der 1967 formulierten NATO-Doppelstrategie: Eindämmung und Abschreckung der Sowjetunion durch Verteidigungsbereitschaft und zugleich der Wille zu Entspannung durch Dialog und Rüstungskontrolle. Eine Politik der Äquidistanz propagierte Brandt nie.

In der Helsinki-Schlussakte 1975 fand Brandts Ostpolitik ihre Vollendung. Sie infizierte viele Menschen im Osten Europas und in der Sowjetunion mit dem Wunsch nach Reformen und Freiheit. Sie war nicht denkbar ohne menschenrechtliche Dimension.

Es gehört zu den ebenso tragischen wie strategischen Fehlern der deutschen Sozialdemokratie, in den Achtzigerjahren auf »Sicherheitspartnerschaften« als neue Variante der Ostpolitik zu setzen, die Systemstabilität über die emanzipatorischen Forderungen der Bürgerrechtsbewegungen setzte. Auf die Frage, ob die Sowjetunion das Recht habe, in Polen militärisch zu intervenieren, wenn das Land den Warschauer Pakt verlassen wolle, antwortete Egon Bahr 1981: »Aber selbstverständlich.«

Diese Ostpolitik, die nach Einschätzung des ehemaligen DDR-Bürgerrechtlers und späteren Bundespräsidenten Joachim Gauck zu »Appeasement mit den Regimen in Osteuropa, aber auch in der Sowjetunion verkommen war«, wurde im Verhältnis zu Russland im Prinzip auch von den deutschen Christdemokraten fortgesetzt. Wobei zumindest Angela Merkel sich keine Illusionen über Putin und dessen »Gangster-Kleptokratie« (Stephen Kotkin) machte. Als in der DDR sozialisierte Pfarrerstochter, sehr gut Russisch sprechend, kannte sie Mentalitäten à la Stasi und

KGB. Dass Putin in einer »anderen Welt« lebe, stellte sie jedenfalls spätestens 2014 fest. Das macht die Sache allerdings nicht besser.

Das wohlstandsorientierte deutsche Sicherheitsdenken galt am Ende auch gegenüber Putin: Friedenssicherung durch Nachsicht, gar Stabilisierung des Machtsystems. Die zunehmend selbstgefällige Hoffnung, dass vertiefte ökonomische Verflechtung Putin zu moderaterer Politik verpflichten könne, war im besten Fall: Wunschdenken.

Auf einen auch emotional abrufbaren deutsch-russischen Verständniskanon hatte Putin gezielt, als er am 25. September 2001 – zwei Wochen nach 9/11 – als erster russischer Präsident vor dem Deutschen Bundestag sprach. Mit seiner in weiten Teilen auf Deutsch gehaltenen Rede gelang ihm eine politische Punktlandung. Er erklärte den Kalten Krieg für beendet.

In der Rückschau mag der immer wieder aufbrandende Applaus und das befreite Lachen der Abgeordneten beschämend sein – Putin warb mit niedrigen Unternehmenssteuersätzen und erwähnte auch die »bedeutende Rolle« von Frauen –, man hoffte eben immer noch dankbar für die deutsche Wiedervereinigung auf einen Neustart der Beziehungen.

Putins größtes Versprechen lautete: Nach den chaotischen Neunzigerjahren werde er innenpolitische Stabilität wiederherstellen und die Tür zu langfristigen Wirtschaftsbeziehungen öffnen.

Auf dem anfänglichen ökonomischen Konvergenzkurs Richtung Europa war Deutschland für Putin und seine Machtelite das Tor. Anders als die USA schien Deutschland für ihn vertrautes Terrain: Sprache und Kultur, die deutsche Effizienz. Seine DDR-Jahre in Dresden, das Netzwerk einstiger Kollegen aus den Geheimdiensten. Darunter auch der ehemalige Stasiagent Matthias Warnig, schon seit den Neunzigerjahren als Repräsentant der Dresdner Bank in Sankt Petersburg mit Putin vertraut. Warnig stieg auf zu einem der wichtigsten Verbindungsmänner nach Berlin. Und sicherte als Vorsitzender der Geschäftsführung der Nord Stream AG politische Unterstützung für die beiden milliardenschweren Pipelineprojekte.

Der Deutsche im Kreml lautete der Titel einer Putin-Biografie, die deutsche Illusionen spiegelte. Es war ein groteskes Missverständnis.

Zum Gewährsmann einer neuen Ära wurde Bundeskanzler Gerhard Schröder. Die beiden hatten rasch eine persönliche Beziehung entwickelt, stundenlang – auf Deutsch – miteinander gesprochen, in Moskau zusammen Weihnachten gefeiert. Das Ehepaar Schröder hatte zwei Waisenkinder aus Sankt Petersburg adoptiert, Putin gab Schröder zu dessen 60. Geburtstag in Hannover die Ehre, brachte einen ganzen Kosakenchor mit. Soziale Aufsteiger mit ausgeprägtem Willen zur Macht, pflegten sie eine Freundschaft unter Männern. Die Loyalität schloss Geschäfte nicht aus. Zumal man sie – wie Schröders Tätigkeit für Nord Stream und Rosneft – damit begründen konnte, im ökonomischen und geostrategischen Interesse Deutschlands und Europas zu handeln: Man brauche den russischen Markt und russische Rohstoffe.

Und auch wenn das Zitat über den angeblich »lupenreinen Demokraten« Putin so nie fiel – der Kanzler, durch seine auch von Putin demonstrativ unterstützte Ablehnung des Irakkriegs der USA 2003 außenpolitisch und moralisch geadelt, verteidigte Putins Politik und System. Deutsche Russlandpolitik war Chefsache, geprägt von einem Grundvertrauen. Persönlich, Politik von Mann zu Mann, ganz nach Putins Machtgeschmack.

Sie war auch geprägt von dem Wunsch nach Aussöhnung. Schröder, dessen Vater 1941 an der Ostfront gefallen war, verstand sich, wie eine ganze Generation vor allem sozialdemokratischer Politiker mit ihm, als Vertreter eines neuen Deutschlands. Eines Deutschlands, das sich endlich der Verantwortung für den deutschen Vernichtungskrieg stellte. Wobei diese Verantwortung im Lauf der Jahre auch moralisch herhalten musste für die Handelspolitik der Mittelmacht Deutschland

Diese Verantwortung erleichterte allerdings auch die Rechtfertigung vermeintlicher – oder echter – Putin'scher Einkreisungsängste. Rücke doch die NATO immer weiter nach Osten vor. Bei der Betrachtung Russlands solle man sich »nicht an den Interessen der USA orientieren«, argumentierte Schröder. »Das Interesse der USA ist es, einen globalen Konkurrenten kleinzuhalten.

Das Interesse Europas ist es, mit dem wichtigen Nachbarn Russland in Frieden zu leben.«

Diese Männerfreundschaft – auch sie eine Art Annäherung durch Verflechtung – wurde zum Symbol für einen sich herausbildenden deutschen Putin-Konsens. Und der lautete nicht »Wandel durch Annäherung« und auch nicht »Wandel durch Handel«, sondern eher: »Handel ohne Wandel«.

Mit Putins Machtantritt begannen goldene deutsch-russische Jahre, geschäftlich zumindest. Die CEOs der großen Konzerne, auch die vom »Ostausschuss der deutschen Wirtschaft«, durften auf direkten Zugang zu Putin hoffen. Der langjährige Ausschussvorsitzende und ehemalige Daimler-Benz-Vorstand Klaus Mangold etwa – bis zum März 2022 auch Honorarkonsul Russlands für Baden-Württemberg – propagierte, deutsches Unternehmertum könne den Russen am Ende durchaus auch Demokratie beibringen.

Und wie Putin sie zu vereinnahmen wusste, Minister wie Unternehmer: Abendessen in einer der prunkvollen Residenzen, gerne am sehr späten Abend, Auftritte von Ballerinas und Opernsolisten; Wodka natürlich und Lieder und am Ende vielleicht auch Umarmungen, das Umschmeicheln des ewig Russischen in den sonst so kühlen deutschen Geschäftsseelen, das Tiefgründige wohl.

Meisterhaft verstand es Putin, die Illusionen und Interessen seiner – meist männlichen – Besucher zu spiegeln. War dieser so selbstbewusst und zugleich so bescheiden auftretende Mann am Ende nicht doch: ein Deutscher im Kreml?

Als Bestätigung und Beweis diente bis zuletzt die jahrzehntealte, lukrative Energie-Zusammenarbeit, die mit dem legendären, gegen die USA durchgesetzten Erdgas-Röhren-Geschäft der Siebzigerjahre begonnen hatte. Deutsche Unternehmen gingen mit Beteiligungen an westsibirischen Gasfeldern upstream, abgesichert von staatlichen Bürgschaften. Russische Konzerne maximierten Profite und Kontrolle downstream. Gazprom erlangte mit dem Kauf von Gasspeichern noch 2015 Kontrolle über deutsche kritische Infrastruktur. Damit wuchs die einseitige Abhängigkeit – die der Deutschen und damit auch Europas.

Langfristige Lieferverträge ließen das Erdgas zu langfristig niedrigen Preisen fließen. Diese »Energiepartnerschaft« war fester Pfeiler des deutschen Geschäftsmodells in Zeiten der Globalisierung: billiges russisches Gas für die Produktion deutscher Exportwaren. So zahlte sich die Friedensdividende aus.

Mit der Eröffnung der beiden Pipelinestränge Nord Stream 1 erhielt Gazprom – und damit Putin – 2011 direkten Zugang zum europäischen Markt. Im Norden Nord Stream durch die Ostsee, im Süden Turkstream durch das Schwarze Meer über Istanbul Richtung Südosteuropa: Wie in einer Zangenbewegung nahm Putin die wichtigen europäischen Absatzmärkte in den Griff. Vor allem Nord Stream würde Umgehung und Erpressung von Transitländern wie etwa Polen oder der Ukraine zumindest ermöglichen.

Natürlich war Energie eine Waffe.

Im Oktober 2015 – Russland war nach der Annexion der Krim und dem provozierten Krieg im Osten der Ukraine mit EU-Sanktionen belegt, die russische Luftwaffe bombardierte bereits syrische Städte – sprach sich Wirtschaftsminister Sigmar Gabriel in Moskau für eine schrittweise Aufhebung der Sanktionen aus. Das nächste deutsch-russische Großprojekt war bereits in Planung: Nord Stream 2. Dutzende Male wurden Nord-Stream-2-Lobbyisten im Auswärtigen Amt, in Wirtschaftsministerien und deutschen Botschaften in Moskau und Brüssel vorstellig.

Mochten Polen oder Ukrainer protestieren, mochten sich EU-Parlament und EU-Kommission gegen Nord Stream 2 aussprechen, Klimaschützer sowieso – Kritik wurde konsequent kleingeredet, die EU-Gasdirektive mit juristischen Kniffen für Nord Stream 2 de facto ausgehebelt. Sanktionsdrohungen des US-Präsidenten Donald Trump führten überparteilich zum gaspolitischen Schulterschluss, »Russlandtage« mit heftigen antiamerikanischen Reflexen inklusive.

Ohne Unterstützung führender deutscher Politiker, (sozialdemokratischer) Wirtschafts- wie Außenminister wäre all dies kaum möglich gewesen; auch Gerhard Schröder spielte seine wichtige Rolle als Lobbyist. Doch das De-facto-Appeasement Putins war eine parteiübergreifende Angelegenheit. CDU-Ministerpräsidenten pflegten gute Beziehungen; auch bayerische Wirtschaftsdelegationen pilgerten gern gen Moskau.

Und am Ende war es eine CDU-Kanzlerin, Angela Merkel, die in Bezug auf den autokratischen Herrscher im Kreml ebenso illusionslos wie pragmatisch vorging. Sie musste um die sicherheitspolitische Dimension einseitiger Abhängigkeit in der Energieversorgung auch für Europa wissen. Doch bezeichnete auch sie Nord Stream als rein »kommerzielles Projekt« – wohl wider besseres Wissen. Sie stellte damit das deutsche Geschäftsmodell, das auf der vermeintlich sicheren Lieferung billiger Rohstoffe basierte, über eine kritische Neubewertung, gar notwendige Neuorientierung deutscher Russlandpolitik.

Putin in einen Prozess pragmatischen Interessenausgleichs einzubinden und so immer wieder Schlimmeres zu verhindern, blieb das Ziel merkelscher Realpolitik auch im ersten Zäsurenjahr 2008. Während des NATO-Gipfels in Bukarest, als die USA unter George W. Bush und seiner verheerenden »Freedom Agenda« auf eine NATO-Mitgliedschaft Georgiens und der Ukraine drängten, stoppten ihn Angela Merkel und Nicolas Sarkozy mit jenem fatalen »Irgendwann einmal«-Kompromiss, der Putins Einkreisungs-Narrativ nur bestätigte. Kurz danach marschierte er in Georgien ein.

In Berlin hatte man damals allerdings auch die schwierige innenpolitische Lage in Georgien und vor allem in der Ukraine im Blick, auch jenseits russischer Desinformationskampagnen: Governance-Probleme, grassierende Korruption, der massive Einfluss der Oligarchen auf Medien und Politik. Und doch verwechselte man Putins neoimperiale Politik mit verhandelbaren Sicherheitsinteressen.

Im Juni 2022 verteidigte Merkel ihre Entscheidung: Sie habe Schlimmeres für die Ukraine verhindern wollen. Putin habe sehr klargemacht, dass ein NATO-Beitritt der Ukraine für ihn einer Kriegserklärung gleichkäme. »Dass er den ganzen Westen als seinen Feind sieht, dass er findet, dass er permanent gedemütigt wurde, all das teile ich überhaupt nicht. Aber ich habe gewusst, dass er das dachte und dass er das genauso sieht.«

Das steigende Misstrauen der baltischen Staaten, der Ukraine und Polens wurde in Berlin in Kauf genommen, das Risiko weiterer europäischer Spaltung. Dreißig Jahre lang habe ein »Ton der Bevormundung« geherrscht, kritisierte der damalige polnische Verteidigungsminister Radosław Sikorski im Herbst 2022 deutsche Regierende: »Sie sahen Russland nicht als Bedrohung«, und: »Ihre Politik gegenüber der Ukraine und Russland bewies, dass Sie unsere Sorgen nicht berücksichtigten. Ihre Politik scheiterte. Wir haben keinen Grund, Ihrem Urteilsvermögen zu vertrauen.«

Ähnlich geschah es mit den Minsker Verhandlungen für einen Waffenstillstand im Osten der Ukraine, Merkel verhandelte persönlich mit Putin. Der »Minsker Prozess« endete im politischen Nirgendwo. Am Ende war weder der Regierung in Kiew und schon gar nicht der in Moskau ernsthaft an einer Umsetzung gelegen. Und dennoch, oder gerade deswegen, unterstützte die Bundesregierung – Wirtschaftsminister Sigmar Gabriel, Außenminister Frank-Walter Steinmeier, das Bundeskanzleramt – das Pipelineprojekt Nord Stream 2. Es sei, erklärten Beteiligte noch 2022, der letzte »Anker« gewesen, wahlweise »die letzte Halteleine« oder auch »die letzte Brücke«.

Bis zuletzt setzte man auf Putins Rationalität. Seine Kosten-Nutzen-Analyse aber lautete schon lange anders. Er scheute die Kosten nicht. Und auch nicht die Opfer.

Noch kurz vor dem Angriff soll er behauptet haben, er habe »den Westen gekauft«. Seine Taktik anpassend, setzte er 2022 auf Energiepreiskrisen und Inflation, Rezession und Wohlstandsverluste, auf Angst und den zerstörerischen Erfolg von Populisten.

Zu lange folgte man in Deutschland Putin auf seinem Sonderweg in eine neue Weltordnung einer Allianz der Autokraten, viel zu lange. Ist es doch ein Weg in die Dunkelheit. In seine Dunkelheit.

12

Putin und die Offensive an der Peripherie

Nicolas Tenzer

Putins Streben nach Macht ist globaler Natur. Bei seinem Bemühen, Destabilisierung, Anarchie und Korruption zu verbreiten, greift das russische Regime weit über die ehemaligen Sowjetgebiete hinaus, die als traditionelle »Einflusszonen« gelten. Dieses Streben erscheint wie eine Art Fortsetzung der Außenpolitik der früheren Sowjetunion, dabei unterscheidet sie sich auch in gewisser Weise von dieser. Letztere versuchte, im weltweiten Kampf gegen das kapitalistische und liberale System so viele Regime wie möglich in Richtung einer marxistisch-leninistischen Diktatur zu kippen und sich das wohlwollende Einverständnis augenscheinlich neutraler Staaten zu erkaufen. Indem die UdSSR kommunistische Bewegungen überall auf der Welt unterstützte, hoffte sie, deren Weg an die Macht vorzubereiten, und diese Aufgabe konnte durch den korrupten und brutalen Charakter einiger angeblich dem Westen wohlgesonnener Regime erleichtert werden. Putins Streben ist sicherlich darauf ausgerichtet, ihm feindlich gesonnene Regierungen zu stürzen und die dem Westen ablehnend gegenüberstehenden zu fördern, hingegen ist jegliches ideologisches Fundament für dieses Handeln, und sei es früher auch nur als Vorwand genutzt worden, verschwunden. Es geht zweifellos weiterhin darum, jene Prinzipien zu bekämpfen, auf denen eine liberale Weltordnung beruhen könnte, doch in Putins Projekt ist nicht mehr vorgesehen, diese Ordnung durch eine neue zu ersetzen: Es geht ihm folglich um eine radikale Zerstörung[1] und dauerhafte Destabilisierung.

In Wahrheit haben sich drei Dinge geändert. Zum einen hat die kommunistische Ideologie sowohl ihre Attraktivität als auch ihren Status als Referenzgröße verloren. Erstens ist das heutige Russland nicht länger der ideologische Anziehungspunkt, wie es die UdSSR zu Zeiten der Komintern mehr oder weniger war. Selbst jene Regime, die sich noch vage auf diese Ideologie beziehen (der venezolanische Bolivarismus von Chávez und Maduro, der kubanische Castroismus) oder ihr einige Elemente entnehmen (der einstige irakische, heute nur noch syrische Baathismus, der nichts mit dem Kommunismus gemein hat, übrigens auch nicht mit dem Laizismus), behaupten das inzwischen nicht mehr. Möchte man überhaupt noch von ideologischer Nähe sprechen, bestünde sie eher zu den unterschiedlichen nationalistischen, antisemitischen, revisionistischen oder ethnizistischen rechtsextremen Bewegungen.[2] Die Verbindung zu Putins Russland besteht vor allem in einem Korruptionspakt[3] oder einem Verbrechersyndikat.

Zweitens ist der Zugriff des russischen Regimes auf diese Länder heute schwächer ausgeprägt als jener der Sowjetunion zu den Zeiten, als noch eine Art strategischer Gleichstand mit den Vereinigten Staaten existierte. Der Kreml verfügt auch nicht mehr über organisierte Vermittler vor Ort. Putin ist zwar durchaus in der Lage, einige Herrscher militärisch zu unterstützen, hin und wieder über eine Ad-hoc-Allianz mit Peking – wie etwa in Myanmar –, und dort auf Raubzug zu gehen, doch er kann keine dauerhafte Allianz erzwingen. Allerdings verfügt er dank seiner digitalen Handhabe über eine deutlich invasivere und gefährlichere Propaganda als die UdSSR.[4]

Und schließlich spielt es drittens eine Rolle, dass Putins Russland nicht mehr mit einem derart entschlossenen Feind konfrontiert ist, wie es die Vereinigten Staaten und ihre Verbündeten zu Zeiten des Kalten Kriegs gewesen waren. Nach dem Fall der Mauer wurde die Theorie von der Abwesenheit eines Gegners lange Jahre immer beliebter und schläferte die westliche Allianz zunehmend ein. Der Westen verlor die große Bedrohung und die Verbrechen des russischen Regimes aus dem Blick. Doch dann wurde das geringe strategische und wirtschaftliche Gewicht Russlands durch die Kleinmütigkeit des Westens quasi kompensiert. Moskau nutzte die wenigen ihm zur Verfügung stehenden

Mittel, die es übrigens unter Missachtung des Wohlergehens seines eigenen Volkes entwickelte, um unter großem Krafteinsatz kriminelle Herrschaftscliquen zu unterstützen, destabilisierende Maßnahmen durchzuführen und ihm gewogene Bewegungen im rechten Moment mit entscheidender Hilfe unter die Arme zu greifen. Es ging nicht mehr darum, zu erobern oder Operationen durchzuführen, mit denen die Ordnung wiederhergestellt werden sollte wie 1956 in Budapest oder 1968 in Prag und Warschau, sondern Russland erledigte das strikt Nötige, um dem Westen feindlich gesonnene Regime an der Macht zu halten, um einige seiner ehemaligen Einflusssphären zu stabilisieren oder um die Demokratien in jenen Zonen herauszufordern, die sie mehr oder weniger zu kontrollieren hofften. Putins Russland konnte von da an mangels anderer Gegner als Macht erscheinen.

Die unsicheren Territorien der ehemaligen Sowjetrepubliken

Neben der Ukraine, gegen die Putins Regime einen Vernichtungskrieg mit völkermordähnlichem Charakter führt,[5] beabsichtigt der Herrscher im Kreml, weitere Staaten auf dem Gebiet des früheren Sowjetreichs zu unterwerfen, mal mit mehr, mal mit weniger Erfolg. Als gehorsamer ehemaliger KGB-Offizier hat er seinen Kummer über den Untergang der UdSSR nie verheimlicht und ihn als »größte geopolitische Katastrophe des Jahrhunderts« bezeichnet.[6] Er strebt an, jedes dieser Länder gegen seinen Willen davor zu bewahren, den selbst gewählten Weg weiterzugehen.

Der Fall Belarus liefert dafür ein besonders tragisches Beispiel. Während er sein Land auf brutale Art und Weise unterdrückt, bemühte sich Diktator Alexander Lukaschenko lange Zeit um eine gewisse Distanz zu Moskau. Mithilfe seines sporadischen, nach Lust und Laune verteilten Entgegenkommens gelang es ihm, Minsk eine Zeit lang zu einem Mitgliedsstaat der Östlichen Partnerschaft der EU werden zu lassen,[7] genau wie Armenien, Aserbaidschan, Georgien, Moldau und die Ukraine. Diese von ihren Initiatoren nicht als Vorbereitung für eine EU-Mitgliedschaft geplante Partnerschaft bringt den Mitgliedsstaaten eine Reihe (vor allem wirtschaftlicher) Vorteile.[8] Mit dem Abkommen verband sich die Hoffnung, dass sich diese Länder weiter in Richtung Rechtsstaatlichkeit entwickelten, indem sie dazu die entsprechenden Institutionen ins Leben riefen und angemessene Reformen umsetzten. Und eine Weile lang zeigte sich Lukaschenko auch wenig interessiert daran, die brachliegenden Ansätze einer seit Mitte der 1990er-Jahre geplanten Russisch-Belarussischen Union, einer Wirtschafts- und Verteidigungsgemeinschaft der beiden Länder, wieder aufzugreifen.

Als die Repressionen in Belarus zunahmen und mehrere Kandidatinnen und Kandidaten nicht zu den Präsidentschaftswahlen im August 2020 zugelassen worden waren, begann die Bevölkerung friedlich zu protestieren, und es wurden Forderungen nach mehr Freiheiten laut.[9] Einige Führungsfiguren der Protestbewegung wurden verhaftet und zu langen Haftstrafen verurteilt. Trotz schwerer Vorwürfe wegen Wahlbetrugs erklärte sich Lukaschenko nach der Wahl 2020 zum Sieger; im Westen wurden die Wahlergebnisse nicht anerkannt. Seine chancenreichste Gegenkandidatin Swetlana Tichanowaskaja, die vermutlich tatsächlich zur Präsidentin gewählt worden war, aber auch andere wichtige Persönlichkeiten der Opposition wurden ins Exil gezwungen. Als die Repressionen zunahmen, es zu Toten und Verletzten und rund 1300 politisch motivierten Festnahmen kam, eilten umgehend russische Spezialeinsatzkräfte Lukaschenko zu Hilfe und unterstützten die vom belarussischen KGB durchgeführten Maßnahmen.[10] Nicht weniger bedeutend war, dass nach der erzwungenen Schließung der noch freien belarussischen Medien und der Verhaftung oder Vergrämung ihrer Betreiber der Fernsehsender Russia Today (RT) mehrere seiner Angestellten nach Belarus entsandte, um die Redaktion des dortigen Staatsfernsehens zu übernehmen.[11]

Im Kontext dieser umfassenden Repressionen schockierte die von den Diensten des Regimes erzwungene und zweifellos vom Kreml unterstützte Umleitung eines Flugzeugs die Weltöffentlichkeit. Am 23. Mai 2021 wurde eine Ryanair-Maschine auf ihrem Weg von Athen nach Vilnius von einem belarussischen Kampfjet zur Landung in Minsk gezwungen, wo man zwei Passagiere, den Blogger Roman Protassewitsch und seine Begleiterin Sofia Sapega, verhaftete. Einige Tage darauf erschien Protassewitsch mit sichtbaren Folterspuren im belarussischen Fernsehen, um sein erzwungenes Geständnis vorzutragen, er habe verbotenerweise Massenproteste organisiert. Umgehend schloss die Europäische Union ihren Luftraum für belarussische Flugzeuge und setzte Wirtschaftssanktionen sowie Sanktionen gegen Mitglieder des Regimes in Kraft beziehungsweise verschärfte diese. Dieser Akt der Luftpiraterie, der an eine staatliche organisierte Entführung grenzt, machte deutlich, dass das Regime vor nichts zurückschreckt.

Vor der neuen russischen Invasion in die Ukraine vom 24. Februar 2022 nahm Belarus an gemeinsamen Manövern mit Russland teil, außerdem blieben russische Truppen auf belarussischem Staatsgebiet stationiert. Sofort mit Beginn der Angriffe gegen die Ukraine kopierte Lukaschenko die Kremlpropaganda und verurteilte jene belarussischen Bürgerinnen und Bürger, die ihren Widerstand gegen die Kämpfe deutlich gemacht oder den Krieg auch so genannt hatten. Mehrere Raketen wurden von belarussischem Gebiet auf die Ukraine abgefeuert, und laut Medienberichten fliegt die russische Luftwaffe regelmäßig von einem grenznahen belarussischen Flugplatz Angriffe auf die Ukraine. Dennoch schien es so, dass Lukaschenko nur der Widerstand eines Teils der Militärführung, die mangelnde Vorbereitung seiner Truppen und Sabotageoperationen – vor allem gegen Züge, die vermutlich Panzer und russische Soldaten an die Front bringen sollten – davon abhielten, sein Land mit in den Krieg zu stürzen.[12]

Der belarussische Präsident ist sich bewusst, dass ein Sturz Putins auch sein Ende bedeuten und ein Sieg der Ukraine seine Situation unhaltbar machen würde. Das eine wie das andere würde den militärischen Beistand und die Rückendeckung Moskaus für Minsk in Luft auflösen. Umgekehrt verbindet die belarussische Opposition, die sich anfangs bemühte, der eigenen demokratischen Revolution keinen internationalen Anstrich zu geben und sich nicht gegen Russland zu stellen, heute hingegen ganz offen die Befreiung von Belarus von der Tyrannei mit der

Befreiung der Ukraine vom Joch Moskaus. Ebenso achtet sie darauf, obwohl ihre Revolution aufgrund der dort vertretenen europäischen Werte an den Euromaidan in Kyiv erinnert, nicht von einer EU-Perspektive zu sprechen. Seit die Beitrittsbemühungen der Ukraine und Moldaus offiziell bekannt gegeben wurden, bereitet sich die belarussische Opposition sicherlich auf ebendiesen Schritt vor, will ihn aber erst gehen, sobald das Land frei und demokratisch ist. In weniger als zwei Jahren, so meine Hoffnung, könnte das belarussische Volk, genau wie das ukrainische, seine europäische Legitimität erlangt haben.

Neben Belarus bedroht Putin auch die territoriale Integrität von Moldau, jener ehemals rumänischen Provinz, die von Stalin aufgrund des deutsch-sowjetischen Nichtangriffspakts vom 23. August 1939 (und dessen geheimen Zusatzprotokolls) besetzt, annektiert und sowjetisiert wurde, bevor man ihre Eliten in großer Zahl deportierte. Moldau erhielt 1991 seine Unabhängigkeit zurück und sah sich 1992 auf Anhieb mit einer »Pridnestrowischen Moldauischen Republik« konfrontiert, die sich mithilfe der russischen Armee abgespalten hatte – die Flagge der auch Transnistrien genannten Entität ziert übrigens (ein weiteres Nachbild der Sowjetunion) noch immer Hammer und Sichel.[13] Transnistrien ist international nicht anerkannt, und die von diesem separatistischen Akt erzeugte Situation muss, obwohl sie immer wieder übersehen wird, als eine äußerst konfliktbeladene Spannungsquelle im Herzen Europas betrachtet werden. Von rund 1700 russischen Soldaten besetzt, ist Transnistrien ein potenzieller Ansatzpunkt für die kriegerischen Absichten Putins, der jederzeit »antirussische Provokationen« als Vorwand für einen weiteren Konflikt anführen kann. Die Politik der am 15. November 2020 gewählten proeuropäischen Präsidentin Moldaus Maia Sandu, welcher der zuvor amtierende prorussische Präsident Igor Dodon unterlegen war, wurde bei den Parlamentswahlen im Juli 2021 bestätigt, bei denen proeuropäische Parteien den Sieg davontrugen – und dieser entscheidende Wandel wurde wiederum Ende Juni 2022 bestätigt, als das Land den Status eines EU-Beitrittskandidaten verliehen bekam. Dieser letzte Nagel im Sarg der ehemaligen Sowjetunion belegt den liberalen Emanzipationswillen der früheren russischen »Einflusszone«, die Putin weiterhin für sich in Anspruch nimmt. Ein Sieg Moskaus in der Ukraine – oder ein eingefrorener Konflikt, der diesem gleichkäme – würde die Anwandlungen des Kremls nur anheizen, seine Destabilisierungsversuche in Moldau fortzusetzen und die in den besetzten Gebieten stationierten Truppen dafür zu nutzen.[14] Ein Sieg der Ukraine und ihrer Verbündeten wiederum könnte eine Lösung in diesem festgefahrenen Konflikt erheblich erleichtern.

Von den drei kaukasischen Ex-Sowjetrepubliken wird das Schicksal Georgiens oft als das dramatischste angesehen, da russische Truppen rund 20 Prozent seines Staatsgebiets eroberten. Betrachtet man die Opferzahlen, dürfte jedoch Armenien das am übelsten zugerichtete Land sein, auch wenn dessen Tote im Wesentlichen auf das Konto Aserbaidschans und nicht Russlands gehen. Diese Situation fasst das Paradox der beiden Länder zusammen, die nicht nur ihre alte Feindschaft pflegen, sondern beide auch ein Teil des einstigen Sowjetreichs waren: das unmögliche gemeinsame Erbe und die Instrumentalisierung eines seit 1991 festgefahrenen Konflikts, der seit Putins Aufstieg an die Macht noch einmal an Schärfe gewonnen hat.

Im Gegensatz zu Armenien steht Aserbaidschan nicht unter russischer Dominanz und kann eine andere Art von Bündnis mit Moskau anstreben. Das Regime in Baku, das von der ehemaligen Sowjetunion gelernt hat, wie man jede abweichende Stimme unterdrückt,[15] und im Westen eine ungemein aktive Einflusspolitik betreibt,[16] kopierte in gewisser Weise Putins Herrschaftsform, vor allem was die Korruption im Innern und nach außen betrifft. Die engen Beziehungen zu Ankara und das etablierte Verhältnis zu Israel in militärischen Angelegenheiten[17] sowie das relative Schweigen der Vereinigten Staaten und der Europäischen Union angesichts der eklatanten Menschenrechtsverletzungen durch das Regime von Ilham Alijew – das sich zum Teil dadurch erklärt, dass Aserbaidschan hinsichtlich Energielieferungen ein Gegengewicht zu Russland bilden könnte – wären in der Lage, das Land mühelos ins westliche Lager zu ziehen, doch ganz so einfach ist die Situation nicht. Der Alijew-Clan weiß genau, dass er sich nur so lange an der Macht halten kann, solange Russland ihn akzeptiert und Interesse an seinem Machterhalt hat. Das zeigte sich etwa daran, dass Putin den Konflikt um Bergkarabach in dem von ihm gewünschten Augenblick beenden konnte, während die aserbaidschanischen Truppen eigentlich stark genug gewesen wären, die Kämpfe erfolgreich fortzusetzen. Man darf durchaus davon ausgehen, dass Aserbaidschan nur deshalb Armenien militärisch angreifen konnte, da aus dem Kreml grünes Licht dafür gegeben wurde. Letztendlich kannte der Krieg im Herbst 2020 zwei wesentliche Gewinner:[18] Russland und Aserbaidschan – nebenbei auch die Türkei. Es gab darüber hinaus auch zwei Verlierer zu erkennen: Armenien und der Westen. Letzterer aus eigener Schuld.

Und tatsächlich gerät Eriwan jeden Tag ein Stück weiter unter Moskaus Gängelei. Lange Zeit bemühte sich Armenien, die Balance zwischen der alten russischen Kolonialmacht, die für Beherrschung und Unterwerfung steht, und dem Westen als Verfechter von Freiheit, Gleichberechtigung und Wohlstand zu halten. Doch Armeniens westliche Verbündete haben das Land bereits vor dem letzten Krieg weitestgehend im Stich gelassen und nur wenig Begeisterung gezeigt, eine Strategie für Armenien zu entwerfen. Die Östliche Partnerschaft hat das Land kaum näher an Europa herangebracht, wirtschaftlich nicht und strategisch ohnehin nicht. Der Krieg im Jahr 2020 verstärkte die Präsenz russischer Truppen auf armenischem Boden noch einmal deutlich, wobei die russischen Dienste ohnehin bereits die Landesgrenzen kontrollierten. Die Waffenstillstandsvereinbarung vom 10. November 2020 erlaubt die Stationierung von 1960 russischen Soldaten in der Region und stellt Bergkarabach unter russische Kontrolle. Einige Quellen sprechen inzwischen von 10 000 Russen in der Region. Eines der deutlichsten Symbole für diese russische Dominanz war der Moment, in dem der armenische Ministerpräsident Nikol Paschinjan, obwohl selbst ehemals Gegner des russischen Vorgehens, Anfang Januar 2022 gezwungen war, persönlich die Entsendung von »Friedenstruppen« der Organisation des Vertrags über kollektive Sicherheit (OVKS)[19] nach Kasachstan zur Niederschlagung von Demonstrationen zu verkünden. Die von der Samtenen Revolution 2018 gehegten Hoffnungen sind nur mehr eine vage Erinnerung.

Die zentralasiatischen Staaten, früher einmal Teil des Sowjetreichs, stehen sämtlich weitestgehend unter dem Einfluss Moskaus, doch zwischen ihnen sind Unterschiede erkennbar. Während Turkmenistan wie ein erfolgreich bis zum Ende verwirklichtes Nordkorea wirkt, gelang es anderen Ländern dennoch, einen gewissen Abstand zum Kreml zu wahren, so autoritär und repressiv sie oft auch sind. Ein Beleg dafür ist, dass sie sich im März 2022, als bei den Vereinten Nationen die russische Aggression gegen die Ukraine verurteilt werden sollte, entweder enthielten oder an der Abstimmung gar nicht teilnahmen. Allerdings können sie der russischen Dominanz nicht ganz entkommen. Und doch zögerte der neue starke Mann Kasachstans, Präsident Kassym-Schomart Tokajew, nicht, auf Distanz zu Moskau zu gehen, obwohl er von der russischen Intervention in seinem Land ungemein profitierte: Er unterstützte die Sanktionspolitik gegen Russland, erlaubte Demonstrationen gegen den Krieg, hielt die recht guten Beziehungen zu Kyiv aufrecht und verweigerte die Anerkennung der Pseudorepubliken Donezk und Luhansk.[20] Diese Haltung schien ihm nach der Unterdrückung der Proteste im eigenen Land vom Januar 2022 einige Anerkennung bei der Bevölkerung zu verschaffen. Es bestehen indes Zweifel, ob Russland derzeit genug freie Kapazitäten hätte, der von Kasachstan eingeschlagenen Politik einer wachsenden Autonomie massiv entgegenzutreten. Tokajew hat sicher verstanden, dass er die angestrebte Machtposition über andere Allianzen und die Fähigkeit erlangen kann, Investoren anzulocken, die weniger dazu neigen, sich gen Moskau zu verbeugen.

Die anderen Länder der Region, namentlich Kirgistan, Usbekistan und Tadschikistan, werden weiterhin autoritär regiert – Kirgistans Demokratieexperiment war eher kurzlebig –, weshalb man sie sich nur schlecht bei der Ausgestaltung einer Allianz mit dem Westen vorstellen kann. Allerdings verdeutlichte der Krieg gegen die Ukraine noch einmal, dass man sich nicht auf das russische Regime verlassen kann, weder was Sicherheitsfragen noch was die Wirtschaft betrifft. Zudem dürften sich diese Staaten vor dem Moment fürchten, in dem ihre wirtschaftliche Abhängigkeit von Moskau zu einer Form der Prekarität führt, die die bereits stark vorhandene und nur gezügelte Unzufriedenheit der eigenen Bevölkerung noch steigern könnte. Eine umfassende Niederlage Putins in der Ukraine würde die Staaten zu heiklen Entscheidungen zwingen, die gewiss nicht zugunsten der alten Kolonialmacht ausfallen würden – der Krieg hat diese unaufhaltsame Entwicklung nur beschleunigt.

Die Rebalkanisierung des Balkans

Das ehemalige Jugoslawien unter Tito war für die UdSSR der vereitelte Traum eines Reichs gewesen. Dessen Zusammenbruch nach Slobodan Miloševićs verlorenen Kriegen[21] entpuppte sich für Moskau als schlechte Neuigkeit, da es im serbischen Kriegsverbrecher zweifellos einen verlässlicheren Verbündeten gesehen hatte als in Josip Broz. Die Koppelung der Region an den Westen, also an die Europäische Union (im Falle Sloweniens und Kroatiens umgesetzt, in anderen Fällen bislang nur angekündigt) beziehungsweise an die NATO (im Falle einiger dieser Länder), steht für Putin stellvertretend für das, was er als definitiven Niedergang seiner imperialen Pläne ansieht. Da sich die inzwischen unabhängigen Staaten des ehemaligen Jugoslawiens nicht wiedervereinigten, ist die Befriedung des Westbalkans unter dem Banner der europäischen Freiheit in Putins Augen ein Projekt, das er zu durchkreuzen hat.

In seinen Bemühungen um die Übernahme der Kontrolle in einem Teil der Region verfügt der Kreml über einen erlesenen Verbündeten: Serbien, das größte Land der Region.[22] Die Hoffnungen liberal Gesinnter auf eine eher europäische Ausrichtung ihrer Regierung fielen mit der Amtsübernahme von Aleksandar Vučić zunächst als Ministerpräsident (2014), dann als Staatspräsident (2017) in sich zusammen. Der ehemalige Ultranationalist hat zwar seine extremsten Äußerungen zurückgezogen und sich sogar offiziell für eine Hinwendung seines Landes zur EU ausgesprochen, das 2012 den Status eines Beitrittskandidaten verliehen bekam. Doch in seinen aktuellen Reden schwingen starke

Anklänge an seine Vergangenheit mit: Vučić weigert sich, die von Milošević und serbischen Nationalisten in Bosnien begangenen Verbrechen zu verurteilen; er greift wiederholt auf eine antiwestliche Rhetorik zurück, wenn er sich auf die Bombardements der NATO 1999 bezieht, die entscheidend für das Ende des Krieges sorgten; er spielt in seinen Ansprachen bewusst mit dem Feuer, wenn er über Bosnien und vor allem das Kosovo spricht, deren Unabhängigkeit von Belgrad nicht akzeptiert wird – eine Thematik, die Moskau und seine Propagandisten in Europa häufig aufgreifen, um mithilfe einer falschen Analogie zu versuchen, den Krieg gegen die Ukraine zu rechtfertigen. Und schließlich lässt sich trotz seiner häufig verworrenen Rhetorik erkennen, dass Vučić de facto das russische Regime unterstützt, ganz zu schweigen von seinem kaum vorhandenen Bemühen, gegen Korruption und mafiöse Gruppierungen vorzugehen.[23] Im Mai 2021 hielten Belgrad und Moskau, Mitunterzeichner eines Vertrags zur Zusammenarbeit in Sicherheitsfragen, gemeinsame Militärmanöver ab; Serbien gehört zudem neben Russland und dem kommunistischen China zu den Ländern, die Waffen an die Militärjunta von Myanmar verkaufen. Die Geheimdienste Serbiens und Russlands unterhalten gute Verbindungen, und die russische Seite kann seit 2016 eine Basis in Serbien nutzen. Einstmals als Teil Jugoslawiens kein Mitglied des Warschauer Pakts, besitzt Serbien heute einen Beobachterstatus bei der OVKS und ist darüber hinaus von Gaslieferungen aus Russland abhängig. Und schließlich hat Serbien die russische Aggression gegen die Ukraine nicht offiziell verurteilt und sich geweigert, Moskau mit Sanktionen zu belegen, ohne nach außen hin seine neutrale Fassade aufzugeben.[24] Eine weitere bemerkenswerte Tatsache: Das Patriarchat Moskau unterstützt die serbisch-orthodoxe Kirche, die wiederum jene der Ukraine nicht anerkennt. Diese serbische Kirche, die übrigens Miloševićs Politik unterstützte und seine Kämpfer segnete, bevor diese aufbrachen, um Massaker zu begehen, ist ebenfalls ein Instrument Moskaus zur Destabilisierung der Region zu seinen Gunsten. Sie war sehr aktiv an den Protestbewegungen in Montenegro beteiligt[25] – dessen NATO-Beitritt 2017 in Moskau wütend aufgenommen wurde. Ein versuchter Staatsstreich in Podgorica am Tag der Parlamentswahlen (16. Oktober 2016), angegangen auch mithilfe der prorussischen Opposition im Land, wurde übrigens häufig Russland zur Last gelegt[26] und verurteilt.

In Bosnien-Herzegowina ist die Situation noch angespannter. Der bekannte Wortführer der dortigen serbischen Entität (Republika Srpska) und erklärte Verbündete Russlands Milorad Dodik, von 2010 bis 2018 Präsident der Republika und Ende Oktober 2022 neuerlicher Sieger bei den Präsidentschaftswahlen im serbischen Landesteil, drängt Banja Luka in Richtung Abspaltung, welcher das Parlament bereits in einer nicht bindenden Resolution zugestimmt hat. Sowohl Belgrad als auch Moskau agieren in dieselbe Richtung, zumal das Projekt Großserbien *(Velika Srbija)* große Ähnlichkeit mit dem Projekt Großrussland aufweist. Außerdem möchte Moskau verhindern, dass Bosnien-Herzegowina wie gewünscht der NATO und später womöglich der Europäischen Union beitritt. Eine Loslösung der Republika Srpska[27] widerspräche nicht nur dem Abkommen von Dayton aus dem Jahr 1995, sie könnte auch der Startschuss für eine Rebalkanisierung des Balkans sein und damit dem langfristigen taktischen Ziel des Kremls entsprechen.

Die Front des Verbrechens gegen die Freiheit und Herrschaft des Rechts

Putins Ambitionen enden nicht an den traditionellen Grenzen des früheren Sowjetreichs, sondern scheinen weltumspannend zu sein. Sie stehen allerdings nicht immer unter dem Banner der Eroberung – für den armen russischen Staat alles in allem unmöglich –, sondern vielmehr unter dem Banner der Zerstörung jeglicher Ordnung und, um es deutlich zu sagen, des Verbrechens. An keinem anderen Ort ist diese Kollusion mit dem Verbrechen schlimmer gewesen als in Syrien, wo der Kreml, gemeinsam mit dem Iran, dem Herrscher Baschar al-Assad bei den Anstrengungen zum Massenmord an der eigenen Bevölkerung beistand. Die Weigerung der demokratischen Staaten, dieses Regime 2011 und Russland ab dem Herbst 2015 aufzuhalten –

insbesondere die Verbrechen gegen die Menschlichkeit zu verfolgen, die von russischen Truppen bei ihren Experimenten mit neuartigen Waffen begangen wurden[28] –, war wie ein Signal an Putin, dass er andernorts genauso weitermachen durfte. Der russische Präsident instrumentalisierte zugleich den Zustrom syrischer Flüchtlinge gen Europa – obgleich die Türkei und Jordanien die größte Anzahl Menschen aufnahmen – und stärkte somit, aber auch mithilfe verlogener Verschwörungstheoretiker, rechtsextreme und fremdenfeindliche Parteien.

In Libyen fördert Moskau die Rebellion von General Chalifa Haftar gegen die Regierung in Tripolis und hofft so, die chaotischen Zustände im nordafrikanischen Land länger aufrechterhalten zu können. Es pflegt auch seine guten Beziehungen zu ehemaligen, von Militärs regierten Verbündeten der UdSSR wie Algerien, mit dem Russland gemeinsame Manöver abhielt, oder auch zu Ägypten unter Abdel Fattah al-Sisi. In Afrika, wo die russische Propaganda eine große Spannbreite umfasst, unterstützt der Kreml antiwestliche Regime (in der Zentralafrikanischen Republik) oder sogar Putschisten (in Mali) und verstärkt zugleich seinen Druck auf weitere afrikanische Staaten. Gleiches gilt für die diktatorischen und repressiven Regime in Havanna und Caracas. Und schließlich kannte Putin keine Skrupel, der blutigen Herrschaft der Militärjunta in Myanmar den Rücken zu stärken.

Neben der direkten Intervention durch die klassischen Streitkräfte und Militärgeheimdienste verlässt sich der Kreml in zahlreichen Ländern auf die Privatmiliz Wagner, die eng mit dem Regime verbunden ist und als deren inoffizieller Eigentümer seit 2015 der ehemalige Sankt Petersburger Mafioso Jewgeni Prigoschin galt, heute Unternehmer und Restaurantbesitzer, der »Putins Koch« genannt wird, weil er über eine gewisse Zeit die Kremlküchen belieferte und auch Verpflegungsaufträge für die Armee erhalten haben soll. Jahrelang bestritt er eine Verbindung zur Gruppe Wagner, offenbarte im September 2022 dann allerdings, sie 2014 für den Einsatz im ukrainischen Donbass gegründet zu haben.[29] Diese Miliz, deren Operationsmodus aus hemmungsloser Gewalt besteht, wurde mittlerweile in rund zwanzig

Ländern ausgemacht, darunter in Syrien und Mali, in Venezuela und der Zentralafrikanischen Republik, in Mosambik und Libyen, im Sudan und in Belarus. Die Kämpfer sammelten in den vielen Ländern, in denen sie zum Einsatz kamen, Erfahrungen bei Schnellhinrichtungen, Vergewaltigungen, Folter und Raub[30] und haben sich keinem »Berufsethos« unterworfen – noch weniger als die regulären russischen Truppen, falls man dies angesichts der in Syrien und der Ukraine verübten Kriegsverbrechen und Verbrechen gegen die Menschlichkeit so formulieren kann. Dass Putin selbst die direkte Verbindung der Miliz mit dem russischen Staat abstreitet, ist umso unglaubwürdiger, als nach der erneuten Invasion in die Ukraine 2022 die Gruppe Wagner – nach einigen Berichten sogar Prigoschin persönlich – in russischen Gefängnissen und einigen zentralasiatischen Ländern neue Mitglieder rekrutierte und den Interessenten dabei versprach, sie könnten durch ein Engagement die russische Staatsbürgerschaft erhalten. Kämpfer der Gruppe Wagner sind zudem auf russischen Militärbasen einquartiert und können auf Kampfflugzeuge zurückgreifen; der jahrelang als ihr Gründer betrachtete Ex-Soldat Dmitri Utkin wütete bereits 2014 in der Ukraine, ist für seine neonazistischen Ansichten bekannt und wurde im Kreml empfangen,[31] während mehrere Männer seiner Gruppe mit eindeutigen Tätowierungen ihre Sympathien bekunden.

Die Gesamtschau der destabilisierenden Aktivitäten und Verbrechen des Putin-Regimes sollte nicht dazu verleiten, hier nur eine imperiale oder imperialistische Macht am Werke zu sehen. Zweifellos bemüht sich der ehemalige KGB-Agent darum, Einflusszonen zurückzugewinnen, die nach dem Untergang der Sowjetunion verloren gegangen sind, und verfolgt dabei, wie schon in der Ära vor 1991, Maßnahmen zur Unterjochung und Unterwerfung zahlreicher Länder. Wer jedoch davon ausgeht, dass sich Putins Absichten darauf beschränken, der täuscht sich. Was der ehemalige Petersburger Gangster Putin erreichen möchte, ist die Ausdehnung der Sphäre des Verbrechens. Ihm geht es nicht um dauerhafte Kontrolle oder ein »tausendjähriges Reich«; sein Hauptanliegen ist es zu zeigen, dass er, ohne auf größeren Widerstand zu stoßen, die Welt in ein rechtloses Reich verwandeln kann, in dem alles möglich und daher alles erlaubt ist – entgegen aller Bemühungen der zivilisierten Staaten, eine Welt zu schaffen, in der das Recht und der Respekt vor dem menschlichen Leben so weit wie möglich vorherrschen. Daher steht er an der Spitze eines gänzlich und vor allem anderen kriminellen Regimes, das sich nicht einmal mehr auf die Fiktion einer besseren Welt oder eines autoritär herrschenden Proletariats bezieht. Gewiss kann er sich den Hass zunutze machen, den einige Diktatoren pflegen, da sie sich vom Westen am Vollzug ihrer Schandtaten gehindert sehen. Doch Putins Projekt geht über die Zerstörung der freien Welt hinaus. Er steht für die ungeteilte Herrschaft des Verbrechens. Es wird Zeit, dies zu begreifen und ihn aufzuhalten. Eine vollständige und radikale Niederlage Putins in seinem Krieg gegen die Ukraine könnte womöglich bei einigen jener Länder, die noch nicht vollständig von Moskau abhängig sind, zu der Erkenntnis führen, dass sie besser auf einen anderen Verbündeten setzen sollten.

13

Putin und die imaginierte Ukraine

Mykola Rjabtschuk und Iryna Dmytryschyn

Wie auch immer der gegenwärtige russisch-ukrainische Krieg letztlich ausgehen mag, er markiert einen Wendepunkt, der das Bild Wladimir Putins und seinen Platz in der Geschichte ein für alle Mal bestimmen wird – wie bei Lenin die bolschewistische Revolution, bei Stalin der Große Terror und der Gulag und bei Hitler der Nationalsozialismus und der Holocaust. Putin, darin ein echter Revolutionär, hat seine eigene utopische Version der Wirklichkeit geschaffen, zugleich aber auch brutalste Mittel angewandt, um die Wirklichkeit an seine perverse Vision anzupassen.

Einen Völkermord benennen

In den fünf Monaten seit Beginn des Angriffskriegs des Kremlherrschers gegen ein friedliches Nachbarland soll die russische Armee 40 000 Soldaten verloren haben, doppelt so viele wie in neun Jahren Krieg in Afghanistan;[1] die internationalen Sanktionen haben die Wirtschaft des Landes auf das Niveau der 2000er-Jahre schrumpfen lassen;[2] die Schließung der letzten unabhängigen Medien und NGOs hat der geschwächten Demokratie den Rest gegeben,[3] und nach den jüngsten Änderungen im russischen Strafgesetz wird jeglicher Widerstand mit drakonischen Freiheitsstrafen belegt. Putins konsolidierte Autokratie hat sich vollends in einen Totalitarismus verwandelt, zu dessen verbindlicher Ideologie ein chauvinistischer Patriotismus und ein starker Kriegswille gehören.[4] Durch den Krieg ist der russische Präsident nun international geächtet, untragbar für die zivilisierte Welt, was schon sehr viel früher hätte erkannt werden müssen.

Die Verluste der Ukrainer sind höher, da sich der Krieg ausschließlich auf ihrem Staatsgebiet abspielt: Mehrere Tausend Zivilisten, darunter mindestens 400 Kinder, wurden in wahllosen Bombardierungen und durch Raketenbeschuss getötet, sieben Millionen Menschen flüchteten ins Ausland, weitere sechs Millionen wurden als Binnenflüchtlinge vertrieben – insgesamt musste etwa ein Drittel der Bevölkerung ihr Zuhause verlassen. Die zivile Infrastruktur, Schulen und Krankenhäuser, Straßen und Brücken, Fabriken und Lagerhallen, Einkaufszentren und Wohngebäude haben massive Zerstörungen erlitten. Nach einer krachenden Niederlage in Kyiv griffen die russischen Truppen zur Taktik der verbrannten Erde und verwüsteten ganze Städte und Dörfer im Südosten der Ukraine.

Dazu kommen Entführungen, Folterungen und Massaker an Zivilisten, Vergewaltigungen und Plünderungen; die Bewohner werden in »Filtrationslagern«[5] interniert, zahlreiche Kinder und Erwachsene in entlegene Regionen Russlands zwangsumgesiedelt.[6] All dies hat weit über die üblichen Stimmen für Menschenrechte hinaus für eine verständliche Unruhe in der internationalen Gemeinschaft gesorgt und zu dokumentierten und juristisch stichhaltigen Vorwürfen von Kriegsverbrechen, Verbrechen gegen die Menschlichkeit und Völkermord geführt. Während ukrainische Staatsanwälte in Zusammenarbeit mit ihren internationalen Kollegen in Hunderten Fällen mutmaßlicher Kriegsverbrechen ermitteln,[7] nimmt in Politik und Medien die Debatte an Fahrt auf, ob diese erschreckende Zahl an Übergriffen eine spezifische Definition erfüllt: Können die unzähligen Gräueltaten der russischen Truppen und die erklärte Absicht der Kremlführung, die Ukraine zu »entnazifizieren«, als Genozid eingestuft werden?[8]

Laut dem renommierten britischen Anwalt Philippe Sands, Autor von *Rückkehr nach Lemberg,*[9] ist ein Genozid insofern sehr schwer, ja unmöglich zu beweisen, als eine Absicht nachgewiesen werden muss, die aber in der Regel von den Tätern nicht explizit geäußert wird.[10] In den meisten Fällen ist es also eine Frage des politischen Willens, ob diese massenhaft begangenen Verbrechen als Völkermord bezeichnet werden oder nicht. Die UN-Konvention über die Verhütung und Bestrafung des Völkermordes von

1948 (Convention on the Prevention and Punishment of the Crime of Genocide, CPPCG), entstanden unter der Federführung des großen polnischen Juristen Raphael Lemkin, der 1944 den Begriff »Genozid« geprägt hatte, verpflichtet nicht nur die Mitgliedsstaaten, solche Verbrechen zu verhindern und die Täter zu bestrafen, sondern bezeichnet diese Verbrechen darüber hinaus als »international« und ermächtigt die internationale Gemeinschaft dazu, »rechtzeitig und entschieden kollektive Maßnahmen über den Sicherheitsrat [...] zu ergreifen, falls friedliche Mittel sich als unzureichend erweisen und die nationalen Behörden offenkundig dabei versagen, ihre Bevölkerung vor Völkermord, Kriegsverbrechen, ethnischer Säuberung und Verbrechen gegen die Menschlichkeit zu schützen«.[11] Allerdings können die ständigen Mitglieder des Sicherheitsrats gegen sämtliche Entscheidungen Veto einlegen, was in der Praxis jegliche von den Vereinten Nationen gegen ihre Mitglieder und deren Vasallenstaaten angestrengten »kollektiven Maßnahmen« verhindert. Das Dokument hat also überwiegend symbolische Bedeutung, indem es genozidale Handlungen delegitimiert und in manchen Fällen die Ermittlung und Bestrafung von Kriegsverbrechen erleichtert.

Philippe Sands, der die ukrainische Regierung zusammen mit anderen internationalen Anwälten hinsichtlich der russischen Kriegsverbrechen berät, ist der Ansicht, dass jene sich auf den Tatbestand der Aggression konzentrieren sollte, der klar und eindeutig illegal und zudem sehr viel einfacher zu beweisen sei als der Tatbestand des Völkermordes, insbesondere nachdem Russland die Anordnung des Internationalen Gerichtshofs in Den Haag zur sofortigen Beendigung des Einmarsches ignorierte.[12] Vor allem sei »das Verbrechen der Aggression das Einzige, mit dem man sicher sein kann, die Hauptverantwortlichen der an Millionen von Menschen verübten Gräuel zu belangen«. Wahrscheinlich, so Philippe Sands, ließe es sich beweisen, dass Putin und sein innerer Zirkel persönlich für die in der Ukraine begangenen Kriegsverbrechen und Verbrechen gegen die Menschlichkeit verantwortlich seien; aber es sei nicht ausgemacht, dass die Beweise bis in die russische Führungsriege hinaufreichten.[13]

Es stehe zu befürchten, »dass wir in drei, vier Jahren Verfahren wegen Kriegsverbrechen und Verbrechen gegen die Menschlichkeit am Internationalen Strafgerichtshof erleben und dort nur Militärs mittleren Ranges angeklagt werden, während die Oberbefehlshaber einem Prozess in Den Haag entgehen.«[14]

Die genozidale Absicht – »eine nationale Gruppe«, in diesem Fall die ukrainische Nation, »als solche ganz oder teilweise zu zerstören« – wird von prorussischen Propagandisten vehement abgestritten. Sie argumentieren mit der vermeintlichen »Inklusivität« Russlands: Ein Besatzer biete den »besetzten« Personen doch wohl nicht Pass, Staatsbürgerschaft, Bürgerrechte und sämtliche sozialen Vorteile des »besetzenden« Staates an. Sie betrachten die ukrainische Bevölkerung der von der russischen Armee überfallenen Gebiete nicht als »besetzt«, sondern als »befreit«. Die Ukrainer müssten lediglich ihre »nazistische« ukrainische Identität aufgeben, ebenso wie ihre »künstliche« ukrainische Sprache, ihre »perfide« Orientierung nach Westen und ihr liberaldemokratisches System, das echten Slawen »wesensfremd« sei. Dass sie nie »befreit« werden wollten, die russische Staatsbürgerschaft nie angestrebt haben, ihre Sprache nie aufgeben wollten – nicht einmal unter dem Russifizierungsdruck des Kaiserreichs – und nie vorhatten, ihre unperfekte Demokratie durch Putins perfekte Diktatur zu ersetzen, spielt keine Rolle. Die meisten von ihnen lehnen Russlands »großzügiges« Angebot ab und müssen folglich mit anderen Mitteln überzeugt werden: Bombardements, Hinrichtungen im Schnellverfahren, Gefangenschaft, Vergewaltigung, Folter, Deportation und »Umerziehung« in »Filtrationslagern«.

Angesichts der Lage vor Ort müssen selbst Skeptiker das beispiellose Ausmaß der durch die russische Armee verübten Kriegsverbrechen und Verbrechen gegen die Menschlichkeit anerkennen. Michael Ignatieff, Professor für Geschichte an der Central European University in Wien, gibt zu, immer zurückhaltend gewesen zu sein, »wenn jemand das Wort Genozid benutzt«, doch die jüngsten Entwicklungen hätten seine Sicht verändert, seit die Ukraine eindeutig »in ihrer Existenz nicht nur als Staat, sondern als Volk« bedroht sei.[15] Evgeny Finkel, Professor an der Johns

Hopkins University in Baltimore und Autor von *Ordinary Jews: Choice and Survival during the Holocaust,*[16] sagt ebenfalls von sich, den Begriff »Genozid« stets vermieden zu haben. Aber er habe seine Meinung revidiert, als »immer offensichtlicher« geworden sei, dass das Massaker an Hunderten von ukrainischen Zivilisten in Butscha bei Kyiv »keine Ausnahme war«, was inzwischen auch von Moskaus offiziellen Verlautbarungen gestützt werde. Er bezieht sich auf den berühmten Artikel von Timofej Sergejzew, *Was Russland mit der Ukraine tun sollte,* der von der staatlichen Nachrichtenagentur RIA Nowosti – der Stimme des Kremls seit 2014 – veröffentlicht wurde und in dem offen von der »Endlösung der Ukrainefrage« die Rede ist. »Als Spezialist für Genozid«, so Finkel, »bin ich Empiriker und lehne die rhetorische Verwendung des Begriffs für gewöhnlich ab. Wenn Aktivisten überall von Völkermord reden, muss man das mit Vorsicht genießen. Aber nicht in diesem Fall. Es gibt Taten, es gibt eine Absicht. Hier ist ein Völkermord im Gange. Das ist glasklar und für jeden zu sehen.«[17]

Die genozidale Absicht der russischen Staatsführung wird stets in orwellsches Sprech wie »Entnazifizierung«, »Schutz der Russischsprachigen«, »Verhinderung des Vorrückens der NATO«, »Rückkehr der von den Bolschewiki verschleuderten Gebiete« und »Wiederherstellung der historischen Einheit des künstlich auseinandergerissenen russischen Volkes« verpackt. Bis vor Kurzem achtete sie sorgfältig darauf, die Dinge nicht beim Namen zu nennen. Die Drecksarbeit des Aufrufs zum Völkermord – die Ukrainer verspotten und verunglimpfen, Hassreden verbreiten, mit Auslöschung sämtlicher Bewohner und dem Einsatz von Atomwaffen gegen Kyiv drohen – hatte man politischen Einzelgängern wie dem bekannten Abgeordneten Wladimir Schirinowski, dem neofaschistischen Philosophen Alexander Dugin und anderen überlassen. Diese standen zwar dem Kreml und wahrscheinlich auch dem Geheimdienst nahe, doch nicht so sehr, dass eine verbale Entgleisung ihrerseits das »gemäßigte« Bild des offiziellen Diskurses hätte beeinträchtigen können. Das plausible Dementi ist die bevorzugte Methode der Macht in all ihren »Spezialoperationen«.

Die Lage änderte sich Ende März, als Putins Blitzkrieg gegen Kyiv scheiterte und die »zweitbeste Armee der Welt« einen recht demütigenden Rückzug aus der Region antreten musste. Die Ukrainer hatten die »Befreier« nicht wie erhofft willkommen geheißen, sondern zu den Waffen gegriffen. Die propagandistische Dichotomie von »guten russlandliebenden Ukrainern« und »schlechter nationalistischer Elite« war bei der Invasion und Annexion der Krim 2014 stark ins Wanken geraten; jetzt platzte sie endgültig. Offenbar verloren die Russen die Nerven: Nicht nur ermordeten und folterten sie Zivilisten in den vorübergehend besetzten Gebieten, sie äußerten vor allem zunehmend und unverhohlen genozidale Absichten, indem sie offen zur Vernichtung der vermeintlichen »Nazis« aufriefen.[18]

Der Artikel von Timofej Sergejzew[19] bringt das exemplarisch zum Ausdruck; der berühmte Historiker Timothy Snyder, Spezialist für Massenmorde in Mittel- und Osteuropa im Zweiten Weltkrieg, hat ihn treffend als »Anleitung zum Völkermord« definiert »ein explizites Programm für die vollständige Auslöschung der ukrainischen Nation als solcher«.[20] »Das russische Handbuch«, so Snyder, »ist eines der offensten völkermörderischen Dokumente, die mir jemals unter die Augen gekommen sind. Es fordert die Liquidierung des ukrainischen Staates und die Abschaffung aller Organisationen, die in irgendeiner Weise mit der Ukraine verbunden sind. Es postuliert, dass die ›Mehrheit der Bevölkerung‹ der Ukraine ›Nazis‹ sind, also Ukrainer. […] Es geht von der speziellen russischen Definition des Begriffs ›Nazi‹ aus: Ein ›Nazi‹ ist ein Ukrainer, der sich weigert, zuzugeben, dass er Russe ist. […] Nach dieser absurden Definition, nach der Nazis Ukrainer sein müssen und Ukrainer Nazis sein müssen, kann Russland nicht faschistisch sein, egal, was Russen tun. […] Und so kommt es, dass die Russen eine faschistische Politik im Namen der ›Entnazifizierung‹ betreiben.«[21] Die Behauptung, Ukrainer seien »Nazis«, sei nichts als eine Beleidigung, eine »Hassrede, die ihre Ermordung rechtfertigen soll«, während jene eine lebendige Demokratie pflegten, die rechtsextremen Randgruppen ihres Landes unter der Fünfprozenthürde hielten und bei freien und gleichen Wahlen mit großer Mehrheit einen jüdischen Präsidenten gewählt hätten.[22]

Wie Snyder betont, ist Sergejzews Artikel eindeutig eine Reaktion auf den ukrainischen Widerstand. Bei Kriegsbeginn ging der Kreml davon aus, dass nur einige wenige Ukrainer bereit wären, ihr Land zu verteidigen, und diese leicht beseitigt werden könnten. Heute hat die von Putins Leuten beförderte Kriegsrhethorik die Vorstellung einer »guten« russlandliebenden Mehrheit, die von einer Minderheit von Nazis unterdrückt werde, zugunsten der Behauptung aufgegeben, dass »ein bedeutender Teil des Volkes – höchstwahrscheinlich seine Mehrheit – vom Naziregime in seine Politik hineingezogen wird«. Mit anderen Worten: Laut Sergejzew funktioniert die Hypothese »das Volk ist gut, die Regierung ist schlecht« nicht mehr. »Die Anerkennung dieser Tatsache ist die Grundlage der Entnazifizierungspolitik und aller ihrer Aktivitäten.« Zu diesen gehörten zum einen die physische Vernichtung all jener, die zu den Waffen gegriffen hätten, sowie der Anführer und Aktivisten – »aktive Nazis müssen hart und exemplarisch bestraft werden« (in den russischen Medien wird die Idee, angebliche »Naziverbrecher« öffentlich zu hängen, statt sie im Stil des NKWD heimlich hinzurichten, lebhaft diskutiert). Zum anderen bedeuteten die »Strafmaßnahmen« zwangsläufig »unvermeidliche Lasten« für die Mehrheit der Bevölkerung, die sich der Kollaboration mit den Nazis schuldig gemacht habe. Das Programm umfasse eine »Umerziehung, die durch ideologische Unterdrückung nazistischer Einstellungen und strenge Zensur erreicht wird: nicht nur im politischen Bereich, sondern notwendigerweise auch im Bereich der Kultur und der Bildung.«[23]

Sergejzew zufolge solle die Phase der Entnazifizierung mindestens so lange dauern, bis eine neue Generation unter diesen Bedingungen geboren, herangewachsen und gereift sei. Während dieser gesamten Zeit müsse das Land besetzt bleiben, da der Prozess eine unbedingte Kontrolle erfordere. Folglich »kann das entnazifizierte Land nicht souverän sein. Russland kann bei der Entnazifizierung nicht von einem liberalen Ansatz ausgehen. Das Ziel unserer Entnazifizierung kann von dem Schuldigen, der entnazifiziert wird, nicht infrage gestellt werden.« Sein Fazit:

»Die Entnazifizierung wird unweigerlich eine Entukrainisierung sein – eine Absage an die […] künstliche Aufblähung der ethnischen Komponente der Selbstidentifikation der Bevölkerung in den Gebieten des historischen Kleinrussland und Neurussland *(Malorossija* und *Noworossija).* […] Der Name ›Ukraine‹ kann offensichtlich nicht als Bezeichnung für ein vollständig entnazifiziertes Staatsgebilde auf einem vom Naziregime befreiten Gebiet beibehalten werden. […] [Es] muss auf seine natürlichen Grenzen zurückgeführt und seiner politischen Funktion entledigt werden. […] Die Ukraine, wie die Geschichte gezeigt hat, ist als Nationalstaat unmöglich, und Versuche, einen solchen ›aufzubauen‹, führen unweigerlich zum Nazismus. Das Ukrainertum ist eine künstliche antirussische Konstruktion ohne eigenen zivilisatorischen Inhalt, ein untergeordnetes Element einer fremden und entfremdeten Zivilisation. […] Daher kann die Entnazifizierung nicht auf kompromisshafte Weise auf der Grundlage einer Formel wie ›NATO – nein, EU – ja‹ durchgeführt werden. Der kollektive Westen selbst ist der Konstrukteur, die Quelle und der Sponsor des ukrainischen Nazismus […], sodass die Entnazifizierung der Ukraine auch ihre unvermeidliche Enteuropäisierung ist.«[24]

Evgeny Finkel, ein renommierter Holocaust-Experte, sieht in Sergejzews Text »eine der explizitesten Absichtserklärungen zur Vernichtung einer nationalen Gruppe als solcher, die mir je untergekommen ist. […] Das ist kein intellektuelles Gedankenspiel, das ist eine klare und konkrete Absichtserklärung vonseiten einer staatlichen Agentur. Die [Völkermord-]Definition der UNO ist zwar problematisch, aber in diesem Fall passt sie perfekt.«[25] Den besten Beweis, dass es sich bei Sergejzews Handbuch nicht um ein »wüstes intellektuelles Gedankenspiel« handelt, wie es in russischen Medien, Literatur und Popkultur massenhaft zu finden ist, liefert die Realität vor Ort: Alle politischen Maßnahmen der Russen in den besetzten ukrainischen Gebieten folgen strikt dem vorgegebenen Muster.

Die nächste Kehrtwende: Plötzlich verschwand Sergejzews Text neben einer Reihe weiterer zu expliziter »Anleitungen zum Völkermord« von der Website der russischen Regierung, wenngleich er immer noch in Webarchiven sowie in mehreren Übersetzungen ins Englische und andere Sprachen abrufbar ist.[26] Das mag darauf hindeuten, dass Moskau zwar stets entschieden von sich weist, strafbare Handlungen zu begehen, den möglichen Vorwurf des Völkermordes aber durchaus ernst nimmt und daher von den »Radikalen«, die zu viel reden und so Putins plausibles Dementi untergraben, Abstand zu nehmen versucht.

In politischer Hinsicht steht außer Zweifel, dass der Vernichtungskrieg in der Ukraine ausdrücklich durch die wiederholten Äußerungen des Präsidenten zu Geschichte, Territorium und Identität der Ukraine legitimiert wird, da Putin ihre Existenz an sich bestreitet und ihr das Existenzrecht als Nation explizit abspricht. Das in seinen Grenzen von 1991 international anerkannte Nachbarland – woran auch Russland durch mehrere Abkommen gebunden ist –, wird als *Fake Country,* als westliche Verschwörung, als nazistische Subversion zurückgewiesen, als Wucherung auf dem Körper der russischen Nation, die mit einer oktroyierten »Umerziehung« behandelt oder einer chirurgischen »Spezialoperation« entfernt werden müsse.[27] Putins Überzeugung, dass die Ukraine eine historische Aberration sei und die Ukrainer demnach keine Daseinsberechtigung hätten, wird von zahlreichen russischen Spitzenpolitikern geteilt, darunter von Dmitri Medwedew, dem ehemaligen Präsidenten und Ministerpräsidenten, der kürzlich anklingen ließ, das Ukrainertum sei »eine Erfindung. Es hat nie existiert und existiert auch heute nicht«.[28]

Alexander Motyl, Professor für Politikwissenschaft an der amerikanischen Rutgers University, sieht in diesen Äußerungen die »unmissverständlich formulierten ideologischen und politischen Grundlagen« für Russlands genozidale Politik gegenüber den Ukrainern. Ihm zufolge ist es nur »ein kleiner Schritt von der Ansicht, dass die Ukrainer nicht existieren, zu der Einstellung, dass sie nicht existieren dürfen«.[29] Aber in juristischer Hinsicht kann dieser »kleine Schritt« insofern unüberwindbar scheinen, als Diktatoren selten schriftliche Anordnungen zur genozidalen Vernichtung einer bestimmten Gruppe hinterlassen. Vor Gericht könnte Putin immer noch behaupten, er habe die Vernichtung der »Nazis« und nicht der »Ukrainer« befohlen, und darauf hoffen, sich ein weiteres Mal mit einem absurden Dementi aus der Affäre zu ziehen. In den meisten solcher Fälle sind die Anwälte gezwungen, sich auf Indizien zu stützen, und müssen daher nicht nur die Verbrechen berücksichtigen, sondern ebenso die offiziellen politischen Weisungen, die diesen Verbrechen Vorschub geleistet und sie direkt und indirekt möglich gemacht haben.

Der detaillierte Bericht eines Teams internationaler Experten zu den zahlreichen Verstößen gegen die UN-Völkermordkonvention, die Russland bei seinem Einmarsch in die Ukraine begangen hat, könnte ein Schritt in die richtige Richtung sein. Die von zwei renommierten Thinktanks veranlasste umfangreiche Untersuchung der Fakten kommt zu dem Schluss, »dass Russland die staatliche Verantwortung für (a) die direkte und öffentliche Aufstachelung zum Genozid und (b) ein Muster von Gräueltaten trägt, aus dem auf die Absicht geschlossen werden kann, die ukrainische Volksgruppe teilweise zu vernichten«. Darüber hinaus stellen die Autoren fest, dass »das ernsthafte Risiko eines Genozids besteht, was die rechtliche Verpflichtung aller Staaten auslöst, Genozid zu verhüten gemäß Artikel I der Genozid-Konvention«.[30]

Auch wenn der Ausgang des gegenwärtigen Konflikts offen ist und die endgültige juristische Bewertung seines genozidalen Charakters noch aussteht, ist dieser Krieg zweifellos ein Tiefpunkt sowohl in der Geschichte Russlands, dessen Bevölkerung den Angriff nahezu einhellig unterstützt, als auch in der politischen Laufbahn Wladimir Putins. Dies wirft zwei Fragen auf: Welche strukturellen Faktoren haben zum russisch-ukrainischen Krieg geführt und ihn beinahe unvermeidlich gemacht? Und welche persönlichen Eigenschaften, ideologischen Neigungen und politischen Entscheidungen des russischen Präsidenten bestimmen den spezifischen Charakter und die enorme Brutalität des Konflikts?

Eine fragwürdige Bruderschaft

Im April 2022, kurz nach dem Massaker von Butscha, sorgte der französische Präsident Emmanuel Macron bei zahlreichen Ukrainern für Empörung, weil er sich weigerte, Russlands Verbrechen in der Ukraine als Genozid zu bezeichnen – im Gegensatz zum amerikanischen und polnischen Präsidenten oder dem britischen Premierminister. Für die Ukrainer, die vor Ort nicht nur Zeugen, sondern auch Opfer der Gräueltaten sind, ist der Begriff womöglich der einzige, der stark genug ist, das Ausmaß der ihnen zugefügten Leiden und Verwüstungen zu fassen. Das Argument des französischen Präsidenten streute noch Salz in die Wunde: »Ich wäre heute vorsichtig mit solchen Begriffen [Genozid], weil diese beiden Völker [Russen und Ukrainer] Brüder sind.«[31] Der ukrainische Außenminister äußerte seine Enttäuschung über diese Worte und sprach von einer unpassenden Metapher, da die vermeintlichen »Brüder« ukrainische Kinder töteten, Zivilisten beschössen, Frauen vergewaltigten und alles auf ukrainischem Gebiet in Schutt und Asche legten. Einige Kommentatoren reagierten weniger diplomatisch: Die »Brüder« der Russen seien nicht die Ukrainer, sondern eher die Horden Dschingis Khans. Präsident Selenskyj verglich die russisch-ukrainische »Bruderschaft« seinerseits eindrücklich mit den biblischen Figuren Kain und Abel.[32]

Der Mythos von der »Bruderschaft« und die damit zusammenhängende Metaphorik gehen auf die Bolschewiki zurück, die anders als ihre monarchistischen Vorgänger die Existenz der ukrainischen Nation nicht mehr leugnen konnten, nachdem die Ukrainer mit der Ausrufung der Ukrainischen Volksrepublik 1917 auf die politische Bühne gestürmt waren. In Wirklichkeit gewannen sie den Bürgerkrieg, weil sie in der »Nationalitätenfrage« opportunistischer waren als die Monarchisten, die ihre Vorstellung von einem »einigen und unteilbaren Russland« vehement verteidigten.[33] Lenin band diese Nationalitäten an sich, indem er ihren linken Anführern ein gewisses Maß an Autonomie anbot.

Mit seinem Vorwurf, die Bolschewiki hätten die Sowjetstaaten, insbesondere die Ukraine, »erfunden« und damit eine Zeitbombe unter das »einige und unteilbare Russland« gelegt, hat Putin eindeutig unrecht: Durch die Einbindung der »Nationalen« in ihr utopisches Projekt einer sozialistischen Weltföderation sicherten die Bolschewiki vielmehr den Fortbestand des Russischen Reichs, während die Monarchisten genau wie Putin die Augen vor der Wirklichkeit und der Moderne verschlossen. Die sowjetische »Bruderschaft« war jedoch kein leichtes Los, denn sie stützte sich auf Verwandtschaft, nicht auf Ebenbürtigkeit; die Russen schwangen sich als »großer« oder »älterer Bruder« auf – als »Erster unter Gleichen«, in Stalins Worten – und schufen dadurch sowohl eine starke Hierarchie innerhalb der »Familie« als auch eine politische und kulturelle Vormachtstellung. In diesem kolonialen Modell wurden die Ukrainer auf die Rolle des »kleinen Bruders« reduziert, auf etwas langweilige, aber mit ihren bunten Trachten, Volksliedern und dem lächerlichen Dialekt doch auch amüsante Verwandte vom Dorf, die zwar nett sein können, aber in ihrer Beschränktheit ständig einen brüderlichen Aufpasser und die eine oder andere Abreibung brauchen. Die meisten Russen, Putin eingeschlossen, mögen die Ukrainer, solange diese brav ihre Rolle als Bauerntrampel spielen und sich gegenüber ihren gebildeten russischen Großstadtverwandten unterwürfig verhalten. Wer (Post-)Kolonialismus studiert, kann sich an die Beziehung von Robinson Crusoe zu Freitag erinnert fühlen: Robinson »liebt« seinen Freitag, solange der Wilde die Überlegenheit seines Herrn anerkennt und nicht auf seiner eigenen Kultur, Sprache und Würde besteht. Doch wenn Freitag Robinson ebenbürtig sein und mit seinem wahren Namen gerufen werden will, auch wenn dieser unaussprechlich ist, wenn er obendrein seine eigene kulturelle oder gar politische Macht einfordert, scheint er verrückt oder, schlimmer noch, von einem anderen, wahlweise amerikanischen, deutschen, polnischen oder jüdisch-freimaurerischen Robinson großgezogen und manipuliert zu sein.

Ein schlagendes Beispiel für diese besondere Dialektik der »Bruderschaft« lieferte vor acht Jahren Alexander Dugin, damals Professor an der Staatlichen Universität Moskau und Autor populärer Handbücher zur Geopolitik, die mehrere Generationen russischer Offiziere in der Ausbildung gelesen haben. Im August 2014 wütete er, tief enttäuscht über den erbitterten Widerstand der Ukrainer gegen den russischen Einmarsch in den Donbass, auf seiner Seite im sozialen Netzwerk VK: »Ich kann einfach nicht glauben, dass das Ukrainer sind. Die Ukrainer sind ein wunderbares slawisches Volk. Das da ist eine aus den Gullys gekrochene Rasse von Bastarden. [...] Wir sollten die Ukraine von den Idioten säubern. Der Genozid an den Kretins ist notwendig und unvermeidlich.«[34]

Damals war dieses Statement noch ziemlich radikal, wenn auch bei Weitem kein Einzelfall: Seit 2005 wurden vom rechtsextremen Rand zunehmend ähnliche Aufrufe und »gelehrte« Abhandlungen über den angeblichen künstlichen und vor allem antirussischen Charakter der unabhängigen Ukraine lanciert, in denen verschiedene Möglichkeiten zu ihrer Unterwerfung und/oder Vernichtung vorgeschlagen wurden. Im Mai 2014 hatte sich Dugin in einem seiner Interviews ähnlich geäußert, und in seinen Videoansprachen wiederholte er den Aufruf: »Die Ukrainer müssen getötet werden, Punkt. Genug geredet. Das sage ich als Professor.«[35] Diese Erklärung ist nicht etwa deswegen bemerkenswert, weil sie so radikal wäre – Schirinowskis Kriegshetze war sehr viel schärfer, andere Intellektuelle riefen gar zu einem gezielten Atomschlag auf Kyiv oder das Kernkraftwerk Tschernobyl auf.[36] Heute sind solche Äußerungen und Aufrufe gang und gäbe und werden von den streng vom Staat kontrollierten Massenmedien tagtäglich verbreitet. Interessant sind Dugins Wutreden vor allem, weil sie paradigmatisch sind für die Unfähigkeit des russischen imperialen Bewusstseins, eine unbequeme Wirklichkeit zu akzeptieren, die Existenz realer Ukrainer anzuerkennen und das lange Jahre gehegte imaginäre Bild von den Ukrainern aufzugeben. Inwieweit Dugin persönliche Kontakte zum Kremlherrscher hat, ist nicht bekannt, doch die Kenner, die ihn als »Putins Gehirn« bezeichnet haben, weisen zu Recht auf ihre Geistesverwandtschaft und auf ihre Nähe zu derselben erzreaktionären, messianischen und imperialistischen Denkschule hin.[37] Diese geht hauptsächlich auf den christlich-faschistischen Philosophen Iwan Iljin (1883–1954) zurück, einen russischen Emigranten in Europa, der sich ab 1928 für die Perspektiven des russischen Faschismus begeisterte und 1933 Hitlers Machtergreifung und den Nationalsozialismus begrüßte, wobei er sich aufgrund dessen verächtlicher Einstellung gegenüber den Slawen bald davon enttäuscht zeigte.

In der Sowjetunion verboten, tauchten Iljins Werke in den 1990er-Jahren wieder auf; offenbar trafen sie mit ihrer verworrenen Mischung aus nationalem Mystizismus, Messianismus, Meritokratie und Rache am gottlosen, rationalistischen und liberaldemokratischen Westen einen Nerv bei zahlreichen imperial eingestellten Russen, die auf eine Wiedererstarkung ihrer Nation hofften.[38] Dafür musste ein starker und totalitärer Führer an die Macht kommen – den Iljin als »lebendiges Organ Russlands, das Instrument der Selbsterlösung« beschrieb, als einen »Zaren«, der Russland »in den historischen Kampf zwischen den Dienern Gottes und den Mächten der Hölle« führen werde. Unter Jelzin mangelte es zwar nicht an Kandidaten, doch es gab nicht viele Institutionen, die einen Anwärter auf eine solche Rolle an die Spitze hätten befördern können. Das beste Sprungbrett war wie eh und je der KGB.

Im Jahr 2005 ehrte Putin Iwan Iljin, indem er die Rückführung seines Leichnams von der Schweiz nach Moskau ermöglichte. Im Jahr darauf sprach er bei seiner jährlichen Rede vor der Föderationsversammlung davon, wie viel er jenem »berühmten russischen Denker« zu verdanken habe, und stellte ihn in der Folge regelmäßig als mustergültigen Patrioten und brillanten Visionär dar. Im Jahr 2014 empfahl er seinen Gouverneuren die Lektüre von Iljins Buch *Unsere Aufgaben,* neben Wladimir Solowjows *Die Rechtfertigung des Guten. Eine Moralphilosophie* und Nikolai Berdjajews *Philosophie der Ungleichheit.* Trotz aller Unterschiede haben diese drei Denker eine entscheidende Gemeinsamkeit: Sie vertraten die »Russische Idee« – »ein Ensemble von Begriffen der historischen Einmaligkeit, der besonderen Berufung und des globalen Ziels des russischen Volkes und im weiteren Sinne des russischen Staates«. Abgesehen von einem mystischen russischen Sendungsbewusstsein teilten sie starke antiwestliche Ressentiments und verdammten insbesondere die Trennung von Kirche und Staat, den Rationalismus und die liberale Demokratie. Und alle drei glaubten fest an die »Unteilbarkeit des russischen Volkes«, wenngleich sich nur Iljin obsessiv mit der »ukrainischen Frage« beschäftigte.

Einige Autoren heben Putins Annäherung an Alexander Solschenizyn hervor, der 2007, kurz vor seinem Tod, den Staatspreis der Russischen Föderation vom Präsidenten entgegennahm, nachdem er vergleichbare Ehrungen durch Gorbatschow und Jelzin stets abgelehnt hatte. Solschenizyns Verteidigung der Redefreiheit sowie seine kompromisslose Kritik des Stalinismus und des Gulags teilte Putin freilich nicht. Er griff sich in selektiver und opportunistischer Manier nur seine entschiedene antiwestliche Haltung und Befürwortung des russischen Sonderwegs heraus und versuchte, den gemäßigteren, subtileren Neoimperialismus des Schriftstellers für sich zu nutzen, insbesondere die antiukrainische Position, die Solschenizyn am Ende der sowjetischen Ära zum Ausdruck brachte: »Alles Gerede von einem separaten ukrainischen Volk, das seit dem 9. Jahrhundert existiere und eine eigene nicht russische Sprache besitze, sind Lügen, die erst in jüngster Zeit erfunden worden sind.«[39]

Putins Vision von Russland, der Ukraine und Politik im Allgemeinen erklärt sich mit keinem dieser Denker. Sie haben ihm vielmehr bequeme Argumente geliefert, ihm dabei geholfen, bestimmte Gefühlslagen zum Ausdruck zu bringen und bestimmte Ideen zu rationalisieren. Doch sie alle, Putin selbst eingeschlossen, sind Produkte derselben hegemonialen Kultur, die tief in antiwestlichen Ressentiments, Verschwörungstheorien, im mystischen Nationalismus und Messianismus verwurzelt ist, einer Gedankenwelt, zu der heute auch die »Leugnung der Ukraine« gehört. Diese Kultur gründet auf spezifischen Überzeugungen und Hypothesen und erwächst aus einer besonderen Erfahrung. In der Moderne handelt es sich um das, was man »imperiales Wissen« nennt – die Gesamtheit diskursiver Repräsentationen der imperialen Geschichte und Ethnologie, die als geistige Nahrung für die Untertanen dient und die Herrschaft des Reichs über die unterworfenen Völker sichert. Über drei Jahrhunderte wurde das russische »imperiale Wissen« auf internationaler Ebene an

Universitäten, in Schulbüchern und in der Volkskultur institutionalisiert, bis es faktisch zu einer unverrückbaren und unangreifbaren Wahrheit geriet.

Im Fall der Ukraine schrieb dieses »Wissen« fest, dass die Ukrainer nichts als eine ethnische Untergruppe der Russen seien und die ukrainische Geschichte lediglich ein regionales Anhängsel des ewigen und »tausendjährigen« Russland bilde. Zur Untermauerung dieser Thesen wurde die linguistische, kulturelle und religiöse Verwandtschaft von Ukrainern und Russen überbetont, bedeutende, ja entscheidende Unterschiede hingegen ignorierte man, allen voran den Umstand, dass die beiden Nationen völlig unterschiedliche politische Kulturen entwickelten; schließlich hatten die Ukrainer bis zum 18. Jahrhundert im Großfürstentum Litauen bzw. Polen-Litauen und damit in einem gänzlich anderen politischen System gelebt.

Als das aus dem mittelalterlichen Großfürstentum Moskau hervorgegangene Zarentum (Moskowien) unter Peter dem Großen vor 300 Jahren zum Russischen Kaiserreich wurde und dieses sich dabei das ukrainische Territorium und die ukrainische Geschichte einverleibte, machte die russische Imagination, aus der sich das »imperiale Wissen« speist, die Ukrainer zu »Kleinrussen«. Ironischerweise waren es die gebildeten Ukrainer der ehemaligen »polnischen« Gebiete, die, von Peter dem Großen für sein Projekt der »Europäisierung« gewonnen, die Idee von einer politischen Kontinuität zwischen Kiew und Moskowien forcierten und den Namen »Rus-sia« für das neue Kaiserreich erfanden, um durch den symbolischen Bezug auf die im 13. Jahrhundert untergegangene Kiewer Rus ihren eigenen symbolischen Status zu stärken.[40] Eine solche »erfundene Tradition« ist bei Weitem keine Ausnahme in der Geschichte von Staaten, doch die Konstruktion von »Russland« als alleinigem Nachfolger der Rus hatte katastrophale Folgen für zwei weitere sehr viel direktere und legitimere Erben, die Ukrainer und die Belarussen. Der Mythos dieser Kontinuität erleichterte die Aneignung von Geschichte und Territorium der Rus – die damals von Polen-Litauen abhängig war – bei der Umwandlung des Zarentums in das Russische Kaiserreich und delegitimierte darüber hinaus die Existenz der Ukrainer und Belarussen, die zu regionalen ethnischen Untergruppen von »Großrussland« herabgewürdigt wurden.

Es ist daher wenig überraschend, dass alle Versuche der Ukrainer, ihre eigene Kultur, Sprache und Identität zu fördern, vom Kaiserreich unterdrückt wurden, weil es darin den Keim eines gefährlichen Separatismus sah. In diesem Sinne lässt sich sagen, dass der russische Krieg gegen die Ukraine in verschiedensten Formen schon seit Jahrhunderten geführt wird: durch das Verbot der Sprache und von Druckwerken auf Ukrainisch, die Verfolgung von Partisanen, die militärische Niederschlagung der Ukrainischen Volksrepublik 1918–1920, den Genozid durch Verhungern 1932–1933, die Massendeportation unkooperativer Einheimischer und die massenhafte Ansiedlung von Russen, wiederholte Repressionswellen und natürlich die groß angelegte Russifizierungspolitik. In kurze Waffenstillstandsphasen, wie etwa 1920 oder 1990, willigte Moskau aus reinem Opportunismus ein, doch im Grunde hörte der Krieg niemals auf, da Russland sich nie vom Mythos des »Kiewer Russland« gelöst, die alte imperiale nie durch eine moderne nationale Identität ersetzt und die Existenz einer unabhängigen, demokratischen und europäischen Ukraine nie akzeptiert hat.

Anstatt einen neuen Krieg anzufangen, begnügte sich Putin also damit, einen alten wiederaufzunehmen und anzuheizen. Zu Beginn versuchte er es mit Soft Power in Form von Korruption und Manipulation; dann, als der Einfluss des Westens sehr viel stärker zutage trat, griff er zu immer härteren Methoden – politischen Muskelspielen und ökonomischer Erpressung – und zuletzt zu einem totalen Krieg. Seine persönliche Vorgeschichte und seine psychologischen Eigenschaften spielen sicherlich eine Rolle in Ablauf, Methoden und rhetorischem Rahmen dieses Krieges, doch die wesentlichen Gründe für den Konflikt liegen in der fundamentalen und existenziellen Unvereinbarkeit der russischen imperialen Identität und der klar davon abgegrenzten ukrainischen nationalen Identität, die sich als »europäisch« versteht.

Putins obsessive Leugnung der Existenz einer unabhängigen Ukraine ist mithin keine persönliche Paranoia, sondern Ausdruck par excellence des traumatisierten imperialen Bewusstseins, das die Abwesenheit der Ukraine im imperialen Projekt als gähnendes Loch betrachtet, als blutende Wunde, die umgehend mit chirurgischen Mitteln behandelt werden muss. Eine aufmerksame Lektüre von Putins Äußerungen und Schriften über die Ukraine ergibt eine Art panslawisches Pendant zu *Mein Kampf*. Die Botschaften des »Führers« – des »Woschd«, wie Stalin genannt wurde – beschränken sich auf einige simple Aussagen: Die Ukraine existiert nicht, sie wurde von den Feinden Russlands erfunden; die Ukrainer sind ihrem Wesen nach Russen und diejenigen, die das leugnen, »Anti-Russen« – eine existenzielle Bedrohung für die Gesamtheit der »russischen Welt«, so wie die Juden von den Nazis als existenzielle Bedrohung für die Menschheit und insbesondere für die »germanische Welt« betrachtet wurden.

Paradoxerweise bewirkte sein Feldzug genau das Gegenteil dessen, was Putin und andere anstrebten, denn die Ukraine ging als dynamische politische Nation daraus hervor, deren staatsbürgerliche Identität so stark und gefestigt ist wie nie zuvor und die alle ihre ethnischen, sprachlichen und regionalen Trennungen und Eigenheiten effektiv überbrückt hat. Die westliche Welt hat ihre inneren Spaltungen und ihre institutionelle Trägheit endlich überwunden, die schon als überholt betrachtete NATO ist massiv darin bestärkt worden, sich weiter auszubauen. Und Putins liebstes Kind, die »russische Welt«, ist zerbrochen: Nicht nur hat eine überwältigende Mehrheit der Ukrainer Russland als ihren größten Feind erkannt, auch die ukrainisch-orthodoxe Kirche hat sich im Mai 2022 endgültig vom Moskauer Patriarchat, das den Kremlkurs unterstützt, gelöst.

Wie sich herausgestellt hat, ist die Ukraine als Nationalstaat aus historischen ebenso wie aus politischen Gründen mit dem imperialen Russland unvereinbar. Historisch betrachtet, entwickelten die Moskowiter eine Identität, die sich Ukrainer und Belarussen als integrale Bestandteile einverleibte und ihren eigenständigen Nationalitäten keinen Platz einräumte. Politisch betrachtet, hat sich Russland von dem hybriden Regime der späten 1990er-Jahre zu einer konsolidierten Autokratie mit zunehmend diktatorischen und totalitären Zügen gewandelt. Es fördert eine äußerst rückwärtsgewandte, überholte Form der Identität, die sich auf eine Sprache, eine Religion und eine höchst verklärte Version der »gemeinsamen« Geschichte stützt. Die Ukraine hingegen hat sich autoritären Versuchungen widersetzt, die Demokratie verteidigt und ein wettbewerbsfähiges politisches System in einer offenen Gesellschaft entwickelt. Sie hat ihre nationale Bürgeridentität gestärkt und sich vor allem der Zukunft zugewandt, womit sie sich von Putins Russland ebenso stark unterscheidet wie das historische Polen-Litauen – und die Ukraine als Teil dieses Staates – vom russischen Zarentum.

Der Konflikt zwischen diesen beiden Gebilden war größtenteils unvermeidlich, solange die imperialen Russen das Gefühl hatten, ihre Identität sei ohne die Ukraine unvollständig, während die Ukrainer sich von deren übergriffigen Umarmungen in ihrer Existenz bedroht fühlten. Doch er nahm im Lauf der Zeit unterschiedliche Formen an, und was aktuell passiert, hätte wahrscheinlich nicht unbedingt so kommen müssen, wenn nicht bestimmte Umstände die Weichen dafür gestellt hätten.

Der Weg zur »Endlösung«

Eine weitverbreitete Interpretation der politischen Entwicklung Wladimir Putins lautet, dass er in den ersten Jahren seiner Amtszeit dem Westen gegenüber positiv eingestellt gewesen sei und eine »konstruktive Zusammenarbeit« angestrebt habe, dann jedoch von seinen westlichen Partnern, insbesondere von der »Expansion« der NATO in Richtung der russischen Grenzen, hintergangen, getäuscht und erniedrigt worden sei; erst danach habe er seine Meinung geändert und zunehmend auf Konfrontation gesetzt.[41] Allen, die dies glauben, sei ein kurzer Text von Timothy Garton Ash zur Lektüre ans Herz gelegt, den dieser kurz nach dem verschleierten militärischen Einmarsch der Russen in den Donbass 2014 veröffentlichte. Darin erinnert sich der britische Autor an seine erste Begegnung mit Putin 1994 in Sankt Petersburg anlässlich eines von der Körber-Stiftung organisierten runden Tisches:[42] »Mit dem Schlaf kämpfend«, schreibt er, habe er dort gesessen, »als sich ein kleiner Mann mit eher rattenhaftem Gesicht – offenbar ein Mitarbeiter des Bürgermeisters – zu Wort meldete. Russland, sagte er, hat gegenüber den früheren Sowjetstaaten freiwillig auf ›riesige Territorien‹ verzichtet, samt solchen, die ›historisch immer zu Russland gehört hatten‹. Russland könne nicht einfach ›25 Millionen Russen‹, die jetzt im Ausland leben, ihrem Schicksal überlassen. Die Welt müsse die Interessen des russischen Staates respektieren ›und die des russischen Volkes als einer großen Nation‹.«[43]

In der Debatte, die sich daraufhin entspann, entgegnete T. G. Ash sarkastisch: »Wenn wir die britische Nationalität über alle Englisch sprechenden Menschen definierten, hätten wir einen Staat, der größer als China wäre.« Doch das schien den zukünftigen russischen Präsidenten nicht weiter zu beeindrucken. Damals war der politisch-historische Revisionismus allerdings noch nicht zu einer dominierenden Strömung der Propaganda im postsowjetischen Russland geworden, auch wenn die revisionistische Rhetorik nach dem spektakulären Sieg Wladimir Schirinowskis bei den Wahlen zur Duma 1993 in Mode kam und im ganzen politischen Spektrum Einzug hielt. Sicher hatte Putin freiheraus gesprochen und seinen persönlichen Missmut zum Ausdruck gebracht, obwohl er als Stellvertreter des liberalen Bürgermeisters Anatoli Sobtschak im Prinzip eine gemäßigtere Linie hätte verfolgen müssen.

T. G. Ash merkt an, dass das Wort *narod* – in der Transkription der Körber-Stiftung mit *Volk* ins Deutsche übersetzt – perfekt zu Putins völkischem Verständnis von den »Russen« passe – »oder was er nunmehr ›russkij mir‹, russische Welt nennt«. »Niemand hätte wohl gedacht«, schließt der Brite grimmig, »dass 20 Jahre später der nunmehr ungekrönte Zar aller Russen die Krim mit Gewalt in Besitz nehmen würde und in der Ostukraine ein gewalttätiges Durcheinander schaffen würde, indem er seine völkische Vision aus dem 19. Jahrhundert als Richtlinie für das 21. Jahrhundert weitertreibt. Heute hat der Kreml seine eigene verdrehte Version der im Westen entwickelten und von der UNO abgesegneten Doktrin der ›Schutzverantwortung‹. Russland hat nach Putin die Verantwortung, alle Russen im Ausland zu beschützen – und er entscheidet, wer Russe ist.«

Das neoimperiale Modell

Es wäre übertrieben, im Rückblick zu behaupten, dass Putins genozidaler Krieg gegen die Ukraine und seine aggressiven Machenschaften in anderen Ländern 1994 schon vorgezeichnet waren oder dass jeder, der in der Vergangenheit einmal bizarre revisionistische Äußerungen getätigt hat, seine Nachbarn drei Jahrzehnte später zwangsläufig mit blutigen Kriegen überzieht. Dennoch ist die Anekdote insofern bemerkenswert, als sie zeigt, dass Putins Geisteshaltung sich nicht erst in Reaktion auf vermeintliche westliche »Kränkungen« geändert hat, sondern schon immer vorhanden war und dass schamloser Revisionismus in Russland 1994 genauso »normal« war wie heute. In jenem Moment hielt Putin es nicht für nötig, seine »politisch inkorrekten« Ansichten und fragwürdigen Argumente diplomatischer zu präsentieren; er tischte sie den ausländischen Gästen vollkommen ungeniert auf, ohne auf das liberale Image seines Chefs und der Stadtverwaltung Rücksicht zu nehmen. Ebenso »normal« waren in Russland seit jeher ethnische Beleidigungen, antisemitische Witze oder sexistisch-chauvinistisches Siegesgeprahle. Wer im Westen damals die Augen vor dieser »Normalität« verschloss und hartnäckig an der Illusion einer Demokratisierung Russlands festhielt, bereitete den Weg für neue Illusionen und neue Triumphe der von Putin propagierten »Normalität«.

Der gemäßigte Ton, den er in den ersten Jahren seiner Präsidentschaft in der internationalen Politik anschlug, und seine relativ kooperative Haltung dem Westen gegenüber wurden von der pragmatischen Notwendigkeit bestimmt, einige innere Probleme zu lösen – die Oligarchen einhegen und ihr Vermögen umverteilen, die Bürgerrechte einschränken und die Opposition ausschalten, den Regionen die Autonomie nehmen, den genozidalen Krieg in Tschetschenien beenden – und zugleich zu vermeiden, international in Ungnade zu fallen. Die Bombenanschläge auf Wohnhäuser im Jahr 1999 hatten es ihm als unbekanntem KGB-Offizier mittleren Ranges ermöglicht, aus dem Image eines »harten Hundes« Kapital zu schlagen und die heiß umkämpfte Präsidentschaftswahl für sich zu entscheiden; danach wurden sie stillschweigend als »Nichtereignis« behandelt und unter den Teppich gekehrt, hingen aber weiter wie ein Damoklesschwert über dem Haupt des Mannes, dem sie hauptsächlich genützt hatten.

In Putins ersten Amtsjahren wurde seine Rede im Deutschen Bundestag mit stehenden Ovationen bedacht, George W. Bush sah ihm tief in die Augen und erkannte einen »wahren Demokraten«, und Putin selbst deutete an, dass Russland sich der NATO anschließen könne – natürlich zu Moskaus Bedingungen. Um die Kritik an den russischen Kriegsverbrechen in Tschetschenien zu entschärfen, unterstützte Putin im UN-Sicherheitsrat einen NATO-Einsatz in Afghanistan und bot eine russische Luftbrücke für die Lieferung von Militärgütern an. Später im selben Jahr erklärte er bei einem Besuch in den USA: »Russland erkennt die Rolle der NATO in der heutigen Welt an, Russland ist bereit, seine Zusammenarbeit mit dieser Organisation auszuweiten. Und sollten wir die *Qualität der Beziehung*, das *Format der Beziehung* zwischen Russland und der NATO ändern, wird die NATO-Erweiterung kein Thema mehr sein, kein Problem mehr darstellen.«[44] Auf die Frage, ob er gegen den NATO-Beitritt der baltischen Staaten sei, antwortete er: »Es steht uns natürlich nicht zu, den Leuten vorzuschreiben, was sie tun sollen. Wir können ihnen nicht verbieten, bestimmte Entscheidungen zu treffen, wenn sie die Sicherheit ihrer Nationen auf diese oder jene Weise erhöhen wollen.«[45]

Als er im Mai 2002 auf engere Beziehungen der Ukraine zur NATO angesprochen wurde, reagierte der Präsident ebenso gleichmütig: »Ich bin felsenfest davon überzeugt, dass sich die Ukraine nicht scheuen wird, den Austausch mit der NATO und den westlichen Verbündeten insgesamt zu vertiefen. Die Ukraine hat ihre eigenen Beziehungen zur NATO; es gibt die NATO-Ukraine-Kommission. Letztlich liegt die Entscheidung bei der NATO und der Ukraine. Das ist Sache dieser beiden Partner.«[46] Zwei Wochen später wiederholte er diese Aussage bei der Pressekonferenz zum Abschluss des Russland-NATO-Gipfels, wie die offizielle Website des Kremls dokumentiert: »Bezüglich eines NATO-Beitritts der Ukraine erklärte der Präsident, sie habe das

Recht, diese Entscheidung unabhängig zu treffen. Er betrachtet ihn nicht als etwas, das die Beziehungen zwischen Russland und der Ukraine trüben könnte.«[47]

Diese Äußerungen dürfen freilich nicht wörtlich genommen werden, da sie keinerlei politische oder ideologische Überzeugung widerspiegeln, sondern vielmehr schieren Opportunismus und Pragmatismus im Sinne einer »Kunst des Möglichen« zum Ausdruck bringen. Zum einen war Putin noch nicht bereit für eine offene Konfrontation mit dem Westen und hoffte weiterhin, dass Russlands Partikularinteressen »berücksichtigt« würden, also dass Russland offiziell oder offiziös eine gewisse Einflusssphäre zuerkannt bekäme – was seit jeher seiner Vorstellung von »Qualität« und »Format der Beziehungen« entsprach. Zum anderen sah er, dass der Kampf gegen den NATO-Beitritt der baltischen Staaten schwierig wäre, da es dazu bereits einen Konsens gab, im Westen ebenso wie im Baltikum. Gegen den Beitritt der Ukraine zu kämpfen hatte aus dem gegenteiligen Grund wenig Sinn, denn Putin wusste genau, dass der Westen kein Interesse daran hatte und die Ukraine in absehbarer Zukunft nicht bereit für einen solchen Schritt wäre.

Putins innenpolitische Rhetorik zu den Perspektiven der Ukraine in der NATO war nicht so freundlich wie seine internationalen Wortmeldungen. Sicherlich hatte er damals Gründe, beunruhigt zu sein. Nach seiner Wiederwahl 1999 hatte Leonid Kutschma eine als prowestlich angesehene Regierung unter der Führung des ehemaligen Präsidenten der ukrainischen Nationalbank Viktor Juschtschenko gebildet und sie mit der Durchführung dringend notwendiger Reformen beauftragt. Moskau schickte eine Warnung in Form eines Öllieferstopps von Dezember 1999 bis April 2000, und der Kreml forderte wirtschaftliche und politische Zugeständnisse, insbesondere die Entlassung des Außenministers und des »zu prowestlichen« Chefs des Militärischen Nachrichtenwesens.[48]

Im November 2000 wurde Kyiv von einem gewaltigen politischen Skandal erschüttert, der den Ruf Kutschmas und damit indirekt auch des ganzen Landes schwer beschädigte. Heimliche Mitschnitte von Gesprächen des Präsidenten mit leitenden

Beamten brachten ihn mit zahlreichen kriminellen Handlungen in Verbindung, darunter mit der Ermordung des oppositionellen Journalisten Heorhij Gongadse. Man weiß nicht, ob diese Aufnahmen von lokalen Oligarchen oder russischen Geheimdiensten in Auftrag gegeben wurden, aber Kutschmas Image litt enorm. Doch damit nicht genug: Die Tonbandaufnahmen enthielten auch eine Sequenz, in der Kutschma mit seinen Beratern über Pläne sprach, die amerikanischen Sanktionen zu umgehen und Saddam Hussein ukrainische Radarsysteme zu verkaufen. Zwar wurden die Radare in Wirklichkeit nicht verkauft und tauchten auch nie im Irak auf, doch das Vertrauen der vermeintlichen Verbündeten im Westen war dahin. Mit Proteststürmen im Inland konfrontiert und im Ausland geächtet, blieb Kutschma nichts anderes übrig, als die Nähe zu Moskau zu suchen. Im Mai 2001 wurde Juschtschenko von seinen Ämtern entbunden; 2002 rückte der Gouverneur von Donezk, Viktor Janukowitsch, als Ministerpräsident nach. Er verschaffte Kutschmas Wahlblock das beste Ergebnis bei der Parlamentswahl, und da er schon in Donezk dafür bekannt gewesen war, mit harter Hand durchzugreifen, versprach man sich in Kyiv von ihm Rückenwind für Kutschmas strauchelnde Präsidentschaft.

Um die internationalen Beziehungen zu verbessern und sich vor einer zu engen russischen Umarmung zu schützen, verkündete Kutschma bei der Sitzung des Nationalen Sicherheits- und Verteidigungsrats im Mai 2002, die Ukraine strebe einen NATO-Beitritt an. Im Juni 2003 schrieb er dieses Ziel im Gesetz über die Grundlagen der nationalen Sicherheit der Ukraine fest[49] und erklärte sich bereit, Truppen in den Irak zu entsenden, die dort bis 2006 mit der NATO zusammenarbeiteten. In einer Ironie des Schicksals musste ausgerechnet Viktor Janukowitsch als amtierender Ministerpräsident das Gesetz durchs Parlament bringen und die Ukraine bei Sitzungen mit den Vertretern der NATO repräsentieren.

Vielleicht sah Putin darin nur opportunistische Manöver und war nicht sonderlich beunruhigt von den euroatlantischen Integrationsabsichten der Ukraine. Nichtsdestoweniger versuchte er, sie an der kurzen Leine zu halten – wie üblich mit Zuckerbrot und Peitsche. Im Jahr 2003 beförderte er den ukrainischen Präsidenten an die Spitze der Gemeinschaft Unabhängiger Staaten, einer unbeständigen Organisation, die nach der Auflösung der UdSSR gegründet worden war – aus ukrainischer Sicht als Instrument der »zivilisierten Scheidung«, aus russischer Perspektive als Modell eines möglichen späteren Staatenbundes. Im September lud Kutschma auf der Krim zum Gipfeltreffen mit den Präsidenten von Russland, Belarus und Kasachstan, bei dem ein Abkommen zur Schaffung eines gemeinsamen Wirtschaftsraums unterzeichnet wurde – eine weitere Totgeburt der von Russland gesteuerten »eurasischen« Integration, da alle dafür rekrutierten Beteiligten das Projekt stillschweigend sabotierten.

Darauf folgte die Peitsche: Im Oktober 2003 provozierten die Russen die Ukraine, indem sie mit dem Bau eines vier Kilometer langen Damms in der Meerenge von Kertsch zwischen der russischen Halbinsel Taman und der kleinen ukrainischen Insel Tusla begannen. Das Projekt war wahrscheinlich von den lokalen Behörden angestoßen worden, ohne Einwilligung des Kremls, der tat, als wüsste er von nichts, als Kyiv Alarm schlug. Die Bauarbeiten wurden erst eingestellt, nachdem die ukrainischen Grenzposten mit einem militärischen Einsatz gedroht hatten, sodass Putin sich als Hüter des Friedens inszenieren konnte. Die Rolle des *bad cop* übernahm der Chef der Präsidialverwaltung, Alexander Woloschin, nach westlichen institutionellen Maßstäben eine relativ unbedeutende, in den postsowjetischen Staaten aber enorm einflussreiche Figur. Mit einer Erklärung, die eindeutig nicht nur seiner spontan formulierten Privatmeinung entsprang, sorgte er für einen Eklat: »Russland wird die Straße von Kertsch niemals der Ukraine überlassen. Es reicht, wenn die Krim ukrainisch ist. […] Man hält uns zum Narren, damit muss endlich Schluss sein. Wenn nötig, werden wir alles Mögliche und Unmögliche tun, um unsere Position zu verteidigen. Wenn nötig, werfen wir dort eine Bombe ab!«[50]

Das klang zwar nach einer Rede im Geiste Schirinowskis, knüpfte in Wirklichkeit aber nahtlos an Putins von T.G. Ash zitierte revisionistische Ausfälle von 1994 an und nahm die aggressive Rede auf der Münchner Sicherheitskonferenz 2007 vorweg, die heute von vielen als erste Ankündigung des neuen Kalten Krieges betrachtet wird. Woloschins Drohung ist auch deswegen kaum verwunderlich, weil antiukrainische Äußerungen vonseiten russischer Amtsträger und Personen des öffentlichen Lebens eine lange Tradition haben und weder von Wladimir Putin noch von Boris Jelzin je getadelt wurden. Keiner der beiden verurteilte die schändlichen Beschlüsse des russischen Parlaments, die zwar nicht gesetzlich bindend waren, aber große Symbolkraft hatten. So stellte die Duma etwa im Mai 1992 fest, die Übertragung der Krim an die Ukraine im Jahr 1954 sei »nichtig« und habe einen »Verstoß gegen die Verfassung (das Grundgesetz) der RSFSR [Russischen Sozialistischen Föderativen Sowjetrepublik] und den Gesetzgebungsprozess« dargestellt. Im Jahr 1993 verabschiedete sie eine Resolution, dass Sewastopol eine russische »Stadt föderalen Ranges« sei, und drei Jahre später erklärte sie, Russland habe das Recht, seine Souveränität auf der Insel auszuüben. Die bedrohlichste und potenziell gefährlichste Entscheidung der Duma, die 1996 mit überwältigender Mehrheit verabschiedet wurde, war die Aufhebung der Belowescher Vereinbarung, die 1991 die Auflösung der Sowjetunion festgestellt hatte; damit nahm sie mit einem Federstrich ein Abkommen zurück, das von allen involvierten Parlamenten ratifiziert und von Präsident Gorbatschow als unumstößliche Tatsache akzeptiert worden war.

Ende 2004, als die Ukrainer die Orange Revolution gegen die Staatsgewalt organisierten, war es mit Putins Nachsicht gegenüber Kyivs prowestlicher Ausrichtung vorbei. Im Dezember warnte er die Ukraine vor weiteren Versuchen, mit der NATO anzubandeln, während er zugleich ein positives Signal an die EU sandte: »Sollte die Ukraine der EU beitreten, wäre das ein positiver Faktor, der im Gegensatz zur NATO-Erweiterung zu einer Stärkung der internationalen Beziehungen beitragen würde.«[51] Zehn Jahre später bewertete er diese europäische »Erweiterung« allerdings nicht mehr positiv und benutzte alles Zuckerbrot und alle Peitschen, die ihm zur Verfügung standen – Korruption und Erpressung –, um Präsident Janukowitsch zu zwingen, das Assoziierungsabkommen mit der Europäischen Union wenige Tage vor der geplanten Unterzeichnung beim Ukraine-EU-Gipfel im November 2013 platzen zu lassen. Seine – vorgeblich – anderen Einstellungen zu EU und NATO im Jahr 2004 waren vermutlich nicht so sehr von Sorge um die russische Sicherheit geleitet als vielmehr von der Einschätzung der Wahrscheinlichkeit eines Beitritts der Ukraine zu diesen Organisationen – verschwindend gering im Falle der NATO, so gut wie null im Falle der EU.

Die orange Bedrohung

Im Jahr 2005 rückten anders gelagerte Sicherheitsbedenken in den Vordergrund und veränderten die russische Situation und Politik spürbar. Eine Welle von Demonstrationen und Aufständen gegen die Regierungen in manchen postsowjetischen Staaten Osteuropas, die »Farbrevolutionen«, weckten in Putin Erinnerungen an die dramatischen Ereignisse von 1989 und seine traumatisierende persönliche Erfahrung in Dresden. Die Orange Revolution war zweifellos ein Kipppunkt hin zu einem härteren politischen Kurs nicht nur gegenüber der Ukraine, sondern dann auch gegenüber dem Westen, den Putin als eigentlichen Auftraggeber und Drahtzieher all dieser Demokratiebewegungen betrachtete. Nach Einschätzung vieler Experten begann die systematische Arbeit mit Hinblick auf das geheime Ziel, die Unabhängigkeit der Ukraine zu untergraben und in Kyiv einen willfährigen Politiker vom Typ Lukaschenko zu installieren, kurz nachdem der »orange« Kandidat Viktor Juschtschenko die Präsidentschaftswahl 2005 gewonnen und eine nach Westen orientierte, angeblich »antirussische« und »nationalistische« Regierung ernannt hatte.

Bemerkenswerterweise vermied Juschtschenko direkte Konfrontationen mit dem Kreml. Sein erster Staatsbesuch führte ihn sogar nach Moskau – bevor er nach Brüssel weiterreiste –, um Putin zu versichern, dass er ihm die Einmischung in die ukrainische Wahl nicht nachtrage (Putin war eigens nach Kiew gekommen, um Viktor Janukowitsch, Juschtschenkos Gegner, persönlich zu unterstützen). Doch Putins Groll saß zu tief, als dass er Juschtschenkos Angebot zu freundschaftlichen, beiderseitig vorteilhaften Beziehungen angenommen hätte. Er hatte zu viel in Janukowitschs Sieg investiert und glaubte immer noch, die Niederlage seines Protegés sei durch Verschwörung und Verrat des Westens herbeigeführt worden und nicht etwa durch eine Volksabstimmung. Trotz turbulenter und instabiler Verhältnisse war die Ukraine immer eine Demokratie, in der das Prinzip des Volkswillens sowohl normative als auch praktische Geltung hat. Russland hingegen war seit den ersten Jahren von Putins Herrschaft immer autoritärer geworden und hatte die Redefreiheit und den freien politischen Wettbewerb zunehmend eingeschränkt. Da er den postsowjetischen Raum stets als seine »legitime Einflusssphäre« ansah, hatte der Kremlchef gute Gründe, die Demokratie in diesem Raum ebenso zu fürchten wie in Russland selbst.

Von nun an bekam die aufkeimende Demokratie in der Ukraine Gegenwind von zwei Seiten: der autoritären Konsolidierung des russischen Regimes und einer Geschichtspolitik, die das sowjetische totalitäre Erbe, insbesondere den Stalinismus, in Russland zunehmend rehabilitierte. Den kulturpolitischen Bemühungen, die ukrainische Sprache und Kultur nach langer Unterdrückung und Marginalisierung wieder aufleben zu lassen, standen Moskaus Versuche gegenüber, die Russifizierungsmaßnahmen sowohl im Inland als auch im »nahen Ausland« aufrechtzuerhalten und zu verstärken. Die ukrainische Religionspolitik, die für die rechtliche Gleichbehandlung aller vom Staat getrennten Kirchen eintrat, widersetzte sich damit den Forderungen aus Moskau in Bezug auf das »kanonische Territorium«, in dem die kremltreue russisch-orthodoxe Kirche privilegiert werden und de facto eine Monopolstellung genießen sollte.

Dazu kam die heikle Frage der 1932/1933 von Stalin organisierten künstlichen Hungersnot, dem Holodomor, bei dem vier bis fünf Millionen ukrainische Bauern verhungerten. In der sowjetischen Epoche galt diese Hungersnot als ein »Nichtereignis« und wurde verschwiegen; ihre bloße Erwähnung wurde als »antisowjetische Propaganda« eingestuft. Viktor Juschtschenko empfand es als persönliche Pflicht, das Gedenken an diese Tragödie wiedereinzuführen und die Opfer zu ehren, weshalb er 2006 das

Ukrainische Institut für Nationales Gedenken ins Leben rief, ein dem Ministerkabinett unterstelltes Sonderorgan für die »Wiederherstellung und Bewahrung des nationalen Gedächtnisses des ukrainischen Volkes«. Dessen Hauptaufgabe bestand darin, die Verbrechen der Stalinzeit aufzuarbeiten und die Opfer zu rehabilitieren, wobei die Untersuchung des Holodomor in der Forschungsarbeit des Instituts eine zentrale Rolle einnehmen sollte. Im selben Jahr verabschiedete das ukrainische Parlament ein Gesetzesvorhaben, das den Holodomor als »Genozid am ukrainischen Volk« anerkannte und die Parlamente anderer Länder dazu aufrief, vergleichbare Resolutionen zu beschließen. Der vierte Samstag im November wurde zum jährlichen nationalen Gedenktag für die Opfer des Holodomor erklärt, und auf Initiative des Präsidenten entstand in Kyiv das Nationale Museum des Holodomor-Genozids.

Auch hier vermied es Viktor Juschtschenko wohlweislich, Russland und die Russen direkt anzuklagen: »Es ist das totalitäre kommunistische und stalinistische System [das den Genozid verübte], das keine nationale Identität hat«,[52] bekräftigte er mehrfach. Genützt hat das nichts, denn die russische Staatsführung hatte zu viel in die Rehabilitierung und Wiederbelebung des Stalinismus investiert und ihr eigenes Regime zu eng mit der »ruhmreichen« sowjetischen Vergangenheit identifiziert. Das Gedenken der Ukrainer an den Holodomor wurde in Moskau schlicht als weiterer Beweis für ihren Nationalismus, ihre Russophobie und letztlich für ihren »Nazismus« gesehen.

Als Reaktion auf die ukrainischen Initiativen und in der offensichtlichen Absicht, das Übergreifen der »orangen Seuche« nach Russland zu verhindern, schuf der zu dieser Zeit amtierende Präsident Dmitri Medwedew 2009 eine Sonderkommission mit dem Auftrag, die »Versuche der Geschichtsverfälschung zum Schaden der Interessen Russlands zu verhindern«. Ihre Hauptaufgabe: die Zusammenfassung und Analyse von »Informationen zu Fälschungen von historischen Tatsachen und Ereignissen, die das internationale Ansehen der Russischen Föderation schmälern sollen«. In die Duma wurde eine Gesetzesinitiative eingebracht mit dem Ziel, die »Rehabilitierung des Nazismus« unter Strafe zu stellen, um jede Debatte über die sowjetischen Kriegsverbrechen und das Bündnis mit Hitler sowie Vergleiche zwischen Nationalsozialismus und Stalinismus verbieten zu können.[53]

Im Jahr 2007 gründete Putin per Erlass die Regierungsstiftung *Russkij Mir* (Russische Welt), um die russische Soft Power im Ausland auszuweiten; 2008 wurde die Föderale Agentur für Angelegenheiten der Gemeinschaft Unabhängiger Staaten, der im Ausland lebenden Mitbürger und für internationale humanitäre Zusammenarbeit *(Rossotrudnitschestwo)* als föderale Regierungsagentur des Außenministeriums geschaffen. Unter dem Deckmantel dieser beiden Institutionen wurden in alter sowjetischer Tradition subversive Aktivitäten gegen die Länder durchgeführt, in denen sie präsent waren.[54] Im April 2021 untersagte Präsident Selenskyj die Tätigkeit von Rossotrudnitschestwo in der Ukraine; im Juli 2022 wurde Russkij Mir neben zahlreichen weiteren Organisationen und Einzelpersonen im Zusammenhang mit dem russischen Angriff von der Europäischen Union sanktioniert.[55]

Die Kooperation der Ukraine mit der NATO war Moskau immer ein besonderer Dorn im Auge, nicht aus Gründen einer vorgeschobenen »Bedrohung der russischen Sicherheit«, sondern weil Russlands Fähigkeit, seine Nachbarn einzuschüchtern und zu manipulieren, dadurch ernsthaft gefährdet wurde. Im Jahr 2008 überschritt die Ukraine eine vom Kreml gezogene rote Linie, als sie beantragte, in den Aktionsplan aufgenommen zu werden, der erste Schritt zu einer NATO-Mitgliedschaft. Moskau agierte gegen die ukrainische Kandidatur, indem es seinen ganzen Einfluss in den NATO-Ländern mobilisierte, allen voran in Frankreich und Deutschland, den Hauptnutznießern direkter Wirtschaftsbeziehungen mit Russland. Beim NATO-Gipfel in Bukarest hielt Putin am 2. April 2008 eine Rede,[56] in der er zum ersten Mal offiziell seine besondere, durch und durch imperialistische Sicht auf die Ukraine als »künstlichen« Staat darlegte – »nicht einmal ein Land« sei sie, soll er in einem privaten Gespräch mit George W. Bush gesagt haben.

Seine Ansprache war eine wüste Mischung aus Lügen, Halbwahrheiten und perfiden Verdrehungen, die man heute nur allzu gut aus seinen pseudohistorischen »Essays« und aufstachelnden Reden zur Ukraine kennt. Sie stützte sich auf eine fundamentale, aber oft übersehene Lüge: einen aus dem 19. Jahrhundert stammenden archaischen Begriff von der Nation als einer Gemeinschaft, die durch eine gemeinsame ethnische Identität, Sprache und Religion sowie eine ins Mythische überhöhte Vergangenheit zusammengehalten wird und nicht etwa durch politische Kultur, staatsbürgerliche Loyalität, Gleichberechtigung und eine geteilte Vision von der gemeinsamen Zukunft. Diesem archaischen Modell entsprach die Ukraine nicht, da sie von Anfang an den mühevollen Aufbau einer politischen Nation betrieben hatte, in der Sprache, Ethnie oder Religion nur eine untergeordnete Rolle spielten und nicht als entscheidende Elemente der Loyalität und des Verhaltens ihrer Bürger betrachtet wurden. Dennoch störte sich damals niemand an Putins Konstruktionsfehler, bis er sich zu einer eigenen, vom russischen Staat geförderten ukrainophoben Theorie auswuchs, die dann in der Praxis in genozidale Handlungen umgesetzt wurde.

Einige Monate nach dem Gipfel von Bukarest marschierte Russland in Georgien ein und annektierte 20 Prozent seines Staatsgebiets. Da ein internationaler Aufschrei ausblieb, ja nicht einmal Sanktionen verhängt wurden, sah man sich darin bestätigt, weitere solcher »Operationen« im »nahen Ausland« durchzuführen. Im August 2009 sandte Präsident Medwedew Viktor Juschtschenko einen ominösen Brief, der von unverhohlenen Drohungen, Anspielungen und falschen Behauptungen nur so strotzte. Darin kritisierte er den politischen Umgang der Ukraine mit Geschichte, Erinnerungspolitik, Kultur, Sprache und Religion, die NATO-Kandidatur trotz der »allseits bekannten russischen Position«, die Unterstützung für Georgien bei der russischen Invasion 2008 und die Bestrebung, »bestehende Wirtschaftsbeziehungen mit Russland, insbesondere im Energiebereich, aufzulösen«[57] – Letzteres zielte auf die Bemühungen der ukrainischen Regierung gegen die Korruption im Energiesektor, an dem sich ein kleiner Kreis ukrainischer und russischer Oligarchen bereicherte. Am meisten empörte Medwedew ein beispielloser Schritt der Ukraine, etwas, was sich nur souveräne Staaten herausnehmen konnten: Sie wies zwei russische Spione aus und rief dem russischen Militärkommandanten in Sewastopol rüde in Erinnerung, dass bestimmte Paragrafen des Stationierungsvertrags für die russische Schwarzmeerflotte die Zahl der Soldaten begrenzten, Waffenlieferungen beschränkten und den Kommandanten vorschrieb, für jegliche Truppenbewegungen über den zugewiesenen Standort hinaus mit den ukrainischen Behörden Rücksprache zu halten.

Damals wurde Medwedews Botschaft als Versuch interpretiert, im Vorfeld der Präsidentschaftswahl im Januar 2010 die prorussischen Kräfte in der Ukraine zu bestärken; die zehntägige Ukrainereise von Patriarch Kyrill hatte offensichtlich das gleiche Ziel. Doch einigen Beobachtern fiel die besondere Inszenierung auf: Medwedew präsentierte den Inhalt des Schreibens in einer Videoaufzeichnung aus seiner Residenz in Sotschi, mit dem Schwarzen Meer im Hintergrund und in der Ferne kreuzenden Kriegsschiffen. Die Entscheidung, die Entsendung eines neuen russischen Botschafters in der Ukraine aufzuschieben, bis sich die russisch-ukrainischen Beziehungen normalisiert hätten, verhieß in diesem Kontext nichts Gutes.

Putins letzte Chance

Der Versuch einer »Operation zur Friedenssicherung« in der Ukraine – höchstwahrscheinlich auf der Krim – wurde im Februar 2010 aufgeschoben, als der als prorussisch geltende Kandidat Viktor Janukowitsch in der Stichwahl im Rennen um die Präsidentschaft gegen seine »orange« Konkurrentin Julija Timoschenko gewann, wenn auch nur mit knappem Vorsprung – 49 Prozent der Stimmen gegen 46 Prozent, bei 5 Prozent Stimmen für die Wahlmöglichkeit »gegen alle« vorwiegend aus dem »orangen« Lager. Kurz nach seinem Amtsantritt und der Ernennung der neuen Regierung unterzeichneten Janukowitsch und Medwedew die höchst umstrittenen Charkiw-Verträge, die im Schnellverfahren und ohne Debatte noch im April von den Parlamenten beider Länder ratifiziert wurden. Im Wesentlichen wurde darin vereinbart, die russische Pacht der maritimen Anlagen auf der Krim bis 2042 zu verlängern, mit der Option auf weitere fünf Jahre; im Gegenzug wurde der Ukraine ein Preisnachlass auf russisches Gas gewährt. Das Abkommen wurde in vielfacher Hinsicht kritisiert: Es sei durch die zahlreichen Verfahrensverstöße nicht verfassungskonform, es schade der Wirtschaft, weil die angekündigten »Preisnachlässe« den freien Markt untergraben und die Ukraine in die undurchsichtigen Muster des Energiehandels mit Russland zurückwerfen würden, und es habe eine verheerende politische Wirkung, weil Janukowitsch mit seinen übermäßigen Zugeständnissen zum Zweck einer »Entschärfung des russischen Drucks zugunsten der Integration« diesen Druck nur noch gesteigert und ermutigt habe. In Wirklichkeit hatte er »eine Hypothek auf einen Teil der Unabhängigkeit der Ukraine aufgenommen«, um sein Regime intern zu festigen, und »die Gegengewichte, die die Partnerschaft mit Russland umsetzbar und sicher machten, über Bord geworfen«.[58]

Alles in allem besiegelten die Charkiw-Verträge eine »Rücknahme der seit 2005 vom ehemaligen Präsidenten Viktor Juschtschenko vorangetriebenen politischen Maßnahmen«, ja eine »fundamentale Abkehr von dem Kurs, den die Ukraine seit ihrer Unabhängigkeit 1991 verfolgt hat«. Mit ihrer Ratifizierung, die dem russischen Einfluss Tür und Tor öffnete, habe Janukowitsch eine frappierende Ignoranz gegenüber den Absichten Russlands, Unbesonnenheit und eine unglaubliche Naivität an den Tag gelegt, ganz zu schweigen von dem leichtfertigen Glauben, dass der Westen die Verträge als weiteren Schritt zu mehr »Stabilität« begrüßen werde. Medwedew und »sein« Ministerpräsident Putin kamen ihrerseits ohne jede internationale Ächtung davon und »scheffelten deutlich mehr geopolitische Dividende als mit ihrem Sieg im Georgien-Krieg«.[59]

Offenbar hatten die Russen jedoch den Bogen überspannt, sobald es an die persönlichen wirtschaftlichen Interessen von Janukowitschs wichtigsten Mitstreitern ging. Die ukrainischen Oligarchen hatten kein großes Problem mit den ideologischen Zugeständnissen an Moskau, sei es nun die Bevorzugung der russisch-orthodoxen Kirche in der Ukraine oder die Besserstellung der russischen Sprache, der Verzicht auf den Begriff »Genozid«

im Holodomor-Gedenken oder die Wiedereinführung der Stalin'schen Bezeichnung »Großer Vaterländischer Krieg« für den Zweiten Weltkrieg in den ukrainischen Schulbüchern; sie sträubten sich aber dagegen, russischen Firmen unbeschränkten Zugriff auf die Ressourcen des Landes zu gewähren, Naftogaz mit Gazprom fusionieren zu lassen, Gasspeicher und Pipelines mit den Russen zu teilen und so weiter. Janukowitsch widersetzte sich im Stillen und versuchte, sein eigenes Spiel zu spielen, indem er Leonid Kutschmas berühmte »multivektorielle« Politik fortsetzte, doch ihm fehlten Kompetenzen und Bewegungsspielraum; dass die Unterzeichnung des Assoziierungsabkommens mit der EU letztlich scheiterte, war bezeichnend für die schwache Position, in die er sich selbst manövriert hatte.

Das Gas-Schwarzmeerflotte-Abkommen verschaffte Janukowitsch zwar kurzfristig einige politische und ökonomische Vorteile, setzte auf lange Sicht aber die Sicherheit der Ukraine aufs Spiel. Die Charkiw-Verträge verlängerten die Stationierung von 25 000 russischen Soldaten auf der Krim weit über 2017 hinaus – bei der Besetzung der Halbinsel 2014 spielten diese Truppen eine entscheidende Rolle – und legitimierten zudem die subversive Aktivität der russischen Geheimdienste, da im verhängnisvollen russisch-ukrainischen Abkommen von 1997 – dem sogenannten Teilungsvertrag über den Status und die Bedingungen der Schwarzmeerflotte – festgehalten war, dass Russland zehn der GRU bzw. dem FSB unterstellte Agenten für Aufklärung und Gegenspionage nach Sewastopol entsenden dürfe. Diese waren nicht wie behauptet für den Schutz der Flotte gegen Verbrecher und Terroristen im Einsatz, sondern sammelten nach Aussage des ehemaligen Leiters des ukrainischen Inlandgeheimdienstes SBU, Walentyn Nalywajtschenko, geheime Informationen und finanzierten prorussische Politiker, separatistische Aktivitäten und Propaganda sowie Anti-NATO-Demonstrationen. Die russische Flotte, so fasst es James Sherr zusammen, sei kein abwrackreifer Haufen alter Schrottkähne gewesen, wie zahlreiche Kommentatoren glaubten, sondern »Unterschlupf für und Urheber von Aktivitäten, die drei ukrainische Präsidenten als schädlich für die Interessen ihres Landes betrachteten«.[60]

Im Juni 2010 strich das ukrainische Parlament, offensichtlich auf Druck Russlands, das Ziel einer »Integration in das euro-atlantische Sicherheitssystem und einer NATO-Mitgliedschaft« aus der nationalen Sicherheitsstrategie.[61] Im Juli verabschiedete es ein Gesetz über die innen- und außenpolitischen Prioritäten, das die Ukraine offiziell verpflichtete, einen »blockfreien Status« beizubehalten. Den von Juschtschenko ausgewiesenen russischen Geheimdienstagenten erlaubte man stillschweigend die Wiedereinreise; eine Reihe russischer Staatsbürger wurde rasch eingebürgert, damit sie auf hohen Posten installiert werden konnten, insbesondere in der Leitung des Verteidigungsministeriums, im SBU und im Personenschutz des Präsidenten. Ein mutmaßlich dem russischen Nachrichtendienst nahestehender Politiker, Wolodymyr Siwkowytsch – der inzwischen untergetaucht ist –, wurde zum für Sicherheitsfragen zuständigen stellvertretenden Ministerpräsidenten ernannt. Es ist daher wenig verwunderlich, dass bei der russischen Invasion 2014 in der Armee und im Sicherheitsapparat der Ukraine heilloses Chaos herrschte; nachdem Janukowitsch sich nach Russland abgesetzt hatte, waren ihm 5000 Funktionäre gefolgt, und zahlreiche Offiziere der Streitkräfte, der Polizei und des Geheimdienstes hatten die Seiten gewechselt.

Die umfassende Infiltrierung der staatlichen Institutionen durch russische Agenten, die Janukowitschs Achtlosigkeit ermöglicht hatte, führte zu einer gewaltlosen Übernahme der Krim durch die russischen Streitkräfte und der Organisation breiter bewaffneter Aufstände im Südosten der Ukraine. Sie machte auch die Hypothese plausibel, der zufolge die Eskalation der Gewalt auf dem und um den Maidan-Platz während der Demonstrationen im Winter 2013/14 letztlich von Russland aus gesteuert wurde, als Taktik des »kontrollierten«, also durch Manipulation ausgelösten Chaos, wie sie die russischen »Politiktechnologen« favorisieren.[62] Einer dieser Strippenzieher, Putins Assistent und anscheinend wichtigster Berater, Wladimir Surkow – »Putins Rasputin«, wie Peter Pomerantsev ätzte –, war weithin als »Ukraine-Leugner« bekannt: »Es gibt keine Ukraine«, scherzte er, »nur die Ukrainität, eine spezifische Geistesstörung.« Seine bizarren

Theorien waren jedoch das geringere Übel im Vergleich zu den praktischen Mitteln, die er zur Heilung dieser »Störung« vorschlug: »Die einzige Methode, die sich historisch im Umgang mit den Ukrainern als wirksam erwiesen hat, ist der Zwang zu brüderlichen Beziehungen mittels Gewalt. Ich glaube nicht, dass noch eine andere erfunden werden wird.«[63]

Die ukrainische Hackergruppe Cyber Junta veröffentlichte 2016 eine Unmenge an E-Mails und anderen Dokumenten aus Surkows Postfach, die belegen, dass er in die Entwicklungen 2014 in der Ukraine massiv involviert war, insbesondere in die Organisation und Steuerung des sogenannten Russischen Frühlings – eines »Volksaufstands« im Süden und Osten der Ukraine, der auf die Euromaidan-Revolution folgte. Seine Rolle in der Eskalation der Gewalt auf dem Maidan und der anschließenden, immer noch rätselhaften Flucht von Janukowitsch – er hatte sich mit der Opposition eigentlich auf einen Kompromiss verständigt und grünes Licht für eine vorgezogene Präsidentschaftswahl gegeben – bleibt hingegen unklar. Dennoch lässt sich mit Sicherheit sagen, dass der Kreml diesmal sehr viel besser auf die revolutionären Entwicklungen in der Ukraine vorbereitet war als 2004 und viel eher in der Lage war, die Ereignisse zu seinen Gunsten zu manipulieren. Nicht nur waren die ukrainischen Institutionen gründlicher unterwandert, auch die von Surkows Team propagierten »politischen Technologien« waren deutlich raffinierter und die während des Euromaidan entfesselte Propagandakampagne viel mächtiger – wie der darauf folgende weltweite Propagandakrieg bewies.

Abgesehen von dem wiederkehrenden Motiv der »Nichtexistenz« der Ukraine und den damit verknüpften Motiven von »tiefen inneren Spaltungen« und »künstlichen Grenzen«, die einen militärischen Einmarsch vorbereiteten, wurden zwei weitere für sich stehende, aber miteinander zusammenhängende Erzählungen ausgearbeitet, um die Invasion als politisch und ideologisch geboten zu rechtfertigen. Die erste lautete, »Nazis« aus der dämonisierten Westukraine hätten einen Putsch in Kiew organisiert, mit Unterstützung des Westens die gewählte Regierung gestürzt und eine faschistische Junta eingesetzt. Die zweite behauptete,

Russen und russischsprachige Menschen würden in der Ukraine unterdrückt und seien mit der Machtergreifung der »Nazis« der Gefahr eines Völkermordes ausgesetzt. Weder die eine noch die andere Erzählung war neu. Die Mär von den »unterdrückten« Russischsprachigen zirkulierte schon in den russischen und manchen leichtgläubigen westlichen Medien, als in den ersten Jahren nach dem Zerfall der Sowjetunion Millionen russische Siedler und ihre Nachkommen in den postsowjetischen Republiken auf einmal gezwungen waren, die einheimischen Sprachen ein bisschen zu lernen. Die Geschichte von den »Nazis« wurde 2004 erprobt, als falsche »Nationalisten« durch das Zentrum von Kyiv marschierten und sich als Anhänger Viktor Juschtschenkos ausgaben; sie reicht bis in die sowjetische Zeit zurück, in der die ukrainische Nationalbewegung als »nazistisch« geschmäht wurde und die Westukraine als ihre Wiege galt.

Als Propagandainstrument waren diese zwei Erzählungen gelungen, da sie auf schon vorhandene, aus dem international verbreiteten »imperialen Wissen« gespeiste Stereotype zurückgriffen, aber auch geschickt manipulierte Fakten und Halbwahrheiten nutzten. Beide bemühten den »gesunden Menschenverstand«, auch wenn dieser in den betreffenden Fällen auf einer völligen Unkenntnis der Besonderheiten der Ukraine, ihrer kolonialen Vergangenheit und postkolonialen Gegenwart beruhte. Die Erzählung von den »unterdrückten Russischsprachigen« stützte sich auf eine gängige Überzeugung, der zufolge jeder Staat, vor allem wenn er neu gebildet wurde, zu einer »Nationalisierung« neigt und darum bestrebt ist, die Minderheiten in die dominierende Sprache und Kultur zu assimilieren. Dieses vermeintlich vernünftige Modell lässt sich nur schwer auf die Ukraine übertragen, in der die nahezu vollständig russifizierte Führungselite nach der Unabhängigkeitserklärung ihre Macht bewahren konnte, sodass die russische Sprache und Kultur weiter in den meisten Sphären des öffentlichen Lebens dominieren. Wohlgemerkt spricht kein einziger ukrainischer Oligarch Ukrainisch als erste Sprache – wenn er es überhaupt beherrscht –, und von den sechs ukrainischen Präsidenten kann man nur Viktor Juschtschenko als ukrainischsprachig bezeichnen. Die zunehmende Verbreitung des Ukrainischen im Lauf der vergangenen drei Jahrzehnte wurde nicht von »nationalisierenden« Eliten (die sich mit ihrer russischen Muttersprache rundum heimisch fühlten) von oben herab verordnet, sondern war das Ergebnis eines komplexen, einvernehmlichen Prozesses, der von der ukrainischsprachigen Mehrheit mit der im Wesentlichen russischsprachigen postsowjetischen Elite ausgehandelt wurde. Dass dieser Prozess so langsam und inkohärent ablief, sorgte bei den Radikalen beider Lager oft für Frust, doch es gelang, dass sich sowohl Russisch- als auch Ukrainischsprachige dem Land verbunden und zugehörig fühlen.

Die »Nazi«-Erzählung stützt sich auf ähnliche vom »imperialen Wissen« propagierte Stereotype, denen zufolge die Ukrainer mit den Nationalsozialisten kollaboriert hätten, die Westukraine die Wiege des ukrainischen Nationalismus sei, die Ukrainer eine genetische Veranlagung zum Antisemitismus hätten und so weiter. Man zog sie nun bevorzugt heran und baute sie als glaubhaftere, vor allem aber vernichtendere und auf internationaler Ebene attraktivere Erzählung weiter aus. Eingeführt wurde sie 2004 von den russischen »Politiktechnologen«, die Janukowitschs Wahlkampf gegen Viktor Juschtschenko organisierten; zu ihnen gehörte bezeichnenderweise auch der Autor des aktuellen »Handbuchs zum Völkermord«, Timofej Sergejzew. Im Jahr 2012 wurde sie noch weiter ausgefeilt, als die rechtsradikale Randpartei *Swoboda* in den Massenmedien viel Raum bekam, was zulasten der gemäßigteren Opposition ging und *Swoboda* bei der Parlamentswahl mit 10 Prozent einen so hohen Stimmenanteil einbrachte wie keiner anderen rechtsextremen Gruppe zuvor. Der Masterplan sah vermutlich vor, den Parteichef in die Stichwahl der Präsidentschaftswahl 2015 zu bringen, da er der einzige Gegner war, den Janukowitsch ohne erhebliche Wahlfälschung hätte besiegen können.

Diese Bemühungen trugen Früchte, wenn auch anders als erwartet: Als die Ukrainer 2014 in Kyiv auf die Straße gingen, wurden die Geschichten von »Nazis« auf dem Maidan von Moskaus Propagandamaschine aufgegriffen und in großem Stil in Umlauf gebracht. Das beunruhigte zahlreiche Menschen im Ausland, ganz zu schweigen von den Russen; und schlimmer noch, es beunruhigte und ängstigte nicht wenige Ukrainer im Südosten des Landes, die weiterhin eher russische Medien verfolgten. Manche von ihnen schlossen sich den russischen Agenten an, die gekommen waren, um den »Volksaufstand« gegen die »Junta« anzuführen – einer von ihnen, der berüchtigte Igor Girkin, prahlte später: »Wenn unsere Einheit nicht die Grenze passiert hätte, wäre alles zusammengebrochen.« Natürlich blieben viele auch neutral, doch zahlreiche Bürger ergriffen Partei für die Ukraine, wodurch die Russen mit ihrem Projekt *Noworossija* letztlich scheiterten. So desorganisiert sie auch war, gelang es der ukrainischen Armee mithilfe von Freiwilligen dennoch, einen Großteil des Donbass zu befreien und auf die Städte Luhansk und Donezk vorzurücken. Um seine Helfershelfer vor der totalen Niederlage zu bewahren, schickte Russland reguläre Truppen, gegen die die schlecht ausgerüstete ukrainische Infanterie keine Chance hatte, und zwang Kyiv, einen Waffenstillstand zu akzeptieren.

In Minsk begannen lange Verhandlungen, bei denen Russland vorgab, nicht am Konflikt beteiligt zu sein, und darauf bestand, dass die Ukraine direkt mit den Vertretern der »Volksrepubliken« Donezk und Luhansk verhandeln sollte. Das hätte de facto eine Legalisierung der Marionettenregimes bedeutet, was Kyiv nicht akzeptieren konnte; daher fanden die Verhandlungen in einem bizarren Format statt, in dem Russland so tat, als nähme es neben Deutschland und Frankreich lediglich eine Vermittlerrolle ein, während es zugleich die »militärischen Formationen in bestimmten Gebieten der Oblaste Donezk und Luhansk«, wie sie bei dem Treffen offiziell hießen, repräsentierte und im Namen dieser sprach.

Die sieben Jahre anhaltenden Streitigkeiten über die unterschiedlichen Auslegungen der »Minsker Vereinbarungen« blieben ergebnislos, was zu erwarten gewesen war, wenn der Hauptverursacher, Akteur und Nutznießer eines Konflikts vorgibt, daran »nicht beteiligt« zu sein. Die Ukraine wehrte sich erbittert gegen die Vereinnahmung und Kontrolle der »abtrünnigen« Regionen durch Moskau; das hätte sie zu einem dysfunktionalen

Staat gemacht, einem »großen Bosnien«, in dem Russland ungehindert agitieren und manipulieren könnte.

Nachdem es nicht gelungen war, dem ukrainischen Körper vergiftete Zellen einzupflanzen, scheiterten auch Putins weitere Versuche, die ukrainische Souveränität zu untergraben. Auf die Wahlniederlage der prorussischen Parteien und Kandidaten im Jahr 2014 folgte bei der Präsidentschaftswahl 2019 der nächste Schlag: Der angeblich »ultranationalistische« Amtsinhaber Petro Poroschenko verlor spektakulär gegen Wolodymyr Selenskyj, der als »kosmopolitisch« und »pazifistisch« galt, was keine wesentliche Änderung der ukrainischen Politik zu Moskaus Gunsten mit sich brachte. Damit signalisierte die Ukraine deutlich, dass es kein Zurück mehr gab und sie den prorussischen Kräften keine Chance auf eine Rückkehr an die Macht ließ. Sie wurde ein ganz gewöhnliches Land, in dem die nationale Politik nicht fundamental auf den Kopf gestellt wird, wenn ein Regierungswechsel stattfindet.

So blieben denn auch die »Gesetze zur Dekommunisierung« in Kraft, die 2015 unter Poroschenko verabschiedet worden waren und in Wahrheit auf eine Dekolonisierung abzielten; das nationale Ziel eines EU- und NATO-Beitritts stand weiter in der Verfassung; die behutsame Förderung der ukrainischen Sprache und Kultur wurde von einer Reihe neuer Gesetze und Institutionen fortgeführt; und der russisch-orthodoxen Kirche der Ukraine wurde kein privilegierter Status gegenüber den anderen Kirchen gewährt, insbesondere nicht gegenüber der ukrainisch-orthodoxen Kirche, die 2018 zu einer kanonischen autokephalen Kirche unter dem Schirm des Ökumenischen Patriarchats von Konstantinopel wurde. Seit 2014 blieben die Einstellungen der Ukrainer zu Russland und speziell zu Wladimir Putin sehr negativ, während die positiven Einstellungen zur EU und zur NATO weiter überwogen.

Obendrein verbot Selenskyj die hetzerischsten prorussischen Propagandasender und stellte Wiktor Medwedtschuk, Putins engsten Vertrauten und eine treibende Kraft der russischen Politik in der Ukraine, nach einer Anklage wegen Hochverrats unter Hausarrest.[64] Der Alarmschrei »Wir verlieren die Ukraine!« war in den russischen Propagandamedien immer häufiger zu vernehmen, spiegelt aber nur einen Teil der Wahrheit wider. Denn die ganze, wenn auch unausgesprochene Wahrheit scheint doch zu sein, dass die Ukraine schon »verloren« worden war – 2014 oder womöglich schon früher, 1991.

Nach einer zweijährigen Phase der Erpressungen und unverhohlenen militärischen Aufrüstung an den ukrainischen Grenzen veröffentliche das russische Außenministerium am 17. Dezember 2021 zwei Textentwürfe – einen »Vertrag zwischen der Russischen Föderation und den Vereinigten Staaten über Sicherheitsgarantien« und eine »Vereinbarung über Maßnahmen zur Gewährleistung der Sicherheit der Russischen Föderation und der Mitgliedstaaten der Nordatlantikvertrags-Organisation« – und verlangte von den USA und ihren NATO-Bündnispartnern die unverzügliche und bedingungslose Annahme der russischen Forderungen. Das erklärte Ziel dieser Vertragsdokumente waren »rechtsverbindliche Sicherheitsgarantien« für Russland, doch im Grunde handelte es sich um unerfüllbare Forderungen, die einen vollständigen Rückzug der NATO aus Mittel- und Osteuropa bedeutet und ihre Position vor 1997 wiederhergestellt hätten, womit zugleich die gesamte Region, insbesondere die Ukraine, als legitime Einflusssphäre Russlands anerkannt worden wäre. Dies hatte nichts mit etwaigen Sicherheitsbedenken zu tun: »Wenn Moskau von ›Sicherheit‹ redet, sind ›russische Vorherrschaft‹ und ›Straffreiheit‹ gemeint, denn darum geht es eigentlich. Für den Kreml stellt alles, was er nicht unter Kontrolle hat, eine potenzielle Gefahr für das Regime dar.«[65]

Die Dokumente waren mehr oder weniger eine Kriegserklärung, kein ernsthafter Verhandlungsvorschlag. Würden die Forderungen Russlands nicht erfüllt werden, ließen die Verantwortlichen im Kreml drohend durchblicken, hätte man keine andere Wahl, als mit militärisch-technischen Mitteln selbst für Sicherheit zu sorgen.

Zwei Monate später, am 24. Februar 2022, wurden all diese »Mittel« in einem Krieg entfesselt, bei dem es weder um Sicherheit noch um territoriale Ansprüche, ja nicht einmal um Rache geht: Es ist ein Krieg der Imaginationen. Die Ukrainer sind imaginäre »Nazis«, die vernichtet werden müssen, die westlichen Länder sind imaginäre Feinde und Verschwörer, die es zu besiegen gilt, und die Russen sind die imaginären Träger der göttlichen Wahrheit, dazu berufen, die Menschheit in einem tausendjährigen Kampf von dem weltweiten Bösen zu erlösen. Ein perverser und wahnsinniger Krieg, in dem eine von Putin und der Kremlelite erschaffene und von ihrer geifernden Propaganda verbreitete Parallelwelt ihr Fundament auf dem Werk von Philosophen, Schriftstellern, Gelehrten und weiteren Persönlichkeiten der russischen Kultur der Gegenwart und der Vergangenheit errichtet. Es ist ein selbst verschuldeter Krieg des kollektiven Wahnsinns gegen eine Realität, die nicht dem russischen Imaginären entspricht und daher durch Einsatz »militärisch-technischer Mittel«, wie wir sie heute in der Ukraine erleben, mit Gewalt geändert werden muss.

14

Waldimir Putin und das ukrainische Geheimdienstfiasko

Andreï Kozovoï

Wenn du dich und den Feind kennst, brauchst du den Ausgang von hundert Schlachten nicht zu fürchten.
Sunzi, Die Kunst des Krieges

Anfang März 2022, weniger als zwei Wochen nach Beginn der russischen Invasion in der Ukraine, gab es keinen Zweifel mehr: Anstelle eines triumphalen Einzugs in Kyiv unter dem Jubel der Einwohner wurde Putins glorreiche Armee in die Flucht geschlagen und erlitt schwere Verluste. Über der »militärischen Spezialoperation« lauerte fortan der Schatten des Afghanistankriegs (1979–1989), und es wurden Gerüchte laut, dass Putin, der berühmte »Infiltrierer«, nun selbst »infiltriert« worden sei.

Als Folge der Demütigung mussten natürlich Köpfe rollen. Eigentlich hätten zuallererst Verteidigungsminister Sergej Schoigu und Generalstabschef Waleri Gerassimow dran glauben müssen, schließlich hatten sie Putin ermutigt und die »große Erfahrung« der russischen Truppen angepriesen. Die beiden Männer, die kurz zuvor noch als Putins Lieblinge gegolten hatten, verschwanden auf mysteriöse Weise, und es hieß, sie seien möglicherweise aus dem Weg geschafft worden. Im April, nach einem angeblichen Herzinfarkt, kehrte Schoigu jedoch zurück, machte aber am 9. Mai 2022 bei der traditionellen Siegesparade auf dem Roten Platz eine ziemlich traurige Figur. Gerassimow dagegen, der bei einem Frontbesuch verletzt worden sein sollte, glänzte durch Abwesenheit. Eine öffentliche Bestrafung, die Statuierung eines Exempels, hätte kontraproduktiv ausfallen und als ein Eingeständnis des Scheiterns gedeutet werden können, da Russland doch offiziell keinen Millimeter von seinem Ukraineplan abgewichen war. Vor allem aber haben Schoigu und Gerassimow garantiert auf »nicht schuldig« plädiert und beteuert, auch sie seien von Geheimdienstberichten getäuscht worden, in denen die ukrainische Armee als nicht einsatzfähig, Wolodimir Selenskyj als Clown ohne Präsidentenformat beschrieben und auf einen uneinigen und passiven Westen gesetzt wurde, genau wie 2014 nach der Annexion der Krim.

Der russische Geheimdienst umfasst bekanntlich drei Einrichtungen: den Militärnachrichtendienst GRU, der dem Verteidigungsminister, in Wahrheit aber Putin untersteht, und die beiden zivilen Organisationen SWR (Auslandsnachrichtendienst) und FSB (Föderaler Sicherheitsdienst), der auch für die Spionageabwehr zuständig ist. Beide sind dem Präsidenten der Russischen Föderation direkt unterstellt. Im Gegensatz zu westlichen Diensten, die einem gesetzlichen Rahmen und gesetzlicher Kontrolle unterliegen, bilden die russischen Geheimdienste das Rückgrat der Putin'schen Herrschaft. Ihre Besonderheit besteht darin, dass sie sich nicht nur mit dem Sammeln und Analysieren von Informationen befassen, sondern zudem wie eine politische Polizei agieren, die Oppositionelle und »Verräter« in alter sowjetischer Tradition unterdrückt oder beseitigt. Die Nowitschok-Anschläge auf den ehemaligen GRU-Oberst Sergej Skripal im Jahr 2018 und den Oppositionspolitiker Alexej Nawalny im Jahr 2020 sind zwei aktuelle Beispiele (von vielen) für Operationen, bei denen die Beteiligung des russischen Geheimdienstes nachgewiesen wurde. Die Silowiki, wie die Vertreter von Geheimdienst und Militär nach dem russischen Wort für »Kraft« bzw. »Stärke« bezeichnet werden, sind der »neue Adel« – ein Ausdruck, der auf Nikolai Patruschew, den ehemaligen FSB-Chef und heutigen Sekretär des Sicherheitsrats zurückgeht, der als der mächtigste »Falke« des Kremls gilt.

Am Ende waren es also nicht Schoigu, Gerassimow, Patruschew oder andere Personen aus Putins engem Umfeld, die für das Scheitern des russischen »Blitzkriegs« in der Ukraine büßen sollten, sondern Leute aus der zweiten Reihe, unter anderem der 68-jährige General Sergej Beseda. Dieser wurde im März 2022 der Korruption und der »wissentlichen Desinformation« seiner Vorgesetzten beschuldigt und zunächst unter Hausarrest gestellt. Mitte April, als Putin – auch angesichts des Untergangs des Lenkwaffenkreuzers *Moskwa* – seinen Zorn nicht mehr zügeln konnte und Schuldige forderte, wurde Beseda unter strengster Geheimhaltung in das berüchtigte Moskauer Gefängnis Lefortowo verlegt. Der 1954 geborene Beseda ist ein Silowik, der seine Karriere wie Putin in den 1970er-Jahren unter Breschnew begann und als Agent im Ausland, vor allem in Kuba, tätig war. Später war er in der Spionageabwehr des FSB beschäftigt, wo er Stellvertreter von General German Klimenko wurde, der während einer kurzen Phase der Entspannung der russisch-amerikanischen Beziehungen in den frühen 1990er-Jahren als russischer Kontaktmann für die CIA-Vertretung in Moskau tätig war. Nachdem Putin 1998 zum Chef des FSB ernannt worden war, schuf er dort eine Abteilung mit dem kryptischen Namen »Direktion zur Koordinierung operativer Informationen« (UKOI), die 2003 in die »Abteilung für operative Information« (DOI) umgewandelt wurde. 2004 übertrug man Beseda die Leitung dieser Abteilung, die in erster Linie für Operationen im »Hinterland« der Russischen Föderation und hier besonders der Ukraine zuständig war.

Die Ernennung fiel in einen für den Kreml beunruhigenden Kontext, nämlich die Zeit der berühmten »Farbrevolutionen«. Im Jahr 2003 brach die Rosenrevolution in Georgien aus, 2004 die Orange Revolution in der Ukraine. In Kirgisien und Belarus brodelte es ebenfalls, 2005 und 2006 kam es auch dort zu Protesten. Als waschechter KGBler war Putin überzeugt, dass diese Demokratiebewegungen vom CIA gesteuert wurden, also beauftragte er den FSB mit der Mission, ein Agentennetzwerk aufzustellen, das dafür sorgen sollte, dass diese Länder in der russischen Umlaufbahn verblieben. Es galt außerdem, ihre Annäherung an die NATO, Putins schlimmsten Albtraum, mit allen Mitteln zu verhindern. Beseda aktivierte daraufhin seine Netzwerke in Transnistrien, einer selbst ernannten Republik zwischen der Ukraine und Moldawien, und später in den prorussischen, zu Georgien gehörenden Enklaven Abchasien und Südossetien. Nach dem russischen Sieg über Georgien in einem neuntägigen

Blitzkrieg belohnte man Beseda im August 2008 mit der Leitung des Fünften Dienstes des FSB: dem Dienst für operative Informationen und internationale Beziehungen, dem der DOI untersteht. Fünf Jahre später trat Beseda im Zusammenhang mit der Wiederbelebung der russisch-amerikanischen Beziehungen, dem sogenannten Neustart, aus dem Schatten, da er an der Untersuchung des Bostoner Attentats durch die tschetschenischen Brüder Zarnajew beteiligt war.

Besedas ununterbrochener Aufstieg wurde im Februar 2014 gebremst, als in der Ukraine die als »Euromaidan«-Bewegung oder »Revolution der Würde« bekannten Proteste gegen den prorussischen Präsidenten Viktor Janukowitsch begannen. Am 20. Februar befand sich Beseda an der Spitze einer Agentendelegation in Kyiv – offiziell, um die Sicherheit der Mitarbeiter der russischen Botschaft zu gewährleisten, in Wirklichkeit aber, um das Janukowitsch-Regime vor dem Untergang zu bewahren. Als sich in dieser Hinsicht keine Fortschritte einstellen wollten, beauftragte Putin den GRU, die Annexion der Krim vorzubereiten. Gleichzeitig sollten die »Separatisten« im Donbass mit dem Ziel unterstützt werden, die Republiken Luhansk und Donezk zu gründen, die Russland nach dem Vorbild der Krim annektieren würde.

Nach dem missglückten schnellen Sieg wurde Beseda nicht komplett aus dem Weg geräumt. Er kümmerte sich im Donbass weiterhin um die Logistik, zu der auch die Plünderung ukrainischer Ressourcen gehörte – eine Aufgabe, der er sich mit Unterstützung des aus der Ukraine geflohenen Oligarchen Sergej Kurtschenko annahm. Aufgrund dieser Tätigkeit landete er zusammen mit seinem Vorgesetzten, dem FSB-Direktor Alexander Bortnikow, auf einer schwarzen Liste der Europäischen Union. Obwohl sowohl GRU als auch SWR Netzwerke in der Ukraine unterhielten, war es der Fünfte Dienst, der nach Ansicht mehrerer Experten vor Beginn der »militärischen Spezialoperation« den größten Einfluss auf den Kreml gehabt haben dürfte. Seine für die Ukraine verantwortliche Abteilung wurde von 30 Personen im Jahr 2019 auf 160 im Sommer 2021 aufgestockt. In die Ukraine entsandte Agenten hatten die Aufgabe, Mitarbeiter zu rekrutieren und Gegner Moskaus unschädlich zu machen. Beseda nun soll mit seinen Einschätzungen einen entscheidenden Einfluss auf Putin ausgeübt und ihn davon überzeugt haben, grünes Licht für einen Angriffskrieg zu geben. Aber kann er den russischen Präsidenten wirklich »wissentlich« desinformiert haben? War er denn nicht selbst davon überzeugt, dass die Eroberung der Ukraine ein Spaziergang werden würde? Immerhin wissen wir heute, dass Besedas Mitarbeiter wenige Tage vor der Invasion ihre ukrainischen Agenten anwiesen, ihre Wohnungsschlüssel den »Männern aus Moskau« zu überlassen, die kommen sollten, um nach dem Sieg Russlands ein ukrainisches Marionettenregime zu installieren.

Vor der Festsetzung Besedas gab es innerhalb des russischen Geheimdienstes vielleicht tatsächlich eine Tendenz, wenn nicht zur Desinformation, dann zur Selbstüberschätzung. Man war vom Erfolg der Operation überzeugt, und das aus verschiedenen Gründen. Der militärische Nachrichtendienst hatte ab 2011 einen schärferen Kurs eingeschlagen, nachdem General Wladimir Aleksejew zu seinem stellvertretenen Leiter ernannt worden war. Dieser profitierte von der Stärkung des GRU unter der Führung von Schoigu und stieg zum Hauptverantwortlichen für die Nachrichtenbeschaffung aus der Ukraine auf. So legte der militärische Geheimdienst offenbar eine ihm eigene, eher vorsichtige Haltung ab. Mit Aleksejew als ehemaligem Angehörigen der Spezialeinheit Speznas könnte die Bereitschaft zum Risiko gewachsen sein. Hier läge dann auch eine Erklärung für die Giftanschläge, von denen besonders der gegen Sergej Skripal in Großbritannien in Erinnerung ist. Hinzu kommt die schädliche Konkurrenz zwischen militärischem und zivilem Geheimdienst, GRU und FSB, die Beseda zu Übertreibungen veranlasst haben könnte, um den Militärs nicht das Feld zu überlassen. Immerhin findet sich im FSB nach wie vor eine »tschekistische Kultur«, und die verdeckten Operationen der Stalinzeit, insbesondere im Rahmen der Sowjetisierung der Westukraine – zunächst 1939–1941 und dann erneut 1944–1945 –, sind auch für die neuen Kader eine Inspiration. Als Angehöriger einer Generation, die diese Operationen in den KGB-Schmieden von Breschnew und Andropow präsentiert bekam, ist Beseda Träger einer Erinnerung, die seine Berichte – insbesondere über die »Nazifizierung« der Ukrainer – verzerrt haben könnte.

Abgesehen von diesen Überlegungen bleibt natürlich die Rolle des Obersten Befehlshabers entscheidend, wie der Konflikt zwischen Russland und Japan 1904–1905 schulbuchmäßig zeigt. Zar Nikolaus II. war berauscht von der Idee einer russischen Expansion im Fernen Osten, deren günstigen Ausgang ihm seine Berater ausmalten. Er verachtete die Japaner, die er insgeheim als »Affen« bezeichnete, und er wusste angesichts eines inkompetenten Generalstabs nichts vom tatsächlichen Zustand der japanischen Streitkräfte. So sah er sich am Ende mit einer demütigenden Niederlage konfrontiert, auf die eine Revolution folgte.

Wie viele seiner Vorgänger war Putin Opfer seiner Hybris, befeuert durch die fehlende Reaktion des Westens auf den Krieg in Georgien, durch die begrenzten Sanktionen, die auf die Annexion der Krim folgten, sowie durch die zögerliche Haltung des Westens angesichts des hybriden Krieges im Donbass. Sicher wusste Putin zudem von den Unstimmigkeiten zwischen den westlichen Geheimdiensten – man denke an die Ende März 2022 erfolgte Entlassung von General Éric Vidaud, dem Leiter des französischen Militärgeheimdienstes, der eine russische Invasion, anders als die Amerikaner, für »unwahrscheinlich« gehalten hatte. Der Kremlherrscher hielt den Zeitpunkt für einen entschlossenen Schlag gekommen und begann einen Krieg, den er seit Langem durch die Lektüre von Verfechtern des russischen Imperialismus vorbereitet hatte – wobei umstritten ist, ob er nur Zusammenfassungen oder die Originaltexte gelesen hat. Insbesondere Iwan Iljins (1883–1954) in den 1950er-Jahren erschienene Artikelsammlung *Unsere Aufgaben* ist für Putin eine wichtige Schablone, denn sie verneint das Prinzip der Selbstbestimmung der Völker, das als Hebel eines antirussischen Westens betrachtet wird. Die Ukraine-Besessenheit ist für den russischen Präsidenten zum Problem Nummer eins geworden und hat sich aufgrund seiner (durch die Coronapandemie verschärften) Isolation und seine Krankheit(en) weiter verstärkt (es ranken sich Gerüchte um eine Krebserkrankung). Der bald 70-jährige Putin möchte diese Welt offenbar erst verlassen, wenn er die Vorhersehung und damit seine Lebensmission erfüllt hat: die Wiedererrichtung des Russischen Reiches.

Überbringer schlechter Nachrichten kann niemand leiden. Im Laufe der Jahre, nach vielen gefälschten Wahlen, hat der Präsident allmählich den Sinn für die Realität verloren und den Kreis seiner Freunde und Vertrauten verkleinert. Die Einzigen, die womöglich noch Einfluss auf ihn nehmen konnten, waren Alexander Bortnikow und Sergej Naryschkin, die Leiter der zivilen Nachrichtendienste FSB bzw. SWR. Jedoch verachtet Putin den Geheimdienst – so wurde Naryschkin am 21. Februar 2022, drei Tage vor der Invasion, mitten in der Sitzung des Sicherheitsrats öffentlich gedemütigt; und auch Admiral Igor Kostiukow, der derzeitige Chef des militärischen Geheimdienstes GRU, wurde offenbar mit erniedrigenden Schimpfworten bedacht. Die Nachrichtendienste sind für den Entscheidungsprozess zentral, doch paradoxerweise schätzt Putin sie wie gesagt nicht besonders. Der ehemalige KGB-Offizier brauchte einen mehrjährigen Anlauf, um die UdSSR für einen Auslandsauftrag zu verlassen, und ging dann auch noch in ein kommunistisches Land, die DDR, aus der er überstürzt zurückkehren musste: Nach dem Fall der Mauer fürchtete Putin um sein Leben und bringt dem Auslandsnachrichtendienst heute vor allem Verbitterung und Zorn entgegen.

Was blieb daher der zweiten Reihe, darunter Beseda, anderes übrig, als die Informationen sorgfältig zu filtern, um den Meister in seinen Illusionen zu bestärken? *Ugadat, Ugodit, Utselet* – ausschnüffeln, einschmeicheln, überleben –, dieses Motto kannten die NKWD-Agenten noch aus der Zeit des Großen Terrors, der vielen verdienten Tschekisten das Leben kostete, da sie versäumt hatten, im richtigen Moment die Fronten zu wechseln. Was wäre mit Beseda geschehen, wenn er Putin die Wahrheit gesagt hätte? Es sei an das Schicksal der Agenten erinnert, die Anfang 1941 versuchten, Stalin vor einem deutschen Angriff zu warnen, obwohl die UdSSR und Nazideutschland Verbündete waren. Der bekannteste unter ihnen, Richard Sorge, ein in Tokio stationierter Spion, hatte immer zahlreichere, immer präzisere Warnungen ausgesprochen, stieß aber auf taube Ohren: »Sorge ist ein kleiner Scheißer, der in Japan Fabriken und Bordelle betreibt«, kommentierte Stalin im Mai 1941 eine von Sorges alarmierenden Depeschen. Was am Morgen des 22. Juni geschah, ist bekannt: Die durch »Säuberungen« geschwächte Rote Armee wurde bis November in die Flucht geschlagen. Auch während des Kalten Krieges zwangen die Machthaber die Geheimdienste wiederholt, sich ihrer Paranoia zu unterwerfen: Anfang der 1980er-Jahre, als der ehemalige KGB-Chef Andropow zum russischen Staatsführer geworden war, gab er den in den USA tätigen Agenten den Befehl, Beweise für einen drohenden Atomschlag zu sammeln – die Operation trug den Namen RJaN, eine Abkürzung für »Angriff mit Atomraketen«, und wer ihre Begründung infrage stellte, wurde diskreditiert und nach Moskau zurückbeordert.

Unter Nikita Chruschtschow wurde Sorge posthum rehabilitiert. Beseda hingegen durfte seine Zelle Ende April 2022 verlassen, um an der Beerdigung von General Leonow, einer Legende des sowjetischen Geheimdienstes, teilzunehmen. Danach soll er wieder in seinem Büro in der Lubjanka gearbeitet haben. Dahinter steckt sicher nicht die Absicht, ihn zu rehabilitieren, und schon gar keine späte Einsicht des Präsidenten in seine eigenen Fehlentscheidungen, sondern vielmehr der Wille, eine Eskalation der Situation zu verhindern. Man denke an die »Säuberungen« innerhalb der Roten Armee in den Jahren 1937 und 1938, in deren Verlauf fast 450 ranghohe Offiziere hingerichtet wurden, ein absoluter Präzedenzfall. Einer der bekanntesten Überlebenden, Marschall Boris Schapotschnikow, konnte Stalin später davon überzeugen, zahlreiche Offiziere aus dem Gulag zu holen, was den völligen Zusammenbruch der Roten Armee verhinderte. So wurde der im Mai 1939 zu 15 Jahren Lagerhaft verurteilte Kommandant Michail Bukschynowitsch Ende 1942 freigelassen, um dann an der Offensive in Europa und der Einnahme Berlins teilzunehmen. General Konstantin Rokossowski, der 1937 verhaftet worden war, wurde 1940 freigelassen, bevor er als einer der wichtigsten sowjetischen Militärführer gegen Deutschland antrat, zum Ende des Krieges Marschall wurde und die Siegesparade auf dem Roten Platz anführte.

Interpretiert man die Verhaftung Besedas als an den Geheimdienst gerichtete Warnung, so ist seine Freilassung wiederum als taktischer Rückzug zu sehen, der die Gerüchte um interne Spannungen und Unstimmigkeiten zwischen Führung und Basis eindämmen sollte. Man wollte die zweite Reihe beschwichtigen, von der die Stabilität des Systems und ein reibungsfreier Entscheidungsprozess zu einem guten Teil abhängt. Die Schattenwelt des Geheimdienstes ist jedoch nicht nur dem Druck der Exekutive unterworfen, sondern auch von westlichen Sanktionen betroffen, welche den russischen Spionagenetzwerken im Ausland arg zugesetzt haben. Zwischen Februar und April 2022 wurden mehr als 450 russische »Diplomaten« aus 27 Ländern und internationalen Organisationen ausgewiesen, das sind dreimal so viele wie nach der Skripal-Affäre. Putin hat umso größeres Interesse daran, seine Geheimdienstkader zu schonen, als er es bei einem Teil der Silowiki mit einer »Kriegspartei« zu tun hat, die sich mit den heruntergeschraubten Zielen der »militärischen Spezialoperation« – Besetzung und Annexion des Donbass statt Eroberung der Ukraine – nicht abfinden kann. Diese Kader an der Basis möchten, dass Putin die Generalmobilmachung verkündet und Massenvernichtungswaffen einsetzt, um die Sache so schnell wie möglich zu beenden. Übrigens zögerte wiederum Selenskyj nicht, den Chef der ukrainischen Spionageabwehr SBU Iwan Bakanow zu entlassen, einen Jugendfreund, den er selbst auf diesen wichtigen Posten berufen hatte. Offenbar war dieser zu unerfahren, um eine korrupte und von Moskauer Agenten unterwanderte Organisation zu leiten – was den Russen zu Beginn ihres Angriffskriegs die schnelle Einnahme von Cherson ermöglichte.

Indem er Beseda freiließ und sich bemühte, die Auswirkungen der »Minisäuberung« innerhalb der Silowiki zu begrenzen, versuchte Putin also wahrscheinlich, die Kluft zwischen dem Kreml und seinen Eliten zu schließen, die sich zwangsläufig auftut, je unsicherer die militärische Lage vor Ort wird und je weiter der Gedanke an einen »Sieg« in die Ferne rückt. Befürchtete Putin etwa, von seinem Umfeld gestürzt zu werden? Das Risiko ist begrenzt, existiert doch in Russland keine Putschkultur. Das brutale Vorgehen gegen die Dekabristen – Offiziere, die am Krieg gegen

Napoleon teilgenommen hatten und sich im Dezember 1825 erhoben, um eine Liberalisierung des zaristischen Systems zu erzwingen – hat sich als abschreckender Präzedenzfall ins Gedächtnis gebrannt. Auch die ungeklärten Todesumstände der beiden GRU-Leiter Igor Sergun und Igor Korobow, die 2016 und 2018 verstarben, stehen möglichen Aufrührern als eine von vielen Warnungen vor Augen. (Es heißt, Korobow könnte mit Nowitschok vergiftet worden sein.) Auch was den zivilen Geheimdienst betrifft, gibt es genug historische Beispiele, die den Gedanken an ein Komplott eher ausschließen. Nach Stalins Tod im März 1953 trat der allmächtige Chef des NKWD-KGB, Lawrenti Beria, als starker Mann aus der »kollektiven Führung« hervor – doch dann wurde er im Juni verhaftet und im Dezember hingerichtet. Dasselbe gilt für den KGB-Leiter Wladimir Semitschastny, der am Sturz von Chruschtschow im Oktober 1964 beteiligt gewesen war, seinen Posten jedoch verlieren sollte, als Stalins Tochter Swetlana Allilujewa drei Jahre darauf in den Westen floh. Tatsächlich fürchtet Putin nicht so sehr eine Verschwörung als eine Demoralisierung seiner Geheimdienstkader. Eine Demoralisierung, die sie passiv werden lässt, so wie der Große Terror zu einer Schwächung der Disziplin innerhalb der Armee und einer Verschlechterung der Geheimdienstarbeit führte. Der russische Präsident misstraut offenbar nach wie vor den Geheimdiensten FSB und GRU und greift inzwischen vor allem auf die Kader des Föderalen Schutzdienstes FSO zurück, der für die Sicherheit des Präsidenten und seiner Familie verantwortlich ist.

Besedas Freilassung könnte also darauf hindeuten, dass Putin aus seinen Fehlern lernen will. Zwar hat sich die Front im Donbass im Mai und Juni 2022 stabilisiert, doch machte sich der Zweifel an einem schnellen Sieg, einem »Wunder am Dnepr«, in den Köpfen breit. Wird diese Einsicht von Dauer sein? Das ist wenig wahrscheinlich, solange Putin an der Macht ist und seine paranoide Sicht auf die Welt und die Geschichte, sein antiwestliches System und seine Obsession einer »entnazifizierten« Ukraine fortführt, und vor allem auch, wenn das Hauptvorbild der russischen Geheimdienste Andropows KGB und in zunehmendem Maße der stalinistische NKWD bleiben. Angesichts einer immer schwierigeren militärischen Lage und der realen Gefahr, der russischen Bevölkerung das Ausmaß seines Versagens zu offenbaren, entschied sich Putin im Spätsommer 2022 für die Flucht nach vorn: Er erhöhte nicht nur die Zahl der FSB-Agenten zur Unterstützung der Truppen im Donbass, sondern beauftragte sie auch noch, »Verräter im Inneren« energischer zu verfolgen und durch die Teilmobilisierung für eine große Verstärkung an »Märtyrern« zu sorgen. Die »Operation Daria Dugina«, benannt nach der Tochter des neofaschistischen Ideologen Alexander Dugin, die Ende August Opfer eines Autobombenanschlags wurde (der möglicherweise die Handschrift des FSB trägt und in den gar ihr eigener Vater verwickelt sein soll) ist nur der Anfang dieser düsteren Offensive.

Dieser Artikel stützt sich hauptsächlich auf Interviews und Veröffentlichungen des investigativen Journalisten Andrei Soldatow, Gründer der Website agentura.ru, der zusammen mit Irina Borogan mehrere Bücher veröffentlichte, darunter *The New Nobility: The Restoration of Russia's Security State and the Enduring Legacy of the KGB* (New York, Public Affairs 2010). Soldatow recherchierte als Erster zur Rolle des Fünften Dienstes des FSB ab 2022. Er war es auch, der in seinem Twitter-Feed bekannt gab, dass Beseda unter Hausarrest gestellt (11. März), nach Lefortowo verlegt (8. April) und schließlich freigelassen (29. April) wurde. Ebenso konsultiert habe ich die Veröffentlichungen und Interviews des Journalisten Christo Grozev, der mit der investigativen Website Bellingcat zusammenarbeitet, sowie die wöchentlichen Gespräche des KGB-Überläufers Sergej Schirnow, die er mit einem berühmten Anonymus (eines »SWR-Generals«, der sich Viktor Michailowitsch nennt) auf seinem YouTube-Kanal (»Former KGB Spy Sergey Zhirnov«) geführt hat. Siehe auch Sergej Schirnows Buch *L'Engrenage* (Paris, Albin Michel 2022). Ebenfalls von mir ausgewertet wurde die am 19. August 2022 veröffentlichte Untersuchung der *Washington Post* über die Rolle des russischen Geheimdienstes vor dem Überfall auf die Ukraine: Greg Miller und Catherine Belton, »Russia's spies misread Ukraine and misled Kremlin as war loomed«, die auf Informationen des amerikanischen und des ukrainischen Geheimdiensts basiert.

15

Die Grundpfeiler von Putins Außenpolitik: Rekrutierung, Erpressung und Terror

Françoise Thom

»Putin ist der Patriarch des Gases. Es war sein Wunsch, die großartige Gas-Zivilisation Russlands zu erschaffen. Er erstreckt seine Pipelines vom Atlantik bis zum Pazifik. Es genügt, dass er mit einer Augenbraue zuckt – der Gaspreis schießt in die Höhe, und die europäischen Fabriken stehen still. Er zuckt mit der anderen Augenbraue – und die Preise fallen, und Europa dankt Gott für das Mitgefühl des russischen Patriarchen.«[1]

Alexander Prochanow

Das Putin-Regime ist aus der Osmose jener organisierten Kräfte hervorgegangen, die den Zusammenbruch der UdSSR überlebten: die Geheimdienste und die Unterwelt.[2] Seine Außenpolitik wird von diesem doppelten Einfluss geprägt. Adieu, klassische Diplomatie. Vom ersten Jahr seiner Präsidentschaft an und als guter KGB-Offizier bemühte sich Putin darum, Russland in die Lage zu versetzen, westliche Eliten zu rekrutieren, das Ausland zu erpressen und sich schließlich Schutzgeld zahlen zu lassen. Zunächst konzentrierte er all seine Hoffnungen auf den Umbau Russlands zu einer Energie-Großmacht.

Das Projekt der Energietokratie

Man muss in die Sowjetzeit zurückgehen, um die Erdöl- und vor allem Gaspolitik von Putins Russland zu verstehen, denn man sollte nicht vergessen, dass das zaristische Russland vor 1914 der weltweit größte Erdölproduzent war. Seit Lenin und Stalin haben sich die sowjetischen Führer darum bemüht, eine vereinheitlichte Wirtschaft aufzubauen, in der die Sowjetrepubliken der UdSSR abhängig von der Zentralmacht waren. »Der Genosse Stalin hat völlig recht mit seiner Bemerkung, dass derjenige die Macht in Händen hält, der über das Erdöl verfügt«, erklärte Sergej Kirow beim XIV. Parteitag der Kommunistischen Partei im Dezember 1925.[3] In Hinblick darauf entwickelte der Kreml ein Netz aus Gas- und Ölpipelines, dessen Zentrum die russische Republik war. Gas und Öl kamen per Pipeline aus den Lagerstätten in Aserbaidschan, Turkmenistan und Kasachstan, um dann in Russland zusammengeführt und nach Europa geleitet und verkauft zu werden, dem Hauptabsatzmarkt für Energielieferungen der UdSSR. Im Gegenzug erhielten die Sowjetrepubliken subventioniertes Gas. Zu Ende des Jahres 1980 vereinbarten die Sowjets und die Westeuropäer (vor allem Deutsche und Franzosen) den Bau einer 4500 Kilometer langen Gasfernleitung, deren Startpunkt die in Westsibirien gelegene Förderstätte Urengoi wäre. Damit würde sich die Abhängigkeit der Bundesrepublik von russischem Gas von 15 auf 30 Prozent ihrer Gesamtgasimporte erhöhen. Grund genug, dass in Bonn die zuständigen Ministerien analysierten, welche sicherheitspolitischen Auswirkungen das möglicherweise haben könnte. Am Ende wurde Entwarnung gegeben – man glaubte nicht, dass die Sowjetunion eine aus diesem Lieferverhältnis entstehende Machtposition für andere Zwecke ausnutzen könnte; eine ernsthafte Störung liege doch gar nicht in ihrem eigenen Interesse, so hieß es. Bundeskanzler Helmut Schmidt brachte es Anfang März 1980 gegenüber US-Präsident Jimmy Carter auf eine prägnante Formel: »Wer Handel miteinander treibt, schießt nicht aufeinander.«[4] Oleksij Arestowytsch, heute Berater des ukrainischen Präsidenten Selenskyj, berichtete von einem Gespräch mit seinem Vater, einem Offizier beim KGB: »Ich erinnere mich als Kind an eine Diskussion 1978 bei Tisch über die Gaspipeline Urengoi-Pomary-Uschhorod. [Dieser Vertrag] war von Anfang an auf Korruption aus, mit dem Ziel, nicht nur den Zufluss von Devisen in die Sowjetunion zu sichern, sondern auch die Eliten im Westen zu kaufen.«[5]

Die Gasexportleitungen von Gazprom standen auf einer Stufe mit der orthodoxen Kirche, was die »Klammerwirkung« im Sowjetstaat anging. Nach dem Zusammenbruch der UdSSR unternahm Moskau alles, um diese stabilen »Klammern« zu bewahren. Eine der ersten Niederlagen der Reformer unter Boris Jelzin war denn auch der Versuch, Gazprom zu privatisieren und aufzuspalten. Russland verheimlichte niemals ernsthaft den Versuch, seine dominierende Stellung auf dem Energiemarkt für die Umsetzung seiner außenpolitischen Ziele einzusetzen, vor allem in seiner unmittelbaren Nachbarschaft, aber auch darüber hinaus. Bereits 1990 verhängte die Sowjetunion unter Gorbatschow ein Energieembargo über Litauen, als das Parlament dieser Republik ihre Unabhängigkeit erklärte.

Einmal an der Macht, entwickelte Wladimir Putin eine langfristig angelegte Politik mit dem Ziel, diese auf Russland zentrierten Netze auf ganz Europa auszuweiten. Im Jahr 2000 versprach er Europa, und besonders Deutschland, feierlich eine »Energiepartnerschaft« zum gegenseitigen Nutzen. Er brachte erneut die Idee einer Gasleitung durch die Ostsee ins Gespräch, die Russland und Deutschland direkt verbinden würde und Conditio sine qua non für diese »Partnerschaft« sei. Schon sehr früh tauchte die Vorstellung auf, dass die Europäer gezwungen seien, aufgrund ihrer energetischen Abhängigkeiten den Wiederaufstieg des russischen Reiches hinzunehmen. 2004 schrieb dazu die *Nesawissimaja Gaseta:* »Die westlichen Länder, deren energetische Abhängigkeit von Moskau nur weiter zunimmt, werden gezwungen sein, den wachsenden militärischen, politischen und wirtschaftlichen Einfluss Russlands über das Gebiet der ehemaligen Sowjetunion zu akzeptieren.«[6] Im August 2005 empfing Putin seinen neuen Freund, den italienischen Ministerpräsidenten Silvio Berlusconi, der Gazprom als Lieferanten für ENI – die für die Energieversorgung Italiens zuständige Gesellschaft – akzeptierte: Den Preisnachlass gab es im Gegenzug für eine politische Unterstützung Russlands. Einen Monat später gelang Putin ein weiterer bedeutender Erfolg, als ein Vertrag zwischen Gazprom und den deutschen Unternehmen BASF und E.ON unterzeichnet und damit der Grundstein für Nord Stream 1 gelegt wurde, eine Pipeline durch die Ostsee zur Versorgung Westeuropas, unter Umgehung der Ukraine, der baltischen Staaten und Polens. Nord Stream wurde von Moskau nicht nur als

Rekrutierungsinstrument in den Politik- und Wirtschaftskreisen Deutschlands verstanden, sondern auch als Mittel zur geopolitischen Herabstufung der Ukraine und zur Herbeiführung ihres Ruins gesehen und sollte außerdem langfristig Europa dem Willen des Kremls unterwerfen. Alles andere als nur das reine Wirtschaftsprojekt, als das Angela Merkel es bezeichnete, spiegelte Nord Stream eine tief in Russland verankerte geopolitische Konzeption wider, von der der keineswegs versteckte Thinktank Russtrat offen sprach: »Ein schwaches Deutschland bedeutet eine beherrschende Stellung der Vereinigten Staaten über die Europäische Union; was für Russland ein größeres Übel ist als die eventuell mit einem starken Deutschland verbundenen Probleme. Der Zusammenbruch der EU in ihrer aktuellen, auf die Vereinigten Staaten zentrierten Form, würde eine Verstärkung des deutschen Einflusses mit sich bringen – und nicht der Vereinigten Staaten –, weshalb er für Russland vorteilhaft wäre. […] Aus diesem Grund hilft Russland Deutschland dabei, die Führungsrolle in Europa zu übernehmen.« Dieser Ansicht nach hat Moskau nichts von seinem historischen Rivalen zu befürchten, da Berlin seine maßgebliche Rolle in Europa nur dank des russischen Gases ausfüllen könne. Folglich sollten Deutschland und Russland zu einer »großen Einigung über die Aufteilung der Einflusssphären [kommen], da beide kein Interesse am Auftauchen eines weiteren Machtzentrums in Europa haben.«[7] Obgleich sich die Vereinigten Staaten, die Europäische Union und die NATO diesem russischen Projekt gegenüber ablehnend äußerten, begannen die Arbeiten dennoch 2005 und endeten 2011, sodass Nord Stream 1 im Jahr 2012 den Betrieb aufnehmen konnte. Mit den Arbeiten an der Pipeline Nord Stream 2, mit der über dieselbe Strecke wie Nord Stream 1 die Kapazität des transportierten Gases verdoppelt werden sollte, wurde trotz erheblicher Widerstände der mittel- und osteuropäischen Länder, nicht zuletzt von Polen, im April 2018 begonnen. Aufgrund US-amerikanischer Sanktionen wurden die Baumaßnahmen im Dezember 2019 unterbrochen.

Ab 2005 betrachtete sich Russland als Energie-Großmacht und zeigte sich überzeugt, dass derjenige, der die Energieressourcen und die sich aus ihnen ergebenden Finanzströme kontrollierte, die Macht in den Händen halte, denn das mit Erfolg auf Russland angewandte Modell werde sich zwangsläufig überallhin ausbreiten, vor allem in Europa. Der Kreml glaubte zudem, den mit Berlusconi abgeschlossenen Deal auf all jene europäischen Staaten übertragen zu können, in denen sich starke prorussische Parteien bildeten, die durch lukrative Verträge mit dem Kreml gestärkt wurden und in die engere Umgebung der Entscheidungsträger vordrangen. Im Juli 2007 gelang es Moskau, den neuen französischen Staatspräsidenten Nicolas Sarkozy »umzudrehen«: Stand er zuvor Russland noch offen kritisch gegenüber, änderte er seine Haltung, als der französische Total-Konzern an der Erschließung des Schtokman-Gasfelds beteiligt werden sollte.

Russland, das sich in einer Position der Stärke fühlte, begann ab 2005 ganz offen mit der Energiewaffe zu drohen, drehte jenen Ländern den Gashahn zu, die sich dem Druck nicht beugten, und sorgte bei anderen dafür, dass sie im Gegenzug für Nachlässe auf den Gaspreis Russland immer größere Stücke ihrer Souveränität überließen. Denn Gazprom legte den Preis für jedes Land individuell fest; so musste die Ukraine unter Juschtschenko nach der »Orangen Revolution« 2004 auf einmal zwischen 220 und 230 Dollar pro 1000 Kubikmeter Gas zahlen – bis dahin waren es nur 50 Dollar gewesen –, wohingegen Belarus, zumindest bis zur Wiederwahl von Präsident Lukaschenko, seinen Vorzugstarif von 46,70 Dollar behielt. Der Hintergrund dazu: Russland hatte im Februar 2004 seine Gaslieferungen nach Belarus gänzlich eingestellt, worauf dieses dann im März gezwungen war, Gazprom das Gasnetz seines Konsortiums Beltransgaz zu öffnen. Im April 2006 stand Lukaschenko schließlich mit dem Rücken zur Wand: Entweder übernahm Gazprom die vollständige Kontrolle über Beltransgaz, oder Belarus musste sein Gas zum offiziellen Marktpreis einkaufen. Im Jahr 2011 wurde Gazprom dann hundertprozentiger Eigentümer von Beltransgaz, das in Gazprom Transgaz Belarus umbenannt wurde. Der Westen begann langsam zu verstehen, dass Moskau plante, die Gas-Waffe zur Erpressung einzusetzen. Während einer internationalen Demokratiekonferenz am 4. Mai 2006 in Vilnius beklagte US-Vizepräsident Dick Cheney,

Russland lasse sich zu »kontraproduktiven Handlungen« hinreißen, die »seine Beziehungen zu anderen Ländern gefährden könnten«, vor allem wenn »Erdöl und Erdgas zu seinen Einschüchterungs- und Erpressungsinstrumenten werden.«[8]

Ab 2006/2007 konzentrierte sich die russische Außenpolitik darauf, Energieinfrastruktur im Ausland unter Kontrolle zu bekommen, um Russlands Einfluss auf die Energieversorgung Europas zu vervollständigen. Dies stand in deutlichem Widerspruch zu den Prinzipien der EU-Energiepolitik, die eine komplette Trennung zwischen der Produktion und der Beförderung von Gas vorsah. Seinen Gesprächspartnern malte Putin den Zugang zur Förderung der russischen Lagerstätten in den schönsten Farben aus, wobei es die Beteiligung jedoch nur unter der Bedingung gab, dass die zugehörigen Verteilernetze an Russland gingen. Im Westen wurde man nun langsam skeptischer, doch da sich Russland in der Position des Stärkeren fühlte, nutzte es die Situation aus, um selbst die fügsamsten Partner noch zu strafen: Nachdem Armenien den Fehler begangen hatte, Russland den Kauf der armenisch-iranischen Pipeline zu gestatten und sich damit der Möglichkeit beraubte, aus alternativen Quellen Energie zu beziehen, erhöhte Moskau 2006 umgehend den Gasverkaufspreis und stürzte die armenische Wirtschaft damit in eine langwierige Krise.

Ein Experte sprach von rund 40 politisch begründeten Unterbrechungen der Energiezufuhr durch Russland zwischen 1991 und 2004. Wegen eines Streits zwischen Russland und der Ukraine über den Gaspreis stoppte Gazprom Ende 2008 den Transfer für mehrere Tage, was auch Länder der Europäischen Union in Schwierigkeiten brachte. Zwischen 2014 und 2015 war Russland versucht, die Versorgung der Slowakei, Ungarns und Polens einzustellen, um zu verhindern, dass geliefertes russisches Gas an die Ukraine zurückfloss.[9] Im Kreml ging man davon aus, dass seine Interessen in Europa künftig über die großen, am Russlandhandel interessierten Gas- und Ölunternehmen vertreten würden und diese stark genug seien, um jegliche verhängnisvolle Maßnahme gegen Moskau zu verhindern. Dieses Kalkül schien sich nach der Annexion der Krim 2014 und der Intervention im Donbass zu bestätigen: Die Abhängigkeit Europas von russischem Gas war bereits groß genug, dass keine strikten Sanktionen gegen den russischen Energiesektor verhängt wurden.

Am 21. Juli 2021 erreichte Bundeskanzlerin Angela Merkel mit US-Präsident Joe Biden einen Kompromiss über Nord Stream 2: Die Vereinigten Staaten stellten sich einer Fertigstellung und Inbetriebnahme der Leitung nicht entgegen, behielten sich aber das Recht vor, in Zukunft Sanktionen zu verhängen, sollte Russland Energielieferungen als Waffe einsetzen oder sich der Ukraine oder anderen Ländern gegenüber feindlich verhalten. Die Deutschen ihrerseits erklärten, sich allen destabilisierenden Maßnahmen Moskaus auf nationaler und europäischer Ebene zu widersetzen. Dennoch lehnte Deutschland den amerikanischen Vorschlag ab, zusätzlich einen sogenannten *kill switch* einzubauen, der den Stopp der Gaslieferungen ermöglicht hätte, sollte der Kreml aggressive Maßnahmen gegen seine widerspenstigen Nachbarn ergreifen. Mit anderen Worten: Berlin strich aus der Vereinbarung die einzige Bestimmung, die eine Verbindung zwischen der Nutzung der Gaspipeline und der Sicherheit der Ukraine hergestellt hätte![10]

Der seit dem Jahr 2000 mit großer Beharrlichkeit verfolgte Plan Putins schien Wirklichkeit geworden zu sein: Russland hatte Deutschland über das Gas und das Öl in der Hand, und Deutschland würde im Auftrag Russlands Europa in der Hand haben und womöglich sogar zu dessen »Finnlandisierung« beitragen, womöglich auch die der USA, die in Deutschland ihren wichtigsten Gesprächspartner auf dem Alten Kontinent sahen. Putin brüstete sich damit, einen Gutteil der westlichen Eliten zu kontrollieren: Er gab einem europäischen Außenminister gegenüber damit an, Russland könne jeden in den Vereinigten Staaten und Europa kaufen.[11] Er nahm sogar seinen Triumph vorweg, wie ein Blick auf die Chronologie zeigt. Davon ausgehend, dass der Bär bereits erlegt sei, verteilte der russische Präsident schon einmal dessen Fell und veröffentlichte am 12. Juli 2021 seinen berühmt-berüchtigten Artikel *Zur historischen Einheit von Russen und Ukrainern*, mit dem er dem Westen ein Ultimatum stellte, dass dieser »entweder die geopolitische Einflusssphäre Russlands anerkennt oder sich auf ein sehr riskantes Spiel einlässt, dessen Ausgang unvorhersehbar und vermutlich negativer Natur sein dürfte«.[12] Ab dem 31. Juli reduzierte Gazprom die Füllung der unterirdischen europäischen Gaslager.[13] Das Unternehmen machte unverhohlen klar, dass es ab Herbst seine europäischen Kunden vorrangig über Nord Stream 1 und 2 beliefern und die alten Verbindungen auf ein Minimum herunterfahren werde. Russland hoffte, auf diesem Weg die Europäer von ihrer Gesetzgebung abbringen zu können, die darauf abzielte, in Energiefragen Solidarität und Sicherheit in Europa zu gewährleisten.

Im Herbst 2021 ging Gazprom so weit, die beiden Gaslager, deren Kontrolle ihm unvorsichtigerweise von Berlin überlassen worden war, zu leeren, um damit den Druck auf Deutschland zu erhöhen und eine schnellere Genehmigung für Nord Stream 2 zu erhalten. Die Aussicht auf ein von der Energiekrise ausgelöstes Wirtschaftschaos in Europa gefiel Moskau recht gut, zumal es sich im selben Atemzug weigerte, Kohle nach Europa zu verkaufen, während es deutlich mehr Elektrizität nach China exportierte. Ein Europa im Niedergang dürfte auf die ehemaligen Sowjetrepubliken vermutlich keine Anziehung mehr ausüben, so die Überlegung. In der Vorstellung der Verantwortlichen im Kreml würde der Krieg jeder gegen jeden um das russische Gas – von dem bereits genussvoll in der russischen Presse gesprochen wurde – die Vollendung der russischen Hegemonie auf dem eurasischen Kontinent beschleunigen. Inzwischen verschleierte Russland nicht einmal mehr seine Entscheidungen hinter technischen oder wirtschaftlichen Argumenten. Der Energieexperte Michail Krutischin berichtete von einer Rede eines Gazprom-Beraters, der unumwunden zugab: »Wir haben uns entschieden, einen italienischen Streik zu beginnen, das heißt, wir beliefern Europa nur noch mit den in den langfristigen Verträgen verabredeten Mengen, aber nicht mit dem Gasvolumen, das Europa über die Wintersaison helfen würde, und das machen wir mit voller Absicht.«[14] Die russische Presse wurde sogar noch deutlicher: »Die Ukraine muss sich darauf vorbereiten, [vor uns] auf die Knie zu gehen, um russisches Gas zu bekommen«, hieß es am 28. Juli 2021 in aller Offenheit bei *RIA Nowosti.* Hatten sie sich zuvor kaum um die Möglichkeit gesorgt, dass Nord Stream 2 als Erpressungsinstrument gegenüber der Ukraine verwendet werden könnte, standen die Europäer nun vor der unangenehmen Überraschung, zusammen mit Kyiv in einem Boot zu sitzen.

Bundeskanzlerin Merkel und die europäischen Verteidiger der Energiepartnerschaft hielten dagegen, dass diese keine Gefahr darstelle, da Russland ebenso abhängig sei von Europa, seinem wichtigsten Kunden, wie umgekehrt. Doch viele im Westen verkannten, dass für Moskau ökonomische Überlegungen in Hinblick auf die geopolitischen Ansprüche eher untergeordnete Bedeutung haben. So schert sich der Kreml keinen Deut um die Armut, die in den russischen Provinzen herrscht, solange er seine Machtambitionen in der Welt befriedigen kann. *RIA Nowosti* stellte klar: »Die Kassen des russischen Staats zu füllen ist nur eine der Gazprom zugewiesenen Aufgaben. Die zweite, nicht weniger wichtige Aufgabe, ist es, den westlichen Partnern folgende Tatsache einzuschärfen: Ihre Energiesicherheit ist nur über eine gleichberechtigte Partnerschaft mit Russland möglich.«[15] Ende 2021 ließ sich die Geisteshaltung russischer Behörden an den Überschriften russischer Zeitungen ablesen: »Europa bereitet sich darauf vor zu frieren. Der kommende Winter wird die Russophoben der Europäischen Union zwingen, als Bittsteller nach Moskau zu kommen«,[16] und *Swpressa* jubilierte: »2023 wird das durchfrorene Europa seine Bibliotheken in den Kaminen verheizen«.[17] »Europäer, Hände hoch, ergebt euch! Ihr seid von Pipelines umzingelt! Widerstand ist zwecklos – ihr habt keine Ressourcen! In russischer Gefangenschaft werdet ihr gut geheizte Wohnungen, günstigen Strom, bezahlbare und köstliche Nahrung haben. Wie Serbien. Tretet einer nach dem anderen aus der Europäischen Union aus! Seit 500 Jahren plündern diese Blutsauger den gesamten Planeten, es wird Zeit, ihnen die Rechnung zu präsentieren«,[18] kommentierte ein russischer Internetnutzer – vermutlich ein Troll des Kremls – einen Artikel über die drohende Energieknappheit in Europa.

Obwohl Russland bereits Mittel und Wege zur Erpressung europäischer Länder im Energiesektor gefunden hatte, war es damit noch nicht zufrieden und strebte methodisch danach, seine

Kontrolle und seinen Einfluss auf die weltweit wichtigsten Ressourcen auszudehnen, seien es nun Energieträger oder anderes – Gas, Erdöl, Uran, Weizen –, und zwar auch in Afrika, Lateinamerika und dem Nahen Osten. Nach dem 2014 verhängten Embargo auf Importe zu einer Landwirtschaftsgroßmacht geworden, nutzte Russland seine Getreideexporte nach Afrika und in den Nahen Osten für die Ausweitung seines Einflusses; im Jahr 2022 drohte es mit einer Hungersnot, um afrikanische Länder gegen den Westen und die Ukraine aufzubringen, und nutzte dazu in großem Maße seine Dritte-Welt-Demagogie. In der Zwischenzeit jedoch dürfte dieser Einflussbereich durch die westlichen Sanktionen beschnitten worden sein, denn die Leistungsfähigkeit des russischen Saatguts liegt etwa 20 bis 30 Prozent unter der von importiertem Saatgut. So erzeugte Russland 1990 rund 50 Millionen Tonnen Weizen und 2021 bereits 76 Millionen Tonnen, doch da es inzwischen nur noch seine eigenen Sorten verwenden kann, wird es keine Lebensmittel mehr exportieren können und auf die 50 Millionen Tonnen zurückfallen, allerdings zuzüglich des von der Ukraine gestohlenen Weizens.[19] Doch die Hoffnung stirbt zuletzt. Ende 2022 plant Bolivien Aufträge für die Erschließung seiner Lithiumvorkommen zu vergeben, von denen das Land die weltweit größten Vorräte besitzt – das Alkalimetall wird in zahlreichen Bereichen eingesetzt, von der Elektrotechnik (Batterien) über die Metallurgie bis hin zu Medizin und Atomenergie. Russland möchte die Ausschreibung Boliviens für sich entscheiden – und sollte es das Recht erwerben, die bolivianischen Lithiumvorkommen abzubauen, wird sich der Westen »in einer weiteren Abhängigkeit von Moskau«[20] befinden.

Die Waffen der Apokalypse und die Ausweitung des Terrors ins Ausland

Zu Putins großer Überraschung widerstand die Europäische Union Ende 2021 dem Erpressungsversuch mit Gas und übte keinen Druck auf Kyiv aus, sich den von Moskau gestellten Kapitulationsbedingungen zu beugen. Sie stand vereint hinter den USA und weigerte sich, dem russischen Ultimatum vom 17. Dezember 2021 entsprechend die NATO in ihre Positionen von 1997 zurückzuziehen. Angesichts dieses unerwarteten Widerstands wandte sich Putin dem dritten Pfeiler seiner Außenpolitik zu, auch dieser mit Ursprüngen im tschekistischen Arsenal: Einschüchterung und Terror.

Ab September 2008, nach dem russisch-georgischen Krieg, unternahm Moskau gewaltige Aufrüstungsbemühungen. Der anvisierte Wechsel zur Berufsarmee wurde aufgegeben und die Gesetzgebung zur Verteidigung Ende 2009 verändert. Von nun an besitzt der Präsident das Recht, bewaffnete Einheiten ohne die Zustimmung des Föderationsrates (das Oberhaus des russischen Parlaments) einzusetzen. Er verfügt über das Vorrecht, Truppen im Fall »eines Angriffs gegen russische Truppen im Ausland« zu mobilisieren, »russische Bürger im Ausland zu verteidigen« sowie »einen Staat zu verteidigen, der Russland um Hilfe gebeten hat«. Letzterer Punkt erwies sich als besonders wichtig, da er deutlich macht, dass Russland auch dann zu militärischen Interventionen bereit ist, wenn das russische Territorium nicht bedroht wird. Die neue Doktrin legte zudem fest, dass Russland sich den Einsatz von Nuklearwaffen vorbehält, um einen Angriff mit konventionellen Waffen zurückzuschlagen, und erkennt Russland das Recht zu, Präventivkriege zu führen sowie Nuklearwaffen auch in einem lokal begrenzten Konflikt einzusetzen.

Die vom Kreml während des Präsidentschaftswahlkampfs 2011/2012 verkündeten Entscheidungen bestätigten diese neuen Prioritäten. Es wurde angekündigt, das landesweite Budget für Bildung zu halbieren – es sank von 1,1 Prozent des BIP im Jahr 2009 auf 0,5 Prozent im Jahr 2013 –, während der Wehretat bis 2013 um 60 Prozent gesteigert werden sollte. Russland machte sich daran, seine strategischen Atomwaffen zu Land (Interkontinentalraketen), zu Luft (von Flugzeugen abgeworfene Bomben) sowie zu Wasser (von Atom-U-Booten abgefeuerte Raketen) zu modernisieren. Im Jahr 2014, also während der Annexion der Krim, machte Dmitri Kisseljow, einer der wichtigsten Propagandisten des Kremls im Fernsehen, von sich reden, als er in der Sendung *Westi Nedeli* daran erinnerte, Russland sei »als einziges Land der Welt« in der Lage, »die USA in radioaktiven Staub zu verwandeln«.[21] Und die Krise im Herbst 2016 war eine Vorankündigung dessen, was noch folgen sollte. Am 3. Oktober 2016 stellte der Kreml Washington ein verblüffendes Ultimatum, das als Bedingung für die Wiederaufnahme von Beziehungen zu den Vereinigten Staaten formuliert wurde: Russland verlangte die Rücknahme des Magnitsky Act[22] und des Gesetzes zur Unterstützung der Ukraine, eine Reduzierung der Truppenstärke und der Infrastruktur der NATO in Osteuropa, die Aufgabe der Sanktionen und last but not least eine Entschädigung Russlands für die Nachteile, die ihm aus den Gegensanktionen entstanden waren. Am 9. Oktober kommentierte Dmitri Kisseljow den Vorgang unter Verwendung von Putins Lieblingssprichwort: »Wenn der Kampf unausweichlich ist, schlage als Erster zu.«[23] Am 10. Oktober wurde angekündigt, wie viel Brot in Sankt Petersburg im Falle eines Krieges ausgegeben würde: zwanzig Tage lang je 300 Gramm.[24] Ein Funktionär der Moskauer Stadtverwaltung beruhigte die Einwohnerschaft: Die Bunker der Stadt böten zwölf Millionen Menschen Schutz.[25] Damals verbarg der Kreml seine Hintergedanken nicht und setzte darauf, dass die Europäer, »erschöpft von der andauernden Bedrohung eines Dritten Weltkriegs«, jenen politischen Führern vertrauten, die »eher zu einer Verständigung mit Russland denn zu einer Konfrontation bereit sind«.[26]

Putins Rede vor der Föderationsversammlung vom 1. März 2018 hätte im Westen die Alarmglocken klingeln lassen sollen. Nachdem er angekündigt hatte, sein Land sei dabei, sechs neue Waffen zur Umgehung der amerikanischen Verteidigungssysteme zu entwickeln, ließ sich der offenbar begeisterte russische Präsident vierzig Minuten lang über diese Wunderwaffen aus, also über jene neuen Systeme, über die Russland verfüge und mit denen die Vereinigten Staaten und die Länder der NATO ausgelöscht werden könnten. Nachdem ein Video die Simulation einer auf Florida abgeschossenen Rakete gezeigt hatte, sprach Putin unter tosendem Applaus in seiner Rede die westlichen Staaten direkt an: »Alles, was Sie mit einer solchen Politik [der Sanktionen] zu verhindern versucht haben, ist bereits geschehen«, um dann zu betonen: »Es ist im Grunde erstaunlich, dass Russland trotz aller Probleme mit der Wirtschaft, den Finanzen und der Rüstungsindustrie eine bedeutende Atommacht geblieben ist. Nein, niemand wollte wirklich mit uns über den Kern des Problems sprechen, und niemand wollte uns zuhören. Also hören Sie jetzt zu.«[27]

Von welchen apokalyptischen Waffen sprach der russische Präsident hier? Zum einen von dem atomgetriebenen Marschflugkörper 9M730 Burewestnik, den die NATO SSC-X-9 Skyfall nennt. Er sei »unbesiegbar« und verfüge über »eine unbegrenzte Reichweite, eine unvorhersehbare Flugbahn und [die] Fähigkeit, vor Abfangmanövern auszuweichen«.[28] Laut Mark Galeotti vom Royal United Services Institute for Defence and Security Studies wäre dies »eine Furcht einflößende Waffe, [...] die in der Lage ist, lange in der Luft zu bleiben, aber eine radioaktive Rauchfahne hinter sich ausstößt«.[29]

Eine weitere Tod und Verderben bringende Waffe ist das strategische »Awangard«-Projekt, eine ballistische Interkontinentalrakete mit einem Gleitflugkörper, die sich mit Hyperschallgeschwindigkeit durch die dichten Schichten der Atmosphäre bewegt, mit zwanzigfacher Schallgeschwindigkeit unterwegs ist und ihr Ziel »wie ein Meteorit, wie eine Feuerkugel« trifft, um Putin zu zitieren. Dieser Flugkörper sei in der Lage, unvermittelt solche Flugmanöver durchzuführen, die ihn »für jedes Flugabwehrsystem absolut unverletzlich machen«. Damit ist »Awangard« keine Rakete im herkömmlichen Sinne, sondern ein Gleitflugkörper für strategische Raketensysteme, deren Grundlage ein Hyperschallträgersystem ist. Es soll für eine neue schwere Interkontinentalrakete verwendet werden, die »Sarmat« (RS-28), die nach Putins Angaben mehr Sprengköpfe tragen kann als die bislang größte Interkontinentalrakete, die zu Sowjetzeiten entwickelte Wojewoda RS-20B, im Westen als »Satan« bekannt. Die Entwicklung der RS-28-Sprengköpfe sah Flugbahnen vor, die ihre Zerstörung schwieriger machen, selbst für die besten Raketenabwehrsysteme. Die »Sarmat« ist angeblich in der Lage, den Nord- und Südpol zu überqueren, womit sie die amerikanischen Abwehrsysteme umgehen könnte, und soll die oben erwähnten Hyperschallsprengköpfe »Awangard Glider« (Yu-71) sowie konventionelle Sprengköpfe transportieren können, wodurch sie auch in örtlich begrenzten Konflikten eingesetzt werden kann, etwa gegen feindliche Flugzeugträger etc.[30] Laut Aitetsch Bijew, einem pensionierten russischen Generalleutnant, seien die großen Armeen der Welt nicht in der Lage, sich gegen »Awangard« zu schützen, das derzeit auf die großen »Sarmat«-Interkontinentalraketen und andere Raketen aufgesetzt wird, und es sei auch wenig wahrscheinlich, dass sich dies in den kommenden Jahren ändern werde: »Awangard ist ein völlig neues Navigationssystem, seine Flugbahn kann nicht vorausberechnet werden. Berücksichtigt man dazu noch die enorme Geschwindigkeit unserer Awangard, so kann sie weder von modernen Raketen- noch Weltraum- oder Luftraumabwehrsystemen abgefangen werden. Keine der Großmächte wird in den nächsten zehn bis fünfzehn Jahren die Fähigkeit haben, sie abzufangen.«[31] Aus der Reihe der neu entwickelten Raketen sollte noch »Kinschal« erwähnt werden, eine von Flugzeugen aus abgefeuerte Hyperschall-Luft-Boden-Rakete, von der Roskosmos-Chef Dmitri Rogosin stolz behauptete: »Ihre Sprengkraft entspricht einer Rakete, die, entschuldigen Sie bitte den Ausdruck, eine der Küsten [der Vereinigten Staaten] von der Landkarte auslöschen wird.«[32]

Im November 2020 testete Russland erfolgreich den Antischiffs-Marschflugkörper »Zirkon« – den »Mörder von Flugzeugträgern« –, der auf Gebäude, U-Boote und Küstenbatterien abgefeuert wird. Russische Experten prahlen damit, dass dieser Flugkörper »es absurd werden lässt, dass die USA eine Flotte von Flugzeugträgern besitzen. Der Einschlag eines ›Zirkon‹ sprengt einen Zerstörer auf wie eine Nuss. Mehrere ›Zirkon‹ lassen einen Flugzeugträger unweigerlich sinken. Der ›Zirkon‹ macht dabei einfach seine Arbeit: Er feuert methodisch auf die riesigen unbeholfenen Flugzeugträger wie ein Revolver auf Bierflaschen.«[33] Vizeadmiral Stensønes, Chef des norwegischen Geheimdienstes, erklärte CNN gegenüber, dass es sich bei »Zirkon« um eine »neue Technologie [handele], […] gegen die man sich nur schwer verteidigen kann«.[34]

Um das Tableau zu vervollständigen, müssen hier noch die Laserwaffe »Pereswet« sowie vor allem die »Poseidon« erwähnt werden, eine rund 20 Meter lange Unterwasserdrohne mit Nuklearantrieb und atomarer Bewaffnung, die in der Endphase eines Atomkriegs Küstenstädte auslöschen oder amerikanische Marinestützpunkte zerstören könnte, womit zugleich das Ende der menschlichen Zivilisation eingeläutet würde. Die Unterwasserdrohne soll vor einer Küste auf dem Grund des Ozeans explodieren und damit einen radioaktiven Tsunami auslösen – diese enorme Welle würde eine tödliche Strahlendosis über Tausende von Kilometer ins Landesinnere tragen und es damit unbewohnbar machen.[35] Damit hat sich Russland ein neues Unterwasser-Atomwaffenarsenal mit 100 Megatonnen Sprengkraft geschaffen und droht unverhohlen damit, die Vereinigten Staaten mit dieser Waffe anzugreifen. Bislang hat niemand eine derartige Waffe konstruiert, da sie jeglicher militärischen Rationalität widerspricht. Und seit 2015, als im russischen Staatsfernsehen zum ersten Mal Bilder dieses Torpedos gezeigt wurden, fragt man sich, warum Moskau eine Waffe bauen lässt, die das Potenzial birgt, jeglichem Leben auf dieser Erde ein Ende zu bereiten. Während alle Atomwaffen in einem Wimpernschlag Tausende Menschen töten und ihre Radioaktivität die Umwelt für viele Jahre vergiftet, möchte »Poseidon« diesen Effekt auf die Spitze treiben: Die meisten Atomwaffen können eine Stadt zerstören, »Poseidon« kann einen Kontinent zerstören.[36]

Wie Jean-Sylvestre Mongrenier beobachtete, »scheinen die vom Kreml stolz präsentierten ›neuen Waffen‹ der russischen Abschreckung, welche von der ständig modernisierten ›strategischen Triade‹ gesichert wird, keinen zusätzlichen Wert hinzuzufügen«.[37] Dieses Arsenal zielt vor allem auf die Straffreiheit Russlands ab, wie es Dmitri Medwedew im Juli 2022 offen eingestand: »Allein schon die Idee, ein Land bestrafen zu wollen, das das weltweit größte Atomwaffenarsenal besitzt, ist absurd.«[38] In Wirklichkeit verkörpert diese Waffensammlung die Logik der Erpressung, der Schutzgelderpressung und der Einschüchterung, auf die der Kreml bei seiner Außenpolitik zurückgreift. Ausgedrückt wurde sie ganz unverblümt am 6. Juni 2015 in einer Tirade von Wladimir Schirinowski im Fernsehsender *Doschd*, die heute schon fast prophetisch klingt: »[Der russische Verteidigungsminister] Schoigu muss nur seine Atomstreitkräfte auf Berlin, auf

Brüssel, auf London, auf Washington ausrichten. Bedeutet das Krieg? Keineswegs – man wird uns sagen: Tut uns nichts, wir sind mit euch einverstanden, wir ziehen uns zurück. Sie [die Westler] möchten leben. […] Die Europäer leben im Luxus, sie machen nichts anderes, als sich zu amüsieren. Sie wollen keinen Krieg führen. Es genügt, dass Moskau Zähne zeigt, und sie werden die NATO auflösen. Es genügt, ihnen zu sagen: Wenn ihr die NATO nicht innerhalb der nächsten 24 Stunden abschafft, bombardieren wir die Hauptstädte der Mitgliedsländer. Und das werden sie dann machen, um weiterleben und sich weiter amüsieren zu können.« Das war eine verblüffende Vorwegnahme der Haltung des Kremls, in der sich Russland am 17. Dezember 2021 mit seinem berühmten Ultimatum an die Vereinigten Staaten und die NATO wandte. Schirinowski schien den Eindruck erwecken zu wollen, es handle sich um einen Bluff. Doch nach und nach wuchsen im Westen die Zweifel daran, und im April 2021 kam Rebekah Koffler, ehemalige Analystin bei der Defense Intelligence Agency (DIA), einem US-Militärnachrichtendienst, zu der Einschätzung: »Es stellt sich nicht mehr die Frage, ob Russland sich auf eine nukleare Auseinandersetzung mit den Vereinigten Staaten und der NATO vorbereitet. Die einzige Frage ist, ob man Russland noch davon abhalten kann oder diesen Krieg tatsächlich führen muss.«[39]

Russland fühlt sich seither in einer Position der Stärke und lässt seine Muskeln spielen: »Der gesamte Erdball befindet sich unter unserer Kontrolle«, zeigte sich Schirinowski nach der Ansprache seines Präsidenten im März 2018 überzeugt.[40] Der Kremlpropagandist Pjotr Akopow formulierte das große Projekt, dem Putin seine neue Amtszeit widmen werde: »Wir haben einen Durchbruch bei der Entwicklung und Einführung neuer Waffen erreicht, wir sind zu den unumstrittenen Führern auf dem Gebiet der Militärmacht geworden. […] Das bedeutet einen wichtigen Wendepunkt in der Gesamtheit der Ausrichtung der Kräfte auf der weltweiten Bühne. […] Infolgedessen lässt sich sagen, dass Russland fortan seine Bedingungen diktieren kann. Und wir wollen vor allem den Übergang zu einer neuen, postamerikanischen Weltordnung.«[41]

Putin, der an seiner Rolle als *Dr. Strangelove* offenbar Gefallen gefunden hat, wiederholte mehrfach, keine Angst vor einem Atomkrieg zu haben und der Eskalation nicht ausweichen zu werden. Im Film *Der Präsident*[42] des bekannten Propagandisten Wladimir Solowjow äußert sich Putin über einen Nuklearschlag: »Ja, für die Menschheit wird das eine globale Katastrophe, für die Welt wird das eine globale Katastrophe. Und dennoch, als russischer Bürger und Chef des russischen Staates muss ich die Frage stellen: ›Brauchen wir eine Welt ohne Russland überhaupt noch?‹«[43] Gregori Jawlinski, Chef der liberalen Partei *Jabloko,* berichtete von einem Gespräch mit dem russischen Präsidenten kurz nach den Wahlen 2018. Auf seine Frage »Verstehen Sie, wie nahe wir vor einem Krieg stehen?« habe Putin geantwortet: »Ja. Und wir werden ihn gewinnen …«[44] Und im November 2018 sprach der russische Präsident vor dem Waldai-Club jenen Satz aus, in dem das eschatologische Konzentrat seiner Gedankenwelt zum Vorschein kam: Im Falle eines Atomkriegs »werden wir, als Opfer einer Aggression, wir, als Märtyrer, ins Paradies eingehen, und sie [die Feinde Russlands] werden einfach nur sterben. Denn sie werden nicht einmal mehr Zeit haben, Buße zu tun.«[45] Putin ist überzeugt, Russland habe einen entscheidenden Vorteil gegenüber dem Westen, da es völlig enthemmt sei, was die Anwendung von Gewalt angeht. Schenkt man dem Glauben, hätte Russland während eines Zwischenfalls mit einem britischen Zerstörer vor der Küste der Krim im Juni 2021 diesen schlicht versenken können: »Niemand hätte uns etwas getan, denn sie, unsere Feinde, haben Angst vor einem Atomkrieg.«[46] Der Direktor des Problems issued by Globalization Institute (IPROG), Michail Delyagin, ging sogar so weit, dass er im Falle einer weltweiten Auseinandersetzung in der russischen Rückständigkeit einen wichtigen Vorteil gegenüber seinen weiterentwickelten Feinden erkannte: »In einem Katastrophenfall sterben oder zerfallen am häufigsten jene Organismen, die sehr komplex sind und sich perfekt an die speziellen Umweltbedingungen angepasst haben. Das derzeitige Russland ist ein sozial primitiver Organismus, der nach dem postsowjetischen Verfall beinahe in die Steinzeit abgerutscht ist und dadurch im

Falle einer weltweiten Katastrophe eine erhöhte Überlebenschance besitzt.«[47]

Ende 2021 ging Putin davon aus, dass seine Sammlung an Erpressungsmöglichkeiten vervollständigt sei. Europa hing am russischen Gashahn, und allein die Drohung mit der Schließung der Leitungen müsste die führenden europäischen Politiker dazu bringen, »als Bittsteller nach Moskau zu kommen«. Es wurde Zeit, nach den langen Vorbereitungen nun die Ernte einzufahren und zum einen mit den Gaslieferungen zu erpressen und zum anderen mit der atomaren Auslöschung zu drohen. Am 22. November 2021 empfahl Wladislaw Surkow, einer der Regimeideologen, »den Export des Chaos«, um die innenpolitische Situation in Russland zu stabilisieren: »Die Expansion erlaubt es, die inneren Spannungen abzustellen.«[48] Am 17. Dezember richtete das russische Außenministerium ein Ultimatum an die Vereinigten Staaten und die NATO-Mitglieder und verlangte, unverzüglich die russischen »Sicherheitsansprüche« zu erfüllen. Dies solle geschehen, indem »der Verzicht auf jegliche Erweiterung der NATO [nach Osten], das Ende der militärischen Zusammenarbeit mit den postsowjetischen Staaten, der Abzug der amerikanischen Atomwaffen aus Europa sowie der Rückzug der NATO-Truppen hinter die Grenzen von 1997 juristisch festgeschrieben werden.« Ein Artikel in *Swpressa* unter dem ausführlichen Titel »Putins Ultimatum: Russland wird, wenn Sie so wollen, ganz Europa und zwei Drittel der Vereinigten Staaten in 30 Minuten beerdigen« sprach es klipp und klar aus: »Der Kreml wird die Rechtmäßigkeit seiner Position durch Taten beweisen müssen. Es ist wahrscheinlich nicht möglich, die ›Partner‹ an den Verhandlungstisch zu bringen außer durch Zwang. Wirtschaftlich kann die Russische Föderation mit dem Westen nicht mithalten. Es bleibt also nur der Krieg.«[49] Der Militärexperte Konstantin Siwkow seinerseits vertrat die Auffassung, dass »man eine Art Superwaffe braucht, um die Vereinigten Staaten und die NATO an den Verhandlungstisch zu führen. Im Moment zeigt Russland seinen Gegnern dieses Potenzial nicht. Aber es existiert. Russland hat die Möglichkeit, sehr mächtige Sprengkörper mit einer Kapazität von bis zu 100 Megatonnen zu nutzen. [...] Wir sollten erneut betonen, dass wir nicht an einer Welt ohne Russland interessiert sind, wie Putin es bereits einmal erklärt hat, und zudem noch einmal unsere Entschlossenheit demonstrieren zuzuschlagen, sollte sich die NATO zu einer Erweiterung entschließen. Ich kann Ihnen versichern, dass sie [die Westler] Angst haben werden. Nichts anderes kann sie aufhalten. [...] Es ist naiv, auf diplomatische Abläufe zu setzen. [...] Russlands Vorhaben ist das Signal, mit dem deutlich wird, dass radikale Maßnahmen ergriffen werden. Sie haben das abgelehnt, also Pech gehabt ...«[50] Und *RIA Nowosti* erklärte ohne Umschweife: »Es handelt sich nicht um Diskussionsvorschläge, sondern ganz klar um ein Ultimatum – wir verlangen eine bedingungslose Kapitulation. Dem Westen bleibt nichts anderes übrig, als sein Gesicht zu verlieren – es sei denn, er widersteht stolz und beginnt einen Krieg gegen Russland. [...] Nein, dieses Mal wird der Westen dafür einstehen müssen.«[51]

Die Dinge verliefen jedoch nicht wie vorgesehen. Der Westen lehnte das Ultimatum vom 17. Dezember ab. In der Folge nahmen die Erpressungsversuche und Drohungen weiter zu, und das russische Fernsehen ließ überschwänglich einen Atomschlag gegen den Westen anklingen. Während Wladimir Solowjows Sendung vom 16. Januar 2022 ereiferte sich Jakow Kedmi, ein »Experte« nach Putins Geschmack: »Im Falle eines Atomkriegs wird Russland Schäden erleiden, aber die Vereinigten Staaten werden zerstört! Dieses Gebiet wird nicht mehr existieren! Genau wie Europa. Russland wird es weiter geben, wohingegen auf dem Gebiet der USA tausend Jahre lang nichts mehr wachsen wird.«[52] Und Schirinowski erklärte: »2021 war das letzte friedliche Jahr für Europa. Sie [die Europäer] haben zum letzten Mal gefeiert ... Champagner, Whisky ... Eine große Tragödie erwartet die Menschheit, erwartet Europa. Nach dem Beginn eines bewaffneten Konflikts in Europa wird die Zahl [der Opfer] in die Millionen gehen. Man wird nur keine Zeit haben, sie zu zählen. Die Entscheidung kann nur mit Gewalt herbeigeführt werden ... Bald wird es New York nicht mehr geben! Europa wird es nicht mehr geben. Es wird Kiew, Warschau, London nicht mehr geben.«[53] Am 21. Januar 2022 präzisierte er seinen Gedankengang: »Die Ukraine, Moldau, Weißrussland müssen russische Provinzen werden! Atomkrieg: Wir bleiben als einzige Großmacht übrig! Manche Länder müssen zerstört werden! Moskau wird die gesamte Welt beherrschen! […] Krieg der totalen Auslöschung! Die Vereinigten Staaten und London müssen zerstört werden! Lawrow muss Blinken ein letztes Dokument überreichen, die Kapitulationsurkunde! Der Krieg wird nur eine Woche dauern! […] Biden ist der letzte Präsident der Vereinigten Staaten, er muss beschützt werden. Es wird keine englische Sprache mehr geben – nur noch Russisch!«[54]

Am 24. Februar 2022 begann Wladimir Putin seine »Spezialoperation«, um sich an der Weigerung des Westens zu rächen und seinen pathologischen Hass auf die Ukraine zu stillen. Der dahinterstehende, von seiner Paranoia und seiner Kampfkunstausbildung inspirierte Gedankengang mag in etwa so ausgesehen haben: Der Westen hat aus der Ukraine ein »Antirussland« gemacht, die Führer der Ukraine sind Marionetten des Westens, also kehren wir diesen ukrainischen Hebel doch gegen die NATO um, lassen die westliche Allianz durch Druck auf die Ukraine aufplatzen und nutzen dazu erneut die Erpressung über die Verknappung von Gas. Putin dürfte sich bereits auf den demütigenden Moment gefreut haben, bei dem der Westen den Untergang seiner »Scheinregierung« in Kyiv miterleben müsste. In Putins Vorstellung wäre die Vernichtung der ukrainischen Nation ein Lehrstück für Europa, das sich dann Russland unterwerfen würde. Die vom Kreml angestrebte neue internationale Ordnung wäre geboren – dieses Mal nicht auf der Zusammenarbeit vieler Länder gegründet wie nach 1945, sondern auf der Hegemonie Russlands, der einzigen Macht, die ohne Hemmungen Energieversorgung als Druckmittel einsetzt und Terror nach innen wie nach außen verbreitet. Auf die liberale Ordnung würde die »Schurkenherrschaft« des Kremls folgen, gestützt auf eine Heilige Allianz, in der jene Gangsterbosse zusammenkämen, die in sehr vielen Staaten der Erde die Macht in den Händen halten. Doch derzeit sieht es so aus, als hätte sich Putins Traum zu einem Fiasko gewandelt, und zwar dank der zur Verteidigung ihrer Nation entschlossenen Ukraine und der Demokratien, die willens sind, sich zu ihren Werten zu bekennen.

16

Wladimir Putins westliche Netze und ihre Methoden

Cécile Vaissié

Die meisten Länder möchten dem Ausland ein positives Bild von sich vermitteln, denn das nützt dem Handel, manchmal über Generationen hinweg. So bekamen die europäischen Jugendlichen Lust darauf, Jeans zu kaufen, New York zu besuchen und Burger zu essen, nachdem sie die kostenlosen Filme gesehen hatten, die die Vereinigten Staaten im Nachkriegseuropa zeigten. Das kann einem Land politische Vorteile bringen, vor allem Unterstützung durch die öffentliche Meinung – für das heutige Russland besonders wichtig, weil es auch schon vor den Sanktionen nicht gerade als Mekka der Konsumgüter galt. Dafür kann es in Europa und anderswo auf Menschen zählen, die aus allen möglichen Gründen den Kremlangriff auf die Ukraine rechtfertigen, die gegen Waffenlieferungen an Kyiv demonstrieren oder in den Organen der Volksvertretung, etwa im französischen Senat, überflüssige Abstimmungen anzetteln, in denen sie wie im Juni 2016 die Lockerung der Sanktionen gegen Russland oder, wie am 11. Februar 2022, Begegnungen mit den Vertretern der »russischen Parteien« in der Ukraine fordern. Derartige Aktionen werden häufig vom Kreml und seinen Vertretern angestoßen. Sollte man da noch von »Soft Power« sprechen? Durchaus, warum nicht – dann aber aus Höflichkeit, weil man die russische Eigenheit nicht direkt ansprechen möchte. Schließlich verfolgen nicht alle Länder die gleichen Ziele oder bedienen sich der gleichen Methoden. Im Fall von Putins Russland sollte man daher eher von »Beeinflussungsoperationen« sprechen – von »aktiven Maßnahmen«, wie sie in den Zeiten der UdSSR und des KGB genannt wurden und deren Verfahren teilweise legal sind.

Bei diesen Aktivitäten greift Russland auf Methoden zurück, die aber nicht nur in der UdSSR, sondern sogar schon im Zarenreich angewendet wurden, und profitiert dabei von der jahrzehntelangen Einflussarbeit in bestimmten, beispielsweise kommunistischen Kreisen. Gleichzeitig hat es weitere Ziele im Visier, vor allem die europäischen Rechtsextremisten. Die Methoden werden dem jeweiligen nationalen Kontext angepasst. So soll etwa die russischsprachige Diaspora in Frankreich und Deutschland instrumentalisiert werden, aber auch hier setzt der Kreml für die Mobilisierung landesspezifische Mittel und Diskurse ein. Er stimmt seine Methoden der Einflussnahme konsequent auf das jeweilige Land ab.

In den letzten Jahren haben Untersuchungen[1] dieses Vorgehen in seinen Grundzügen aufgedeckt, manche Punkte liegen allerdings noch im Verborgenen. Vor dem Angriff auf die Ukraine am 24. Februar 2022 war der Kreml in ganz Europa aktiv, außerdem in den USA und immer stärker auch in Afrika und Lateinamerika. Seine vielfältigen und transnationalen Unternehmungen gingen weit über das sichtbare Vorgehen der Fernsehsender Russia Today (RT) und Sputnik hinaus und mussten entsprechend finanziert werden. Laut der britischen Journalistin Catherine Belton brachte die Machtübernahme des KGB ein Regime hervor, »in dem die Milliarden Dollar, die Putins Kumpanen zur Verfügung stehen, aktiv dafür genutzt werden, die Institutionen und Demokratien des Westens zu untergraben«.[2] Und so geschah es auch.

»Spezialoperationen« sollen Bilderwelten schaffen

Inzwischen ist es allgemein bekannt, dass der Kreml im Rahmen seines Hybridkrieges gegen den Westen und mithilfe der sowjetischen Verfahren seine eigenen Medien in mehreren Sprachen aufgebaut hat, wie oben erwähnt Russia Today und Sputnik, aber auch andere. Außerdem nutzt er die internationalen Social

Media für seine Desinformationskampagnen, um die eigene Sicht der russisch-ukrainischen Beziehungen oder der Geschichte des 20. Jahrhunderts in die Welt zu tragen, Ängste – etwa vor Migranten – und das Misstrauen gegen die demokratischen Institutionen zu schüren. Das funktioniert durch den »Kaskadeneffekt«: nicht als russisch gekennzeichnete Websites, Facebook-Gruppen, Blogger oder einfach Internetnutzer übernehmen einzelne Sequenzen von RT oder Sputnik und verbreiten sie weiter, während die Spur der russischen Quelle sich verliert. Diese Kampagnen werden durch »Trollfabriken« angeheizt, eine organisierte Gruppe von Internettrollen bzw. Hackern, die gegen Bezahlung einseitige oder frei erfundene Informationen in den sozialen Netzwerken posten. Eine davon, die Internet Research Agency, wurde von einem Putin nahestehenden Oligarchen finanziert, der auch die in Afrika, Syrien und nun auch der Ukraine aktive Söldnergruppe »Wagner« bezahlt. RT und Sputnik sind in der Europäischen Union seit März 2022 verboten, trotzdem werden in Europa weiterhin die Standpunkte des Kremls verbreitet, dessen Einflussmöglichkeiten weit über seine Medien hinausgehen.

Im Juni 2022 wurde den renitenten Westlern durch einen Russen vor Augen geführt, wie eine russische »Einflussoperation« aussieht. Michail Piotrowski, Direktor der Eremitage in Sankt Petersburg, gab der Regierungszeitung *Rossijskaja gaseta* ein Interview, in dem beide den kulturellen Austausch zwischen Russland und dem Rest der Welt im Militärjargon beschreiben. Die Journalistin spricht von »Kampfhandlungen [...] an der kulturellen Front«, Piotrowski von einem »durchschlagenden Angriff auf dem Feld der Kultur [...] Wir werden den Sieg davontragen.« Mit Hinweis auf die »Spezialoperation in der Ukraine«, die er vorbehaltlos unterstützt, betont er, dass die »Ausstellungen der russischen Museen [bis dahin] in ganz Europa präsent waren«, und fügt hinzu: »Unsere letzten Ausstellungen im Ausland sind ganz einfach ein potenter kultureller Angriff. Eine Art ›Spezialoperation‹, wenn Sie so wollen. Das gefällt nicht der ganzen Welt. Aber wir greifen an. Und wir lassen uns bei unserem Angriff von niemandem stören.« Die Ausstellung der Sammlung Morozov in der Fondation Louis Vuitton bezeichnet er als »die russische Fahne über dem Bois de Boulogne«. Und lachend ruft er aus: »Wir sind alle Militaristen und Anhänger des Imperiums.«[3] Es geht also nicht um kulturellen Austausch jenseits der politischen Konfrontation, sondern um Krieg, Vormachtstellung, Eroberungen, Sieg.

Um seinen Einfluss auf die Welt auszubauen, produziert Russland wie früher die UdSSR Diskurse und Vorstellungswelten, um die herum es dann Netzwerke knüpft und ausbaut. So stärkt es mit Ausstellungen wie in der Fondation Vuitton das propagandistische Narrativ von der »großen russischen Kultur«. Das Narrativ hat einen realen Kern, den der Kreml jedoch für seine eigenen Zwecke deformiert und instrumentalisiert, unerträglich für viele Ukrainer, in deren Augen diese »große russische Kultur« die Massaker von Butscha und Mariupol hervorgebracht oder sie jedenfalls nicht verhindert hat. Diese Kultur produziert und pflegt im Westen Stereotype über Russland, beispielsweise die »russische Seele« in der Ausstellung über den Maler Ilja Repin (1844–1930) in Paris.[4] In den Augen vieler Ukrainer soll sie den russischen Vormachtanspruch bekräftigen und die Gewalttaten gegen nicht russische Völker verschleiern – auch die gegen die Russen selbst, möchte man hinzufügen.

Ein unglaubliches Beispiel für die Instrumentalisierung der Kultur gab der russische Dirigent Valery Gergiev, ein ergebener Gefolgsmann Wladimir Putins, als er am 5. Mai 2016 das Sinfonieorchester des Marinski-Theaters im antiken Amphitheater des syrischen Palmyra dirigierte, nachdem Wagner-Söldner die Ruinenstätte in blutigen Gefechten zurückerobert hatten. Die Botschaft war eindeutig: Russland habe Zivilisation und Kultur zurückgebracht und die Radikalislamisten verjagt. Ganz so einfach war es allerdings nicht. Diese Instrumentalisierung der »großen russischen Kultur« wirkt umso besser, als man bei einer Theatertournee, einem Filmfestival oder einer Buchmesse nicht immer genau zwischen kulturellem Ereignis und »Offensive« unterscheiden kann. Und ganz besonders, weil natürlich nicht alle russischen Künstler in die Verbrechen ihrer Regierung und deren Rechtfertigung verwickelt sind.

Andere propagandistische Erzählungen haben Verführungspotenzial. Ein Beispiel ist das Narrativ über das »Russland, das im Krieg gegen die Nazis gesiegt hat«; es wird durch die Chöre der Roten Armee – auch ein reiner Propagandabegriff, die »Rote« Armee gibt es seit 1946 nicht mehr – ebenso instrumentalisiert und weitergetragen wie durch die Ausstellungen über den »Großen Vaterländischen Krieg«, die die von der russischen Botschaft abhängige Maison russe des sciences et de la culture (Russisches Haus der Wissenschaften und Kultur) in Paris regelmäßig veranstaltet. Ein von der Wirklichkeit losgelöster und von der extremen Rechten effektiv genutzter Diskurs ist der vom »Heiligen Russland«, das angeblich die Werte von Christentum und Familie verteidigt; er wird durch den Bau eines obskuren Centre spirituel et culturel orthodoxe russe (Spirituelles und kulturelles russisch-orthodoxes Zentrum) mitten in Paris gefördert. Auf der extremen Rechten und Linken in Europa funktioniert das ebenso wie in Afrika, denn es gehe, so heißt es, um den Kampf Russlands gegen die Vereinigten Staaten, die NATO und die Europäische Union für eine nicht näher beschriebene »neue Weltordnung«. Man kann das Land als riesigen potenziellen Markt beschreiben, als Land der zu Unrecht vertriebenen Vorfahren, als Land von Gagarin oder als Quelle von Wohlstand und Vergnügen: Die Kunst dient als eines der Mittel, eine stark vereinfachte Bilderwelt zu generieren und zu verankern und um sie herum Netzwerke herauszubilden.

Die Kunst als Methode der Einflussnahme, Infiltration und Reputationswäsche

Aus dem *Rossijskaja-gaseta*-Interview mit Michail Piotrowski lässt sich ableiten, welche Funktion die Kunstevents, aber auch die Aktionen der Oligarchen haben: Als Mäzene können sie ihre Loyalität zum Kreml demonstrieren und gleichzeitig im Ausland das Image Russlands und ihr eigenes verbessern. Schenkungen von Gemälden und Geld verschaffen ihnen Zugang zu den Verwaltungsräten prestigeträchtiger kultureller Institutionen. So unterstützte Pjotr Aven die Francis-Bacon-Ausstellung in der

Londoner Royal Academy und sponserte wie Viktor Vekselberg die britische Tate Gallery. Von da an saß er in deren International Council, Vekselberg wurde Ehrenmitglied der Tate Foundation. Seit den Sanktionen aufgrund des Ukrainekrieges versichert das berühmte Museum allerdings, dass »alle Beziehungen mit früheren, der russischen Regierung nahestehenden Mäzenen beendet sind«.[5] In den Vereinigten Staaten hat Wladimir Potanin – von ihm stammen die »Kredite gegen Aktien« (vgl. Kapitel 19) – mithilfe seiner Stiftung zahlreiche Initiativen des Guggenheim-Museums in New York gefördert, darunter eine Kandinsky-Ausstellung und eine, die 800 Jahre russische Kunst ins Rampenlicht rücken sollte. Im Jahr 2022 musste aber auch er seinen Sitz im Kuratorium aufgeben.

Ebendieser Potanin spendete dem Centre Pompidou in Paris 1,4 Millionen Dollar, angeblich um eine Sammlung aufzubauen, die sich mit der Entwicklung der inoffiziellen Kunst in der UdSSR seit dem Ende der 1950er-Jahre befasst. Zwischen 2016 – nach der russischen Eingliederung der Krim – und 2021 kamen zwei Schenkungen von seiner Stiftung: Die erste über 638 000 Dollar diente dem Ankauf von mehr als 250 russischen und sowjetischen Werken, die 2016/2017 ausgestellt wurden. Dreihundert weitere Werke seien »von anderen Sammlern, Künstlern und Familien von Künstlern« angeboten worden. Mit der zweiten Schenkung konnte ein wissenschaftliches Begleitprogramm initiiert werden, das im Kontext der Sammlung Konferenzen und Veröffentlichungen organisierte und Stipendien an Nachwuchsforscher vergab. Was genau hat die Stiftung Potanin angekauft? Zwischen der Großzügigkeit eines Mäzens, dem Willen, positive Bilder zu schaffen, sowie dem Versuch, Abhängigkeiten herzustellen und neue Unterstützer des russischen Staates zu gewinnen, sind die Übergänge fließend. Diese Unschärfe zeigt, wie die Einflussnahme funktioniert, und die bis 2022 nur geflüsterten Fragen sind seit dem Angriff auf die Ukraine laut geworden. So hat das Centre Pompidou die dritte Zahlung der Stiftung Potanin über 619 000 Dollar inzwischen storniert. Aber gab es vor dem Februar 2022 keine Probleme mit Russland?

Ein aktuelles Beispiel zeigt, dass man das Mäzenatentum der

Oligarchen kaum von seinen politischen Konsequenzen trennen kann. Als die Organisatoren des Filmfestivals von Cannes 2022 ausdrücklich ihre Unterstützung für die Ukraine erklärten und beschlossen, »keine offiziellen russischen Delegationen oder der russischen Regierung nahestehenden Künstler« zuzulassen, erinnerten sie völlig zu Recht daran, dass es in Russland selbst ebenfalls Proteste »gegen die Aggression und den Überfall auf die Ukraine« gibt, darunter von Filmschaffenden, die »nicht das Geringste mit diesen unerträglichen Taten zu tun haben«.[6] Dieser Logik folgend, lud das Festival Kirill Serebrennikow mit seinem Wettbewerbsfilm *Tschaikowskis Frau* ein, der teilweise von der Roman-Abramowitsch-Stiftung Kinoprime finanziert worden war. Abramowitsch hatte auch die hohen Strafen bezahlt, zu denen Serebrennikow und seine Mitarbeiter 2020 nach einem Prozess wegen Veruntreuung von Fördergeldern verurteilt worden waren, was dem Regisseur den ziemlich unverdienten Status eines Dissidenten einbrachte. Bei seiner Pressekonferenz in Cannes plädierte er dafür, die Sanktionen gegen Abramowitsch aufzuheben. Was war das denn? Freundschaft, Soft Power, Einflussnahme, eine völlige Verkehrung der Werte? Wie auch immer – vor Journalisten aus der ganzen Welt wurde Roman Abramowitsch mit seinen unbestreitbaren Beziehungen zur russischen Staatsmacht verteidigt.

Auch in anderen Fällen zeigt sich, dass ihr nahestehende Einrichtungen den Export russischer Filme finanziell unterstützen. So wurde 2015 in Paris ein jährlich stattfindendes Filmfestival mit dem expliziten Ziel gegründet, die Russen besser bekannt zu machen. Die erste Ausgabe stand unter dem Motto »Wenn die Russen lachen«, und so ging es weiter: »Wenn die Russen« plus ein Verb. Gefördert wird das Festival unter anderem von den offiziellen russischen Vertretern in Frankreich – russische Botschaft, Centre spirituel – sowie von großen Unternehmen des Landes wie den Russischen Eisenbahnen, Gazprom, Rosatom etc.[7] Angesichts solcher Sponsoren kann man zu einem gewissen Grad verstehen, warum Ukrainer 2022 dafür plädieren, sämtliche russischen Filmfestivals abzusagen.

Len Blavatnik und andere Förderer westlicher Universitäten

Was ist von Len Blavatniks Vorgehen zu halten? Er wurde in der UdSSR geboren und profitiert von der britischen und amerikanischen, nicht aber der russischen Staatsbürgerschaft.[8] Mit dem Verkauf von russischem Erdöl verdiente er Milliarden, lehnt die Bezeichnung »Oligarch« jedoch ab: Er habe keinen Kontakt zu Putin,[9] höchstens Geschäftsbeziehungen mit Oligarchen wie Viktor Vekselberg, Michail Fridman oder Oleg Deripaska. Laut der Angabe in *Forbes* vom 19. September 2022 soll er 30,4 Milliarden Dollar »schwer sein« und Platz 38 auf der Liste der reichsten Menschen der Welt einnehmen, wobei der *Hollywood Reporter* zu bedenken gibt, »die Ursprünge seines Vermögens sind nicht völlig klar«.[10] Überall ist sein Name zu lesen: auf einem Denkmal für den dem Stalin-Terror zum Opfer gefallenen Schriftsteller Isaak Babel (1894–1940) in Odessa oder auf Plakaten, die in Paris eine Ausstellung über »die sowjetischen Juden im Zweiten Weltkrieg« in der Maison russe des sciences et de la culture ankündigen. Und nachdem er der Tate Gallery mindestens 50 Millionen Pfund überreicht hatte, wurde zum Dank ein neues Gebäude der Tate Modern in London nach ihm benannt. In einer Zeit, als der Kreml und ihm nahestehende Kreise den Zweiten Weltkrieg in der Propaganda wieder aufleben ließen, war er Co-Produzent eines fragwürdigen Kriegsfilms, *T-34*. Darüber hinaus hat er die Warner Music Group und den »Netflix des Sports« genannten Streamingdienst DAZN gekauft.

Schließlich unterstützt Blavatnik sehr renommierte angelsächsische Universitäten. Mit einer Schenkung von 75 Millionen Pfund an die Universität Oxford half er bei der Gründung der »Blavatnik School of Government«, was schon 2015 zu Irritationen führte.[11] Die Harvard Medical School durfte sich über 200 Millionen Dollar freuen, die größte Schenkung in der Geschichte der Fakultät. Fachleute für den Kreml und dessen Korruption erklärten 2019 allerdings, Blavatnik habe sein Vermögen »mit und dank des Einverständnisses des Kremls erworben, auf Kosten des Staatshaushalts und der russischen Bürger«, und er habe enorme Summen gestiftet, »um sich Zugang zu Kreisen der Politik zu verschaffen«: »Mit einem solchen ›philanthropischen‹ Kapital wird es möglich, die ökonomischen und politischen Eliten in den Vereinigten Staaten und im Vereinigten Königreich auf höchstem Niveau zu infiltrieren. Darüber hinaus exportiert Blavatnik die Methoden der russischen Kleptokratie in den Westen.«[12] Insgesamt soll er in den letzten zehn Jahren 700 Millionen Dollar an mehr als 250 nicht gewinnorientierte Institutionen gespendet haben. Ist das nun Großzügigkeit? Oder eben Infiltration? Geld- und Reputationswäsche?

Mit derartigen Geschenken steht er nicht allein da. In den fünf letzten Jahren haben mindestens 14 britische Universitäten mehr als 7 Millionen Pfund von weiteren russischen Sponsoren angenommen, davon mehr als 3,4 Millionen von Personen, die enge Verbindung zum Kreml hatten. Oxford wurde vom Sohn eines auf der Sanktionsliste stehenden Oligarchen mit 2,6 Millionen Pfund bedacht, von Wladimir Potanin mit 3 Millionen. Ähnlich sieht es in den Vereinigten Staaten aus, wo laut einem Bericht von 2020 sieben Oligarchen, denen Einflussnahme auf die amerikanischen Präsidentschaftswahlen von 2016 nachgesagt wird, in den letzten 20 Jahren zwischen 372 und 435 Millionen Dollar an mehr als 200 amerikanische nicht gewinnorientierte Organisationen gespendet haben, darunter die Harvard University und das Museum of Modern Art in New York. Es steht außer Zweifel, dass manche Schenkungen das Image dieser Oligarchen oder das von Russland im Ausland »verschönern und weißwaschen« sollten.[13] Beobachter sahen auch das Engagement russischer Oligarchen in Yale mit Sorge, diese sind aber seit dem Überfall auf die Ukraine aus den diversen Gremien der Universität verschwunden. Wer hat Interesse daran, dass von Putin abhängige Milliardäre in der akademischen Welt des Westens ihren wie auch immer gearteten Einfluss ausüben?

Infiltrieren und kaufen

Außerdem kaufen oder gründen Russen – ob Oligarchen oder nicht, dem Regime nahestehend oder nicht – Unternehmen in Europa, vor allem in Mitteleuropa. Die Tschechische Republik, Mitglied der Europäischen Union und der NATO, hat 9582 Unternehmen in russischem Besitz gezählt. Sicher sind die meisten Eigner anständige Menschen, aber mindestens drei Faktoren geben Anlass zur Besorgnis. Alexander Bastrykin, Vorsitzender des gefürchteten Ermittlungskomitees der Russischen Förderation, gründete mit seiner zweiten Frau ein Unternehmen in Tschechien und erfreute sich bis 2009, als die Firma von seiner Ex-Frau übernommen wurde, einer mehrjährigen Aufenthaltserlaubnis. Womit beschäftigte er sich dort? Karlovy Vary, der charmante, historische Kurort Karlsbad in Böhmen, ist seit Langem quasi eine russische Exklave; Russen haben einen großen Teil der Hotels gekauft, weshalb von mafiösen Verbindungen gemunkelt wurde. Das »russische Darlehen« an Marine Le Pen, lange Parteivorsitzende und seit Juni 2022 Fraktionschefin des Rassemblement National in der französischen Nationalversammlung, hat offengelegt, dass es mindestens eine russisch-tschechische Bank gibt, die mit einem Fuß in der Europäischen Union steht und zugleich zahlreiche »altgediente« KGBler in ihrer Führungsriege hat. Den Tschechen war das Problem schon lange vor 2022 bewusst. Hier wie auch andernorts erleichtert die Infiltration in die Geschäftswelt den Transfer von Geld und Finanzdienstleistungen.

Daneben haben die Russen im Westen auch in Medien investiert. Die britischen Zeitungen *The Independent* und *The Evening Standard* gehören nun Jewgeni Lebedew, Sohn eines früheren KGB-Agenten und inzwischen Freund des im Sommer 2022 zurückgetretenen britischen Premierministers Boris Johnson, der ihm in seiner Amtszeit gegen den Rat der Geheimdienste den Titel »Baron« mit einem Sitz im Oberhaus verlieh. Manchmal geht es um Sportclubs und damit um Image. Roman Abramowitsch etwa kaufte für 240 Millionen Dollar den Londoner Fußballclub FC Chelsea. Sein juristisches Vorgehen gegen Catherine

Belton und ihr Buch richtet sich in erster Linie gegen ihre Äußerung, er habe den Club auf Veranlassung Putins erworben. Wie auch immer, der Kauf war ein genialer Schachzug, um das Image Russlands aufzupolieren. Das Problem liegt natürlich nicht darin, dass Russen Unternehmen im Westen gründen oder kaufen, auch wenn sie lieber die Wirtschaft in ihrem eigenen Land entwickeln sollten, sondern darin, dass das Geld der Milliardäre allzu oft mit den Zugeständnissen an eine kriminelle Macht, an eine kriminelle Welt überhaupt, verbunden ist.

Die dem Regime nahestehenden Russen haben, ob im Zusammenhang mit Wirtschaftstätigkeit oder nicht, Wohnsitze im Westen erworben und Aufenthaltsgenehmigungen oder sogar die Staatsbürgerschaft erhalten. Schon 2008 hatte der damalige britische Premier Tony Blair sein Programm »Goldenes Visum« eingeführt: Wer in Großbritannien mindestens rund zwei Millionen Pfund in aktive, im Vereinigten Königreich registrierte Unternehmen investierte und über ein britisches Bankkonto verfügte, erhielt eine Aufenthaltserlaubnis und nach fünf Jahren die Staatsbürgerschaft. Davon profitierten mehr als 700 russische Milliardäre. Aus London wurde »Londongrad«, ein so geläufiger Begriff, dass er 2015 einer russischen Fernsehserie ihren Titel gab. Igor Setschins Ex-Frau, Igor Schuwalow, die Söhne von Arkadi Rotenberg und andere kauften Immobilien, und der Oligarch Sergej Pugatschow kommentierte, Putin habe »seine Agenten geschickt, um die britische Elite zu korrumpieren«.[14] Catherine Belton sieht »die Infiltration des Vereinigten Königreichs« durch die russischen Oligarchen als »Erfolgsmodell«.[15]

Dort wie anderswo »erhielten Lords und frühere Politiker üppige Gehälter für ihre Sitze in russischen Aufsichtsräten«,[16] wobei diese Funktionen ohne wirkliche Verantwortung 500 000 Pfund im Jahr einbringen können.[17] Damit vergeht den Betreffenden die Lust, sich irgendwie kritisch zu äußern, stattdessen ist eher eine Handlung oder Äußerung zugunsten Russlands zu erwarten. Der zum Lord erhobene frühere britische Labour-Politiker und Minister sowie von 2004 bis 2008 als EU-Handelskommissar amtierende Peter Mandelson lobte Putin im Jahr 2014 in der russischen Presse, während er undurchsichtige Funktionen in der riesigen Sistema-Gruppe des Oligarchen Wladimir Jewtuschenkow innehatte. Das war wohl nur »die Spitze eines sehr großen und sehr dunklen Eisbergs«, zu dem nicht zuletzt die mysteriöse Beratungsfirma des Politikers, Global Counsel, gehört. Mandelson folgte damit dem Beispiel des deutschen Altkanzlers Gerhard Schröder. Kaum hatte der sein Kanzleramt aufgegeben, als er auch schon von Gazprom zum Vorsitzenden des Aktionärsausschusses des deutsch-russischen Konsortiums ernannt wurde, das für Bau und Betrieb der Pipeline Nord Stream zuständig sein sollte – Schröder hatte den Bau als Kanzler bereits genehmigt. Außerdem wurde er 2017 zum Aufsichtsratschef des Energiekonzerns Rosneft gewählt. So bezog er im Jahr 2022 von Rosneft und Nord Stream zusätzlich zu seinem Ruhegehalt zwischen 850 000 und einer Million Euro im Jahr.

Peter Mandelson und Gerhard Schröder sind nicht die einzigen Politiker, die im Austausch gegen großzügige »Sitzungsgelder« in russischen Aufsichtsräten sitzen. Im Jahr 2019 findet sich auch Jean-Pierre Thomas – »Sarkozys seltsamer Monsieur Russland«, um eine Schlagzeile des *Nouvel Observateur* zu zitieren – an der Spitze des Aufsichtsrates von Rusal, der mächtigen Unternehmensgruppe des Oligarchen Oleg Deripaska. Er folgte auf Matthias Warnig, einstiger Stasioffizier und Vertrauter von Putin seit dessen Dresdner Zeit. Die US-Behörden sahen in ihm mehr als einen Strohmann, sie forderten und erreichten seinen Abschied aus dem Aufsichtsrat. Ebenfalls 2019 wurde bekannt gegeben, dass der frühere österreichische Bundeskanzler Christian Kern in den noch bis kurz zuvor von dem Oligarchen Wladimir Jakunin geleiteten Aufsichtsrat der Russischen Eisenbahnen eintreten sollte. Ein anderer österreichischer Ex-Kanzler, Wolfgang Schüssel, bereitete sich da auf einen Aufsichtsratposten bei Lukoil vor, während ein ehemaliger österreichischer Finanzminister, Hans Jörg Schelling, bereits als »Berater« für Gazprom zum Projekt Nord Stream 2 tätig war. Kern und Schüssel gaben ihre Posten nach dem 24. Februar 2022 auf, ebenso der frühere französische Premierminister François Fillon, der sich aus den Aufsichtsräten von Sibur (Petrochemie) und Zarubezhneft (Mineralöl) zurückzog. Schröder hielt bis zum 20. Mai durch, ehe er dem

Druck nachgab und auf seinen Posten als Aufsichtsratschef von Rosneft und die Nominierung für den Aufsichtsrat von Gazprom verzichtete.

Im Visier: die westlichen »Eliten«

Beim Kontakt zu diesen Eliten spielte vor allem Wladimir Jakunin eine entscheidende Rolle. Gemeinsam mit Thierry Mariani vom Rassemblement National leitete er den französisch-russischen Dialog, der in Paris Verbindungen zwischen den Unternehmen beider Länder herstellte, förderte und beaufsichtigte. Inzwischen hat er sich nach Berlin verabschiedet, von wo aus er ähnliche Aktivitäten betreibt. Seit 2016 leitet er zudem den Verwaltungsrat des Instituts Dialog der Zivilisationen; es organisiert das Rhodos-Forum, wo Politiker und Experten die großen internationalen Probleme diskutieren. Tatsächlich ist es »eines der wichtigsten Instrumente, mit denen der Kreml die europäischen Entscheider beeinflusst«.[18] Auf französischer Seite nahm 2017 und 2018 der einstige Außen-, Innen- und Premierminister Dominique de Villepin teil, als Nachfolger von Dominique Strauss-Kahn (DSK), des früheren Wirtschafts- und Finanzministers sowie Direktors des Internationalen Währungsfonds, der 2016 dabei war. DSK hatte drei Jahre zuvor den Vorsitz der von Rosneft kontrollierten Russischen Bank für regionale Entwicklung (RRDB) und den Aufsichtsrat des Russischen Fonds für Direktinvestitionen (RDIF) übernommen, nachdem die Staatsbank VEB, laut *Figaro* »der bewaffnete Finanz-Arm des russischen Staates«, seine Kandidatur vorgeschlagen hatte. Der *Figaro* spekulierte, der »einstige potenzielle Präsidentschaftskandidat« könne »dem RDIF mit seinen Kontakten in der internationalen Finanzwelt nützlich sein«.[19] Wie bekannt wurde, zahlte Rosneft zwischen 2016 und 2017 1,75 Millionen Dollar an DSK, allerdings nicht über die Bank, sondern als Kunde von Parnasse International, einer Gesellschaft, die Strauss-Kahn in Marokko gegründet hat und deren einziger Aktionär er sein soll. Er bezieht kein Gehalt, generiert aber Millionen Dollar.[20]

Millionen zirkulieren auch in diesen französisch-russischen

Connections, ohne dass die vergüteten Leistungen eindeutig definiert wären, und das gilt ebenso für die Parteienfinanzierung. Im Jahr 2014 »lieh« der Front National von einer inzwischen nicht mehr existierenden Bank neun Millionen Euro, deren Rückzahlung für 2020 vorgesehen war und auf 2028 verschoben wurde. Der Kreml sei auch zu einer Finanzspritze für den Europawahlkampf der italienischen Lega bereit gewesen und habe anscheinend sehr enge Beziehungen zu bestimmten italienischen Parteien und Politikern aufgebaut, angefangen bei Silvio Berlusconi. Im August 2018 warf Athen Moskau vor, es habe versucht, griechische Politiker zu kaufen und sich in die inneren Angelegenheiten Griechenlands einzumischen. Im Frühjahr 2019 bewiesen Heinz-Christian Strache und die österreichische FPÖ, dass europäische Politiker russischen Zahlungen sehr aufgeschlossen gegenüberstanden.

In Großbritannien ging ein wahrer Geldsegen auf die Konservative Partei nieder. Parteispenden sind Ausländern verboten, nicht aber Personen mit doppelter Staatsangehörigkeit. So spendeten Russen mit englischem Pass der Konservativen Partei seit 2019 mehrere Millionen Euro, allen voran Lubow Tschernukhin, der mit einer früheren Vizeministerin für Finanzen im Kabinett Putin verheiratet ist und den britischen Konservativen zwischen 2012 und 2022 2,2 Millionen Pfund zukommen ließ. Das sind nur die bekannten Transfers. Wie viel mehr gibt es, von denen wir nichts wissen?

Die geopolitischen Aktivitäten der russischen Oligarchen lassen sich manchmal leichter verfolgen. So kaufte Oleg Deripaska KAP, ein riesiges Aluminiumwerk in Montenegro, das 40 Prozent des Bruttoinlandsproduktes erbrachte, womit er de facto die Wirtschaft des Landes kontrollierte. Der amerikanischen Wochenzeitschrift *The Nation* zufolge soll Deripaska zu einem Vertrauten gesagt haben, er habe das Werk gekauft, »weil Putin ihn dazu ermuntert« habe: »Der Kreml wollte eine Einflusszone im Mittelmeerraum.«[21] Das spielte sich elf Jahre vor einem versuchten Staatsstreich durch zwei Anführer einer offen prorussischen Partei ab und zwölf Jahre, bevor Montenegro NATO-Mitglied wurde. Ähnlich verfuhr Deripaska, als er eine Aluminiumhütte in Tadschikistan kaufte, um Putins Einfluss in der ehemaligen Sowjetrepublik zu stärken, ohne dass der Kreml von Anfang an als Akteur wahrgenommen wurde.

Beeinflussung der Diaspora

Neben der westlichen öffentlichen Meinung und der politischen und ökonomischen Führungsriege beobachtet der Kreml auch die russischsprachige Diaspora sehr genau, da sie beeinflusst werden kann. Leonid Sluzki, seinerzeit Vorsitzender des für die Diaspora zuständigen Duma-Ausschusses, erklärte am 25. Dezember 2014 in der *Komsomolskaja Prawda:* »Zwar ist die russische Welt – darunter verstehe ich diejenigen, die weltweit Russisch sprechen – von 350 auf 270 Millionen geschrumpft, doch handelt es sich immer noch um einen bedeutenden Faktor. Er wird noch viel von sich reden machen, und die Regierungen des Westens können ihn nicht übergehen.«[22]

Diese »russische Welt« umfasst die »Landsleute« *(Sootechestwenniki),* ein Begriff, der bereits in einem russischen Gesetz von 1999 auftauchte und 2010 weiter präzisiert wurde: »Landsleute« sind all diejenigen, die einen russischen und/oder sowjetischen Pass besaßen, aber auch ihre Nachkommen, sofern sie sich für »ein spirituelles, kulturelles und gesetzliches Band mit der Russischen Föderation« entschieden.[23] Dazu können also auch Franzosen zählen, deren Urgroßeltern 1920 emigriert sind und die eine russisch-orthodoxe Kirche besuchen – das »Band«. Seit dem Jahr 2000 hat der Kreml Strukturen geschaffen, um diese »Landsleute« mittels der Botschaften zu sammeln und zu organisieren, und seit 2008 ist eine Agentur dafür zuständig, *Rossotrudnitschestwo,* »Russische Zusammenarbeit«. Das von Michail Chodorkowski finanzierte Dossier Center, das die kriminellen Machenschaften der Kremlfreunde erfasst, bezeichnete die Agentur 2021 als »wichtigsten Motor für die Stärkung der Soft Power des Kremls«, unter deren »Deckmantel« Agenten des Inlandsgeheimdiensts FSB und des Auslandsgeheimdiensts SWR mitarbeiteten.[24]

Nicht alle in der russischsprachigen Diaspora haben Lust auf

Organisationen, die von den russischen Botschaften überwacht werden, andere dagegen spielen mit und haben nach der Annexion der Krim öffentlich für Putin Partei ergriffen. Rossotrudnitschestwo, heute unter Leitung von Jewgeni Primakow, Enkel des früheren SWR-Chefs, stützt sich seit Januar 2021 stark auf die NGOs im Ausland, wozu die Förderung der russischen Sprache oder – das hatten wir doch schon! – die Organisation von Filmfestivals gehört. Die Journalisten Andrei Soldatow und Irina Borogan, inzwischen in die Emigration gezwungen, haben kürzlich erklärt, wie der Kreml die »Landsleute«, auch die superreichen, mobilisiert, manchmal verführt und von Neuem terrorisiert.[25] Sie schildern, wie der Kreml die Diaspora seit Sowjetzeiten instrumentalisiert, um Agenten und Kollaborateure zu rekrutieren. Das erregt heute umso mehr Aufmerksamkeit, als die Emigration aus Russland seit dem 24. Februar 2022 stark zugenommen hat; die Manipulationsversuche müssen also genauestens beobachtet werden, auch wenn Botschaftspersonal ausgewiesen wurde.

In diesen politischen Rahmen gehört es auch, dass der Kreml im Westen nicht nur neue Kirchen bauen lässt, sondern sich auch der orthodoxen Kirchen zu bemächtigen versucht, die seit den 1920er-Jahren von den Nachkommen der russischen Emigranten verwaltet werden. Der russische Staat will zum einen klarmachen, dass er der Erbe des Russischen Reichs ist und dass Russland, unabhängig von der jeweiligen Regierungsform, gleich geblieben ist – was nicht stimmt –, zum anderen will er diejenigen besser kontrollieren, die diese Orte des Kultus und der Begegnung aufsuchen.

Zu den Konflikten um Identität und Geschichte kommt der Kampf um den kirchlichen Einfluss. Als der russischen Botschaft nach einem Prozess eine der beiden orthodoxen Kirchen in Nizza – die Kathedrale – zugesprochen wurde, wurde diese sofort dem Patriarchat von Moskau unterstellt, während sie bis dahin zum Patriarchat von Konstantinopel gehört hatte. Und als Letzteres im Jahr 2018 überraschend beschloss, das Erzbistum der ihm unterstellten russisch-orthodoxen Kirchen in Westeuropa aufzulösen und die Gemeinden der Diaspora zu reorganisieren, mussten diese sich entscheiden, ob sie zu Moskau gehören oder sich einer anderen Jurisdiktion unterstellen wollten. Eine Reihe von ihnen entschied sich für Moskau, allerdings bereuen manche ihre Entscheidung, seit der Patriarch von Moskau die »Spezialoperation« in der Ukraine unterstützt. Die Reorganisation ist noch nicht abgeschlossen, unter anderem, weil die russischen Botschaften in Europa es nach wie vor als ihre Aufgabe sehen, Kirchen, Kapellen, Friedhöfe und die dazugehörenden Grundstücke in die Hand zu bekommen. Durch ihr gewaltsames Vorgehen machen sie sich innerhalb der Diaspora erbitterte Feinde: Der Einfluss kann brutal sein.

Schon vor dem 24. Februar 2022 tobte also ein Hybridkrieg, ein Gemenge aus Krieg um Information, um Erschaffung und Fortführung von Propaganda und Vorstellung, Infiltration, Korruption und zunehmende Einflussmöglichkeiten in unterschiedlichen gesellschaftlichen Bereichen. Die nach dem Angriff verhängten Sanktionen haben diese Aktivitäten teilweise blockiert und deren Untersuchung ermöglicht. Im Moment und vielleicht bis zu den nächsten Verlockungen ist Schluss mit Londongrad. Pech für die Geschäftsleute, Makler und Hoteliers der Côte d'Azur, von Courchevel, Sardinien und anderen Orten, die diesen guten Kunden mit ihrem locker sitzenden Geld nachtrauern. Denn manche Emissäre und Vertreter des Kremls hatten einen positiven Einfluss auf die lokale Wirtschaft, während sie das System als Ganzes zu untergraben versuchten.

Teil 3
Wege und Mittel zur Allmacht

17

Die Auslöschung der Völker

Françoise Thom

»Russland hat die politische Mentalität eines Reptils, es ist ein Krokodil, das Sie jederzeit verschlingen kann.«[1]
Michail Saakaschwili

Die russische Staatsmacht ist zu einer Art Serienkiller mutiert, der nicht nur isolierte Oppositionelle ermordet, sondern auch vielfachen Tod und Verderben über ganze Völker bringt. Dabei ist die physische Vernichtung nur die Vorstufe zum eigentlichen Projekt des Kremls, die moralische und intellektuelle Auslöschung rebellischer Völker nach dem Vorbild dessen, was dem russischen Volk selbst seit Putins Machtantritt angetan wurde. Die Tschetschenen, in geringerem Maße dann die Georgier und heute die Ukrainer wurden Opfer der russischen Dampfwalze. Eine vergleichende Untersuchung dieser traurigen Serie zeigt den typischen Modus Operandi des russischen Aggressors.

Die Vorbereitungsphase: Isolierung des Opfers

Die Isolierung soll das Opfer im Ausland in Verruf bringen und es demoralisieren, indem es von der Welt abgeschnitten wird, und sie soll die Entstehung eines modernen Staates verhindern. Am besten illustriert der Fall Tschetschenien diese russische Strategie. Weil die westliche Presse die Menschenrechtsverletzungen der russischen Truppen in Tschetschenien anprangerte, konzentrierte die Zentralmacht sich nach dem ersten Krieg gegen das Land und dem Abkommen von Khasavyurt vom 31. August 1996 darauf, einen Keil zwischen die Tschetschenen und ihre westlichen Sympathisanten zu treiben. Dementsprechend förderte Moskau ab 1996 heimlich den Kampf von Radikalislamisten gegen die Anhänger eines unabhängigen Staates. Die gemäßigten Kräfte wie Präsident Aslan Maschadow wurden systematisch ins soziale Abseits gedrängt und dann aus dem Weg geräumt und durch Kriegsherren wie Schamil Bassajew ersetzt, die sich dem Islamismus immer weiter annäherten. Dank dieser Islamisierung des Konflikts konnte Putin die dubiose Behauptung über die islamistischen Attentate vom September 1999 in Russland glaubwürdiger erscheinen lassen und mit der stillschweigenden Billigung des Westens erneut Krieg gegen Tschetschenien führen.

Vor allem der amerikanische Journalist Paul Klebnikov, der am 9. Juli 2004 in Moskau ermordet wurde, hat in seinen Artikeln über Boris Beresowski und dessen Verbindungen mit den tschetschenischen Kombattanten die Verantwortung der russischen Regierung ausführlich dokumentiert.[2] Im Oktober 1996 wurde Beresowski die Nummer zwei im Nationalen Sicherheitsrat und konnte nun mit Jelzins Segen die russische Tschetschenienpolitik beeinflussen. Laut Klebnikov war Präsident Maschadow überzeugt, dass die Oligarchen um Jelzin, besonders Beresowski, die Dschihadisten in Tschetschenien kontrollierten und finanzierten. Ihre Methode war simpel. In zwei Jahren wurden in Tschetschenien etwa 500 Menschen gekidnappt: Ausländer, Vertreter des westlichen Roten Kreuzes, Journalisten, Ingenieure, Missionare, Nordkaukasier, Russen, unter ihnen Abgesandte von Präsident Jelzin. Beresowski zahlte riesige Lösegeldsummen an die Kriegsherren und die Islamisten, die die Geiseln gefangen hielten. Nach Maschadows Überzeugung wurden so die islamistischen Netzwerke finanziert: »Die Welle von Geiselnahmen war Teil der [russischen] Politik.« Und tatsächlich führten die systematischen Entführungen dazu, dass die Ausländer sich nicht mehr nach Tschetschenien wagten. Schon 1998 sah Maschadow den Krieg voraus: »Heute riecht es hier stark nach Krieg […]. Der Fehler liegt ganz allein bei Russland. All dieser Fundamentalismus und dieser Terrorismus sind künstliche Gebilde.«[3] In seinen Erinnerungen untermauert der von 1995 bis 1998 als Innenminister der Russischen Förderation amtierende Anatoli Kulikow diese These. Als er Jelzin im April 1997 berichtete, Beresowski habe zwei Millionen Dollar an Bassajew, einen der gefährlichsten Kriegsherren, gezahlt – wovon die Geheimdienste sofort Wind bekommen hatten –, war der russische Präsident keineswegs überrascht: »Als ob das ganz normal wäre«, schrieb Kulikow. Und als der Minister fortfuhr, Beresowski habe nicht sein eigenes Geld verwendet, sondern höchstwahrscheinlich das des Staates, erwiderte Jelzin: »Natürlich ist es nicht sein eigenes Geld. Welcher Idiot würde den Gangstern schon sein Geld geben?«[4] Diese Aussage wurde bestätigt, als Beresowski 2006 nach seinem Bruch mit Putin zum Staatsfeind Nummer eins wurde und die Presse sich mit seinen Machenschaften in Tschetschenien befasste. Sie zitierte die Aussage von Turpal Mowsajew, Bruder des tschetschenischen Geheimdienstchefs unter den Präsidenten Dudajew und Maschadow: »B. Beresowski war Hauptorganisator der Geiselnahmen auf tschetschenischem Territorium. Er befahl die Entführung von Politikern und bekannten Journalisten. [...] Schamil Bassajew und Mowladi Udugow waren auch beteiligt. Mein Bruder sagte mir, Bassajew habe die Entführung des russischen Regierungsvertreters in Tschetschenien, Wlassow, organisiert, auf Verlangen von B. Beresowski.«[5] Udugow war seit 1996 Informationsminister in Tschetschenien und ein berüchtigter Islamist.

Mit den Entführungen bekannter Persönlichkeiten sollten Extremisten in Tschetschenien finanziert und zugleich die Tschetschenen in den Augen der russischen und ausländischen Öffentlichkeit verleumdet werden: Das Land wurde mit seinen nordkaukasischen Nachbarn gleichgesetzt, um es mit Blick auf den bevorstehenden Krieg zu isolieren. Ein weiteres Ziel: Die Kandidatur Putins, den die »Familie« als Jelzins Nachfolger ausersehen hatte, sollte forciert werden, vor allem gegen Ministerpräsident Sergej Stepaschin. Das kam durch die Affäre Gennadi Spigun – der in Grosny Anfang 1999 entführte Vertreter des russischen Innenministeriums – ans Licht. Stepaschin berichtete, Spigun habe in einer Kommandoaktion befreit werden sollen, aber Beresowski habe das verhindert, indem er den Entführern sieben Millionen Dollar gezahlt habe, damit der General nicht freikam.[6] Spiguns Leiche wurde einige Zeit später gefunden, das Fiasko diskreditierte Stepaschin und machte für Putin den Weg frei, ihn als Ministerpräsident zu ersetzen.

In gleicher Weise startete Moskau vor dem russisch-georgischen Krieg eine Schmutzkampagne gegen Präsident Saakaschwili, für Putin ein rotes Tuch. Er wurde dargestellt als gefährlicher Psychopath, Marionette der USA – in Frankreich immer ein schlagkräftiges Argument –, faschistoid – für die Linke im Westen –, Teil des »Netzwerkes« des milliardenschweren US-Investors George Soros[7] – für die Rechte im Westen – und so weiter. Und so verfuhr die russische Propaganda auch, als sie jahrelang und nicht ohne Erfolg dem Westen einflüsterte, in der Ukraine wimmele es nur so von Hitleranhängern, die Regierung in Kiew sei ein Hort der Faschisten, Antisemiten etc. Im Jahr 2022 begann der Westen jedoch, aus seinen Erfahrungen zu lernen, und die beabsichtigte Isolierung der Ukraine lief ins Leere.

Erster Akt: Das Opfer wird als Angreifer dargestellt

Turpal Mowsajews Aussage bestätigte auch die Manipulation der tschetschenischen Anführer durch Beresowski, um sie zum Angriff auf die benachbarte russische Kaukasusrepublik Dagestan zu bewegen und damit Putin den Vorwand für den Zweiten Tschetschenienkrieg zu liefern. Bei einem Treffen im Juli 1999 »kündigte Kasbek Machaschew (1997/98 tschetschenischer Innenminister, im Jahr darauf stellvertretender Ministerpräsident) an, für den August 1999 sei ein Angriff auf Dagestan geplant, der von Boris Beresowski finanziert werden sollte. Kasbek Machaschew berichtete auch, er habe im Juli auf dem Flughafen Nalchik Beresowskis persönlichen Assistenten getroffen, einen Georgier namens Badri, der das Geld von Beresowski mitgebracht hatte.«[8] »Badri« war niemand anders als der Oligarch Badri Patarkazischwili. Wie Paul Klebnikov schrieb, »gab die Invasion Dagestans der russischen Regierung freie Hand – jetzt konnte sie Soldaten in bedeutender Stärke in den Nordkaukasus entsenden. Schließlich waren die Tschetschenen die Angreifer […]. Allerdings war die wichtige und gut ausgerüstete tschetschenische

Einheit, die in Dagestan einfiel, nicht von der tschetschenischen Regierung geschickt worden, sondern gehörte zu einer großen, unabhängigen militanten Gruppe ...«[9]

Ein ähnliches Szenario wurde im August 2008 in Georgien entworfen, als Russland militante Osseten bewaffnete, die es schon seit April 2008 mit russischen Pässen ausgestattet hatte. Auf Betreiben von Moskau attackierten sie Dörfer im georgischen Grenzgebiet, und Präsident Saakaschwili blieb nur die Wahl zwischen Pest und Cholera: entweder nichts zu tun und den Rückhalt im Volk zu verlieren oder aber zu reagieren. In der Nacht vom 7. auf den 8. August 2008 befahl er dem georgischen Militär den Angriff auf die abtrünnige Region Südossetien und ließ deren Hauptstadt Zchinwali bombardieren. Die Falle schnappte zu. Am Morgen des 8. August rollten russische Panzer, gepanzerte Fahrzeuge und Truppentransporter in Südossetien ein, um, so Moskau, seine von einem »Völkermord bedrohten Bürger« zu beschützen. Genau der gleiche Vorwand wurde 2022 gegen die Ukraine benutzt: Die russische Armee interveniere, um die »Russischsprachigen« des Donbass vor einem »Genozid« zu beschützen, den die »Nazis in Kiew« planten.

Die Phase des Terrors

Schon im Zweiten Tschetschenienkrieg brüsteten die russischen Politiker und hochrangige Militärs sich damit, sie würden einen »intelligenten« Krieg mit minimalen Verlusten führen. Von einem tschekistischen Standpunkt aus mag das stimmen, nicht aber, wenn man menschliches Leben in die Rechnung einbezieht. Bezeichnenderweise wurden die ersten Schläge nicht gegen die wahhabitischen Hochburgen, sondern gegen maschadowtreue Regionen geführt. Von Anfang an war erkennbar, dass Terror verbreitet werden sollte – am 21. Oktober 1999 schlugen Raketen im Zentrum von Grosny ein, vor allem auf dem Markt und in der Entbindungsklinik. Bis zu 120 Menschen wurden getötet, etwa 500 verletzt. Das Blutvergießen zog sich mehrere Monate hin,[10] und 2003 bezeichneten die Vereinten Nationen Grosny als »die am schwersten zerstörte Stadt weltweit«. Mit unfassbarem Zynismus nutzten künftige Kollaborateure der Russen diese Zerstörungen für sich, und 2016 erklärte Präsident Ramsan Kadyrow: »Wir sind ein Nachkriegsvolk. Die Infrastruktur wurde völlig verwüstet, in unserer Republik gab es nichts mehr. Trotz allem haben wir eine gemeinsame Sprache gefunden, wir haben unsere Einstellungen geändert, wir sehen unser Leben von einem ganz neuen Standpunkt aus, wir bauen eine neue Republik auf ... Ich kümmere mich um die Probleme der Republik und ihrer Menschen. Ich mache keine Politik.«[11]

In Tschetschenien wie später in der Ukraine gab es ungezählte Verbrechen: militärisch nicht gerechtfertigte Zerstörungen von Dörfern und Städten; Beschuss und Bombardierungen nicht verteidigter Städte; Bombenabwürfe auf Spielplätze, Krankenhäuser, Theater und Einkaufszentren; Massenhinrichtungen und Ermordungen, Folter und Misshandlungen, Vergewaltigungen von Frauen und Männern; geplante Angriffe auf die Zivilbevölkerung, medizinisches Personal und Verkehrsmittel; willkürliche Festnahmen und Verhaftungen von Zivilpersonen, Verschleppungen, Plünderungen, Menschenhandel. Wie bei den Massenvergewaltigungen deutscher Frauen durch die Rote Armee 1945 handelte es sich nicht um Entgleisungen, sondern um eine bewusste Politik, die erste Stufe der Disziplinierung einer rebellischen Bevölkerung. Die Verrohung war Vorbedingung für die Russifizierung, die Übergriffe des russischen Militärs sollten ähnlich geartete Vergeltungsmaßnahmen hervorrufen. Wie immer ging der Terror mit ungeheuren Lügen einher, die die Bevölkerung demoralisieren sollten, weil die Angreifer straffrei ausgingen. In Tschetschenien »nehmen wir unsere Städte nicht ein, wir befreien sie«, erklärte der russische Verteidigungsminister Igor Sergejew.[12]

Schon in Tschetschenien wurde klar, dass das russische Militär vor Genozid nicht zurückschreckte, wie die Enthüllungen der Journalistin Anna Politkowskaja bewiesen. So zeigte Oberst Anatoli Krulijew sich entschlossen, die Tschetschenen an der »Fortpflanzung« zu hindern: »Sein wichtigster Glaubenssatz: ›Ich lasse nicht zu, dass sie sich vermehren.‹ Er meint die Tschetschenen und die Inguschen. Sich fortpflanzen heißt, Kinder zu bekommen.«[13] Im August 2000 antwortete Oberst Roman Schadrin auf die Frage, wann der Krieg beendet werde: »Wir müssen einfach nur 100 000 bis 120 000 Tschetschenen am Leben lassen, dann können wir etwa dreißig Jahre ruhig schlafen, bis sie sich fortgepflanzt haben.« Von Offizieren niedrigerer Ränge war häufig der Satz zu hören: »Nur ein toter Tschetschene ist ein guter Tschetschene.«[14]

Im Fall der Ukraine liegen die Dinge noch offener. Wenn russische Spitzenpolitiker von »Entnazifizierung« sprechen, bedeutet das »Liquidierung der russischen Nation«: »Entweder radiere ich die Ukraine aus, oder ich enthaupte ihre politische Führung«, erklärte Putin dem französischen Präsidenten Macron bei einem Telefongespräch.[15] Schon vorher wurde ein Plan zur methodischen Zerstörung der Ukraine aufgestellt und in den Medien verbreitet, besonders in dem aufsehenerregenden Artikel, den der Autor Timofej Sergejzew durch die staatliche Agentur RIA Novosti unter dem Titel »Was Russland mit der Ukraine tun sollte«[16] veröffentlichte. Darin erläuterte er, dass diese Politik Zeit brauche. Wie die russischen Invasoren aufgedeckt hätten, »ist die Bevölkerung in großen Teilen nazistisch eingestellt«; die »Entnazifizierung« könne sich also nicht auf die ursprünglich geplante Liquidierung der Führungsspitze beschränken, sondern man brauche einen langen Atem und müsse mit mindestens 25 Jahren rechnen, denn »die Entnazifizierung dauert auf jeden Fall so lange wie eine Generation, die unter diesen Bedingungen geboren wird, heranwächst und erwachsen wird. Die Nazifizierung der Ukraine dauert schon über 30 Jahre.« Daher müsse Russland in dem von den ukrainischen »Nazis« befreiten Territorium »irreversible Veränderungen« durchführen. Diese »Entnazifizierung« müsse schrittweise erfolgen. Zuerst »die Liquidierung der nazistischen Militärkräfte« einschließlich der »sogenannten nationalen Sicherheitskräfte und Milizen zur territorialen Verteidigung« – mit anderen Worten der gesamten männlichen Bevölkerung der Ukraine, die heute unter Waffen steht –, »die Vernichtung der Militär-, Informations- und Bildungsstruktur, die ihre Tätigkeit sichert«. Dann »die ideologische Beseitigung des nazistischen Gedankenguts« und die Einrichtung »einer strengen Zensur: nicht nur in der Politik, sondern unbedingt auch in Kultur und

Erziehung«, die Ersetzung ukrainischer Schulbücher durch russische. Dann »die Schaffung russischer Informationsmedien«, das heißt die Dauerberieselung der überlebenden ukrainischen Bevölkerung durch das russische Fernsehen. Dazu »die Organisation zahlreicher Untersuchungsausschüsse, die aufdecken sollen, wie weit jeder Einzelne für Kriegsverbrechen, Verbrechen gegen die Menschlichkeit, Verbreitung der Naziideologie und Unterstützung des Naziregimes verantwortlich ist.« Sprich ein Terrorregime, das zur Denunziation aufruft. Jeder könnte als »Nazi« beschuldigt werden und hätte stalinistische Schauprozesse zu fürchten, bei denen Moskaus Hassobjekte wie etwa die Männer des Asow-Bataillons[17] abgeurteilt würden, durch NKWD-Methoden gebrochen und zu öffentlichen »Schuldbekenntnissen« gezwungen. Die als »Lustration« bezeichnete Säuberung schließlich umfasse »alle mit dem Nazismus verbundenen Organisationen, diese müssen eliminiert und verboten werden. Die Bandera-Anhänger[18] sind zu liquidieren, sie können nicht umerzogen werden. Neben der Führungsspitze sind auch große Teile der ukrainischen Massen passive Nazis, Nazikollaborateure, und damit ebenfalls schuldig. Sie haben das Naziregime unterstützt [...]. Dieser Teil der Bevölkerung wird bestraft werden, denn er wird die unvermeidlichen Härten des gerechten Krieges gegen das Nazisystem ertragen müssen.« Im Klartext bedeutet das die physische Ausrottung des ukrainischen Volkes als organisierte soziale Existenz. Das Wort »Ukraine« wird aus diesem entnazifizierten Raum verschwinden, denn – wir haben es geahnt – »die Entnazifizierung wird zwangsläufig eine Entukrainisierung sein«.

Die russische Politik in den besetzten ukrainischen Gebieten richtet sich rigoros nach diesem Programm, einer Kopie der stalinistischen Politik in den 1939 bis 1941 von der Roten Armee besetzten und von 1944 bis 1948 »befreiten« Ländern.[19] Die Gräueltaten der russischen Truppen sind keine »Ausrutscher«, sondern folgen einer politischen Absicht, nämlich der Umerziehung des ukrainischen Volkes durch Terror und Elend. Es sind die bolschewistischen Methoden in Reinform: Verrohung durch den Krieg, Schreckensherrschaft, Verschleppung und systematische Beseitigung der örtlichen Verantwortungsträger, Massendeportationen nach Russland, auch von Frauen und Kindern, Verursachung von Hungersnöten, um die Bevölkerung aufzuhetzen, wie es die Bolschewiken vormachten. In der Ukraine hat Russland gezielt die Infrastruktur angegriffen, um im Sommer 2022 Agrarexporte zu verhindern, sodass die Landwirte ihre Ernten nicht verkaufen konnten, außerdem waren Felder vermint und nicht bebaubar. Im Juni dieses Jahres bestätigten die ukrainischen Behörden, dass etwa 1,6 Millionen Ukrainerinnen und Ukrainer nach der »Filtration« gewaltsam nach Russland gebracht wurden.[20] Beiderseits der ukrainisch-russischen Front wurden 18 »Filtrationslager« nachgewiesen, in denen »russifizierbare« Ukrainer von denen, die es nicht sind, abgesondert werden sollen.[21] Kollaborateure vor Ort versorgen die russischen Verantwortlichen mit Listen, sie verzeichnen Angestellte der ukrainischen Staatsanwaltschaft, der Polizei, des Ministeriums für Katastrophenschutz, der Kommunalverwaltungen, außerdem Journalisten, Aktivisten, Blogger, Demonstranten, Ehefrauen und Eltern von Veteranen des Donbasskrieges, Krimtataren, Freiwillige – kurz, alle Eliten, die das Gerüst des ukrainischen Staates bilden. Wer proukrainische Ansichten vertritt, wird festgenommen, häufig gefoltert und liquidiert.[22] Auf der Suche nach potenziellen Widerstandskämpfern durchkämmt der Inlandsgeheimdienst FSB, der mit Spezialisten der russischen psychologischen Kriegsführung zusammenarbeitet, die besetzten Gebiete. Die Gefangenen werden mit unterschiedlichen Methoden gefoltert: Prügel, Schüsse mit scharfer Munition neben den Kopf, mithilfe von Gasmasken herbeigeführte Erstickungsanfälle, Morddrohungen gegen Familienmitglieder. Oder sie werden mit Wasser begossen und bekommen Stromschläge an den Ohren, den Geschlechtsorganen, dem Anus. Die Ehefrau eines von den Russen entführten Anwalts aus Cherson berichtet: »Eine Klammer am Penis, die andere an der Brust. Sie haben ihn mitgenommen und am nächsten Tag zurückgebracht: die Zähne mit Zangen ausgerissen, einen Teil der Zunge abgeschnitten. Folter mit Stromschlägen.«[23]

Die »Russifizierbaren« werden »kooptiert« oder deportiert

und finden sich manchmal in abgelegenen Gegenden des Fernen Ostens Russlands wieder. Das russische Militär hat 260 000 ukrainische Kinder verschleppt und sie von ihrer Familie getrennt oder in Waisenhäusern untergebracht, um sie in Russland adoptieren zu lassen. [24] Außerdem versucht der Kreml, Hunderte russischer Lehrer mit fünfmal so hohen Gehältern in die besetzten Gebiete zu locken, damit sie die ukrainische Sprache ausradieren und die ukrainischen Schüler indoktrinieren, vor allem mit dem Kult des »Großen Vaterländischen Krieges« und anderen Mythen der »russischen Welt«.[25] Unübersehbar die Parallelen zu Stalins Politik, als Millionen Menschen aus annektierten oder unterworfenen Gebieten nach Sibirien und Zentralasien deportiert wurden, während Russen die besetzten Regionen russifizieren sollten.

Der nächste Schritt: die »Transformation des imperialistischen Krieges in einen Bürgerkrieg«

Russland war schon immer sehr geschickt darin, Spaltungen hervorzubringen und seine imperiale Politik auszulagern. Einer der Zwecke der vom Kreml geführten Eroberungskriege war die Beschaffung von Kanonenfutter. In jedem einzelnen Konflikt bemühte Moskau sich in dem Land, das es ins Visier genommen hatte, um einen festen Stamm von Handlangern und Janitscharen – das »gute« Tschetschenien gegen das schlechte, die »gute« Ukraine gegen die »Nazis von Kiew«. Ein Ziel der systematischen Bombenangriffe gegen Zivilisten und der Politik der verbrannten Erde: Sobald die betreffenden Gebiete besetzt sind und der russischen Verwaltung unterstellt werden, sind die Zivilpersonen, die häufig ihre Wohnung und ihren Lebensunterhalt verloren haben, gezwungen – wie im aktuellen Fall der Ukraine –, russische Pässe zu akzeptieren, um humanitäre Hilfe zu bekommen; die überlebenden Männer treten gegen Besoldung in die feindliche Armee ein.[26] Diese von der Not zur Kollaboration gezwungenen »Verräter« bilden die künftige russische Machtbasis, müssen sie doch einen Sieg der nationalen Kräfte fürchten. So beginnt Moskau in den besetzten und verwüsteten Gebieten sofort damit, die männliche Bevölkerung entweder zu töten oder sie zum Kampf gegen ihre früheren Landsleute zu zwingen.

Zunächst greift Russland für seine Gefolgschaft auf kriminelle Netzwerke zurück, wie bei Kadyrow in Tschetschenien, später dann auch auf der Krim und in den separatistischen Kreisen im Donbass und in Luhansk. In Tschetschenien machte Moskau sich zudem die Clanstruktur der Gesellschaft zunutze; es setzte auf die Feindschaft zwischen den Clans von Kadyrow und Bassajew[27] und verkündete im April 2002 das Ende des »militärischen Stadiums«. In den Jahren davor hatten sich die russischen Spezialkräfte an einen in der Vergangenheit dem KGB nahestehenden, in Moskau agierenden tschetschenischen Verbrecher und Separatisten gewandt, Chosch-Ahmed Nuchajew, um eine Lösung für den Konflikt zu finden. Nuchajew war Gefolgsmann des ultranationalistischen Intellektuellen Alexander Dugin[28] und vermittelte zwischen dem Kreml und Achmad Kadyrow, der Mufti von Tschetschenien und einer der Anführer der Unabhängigkeitsbewegung war, bevor er sich, teilweise aus Furcht vor dem wachsenden Einfluss des Wahhabismus, auf die Seite Russlands schlug und im Jahr 2000 zum Verwaltungschef der Republik ernannt wurde. Moskaus wichtigstes Ziel war es, Tschetschenien zu unterwerfen und aktiv in seine von den Eurasisten gepredigte Konfrontation mit dem Westen einzuspannen. Mithilfe von Dugins Doktrin sollten die tschetschenischen Nationalisten zu Bündnispartnern werden, gegen die immer gefährlicheren Radikalislamisten im Nordkaukasus, vor allem aber gegen den Westen. Mit der Machteinsetzung des üppig subventionierten Kadyrow-Clans 2003 zahlte Moskau einen hohen Preis. Achmad Kadyrow wurde im Oktober jenes Jahres zum Präsidenten der Republik gewählt und im Mai 2004 ermordet; sein Sohn Ramsan trat die Nachfolge an. Aus dem Krieg wurde eine »friedenserhaltende Operation«, die bis zum April 2009 dauerte. Der frühere tschetschenische Präsident Aslan Maschadow wurde 2005 ermordet, Schamil Bassajew 2006.

Aus Sicht des Kremls war die Unterwerfung Tschetscheniens ein großer Erfolg, auch wenn sie die russischen Steuerzahler teuer zu stehen kam. Tschetschenien ist die Region mit den höchsten Subventionen aus dem Staatshaushalt, und im Januar 2002 enthüllte Ramsan Kadyrow, dass Russland für den Unterhalt seines »Lehens« jährlich 300 Milliarden Rubel ausgab.[29] Berechnungen ergaben, dass ein Bewohner des Nordkaukasus den Staat sechsmal so viel kostete wie ein anderer russischer Bürger. In den Augen der Kremlchefs leistet Kadyrow besonders durch die Schaffung eines prorussischen Islamismus unschätzbare Dienste. Und da Russland permanent die Janitscharen fehlen, die es für seine imperialen Ziele braucht, kommt ihm Tschetschenien mit seiner hohen Geburtenrate – so ganz anders als die miserable demografische Entwicklung in den russischen Gebieten – gerade recht, bildet es doch ein wertvolles Reservoir an Handlangern. Sie wurden in Syrien eingesetzt und sind in der Ukraine an der Seite der prorussischen Separatisten und regulärer russischer Streitkräfte aktiv, sie infiltrieren und manipulieren auch die islamistischen Netzwerke in Syrien und Europa.[30] Der immer dienstbeflissene Kadyrow, der sich gern als »Putins Fußsoldat« bezeichnet, stellt dem »Lehnsherrn« seine Killer zur Verfügung[31], er übernimmt und verschärft die offizielle Rhetorik, und im Juli 2017 drohte er sogar damit, mithilfe der russischen Atomwaffen »die ganze Erde zu sodomisieren«.

Die Zeit der Kollaborateure: Wiederauferstehung des Homo sovieticus

Kaum haben die Besetzer sich in der Ukraine eingerichtet, als sie auch schon darangehen, das Umfeld anzupassen. Nach wenigen Wochen ist Cherson auf dem besten Weg, sich in eine sowjetische Stadt zu verwandeln. Leninstatuen tauchen wieder auf, und in aller Eile beseitigen die Invasoren die Symbole der ukrainischen Nation, sie zerstören die Kurgans – die von den Skythen vor Jahrtausenden errichteten Grabhügel –, verbrennen ukrainische Geschichtsbücher. In Mariupol heißt der Platz der Freiheit jetzt »Leninplatz«.[32] Moskau versucht, ein Volk auszulöschen, indem es seine Erinnerungen vernichtet. Das russische Fernsehen wirft seine Giftbomben, die ukrainischen Sender sind verboten. Die Verbindungen zur Ukraine werden systematisch gekappt. Die

Besatzer bemühen sich, die ukrainischen Mobilfunkteilnehmer zu den russischen Anbietern zu locken, die sämtlich von den Geheimdiensten abgehört und kontrolliert werden.[33] Die nach der Invasion geborenen Kinder erhalten von Amts wegen die russische Nationalität. Die Parole heißt: Herrschaft über eine abhängige, verängstigte, betäubte und infantilisierte Bevölkerung. Die Besatzer nehmen den »Kulaken des 21. Jahrhunderts« (sic!) ihre Lebensmittel weg, sie plündern und zerstören ihre Betriebe und ihren Weinanbau, sie rauben ihre landwirtschaftlichen Maschinen und bieten den völlig verarmten Ukrainern eine Belohnung von umgerechnet etwa 250 Dollar an, wenn sie dafür einen russischen Pass beantragen. Eine Prämie bekommt, wer »die meisten Freunde mitbringt«.[34]

Die Auslöschung des Nationalgefühls verläuft nach den gleichen Methoden wie in der Sowjetzeit. Mit allen Mitteln fördern die Behörden Provinzialismus, Kirchturmpolitik, Folklore und Sport als Ersatz für die Zivilgesellschaft, die es ohne freie Bürger nicht geben kann. Kadyrow liebt die Lesginka, einen traditionellen kaukasischen Volkstanz. Die Ukrainer werden aufgefordert, ihre bestickten Blusen zu tragen, ihre Volkslieder zu singen und Speck zu essen. Die Integration in die »russische Welt« bedeutet nicht nur den Kult der obligatorischen Idole, der Helden des »Großen Vaterländischen Krieges«, sondern auch den Rückfall in Rückständigkeit, den Bezug auf »traditionelle Werte«, die der Westen mit seinem dominanten angelsächsischen Liberalismus angeblich mit Füßen tritt.

In Georgien haben wir es mit einer »soften« Unterjochung zu tun, outgesourct an den Oligarchen Bidsina Iwanischwili, der die Eliten des Landes mit russischem Geld zu kaufen versucht. Die Regierungspartei, der »Georgische Traum«, präsentiert sich als Bollwerk gegen einen neuen russischen Angriff. Aber auch Georgien erfuhr während des kurzen Krieges im Sommer 2008 eine Phase des Terrors: Obwohl Zchinwali am 10. August von der russischen Armee eingenommen wurde und Georgien bereits seinen Rückzug aus Südossetien und einen Waffenstillstand angekündigt hatte, bombardierten die Russen am 11. August die Stadt Gori, den Schwarzmeerhafen Poti und die Umgebung von Tiflis.

Die russische Politik betrieb systematisch die Demoralisierung der georgischen Bevölkerung, indem sie ihr einredete, der Westen habe sie fallen lassen und verraten. Die Ideologie des Regimes zielte darauf ab, die Bevölkerung von politischem Engagement abzuschrecken, indem sie ihr einhämmerte, alle Parteien seien bestechlich und käuflich. Außerdem berief es sich auf die »traditionellen Werte« Georgiens, die der westliche Einfluss bedrohe. Im Grunde funktioniert die intellektuelle und moralische Vernichtung der in die Umlaufbahn der »russischen Welt« geratenen Völker dadurch, dass ihnen der Zugang zur Welt verboten wird. Denn genau das bedeutet es, wenn der Westen im Namen der Rückkehr zu den »traditionellen Werten« verteufelt wird.

Erstes Erfolgskriterium des russischen Machtprojekts war die »Kooptierung« der besiegten Bevölkerungsteile, die ihrerseits zur Unterjochung ihrer Landsleute oder anderer Völker eingesetzt wurden. Diese Politik hat ihre Wurzeln in der Zarenzeit; bekanntlich dienten die Saporoger Kosaken dazu, die nordkaukasischen Völker zu unterwerfen. Auch Putin bezieht sein Kanonenfutter bevorzugt aus fremden Völkern und schickt Bataillone, die in Tschetschenien, Burjatien, Kalmückien, Südossetien, Tuwa, Tatarstan, Baschkortostan oder Tschuwaschien rekrutiert wurden, an die ukrainische Front.[35] Die in den ukrainischen Separatistengebieten angeworbenen Freiwilligen werden in erster Linie im Donbass eingesetzt. Am 16. Juni 2022 gab die Verwaltung der »Volksrepublik Donezk« (RPD) an, seit Jahresanfang seien 2128 Soldaten getötet und 8897 verwundet worden. Laut britischen Militärs entspricht das »etwa 55 Prozent« der Streitkräfte der RPD.[36]

Das zweite Kriterium ist die Sammlung dieser »russifizierten« Völker zum antiwestlichen Kreuzzug, von dem der Kreml so besessen ist. Auch hier war die Gleichschaltung Tschetscheniens ein durchschlagender Erfolg. Der Kommandant des tschetschenischen Bataillons »Achmat«, Apti Alaudinow – ein Vertrauter Ramsan Kadyrows –, sagte am 17. Juli 2022 im russischen Fernsehen über den russisch-ukrainischen Krieg: »Es ist ein Heiliger Krieg. Ich bete zum Allmächtigen […], dass dieses Land von Putin regiert wird, denn dieser Mann lehnt die europäischen

Werte ab. In Wirklichkeit sind das satanische Werte, die der ganzen Welt aufgezwungen werden. [...] Wir laufen nicht hinter LGBT-Fahnen her und werden das auch nie tun, solange Putin lebt. [...] Ja, wir kämpfen gegen die Armee des Teufels oder des Antichrists, wie auch immer Sie ihn nennen wollen.«[37]

Für die russische Politik in den besetzten Gebieten den Begriff »Kolonisation« zu verwenden, würde sich auf nur einen Aspekt der Aggression beschränken. In Wahrheit will Wladimir Putin diese Völker »umformatieren« und sie dadurch in den Stand des Homo sovieticus zurückstoßen, denn nur so kann er sie dauerhaft und total kontrollieren. Doch seine Politik gegenüber den früher von Moskau unterworfenen Nationen ist nicht nur keine koloniale, sie ist nicht einmal eine imperiale, denn häufig haben die Imperien sich den kolonisierten Völkern der Welt geöffnet. Putins Politik will genau das Gegenteil, er will die allmähliche Heilung von der Sowjetzeit verhindern, indem sie die eroberten Völker in eine dumpfe »russische Welt« einsperrt, eine Art düsteres Disneyland in Form einer Kopie der untergegangenen Sowjetunion, ein geschlossenes, erstickendes Universum, in dem der Hass die einzige lebendige Leidenschaft ist, in dem krasse Armut, Parasitentum und Kriminalität die einzigen Lebensformen sind. In Russland wurde das besagte Machtprojekt bereits erfolgreich durchgezogen. Außerhalb der russischen Grenzen ist die Aufgabe schwieriger, andererseits blickt der Kreml auf hundert Jahre Erfahrung zurück und verfügt zudem über ein furchtbares Arsenal an Mitteln, um den Homo sovieticus in den Völkern wiederauferstehen zu lassen, die immer noch mühevoll versuchen, die von Jahrzehnten kommunistischer Herrschaft ererbte Lähmung der Seele und des Willens zu überwinden.

18

Scenarios of Power: Putinismus als Stil

Karl Schlögel

Spätestens seit dem 24. Februar 2022 sind wir Zeugen eines Krieges, wie es ihn seit Ende des Zweiten Weltkriegs in Europa nicht mehr gegeben hat. Historiker, deren Beruf die Aufarbeitung der Vergangenheit ist, werden plötzlich zu Zeitzeugen von Vorgängen, die sie in der Regel nur aus großer Distanz studieren, die nun aber vor ihren Augen als eine Geschichte der Gegenwart ablaufen: im Stakkato der sich überschlagenden Nachrichten, in den Nahaufnahmen der Kriegsreporter, in Bildern von Raketeneinschlägen in Wohnvierteln, brennenden Feldern, Bergungskommandos in ununterbrochenem Einsatz, Leichen an den Straßenrändern, unerträglichen Berichten von Folter, Vergewaltigung, Mord. Sie sind die Augenzeugen eines Vernichtungskrieges.

Und obwohl die Vorgänge so unwiderleglich real sind, möchte man seinen Augen nicht trauen, so unbegreiflich, dass man versucht ist, sich in Interpretationen, Analysen, Theorien zu flüchten, die doch kaum mehr sind als hilflose Versuche der Rationalisierung, einer Sinngebung des Sinnlosen und offenkundig Verbrecherischen und Völkermörderischen. Man sucht nach dem Schlüssel, der alles erklärt und auf den Begriff bringt: als »die Wiederkehr des Archaisch-Bösen«, als die logisch zwangsläufige Reaktion der »vom Westen gedemütigten Großmacht Russland« und vieles andere. Doch so wie der ukrainische Widerstand gegen die Unterjochung und Zerstörung des Landes zuerst und vor allem aus den Gewehrläufen kommt, so kann wohl auch die angemessene Beschreibung und Analyse des russischen Krieges nur aus dem Bruch mit der Illusion kommen, dass man mit treffenden Worten etwas gegen die brachiale Gewalt ausrichten könnte. Auch die Theorie und Analyse muss sich dem Eingeständnis des Versagens erst einmal ergeben haben, damit Desillusionierung, also der Verlust von Illusionen, zum Realitätsgewinn wird. Mit Verzichtserklärungen, mit Deklarationen es nun ernster und gründlicher als vor dem 24. Februar 2022 zu denken, ist es nicht getan. Solche Proklamationen und – in der Regel – wohlfeilen Bekenntnisse dienen wohl eher dazu, im Angesicht des Horrors und der Hilflosigkeit das schlechte Gewissen zu beruhigen oder mit der Einebnung der Bruchstelle ein »Weiter so« anzubahnen, anstatt innezuhalten und für einen Augenblick zu verstummen, weil man zwar viel kommentieren und dies und das sagen könnte, nichts aber an der Ohnmacht dessen ändern kann, der nur Worte hat, wo es in Wahrheit um Leben und Tod geht.

Wie es sich seit Beginn des russischen Überfalls zeigt, werden Historiker als Zeitgenossen und Bürger, die sie auch – und vielleicht zuallererst – sind, Partei ergreifen, so oder so: in spontaner Solidarität mit jenen, die von einem übermächtig scheinenden und grenzenlos grausamen Gegner angegriffen wurden und sich ihrer Haut wehren, die sich buchstäblich für einen Überlebenskampf entschieden haben. Aber vielleicht werden sie auch in verschiedenen Tonlagen des Räsonnements Bedenken vorbringen, dazu aufrufen, realistisch zu bleiben und Kalküle und Risiken gegeneinander abzuwägen, kaltes Blut zu bewahren und der Übererregtheit und Hysterie zu widerstehen, das Moralisieren der Empörten hinter sich zu lassen – die üblichen Spielereien in der wohlgeordneten Welt der Diskurse, in denen es um Ansehen und Ansehensverlust, Diskurshoheit oder Ausscheiden aus dem intellektuellen Wettrennen geht, um Eitelkeiten, nicht aber um Fragen von Leben und Tod, mit denen jene konfrontiert sind, über die man redet und denen man aus der Ferne Ratschläge erteilt.

Die Geschichte dieses Krieges, seiner mörderischen Provokation, ist auch eine des tapferen Widerstands, des Sich-Durchschlagens von Menschen, die von heute auf morgen aus gewöhnlichen Bürgern »wie du und ich« zu Kämpfern werden, die dem Ungeheuerlichen ins Auge blicken – weil sie vor den Raketen in Schutzkeller fliehen, sich für Monate zu einem Leben in U-Bahn-Schächten einrichten, schlagartig die Brücken zum gewohnten

Arbeits- und Lebensalltag hinter sich lassen, sich auf die Flucht begeben, also: ein zweites Leben beginnen, wo sie sich doch gerade im ersten irgendwie zurechtzufinden angeschickt hatten.

Niemand wird diese Erfahrung festhalten außer denen, die das alles durchgemacht haben werden, nicht als Beobachter, sondern als Betroffene und Überlebende, beschädigt, verstümmelt, um alles gebracht. Aus dieser Situation gehen eine neue Sprache, ein neues Genre, ein neues Sehen, neue Bilder hervor. Die Geschichte des russischen Krieges gegen die Ukraine, dessen Ende nicht absehbar ist und dessen mögliche (und bereits angedrohte) Steigerungen jenseits unserer Vorstellungskraft liegen, wird irgendwann geschrieben werden, wenn Zeit und Kraft bleiben nach der unendlichen Zerstörung und Verwüstung an Leben, Leib und Seele, Land und Kultur. Berge von Filmdokumenten, gespeicherten Berichten und Daten, auf den Smartphones festgehaltenen Fotos und Videos, die online verschickten Tagebücher, werden das Material für die Tribunale liefern, die fällig werden, wenn die Welt wieder in Ordnung gebracht, den Opfern Gerechtigkeit zuteil- und den Verbrechern der Prozess gemacht werden wird, ob prominent oder jetzt noch anonym namenlos. Alles wird sich zum Epos des ukrainischen Widerstands und zur Erzählung vom Untergang des russischen Imperiums fügen, dessen innere und äußere Verheerungen wir heute noch nicht kennen können, vielleicht aber auch zur Geschichte vom Verrat Europas und des Westens an der Ukraine.

Vorerst gibt es diese Erzählung nicht, obwohl sich die Analysen stapeln und sich ganze Bibliotheken von Putiniana angesammelt haben. Es gibt bisher keinen Namen für das, was sich in Russland herausgebildet hat. »Autokratie«, Selbstherrschaft – das scheint allzu konventionell die Kontinuität zum alten Zarentum zu betonen und die modernen Elemente zu vernachlässigen. »Mafia-Staat«, das erfasst die informellen Zusammenhänge, wie sie der Organisierten Kriminalität eigen sind, vernachlässigt aber wohl die Staatsförmigkeit und die russisch autochthonen Wurzeln von Macht- und Staatsfixiertheit. »Autoritarismus« bleibt hinter der Radikalisierung der russischen Macht zu Diktatur und Polizeistaat offensichtlich zurück. »Kleptokratie« beschreibt wohl das Zusammenwachsen von Raubtierkapitalismus und Macht, übergeht aber die Aspekte von kultureller Hegemonie und Soft Power, ohne die das Mitmachen der Russen bei Putins Krieg kaum zu erklären ist. »Neo-Totalitarismus« reflektiert die polizeistaatlichen Züge und die Atomisierung der Bevölkerung, schreckt aber oft zurück vor dem gängigen Vorwurf, der Begriff stelle eine Rückkehr zum Totalitarismus-Diskurs des Kalten Krieges dar, wo doch der postmodern elastische Eklektizismus des Putin-Regimes ins Auge springt. Und wer von »Faschismus« oder »Raschismus« spricht (ein aus dem englischen »Russia« und »Faschismus« gebildeter Neologismus), muss sich immer wieder gegen den Einwand zur Wehr setzen, dass es hier zu einer allzu simplen und daher unzulässigen Gleichsetzung von Hitler und Putin komme, wo das Putin-Regime doch nicht von einer Massenbewegung getragen sei und so weiter.

Es gibt noch mehr Varianten in einem Diskurs, der – längst fällig – verspätet angefangen hat. Auffällig ist, dass in den meisten Begriffsbildungen die russisch-sowjetische Genealogie kaum vorkommt, also: die Vorgeschichte der völkisch-antisemitischen Schwarzhunderter vor 1917, des rot-braun gemischten Untergrunds in der späten Sowjetunion, vor allem aber der Stalinismus, obwohl die strukturellen, mentalen, in die Familienüberlieferung eingegangenen Kontinuitäten doch auf der Hand liegen: die Planmäßigkeit, aber auch die Willkür des Massenterrors des Jahres 1937, die Hetze gegen die inneren Feinde, die sogenannte fünfte Kolonne, die Rede von Volksfeinden und Vaterlandsverrat. Offensichtlich funktioniert eine reflexive Hemmung im Gebrauch bestimmter Begrifflichkeiten, als wollte man sich auf keinen Fall dem Verdacht aussetzen, in die Falle der Analogie zu tappen oder in irreführende Parallelisierung oder gar Gleichsetzung zu verfallen – so die immer wieder aufgerufenen und zur Erklärung herangezogenen und naheliegenden Vergleichsfälle: die »Demütigung« Deutschlands durch den Versailler Vertrag, Münchener Konferenz und Appeasementpolitik gegenüber Hitler, Volksabstimmung und Annexion des Sudetenlandes und anderes.

Vieles spricht für den Begriff »Putinismus«, der sich spontan – ob aus analytischer Hilflosigkeit oder augenfälliger Plausibilität –

im Alltag, aber auch im mehr theoretischen Sprachgebrauch als tauglich erwiesen hat. Es ist der Name für das Russland unter Putin, offen für die Analyse der historischen, sozialen, kulturellen Voraussetzungen, aber eben auch eine Möglichkeit, sich der Neuartigkeit des »Phänomens Putin« zu stellen.

Putin auf der Bühne, die die Welt bedeutet

Man scheint zum bloßen Zusehen verurteilt, wie Zuschauer in einem Theater. Nicht zufällig spricht man auch von *theatrum mundi,* von *theatre of war,* von Schauplätzen, Dramatis Personae und Handlungen, die sich zwischen Prolog und Finale entfalten. Es gibt darin festgelegte Texte und die improvisierte Rede, Rollenwechsel und misslungene oder gelingende Regie. Aber auf dieser Bühne werden keine Theaterstücke aufgeführt, sondern es wird ein meist blutiges Drama gegeben.

Es ist keine Flucht aus der Wirklichkeit in die Welt künstlerischer Imagination und Ästhetik, wenn man darauf hinweist, dass Politik ohne die ästhetische Dimension nicht zu verstehen ist und dass es zwischen Theater und Wirklichkeit, zwischen Geschichtsschreibung und dem Drama als Einheit von Ort, Zeit und handelnden Personen eine enge Beziehung gibt. Nichts hebt die radikale Differenz zwischen Realität und Imagination, zwischen Fakten und Fiktion auf. Die geschichtliche Erzählung findet ihre Grenzen bekanntlich am »Vetorecht der Quellen«; Gedicht, Roman, Drama indes folgen keinen anderen »Gesetzen« als denen künstlerischer Produktion. Die Verwischung der unaufhebbaren Differenz zwischen *facts and fiction* öffnete der Wirklichkeitsflucht und Manipulation Tür und Tor. Dann wäre, wie es in einer Analyse der russischen Medien von Peter Pomerantsev heißt, alles gleich wahr und gleich falsch. Was wirklich ist, wird dann zur Frage von Blickeinstellung und Interpretation, wenn nicht gar zur puren Erfindung und Lüge. So macht man aus Tätern Opfer und aus Opfern Täter, aus Widerstand wird Terrorismus, aus Überfall Befreiung. Russische Medien haben es im Exzess vorgeführt: Die Leichen in den Straßen von Bucha sind dann nicht mehr Opfer russischer Besatzung, sondern menschliche Attrappen, am Straßenrand abgelegt von ukrainischen Filmleuten. Das Operieren mit Halbwahrheiten und das Streuen von Falschmeldungen im *information war* ist zu einer wesentlichen Form hybrider Kriegsführung geworden, auch wenn es dabei bleibt, dass, aufs Ganze gesehen, Lügen kurze Beine haben. Aber den Schaden, den sie in den Hirnen und Herzen des von der Propaganda bearbeiteten Publikums anrichten, ist furchtbar. So lassen sich ganze Völker zum Mitmachen bewegen und in Kriege führen, auch wenn diese offensichtlich verbrecherisch, wahnwitzig und sinnlos sind. Putins Krieg ist ein auch von Russland hingenommener und mitgetragener Krieg.

Jede Epoche verkörpert sich in ihren je spezifischen kulturellen Formen. Und wenn es einmal eine Darstellung des Putinismus geben wird – und das wird nach dessen Zerstörung oder Selbstzerstörung sein –, dann wird sie nicht ohne seine Dechiffrierung als Welt kultureller Formen auskommen. Die Analyse der Ästhetik des Putinismus tut der Person, nach der sie benannt ist, nicht zu viel der Ehre an, folgt nicht einem um ein Individuum zentriertes Narrativ von Geschichte, geht aber davon aus, dass sich die Durchschlagskraft, der Sog dessen, was Antonio Gramsci – lange vor der Debatte um Soft Power« – als kulturelle Hegemonie bezeichnet hat, ohne die Analyse der kulturellen und symbolischen Formen nicht erklären lässt. Die hier zu leistende analytische und theoretische Arbeit ist in vieler Hinsicht der Anstrengung vergleichbar, die von Intellektuellen in den Zeiten des Aufstiegs, der Konsolidierung und Entfesselung von Faschismus und Nationalsozialismus in den 1930er-Jahren zu leisten war. Gemeint ist hier nicht eine schematische Gleichsetzung von Faschismus und Putinismus, sondern die Analogie einer Situation der Überforderung, in der analytische Arbeit und Diagnose der Zeit versuchen musste, »klarzukommen« mit dem, was sich im Europa Mussolinis und Hitlers – und nicht zu vergessen: Stalins – anbahnte.

Die Bühne und das Publikum

Als Zeitgenossen und Zuschauer haben wir auf die Bühne geblickt, auf die vor zwei Jahrzehnten ein unscheinbarer Mann trat, der kaum jemandem etwas sagte, abgesehen vom engeren Kreis seiner Kollegen im KGB, die seinen bis dahin zurückgelegten Lebensweg kannten. »Wer ist dieser Putin?«, war nicht nur die erstaunte Frage der Korrespondenten und politischen Beobachter vor Ort und in den Hauptstädten der Welt, als er erstmals aus den Kulissen heraustrat, sondern auch in Russland selbst – als Nachfolger präsentiert von einem kranken, zur Abdankung bereiten und um den Schutz vor Strafverfolgung besorgten Vorgänger Boris Jelzin.

Das Gesicht, die Gesten, die Mimik, die Redeweise, ja den Körper Putins kennt inzwischen die ganze Welt. Sein Leben zwischen den Anfängen eines Jugendlichen aus bescheidenen Verhältnissen, der seine Karriere im Geheimdienst beginnt, und dem Kriegsherrn, der Städte dem Erdboden gleichmachen lässt und der Welt mit dem Einsatz von Atomwaffen droht, offenbart sich coram publico. Sein Aufstieg vom tastenden, linkisch um sich blickenden Neuling zum sarkastisch über seine »Partner« im Westen höhnenden Machthaber hat sich vor aller Augen abgespielt. Seit seiner Amtseinführung im Jahr 2000 haben wir eine ganze Serie von im Fernsehen übertragenen Inaugurationszeremonien miterleben können. Wir verfolgten die Paraden auf dem Roten Platz am Tag des Sieges mit und sahen ihn im Kreise der Getreuen, die glücklich waren, bei solch festlichen Anlässen um ihn sein zu dürfen. Wir haben inzwischen eine Vorstellung davon, wie seine Büros eingerichtet sind und wie er seine Minister zur Berichterstattung und Entgegenahme von Weisungen empfängt. Nicht einmal die Innenräume des Weißen Hauses in Washington wurden so oft in den Nachrichten gezeigt wie die Interieurs von Putins Büros, aus denen er, in Zeiten der Pandemie monatelang abgeschottet, Kontakt mit der Welt draußen hielt. Wir sahen ihn im Kreise der Mächtigen der Welt vor den Traumkulissen, vor denen Weltpolitik und Abschlusskommuniqués in Szene gesetzt werden.

Seine Rollen waren zahlreich: als russischer James Bond, der sich gerne mit der Legende des Max Otto von Stierlitz, des heroischen Spions in Nazideutschland, umgibt; als Taucher, der die Amphore auf dem Grund des Schwarzen Meeres birgt; als Gleitflieger, der sich den Kranichen anschließt; als Biker in schwarzer Montur auf einer Harley; als Tarzan in den sibirischen Wäldern, während er ein Tigerweibchen umarmt; als nachdenklicher Staatsmann beim Spaziergang im Park ins Gespräch mit George W. Bush vertieft; als höflich ergebener Untertan beim Empfang durch die Queen im Buckingham Palace, als guter Freund vor dem Eingang des Jussupow-Palais, als er sich zur Geburtstagsfeier Gerhard Schröder an die Brust presst. Und mit den Rollen wechselt das Outfit: Bei der Besichtigung des Kreuzers ist es die Marineuniform, auf dem Truppenübungsplatz, wo die neuesten Superwaffen demonstriert werden, die Designersonnenbrille.

Wir folgen seinem Werdegang und lernen die Stationen seines Lebens kennen, wie aus einem unsicheren jungen Mann ein hasserfüllter Redner wird, der auf sein imaginäres Publikum einredet und auf einen mörderischen Krieg einschwört. Wir sehen ihn bei den Olympischen Winterspielen auf der Tribüne des Stadions in Sotschi auf den Einmarsch der Athleten in einem Moment herabblicken, da er bereits darüber sinnt oder vielleicht auch schon entschieden hat, wie er die Krim im Handstreich besetzen und den Krieg im Donbass entfesseln wird. Durch die Kamera, die ihn allzeit begleitet, lernen wir das Land kennen, das er bereist, und den Festtagskalender, in dem sich die kirchlichen Feiertage mit denen der Sowjetzeit überschneiden (was lange arbeitsfreie Ferien schafft). Er gibt sich als Mann der Kultur im Kreis von Museumsdirektoren, Filmgrößen, Schriftstellern, vor allem aber Sportlern. Er vermag auf Sport nicht zu verzichten, nicht einmal, wenn es um die Einhaltung eines Termins geht, der einen Krieg vermeiden könnte. Sein Schlendern durch die Hallen des Großen Kremlpalasts und die auf die Sekunde genau sich öffnenden Flügeltüren ist nicht der Gang eines neuen Zaren in Zivil, sondern der des gut trainierten Judoka im Jackett. Seinen besten Verbündeten aus Belarus ehrt er mit einem Hockeyspiel, auch wenn es schon Mitternacht ist.

Andererseits hat er das Zuspätkommen und präzise kalkulierte Wartenlassen bei Empfängen und Audienzen zur Perfektion entwickelt, je höher der Rang der Anwesenden, desto stärker der Eindruck, den sein spätes Eintreffen hinterlässt. Bei seiner Rede zum Mauerfall im Deutschen Bundestag schwärmt er, der als KGB-Mann in Dresden fünf Jahre Zeit hatte, um gut Deutsch zu lernen, von Schiller und Goethe, schweigt aber vom Augenblick, in dem er den Demonstranten vor der KGB-Villa Einhalt gebot und hinter ihm eine Waffe durchgeladen wurde. Dann wieder hält er mit gesenktem Blick in der Osternacht im Halbdunkel der Christ-Erlöser-Kathedrale eine Kerze in der Hand und taucht in den Seliger-See, wo er sich im Licht der Kameras von seinen Sünden reinigt. Er pilgert auf den Athos und zu den Klöstern auf den Inseln im Onegasee, hat aber auch eine Vorliebe für Uhren von Patek Philippe und Anzüge von Brioni.

Er beherrscht das komplette gestische und mimische Repertoire: gibt sich demonstrativ gelangweilt, wenn sein belarussischer Partner Lukaschenko allzu dreiste Lügen verbreitet, denn vom dreisten Lügen versteht er mehr, und er genießt es sichtlich amüsiert, einen Fehler des Übersetzers zu korrigieren, weil seine eigenen Deutschkenntnisse besser sind. Er kann den unendlich Großzügigen spielen, da er über unendlich große Macht verfügt, bringt es aber – aus Feigheit oder Aberglauben – nicht fertig, den Namen des Mannes auszusprechen, der seinen Palast am Schwarzen Meer, seinen schlechten Geschmack und seine korrupten Clan-Praktiken ans Licht brachte. Er kann also nicht »Alexei Nawalny« sagen, aber er kann ihn einsperren und ihm nach dem Leben trachten. Denn er versteht auch etwas von Giftmischerei und wie man mit einer Dose Plutonium Vaterlandsverräter beseitigt. Zum Tod der Journalistin Anna Politkowskaja, die an seinem Geburtstag ermordet wird, weiß er in einer Pressekonferenz nur zu sagen, man solle sie in ihrer Bedeutung nicht überschätzen.

Er wechselt Tonlage und Vokabular – vom Kriminellen- und Lager-Jargon zur Diktion, die den ehemaligen Studenten der Juristischen Fakultät der Leningrader Universität oder den erfahrenen Bürokraten verrät. Er kann gut mit den Chefärzten in einer Provinzstadt, denen er mehr Mittel verspricht, aber auch mit den Motorradfans von den Nachtwölfen und den Goldmedaillengewinnerinnen im Turnen oder den Stewardessen, die sich für ihr Vaterland und gegen den »kollektiven Westen« ausgesprochen haben. Die kumpelhafte Art Donald Trumps ist ihm sichtlich näher als der Umgang mit Politikern, die es gewohnt sind, Abstand zu halten. Soldaten, die Kriegsverbrechen begangen haben, zeichnet er mit Orden aus, und über die Ermordung von politischen Gegnern lässt er seinen Sprecher verlauten, dass der Präsident noch keine Zeit gehabt habe, sich von dem Vorgang ein Bild zu machen. So verwandeln sich Nachrichten, die von Verbrechen berichten, in knappe und belanglose Agenturmeldungen. Das Bild, das die Welt sich von Putin macht, ist nichts ohne His Master's Voice Dmitri Peskow, und während sie konsterniert auf die Bühne blickt und sich den Kopf zerbricht, was daran blanker Wahnwitz und was kaltes Kalkül sein mag, ist die Dreistigkeit der Lüge und die Niederträchtigkeit seiner Rede auch nach vielen Jahren durchaus noch steigerungsfähig.

So wie die Zerstörungskraft, mit der er die Ukraine in die Knie zwingen will.

Szenarien der Macht

Macht ist sichtbar. Es gibt eine Ikonografie der Macht. Bilder sind nicht nur Ausdruck, nicht nur Ornamente der Macht, sondern Instrumente der Herrschaft, wie Richard Wortman in seiner grandiosen Studie »Scenarios of power« für das Russische Reich gezeigt hat. Entlang der zentralen Formen zarischer Repräsentation – Krönungsfeierlichkeiten, Begräbnisrituale, Gestaltung öffentlicher Räume durch Namen, Denkmäler, Feiern von historischen Jahrestagen – ist es ihm gelungen, in den Formen der Inszenierung der Macht selbst den Geist der Epoche, die Ambitionen des jeweiligen Herrschers und die Wirkungsmacht symbolischer Formen zu dechiffrieren. Daran werden das Erlöschen der Symbolkraft von traditionellen Insignien der Macht und das Aufkommen einer neuen Symbolik sichtbar. Daran lassen sich neue Umgangs- und Redeformen ablesen, die Verabschiedung der alten Zeit und das Heraufkommen einer neuen. Jedem Zaren ging es um Markierung der eigenen Herrschaft und die Form, in der sich das Reich wiedererkennen können sollte. Rituale, in denen eine Wende, ein Bruch, zugleich aber auch die unerschütterlich scheinende Kontinuität der Reichsbildung zum Ausdruck kommen sollte, eine Form der Identitätsstiftung, der Herstellung von Zusammengehörigkeit und Zusammenhalt, von Abgrenzung und Grenzziehung nach außen. Die Russische Revolution hat diese Kontinuität, äußerlich gesehen, radikal unterbrochen, aber mit der Wiederbegründung des Imperiums in Gestalt der UdSSR im Jahr 1922 neu und wohl stärker denn je in anderen Formen wieder aufleben lassen: einer neuen Zeitrechnung, einem neuen Festtagskalender, einer neuen Ikonografie, in einer neuen Rhetorik, neuen Ritualen der Machtlegitimierung und Machtübertragung, des Denkmalsturzes und der Errichtung neuer Denkmäler, der Namensgebung von Straßen und Plätzen.

Das Ende der Sowjetunion 1991 brachte wiederum einen großen »Dekorationswechsel« mit sich – übrigens die äsopische Wendung im Zarenreich für das Wort »Revolution«. In den 1990er-Jahren spontan, anarchisch, unkoordiniert, ungleichzeitig und ungleichmäßig von Region zu Region. Für die Neugestaltung von öffentlichen Räumen brauchte es Zeit und Geld und Ideen. Die Macht, die eine einheitliche Rhetorik oder einen einheitlichen Stil hätte verordnen oder gar durchsetzen können, gab es in einer »Zeit der Wirren« nicht. Eine Übergangszeit mit Stimmengewirr, Kakofonie, Glossolalie, mit Freiräumen, die primär aus dem Chaos, nicht so sehr aus der Durchsetzung von strukturellen und institutionellen Reformen entstanden waren.

Durch die Inthronisation Putins sollte Schluss sein mit dem Chaos der 1990er-Jahre. Er, der mit Jelzins Spruch »Russland erhebt sich von den Knien« angetreten war, besetzte die Leerstelle, die nun Projektionsfläche aller Hoffnungen auf eine bessere Zukunft oder jedenfalls auf ein »normales Leben« werden sollte. Die ersten Jahre breitet sich so etwas wie Putins »postsowjetischer Glamour« aus, der Putin-Code mit Auslandsreisen, Tourismus, Wolkenkratzern in Moscow City, einer Kunstszene in den Hauptstädten. Doch die Gunst der Stunde – die aus Exporten von

Öl, Gas und anderen Rohstoffen hereinströmenden Devisen – wird nicht für den Umbau des rückständigen Landes in einen rohstoffunabhängigen modernen Staat genutzt. Die neue Klasse aus kleptokratischen Oligarchen und Macht- und Geheimdienstpersonal braucht kein modernes Russland, denn sie lebt von der üppigen Naturalrente, die sie aus dem Export von Öl und Gas bezieht und dessen Erlöse sie so gewinnträchtig im kapitalistischen Westen investiert. Im Gegenteil: Nichts fürchtet diese parasitäre Rentiersklasse mehr als eine gut ausgebildete, leistungsfähige und patriotische Mittelklasse, der in den letzten Jahren nichts anderes blieb, als in einem historisch beispiellosen Braindrain zu Hunderttausenden das Land zu verlassen.

Binnen zweier Jahrzehnte legt Russland den Weg vom »liberalen Imperium« zum Polizeistaat zurück. Die vorübergehende Öffnung geht einher mit wachsender Gleichschaltung, Zeichen einer urbanen Normalität in den Metropolen steht der Zerfall der Infrastrukturen in der endlosen Provinz gegenüber, die globale Welt, die sich im Moskau der vielen Flughäfen und in den sozialen Netzwerken eingefunden hat, trifft dort draußen auf die abgehängten Regionen. Die überlebenswichtige Frage, was Russland ist, wenn es das Imperium nicht mehr gibt, darf im Polizeistaat Putins schon längst nicht mehr verhandelt werden. Das riesige Land, das in viele Zeitzonen und unendlich große Entfernungen zerfällt, existiert als zusammenhängender Raum in der Sphäre, die durch das Fernsehen geschaffen wird. Putin ist omnipräsent, bald hier, bald dort, und steht so für die Einheit dieser nicht fassbaren Weite. Er ist bei den Feiern und Festtagen anwesend, die so etwas wie einen einheitlichen Lebensrhythmus suggerieren.

Daneben gibt es die Bilder von Empfängen und Konferenzen, auf denen er inmitten des Kreises der Mächtigen der Welt steht. Dass er die Staatsmänner, die um ein Gespräch nachgesucht haben, an einem 6,20 Meter langen, schleiflackierten weißen Tisch Platz nehmen lässt, steigert sein Ansehen als Herr des Verfahrens und Repräsentant einer Großmacht ins Unermessliche. Er, der durch die Schule der freien Rede gegangen ist – vielleicht die wichtigste Errungenschaft der Gorbatschow-Jahre –, zelebriert alljährlich das »Gespräch mit dem Volk«, vier Stunden mit sorgfältig ausgewähltem Publikum und verabredeten Fragen, das landesweit von Millionen mitverfolgt wird. Der Glanz, auf den die ersten nachsowjetischen Regierungen auch aus Sparsamkeitsgründen verzichtet hatten, ist zurück: die goldenen Flügeltüren, die nach historischen Vorbildern geschneiderten Paradeuniformen, das Ballett der Gardesoldaten, die Aura des historischen Schauplatzes, auf dem sich der Herrscher präsentiert, der nun aber nicht mehr eine Limousine ausländischer Produktion besteigt, sondern das geradezu monumentale Aurus-Modell aus eigener Produktion. Zurück ist auch der Sound der Sowjethymne mit leicht verändertem Text.

Die wichtigsten Festtage der alten Sowjetunion – 1. Mai und 7. November – hat er hingegen abgeräumt, doch einer ist geblieben: der 9. Mai, der Tag des Sieges, zu dessen Feier er Veteraninnen und Veteranen als Kulisse braucht. Aber niemand hat die Ehre der im Kampf gegen Hitler gefallenen Soldaten der Roten Armee so sehr beschmutzt wie er, der Befehlshaber der Belagerung und Zerstörung Mariupols. Gekleidet in einen modischen Anorak, lässt er zur Feier des Krieges das Luschniki-Stadion in ein Meer von Flaggen tauchen, wie man es von Reichsparteitagen kennt. Er, der kein charismatischer Redner ist, verfällt auf der Bühne, die auf dem Roten Platz zur Feier der Annexion errichtet wurde, in Grimassen und ein Gebrüll, das man ansonsten nur von Filmaufnahmen mit Auftritten des »Führers« kennt. Unvergesslich wird jene Szene bleiben, als er die Mitglieder seines in der weißen Rotunde im Kreml zusammengerufenen Sicherheitsrats vor den Kameras und aller Welt wie Schuljungen bloßstellt und sie durch ihre öffentliche Selbstkritik zu Komplizen seines verbrecherischen Krieges macht.

Er flüchtet sich in die historische Kulisse des Imperiums, die der Paläste, die er renovieren ließ, und der Denkmäler, mit denen er den Kreml umgab. An die Stelle eines Programms der Erneuerung ist längst die Erzählung von einer großen Vergangenheit getreten, die es so nur in seiner Fantasie gegeben hat. Er spielt die Rolle des Rächers der Erniedrigten und Beleidigten und präsentiert sich als die einzige Kraft, die sich dem Diktat Amerikas entgegenstellt. Er erwies sich als Meister der Bewirtschaftung aller nur denkbaren Ressentiments und unaufgelöster Traumata der Russen, deren Aufrechterhaltung er aus Gründen der Herrschaftssicherung braucht. Virtuos und in sarkastischem Ton überführt er den »kollektiven Westen« der Doppelmoral und spielt, so vorzüglich informiert, wie es sich für ein aus dem KGB hervorgegangenes Staatsoberhaupt gehört, auf der Klaviatur von Rivalitäten und Interessenkonflikten, die die Europäische Union zu Fall bringen könnten. Ganz offen prahlt er mit der Abhängigkeit von russischer Energie, aus der die Europäer, Deutschland vor allem, sich lange nicht lösen können werden. Für das imperiale Phantasma einer »Russischen Welt«, die keine territorialen Grenzen mehr anerkennt und überall dort existieren soll, wo Russen leben und Russisch gesprochen wird, ist er bereit, Russland mit in den Abgrund zu reißen. Niemand kann sagen, wann es aus der Trance, in die es sich von ihm hat versetzen lassen, erwachen wird.

Die Hassrede vom 22. Februar 2022, mit der Putin der Ukraine Entnazifizierung, Demilitarisierung, Deukrainisierung: kurz: die Vernichtung des Landes androhte und faktisch den Krieg erklärte, zeugt davon, dass es nun keine Grenze mehr gab, die nicht überschritten werden konnte. Und alles, was seither geschah, zeugt von der Bereitschaft, das Spiel weiterzutreiben und den Einsatz zu erhöhen. Mit gutem Grund, denn er hat immer da gewonnen, wo Europa und der Westen oder das, was man einmal den Westen nannte, vor seinen Erpressungen zurückgewichen ist.

19

Die Zerschlagung der Medien, der NGOs und der Opposition in Putins Russland

Cécile Vaissié

Manche im Westen behaupten, sie hätten Wladimir Putins wahren Charakter erst im Jahr 2022 durchschaut. Dabei hätte man ihn doch schon vor seiner ersten Präsidentenwahl erkennen können. Ein Warnsignal war seine Ausbildung beim KGB – der Vergleich mit einer Verwaltungshochschule wie der französischen Eliteschmiede ENA hinkt allerdings, auch wenn er gern gezogen wird, um den Westen zu beruhigen. Dass er am 18. Dezember 1999 eine Gedenktafel für den früheren KGB-Chef Juri Andropow anbringen ließ, ist ein Indiz für seine Identität als »Tschekist«, wie er sich selbst nannte. Bezeichnend für Putins Meinung von der Presse im Jahr 2000 und auch schon lange vorher war eine weitgehend vergessene Episode.

Andrej Babitski war damals ein berühmter Kriegsreporter, der für das von den USA finanzierte Radio Liberty arbeitete. Im Januar 2000 verschwand er in Tschetschenien, wo er über den vom Kreml angezettelten Krieg berichtet hatte: Als er ohne die Aufpasser, die die Informationen über den Konflikt zensieren sollten, durch das Land reiste, wurde er vom russischen Militärgeheimdienst GRU verhaftet. Am 3. Februar erklärten die russischen Behörden, er sei von der Armee seines eigenen Landes gegen drei von den Tschetschenen gefangen gehaltene russische Soldaten ausgetauscht worden, folglich sei Moskau nicht mehr für sein Schicksal verantwortlich. Rechtsanwalt Henri Reznik empörte sich: »Man hat einen Journalisten verhaftet und ihn wie einen Kriegsgefangenen behandelt. Das verstößt gegen alle internationalen Vorschriften.«[1] Er wertete den Vorgang als »Warnschuss« an die Adresse der in Tschetschenien tätigen Korrespondenten. Auch die Journalistin Marie Jégo zog diesen Schluss, als sie über Babitskis Verschwinden schrieb, es »läutet die Totenglocke der Meinungsfreiheit in Russland ein, eine der wenigen Errungenschaften aus der Ära Jelzin« und es »lässt keinen Zweifel an der wahren Natur der neuen Macht. [...] Neun Jahre nach dem gescheiterten Putsch vom August 1991 holt die neue Allianz zwischen politischer Polizei und Armee ungeniert die alten Methoden aus der Mottenkiste.«[2] Die russische Journalistin Natalia Gevorkyan befragte den Interimspräsidenten Wladimir Putin dazu, und der habe ihr »mit einem kaum verhohlenen Hass« geantwortet, Babitski arbeite seiner Meinung nach »für den Feind«, während die Soldaten »für Russland« kämpften und von der Exekution bedroht seien.[3]

Am 26. Februar wurde Babitski lebend aufgefunden; er erklärte, seine sechswöchige Haft sei »eine vom FSB sehr dilettantisch durchgeführte Operation« gewesen. Putin wiederum erklärte, Babitskis Taten seien »gefährlicher als ein Schuss aus einer automatischen Waffe«, und einem Journalisten, der von einem Angriff auf die Pressefreiheit sprach, antwortete er: »Sie und ich haben unterschiedliche Vorstellungen von der Meinungsfreiheit.«[4] Natalia Gevorkyan sagt, ihr sei in diesem Moment klar geworden, »wie Putin herrschen« werde: »Unter ›Patriotismus‹ verstand er genau das, was er in all diesen KGB-Kaderschmieden gelernt hatte: Das Land ist so groß wie die Angst, die man vor ihm hat, und die Medien sind zur Loyalität verpflichtet.«[5] Sie ließ sich sofort in Paris nieder und leitete damit die politische Emigration in der Epoche Putin ein. Babitskis weiterer Weg verlief völlig anders, ist aber ebenfalls von hoher Symbolkraft: Er befürwortete die Annexion der Krim 2014, arbeitete für offizielle Medien, auch *Russia Today*, bezeichnete sich als Patrioten und Monarchisten und starb relativ früh im April 2022 in Donezk, wenige Wochen nach dem Angriff auf die Ukraine.

Darüber, welche Absichten Putin und sein Team im Hinblick auf die Bürgerrechte verfolgen, gehen die Ansichten auseinander. Die russisch-amerikanische Journalistin Masha Gessen oder die Wissenschaftlerin Karen Dawisha etwa sehen einen ursprünglichen Plan und eine Logik, die sich konsequent weiterentwickelt haben. Andere wie der russische Journalist Michail Sygar vermuten, dass Putin ad hoc auf äußere Ereignisse reagiert und improvisiert. Allerdings beschreibt Sygar Anatoli Sobtschak als »eine Art russischer Vaclav Havel«[6], womit er allerdings völlig falschliegt. Wir haben es vermutlich mit einer Melange aus festgelegten Projekten und Improvisationen zu tun, entsprechend der besonderen Mentalität der KGB-Offiziere, aus denen Putins Entourage weitgehend bestand. Und diese Mentalität entsprach einer von langen Jahrzehnten der sowjetischen Gewalt, der Lügen und der Heucheleien traumatisierten russischen Gesellschaft, die ihre aufkeimenden Freiheiten gerne gegen mehr Sicherheit eingetauscht hätte – und schließlich, vielleicht noch älter, einer russischen Mentalität, wie viele Ukrainer heute sagen würden.

Ob geplant oder nicht – Putin und seine Kreise zermalmten die Opposition, die sich seit den späten 1980er-Jahren herausgebildet hatte, so gut es ging. Während Russland 1999 einen Demokratisierungsprozess zu durchlaufen schien, ist es im Jahr 2022 ein autoritäres und freiheitsfeindliches Regime: Der Staat kontrolliert die Medien und instrumentalisiert die Justiz; die NGOs wurden zerschlagen; die Oppositionellen sind im Gefängnis oder im Exil.

Die Übernahme der Medien und der ökonomischen Gegenkraft

Einer der beeindruckendsten Erfolge der Perestroika war die Pressefreiheit gewesen, die eine neue und erstaunlich kompetente Generation von Journalisten hervorgebracht hatte. Sie durchquerten die von einer brutalen Wirtschafts- und Gesellschaftskrise, aber auch von einer nie da gewesenen Ausdrucksfreiheit geprägten 1990er-Jahre; sie deckten viele Skandale auf, auch wenn sie gelegentlich für persönliche Abrechnungen instrumentalisiert wurden. Am Ende der 90er gab es eine Fülle von lebendigen Medien; sie setzten sich für unterschiedlichste Interessen ein, auch für die der Oligarchen, denen einige Medien gehörten. Ab dem Jahr 2000 versuchte Putin, diesen Sektor unter seine Kontrolle zu bekommen, und versicherte gleichzeitig, er sei »zutiefst überzeugt, [...], dass das Land absolut keine Zukunft« habe, wenn »die Bürgerrechte und die Presse« beschnitten würden.[7]

Vier Tage nach seiner Amtsübernahme als Präsident durchsuchten maskierte Männer mehrere Niederlassungen von Media-Most, dem wichtigsten privaten Medienkonzern. Zu ihm zählte der größte private Fernsehsender NTW, berühmt für seine mutigen Kommentare. Er gehörte dem Oligarchen Wladimir Gussinski, der Putins Kontrahenten unterstützt hatte. Bezeichnend für das damalige Russland war die Schwachstelle des Senders: Er erhielt Geld von Gazprom, dem Gasgiganten und bewaffneten Arm des Kremls. Während es gelegentlich hieß, der Konzern werde es bald zurückzahlen, war anderenorts von Bestechungsgeldern die Rede, weil NTW sich 1996 für Jelzins Wiederwahl engagiert hatte.[8] Am 13. Juni 2000 wurde Gussinski verhaftet und wegen Veruntreuung von Staatsgeldern angeklagt. Siebzehn Persönlichkeiten aus Politik und Wirtschaft – darunter Anatoli Tschubais und Wladimir Potanin – setzten sich öffentlich für ihn ein: »Hier wurde ein Präzedenzfall geschaffen, ein Schnellverfahren der Staatsmacht gegen die Opposition. So etwas kann sich jederzeit wiederholen, und bald könnten wir uns alle als verfolgte Oppositionelle wiederfinden.«[9] Drei Tage später kam Gussinski frei, nachdem er dem Verkauf von NTW an Gazprom zugestimmt hatte. Er floh nach Spanien, wo er den unter Zwang unterschriebenen Vertrag anfocht. Daraufhin verklagte Gazprom Media-Most und verlangte Aktien im Austausch gegen gewährte »Kredite«, während der russische Fiskus die Liquidierung von Media-Most forderte. Zehntausend Menschen, unter ihnen Gorbatschow, demonstrierten für die Rettung von NTW, vergeblich: Im April 2001 übernahm Gazprom Media-Most.

Auch die Medien des Oligarchen Boris Beresowski waren derartigen Überfällen ausgesetzt. Allerdings hatte er bei den Präsidentenwahlen 1996 Jelzin und im Jahr 2000 auch Putin unterstützt. Ihre Beziehungen verschlechterten sich jedoch rapide, da Beresowski sich an die Spitze einer »konstruktiven Opposition« setzen wollte. Nach einer missliebigen Reportage verlangte Putin von dem Oligarchen den Verkauf seiner Aktien des Fernsehsenders ORT, an dem der Staat mit 51 Prozent beteiligt war. Beresowski weigerte sich und ging ins Exil nach London, wo ihm politisches Asyl gewährt wurde. Ende 2000 stimmte er dann aber zu, seine 49 Prozent der ORT-Aktien an seinen »Freund« Roman Abramowitsch abzutreten, der 2010 die Hälfte davon an einen dem Regime nahestehenden Konzern verkaufte. Beresowskis Sender TW 6, der letzte unabhängige Sender des Landes, verlor seine Lizenz, und seine beiden Tageszeitungen *Nesawissimaja Gaseta* und *Kommersant* mussten aufgeben. Eine dritte, die *Nowije Iswestija,* wurde nach einem putinkritischen Artikel verboten.

Beobachter glaubten – oder machten glauben –, der Herr des Kremls bändige Oligarchen, die ihre Macht missbrauchten, andererseits repräsentierten diese mit ihren Medienimperien und ihrer Wirtschaftskraft auch eine Gegenkraft. Über die Medien von Gussinski und Beresowski war noch nicht das letzte Wort gesprochen, als Putin am 9. September 2000 eine Doktrin der Informationssicherheit unterzeichnete, die der Sicherheitsrat unter dem Vorsitz des ehemaligen KGB-Generals Sergej Iwanow formuliert hatte. Sie definierte das erwünschte Gleichgewicht zwischen einem »freien Informationsfluss« und den »unverzichtbaren Einschränkungen«, die der Verbreitung von Informationen angeblich auferlegt werden mussten. Zugleich sollten die Regierungsmedien gestärkt und der Staat noch weiter an Fernseh- und Radiosendern beteiligt werden. Der Entwurf war explizit, und der Kreml kaufte über Vertrauensleute oder Staatsunternehmen immer mehr Medien. Im Zentrum seines Propagandasystems stand das Fernsehen, und jeden Freitag wurden die Intendanten zusammengerufen, um Putins Anweisungen entgegenzunehmen.

Im April 2001 konstatierte der Journalist François Bonnet folgerichtig, dass »die großen Informationsmedien unter der direkten oder indirekten Kontrolle des Kremls stehen«, insbesondere »die drei landesweit ausgestrahlten Sender«. Er präzisierte, für »diese ›Rückeroberung‹ [sei] ein hoher Preis gezahlt worden: Instrumentalisierung der Justiz, Missachtung der Aktionärsrechte und Verletzungen der Menschenrechte«, und in der Provinz bleibe »Meinungsvielfalt eine Ausnahme.«[10] Mit dem stillschweigenden Einverständnis vieler Menschen verschlimmerte diese Situation sich noch, als Putin unverzüglich damit begann, Posten in Politik und Wirtschaft bevorzugt an Schlüsselfiguren aus KGB und FSB zu verteilen. Wie Andrej Illarionow, Ex-Wirtschaftsberater des Präsidenten, unterstrich, infiltrierten die einstigen Tschekisten »alle staatlichen Institutionen: Staatsanwaltschaft, Diplomatie, Armee, Steuerwesen«. Sie rissen die natürlichen Ressourcen und die Informationen an sich,[11] und sie sind es, die den Ton in Putins Russland angeben.

Die Zuspitzung nach der Geiselnahme von Beslan und der Orangen Revolution in der Ukraine

Ein dramatisches Ereignis lieferte der Staatsmacht den Vorwand, den Medien die Daumenschrauben noch weiter anzuziehen. Am 1. September 2004 stürmten kaukasische Terroristen eine Schule in Beslan und nahmen Kinder, Eltern und Lehrkräfte als Geiseln. Die Intervention der Sicherheitskräfte endete in einem Blutbad und löste im ganzen Land ungeheure Emotionen aus. Schon am nächsten Tag brandmarkte Putin »ausländische Feinde«, die einen Krieg gegen Russland entfesselt hätten. Zehn Tage danach stellte er seine Maßnahmen vor: Gouverneure und Republikpräsidenten sollten nicht mehr direkt gewählt werden, sondern von ihren Parlamenten, und zwar auf Vorschlag des Staatschefs, der sie de facto nominierte. Damit stärkte Putin seine persönliche Herrschaft und die »Vertikale der Macht«, wobei die Wahlurnen bereits unter Kontrolle waren, wie die Verfasser eines 2003 in Russland erschienenen Werks zeigen.[12]

Der Chefideologe des Regimes, Wladislaw Surkow, benannte am 29. September andere Feinde: die Mitglieder der von dem Schriftsteller Eduard Limonow gegründeten *Nationalbolschewistischen Partei Russlands* und bestimmte Mitglieder der *Vereinten Demokratischen Partei Jabloko.* In beiden Fällen gab es angeblich »ausländische Sponsoren. Einen gemeinsamen Hass. Gegen Putins Russland, wie sie es nennen. Und gegen Russland überhaupt.«[13] Ob radikal oder moderat, die gesamte politische Opposition wurde als Bedrohung dargestellt.

Im Dezember 2014 flammte in der Ukraine die Orange Revolution auf und entmachtete Viktor Janukowitsch, den Wunschkandidaten des Kremls, zugunsten von Viktor Juschtschenko. In kürzester Zeit überschwemmte eine Flut von Büchern die russischen Buchhandlungen: Ist eine Orange Revolution in Russland möglich? Surkow und seine Teams analysierten die Ereignisse in Kyiv und lancierten Aktionen bei ihren Pendants: den Jungen, den NGOs und der Presse. Im Frühjahr 2005 gründeten sie die Jugendorganisation *Naschi,* »Die Unseren«, und suggerierten damit, dass den »Unseren« die »Anderen«, der Feind also, gegenüberstanden. Die Naschi wurden als Antifaschisten präsentiert, sie sollten eine Orange Revolution schon im Keim ersticken und nebenbei die Oppositionellen und die ausländischen Botschaften schikanieren. Im Gegenzug ging ein Geldregen auf sie nieder.

Um die NGOs von Zahlungen aus dem Ausland abzuschneiden, wurden sie nach einer Gesetzesänderung gezwungen, ihren Status und ihre Aktivitäten vom Justizministerium überprüfen zu lassen und Berge von Dokumenten herbeizuschaffen. Die Menschenrechtsaktivistin Swetlana Gannuschkina berichtete, sie würden gezwungen, »Berichte über das kleinste Interview [...], das kleinste verabredete Treffen, das kleinste gekaufte Sandwich zu schreiben. [...] Es wird alles getan, um uns das Leben schwer zu machen.«[14] Als Folge dieser Schikanen mussten mehr als 600 NGOs ihre Tätigkeit einstellen.

Die Presse war lange Zeit weniger scharf zensiert worden als das Fernsehen, doch nun ließ die Regierung von ihren Parteigängern Zeitungen kaufen, während die Kader von *Einiges Russland,* der »Partei der Macht«, Leitungspositionen in den Medien übernahmen, um sie zu überwachen. Immer mehr kremlkritische Medien gaben auf oder verloren an Einfluss, und wie zur Sowjetzeit unterwarfen sich die Journalisten zunehmend der Selbstzensur. Ihre Furcht war berechtigt, schließlich wurden zahlreiche Journalisten und Oppositionelle ermordet oder starben unter mysteriösen Umständen. Das war zwar auch in den 1990er-Jahren der Fall gewesen, doch nun vervielfachten sich die Angriffe. Igor Domnikow, Journalist bei der *Nowaja Gaseta,* wurde im Jahr 2000 von Auftragsmördern mit einem Hammer erschlagen, Sergej Juschenkow, ein Politiker, der das Putin-Regime als »bürokratischen Polizeistaat« beschrieben hatte, wurde am 17. April 2003 umgebracht. Am 3. Juli 2003 starb Juri Schtschekotschichin, der sich mit hochsensiblen Themen befasst hatte, im Krankenhaus, »mit so etwas wie Nowitschok vergiftet«, wie sein Freund und Kollege Dmitri Muratow sagte. Paul Klebnikov, Herausgeber von *Forbes Russia* und Autor einer Beresowski-Biografie, wurde im Juli 2004 auf der Straße erschossen. Anna Politkowskaja, die für die *Nowaja Gaseta* aus dem Tschetschenienkrieg berichtete, wurde 2004 Opfer eines versuchten Giftanschlags, ehe sie am 7. Oktober 2006 in ihrem Wohnhaus ermordet wurde. Eine ihrer Freundinnen und Mitarbeiterinnen, Natalia Estemirowa, wurde im Juli 2009 im Kaukasus umgebracht. Alexander Litwinenko, demzufolge der FSB die Attentate von 1999 organisiert hatte, wurde drei Wochen nach dem Mord an Politkowskaja mit Polonium vergiftet und starb in einem Londoner Krankenhaus. Diese Fälle sind nur die Spitze des Eisbergs – im Jahr 2007 schrieb *Le Monde*, in Russland seien in sechs Jahren 35 000 nicht aufgeklärte Auftragsmorde verübt worden.

»Souveräne Demokratie«, Glamour und Versuche einer Opposition

Trotzdem behauptet die russische Führung, sie werde bedroht, und im Jahr 2005 beschrieb Wladislaw Surkow das russische Regime als »souveräne Demokratie«, eine Demokratie, die zur Verteidigung ihrer Souveränität gezwungen ist – von daher passte eine angebliche Bedrohung von außen ins Bild. Ebenso stigmatisierte Putin die westlichen »Kolonisatoren«, die »mit ihrer raffinierten pseudodemokratischen Phraseologie« wie in früheren Zeiten »die Reichtümer des Landes plündern« oder »[es] seiner wirtschaftlichen und politischen Autonomie berauben« wollen.[15]

In sozialer Hinsicht wirkte Russland allerdings sehr friedlich: Die gestiegenen Weltmarktpreise für Rohöl bescherten ihm einen nie gekannten Wohlstand. Entsprechend explodierten die Konsumwünsche vor allem ab Putins zweiter Amtszeit, besonders bei den jungen Berufstätigen in den Metropolen. Sie wollten iPhones, iPads, Spitzentechnologie, neue Autos … Riesige Supermärkte, Multiplexkinos, Bars, Restaurants, Nachtclubs tauchten in den Großstädten auf, und immer mehr Russen verbrachten ihren Urlaub im Ausland. Die Elite wiederum badete im Luxus, sie ließ sich in Hochglanzmagazinen abbilden und inspirierte Bücher und Mainstreamfilme. Es war die Epoche des Glamour, die, so der Journalist Michail Sygar, »das Land ins Vergessen stürzte. Keine Politik mehr, kein soziales Leben mehr, nur noch Hedonismus.«[16] Auch wenn es Glamour nur für einen sehr kleinen Prozentsatz der Bevölkerung gab.

Und es waren ganz andere Kreise, die im Winter 2005/2006 in einer Reihe von Städten auf die Straße gingen, zu den wenigen Demonstrationen dieses und des vergangenen Jahrzehnts. Diese Zehntausende protestierten gegen die »Monetarisierung der Vergünstigungen«: Aus Sachleistungen wie kostenlose Beförderung oder Medikamente sollten feste Geldzuwendungen werden, die Empfänger hatten aber den Eindruck, sie würden dabei den Kürzeren ziehen. Daher waren die meisten Demonstranten einfache und nicht mehr junge Leute, zum Großteil Frauen, also Putins Wählerschaft, die sich von ihm zurückzog. Mit Blick auf die Wahlen 2007/2008 modifizierte Surkow die Wahlregeln, sodass kleine Parteien nicht mehr in die Duma gewählt werden konnten, große Parteien aber, allen voran *Einiges Russland,* Putins bedingungslose Gefolgschaft, noch zulegten. Gleichzeitig wurde die Duma in ihren Aufgaben beschnitten und beschränkte sich nunmehr darauf, die Regierungsvorhaben abzunicken, während auch der Rat der Föderation seiner Handlungsmöglichkeiten immer weiter beraubt wurde. Und da der Kreml eine unkontrollierte Mobilisierung fürchtete, wurde im Juli 2006 ein Extremismusgesetz erlassen: »Extremismus« war ein ebenso vager Begriff wie seinerzeit »Antisowjetismus« und konnte so gut wie jedem angehängt werden.

Die verbliebenen Reste der Opposition versuchten sich zusammenzuschließen, und im selben Monat wurde in Moskau eine Konferenz mit dem Titel »Das andere Russland« einberufen. Michail Kassjanow, Ministerpräsident von 2000 bis 2004, nahm daran teil, ebenso wie Putins einstiger Berater Andrej Illarionow und der Schachweltmeister Garri Kasparow, die standhafte Dissidentin der Jahre 1960–1970 Ljudmila Alexejewa sowie die Vertreter zweier nicht sehr demokratischer Gruppierungen, Eduard Limonow und Viktor Anpilow. Zur gleichen Zeit trafen sich Globalisierungskritiker in einem »Sozialen Forum«, und 577 Personen, die an einer der beiden Veranstaltungen teilnehmen wollten, bekamen es mit den Ordnungskräften zu tun. Ljudmila Alexejewa konnte nur noch feststellen: »In Russland herrscht Krieg gegen die Zivilgesellschaft.«

Das Andere Russland schloss sich unter demselben Namen zu einer festen Organisation zusammen und rief mehrmals zum »Marsch der Unzufriedenen« auf. Der erste fand am 16. Dezember 2006 in Moskau statt; 2000 bis 3000 Personen und ebenso viele Polizisten nahmen teil. In anderen Städten folgten weitere Demonstrationen mit zahlreichen Festnahmen. Der im Kreml akkreditierte Journalist Andrej Kolesnikow klagte: »Die Macht hat nicht nur Angst. Sie ist hysterisch. Völlig panisch.« Tatsächlich fürchtete sie eine Orange Revolution, denn ihr war bewusst, dass »der Großteil der Bevölkerung sich zwar nicht an den Protesten beteiligt, aber mit ihnen sympathisiert«.[17] Die Duma verabschiedete einen Änderungsantrag, der für »Extremisten« zwölf Jahre Haft vorsah, im Juli 2007 verschärfte sie die Strafen für »extremistische« Straftaten, und auch die schon sehr gefügigen Medien wurden noch strengeren Vorschriften unterworfen.

In diesem Sommer 2007 schlossen die Naschi ihr jährliches Jugendlager mit einem Rollenspiel ab: Sie verkörperten die OMON, das Sondereinsatzkommando, während in Russland eine Orange Revolution stattfand. Gerüchten zufolge würden während der Wahlen 20 000 Aktivisten – andere sprachen von 100 000 – ihre Zelte auf allen großen Plätzen der Hauptstadt aufschlagen. Der von *Das Andere Russland* als Präsidentschaftskandidat vorgeschlagene Garri Kasparow kündigte an, dass er wahrscheinlich nicht bis zum Ende gehen dürfe – womit er recht hatte –, dass sie aber »die Demokratie wiederbeleben« müssten.[18]

Medwedews Scheinliberalismus

Bei seiner Rede, die er am 21. November 2007 vor 5000 Personen in einem Stadion hielt, beschimpfte Wladimir Putin seine Gegner wieder einmal als ausländische Agenten, als »Schakale«, die »Russland schwach und hilflos« machen wollten. Die Spannungen nahmen zu, und am 24. und 25. November löste die Polizei gewaltsam zwei Demonstrationen in Moskau und Sankt Petersburg auf und verhaftete Dutzende. Dabei galt der Sieg von *Einiges Russland* als so sicher, dass selbst Teile der russischen Presse sich über diese exzessiven Repressionen wunderten – zweifellos stand dahinter die Furcht des Putin-Clans vor jedem abweichenden Diskurs. Wie erwartet erhielt *Einiges Russland* im Dezember 64 Prozent und Dmitri Medwedew bei der Präsidentschaftswahl im März 2008 70 Prozent der abgegebenen Stimmen. Die Intelligenzija ließ sich überzeugen, dass der von Putin ausgesuchte Präsident Russland demokratisieren und modernisieren könne, weil er beteuerte: »Freiheit ist besser als Unfreiheit«, weil er sich für iPhones begeisterte, künstlerisches Schaffen ermutigte und Skolkowo, das russische »Silikon Valley«, versprach.

Die bis dahin in zahlreiche Parteien, Gruppierungen und Splittergruppen zerfallene Opposition schloss sich nun zu zwei Strömungen zusammen: eine prokommunistische – die Linksfront von Sergej Udalzow, der sich zu Sozialismus, Demokratie und Internationalismus bekannte – und eine »liberale«, die sich für politische und bürgerliche Freiheiten einsetzte. Die »Liberalen«, zu denen die Anhänger von Garri Kasparow und Michail Kassjanow, von Jabloko und der früheren SPS, der *Union der rechten Kräfte*, gehörten, schlossen sich der Bewegung *Solidarnost* an, ohne ihre ursprünglichen Organisationen aufzulösen. Mit ihren orangen Fahnen beanspruchte sie eine doppelte Schirmherrschaft: die über die Revolution in der Ukraine und die über die polnische Gewerkschaft, die das kommunistische Regime besiegt hatte.

Diese »Opposition außerhalb des Systems« entwickelte neue Aktionsformen. So beschloss Eduard Limonow nach dem Ende der »Märsche der Unzufriedenen«, ab Juli 2009 an jedem Monatsende Demonstrationen zu organisieren, um an Artikel 31 der Verfassung zu erinnern: Er gab den Russen das Demonstrationsrecht, wurde von der Staatsmacht aber immer mehr mit Füßen getreten. Die 80-jährige Dissidentin Ljudmila Alexejewa schloss sich der Initiative an, und über die Generationen und politische Positionen hinweg beteiligten sich auch Persönlichkeiten, die zu Jelzins und/oder Putins Zirkel gehört oder mit ihnen zusammengearbeitet hatten – Michail Kassjanow und Andrej Illarionow, Boris Nemzow, Mascha Gaidar, Marina Litwinowitsch und andere.

In den Intellektuellenkreisen bildeten sich weitere Formen des Widerstands heraus. Historiker wehrten sich gegen den Versuch, Stalin zu rehabilitieren; Schriftsteller distanzierten sich nachdrücklich vom Regime und seiner Politik: Boris Akunin korrespondierte mit Chodorkowski, Dmitri Bykow arbeitete für die *Nowaja Gaseta.* Anwälte verteidigten ihre Klienten mit großer Professionalität: Karina Moskalenko, Anna Stawitzkaja, Stanislaw Markelow, der gemeinsam mit der jungen Journalistin Anastassija Baburowa auf offener Straße ermordet wurde. Noch viele andere. Medien wurden eindeutig der Opposition zugeordnet, und im Internet konnten Informationen und Stellungnahmen sich sehr schnell und unzensiert verbreiten. Fast schien ein Teil der Gesellschaft wieder mehr Pluralismus und Demokratie einzuatmen.

Am 30. Januar 2010 trafen sich 10 000 bis 12 000 Personen in Kaliningrad zu einer Demonstration, und das ganze Jahr hindurch wurde weiter mobilisiert. Am 10. März nahm eine Petition auf Landesebene eine der Forderungen von Kaliningrad auf: »Putin muss gehen«, und bald hatten Tausende unterschrieben. Putin und sein System stießen auf immer stärkere Ablehnung, vielen Russen wurden die wuchernde Korruption der Funktionäre sowie das Quasimonopol von *Einiges Russland* unerträglich. Die Demonstrationen vervielfachten sich, und im April titelte die Zeitschrift *Snob:* »Russland an der Schwelle zu Veränderungen. Frühling oder Tauwetter?« Tatsächlich waren es Tauwetter und neu einsetzender Frost. Und Provokationen der Geheimdienste: Ein Video im Netz zeigte sechs bekannte Oppositionelle – Politiker und Journalisten –, die heimlich aufgenommen worden waren: Einer schnupfte Kokain, andere übergaben Schmiergelder und/oder wurden von Prostituierten hereingelegt. Alte KGB-Tricks. Die Lage schien sich zu beruhigen, um bei den Wahlen 2011/2012 nur umso heftiger zu eskalieren.

Die Explosion der Demonstrationen 2011/2012

Bei einem Kongress von *Einiges Russland* kündigte Mewedew am 24. September 2011 an, dass Putin bei den Präsidentschaftswahlen 2012 kandidieren würde. Damit war jedem klar, dass er die Wahl gewinnen würde. Zahlreiche junge, westlich orientierte Russen, die den Versprechungen der Liberalisierung geglaubt hatten, wollten diese Aussicht nicht hinnehmen. Bei den Parlamentswahlen vom 4. Dezember kam es zu den üblichen Fälschungen, die nun allerdings von Tausenden von Mobiltelefonen erfasst wurden. Die Empörung war groß, und tags darauf kam es im Zentrum von Moskau zu einer ersten spontanen Demonstration. Die Polizei zählte 2000 Teilnehmer:innen, die Medien sprachen von 5000 oder sogar 10 000. Alexej Nawalny rief dazu auf, zur Lubjanka, dem Sitz des FSB, zu marschieren, er wurde mit etwa 300 weiteren Personen verhaftet. Trotzdem fand am folgenden Tag eine weitere nicht genehmigte Demonstration statt, und man erinnerte sich bereits an die Farbrevolutionen in Georgien und in der Ukraine, die von Wahlfälschungen ausgelöst worden waren. Weiße Bänder wurden verteilt, und Putin erklärte mit seiner üblichen Grobschlächtigkeit, er habe sie für Präservative gehalten.

Die nächsten Demonstrationen fanden am 10. Dezember in mehreren Städten und in Moskau in der Nähe des Kremls statt. 50 000 bis 80 000 Menschen forderten die Freilassung der politischen Gefangenen, Neuwahlen und die Registrierung der Oppositionsparteien. Seit Jahrzehnten war das die wichtigste Demonstration in der Hauptstadt, ermöglicht durch »Facebook und Nawalny.«[19] Facebook, weil die Protestierenden hier die Aktionen ankündigten; Nawalny, weil der 1976 geborene Jurist den richtigen Ton fand, um die Korruption anzuprangern; er prägte einen Slogan, der den Nagel auf den Kopf traf: »*Einiges Russland*, Partei der Diebe und Betrüger«. Boris Nemzow schrieb, dieser

10. Dezember werde »in die Geschichte eingehen als der Tag, an dem die staatsbürgerliche Würde und die Zivilgesellschaft aufgestanden sind«.[20] Tatsächlich demonstrierten am 24. Dezember 100 000 Menschen auf dem Sacharow-Prospekt. Die Wende schien unumkehrbar, doch die Feiertage unterbrachen die begonnene Dynamik.

Am 4. März 2012 wurde Putin erneut zum Präsidenten gewählt. Am selben Abend gab es Demonstrationen gegen den Wahlbetrug, und die OMON-Männer führten rücksichtslos Verhaftungen durch. Nach Michael Idovs Meinung schloss Putins Kreis aus dieser Wahl, dass der Versuch sinnlos war, die westlich ausgerichtete Mittelklasse auf seine Seite zu ziehen und dass Nawalny unbedingt daran gehindert werden musste, bei Wahlen zu kandidieren.[21] Von nun an stützte Putin sich noch stärker auf die orthodoxe Kirche und die »traditionellen Werte«, womit er die Rechtsradikalen auf der ganzen Welt für sich einnahm, ungeachtet der hohen Raten von Scheidungen, Abtreibungen und HIV-Infektionen in Russland. Und als am 6. Mai eine weitere Demonstration stattfand, geriet die Situation außer Kontrolle: 40 Demonstranten und 29 OMON-Männer sagten, sie seien verletzt worden, und Hunderte wurden festgenommen. Die Verhaftungen gingen bis 2016 weiter, als die Machthaber einen Prozess gegen Dutzende Menschen führten. Er zog sich über Monate hin und sollte vor allem diejenigen einschüchtern, die wieder auf die Straße gehen wollten.

Der Prozess gegen Pussy Riot fand noch vor dem Prozess gegen die Demonstranten des 6. Mai statt und war ein Beispiel für die Kraftprobe zwischen Jugend und Staatsmacht. Mehrere »Punkfeministinnen« hatten am 21. Februar 2012 in der Christ-Erlöser-Kathedrale in Moskau gesungen und getanzt, und ein am selben Tag davon gedrehter und umgeschnittener Film – Pussy Riot kam nur dazu, das erste Stück zu singen – wurde im Internet verbreitet: Sie forderten die Muttergottes, die heilige Jungfrau Maria, auf, Putin zu »vertreiben« und klagten – »schwarze Soutane, goldene Schulterklappen« – die Tatsache an, dass Priester und Mönche der russisch-orthodoxen Kirche für die Geheimdienste arbeiten und mit dem »KGB-Chef, [ihrem] obersten Heiligen« kollaborieren. Drei der Frauen wurden kurz darauf festgenommen und wegen Rowdytum verurteilt, zwei von ihnen zeigten vor den Richtern gründliche politische und intellektuelle Reflexionen. Am 17. August 2012 wurden sie zu jeweils zwei Jahren Freiheitsentzug verurteilt. Eine der drei Frauen entschuldigte sich und wurde nach einem Berufungsverfahren auf Bewährung freigelassen, während die anderen beiden in ein Straflager gebracht wurden, von wo aus sie die Welt über die tatsächliche Situation informierten. Die entschieden irritierte Duma drückte ihnen den bösartigen Stempel der »ausländischen Agenten« auf; er hatte zunächst für die NGOs gegolten, wurde 2017 dann auf die Medien und 2018 auf Privatpersonen ausgeweitet.

In den folgenden Monaten verloren Journalistinnen und Journalisten, die sich an den Protesten beteiligt hatten, ihre Jobs, Zeitungen und Websites wurden aufgekauft, blockiert oder abgeschaltet, der unabhängige Journalismus in Russland wurde zerlegt. Viele Aktivisten verließen das Land: Kasparow ging in die USA; Nawalny blieb, wurde aber angeklagt; Udalzow wurde zu viereinhalb Jahren Lagerhaft verurteilt. Die Beziehungen zwischen Russland und dem Westen verschlechterten sich, und am 14. Dezember 2014 unterzeichnete der amerikanische Präsident Barack Obama das Magnitski-Gesetz: Russen, die für den Tod des inhaftierten Wirtschaftsprüfers verantwortlich waren, wurden mit einer Einreisesperre belegt, ihre amerikanischen Konten wurden eingefroren. Russland schlug mit dem Dima-Jakowlew-Gesetz zurück: Es verbietet zunächst Staatsangehörigen der USA, dann auch von Ländern, in denen die Ehe für alle möglich ist, russische Kinder zu adoptieren. Allerdings wurden behinderte Kinder fast nur von Amerikanerinnen und Amerikanern akzeptiert, und so fanden Russen für die Maßnahmen ihrer Gesetzgeber das Schlagwort: »Woronesch bombardieren« – die Russen noch mehr leiden lassen.

Im September 2013 wurde Nawalny als Kandidat für die Bürgermeisterwahl in Moskau zugelassen, aber kurz vor der Wahl zu fünf Jahren Haft verurteilt, weil er als ehrenamtlicher Berater des Gebietsgouverneurs von Kirow angeblich Holz in einem Wald unterschlagen hatte. Sofort nach dem Urteilsspruch fand in Moskau eine spontane Großdemonstration statt, und am nächsten Tag wurde Nawalny freigelassen – sehr ungewöhnlich und ein Zeichen dafür, dass der Kreml die Geschehnisse auf der Straße genau verfolgte. Und da das Regime die Kräfteverhältnisse einschätzen wollte, konnte der Oppositionspolitiker seinen Wahlkampf weiterführen, auch wenn er von den landesweiten Medien boykottiert wurde. Trotzdem entfielen 27 Prozent der Stimmen auf ihn, 51 Prozent auf Sergej Sobjanin. Im Dezember 2013, kurz vor der Eröffnung der Olympischen Winterspiele in Sotschi, beschloss die Duma eine Amnestie für politische Gefangene. Die beiden Pussy Riots Marija Aljochina und Nadeschda Tolokonnikowa kamen ebenso frei wie der seit zehn Jahren einsitzende Michail Chodorkowski. Aber schon hatte in Kjiv der Euromaidan begonnen.

Die langsame Erdrosselung nach der illegalen Annexion der Krim

Schon kurz nach dem Ende der Olympischen Winterspiele marschierten russische Soldaten auf der Krim ein, und damit brach ein Propagandakrieg los: Die Ukrainer seien Neonazis, sie seien für einen Staatsstreich verantwortlich und würden Kinder ermorden. Während der Kreml gegen internationales Recht verstieß und sich nach außen wie nach innen gewaltbereit zeigte, spaltete sich die russische Gesellschaft. Menschen aus Kunst, Medien oder Politik, unter ihnen Limonow und Udalzow, befürworteten die illegale Annexion der Krim, während Boris Nemzow sich als einziger bekannter Politiker eindeutig dagegen aussprach. Am 15. März 2014 organisierte er mit *Solidarnost* einen Marsch gegen den Krieg, der in Moskau 50 000 Menschen auf die Straße zog. Doch die Emigration nahm Fahrt auf, und während Studierende gleich im Westen blieben, gingen Journalistinnen und frühere Mitarbeiter von Surkow nach Prag, Riga oder Montenegro. Nemzow, der zu einer zweiten Friedensdemonstration am 21. September aufrief, wurde immer heftiger angegriffen. In einem ausführlichen Bericht brachte er die Korruption im Zusammenhang mit den Olympischen Spielen ans Tageslicht und wies nach, dass russische Truppen in der Ukraine standen. Alexej Nawalny und sein

Bruder wurden in einem politischen Prozess am 30. Dezember 2014 wegen Betrugs zu dreieinhalb Jahren Haft verurteilt, die für Alexej, nicht aber für seinen Bruder auf Bewährung ausgesetzt wurden. Von den bekannten Organisatoren der Demonstrationen von 2011/2012 war bis auf Ilja Jaschin nur noch Boris Nemzow in Moskau auf freiem Fuß, bevor er am 27. Februar 2015 wenige Meter vom Kreml entfernt erschossen wurde. Tags darauf trafen sich 50 000 fassungslose Menschen zu einer spontanen und ungehinderten Demonstration, sie trugen russische Fahnen und Bilder des Ermordeten. Im Mai 2015 wurde der Politiker Boris Kara-Mursa, ein Vertrauter von Boris Nemzow, in die Notaufnahme gebracht: Nach einem Giftanschlag lag er fünf Tage im Koma. Im Anschluss an seine Behandlung in den USA kehrte er nach Russland zurück und wurde im Februar 2017 ein zweites Mail vergiftet, überlebte jedoch wieder. Abermals reiste er nach Russland ein und wurde am 11. April 2022 verhaftet, weil er Moskaus Krieg gegen die Ukraine kritisiert hatte.

Als die westlichen Sanktionen gegen Russland ab 2014 verschärft wurden, verbot der Kreml die Einfuhr zahlreicher westlicher Lebensmittel. Verhaftungen und Prozesse nahmen sprunghaft zu: gegen Kirill Serebrennikow und seine Mitarbeiter, gegen die Gruppe *Neue Größe,* gegen die Zeitschrift *Doxa* und viele andere, was vorübergehend Empörung hervorrief. Wie in der Sowjetzeit wurden die Menschen mit Anklagen überzogen, und die Anhänger eines demokratischeren Russlands standen vor Gericht, weil sie sich mit den Verurteilten solidarisiert hatten. Manche reisten nach Karelien, um Juri Dmitrijew an jedem einzelnen Verhandlungstag zu unterstützen; er hatte einen Ort von Massenhinrichtungen gefunden und kämpfte seit 30 Jahren dafür, Stalins Opfern ihre Identität, ihre Geschichte und ein Grab zu geben, sah sich nun aber infamen Anschuldigungen ausgesetzt. Wie er untersuchten Historiker, Schriftstellerinnen und Theaterleute die offenen Wunden der sowjetischen Vergangenheit. Und eine Jugend behauptete sich, die so ganz anders als die 60-Jährigen an der Macht war und die ab März 2017 wieder auf die Straße ging und damit zu einer leisen und vielleicht vergeblichen Hoffnung wurde: Die Hoffnung auf Veränderung ruhte auf diesen

Jugendlichen, bei denen anscheinend nichts mehr an die Sowjets erinnerte. Als hätte die russische Staatsmacht nicht schon viele Generationen von jungen Menschen zerbrochen!

Während der zwei Jahre zuvor gewählte Putin die Verfassung im Sommer 2020 so änderte, dass er bis 2036 an der Macht bleiben konnte, wäre Nawalny fast an einem Giftanschlag gestorben. Dank der Hartnäckigkeit seiner Familie wurde er nach Deutschland gebracht und dort gerettet. Er drehte einen Film über den Luxuspalast, der in Südrussland für Putin und dessen Oligarchenfreunde gebaut worden war. Die in dem Film gezeigten goldenen Toilettenbürsten wurden zum neuen Wahrzeichen der Proteste. Nawalny kehrte im Januar 2021 nach Moskau zurück und wurde sofort nach seinem Grenzübertritt verhaftet. Seither ist er in Haft, verurteilt zu vielen Jahren im Lager. Mehrfach wurde für ihn demonstriert, worauf neue Verhaftungen folgten. Dann war es vorbei. Die Angst hat das Land im Griff.

In den letzten Jahren wurden russische Journalistinnen und Journalisten physisch angegriffen, unter ihnen Jelena Milaschina und Jelena Kostjutschenko von der *Nowaja Gaseta*, mit erfundenen Beschuldigungen angeklagt wie Iwan Golunow oder der Spionage beschuldigt. Eine Reihe von ihnen bekamen den Stempel »ausländische Agenten« aufgedrückt, manche emigrierten oder wechselten den Beruf, andere passten sich an. Im Jahresbericht der amerikanischen NGO Freedom House zu politischen Freiheiten und Demokratie weltweit lag Russland 2021 auf Platz 150 von 180 Ländern, zwischen dem Kongo und Honduras. Die *Nowaja Gaseta* hielt lange durch, und im Oktober 2021 wurde ihr Chefredakteur Dmitri Muratow mit dem Friedensnobelpreis ausgezeichnet, den er umgehend seiner ganzen Redaktion sowie ihren ermordeten Journalistinnen und Journalisten widmete. Doch Ende März 2022 musste die Zeitung ihr Erscheinen einstellen, und ein Teil der Redaktion ging ins Exil.

In diesem Land auf dem absteigenden Ast, denn das ist Russland seit der Annexion der Krim, überlebte eine Institution: Memorial, die von Andrej Sacharow und anderen sowjetischen Dissidenten gegründete Organisation, die 1989 von Michail Gorbatschow genehmigt worden war. Memorial verfolgte zwei Ziele:

Untersuchung der sowjetischen Unterdrückungsmaßnahmen und Verteidigung der Menschenrechte in Russland. Die Organisation packte außerdem heiße Eisen an, unter Putin eine gefährliche Sache. Denn auch aus Unkenntnis ihrer eigenen Geschichte zwischen 1917 und 1953 wiederholt die russische Gesellschaft manche Gräueltaten oder lässt sie zumindest zu, in Tschetschenien, Syrien und heute in der Ukraine. Und solange es in fast jeder russischen Stadt Leninstatuen gibt, kann – oder will – das Land keine Demokratie, kein Rechtsstaat werden. Aus dem einfachen Grund, weil nach der herrschenden Auffassung ein Menschenleben nichts wert ist. Gegen alle Widerstände führt Memorial seine Arbeit weiter, obwohl es von der Justiz gezwungen wurde, sich fälschlich als »ausländischer Agent« registrieren zu lassen, diese unwahre Angabe in all seinen Publikationen zu verwenden und unzählige bürokratische Schikanen zu erleiden. Ende 2021 wurde Memorial International von einer kremltreuen Justiz »liquidiert«, wie es offiziell heißt. Doch nicht verhindern konnte der Kreml, dass der Organisation im Jahr darauf der Friedensnobelpreis zugesprochen wurde.

Am 24. Februar 2022 gab Putin den Befehl, die Ukraine anzugreifen, und bewirkte damit auch, dass diejenigen, die in dem Angriff eine dramatische und unumkehrbare Wende erkannt hatten, Russland überstürzt verließen. Dieser Krieg führte ihnen vor Augen, was Andrej Sacharow immer wieder gemahnt hatte: Sicherheit in der Welt ist nur möglich, wenn die Menschenrechte in jedem einzelnen Land respektiert werden.

Heute gibt es in Russland keine freie Presse mehr, keine NGOs, keine unabhängige Justiz, keine in Freiheit lebenden Oppositionspolitiker. Das Regime begeht ständig neue Kriegsverbrechen, seine Moral ist weitgehend zerstört, und nur noch eine Minderheit empfindet Verantwortungsbewusstsein. Diese Bilanz wird wohl niemanden überraschen, und doch gab es in Russland Menschen, die sich für eine andere Politik eingesetzt haben. Alexej Nawalny und viele seiner jungen Anhänger, Wladimir Kara-Mursa, Ilja Jaschin, Juri Dimitrijew sind ebenso wie Hunderte anderer Menschen politische Gefangene in ihrem eigenen Land.

20

Putin und seine orwellsche Umschreibung der Geschichte

Stéphane Courtois

Der Fall der Berliner Mauer im Jahr 1989, gefolgt vom Zusammenbruch der sogenannten Volksdemokratien und schließlich der Implosion der UdSSR, löste bei den Völkern der Sowjetunion ungeheure Fassungslosigkeit aus. Diese »Union«, die unter Lenin und Stalin mit extremster Gewalt geschmiedet worden war, zerfiel in ihre Einzelteile, aus denen 15 unabhängige Republiken entstanden. Die meisten dieser neuen Staaten hatten seit Jahrzehnten nach nationaler Freiheit gestrebt und knüpften schnell an ihre kulturellen und nationalen (oder protonationalen) Identitäten an, die vor ihrer Einschließung in der »Union« bestanden hatten. Die Russische Föderation jedoch, die Matrix und der Motor der UdSSR, des gesamten »sozialistischen Lagers« und dessen, was die Historikerin Annie Kriegel als »kommunistisches Weltsystem« bezeichnete,[1] wurde auf die »Zugewinngemeinschaft« des Großfürstentums Moskau reduziert, wie es der erste Zar, Iwan IV., genannt »der Schreckliche«, bei seinem Tod im Jahr 1584 hinterlassen hatte und dann im 18. und 19. Jahrhundert durch den Kaukasus, Sibirien und den Fernen Osten erweitert worden war.

Russland und die UdSSR: Historische Brüche und Kontinuitäten

Dieses Russland war ein halbes Jahrtausend lang mit einer starken Droge, dem Messianismus, aufgepäppelt worden, der nach dem Fall von Konstantinopel im Jahre 1453 Moskau zum »Dritten Rom« und den Zaren zum neuen Kaiser gekürt hatte, der von

Gott zum Oberhaupt der orthodoxen Kirche bestimmt worden sei, wie es hieß, um in der Welt dem Guten zum Sieg über das Böse zu verhelfen. Dieser Messianismus wurde von Lenin und seinem Projekt der Großen Proletarischen Weltrevolution aufgegriffen und modernisiert; ein Projekt, das ab dem Jahr 1919 durch die Gründung der Kommunistischen Internationale (Komintern) und Dutzender kommunistischer Parteien auf allen fünf Kontinenten konkretisiert wurde. Dieses Projekt wurde von der den Anspruch auf Wissenschaftlichkeit vertretenden Ideologie des Marxismus genährt, die einen weltweiten Klassenkampf zwischen dem »Bürgertum« und den »Proletariern« prophezeite, wie von Marx in seinem *Manifest der Kommunistischen Partei* von 1848 angekündigt. Lenin bevorzugte eine radikale Version dieser Zukunftsvision, die davon ausging, dass nur der Bürgerkrieg eine »echte« Revolution – von nationaler und internationaler Reichweite – hervorbringen und zur »Diktatur des Proletariats« führen könne. Eine Diktatur, für die Iwan der Schreckliche bereits den Grundstein gelegt hatte, indem er mit der Gewalt und Grausamkeit seiner *Opritschniki* – seiner mächtigen Leibgarde – sowohl die großen Bojarenfamilien als auch die ursprünglich unabhängigen, jedoch in Leibeigenschaft geratenen Bauern – die *Mudschiks* – unter seine Kontrolle brachte, und die von Peter dem Großen und Katharina II. ausgedehnt wurde auf die von Polen bewohnten angrenzenden Gebiete im Westen, die von Tataren bevölkerten Gebiete auf der Krim und die Gebiete im Süden der heutigen Ukraine, auf denen freie Kosaken lebten.

Das Zarenregime, das ab 1613 durch die Romanow-Dynastie stabilisiert wurde, zeichnete sich durch seinen expansiven und kolonialistischen Charakter aus und bildete 1914 das hinsichtlich seiner Ausdehnung größte Reich der Welt, das vom Pazifischen Ozean bis zu den Grenzen des Deutschen Reiches und des Kaiserreichs Österreich-Ungarn reichte. Sein politisches System war einzigartig im eurasischen Raum: eine Autokratie, in welcher der Zar sowohl der Eigentümer seines Reiches als auch der alleinige Inhaber der politischen, militärischen und religiösen Macht war. Um die Mitte des 19. Jahrhunderts, als unter Alexander II. die Leibeigenschaft abgeschafft wurde, modernisierte sich die Zarenherrschaft langsam zu einem autoritären Regime nach dem Vorbild des französischen Second Empire oder des bismarckschen Kaiserreichs. Durch die Erschütterung des Ersten Weltkriegs brach diese veraltete Herrschaft jedoch im März 1917 zusammen und machte Platz für eine kurze Periode demokratischer Freiheiten, die Lenin und seine Bolschewiki am 7. November 1917 mit ihrer Machtübernahme beendeten. Am 18. Januar 1918 befahl Lenin die erzwungene Auflösung der Verfassungsgebenden Versammlung, des ersten – und vor 1991 letzten – in diesem Land demokratisch gewählten Parlaments auf der Basis des allgemeinen Wahlrechts für Männer und Frauen, und führte eine völlig neue Herrschaftsform ein, den Totalitarismus, der nach Lenins Tod im Jahr 1924 von Stalin systematisiert und verallgemeinert wurde.

Dieses Regime, das kurz darauf von Mussolini und seiner »faschistisch« genannten Bewegung und später von Hitler und seiner Nationalsozialistischen Deutschen Arbeiterpartei (NSDAP) kopiert wurde, erfüllte eine Reihe von präzisen Kriterien. Basierend auf einer Einheitspartei, die von einem charismatischen und allmächtigen Führer geleitet wurde, erlegte es seinen Mitgliedern eine nahezu »militärische« Disziplin auf – was Lenin im Sommer 1920 in der 12. der 21 Bedingungen für den Beitritt zur Kommunistischen Internationale als »demokratischen Zentralismus« bezeichnete. Diese Partei strebte den revolutionären Sturz der bestehenden Institutionen an; sobald sie den Gipfel ihres Einflusses erreicht hatte, riss sie das politische Monopol an sich, bemächtigte sich des Staates als Ort der politischen Entscheidung sowie Verwaltungsapparat und kontrollierte sowohl die Legislative als auch die Exekutive und die Judikative.

Diese Staatspartei wurde von einer mächtigen Ideologie angetrieben, einer einzigen, homogenen Weltanschauung, die auf revolutionären Prinzipien beruhte, die sich an Kriterien der »Klasse«, »Rasse« oder des Nationalismus orientierten und per definitionem expansionistisch und imperialistisch waren. Diese Partei mit obligatorischer Mitgliedschaft etablierte ein intellektuelles und schöpferisches Monopol in allen Bereichen – Presse, Medien, Bildung, Kultur, Kunst, Wissenschaft usw. In der UdSSR wurde dieses Monopol abgesichert durch die Schaffung einer

Vorabzensur für alle Veröffentlichungen – die von Lenin 1922 geschaffene *Glawlit* –, die auch für das Kino, das Theater, die bildenden Künste, die Malerei und sogar die Musik galt. Diese Ideologie wurde durch eine umfangreiche Propaganda unterstützt, ein omnipräsentes System der Lüge, sowohl durch Verschweigen der negativen oder kriminellen Aspekte des Regimes als auch durch die Behauptung offensichtlicher Unwahrheiten, grober Lügen – was heute als Fake News bezeichnet wird – oder imaginärer Realitäten, angefangen mit dem mythischen »totalitären Glück«, der berühmten »strahlenden Zukunft des Kommunismus«.[2] Diese Ideologie diente der Zwangsmobilisierung und Rekrutierung der Jugend in den Komsomol, aus dem ab Juli 1941 Mädchen und Jungen im Alter von 16 oder 17 Jahren voller Begeisterung in den Krieg und in den Tod zogen.[3]

In der UdSSR übernahm die Staatspartei unter Berufung auf die kommunistische Doktrin, welche die Abschaffung des Privateigentums forderte, ab 1918 die gesamten Besitztümer des Landes und machte die Bevölkerung dadurch von sich völlig abhängig – sowohl für die Beschaffung von Lebensmitteln als auch für das Wohnen, das Heizen und die Arbeit und damit für den Lohn –, was zu zahllosen Aufständen führen sollte. Um von vornherein jeglichen Ansatz zum Widerstand gewaltsam zu unterdrücken und seine politischen Gegner zu neutralisieren, gründete Lenin am 20. Dezember 1917 die Tscheka, die als »bewaffneter Arm der Partei« oder »Schwert und Schild« der Macht bezeichnet wurde. Sie führte sofort den Massenterror als Regierungsinstrument ein und wurde unter den Namen GPU, NKWD und schließlich KGB zur größten staatlichen Terrororganisation des 20. Jahrhunderts. Einschüchterung und Propaganda waren die Vorder- und Rückseite der kommunistischen Medaille – eine Verbindung, die eine Zeit lang durch das Paar Nikolai Jeschow und Jewgenia Feigenberg, seine Frau, symbolisiert wurde; er war von 1936 bis 1938 der Chef des NKWD und sie die Leiterin der internationalen Propagandazeitschrift *Die UdSSR im Bau*, bevor sie beide durch eine neue Säuberungswelle beseitigt wurden.

Während die autoritären Regime in der zweiten Hälfte des 19. Jahrhunderts den Weg zur Achtung der Menschen- und Bürgerrechte und zur parlamentarischen Demokratie bahnten, war das totalitäre Regime im Gegensatz dazu ein bedingungsloser Feind aller demokratischen Bestrebungen, jeder noch so geringfügigen Gedanken- und Handlungsfreiheit, die nicht unter der Kontrolle der Staatspartei stand, und praktizierte eine totale Missachtung der menschlichen Person, die zum Massenmord oder sogar Völkermord einer »Klasse« und/oder Nation führen konnte.[4] Das Sowjetregime – und später seine osteuropäischen Klone – charakterisierte sich unter Lenin und Stalin durch einen Totalitarismus von hoher Intensität, sowohl auf der Ebene von Ideologie und Propaganda als auch durch den Massenterror als Mittel zur Machterhaltung und Herrschaftsausübung. Unter ihren Erben wurde der Terror durch ein System der Kontrolle und »prophylaktischer« Maßnahmen ersetzt, die vom KGB und den mit ihm verbundenen politischen Polizeiapparaten im Osten durchgeführt wurden. Als Gorbatschow ab 1986 Perestroika und Glasnost einführte, waren dies die letzten Manifestationen des Niedergangs des vorherigen Regimes und lösten seinen Zusammenbruch aus, da totalitäre Herrschaftsformen nach Regeln funktionieren, deren auch nur teilweise Veränderung das ganze System zerstört. Ein paar Tropfen Medienfreiheit, politische Demokratie und Marktwirtschaft reichten aus, um ein Regime, das fast ein Dreivierteljahrhundert lang Bestand gehabt hatte, zum Implodieren zu bringen.[5]

Von einer in Vergessenheit geratenen Geschichte zu einer Geschichte unter der Kontrolle der Macht

Infolge dieser Implosion war die russische Bevölkerung – sowohl in der Russischen Föderation als auch in den neuen unabhängigen Staaten – schwer traumatisiert und ihrer historischen und identitären Bezugspunkte beraubt. Jahrzehntelang hatten die Bolschewiki das zaristische Russland, dieses »Völkergefängnis«, und die Figur des Zaren selbst radikal diskreditiert. Um diesen historischen Bruch unumkehrbar zu machen, hatte Lenin persönlich den Befehl gegeben, die gesamte Romanow-Familie am 17. Juli 1918 zu ermorden. Anschließend wurde von ihm der Obelisk, der 1913 am Fuße des Kremls anlässlich des 300-jährigen Bestehens der Dynastie errichtet worden war, umgewidmet, indem er die Namen aller Vorläufer des Kommunismus, angefangen mit Marx und Engels, darauf eingravieren ließ. Im Jahr 1991 wurde plötzlich das gesamte ideologische Gerümpel des Sowjetkommunismus auf den Müllhaufen der Geschichte geworfen, was dadurch beschleunigt wurde, dass bereits Glasnost einen ersten Moment der Wahrheit bezüglich der Verbrechen des Regimes ermöglicht hatte, die durch zahllose früher verbotene Zeugenaussagen enthüllt wurden. Die Sowjetbürger konnten endlich bis dahin nicht zugängliche Meisterwerke lesen: *Doktor Schiwago* von Boris Pasternak, mit der Schilderung des Bürgerkriegs von 1918 bis 1921, *Der Archipel Gulag* von Alexander Solschenizyn, die *Erzählungen aus Kolyma* von Warlam Schalamow, *Leben und Schicksal* von Wassili Grossman, mit der Beschreibung der Schlacht von Stalingrad und Reflexionen über Parallelen zwischen dem Regime der Kommunisten und dem der Nazis, oder die *Requiem* genannten Gedichte von Anna Achmatowa.

Wenig später wurde diese Erinnerungsarbeit ergänzt durch eine historische Kritik des offiziellen Narrativs, dank der – wenn auch noch unvollständigen – Öffnung der geheimen Archive der mächtigsten Institutionen – der Partei, der Ministerien, der Kommunistischen Internationale, des KGB und der Roten Armee – und vor allem dank der Aktivitäten einer 1989/1990 gegründeten Bürgerinitiative. Diese Vereinigung mit dem Namen Memorial, als deren Schirmherr der berühmte Dissident und Friedensnobelpreisträger Andrej Sacharow fungierte, setzte sich zum Ziel, die Wahrheit über die Verbrechen des Regimes seit 1917 öffentlich zu machen, das Andenken der Betroffenen zu ehren und die Demokratie zu verteidigen, indem sie 1990 einen nationalen Gedenktag für die Opfer politischer Repression schuf. Am 18. Oktober 1991 gelang es dank Memorial, dass ein Gesetz zur Rehabilitierung der Opfer der Massenverfolgungen »des totalitären Regimes« der Sowjetunion verabschiedet wurde, gefolgt von einem weiteren Gesetz am 23. Juni 1992, das den Zugang zu den Archiven der Kommunistischen Partei und des KGB autorisierte, die für diese Zeiten des Terrors verantwortlich waren. Diese Initiativen führten 1998 zur Veröffentlichung eines *Jahrbuchs der Zwangsarbeitslager,* 2004 zu einer monumentalen *Geschichte des Gulags* und schließlich zu einem biografischen Lexikon der schlimmsten Peiniger, die das NKWD zwischen 1934 und 1941 hervorgebracht hatte – und damit zur Entdeckung von Wassili Michailowitsch Blochin, des Chef-Henkers der Lubjanka, der ca. 15 000 Menschen eigenhändig hingerichtet haben soll![6]

Auf diese Weise befand sich das russische Volk einen Moment lang in einer Art von historischem Niemandsland, weil es all seine Orientierungspunkte verloren hatte: Einerseits hatte es bereits seit Jahrzehnten alle Verbindungen zu seiner tausendjährigen Geschichte gekappt – die der Kiewer Rus und später des Großfürstentums Moskau –, und andererseits wurden nun plötzlich auch die Schattenseiten der »glorreichen« Sowjetgeschichte aufgedeckt. Vom leninistischen Doppelmythos der Großen Sozialistischen Oktoberrevolution und der Großen Proletarischen Weltrevolution war nun nicht mehr übrig geblieben als der bewaffnete Aufstand einer Handvoll Fanatiker, der einen schrecklichen Bürgerkrieg in Gang setzte, der bis 1921/1922 einen großen Teil der industriellen und landwirtschaftlichen Produktionsmittel zerstörte. Was die Russen über ihre sowjetische Vergangenheit wussten, war so weit von der geschichtlichen Realität entfernt, dass ihre Regierung im Jahr 1994 die Verwendung eines Buchs des französischen Historikers Nicolas Werth erlaubte; dessen *Geschichte der UdSSR*[7] wurde ins Russische übersetzt und in einer Auflage von über einer Million Exemplaren in den Gymnasien verteilt. Doch bereits 1990 erkannte der Präsident der Russischen Föderation Boris Jelzin, dass dieser identitäre Hiatus dringend geschlossen werden musste, und obwohl er Mitglied des Politbüros der KPdSU gewesen war, beschloss er, mit der Rehabilitierung des zaristischen Russlands zu beginnen. Während er die leninistische Revolution brandmarkte, in der Nikolaus II. und seine Familie umgebracht worden waren, ließ er die mutmaßlichen Überreste dieser Opfer aus der Zarendynastie für DNA-Analysen exhumieren, die ihre Identität bestätigten; am 16. Juli 1998 nahm er dann an ihrer nachträglichen Beisetzung in Sankt Petersburg teil.

Diese Zarennostalgie blieb jedoch ein Einzelfall, denn erst als Wladimir Putin zum Präsidenten wurde, begann er als Machthaber, sich systematisch mit der Geschichte und dem Gedächtnis der Nation zu befassen und diese für politische Zwecke zu manipulieren. Im Jahr 2009 setzte der »Interimspräsident« Dmitri Medwedew eine präsidiale Geschichtskommission ein, die den Auftrag erhielt, einerseits »Informationen über die Fälschung von Fakten und historischen Ereignissen, die das Ziel verfolgt, dem internationalen Prestige und den Interessen Russlands zu schaden, zu sammeln und zu analysieren« und andererseits vorzugehen »gegen die Revision der Geschichte des Zweiten Weltkriegs und seiner geopolitischen Folgen«.[8] Das Thema der »Fälschung« verweist auf die alte sowjetische Tradition der plumpen Lüge, um die Machthaber von jeglicher Verantwortung zu befreien und die Schuld auf ihre Gegner abzuwälzen: die Ermordung der Zarenfamilie, ein Verbrechen unbekannter Banditen; die katastrophalen Auswirkungen des Fünfjahresplans und der Landkollektivierung, verursacht von »Saboteuren« und »Kulaken«; das Verbrechen von Katyn, verübt von den Nazis; die deutsch-sowjetische Allianz, erzwungen von Frankreich und England usw. Um zu zeigen, welch große Bedeutung er dieser Kommission beimaß, ernannte Putin zu ihrem Vorsitzenden Sergej Naryschkin, der aus Sankt Petersburg stammte und die Hochschule des KGB besucht hatte; 2004 war er Leiter der Präsidialadministration geworden und 2007 erster Vizepräsident der Regierung, bevor er 2016 zum Chef des russischen Auslandsgeheimdienstes SWR aufstieg.

Im Jahr 2012 wurde Naryschkin zum Leiter einer neuen Institution – der Gesellschaft für russische Geschichte – ernannt, deren Aufgabe es war, eine offizielle Historiografie zu erstellen, um »das Land auf der Basis der zentralen Werte des Patriotismus, des bürgerlichen Verantwortungsbewusstseins und des loyalen Dienstes am Staat zu vereinen« – wobei die »Loyalität« gegenüber der Macht, die schon während der stalinistischen Periode von essenzieller Bedeutung gewesen war, vor allem die Loyalität gegenüber dem Herrn des Kremls bedeutete. Kurz darauf wurde die Russische Gesellschaft für Militärgeschichte mit dem Ziel gegründet, zur Militarisierung der Schüler beizutragen; dies sollte erreicht werden durch historischen Tourismus zu den Stätten bedeutender russischer Siege in verschiedenen Epochen, die Teilnahme an Ausgrabungen auf ehemaligen Schlachtfeldern usw. Ihr Vorstand war der Kulturminister Wladimir Medinski, ein Diplomat und Experte für russische Soft Power im Ausland, der 2011 eine Dissertation mit dem Titel »Objektivitätsmängel ausländischer Wissenschaftler beim Studium der russischen Geschichte vom 15. bis zum 17. Jahrhundert« abgeschlossen hatte; anschließend forderten mehrere Historiker erfolglos die Aberkennung seines Doktortitels aufgrund der zahlreichen in dieser Untersuchung enthaltenen Fehler. Seinerseits ließ Medinski zahlreiche Bücher, Aufführungen und Filme zensieren, während er parallel dazu in mehreren Städten Stalinbüsten einweihte und 2017 in Moskau eine Statue zu Ehren von Michail Kalaschnikow errichten ließ, der 1948 das nach ihm benannte Sturmgewehr erfand, das seitdem in mindestens 50 oder vielleicht sogar 100 Millionen Exemplaren produziert wurde und das angeblich »die besten Eigenschaften des russischen Mannes verkörpert«, wodurch diese Waffe als »echtes Symbol der russischen Kultur« angesehen werden könne, so Medinski.

Diese Initiativen zur Kontrolle und Steuerung der Vermittlung von Geschichte und die Vorgabe einer obligatorischen »Perspektive« für Historiker wurden im Juli 2012 von einem Gesetz begleitet, das starke Repression gegen NGOs etablierte, die Zuschüsse aus dem Ausland erhielten und daher als »Organisationen, die als Agenten des Auslands fungieren« eingestuft wurden. Dadurch wurde die Paranoia reaktiviert, die insbesondere unter Stalin jede Beziehung zum Ausland als Spionagetätigkeit betrachtet hatte, worauf die Todesstrafe stand. Diese NGOs wurden gezwungen, sich als »ausländische Agenten« registrieren zu lassen, wobei jeder Verstoß mit hohen Gefängnisstrafen geahndet wurde. Im Bereich der historiografischen und demokratischen Freiheiten war dies vor allem ein klarer Angriff auf die Vereinigung Memorial.

Unmittelbar danach, am 12. Dezember 2012, erklärte Putin, dass »wir, um unsere nationale Identität und unser nationales Bewusstsein wiederzubeleben, die Verbindungen zwischen den

Epochen im Rahmen einer einheitlichen, ununterbrochenen, tausendjährigen Geschichte wiederherstellen müssen, was uns innere Stärke verleiht und uns das Verständnis für die Entwicklung der Nation lehrt«.[9] Und am 14. März 2013 unterstrich der Präsident dies in einer Rede vor der neu gegründeten Russischen Gesellschaft für Militärgeschichte, denn diese habe die Aufgabe, »Patriotismus zu vermitteln und Initiativen zur Verzerrung und Diskreditierung der russischen Militärgeschichte entgegenzuwirken«. Diese Behauptung entsprach zumindest teilweise nicht der Wahrheit, da bereits seit vielen Jahren eine französische Institution, die Napoleon-Stiftung, regelmäßig zusammen mit den Russen des Sieges des zaristischen Heeres über die Grande Armée gedachte – Russlands größter militärischer Triumph vor dem Jahr 1945.[10]

Nachdem Putin verkündet hatte, dass »die wichtigste Ressource für Russlands Macht und Zukunft in unserem historischen Gedächtnis liegt«,[11] machte er es nun zu seiner offiziellen Linie, dass ein pseudohistorisches und weitgehend mythologisches, von den Machthabern geprägtes Narrativ die gesamte Politik Russlands – sowohl nach innen als auch nach außen – legitimieren und als Maßstab für die Loyalität seiner Bürger dienen sollte. Deshalb zeigte sich der Präsident besorgt über die allzu große Zahl von Geschichtslehrbüchern, und forderte von ihnen »eine gemeinsame Perspektive gemäß dem offiziellen Standpunkt«. Dafür gab es ein lange zurückliegendes Vorbild, denn bereits 1938 hatte Stalin seine berühmte *Geschichte der Kommunistischen Partei der Sowjetunion (Bolschewiki)* erscheinen lassen, ein Buch, in dem er jede Zeile persönlich kontrollierte und dabei die gesamte Geschichte der bolschewistischen Revolution nach seinem Belieben umschrieb – vor allem durch die Verfälschung der Rolle seiner politischen Gegner (Trotzki, Sinowjew usw.). Dieses Werk, das jeder Kommunist auswendig kennen musste, wurde in zahlreiche Sprachen übersetzt und von der Kommunistischen Partei Frankreichs 1939 in einer Auflage von 100 000 Exemplaren gedruckt, dann nach 1945 erneut aufgelegt und noch 1969 von französischen Maoisten veröffentlicht![12] Es ist das Gegenstück zu Adolf Hitlers *Mein Kampf*, das den Deutschen im »Dritten Reich«

als »historisches Gedächtnis« diente, da jedes totalitäre Regime seine Teleologie eng mit einer legitimierenden pseudohistorischen Mythologie verknüpft – das »Schicksal der Rasse« bei den Nazis, das »Alte Rom« für die italienischen Faschisten und die »Notwendigkeit des Klassenkampfes« für die Kommunisten. Diese Erklärungen zementierten die von Wladimir Putin bereits in seiner ersten Amtszeit eingeleitete Strategie zur Schaffung eines bestimmten »historischen Gedächtnisses«, das auf zwei zentralen Themen beruhte.

Das erste war das mythologische Narrativ vom großen Imperium der Zaren, die alle Slawen vereint hätten, was den Diskurs der Slawophilen des 19. Jahrhunderts aufgriff, die einen Sonderweg Russlands gegenüber dem Westen und dessen politischer und industrieller Modernisierung gefordert und damit ein paranoides Gefühl von Umzingelung und belagerter Festung erzeugt hatten. Putin stellte sich absichtlich in die große zaristische Tradition eines Russlands, das alle »russischen Gebiete« zusammenführte und das mehr als alles andere den schädlichen Einfluss des Westens fürchtete, vor dem es sich schützte, indem es sowohl die Einreise von Ausländern als auch die Ausreise der Untertanen des eigenen Reiches sorgfältig kontrollierte. Dieses Grenzsyndrom erklärt zum Teil Putins Besessenheit bezüglich der Ukraine, deren Name aus dem Jahr 1187 stammt und im Slawischen eben genau »Grenzgebiet« oder »Mark« (im alten geografischen Sinn) bedeutet. Ebenso übernahm Putin die zaristische Vision eines Reiches, das aus Russland, Kleinrussland (Ukraine), Weißrussland (Belarus und die baltischen Staaten) und den kolonisierten Regionen des Kaukasus, Zentralasiens und Sibiriens bestand. Und vor allem aus der *Noworossija* (Neurussland), den Gebieten vom Asowschen Meer über die Krim bis zum Schwarzen Meer und bis nach Bessarabien. Die Ende des 18. Jahrhunderts von Katharina II. eroberte Noworossija war dazu bestimmt, eine von russischen Siedlern bevölkerte Kolonie zu sein, bevor sie in die Ukrainische Sowjetrepublik und dann nach 1991 in die unabhängige Ukraine integriert wurde; sie war das Hauptziel von Putins Angriff auf die Ukraine. Es handelt sich um lauter Gebiete und Völkerschaften, denen von den Zaren eine Politik der Russifizierung aufgezwungen wurde, insbesondere durch die Durchsetzung des Russischen als Amtssprache und der orthodoxen Religion als Zeichen der Loyalität zum Zaren. Obwohl er als Kommunist und Oberstleutnant des KGB – einer Institution, die seit 1918 einen systematischen Vernichtungskampf gegen die orthodoxe Kirche geführt hatte – ein Atheist war, entschied sich Putin, auf der seit den 1990er-Jahren zu beobachtenden Welle der Rückkehr zur Religion zu reiten, und deshalb »kaufte« er den Patriarchen Kyrill, der fortan zu einem seiner wichtigsten Propagandisten wurde. Bei der Reaktivierung dieser zaristischen Mythologie »vergaß« der Präsident jedoch, an deren für die Russen verhängnisvollsten Aspekte zu erinnern: ein Polizeiregime, das sogar die harmlosesten Oppositionellen ins Straflager schickte – Dostojewski musste diese schlimme Erfahrung machen und schrieb darüber in *Aufzeichnungen aus einem Totenhaus*, einem Vorläufer von Solschenizyns und Schalamows Berichten über den Gulag –, eine staatliche Zensur, die jeder Veröffentlichung voranging, ein Verbot für Studenten, ausländische Universitäten zu besuchen, die Beibehaltung der Leibeigenschaft für einen Großteil der Bauern, desaströse Kriege (1853 – 1856 auf der Krim gegen Frankreich und England – damals bereits aufgrund einer Invasion osmanischer Gebiete – und 1905 gegen Japan). Das Putin-Regime verschleierte systematisch all diese Schattenseiten, die zum Zusammenbruch der Zarenherrschaft im März 1917 geführt hatten.

Putin wurde bei dieser Orientierung bestärkt durch die Schriften mehrerer Essayisten: Konstantin Leontjew, Philosoph des 19. Jahrhunderts und Theoretiker der Dekadenz Europas seit der Renaissance; Nikolaus Danilewski, Theoretiker des »russischen Weges« im 19. Jahrhundert, der dem Westen feindlich gesinnt war; Iwan Iljin, der offizielle Ideologe der reaktionärsten »Weißen«; Lew Gumilew, Orientalist und Ethnograf, der eurasischen Vorstellungen nahestand und dem Westen gegenüber eine ablehnende Haltung vertrat; und vor allem Alexander Dugin, geboren 1962, ein polyglotter Esoteriker und Mystiker, der 1993 die Nationalbolschewistische Partei mitbegründete und später den Eurasismus unter dem Zeichen eines Russlands als »Drittes

Rom«, das auf die Dimensionen des Zarenreichs ausgedehnt werden sollte, propagierte – und der den Obergruppenführer der Nazi-SS Reinhard Heydrich als »überzeugten Eurasisten« bezeichnete.[13]

In diesem ultranationalistischen Geist wurde 2004 von Putin ein weiterer Nationalfeiertag eingeführt. Während in der UdSSR die beiden offiziellen Feiertage der 1. Mai – der Tag der Arbeiter – und der 7. November – das Gedenken an die Oktoberrevolution – waren, wurde der neue Feiertag auf den 4. November gelegt, um an den Volksaufstand zu erinnern, der am 4. November 1612 die polnischen Truppen aus Moskau vertrieben und 1613 die Herrschaft der Romanows eingeleitet hatte. Dann führte Putin das »Band des heiligen Georg« ein – benannt nach dem Schutzheiligen Russlands, für den bereits zur Zeit der Zaren eine Medaille existierte –, als »patriotisches« Erkennungszeichen für alle, die sich als Russen fühlten, was sowohl gegen die Ukrainer im Donbass gerichtet war als auch gegen die »fünfte Kolonne«, d. h. die Gegner seiner Herrschaft innerhalb Russlands.

Putins Mythologie des »Großen Vaterländischen Krieges« als totalitäre Grundlage für eine neue russische Identität

Das zweite Thema, das Putin in seiner Operation zur Umschreibung der Geschichte verwandte, war die Erinnerung an den »Vaterländischen Krieg«, ein Ausdruck, der sich ursprünglich auf den russischen Sieg über Napoleon bezog; Stalin sprach dann vom »Großen Vaterländischen Krieg«, um die Beteiligung der UdSSR am Zweiten Weltkrieg zu benennen.[14] Eine erste diesbezügliche Gedenkfeier fand 1965 unter Breschnew statt, um die Macht der UdSSR zu preisen und daran zu erinnern, dass »das sowjetische Volk« sich geopfert hatte, um Europa – und die Welt – von der Nazibarbarei zu befreien. Dieses Narrativ wurde unverändert übernommen von Boris Jelzin, der auf der Suche nach einer Ideologie war, und vor allem von Putin seit seiner ersten Amtszeit, insbesondere in einem langen Text, der von der französischen Tageszeitung *Le Figaro* am 7. Mai 2005 veröffentlicht wurde, wo er es zwar nicht vermeiden konnte, den »Nichtangriffspakt« vom 23. August 1939 zwischen der UdSSR und dem »Dritten Reich« zu erwähnen, ihn aber fälschlicherweise auf eine Ebene mit dem Münchner Abkommen vom September 1938 stellte und dabei den »Freundschaftsvertrag« vom 28. September 1939 verschwieg.[15] Er rühmte die »Befreiung« vom Nationalsozialismus durch die Rote Armee und die Tatsache, dass das russische Volk »anderen Völkern die Freiheit gebracht« habe. Da er jedoch nicht zwischen »Befreiung« und »Freiheit« unterschied, sagte er nichts zur gewaltsamen Annexion und Sowjetisierung mehrerer osteuropäischer Länder durch die UdSSR und zur kommunistischen Umerziehung Mitteleuropas.

Vor allem aber würdigte Putin das weißrussische Dorf Chatyn, das wie Tausende andere Dörfer von den Nazis niedergebrannt worden war; die dort im Jahr 1969 errichtete Gedenkstätte wurde sogar von US-Präsident Richard Nixon besucht. In Wirklichkeit wollte der KGB mit diesem Mahnmal ablenken von der Erinnerung an das Massaker im Wald von Katyn, wo der NKWD im April 1940 4243 polnische Offiziere ermordet hatte. Da dieses Verbrechen jedoch bereits von Gorbatschow und Jelzin zugegeben worden war, stellte sich Putin mit seiner Leugnung der Verantwortung in die Tradition der Haltung Stalins und seiner geistigen Erben ab 1942/1943. Außerdem hatte sich Russland – schon vor der Veröffentlichung von Putins Artikel – im März 2005 geweigert, 116 der 185 hierzu vorhandenen Archivbände an Polen zu übergeben, indem es diese als »geheim« einstufte. Der Militärstaatsanwalt Alexander Sawenkow beendete eine zehnjährige Untersuchung mit einer Einstellung des Verfahrens: Er bezeichnete die Massenhinrichtung als »militärisches Verbrechen«, wodurch die fünfzigjährige Verjährungsfrist in Anspruch genommen wurde, und vermied es, sie als Verbrechen gegen die Menschlichkeit oder als Völkermord zu bezeichnen, die nicht verjähren.

Am Ende seines Artikels für *Le Figaro* erklärte Putin, dass »die Partnerschaft zwischen Russland, Deutschland und Frankreich der wichtigste positive Faktor im internationalen Leben und im europäischen Dialog« sei, und schlug »ein großes vereintes

Europa vom Atlantik bis zum Ural und de facto bis zum Pazifik« vor, in dem sich »die Europäer, wie im Kampf gegen den Nazismus, voll und ganz auf Russland verlassen können«. Damit waren bereits alle seiner Hauptthemen angesprochen, vom »Großen Vaterländischen Krieg« über Eurasien bis hin zum Fortbestehen des Nationalsozialismus in Europa; Letzteres würde er bald den Gegnern Russlands zuschreiben, angefangen bei den Balten, Ukrainern und Tschetschenen.

Dieses triumphalistische Narrativ stieß jedoch auf mehrere historische Hindernisse von nicht geringem Umfang. Das erste war politischer Natur, denn wer die UdSSR zum Sieg im Zweiten Weltkrieg geführt hatte, war »Marschall Stalin«, der seit 1989/1990 in den Augen der Öffentlichkeit als blutrünstiger Diktator erschien, der für den Tod von Millionen unschuldiger Menschen verantwortlich war: während der großen Hungersnot von 1931 bis 1933, die durch die Kollektivierung des Ackerlandes ausgelöst wurde (4 Millionen Tote in der Ukraine und 1,5 Millionen in Kasachstan), während des Großen Terrors von 1937/1938 (700 000 Tote durch Kopfschuss) und durch die Deportation ganzer Völkerschaften im Jahr 1944 (550 000 Tschetschenen und Inguschen, 240 000 Krimtataren), ganz zu schweigen von all den Opfern, die in den Gulag geschickt wurden und dort umkamen. Es war daher dringend nötig, dieses Bild von Stalin zu modifizieren und ihn als den »großen Verwalter« zu verherrlichen, der durch einen starken Staat die Rote Armee zum Sieg geführt hatte, Russland erneut mehr geopolitischen Einfluss verschafft hatte und die UdSSR dank ihrer Atomwaffen zur zweiten internationalen Supermacht gemacht hatte.

Im Jahr 2007 behauptete ein neues Geschichtsbuch für Schulen, Gymnasien und Universitäten, dass »die Massenunterdrückung und der Terror rationale und praktische Methoden der politischen Organisation« gewesen seien, um für gesellschaftliche und wirtschaftliche »Stabilität« zu sorgen und auf dieser Grundlage das Land zu industrialisieren und zu modernisieren. Im Einklang mit Putins Haltung präsentierten die Autoren eine »wiederversöhnte« Sicht der nationalen Geschichte, indem sie die gegensätzlichen Kräfte, sogar die Täter und die Opfer, alle gleich behandelten: Alle waren Russen, die nur »das Wohl des großen Russlands im Sinne hatten«.[16] Logischerweise führte diese historiografische Ausrichtung zur Rehabilitierung von Zar Iwan dem Schrecklichen, dem im Jahr 2016 ein erstes Denkmal gewidmet wurde; die Website der russischen *Militärzeitschrift* kommentierte dies im Oktober desselben Jahres mit den Worten: »Iwan der Schreckliche war ein großer Humanist.«[17] Orwell lässt grüßen … Und all dies immer im Namen einer bestimmten geopolitischen Sicht der Geschichte, was erklärt, warum im Jahr 2017 Stalin für 38 Prozent der Russen die wichtigste Persönlichkeit der Weltgeschichte blieb, vor … Putin und Puschkin. Dies führte dazu, dass das russische Kulturministerium im Januar 2018 den Film *The Death of Stalin* des britischen Regisseurs Armando Iannucci verbot. Es handelt sich hierbei um eine urkomische Satire der kleinen Welt des Politbüros angesichts des Verscheidens des *Vojd* (Führers), in der die Grausamkeit, das Machtstreben und die Mediokrität dieser totalitären Spitzenpolitiker jedoch sehr gut zum Ausdruck kommen.

Die zweite Schwierigkeit, auf die Putins pseudohistorisches Narrativ stieß, war moralischer Natur. Während die Machthaber der Sowjets ihren Sieg glorifiziert hatten, ohne sich um den dafür gezahlten Preis zu kümmern, zeigte die Öffnung der Archive, dass die sowjetischen Verluste kolossal gewesen waren: Die in den 1960er-Jahren noch im Umlauf befindliche Zahl von 20 Millionen Toten sprang nun empor auf 27 Millionen – 15 Millionen Zivilisten und zwölf Millionen Soldaten (gegenüber drei Millionen auf deutscher Seite), einschließlich der über 120 000 Soldaten, die hinter der Front vom NKWD unter dem Vorwurf der Desertion hingerichtet wurden. Die von Stalin auf sich geladene Schuld wurde damit erdrückend, denn er hatte 1937/1938 von den 85 Mitgliedern des Militärrates 68 hinrichten lassen, und dieser »Säuberung« fielen auch 35 000 Offiziere zum Opfer, wodurch der Armee fähige Kader entzogen wurden; außerdem hatte er bis zum 21. Juni 1941 trotz zahlreicher Warnungen nicht an den deutschen Angriff geglaubt. Mit sehr viel Geschick wurden diese zahllosen zivilen und militärischen Opfer eines Regimes, das von Anfang an keine Rücksicht auf Menschenleben genommen hatte, vom Machthaber Putin nun zu Märtyrern stilisiert und mit derselben Verehrung wie Helden gefeiert.

Die dritte Schwierigkeit war historischer Art. Denn indem er die ganze Aufmerksamkeit auf den »Großen Vaterländischen Krieg« lenkte, verschwieg Putin, genauso wie seine sowjetischen Vorgänger, den wichtigsten Augenblick in der Geschichte des 20. Jahrhunderts, den Auslöser des Zweiten Weltkriegs: den Hitler-Stalin-Pakt. Bereits zu Zeiten der UdSSR führte dies zu heftigen internationalen historischen Kontroversen, insbesondere bezüglich bestimmter Schlüsselepisoden. Der erste Streit betraf die Realität und Bedeutung des »Nichtangriffspakts« vom 23. August 1939, der als defensive Maßnahme gegen ein aggressives »Drittes Reich« dargestellt wurde, das von Frankreich und England gegen die UdSSR getrieben werden sollte. 1948 veröffentlichten die Vereinigten Staaten eine Zusammenstellung deutscher Archivbelege, welche die den Verträgen beigefügten Geheimprotokolle betrafen. Letztere sahen vor, dass der UdSSR Ostpolen – die heutige Westukraine – und eine Einflusszone in den baltischen Staaten und im rumänischen Bessarabien zugeteilt werden sollte.[18] Die Existenz dieser Protokolle, die von der UdSSR lange Zeit geleugnet worden war, wurde im Dezember 1989 vom Kongress der Volksdeputierten und dann von Jelzin anerkannt und beglaubigt. Heute jedoch behaupten viele russische Beamte wieder, es handle sich um Falschmeldungen, um »die UdSSR zu verleumden« – sowie in deren Nachfolge auch Russland –, und sie tönen lautstark von »Geschichtsfälschern«.[19] Diese Melodie ist nicht neu und wurde sogar in Frankreich vernommen, als die Sowjets 1948 mit einer französischen Broschüre reagierten, zu der Louis Aragon das Vorwort verfasste und in der unter dem Titel *Les Falsificateurs de l'histoire (notice historique)* [sic] die Existenz der Protokolle ebenfalls geleugnet wurde. 1953 drängte die Kommunistische Partei Frankreichs zwei an der Universität tätige Historiker dazu, *La vérité sur 1939* zu veröffentlichen, in der sie sich abmühten, zu »beweisen«, dass die Protokolle gefälscht waren.[20]

Die Öffnung bulgarischer und russischer Archive enthüllte die Existenz des Tagebuchs von Georgi Dimitroff, dem Generalsekretär der Kommunistischen Internationale, der zu einem hohen sowjetischen Apparatschik geworden war.[21] Dimitroff notierte darin, dass er am 7. September 1939 in den Kreml einbestellt wurde, wo Stalin ihm den Sinn seines Vorgehens erläuterte, indem er auf Lenins Bemerkung zur »Verschärfung der Widersprüche unter den Imperialisten« verwies:

> Ein Krieg ist im Gange zwischen zwei Gruppen von kapitalistischen Ländern (die arm oder reich sind hinsichtlich Kolonien, Rohstoffen usw.).
> Es geht um die Aufteilung der Welt, um die Herrschaft über die Welt!
> Wir haben nichts dagegen, dass sie sich gegenseitig heftig bekämpfen und sich dabei gegenseitig schwächen.
> Es wäre nicht schlecht, wenn durch Deutschland die Stellung der reichsten kapitalistischen Länder (insbesondere Englands) infrage gestellt würde.
> Hitler erschüttert und untergräbt das kapitalistische System, ohne dies selbst zu begreifen oder zu wollen. [...]
> Wir können manövrieren, eine Seite gegen die andere ausspielen, damit sie sich noch stärker zerfleischen.
> In gewissem Maße hilft der Nichtangriffspakt Deutschland.
> Das nächste Mal müssen wir ein wenig die andere Seite unterstützen.[22]

Anschließend äußerte Stalin sich zur völligen Änderung der Ausrichtung der kommunistischen Parteien, was der defätistischen Position entsprach, die Lenin 1914 eingenommen hatte:

> Die Kommunisten in den kapitalistischen Ländern müssen sich definitiv gegen ihre Regierungen und gegen den Krieg stellen.
> Vor dem Krieg war es völlig richtig, den Faschismus zusammen mit den demokratischen Regimen zu bekämpfen.
> Während eines Krieges zwischen imperialistischen Mächten ist dies nicht mehr der Fall.
> Die Unterscheidung zwischen kapitalistischen Staaten, die einerseits faschistisch sind oder andererseits demokratisch, hat ihre frühere Bedeutung verloren.

> Der Krieg führt zu einer radikalen Veränderung.
> Die früher einmal vereinte Volksfront verfolgte das Ziel, die Situation der Sklaven des kapitalistischen Regimes etwas erträglicher zu machen.
> Unter den Bedingungen eines imperialistischen Krieges geht es jedoch um die völlige Abschaffung der Sklaverei.

Indem er die Differenzierung zwischen Demokratie und Faschismus aufhob, zeigte Stalin als guter Bolschewik seine Ablehnung aller demokratischen Werte und setzte die sofortige sozialistische Revolution auf die Tagesordnung – die »Abschaffung der Sklaverei«. Die Bedeutung, die er dieser Formulierung beimaß, wurde in der folgenden Erläuterung deutlich:

> In der Vergangenheit (in der Geschichte) war der polnische Staat ein Nationalstaat. Deshalb verteidigten ihn die Revolutionäre gegen die Aufteilung und Versklavung.
> Heute ist er ein faschistischer Staat, dessen Joch auf den Ukrainern, Weißrussen usw. lastet.
> Unter den gegenwärtigen Bedingungen würde die Zerstörung dieses Staates bedeuten, dass es einen faschistischen bürgerlichen Staat weniger gibt!
> Was wäre falsch daran, wenn die Vernichtung Polens dazu führen würde, dass sich das sozialistische System auf neue Gebiete und neue Völker ausbreitet?

So wie die Veröffentlichung des Politbürobefehls vom 5. März 1940 die sowjetische Behauptung, die Nazis seien für das Massaker von Katyn verantwortlich, widerlegte, so zerstörte die Publikation von Dimitroffs Tagebuch die Legende von einer UdSSR, die angeblich ein reines Verteidigungsbündnis unterzeichnet hatte, und offenbarte, wie Stalin den Krieg für eine imperialistische Expansionspolitik nutzte. Dies zeigt, aus welcher Quelle Wladimir Putin die Idee schöpfen konnte, den unabhängigen ukrainischen Staat zu zerstören und ihn Russland anzugliedern. Außerdem gingen die von den Amerikanern veröffentlichten Dokumente ausführlich auf den zweiten »Freundschafts- und

Grenzvertrag« vom 28. September 1939 ein – unterzeichnet nach der brutalen Vernichtung des polnischen Staates –, bei dem es um Handelsvereinbarungen ging, die dem »Dritten Reich« bedeutende Ressourcen an Öl und Weizen garantierten, was die Kriegsmaschinerie der Nazis am Laufen halten konnte.

Dies hinderte Generalmajor Lew Sotskow, seit 1956 Mitglied des militärischen Nachrichtendienstes GRU, nicht daran, im Jahr 2008 700 deklassifizierte Seiten aus Geheimdienstarchiven zu veröffentlichen, aus denen hervorging, dass die Allianz zwischen Hitler und Stalin mit der Begründung gerechtfertigt werden sollte, dass Marschall Woroschilow am 15. August 1939 einer in Moskau weilenden britisch-französischen Delegation ein Militärbündnis angeboten hatte, dessen Ablehnung Stalin angeblich dazu veranlasste, sich für Deutschland zu entscheiden. Und noch Ende August 2019 griff das russische Außenministerium die gleiche Argumentation auf, um sie in den sozialen Netzwerken zu verbreiten.[23] Der Generalmajor hütete sich jedoch, daran zu erinnern, dass Molotow bereits am 4. August den Botschafter des Reichs in Moskau einbestellt hatte, um ihm unmissverständlich zu erklären, dass die UdSSR eine Normalisierung der Beziehungen wünsche, dass Hitler am 8. August Stalin mitgeteilt hatte, dass er ihm von der Ostsee bis zum Schwarzen Meer freie Hand lassen würde, und dass am 15. August, etwa zehn Stunden vor dem Treffen mit der britisch-französischen Delegation, der Botschafter des Reichs den Befehl erhalten hatte, Molotow sofort die deutsche Absicht zur Normalisierung des Verhältnisses mitzuteilen, worauf dieser gleich anschließend mit dem Entwurf eines »Nichtangriffspakts« reagierte; er schlug vor, der Außenminister des Reichs, Ribbentrop, solle nach Moskau reisen, um diesen Vertrag zu unterzeichnen.

Natürlich ignorierte Putin all diese Hindernisse, die seiner Umschreibung der Geschichte im Wege standen, und machte den »Großen Vaterländischen Krieg« zu einem grundlegenden und zentralen Element der neuen russischen Identität. Indem er die »Pflicht zum Gedenken« manipulierte, reaktivierte er die glorreichen und tragischen Erinnerungen an diesen Krieg, um dadurch das auf archivalischen Fakten basierende Geschichtsbild zu verdrängen oder gar zu beseitigen. In Frankreich wurde der Toten des Ersten und Zweiten Weltkriegs namentlich auf den Kriegerdenkmälern in jedem Dorf, jeder Stadt und in vielen Einrichtungen – in Bahnhöfen der SNCF, der Metro usw. – gedacht. Auch die Opfer des Holocausts werden mittlerweile in der Pariser Shoah-Gedenkstätte nach ihrer Erfassung jedes Jahr individuell geehrt. In der UdSSR hingegen erfolgte diese Würdigung in kollektiver Form, zum Ruhm der Machthaber und des »Sowjetvolks«; ein namentliches Gedenken hätte zweifellos auf allzu spektakuläre Art das Ausmaß des militärischen Versagens und der menschlichen Tragödie enthüllt. Putin hatte die Idee, an die Kriegsopfer wieder individuell zu erinnern, was in zahlreichen Familien die mit dem Trauma von 1941 bis 1945 verbundenen Emotionen reaktivierte. Damit konnte er andere Traumata in den Hintergrund drängen, die verbunden waren mit den Massenverbrechen des Bürgerkriegs, des Großen Terrors oder der ukrainischen Hungersnot von 1932/1933, nach der in keinem ukrainischen Dorf jemals ein Denkmal zu Ehren der Opfer errichtet worden war.

Die Tendenz zur Individualisierung begann im Jahr 2007, als der Rat der Kriegsveteranen der westsibirischen Stadt Tjumen – dessen Mitglieder inzwischen über 80 Jahre alt waren – eine Parade von Grundschülern und Gymnasiasten organisierte, die als »Triumphzug der Sieger« bezeichnet wurde und bei der jeder das Foto eines Veteranen, oftmals aus der eigenen Familie, vor sich hertrug. Im Jahr 2010 wurde die Initiative in Moskau und am 9. Mai 2012 in Tomsk fortgesetzt – die Medien sprachen bei diesem Anlass vom »Unsterblichen Regiment«. Im Jahr 2013 dehnte sich die Bewegung auf 120 Städte aus, 2014 auf 500, bevor sie 2015 unter dem sowjetisch klingenden Titel »Interregionale historisch-patriotische Massenbewegung ›Unsterbliches Regiment‹« einen offiziellen Charakter erhielt. Und am 9. Mai 2015, nach der Annexion der Krim, folgte in Moskau der Militärparade ein Vorbeimarsch von fast einer halben Million Menschen, die das Porträt ihres Vaters, Großvaters oder (im Fall von Kindern) sogar Urgroßvaters emporhielten, obwohl viele dieser »Helden« gar nicht im Kampf gefallen waren, sondern nur während der Zeit des Krieges gelebt hatten; Putin führte mit einem Foto seines Vaters diese Zivilparade an.

Im Jahr 2017 kam ein Duma-Ausschuss zu einer neuen Schätzung der Todesopfer während der Periode 1941–1945; die Zahl stieg von 27 auf 42 Millionen – 23 Millionen Zivilisten und 19 Millionen Soldaten. Diese Statistik, die nicht von unabhängigen Historikern bestätigt wurde, legt eine Schlussfolgerung nahe. Wenn sie korrekt ist, kommt Stalin dadurch die Verantwortung für ein sehr viel größeres Leid zu, da er das russische Volk durch seine waghalsige Allianz mit Hitler in eine ungeheure Tragödie historischen Ausmaßes stürzte, von der sich Russland bis heute kaum erholt hat; dies würde auch den glorreichen Mythos des »Großen Vaterländischen Krieges« zerstören. Vermutlich wurde mit dieser Aufblähung der Zahl der Opfer aber das Ziel verfolgt, die Schar der Märtyrer ins Unermessliche zu steigern, um damit der ganzen Welt und insbesondere dem Westen eine politisch-moralische Überlegenheit Russlands aufzuzwingen. Letztere hatte Putin bereits in einer Rede am 9. Mai 2012 für sich in Anspruch genommen: »Wir haben ein immenses moralisches Recht, unsere Positionen grundlegend und dauerhaft zu verteidigen. Weil es gerade unser Land war, das die Hauptlast der Nazioffensive trug […] und den Völkern der Welt die Freiheit schenkte.« Und im Jahr 2013 wiederholte Minister Medinski dieses Argument in seinem auf Russisch veröffentlichten Werk *Der Krieg. Die Mythen der UdSSR 1939–1945*, wo er unter Hinweis auf die weitaus geringeren Verluste der Westalliierten zu dem Schluss kam: »Welches moralische Recht hätte also ein anderes Land außer dem unseren gehabt, die Zukunft des Nachkriegseuropas zu bestimmen?« Es gehört schon eine große Unverfrorenheit dazu, sich auf Stalins »moralisches Recht« zu berufen, nach allem, was die Historiker über seine Allianz mit Hitler enthüllt haben!

Im Jahr 2018 erreichte die mittlerweile offizielle und staatlich geförderte Bewegung des »Unsterblichen Regiments« alle 73 Regionen Russlands mit mehr als zehn Millionen Teilnehmern – von denen viele Stalin-Porträts hochhielten – und trat auch in mehr als 80 Ländern im Ausland in Erscheinung. Die Porträts der Verstorbenen, die wie heilige Ikonen getragen wurden, ließen die Paraden wie religiöse Prozessionen aussehen; begleitet wurden sie allerdings von kriegerischen Liedern, die sich vor allem gegen das als nazistisch geschmähte Europa richteten. Putin heizte absichtlich Emotionen an, die an eine ultrapatriotische Hysterie grenzten, und nutzte die Schwierigkeit der russischen Bürger aus, die psychologische Hemmschwelle gegenüber den historischen Fakten zu überwinden, die sich durch die Kriegsteilnahme ihrer Vorfahren ergab. Wie Marcel Proust schrieb: »Die Tatsachen dringen nicht in die Welt ein, die von unseren Glaubensinhalten bewohnt wird« – Glaubensinhalte, von denen erwartet wurde, die neue russische Identität zu begründen.

Diese Verehrung gefallener Helden ähnelt dem für totalitäre Regime typischen Kriegskult, im Rahmen dessen bestimmte eigene Anhänger, die im Kampf für ihre Ideologie getötet wurden, zu emblematischen Heroen stilisiert wurden. Dies gilt sowohl für den kleinen Pawel Morosow, der zum Helden der stalinistischen Jugend wurde, weil er seine Eltern als »Kulaken« denunzierte, als auch für den berühmten Horst Wessel, einen Anhänger der Nazis, der von Kommunisten ermordet wurde und dem nach ihm benannten Nazilied seinen Namen gab. Aber die Bewegung hat noch eine weiter reichende Bedeutung, von der Alexander Dugin sprach:

> Das Unsterbliche Regiment ist ein sehr tiefgründiges Ritual, das eine direkte Verbindung herstellt zwischen der Welt der Lebenden und der Welt der Toten, der Vorfahren. Die toten Helden kehren zurück und marschieren zusammen mit ihren Nachkommen. Auch die Kinder, der Horizont des ewigen Fortbestands des Volkes, begleiten sie. […] Die Toten sind wieder da, die Toten leben, die Toten sind Bestandteil unseres Blutes. Sie winken uns zu. […] In diesem Sinne ist die Unsterblichkeit aufzufassen: als konkrete Anwesenheit der Toten an unserer Seite, in uns selbst und vor allem in der Zukunft. […] Es ist ein Marsch, der das Volk erzieht und vereint, ein Ritual, bei dem die Toten zeigen, wie unbedeutend alles andere im Vergleich zu ihrer Größe ist. […] Durch das Unsterbliche Regiment lebt unser Volk

> wieder auf. Das russische Volk und die russische Nation haben einen höheren Wert als das Leben. Dieses Erwachen […] muss für uns der Ausgangspunkt für eine neue Blütezeit werden.[24]

Dies erinnert an die alte französische Redewendung »der Tote ergreift den Lebenden«, die sich ursprünglich darauf bezog, dass nach dem Tod des Königs automatisch sein Sohn die Nachfolge antrat; hier bedeutet sie, dass das alte, verkommene und kriminelle Sowjetregime die neue Gesellschaft infiziert. Die Einführung des »Unsterblichen Regiments« ist ein für Putin typischer, totalitärer Schritt mit dem Ziel der zunächst spontanen und dann erzwungenen Mobilisierung der Bevölkerung um einen künstlichen Diskurs herum, der sich auf den »Großen Vaterländischen Krieg« beruft. Sie ist die vorläufige Krönung einer beschleunigten Militarisierung Russlands und insbesondere eines Teils seiner Jugend.

Von Putins Geschichtsleugnung zu den Brüchen des europäischen Gedächtnisses

In Wirklichkeit steckt hinter der Hervorhebung des Sieges von 1945 die Absicht, eine im Vordergrund stehende Erinnerung zu schaffen, die Putins Weigerung verdecken soll, sich mit dem nicht rückgängig zu machenden Zusammenbruch der UdSSR und der endgültigen Niederlage des kommunistischen Systems nach dem Kalten Krieg abzufinden. Für den Tschekisten, der im Innersten von Allmachtsfantasien geprägt ist, ist eine derartige Niederlage in der Tat unvorstellbar und daher inakzeptabel. Putin drückte dies bereits am 9. Februar 2000 aus: »Wer die Zerstörung der Sowjetunion nicht bedauert, hat kein Herz. Und wer sie in gleicher Form wieder aufbauen will, hat keinen Kopf.« Eine identische Rekonstruktion hält er also nicht für möglich, aber eine Wiedererrichtung mit einer anderen Struktur schließt er nicht aus.

Diese vorgeschobene Erinnerung wird allerdings durch die Existenz des Hitler-Stalin-Paktes ruiniert, der von 1939 bis 1945 einen riesigen geografischen Raum vom Atlantik bis zum Pazifik schuf, in dem die beiden totalitären Regime herrschten und in dem alle demokratischen Gedanken und Aktionen verfolgt wurden. Russland weigert sich also, die enormen Traumata zur Kenntnis zu nehmen, welche bei den Nationen zurückblieben, die der Komplizenschaft der beiden Diktatoren zum Opfer fielen; es negiert die tiefen Narben, welche die erste sowjetische Besetzung von 1939 bis 1941 und die zweite nach 1944 hinterließen und die bis heute erhebliche Konflikte im Bereich des Vergangenheitsbildes, der Politik und sogar der Staatsgrenzen nach sich ziehen. Angesichts dieser »Vergangenheit, die nicht vergeht« bleibt in Russland das Bündnis zwischen den Sowjets und den Nazis der blinde Fleck in der europäischen Erinnerung. Der Beitritt der meisten ehemaligen »Volksdemokratien« und der baltischen Staaten zur Europäischen Union hat zwar die Folgen dieser geschichtlichen Ereignisse beseitigt, da die Grenzen dieser Staaten heute durch ihre Mitgliedschaft in der EU und der NATO gesichert sind, wenngleich Russland sie immer noch bedrängt, beispielsweise durch Hackerangriffe auf ihre Computersysteme. Mit der Annexion der Krim, der Besetzung des Donbass und schließlich dem Angriff auf die gesamte Ukraine hat Russland jedoch den Rubikon überschritten und alle Narben aus der Zeit des Hitler-Stalin-Paktes auf einen Schlag wieder aufgerissen.

Als Folge davon ist das kollektive Gedächtnis in den Staaten Europas weit davon entfernt, übereinstimmende Inhalte aufzuweisen, sondern steht oftmals sogar in einem offenen Konflikt,[25] da Europa mit dem Fortbestehen von drei sehr unterschiedlichen Erinnerungen an die Zeit des Kommunismus konfrontiert ist, insbesondere in Bezug auf den Zweiten Weltkrieg. Für die Länder Mittel- und Osteuropas, vor allem die baltischen Ex-Sowjetrepubliken und die Westukraine, ist die Zeit des Kommunismus eine tragische Vergangenheit, was auch für die Ostukraine gilt, die durch die große Hungersnot von 1932/1933 besonders traumatisiert wurde.[26] Ganz anders ist die Situation in Westeuropa, das dank des amerikanischen Beistands nach 1945 in gesellschaftlichem Frieden und Wohlstand lebte und sich ein glorreiches Bild des Kommunismus bewahrte. Letzteres beruhte vor allem auf dem Gedenken an den von François Furet so genannten »universellen Charme des Oktobers« – an den »Sturm auf das Winterpalais«, den Traum aller Revolutionäre –, an den Antifaschismus der 1930er-Jahre – mit der Volksfront, dem Spanischen Bürgerkrieg usw. – und an die tatkräftige Beteiligung der Kommunisten am Widerstand gegen die Nazibesatzer in Frankreich ab dem 22. Juni 1941 (dem Beginn des deutschen Überfalls auf die Sowjetunion). Eine äußerst wirksame kommunistische Propaganda hat ein halbes Jahrhundert lang dazu beigetragen, ein übersteigertes Gedenken an den Antifaschismus zu etablieren und das Bündnis zwischen Sowjets und Nazis vergessen zu lassen. Was Russland betrifft, so ist diese Nation gefangen in einer schizophrenen Erinnerung, die sowohl tragische als auch ruhmreiche Züge aufweist. Einerseits sind unzählige Familien von den Gedächtnisspuren des Terrors, der Hungersnöte, des Gulags, des Krieges und der Diktatur betroffen. Andererseits bemüht sich Putin als Machthaber, eine neue russische Identität aufzubauen, die allein auf der Erinnerung an den »Großen Vaterländischen Krieg« und den Sieg von 1945 basieren soll, unter Ausblendung alles Übrigen.

Dieser Kampf um das Gedenken betrifft sogar die anerkanntesten europäischen Institutionen. So forderte im März 2005 der polnische Europaabgeordnete Zbigniew Zaleski, das EU-Parlament solle eine Schweigeminute zu Ehren der Opfer des Massakers von Katyn einlegen, was jedoch abgelehnt wurde. Am 25. Januar 2006 legte der schwedische Europaabgeordnete Göran Lindblad nach langer Vorarbeit der Parlamentarischen Versammlung des Europarates die Resolution Nr. 1481 vor, in der er vorschlug, die »Verbrechen der kommunistischen Regime« auf moralischer Ebene zu verurteilen, »wie es bei den schrecklichen Verbrechen, die im Namen des Nationalsozialismus begangen wurden, erfolgt ist«. Darauf reagierten die Kommunisten mit einer heftigen Kampagne, bei der sich besonders der russische Abgeordnete Gennadi Sjuganow hervortat, Chef der Kommunistischen Partei der Russischen Föderation und geistiger Erbe von Lenin, Stalin und Breschnew; aber auch die französische KP meldete sich lautstark zu Wort. Am Ende wurde die Resolution nur von 99 Abgeordneten angenommen, 42 stimmten dagegen, und zwölf enthielten sich kleinmütig der Stimme.[27]

Dieser schwarze Tag für den Europarat, der 1949 gegründet worden war, um die Menschenrechte und die Demokratie zu verteidigen, führte jedoch zu einigen positiven Aktionen. So verabschiedete das Europäische Parlament am 2. April 2009 eine Resolution zum Thema »Das europäische Gewissen und der Totalitarismus«, mit welcher der 23. August, das Datum des »Nichtangriffspakts«, als europäischer Gedenktag für die Opfer des Nationalsozialismus und des Stalinismus eingeführt wurde. Das historische Konzept des »Totalitarismus«, dessen Gebrauch 1924 erstmals belegbar ist, das in den 1930er-Jahren von vielen Analysten weiterentwickelt und 1951 von Hannah Arendt und ihrer berühmten Trilogie neu in Umlauf gebracht wurde,[28] ist zu einer echten Herausforderung im Bereich der Geschichtsschreibung und Erinnerungskultur geworden, denn es wird von all jenen abgelehnt, die sich weigern, den Kommunismus mit dem Nationalsozialismus auf eine Ebene zu stellen, wobei das Bündnis zwischen Hitler und Stalin natürlich eine wichtige Rolle spielt. Vor diesem Hintergrund gründete Lindblad 2011 die »Plattform für Erinnerung und Bewusstsein Europas«, die Dutzende von Gedenkinstitutionen unter einem Dach vereint mit dem Ziel, die europäischen Gedächtniskulturen miteinander zu versöhnen.[29] Das ist jedoch nicht so einfach, wie die große Umfrage zeigt, die 2014 von der Stiftung für politische Innovation in Zusammenarbeit mit der Holocaust-Gedenkstiftung unter 16- bis 29-Jährigen in 31 Ländern durchgeführt wurde;[30] dabei erwies sich, dass das historische Wissen über den Zweiten Weltkrieg in der Regel recht dürftig ist. Auf die Frage »Befanden sich im Jahr 1940 Nazideutschland und die UdSSR im Krieg gegeneinander, oder waren sie Verbündete?« antworteten durchschnittlich 41 Prozent mit »im Krieg«, 30 Prozent mit »Verbündete« und 29 Prozent gaben zu, dass sie keine Ahnung hatten. Die polnische und ukrainische Jugend antwortete mit 46 bzw. 43 Prozent »Verbündete«, während dies in Frankreich nur 37 Prozent der jungen Leute wussten. Ermutigender sind die Kenntnisse der russischen Jugend, von der immerhin 53 Prozent richtig »Verbündete« antworteten, was zeigt, dass in dieser Generation die Arbeit an dem, was Paul Ricœur »gerechte Erinnerung« nannte,

Fortschritte macht; allerdings war dies vor der Annexion der Krim.

Am 7. April 2010 gedachten die Premierminister Polens und Russlands – Tusk und Putin – zum ersten Mal in Katyn des dortigen Massakers; während Letzterer die Verantwortung Stalins und des NKWD anerkannte – es wäre auch schwierig gewesen, dies weiter zu leugnen –, bat er das polnische Volk nicht um Vergebung. Vor allem aber stürzte nur drei Tage später, am 10. April, das Flugzeug des polnischen Präsidenten Lech Kaczyński – dessen Anwesenheit Putin am 7. April abgelehnt hatte – bei der Landung in der Nähe von Smolensk ab. An Bord befanden sich außerdem noch weitere hochrangige politische und militärische Autoritäten sowie Familienangehörige der in Katyn getöteten Offiziere. Die Russen weigerten sich, die Polen an der Untersuchung des Unglücks mitwirken zu lassen, und kamen zu dem Ergebnis, es müsse sich um einen Pilotenfehler gehandelt haben. Allerdings drängt sich die Frage auf, ob das Flugzeug des polnischen Präsidenten von Russland ordnungsgemäß gewartet wurde und ob sich der Kontrollturm in Smolensk richtig verhalten hat … Eines ist sicher: Der Absturz verschlechterte die polnisch-russischen Beziehungen erheblich. Was die in Katyn errichtete Gedenkstätte kritisierbar macht, ist überdies die Tatsache, dass mehr der sowjetischen als der polnischen Opfer dieses Ortes gedacht wird – der NKWD habe dort schon vor 1940 zahlreiche Menschen umgebracht, so lautet die Begründung.

Es ist verständlich, dass die Nationen Mittel- und Osteuropas angesichts dieser Weigerung, ihre tragische Erinnerung an den Kommunismus und die UdSSR angemessen zu berücksichtigen, verärgert sind. So verabschiedete das ukrainische Parlament bereits am 28. November 2006 ein Gesetz, das die Hungersnot von 1932/1933 als »Völkermord« definierte, und ließ über 5500 Lenin-Statuen im ganzen Land abbauen, darunter im Dezember 2013 – während der Maidan-Revolution – den riesigen Block der Lenin-Büste, der mitten im Zentrum von Kyiv thronte. Die estnische Regierung hat ihrerseits die Statue des »Befreienden Soldaten der Roten Armee«, die im Zentrum von Tallinn stand, an eine weniger prominente Stelle versetzt. Es ließen sich zahlreiche weitere Beispiele dieser Art anführen, aus allen Ländern, in denen die tatsächlichen Verbrechen des Sowjetkommunismus bisher nicht hinreichend aufgedeckt oder sogar geleugnet wurden.

Solange diese kriminelle Vergangenheit vonseiten Russlands nicht eindeutig festgestellt und anerkannt wird, werden die Narben, die sie in ganz Europa hinterlassen hat, nicht verheilen, und der europäischen Einigungsbestrebung wird eine wichtige Voraussetzung fehlen: die Wahrheit über die Verbrechen gegen den Frieden und die Menschlichkeit – samt der damit einhergehenden Völkermorde –, die allein die Harmonisierung der Geister und Herzen gewährleisten kann. Denn wie die rumänische Dichterin Ana Blandiana, Gründerin der Gedenkstätte für die Opfer des Kommunismus in der Stadt Sighetu Marmației, so treffend sagte: »Wenn es der Justiz nicht gelingt, eine Art von Gedächtnis zu sein, kann nur die Erinnerung für eine Form von Gerechtigkeit sorgen.« Allerdings muss diese Erinnerung auf ernsthafter Geschichtsforschung beruhen, die sich selbst immer wieder infrage stellen muss.

Die heftige Reaktion des Kremls auf den Euromaidan in Kyiv und die Flucht Janukowitschs nach Russland, dann die Annexion der Krim und der hybride Krieg im Donbass radikalisierten die Rhetorik und die Vorgehensweise des russischen Regimes so stark, dass es von einem autoritären zu einem totalitären Staat wurde. Bezüglich des Umgangs mit der Geschichte und bereits im Rahmen der Vorbereitung seines Krieges gegen die Ukraine ließ Putin seinen Worten Taten folgen: Am 28. Dezember 2021 löste der Oberste Gerichtshof Russlands die Vereinigung Memorial International auf, die von Staatsanwalt Alexej Jafiarow beschuldigt wurde, »über Repressionen im 20. Jahrhundert zu spekulieren«, »ein lügnerisches Bild der UdSSR als Terrorstaat zu schaffen« und »Nazi-Verbrecher reinzuwaschen und zu rehabilitieren«. Eine Antwort darauf war sicherlich die Verleihung des Friedensnobelpreises 2022 an Memorial. Und in gewisser Weise steht die Antwort darauf auch schon in einem Text, den Alexander Solschenizyn in vorausschauender Manier am 12. Februar 1974 verfasste, dem Tag seiner Verhaftung vor seiner Ausweisung aus der UdSSR:

Wenn die Gewalt in das friedliche Leben der Menschen einbricht, glüht ihr Gesicht vor Arroganz; ihr Motto trägt sie unverfroren auf ihrem Banner und ruft es aus: »ICH BIN DIE GEWALT! Macht Platz, aus dem Weg, oder ich zermalme euch!« Aber die Gewalt altert schnell, nach wenigen Jahren verliert sie ihre Selbstsicherheit, und um sich zu behaupten, um die Menschen zu beeindrucken, sucht sie unvermeidlich den Beistand der Lüge. Denn die Gewalt kann sich hinter nichts anderem als der Lüge verschanzen, und die Lüge kann sich nur durch Gewalt aufrechterhalten. Konkret handgreiflich wird die Gewalt nicht jeden Tag und nicht bei jedem Menschen: Sie fordert von uns nur unseren Gehorsam gegenüber der Lüge, unsere tägliche Teilhabe am Lügensystem; das ist alles, was sie von ihren treuen Untertanen erwartet. Und genau hier liegt der Schlüssel zu unserer Befreiung, der häufig übersehen wird, aber für alle leicht zugänglich ist: DIE WEIGERUNG, PERSÖNLICH AN DER LÜGE MITZUWIRKEN! Auch wenn die Lüge omnipräsent ist und alles zu beherrschen scheint, müssen wir zumindest in einer Hinsicht unnachgiebig sein: Sie darf ihre Macht nicht DURCH MICH erlangen![31]

21

Putin, Chef der Oligarchen

Cécile Vaissié

In Russland beträgt das mittlere Einkommen eines Erwachsenen weniger als 1000 Dollar pro Jahr, und dabei ist es eines der Länder, in denen der Reichtum sehr ungleich verteilt ist, noch deutlich ungleicher als in vielen Teilen der Welt, etwa in den USA oder China. Einem Bericht der Crédit Suisse aus dem Jahr 2013 zufolge – es dürfte sich in der Zwischenzeit nicht viel geändert haben – gehören 35 Prozent des Reichtums des Landes genau 110 Personen.[1] Ein anderer Bericht zeigte 2017, dass ein Prozent der Bevölkerung 74,5 Prozent des nationalen Vermögens besitzt.[2] Die Privilegierten der Privilegierten, die sich Jachten zulegen und Paläste an der Côte d'Azur und in der Toskana kaufen, die meist mehrere Pässe besitzen und ihre Kinder zum Studium nach Harvard oder Oxford schicken, sind seit dem russischen Überfall auf die Ukraine allerdings Sanktionen unterworfen und müssen heute ihren Lebensstil neu überdenken.

Es ist gar nicht so einfach, den Begriff »Oligarch«, der seit 1996 im Zusammenhang mit Russland häufig verwendet wird, zu definieren, dafür gibt es aber einige bestimmende Daten in der Entstehungsgeschichte dieser sozialen Gruppe: zum einen die Jahre 1995–1997, die Phase des »Kredite für Aktien«-Programms, das es den bereits sehr reichen Russen ermöglichte, in die *Forbes*-Liste der reichsten Menschen der Welt aufzusteigen; zum anderen 2003, das Jahr der Verhaftung von Michail Chodorkowski, des reichsten Mannes Russlands, der anschließend zehn Jahre im Gefängnis verbrachte. Zwischen diesen beiden Daten wurde Wladimir Putin Präsident der Russischen Föderation, und einige der Tschekisten, die sich zu diesem Zeitpunkt mit ihm und wie er bereits zehn Jahre lang bereichert hatten, sind zu den neuen Oligarchen aufgestiegen.

Dieser im russischen Kontext unscharfe Begriff erlaubt es zumindest, eine Situation abzubilden, die sich gänzlich von der europäischer oder amerikanischer Milliardäre unterscheidet. Zunächst kann man die gewaltige und sehr schnelle Bereicherung nur im Zusammenhang mit den Transformationen verstehen, die die russische Wirtschaft seit Ende der 1980er-Jahre durchlief. Die neuen Superreichen verdankten den Zugewinn an Geld zumeist nicht ihrer Arbeit oder einem besonderen Ideenreichtum, sondern er hing mit ihrer privilegierten Verbindung zur obersten Politikelite zusammen, die die Reichtümer verteilte, es ihren Vertrauten erlaubte, das Vermögen an sich zu reißen, und ihnen vor allem gestattete, es auch zu behalten. Außerdem kann es sich um individuellen oder gemeinschaftlichen Besitz handeln und der wahre Begünstigte eines Vermögens hinter Scheingesellschaften, Schattendirektoren oder undurchdringlichem Schweigen verborgen sein. Und schließlich zählt nicht so sehr der Besitz als vielmehr die Kontrolle – und das heißt, sich den Besitz nutzbar machen zu können: Die Vorsitzenden der staatlichen Unternehmen sind steinreich, viel reicher als ihr veröffentlichtes, offizielles Gehalt vermuten lässt. Von daher wird die Bedeutung der Macht verstärkt: Derjenige, der entscheidet, ist befugt, sich an den betreffenden Vermögenswerten zu erfreuen. Diese Regeln *(Poniatia)* sind allen klar, und da dem so ist, werden sowohl die Diskretion, die diese Praktiken umgibt, als auch die extreme Gewalt, die sie erzeugen, akzeptiert.

Unsichtbare Finanzströme und diskrete innere Transformationen

Die entscheidenden, aber quasi unsichtbaren Weichenstellungen wurden bereits in den 1980er-Jahren getroffen, womöglich sogar früher. Der russisch-amerikanische Journalist Paul Klebnikov, die Wissenschaftlerin Karen Dawisha und die Journalistin Catherine Belton beschrieben jeweils ähnliche Vorgänge: Der KGB schuf zunächst und/oder förderte zahlreiche befreundete Firmen im Westen und überwies ihnen, unter seiner Kontrolle, »Milliarden von Dollar«[3]; und Wladimir Putin war während seiner Zeit in Dresden vermutlich an einer derartigen Operation beteiligt. Im November 1990 hatte etwa die Pariser Niederlassung der sowjetischen Staatsbank bereits ein Offshore-Konto auf Jersey eingerichtet, auf das Milliarden Dollar Regierungsgelder überwiesen wurden.[4] Ein Teil der immensen Reichtümer der KPdSU – die bis dahin zur Finanzierung von ausländischen kommunistischen Parteien, verbündeten Bewegungen und Terrorgruppen genutzt wurden – floss nun in diese Kanäle, sodass nach dem Zusammenbruch der Sowjetunion praktisch nichts mehr in den Kassen der Partei aufzufinden war. Dafür befanden sich nun im Westen gut gefüllte Konten, von denen nur die KGB-Offiziere wussten, die diese Operationen überwacht hatten. Für Professorin Dawisha bestand kein Zweifel, dass mit diesem Geld ein Großteil der russischen Banken gegründet wurde, darunter auch jene der Oligarchen.[5]

Parallel dazu, ab 1986, begann man in der UdSSR mit Veränderungen, die das Wirtschaftssystem transformieren sollten, und zwar nicht allein über gesetzgeberische Veränderungen. Schon 2004 beschrieb die Soziologin Olga Krychtanowskaja die beiden Wellen der »Privatisierungen«, die still und heimlich stattgefunden hatten, bevor 1992 in der Öffentlichkeit die dritte Welle bekannt gegeben wurde. Die erste fand zwischen 1986 und 1989 statt, als die Machthaber jungen und dynamischen Komsomol-Kadern die Möglichkeit anvertrauten, ihre ersten Schritte in der Wirtschaft zu unternehmen; Hunderte, vermutlich sogar Tausende Unternehmen wurden dabei gegründet, und obgleich der Staat Eigentümer blieb, konnten sich die Komsomol-Kader häufig die Gewinne aneignen und so erstes Kapital aufhäufen.[6] Michail Chodorkowski, der rund 15 Jahre später der reichste Mann Russlands sein sollte, war einer der Nutznießer dieser Maßnahme. Im Jahr 1963 in eine Ingenieursfamilie hineingeboren, die vielen anderen ähnelte, wuchs er in einer Gemeinschaftswohnung auf. Als Jugendlicher übernahm er Führungsaufgaben beim Komsomol, dem kommunistischen Jugendverband in Moskau, und konnte 1987 dank der Finanzmittel der Partei eine erste Finanzkooperative gründen. Dass ihn der KGB dabei überwachte, soll Chodorkowski zu dieser Zeit noch nicht gewusst haben.[7]

Die zweite Welle der Privatisierungen verlief von 1989 bis 1992: Krychtanowskaja spricht hier von der »Privatisierung des Staates durch den Staat«. Mit der Zustimmung ihrer Vorgesetzten privatisierten Funktionäre zu ihrem eigenen Vorteil die öffentlichen Vermögenswerte, die sie leiteten oder verwalteten. Ministerien wurden in Unternehmen umgewandelt – wie beispielsweise von Viktor Tschernomyrdin, dem Minister für die Gasindustrie, der aus seinem Ministerium die Aktiengesellschaft Gazprom machte, deren Geschäftsführer er wurde und dadurch sein Privatvermögen von 28 Millionen auf fünf Milliarden Dollar steigern konnte.[8] Und obwohl sich nachvollziehen lässt, wie er zu den fünf Milliarden kam, muss doch die Frage erlaubt sein, wie sich ein sowjetischer Minister die anfänglichen 28 Millionen Dollar verschafft haben mochte. Zu dieser Zeit tauchten auch jene Banken auf, die aus den Staatsbanken hervorgegangen waren, denen jedoch weiterhin die Räumlichkeiten und sogar die Möbel der neuen Institute gehörten. Andere Bankengründungen wurden laut Olga Krychtanowskaja von staatlicher Seite initiiert oder finanziert, ohne dass dies angegeben wurde – es scheint, dass auch hier Geld der KPdSU eingesetzt wurde, das der KGB organisiert hatte. So entstanden einige der Privatbanken, die es den zukünftigen Oligarchen ermöglichten, ihr Vermögen aufzubauen: etwa die Alfa Bank (Michail Fridman) oder die Onexim Bank (Wladimir Potanin). Und wäre es 1988 in der UdSSR möglich gewesen, dass der 25-jährige Chodorkowski seine Bank Menatep ohne Hilfe offizieller Stellen hätte aufbauen können?[9] Ferner erlaubte die sowjetische Zentralbank Menatep den Handel mit Devisen, was sehr viel Geld einbrachte, und ein Gerücht besagt sogar, dass dank des KPdSU-Geldes Menatep einer der wichtigsten Kanäle für den Transfer von Parteivermögen ins Ausland gewesen sei, was Chodorkowski jedoch immer bestritt.

Als die Sowjetunion im Dezember 1991 unterging, waren einige Sowjetbürger bereits mit einem umfassenden Startkapital ausgestattet, das sie größtenteils ihren Verbindungen zu den

Machtstrukturen zu verdanken hatten, da selbst diejenigen, die den Schwarzmarkt bedienten, dazu vom KGB »autorisiert« werden mussten. Was zunächst nur »Kontrolle« und »Verwaltung« gewesen war, entwickelte sich schnell zu »Eigentum«. So wurde Chodorkowski 1993 klar, dass das von ihm geführte Unternehmen nun als sein Eigentum betrachtet werden konnte.[10] Andere befanden sich in einer ähnlichen Situation und sollten von den 1992 unter Jegor Gaidar angestoßenen Reformen profitieren.

Die Oligarchen der 1990er-Jahre

Nun schien die Privatisierung die gesamte Bevölkerung zu betreffen. Die im Sommer 1992 angeschobene dritte Welle basierte auf der Verteilung eines Gutscheins über 10 000 Rubel an alle Sowjetbürger, mit dem sie Unternehmensaktien kaufen sollten. Die russische Bevölkerung profitierte jedoch kaum von diesem Bon, da viele Menschen ihn an jemanden weiterverkauften, der die Idee hinter der Operation verstanden hatte. So wurden viele Unternehmen von ihren Leitern, den »roten Direktoren«, aufgekauft, von denen einige »heimlich das Kapital ihrer Gesellschaften umgeleitet und dafür eingesetzt hatten, die Kontrolle zu übernehmen«.[11] Gut unterrichtete und unternehmungslustige Geschäftsleute machten sich somit wichtige Unternehmen zu eigen. Boris Beresowski war einer von ihnen. Der 1946 geborene talentierte Mathematiker, der Mitglied der Akademie der Wissenschaften war, hatte die Lizenz zum Export von Schiguli-Autos – im Ausland unter dem Namen Lada bekannt – erhalten und die Gesellschaft LogoWAS gegründet: Er kaufte Autos in Russland für Rubel und verkaufte die Wagen im Ausland für Dollar; der Gewinn war beträchtlich, doch Beresowski musste zugeben, dass er über sein gesamtes Vermögen Rechenschaft ablegen könne, »[n]ur nicht über die erste Million«.[12] Er erwarb 1992 eine Mehrheitsbeteiligung an AwtoWAS und 1994 dann 49 Prozent der Aktien von ORT, dem ersten Fernsehsender, bevor er 1995 die Kontrolle über Aeroflot[13] übernahm. Da war er bereits Mitglied im Kreis um den Präsidenten Boris Jelzin geworden und »Privatfinanzier« von Tatjana Djatschenko, dessen Tochter.[14]

Die vierte Privatisierungswelle zwischen 1995 und 1997 schließlich ermöglichte es bestimmten Personen, die in den vorangegangenen Jahren reich geworden waren – oder sorgfältig ausgesucht worden waren –, Dollarmilliardäre zu werden: die Oligarchen.[15] Die Operation dazu wurde von Boris Jordan, einem amerikanischen Banker mit russischen Wurzeln, und dem späteren Oligarchen Wladimir Potanin erdacht. Als Sohn eines wichtigen Funktionärs im sowjetischen Außenhandelsministerium 1961 geboren, begann Letzterer seine Karriere an der Seite seines Vaters und nutzte dann seine Kontakte in die hohen Ränge der Kommunistischen Partei, um Exportlizenzen zu erhalten und damit den Grundstock für sein Vermögen zu legen. Die beiden Männer mit den völlig unterschiedlichen Lebensläufen wussten, dass der russischen Regierung liquide Mittel fehlten und sie die Gehälter ihrer Funktionäre nicht würde bezahlen können. Doch im Jahr 1996 standen Präsidentschaftswahlen an, und Jelzin drohte gegen die Kommunisten zu verlieren, die von der Rückverstaatlichung all dessen sprachen, was zuvor privatisiert worden war. Damals, so schrieb der amerikanische Finanzier Bill Browder, hätten 22 Oligarchen bereits 39 Prozent der Wirtschaft besessen, während der Rest der Bevölkerung in Armut gelebt habe.[16]

Die von Jordan und Potanin entwickelte Strategie, auch »Kredite für Aktien« genannt, sollte Jelzins Wiederwahl garantieren und war unglaublich simpel: Die wichtigsten Banken Russlands, entstanden dank der Unterstützung und Finanzhilfe des Staates, würden der Regierung zwei Milliarden Dollar leihen, und dieses Darlehen würde mit Aktien der besten Industrieunternehmen des Landes garantiert werden. Im Gegenzug würden die Eigentümer dieser Banken, die oft bedeutende Medienhäuser besaßen, ihren Einfluss auf die Presse nutzen, um für Jelzins Wiederwahl zu werben. Nach der Wahl durften sie dann 1997 selbst und für den eigenen Profit die Versteigerung der als Pfand hinterlassenen Unternehmen organisieren. Die wenigen von Jelzins Mannschaft für diese »Kredite für Aktien«-Maßnahme zugelassenen Geschäftsmänner finanzierten somit die Wiederwahl des Präsidenten und erwarben zu einem sehr niedrigen Preis bei manipulierten und geschlossenen Auktionen die Aushängeschilder der russischen Industrie. Potanins Bank Onexim kaufte so für 170,1 Millionen Dollar 38 Prozent des Stammkapitals von Norilsk Nickel, das auf 170 Millionen Dollar geschätzt worden war. Die von Chodorkowski geleitete Menatep übernahm für 159 Millionen Dollar – neun Dollar über dem Schätzpreis – 45 Prozent von Jukos, dem zweitgrößten russischen Ölunternehmen, das 2003 dann bereits 15 Milliarden Dollar wert war. Beresowski und sein Partner Roman Abramowitsch eigneten sich gemeinsam für 100 Millionen Dollar das Ölunternehmen Sibneft an. Die staatlichen Vermögenswerte, die im Juli 1997 an der Börse 14 Milliarden Dollar wert gewesen waren, wurden für weniger als eine Milliarde verkauft, und die großen Gewinner waren die mit Beresowski, Chodorkowski und Potanin verbundenen Strukturen.[17] Nach diesen Versteigerungen fanden sich zum ersten Mal vier Russen auf der *Forbes*-Liste der Milliardäre. Im Jahr 2022 waren es bereits 83 Oligarchen.[18]

Das Auftauchen der putinschen Oligarchen

Parallel zu diesem vor allem in Moskau ablaufenden Prozess häuften Männer Anfang der 1990er-Jahre auch in Sankt Petersburg ein Vermögen an und tauchten damit 15 Jahre später als neue Oligarchen-Generation auf: eine, die Wladimir Putin alles zu verdanken hat. Dieser leitete von 1991 bis 1996 im Rathaus seiner Geburtsstadt jenes Komitee, das mit den Außenhandelsbeziehungen betraut war. Auf ganz legalem Wege stand er daher in Kontakt mit ausländischen Investoren, die sich in der Stadt niederlassen wollten, und zog für sich und seine Umgebung auch materielle Vorteile daraus. Zugleich knüpfte er erste geheime Allianzen mit einem Teil der Organisierten Kriminalität, der »Tambow-Bande«.

Zumindest eine Episode aus dieser Zeit ist dokumentiert. Im Jahr 1991 forderte Jelzin seinen Ministerpräsidenten Jegor Gaidar auf, sich in Sankt Petersburg Rohstoffe im Wert von 122 Millionen Dollar zu beschaffen, und autorisierte ihn, diese im Gegenzug für in der Stadt dringend benötigte Lebensmittel zu exportieren und einzutauschen. Kaum war die Vereinbarung getroffen, unterschrieb Putins Komitee mit örtlichen Geschäftsverbänden Verträge, in denen die Verkaufswerte bewusst niedrig gehalten wurden. Letzten Endes summierte sich der Tausch der Rohstoffe auf … zwei Frachterladungen Speiseöl. Die örtlichen Geschäftsverbände wiederum strichen dicke Gewinne ein, die sie sich zweifelsohne mit denen teilten, die ihnen diese lohnenden Verträge ermöglicht hatten. Eine Untersuchungskommission kam übrigens zu dem Schluss, dass Putin verantwortlich sei, und empfahl dem Bürgermeister seine Entlassung. Doch Anatoli Sobtschak deckte seinen Stellvertreter.

Catherine Belton vermutet, dass diese Operation wie viele andere auch einen *Obschtschak* finanzierte, die Gemeinschaftskasse einer ganzen (kriminellen) Gruppe, deren Mitglieder enge und kodifizierte Beziehungen pflegen. Eine Art Mafia. Die Finanzen eines Obschtschak können für strategische Operationen oder für den persönlichen Gebrauch verwendet werden, die Grenze zwischen diesen beiden Verwendungsmöglichkeiten sind fließend.[19] Eine ganz besondere Rolle dürfte hierbei die 1990 von der KPdSU gegründete Bank Rossija gespielt haben, die geräuschlos unter die Kontrolle von drei KGB-Vertretern gekommen war – Wladimir Jakunin, Juri Kowaltschuk und Andrej Fursenko. Putin selbst stellte zusammen mit seinen engsten Freunden – wie er aus dem KGB kommend und zum Großteil Aktionäre der Bank Rossija, darunter auch Jakunin, Kowaltschuk und Fursenko – Osero auf die Beine, eine Datschenkooperative. Die Mitglieder des Osero-Kollektivs begannen, sich zu bereichern, was ihnen, da Putin inzwischen Präsident geworden war und ihnen weiterhin nahestand, zunehmend besser gelang.

Ab 1996 verfolgte Putin seine Karriere in Moskau weiter, zunächst in der Präsidialverwaltung, dann beim FSB und schließlich in der Regierung. Es waren Beresowski und/oder der Oligarch Sergej Pugatschow, der/die ihn in den Kreis »der Familie« einführte/n: Boris Jelzin, dessen Tochter Tatjana Djatschenko, dessen späterer Schwiegersohn, der Journalist Walentin Jumaschew, sowie die Oligarchen Boris Beresowski, Roman Abramowitsch und Oleg Deripaska, der die Tochter Jumaschews heiratete. Als Korruptionsskandale öffentlich wurden und Jelzins Umgebung darin verwickelt war, suchte dieser Kreis einen Nachfolger für den Präsidenten, der jedoch zwei Bedingungen akzeptieren musste: dass »die Familie« auch nach dem Machtwechsel unantastbar bliebe – auch für die Justiz – und dass die neue Regierungsmannschaft die Privatisierungen nicht rückgängig machen würde.[20]

Unter den möglichen Kandidaten auserkoren, wurde Putin am 9. August 1999 zunächst Ministerpräsident, später Staatspräsident. Und vielen war klar, dass gemeinsam mit ihm die Männer aus den »Ministerien mit den Schulterstücken«, also die Silowiki, an die Schaltstellen der Macht rückten,[21] vor allem aber auch seine Sankt Petersburger Freunde. Sie verstanden das umso besser, da Putin bereits 2000 ankündigte, sich die Oligarchen vorzunehmen zu wollen, die »Profit aus der Desorganisation des Staates geschlagen« und »dank ihrer Manipulationen bei öffentlichen Institutionen Kapital angehäuft haben«.[22] Schnell zwang er zwei Oligarchen ins Exil, Wladimir Gussinski und Boris Beresowski. Neben seinen Medienunternehmen hatte Gussinski auch die Most-Bank gegründet und zu einer der wichtigsten des Landes gemacht – sie hatte Unterstützung sowohl vom KGB wie auch Geld von der Kommunistischen Partei erhalten. Übrigens war einer der Mitarbeiter dieser Bank General Filipp Bobkow, ehemals Nummer zwei des KGB, der für seine Tätigkeit ein monatliches Salär von umgerechnet 10 000 Dollar bezog.[23]

Putin ließ damit den Eigentümern von Medienhäusern und den Oligarchen insgesamt eine deutliche Botschaft zukommen: Er konnte jeden Beliebigen unter ihnen ins Exil, wahlweise auch in den Ruin treiben oder ins Gefängnis stecken. Während die Attacken gegen Gussinski liefen, fühlten sich auch andere Oligarchen bedroht, darunter Wladimir Potanin und Michail Fridman, die beide bereits bezahlt hatten, um in Frieden gelassen zu werden. Die Spielregeln änderten sich jedoch, und Putin machte dies im Juli 2000 deutlich, als er eine Liste mit den Namen von 21 Milliardären veröffentlichte, die alle um ein Treffen mit ihm gebeten hatten: Er würde die Privatisierungen sicher nicht rückgängig machen, aber die Oligarchen sollten sich zukünftig auch nicht mehr in die Politik einmischen. Mit anderen Worten: Sie sollten aufhören, ein Gegengewicht zu ihm zu bilden. Die Oligarchen traten zurück ins Glied. Und als einer von ihnen, Michail Chodorkowski, doch den Kopf hob, statuierte Putin ein neues Exempel an ihm.

Wendepunkt Chodorkowski

Michail Chodorkowski war der reichste Mann Russlands und sieben bis acht Milliarden Dollar »schwer« (zum Vergleich: der russische Staatshaushalt betrug damals 67 Milliarden Dollar), als er 2003 verhaftet und wegen Unterschlagung, Kapitalflucht und Steuerbetrug angeklagt wurde. Es kursierten unterschiedliche Erklärungsansätze dafür: Er war dabei, gemeinsam mit einem amerikanischen Unternehmen eine strategische Allianz zu Energiefragen zu entwickeln; er hatte die Stiftung »Open Russia« gegründet, um die russische Gesellschaft zu demokratisieren und eine neue Politgeneration heranzubilden; er finanzierte mehrere Parteien, auch über die Wünsche des Kremls hinaus; er dachte darüber nach, sich möglicherweise bei der Präsidentenwahl als Kandidat aufstellen zu lassen; er kritisierte zu öffentlich die Korruption in Putins Umgebung und zeigte sich diesem gegenüber nicht respektvoll genug … Es könnte aber auch sein, dass er schlicht nur das warnende Beispiel für andere war, denn Chodorkowski gab an, die Geheimdienste hätten Maßnahmen gegen den Energiesektor vorbereitet und wollten gegen die Alfa Group vorgehen, doch da Putin deren Chef Pjotr Aven schätzte, habe der Kremlchef dieses Vorgehen nicht gebilligt.[24]

Der Chodorkowski-Prozess dauerte elf Monate. Während der Verhandlungen war der Angeklagte in einen Käfig gesperrt; das Urteil lautete neun Jahre Gefängnis, was nach der Berufung auf acht Jahre reduziert wurde. Die Botschaft lautete ganz klassisch: Wer sich mit dem Kreml anlegt, landet in Sibirien. Ein zweiter, auf absurden Anschuldigungen beruhender Prozess endete mit einer 14-jährigen Haftstrafe. In der Zwischenzeit, am 20. Juli 2004, hatten Gerichtsvollzieher Jukos-Aktien im Wert von zwischen sieben und 14 Milliarden Dollar beschlagnahmt, obwohl das Unternehmen dem Fiskus offiziell nur 3,4 Milliarden schuldete. Für die *Nesawissimaja Gaseta* zeigte dies, dass »das wahre

Ziel« die »Auslöschung des reichsten Ölunternehmens Russlands« gewesen sei.[25] Und wer griff im Dezember 2004 auf Taschenspielertricks zurück, um die Ölfelder von Jukos zu übernehmen? Rosneft, die staatliche Ölgesellschaft, der seit Juli 2004 einer der engsten Vertrauten Putins vorstand: Igor Setschin, dessen Tochter mit Dmitri Ustinow verheiratet war, dem Sohn des russischen stellvertretenden Generalstaatsanwalts. Igor Setschin hatte die Jukos-Affäre in Schwung gebracht, am Ende den Gewinn eingestrichen, und den Prozess dazu hatte Wladimir Ustinow organisiert. Eine bewegende Familiengeschichte.

Der Kreml, entschlossen aus Öl und Gas die Grundlage seiner geopolitischen Machtposition zu entwickeln, riss damit ein wirtschaftlich gesundes und gut verwaltetes Erdölunternehmen an sich. Damit kontrollierte der Staat 55 Prozent der landesweiten Ölförderung, während im Jahr 2000 noch 80 Prozent in Privatbesitz gewesen waren.[26] Er zeigte seine Stärke, und die Oligarchen wurden nach der Verhaftung Chodorkowskis »umgänglicher«, wie die Tageszeitung *Kommersant* schrieb.[27] Die russische *Newsweek*-Ausgabe erklärte die »neuen Spielregeln«: »Der einzige Spieler, der in Russland über wichtige Vermögenswerte verfügt, ist die Staatsführung, genauer gesagt, ist Putin.« Was die Oligarchen angehe, so seien sie nicht mehr als »die Herren der russischen Industrie unter Vorbehalt«.[28] Eine Epoche ging zu Ende. Von nun an konzentrierte der Staat die politische und wirtschaftliche Macht in seinen Händen und überließ deren Verwaltung Putins Vertrauten, die daraus enormen materiellen Gewinn zogen. Olga Krychtanowskaja geht davon aus, dass ab 2004 vom Auftauchen einer »neuen Oligarchie« gesprochen werden kann, bei der sich einige auf wirtschaftliche Aktivitäten beschränkten, wohingegen andere Funktionen in der Regierung oder der Präsidialverwaltung anhäuften und großen Unternehmen vorsaßen. Dieser Wandel war ganz entscheidend, und Walentin Jumaschew unterstrich diese Bedeutung: Jene, die im Kreml arbeiteten, konnten unermesslich reich werden, während es in den 1990er-Jahren noch so gewesen war, dass »man entweder seinen Geschäften nachging oder für das Land arbeitete«.[29] Jumaschew und seine Frau – Jelzins Tochter – verließen Russland 2022 und zogen nach

Saint-Barthélemy, wo das Paar eine Villa im Wert von 15 Millionen Dollar besitzt.[30]

Zu diesen neuen Milliardären zählten zahlreiche KGB/FSB-Offiziere, sodass die Silowiki die Oligarchen der 1990er-Jahre als dominierende Gruppe ersetzt hatten. Boris Nemzow, unter Boris Jelzin noch Ministerpräsident, stellte 2006 fest, dass aus Letzteren einfache Geschäftsleute geworden waren, und fuhr fort: »Jetzt haben wir eine tschekistische Oligarchie.«[31] Indem der Kreml nun durch Gazprom die Kontrolle über das Gas und durch Rosneft die Kontrolle über das Erdöl besaß, verfügte er eigentlich über alle Mittel, um die russische Wirtschaft neu zu strukturieren und das Lebensniveau der Bevölkerung dauerhaft zu verbessern. Doch dazu kam es nicht: Die Verlockungen von Villen an der Côte d'Azur und vergoldeter Badezimmer sowie der Traum von einer wiederauferstandenen Großmacht waren stärker.

Putinsche Oligarchen

Wer sind diese »neuen Oligarchen«, die sich von denen der 1990er-Jahre so unterscheiden? Ein paar Namen – aus einer viel längeren Liste – sollen im Folgenden beispielhaft davon eine Idee vermitteln. Igor Setschin gilt mindestens seit 2003 als einer der einflussreichsten Männer in Russland und ist die zentrale Figur im Clan der Silowiki. Obgleich er sich offiziell nicht dazu bekennt, für den KGB gearbeitet zu haben, war er doch einst als »Übersetzer« in Mosambik tätig, was, im sowjetischen Kontext, zumindest bedeutete, dass er gute Beziehungen zum Geheimdienst gehabt haben dürfte. Er wurde im Sankt Petersburger Rathaus zum Vertrauten Wladimir Putins, das heißt, ihm musste man das Bestechungsgeld zustecken, wollte man, dass dieser oder jener Vertrag von Putin unterschrieben wurde. Nach dem Aufstieg seines Chefs wurde er 2000 zum verantwortlichen Stellvertreter der Präsidialverwaltung ernannt, dann zum Chef von Rosneft. In der Theorie besitzt Setschin Rosneft nicht, zumal die Aktienmehrheit Chodorkowski gehörte, doch in Russland gilt: »Wer kontrolliert, der besitzt«, und Setschins Vermögen wurde 2013 auf 25 Millionen Dollar geschätzt.[32]

Das ist im Vergleich zu Gennadi Timtschenko recht wenig: Er besaß im Jahr 2021 rund 22 Milliarden Dollar und im April 2022 immerhin noch 17,6 Milliarden.[33] Auch er leugnete stets, Verbindungen zum KGB gehabt zu haben, wobei andere Quellen davon sprechen, er habe mit Putin an der Geheimdienst-Akademie studiert und sei dann in die Schweiz entsandt worden, wo er vermutlich jene Konten überwachte, die das KGB-Netzwerk finanzierten. Ab 1990 leitete er die finnische Niederlassung des Unternehmens Urals Trading, das laut französischem Geheimdienst vom KGB gegründet wurde, um Geld aus der UdSSR zu schmuggeln – was Timtschenko bestreitet. Er arbeitete mit Putin und dessen Komitee in Sankt Petersburg zusammen, wo er das Monopol für Exporte über den Ölhafen besaß, und er war Aktionär der Bank Rossija. Nach Chodorkowskis Verhaftung konzentrierte er sich dank des Unternehmens Gunvor auf den Ölhandel, wobei das Unternehmen auf dem Papier Timtschenko und seinem schwedischen Partner Torbjörn Törnqvist gehört, es aber ganz oder teilweise Eigentum von Putin zu sein oder gewesen zu sein scheint – was Timtschenko ebenfalls bestreitet. Auf jeden Fall wurde er durch die Gunvor Group unglaublich reich, und Catherine Belton bringt seinen Erfolg mit der Gründung eines Obschtschak für den Clan des Präsidenten in Verbindung.[34] Das änderte nichts daran, dass Gennadi Timtschenko 2011 zum Präsidenten der französisch-russischen Industrie- und Handelskammer (CCIFR) gewählt und zwei Jahre später mit dem Orden der Ehrenlegion *(Légion d'honneur)* ausgezeichnet wurde.

Der 1948 geborene Wladimir Jakunin stand ebenfalls in den Diensten des KGB und gab zu, 22 Jahre für den Geheimdienst[35] sowie zwischen 1985 und 1991 in der sowjetischen Vertretung bei den Vereinten Nationen gearbeitet zu haben – in Wirklichkeit war er der Vertreter (die Nummer eins) des KGB in New York. Seitdem ist er einer der flammendsten Repräsentanten des Clans der »orthodoxen Tschekisten«, Aktionär der Bank Rossija und Mitglied des Osero-Kollektivs. Er stand Putin bereits in den 1990er-Jahren sehr nahe, folgte ihm dann nach Moskau, war in der Präsidialverwaltung tätig, wurde stellvertretender Minister für Transport, dann zunächst Vizepräsident und im Juni 2005 schließlich Präsident der russischen Eisenbahngesellschaft, die allein für zwei Prozent des russischen Bruttoinlandsprodukts verantwortlich ist. Er blieb zehn Jahre auf diesem Posten und wurde zu einem der reichsten Männer des Landes. Alexej Nawalny gab an, Jakunin und seine Leute besäßen »dank Korruption und Hinterziehung« ein »gewaltiges Wirtschaftsimperium, das in Offshore-Firmen in der ganzen Welt registriert ist«. Der »orthodoxe Tschekist« habe ein »Gebetszimmer aus Gold« und ein gigantisches, inzwischen legendär gewordenes »Pelzlager« in seinem Haus gehabt. Einer seiner beiden Söhne erstand in London ein Haus für 4,5 Millionen Pfund und erhielt die britische Staatsbürgerschaft.[36] Das folgt einem gewissen Erfolgsschema, das typisch für die Putin-Jahre ist: Ein KGB-Offizier wird dank seiner guten Beziehungen zu den Herrschenden reich und beteuert seinen Patriotismus, während mindestens einer seiner Söhne die Staatsbürgerschaft eines westlichen Landes annimmt. 2010 verlieh Nicolas Sarkozy Wladimir Jakunin den Orden *Légion d'honneur.*

Sergej Tschemesow ist ein weiterer »ehemaliger« KGB-Offizier und heutiger Geschäftsmann, der mit Putin in der DDR zusammenarbeitete und von ihm später protegiert wurde.[37] So gelangte er zwischen 1996 und 1999 in die Präsidialverwaltung, bevor er zum Direktor von Rosoboronexport aufstieg, dem staatlichen Monopol-Exporteur für Rüstungsgüter. Später wurde er zum Leiter der Staatsholding Rostec befördert, die mehr als 700 Unternehmen vereint und Hochtechnologie für zivile oder militärische Nutzung herstellt und exportiert. Tschemesow sitzt also im Herzen der russischen Waffenverkäufe, und sein Vermögen wurde 2013 auf 500 Millionen Dollar geschätzt.[38] Das ist eher wenig für einen Oligarchen, aber recht viel für den Direktor einer Staatsgesellschaft. Nicolas Sarkozy hat auch ihn mit dem Orden der Ehrenlegion ausgezeichnet (2010). Und was sich aus diesen Lebensläufen abzeichnet, von denen jeder einzelne Grundlage für einen spannenden Finanzkrimi sein könnte, sind sowohl die sagenhaften Reichtümer, die diese Männer in wenigen Jahren angehäuft haben, als auch die Verbindungen, die sie zu einigen faszinierten westlichen Politikern aufgebaut haben.

Es ließen sich noch weitere Beispiele anführen, wie etwa Juri Kowaltschuk, ehemaliger Physiker und offenbar mit dem KGB verbandelt, der zum größten Einzelaktionär der Bank Rossija und Medienmogul mit einem Vermögen von 3,3 Milliarden Dollar (2021) beziehungsweise 1,3 Milliarden Dollar (April 2022) wurde; oder Suleiman Kerimow, der 2021 rund 15,8 Milliarden Dollar besaß, gegen den seit 2017 in Frankreich ein Ermittlungsverfahren wegen Betrugs und Geldwäsche läuft und dessen als sein Eigentum präsentiertes Geld womöglich anderen gehört. Auf keinen Fall sollten die Brüder Arkadi und Boris Rotenberg unerwähnt bleiben: Als Kinder trainierten sie zusammen mit Putin Judo, und 2008 verkaufte Gazprom fünf seiner auf den Bau von Öl- und Gasleitungen spezialisierten Firmen zu einem sehr vorteilhaften Preis (348 Millionen US-Dollar) an Arkadi Rotenberg. Der Judoka wurde damit zum wichtigsten Subunternehmer von Gazprom und reihte einen Bau von Pipelines an den anderen, erwarb zudem eine auf den Bau von Autobahnen spezialisierte Unternehmensgruppe und steigerte die Vergabe von öffentlichen Aufträgen an seine Firmen um ein Vielfaches – auf 8,3 Milliarden Dollar 2015 – »ohne wirkliche Konkurrenz und zu Preisen, die dreimal so hoch wie die Marktpreise waren«.[39] Im Jahr 2021 war Arkadi Rotenberg etwa 2,9 Milliarden Dollar »schwer«, sein Bruder 1,2 Milliarden.

Die Überlebenden der Neunziger

Einige der Oligarchen der 1990er-Jahre jedoch hielten sich über Wasser – wenn auch nicht immer in Russland –, weil sie die inzwischen veränderten Regeln akzeptierten und bei Bedarf zu Diensten standen. So war Roman Abramowitsch schon 1995, »als 29-jähriger Ölhändler«, mit Leonid Djatschenko verbündet, dem Schwiegersohn Boris Jelzins, und schloss dann ein Bündnis mit Beresowski, um von dem »Kredite für Aktien«-Programm zu profitieren.[40] Anschließend zog er den Kopf ein, und kurz nach der Verhaftung von Chodorkowski ließ er sich hauptsächlich in Großbritannien nieder, übernahm den Fußballverein Chelsea FC und verkaufte fast alle seine russischen Aktiva. Auch wenn er

Beresowskis Sibneft-Anteile für 1,3 Milliarden Dollar aufkaufte, so gehorchte er doch brav Putin, als dieser verlangte, er müsse sie alle wieder an Gazprom veräußern. Die Angelegenheit ging dann für 13 Milliarden Dollar über den Tisch, was einen ganz netten Gewinn für ihn bedeutete, doch laut *Nowaja Gaseta* stellten diese 13 Milliarden neben dem Sibneft-Kaufpreis das an Abramowitsch für all seine dem Regime geleisteten Dienste zustehende Honorar dar.[41] Die er auch seitdem immer wieder geleistet hat. Im April 2022 besaß er rund 8,5 Milliarden Dollar, etwa 41 Prozent weniger als im März 2021. Beresowski wurde am 23. März 2013 tot in seinem Badezimmer aufgefunden. Er soll Selbstmord begangen haben.

Wladimir Potanin, der Entwickler des »Kredite für Aktien«-Programms, hatte keine besonderen Schwierigkeiten. 2021 schätzte man sein Vermögen auf 27 Milliarden Dollar, und bislang (Stand September 2022) ist er den meisten europäischen und amerikanischen Sanktionen entgangen. Er dürfte zudem einer der wenigen Oligarchen sein, dem nach der russischen Aggression gegen die Ukraine ein gutes Geschäft gelang: Er hatte 2006 die Rosbank für vier Milliarden Euro an die Société Générale verkauft, die sie dann neu aufrichtete, wieder rentabel machte und für fast nichts an Potanin zurückverkaufte, bevor sie Russland verließ.

Oleg Deripaska bleibt der König des russischen Aluminiums, auch wenn sein Vermögen laut *Forbes* 2021 »nur« 3,8 Milliarden Dollar betrug und 2022 sogar noch einmal um 21 Prozent zurückging. Er wusste, was er zu sagen hatte, und erklärte im Juli 2007 der *Financial Times* gegenüber, er sei bereit, sein Unternehmen Rusal dem Staat zurückzugeben: »Ich grenze mich nicht vom Staat ab. Ich verfolge keine anderen Interessen. […] Ich hatte einfach nur Glück. […] Betrachten Sie meinen Reichtum als vom Himmel gefallen.«[42] Was übrigens ziemlich genau der Wahrheit entspricht.

Auch Pjotr Aven, in den 1990er-Jahren Außenhandelsminister und angeblich in Gaidars Namen Unterzeichner des »Erdöl für Nahrungsmittel«-Abkommens, das den Putin-Freunden in Sankt Petersburg so viel einbrachte, blieb unbehelligt. Er stand von 2011 bis 2022 der 1990 von Michail Fridman gegründeten Alfa

Bank vor und sitzt heute im Zentrum eines enormen Industrie- und Finanzkonglomerats. Die beiden Männer sind Milliardäre – 2021 besaß Aven rund 5,3 Milliarden Dollar und Fridman etwa 15,5 Milliarden –, leben in London und beklagen sich über die Sanktionen des Westens. Der Name Alfa Bank fiel im Zusammenhang mit einer Ermittlung über eine mögliche russische Einmischung in die amerikanischen Präsidentschaftswahlen.[43]

Tatsächlich stellen die Oligarchen ihr Vermögen häufig in den Dienst bestimmter Projekte des russischen Regimes, das damit seine Macht betonen und/oder seine Einflussmöglichkeiten im Ausland fortentwickeln möchte. Sie kaufen mit Millionenbeträgen Kunstwerke, Fußballvereine und bestimmte Unternehmen, sogar Rohstoffe für die Waffenfabriken, die die russische Armee beliefern, wie es etwa Abramowitsch trotz aller anderslautender Beteuerungen offenbar getan hat oder noch tut.[44] Im Gegenzug hat die russische Gesellschaft kaum von den massiven Vermögensgewinnen der Oligarchen profitiert, da sie die Wirtschaft des Landes nicht vorangebracht haben. In der Bevölkerung sind die Oligarchen im Übrigen verhasst: Man ist überzeugt, sie hätten die allen zustehenden Reichtümer »gestohlen«. Die Macht bleibt somit vom Volk abgeschnitten, das insgesamt einen deutlich geringeren Lebensstandard hat als die meisten Menschen im Westen, sich von seinen Eliten entfremdet hat und in Segmente aufgespalten ist, die sich gegenseitig hassen.

Unter Jelzin sollten die Oligarchen eine leistungsstarke Marktwirtschaft errichten helfen. Unter Putin bemühte sich der Staat vor allem deshalb um die Kontrolle der Wirtschaft, damit der Präsident und sein Kreis Nutzen daraus ziehen können, sowohl jeder für sich als auch alle gemeinsam. Der Unternehmer Bill Browder erklärte, Putin habe nach dem Urteilsspruch gegen Chodorkowski verlangt, dass jeder Oligarch ihm einen Teil seiner Gewinne überweist, und zwar ihm persönlich, nicht der Regierung, wodurch er zum reichsten Mann der Welt geworden sei.[45] Browders Darstellung wurde 2022 zumindest teilweise durch eine Veröffentlichung vom Organized Crime and Corruption Reporting Project (OCCRP, ein Konsortium von Investigativjournalisten) und dem unabhängigen russischsprachigen Presseorgan *Meduza* bestätigt, in der festgestellt wurde, dass Putin sicher einer der reichsten Männer der Welt sei.[46] Die Oligarchen dienten ihm gleichwohl als Strohmänner, angefangen bei Arkadi Rotenberg, der behauptete, Eigentümer des für eine Milliarde Dollar erbauten Palasts an der Schwarzmeerküste zu sein. In Wirklichkeit sei dieser Komplex, dem Alexej Nawalny seinen letzten Film widmete, von einem seit mehreren Jahren aufgebauten Obschtschak finanziert worden.[47] Aktuelle russische Milliardäre können, oder besser gesagt: möchten nicht die Rolle einer Gegenmacht spielen, die ihre Vorgänger Ende der 1990er-Jahre trotz allem noch innehatten.

Das Jahr 2022 legte, zumindest in der Theorie, dem Wohlstand der Oligarchen die Zügel an. Rund 40 von ihnen, manchmal inklusive der Familie, wurden von den Sanktionen getroffen: Ihre Konten und ihr Immobilienbesitz im Westen wurden eingefroren, ihre Visa für Europa annulliert – allerdings verfügen die Oligarchen häufig über mehrere Nationalitäten und Pässe. Sie haben, und das ist symptomatisch, mindestens 18 Beschwerden gegen die Sanktionen beim Europäischen Menschenrechtsgerichtshof eingelegt, und es geht das Gerücht um, Putin habe ihnen aufgetragen, die europäischen Institutionen »zu belästigen«.[48] Die Kläger wollen nun von den Regeln der Rechtsstaaten profitieren, während sie nichts getan haben und nichts tun, um in Russland einen Staat aufzubauen, in dem alle von dem Gesetz beschützt werden. Bewaffnet mit reichlich entlohnten Anwälten, Juristen und westlichen Steuerexperten, versuchen sie zugleich, ihr Vermögen zu verteidigen, ihr vermeintliches Recht auf einen Aufenthalt in der Europäischen Union und auf eine Ausbildung ihrer Kinder hier durchzusetzen wie zugleich auch all jene anzugreifen, die ihren Werdegang, die Entstehungsgeschichte ihres Reichtums und ihre Beziehungen zum Kreml aufdecken möchten. Um den Krieg gegen die Ukraine zu beenden, haben sie hingegen bislang nichts unternommen.

22

Die orthodoxe Religion als politische Waffe

Antoine Arjakowsky

Der russische Staat nutzt die orthodoxe Kirche nicht erst seit Wladimir Putin als politische Waffe. Schon bei ihrer Entstehung diente diese zur Stützung der Herrschaft. Doch hat sich das Phänomen unter dem kommunistischen Regime derart verstärkt, dass man seit den 1990er-Jahren eine Art religiöses Stockholm-Syndrom und die nahezu komplette Unterwerfung des Moskauer Patriarchats feststellen kann. Putin nun zeichnet insbesondere dafür verantwortlich, diese Dienstbarkeit der russischen Kirche zur Reinwaschung seines Staatsapparats von den Verbrechen der Vergangenheit und zur Verbreitung seiner neoimperialen Politik innerhalb und außerhalb der Russischen Föderation benutzt zu haben.

Wie gesagt, die Manipulation der orthodoxen Kirche durch den russischen Staat ist nicht neu: Mit der Gründung des Patriarchats im Jahr 1448 wollte Großfürst Wassili II. die Moskauer Kirche von der Vorherrschaft Byzanz‹ und Roms befreien, um sich energischer gegen die tatarischen und muslimischen Besatzer zur Wehr setzen zu können. Nachdem es 1588 endlich von Konstantinopel anerkannt worden war, ordnete Peter der Große das Patriarchat 1721 seiner Herrschaft unter. Das von dem Kiewer Theophan Prokopowitsch verfasste *Geistliche Reglement* etablierte den Heiligen Synod als ein unter staatlicher Kontrolle stehendes Gremium der russischen Kirche und orientierte sich dabei am Vorbild der protestantischen Konsistorien. Das kurze Zwischenspiel von 1917 bis 1925, in dem die russische Kirche das Patriarchat wieder einführte und ihre Unabhängigkeit gegenüber dem Staat betonte, fand mit dem Tod des Patriarchen Tichon

(Wassili Bellawin) ein rasches Ende. Als Metropolit Serge Stragorodskij am 29. Juni 1927[1] seine Loyalität gegenüber den kommunistischen Machthabern erklärte, blieben fortan nur noch die russischen Migrationskirchen, um sich dem Einfluss des Kremls zu entziehen. Von diesen Gemeinden im Zuständigkeitsbereich der russisch-orthodoxen Auslandskirche, deren Sitz sich zunächst in Sremski Karlovci (Serbien) und später in New York befand, waren nicht wenige monarchistisch orientiert. Die Mehrheit der von Metropolit Eulogius (Basil Georgijewski) verwalteten russischen Gemeinden in Westeuropa unterstellte sich 1932 der Gerichtsbarkeit des Patriarchats von Konstantinopel.

Mit der von Stalin im September 1943 beschlossenen Neugründung des Moskauer Patriarchats war der russischen Kirche wieder erlaubt, als Institution aufzutreten. Der *Vojd* (»Führer«) verfolgte dabei die Absicht, das Netzwerk der noch bestehenden Gemeinden zum Widerstand gegen die Naziinvasoren zu nutzen. Vor allem aber wollte er eine weitere Mutation der kommunistischen Ideologie erzwingen, damit diese vollends sozialistisch und national würde. Sein Schachzug stellte sicher keine Abkehr vom militanten Atheismus des Sowjetregimes dar, der den orthodoxen Klerus zwischen 1921 und 1941 wesentlich dezimiert hatte. Die russische Kirche besaß keinerlei Unabhängigkeit, da die Ernennung ihrer Oberen durch die Geheimdienste kontrolliert wurde. Wie vor Kurzem in der Ukraine veröffentlichte Archive[2] beweisen, wurde das erste, im Januar 1945 abgehaltene Konzil der russischen Kirche von dem NKWD-Oberst Georgi Karpow, einem der brutalsten Schlächter der Großen Terrors von 1937/1938, bis ins Detail organisiert, sodass am Ende Metropolit Alexius (Sergej Simanski) neuer Moskauer Patriarch wurde. Selbst die Bezeichnung »russisch-orthodoxe Kirche« wurde vom NKWD gewählt und gegen den vor der Revolution gebräuchlichen Titel »orthodoxe katholische griechisch-russische Kirche« ausgetauscht. Die völlige Abhängigkeit der Kirche von der Sowjetmacht, welche die überwiegende Mehrheit der Geistlichen zur Zusammenarbeit mit dem sowjetischen Geheimdienst zwang, findet man bei Wassili Mitrochin, einem 1991 in den Westen übergelaufenen sowjetischen Geheimdienstmitarbeiter beschrieben. Das Mitrochin-Archiv belegt anhand von Dokumenten, wie hohe Vertreter der Kirche vom KGB den Befehl bekamen, internationale Organisationen zu infiltrieren – angefangen bei den Internationalen Friedenskonferenzen in Prag bis hin zum Ökumenischen Rat der Kirchen in Genf.[3] Diese Infiltration diente insbesondere dem Ziel, die ukrainische griechisch-katholische Kirche zu zerstören. So wurde das Moskauer Patriarchat von Februar 1945 bis März 1946 dazu benutzt, diese über vier Millionen Mitglieder zählende ukrainische Glaubensgemeinschaft zu unterdrücken und in die russische Kirche zu integrieren. Noch am 4. April 1969 erließ Juri Andropow neue »Maßnahmen zur Intensivierung des Kampfes gegen die subversiven Aktivitäten des Vatikans und der unierten Kirchen auf dem Gebiet der UdSSR in den Jahren 1969–1970«.[4]

Dank dieser Informationen – die zum Teil durch andere, in Estland veröffentlichte Dokumente, aber auch durch Pater Gleb Yakunin (1934–2014), einen berühmten russischen Theologen und Dissidenten, der Anfang der 1990er-Jahre Zugang zu den Archiven des Politbüros hatte, bestätigt wurden – wissen wir, dass mehrere derzeitige Hierarchen der russischen Kirche, an erster Stelle Patriarch Kyrill (Wladimir Gundjajew, Deckname »Michailow«) und vor ihm die Patriarchen Alexius I., Pimen I. und Alexius II. (Alexej Ridiger, Deckname »Drosdow«) aktiv mit dem KGB und den sowjetischen Geheimdiensten zusammengearbeitet haben. Selbst in den 1990er-Jahren, als die russische Kirche dank authentischer Dissidentenpersönlichkeiten wie Pater Alexander Men hohes Ansehen genoss, kam es zu keinem Eingeständnis der Kollaboration mit dem kommunistischen Regime.[5] Nur einmal, im Jahr 1991, erklärte Alexius II., persönlich mit den Geheimdiensten zusammengearbeitet zu haben. Kurz darauf gestand der litauische Erzbischof Chrysostomos, dass er ebenfalls als Agent für den KGB gearbeitet habe. Und das war es auch. Die Kirche beschloss, sich als Opfer darzustellen, und trat in eine Phase der Verherrlichung ihrer eigenen Vergangenheit ein, indem sie etwa mehrere Hundert Märtyrer des Sowjetregimes heiligsprach, angefangen mit Zar Nikolaus II. Diese mangelnde Reue gipfelte irgendwann darin, dass die Kirche ihre

Kollaboration rechtfertigte und daraufhin in Übereinstimmung mit einem Teil der monarchistisch gebliebenen russisch-orthodoxen Auslandskirche eine neue politische Theologie entwickelte, die das Kaiserreich legitimierte und so die eigene Unterwerfung gegenüber dem Herrscher festschrieb.

An der Selbstrechtfertigung und Rekrutierung der russischen Kirche beteiligten sich mehrere Personen aus dem Umfeld von Wladimir Putin, die sich alle als orthodoxe Christen bezeichnen. In erster Linie waren dies Kyrill, seit 2009 Patriarch der russisch-orthodoxen Kirche, aber auch Alexander Dugin, der einflussreiche Ideologe des russischen Eurasismus und Imperialismus, sowie Konstantin Malofejew, ein frommer Oligarch, der den Krieg in der Ukraine finanziert. Über sie und einige andere Personen wie Tichon Schewkunow oder Wladimir Medinski gelang es Putin relativ leicht, die orthodoxe Kirche wie in der Stalinzeit zu instrumentalisieren.

Als Kyrill am 27. Januar 2009 zum Patriarchen gewählt wurde, war sein Hauptkritiker, Pater Gleb Yakunin, bereits vollständig entrechtet worden. Drei Jahre später, am 1. Februar 2012, wandte sich Kyrill mit den Worten an Putin, dessen zwölf Jahre an der Macht seien ein wahres »Wunder Gottes« für Russland gewesen. Er verurteilte die Demonstranten, die 2011 und 2012 in Moskau gegen Putins Wiederwahl protestierten, und forderte seine Gläubigen auf, zu Hause zu bleiben: Die Protestbewegung von Hilfsorganisationen und Oppositionsparteien, so erklärte er, verfolge »antinationale« Ziele. Prompt folgte eine mutige Gegenreaktion der Punkband Pussy Riot, deren Sängerinnen Nadeschda Tolokonnikowa, Jekaterina Samuzewitsch und Marija Aljochina am 21. Februar 2012 vor der Ikonostase der Christ-Erlöser-Kathedrale auftraten und ihr ganz eigenes *Te Deum* anstimmten: »Jungfrau Maria, vertreibe Putin, und du, Hund von einem Patriarchen, glaubst an Putin, obwohl du doch an Gott glauben solltest.« Zwei von ihnen wurden zu zwei Jahren Haft in einem Arbeitslager verurteilt – eine nach Kyrills Ermessen »gerechte Strafe«. Von diesem Zeitpunkt an wagte es in Russland niemand mehr, sich dem Patriarchen in direkter Konfrontation zu widersetzen. Die fundamentalistischsten Strömungen bemächtigten sich der

Kirche, und es gelang ihnen, die bereits seit Jahrzehnten erkrankte »russische Seele« dauerhaft zu betäuben.[6]

Kyrill schreckte nun nicht einmal mehr davor zurück, Stalin und Lenin zu rehabilitieren – so geschehen bei einer Ausstellungseröffnung in Moskau 2015. Er förderte eine neue Religion mit stark heidnischen Zügen und pries – beispielsweise bei der Einweihung der Hauptkirche der Streitkräfte Russlands 2020[7] – einen Kult der Stärke. Zudem stellte er die Autorität des Patriarchen Bartholomäus von Konstantinopel öffentlich infrage, indem er sich weigerte, am panorthodoxen Konzil auf Kreta 2016 teilzunehmen. Kyrill erwog gar, in Sergijew Possad nahe Moskau ein Äquivalent zur Vatikanstadt zu errichten, um von dort über sämtliche ihm treuen orthodoxen Kirchen zu regieren.[8] Er ist zudem der wichtigste Ideologe der »russischen Welt«, einer Theorie, der zufolge die Ukraine, Belarus, aber auch Moldawien keine politische Unabhängigkeit besitzen, da sie demselben zivilisatorischen Raum angehören, der nach Kyrill durch die Zugehörigkeit zum orthodoxen Glauben, die Verbreitung der russischen Sprache und eine gemeinsame, jahrhundertealte Kultur definiert wird. Obgleich diese Theorie von Hunderten orthodoxen Theologen als Häresie verurteilt wurde, hielt dies den Patriarchen (laut dem in die Ukraine geflüchteten russischen Journalisten Andrei Soldatow) nicht davon ab, die neue Kriegstheologie zu proklamieren. So stellte etwa der an der Theologischen Akademie in Sankt Petersburg lehrende Erzdiakon Wladimir Wassilik die Ereignisse in der Ostukraine in einen eschatologischen Kontext und veröffentlichte ebenso absurde wie anmaßende Aufrufe: »Nachdem wir Charkow eingenommen haben, müssen wir nach Kiew ziehen, von Kiew nach Lwow, von Lwow nach Warschau, von Warschau nach Berlin. Unsere Erstürmung Berlins wird sich beim zweiten Kommen Christi erfüllen, wenn Christus selbst der Sieger ist. Unsere Aufgabe ist es, die Höhe zu halten, die er uns zugewiesen hat. Lassen wir nicht nach bis zum Ende.«[9]

Aufgrund der ungeklärten Rolle, die Kyrill kurz vor der russischen Annexion der Krim gegenüber Oberst Igor Girkin alias Strelkow eingenommen hatte, verweigerte die Ukraine ihm 2014 die Einreise. Dies steigerte seinen Zorn nur noch, und als im

August die Schlacht um Ilowajsk losbrach, nachdem die Russische Föderation beschlossen hatte, die Regime in Donezk und Luhansk vor der Niederlage zu retten, richtete der Patriarch eine Botschaft an die Primasse der orthodoxen Kirchen in der ganzen Welt, in der er den Krieg im Donbass als »Bürgerkrieg« und »Religionskrieg« bezeichnete. Aufseiten der Ukrainer würden hauptsächlich »Unierte« und »Schismatiker« kämpfen, aufseiten der »Miliz« der russischen Welt dagegen treue Anhänger der »kanonischen Kirche«. Seinen stellvertretenden Sprecher Alexander Schtschipkow ließ er 2021 eine Brandschrift veröffentlichen, in der die Ukrainer des »Völkermords« an den russischsprachigen Menschen im Donbass beschuldigt werden.[10] Den Fernsehmoderator und großen Propagandisten des Putin-Regimes Dmitri Kisseljow zeichnete Kyrill öffentlich aus. Kisseljow ist der stellvertretende Direktor der Allrussischen staatlichen Fernseh- und Radiogesellschaft (WGTRK), deren Auftrag es ist, die ukrainische Regierung durch das Schüren von Hass zu diskreditieren.

Am 13. März 2022, drei Wochen nach der Ausweitung des Krieges auf die gesamte Ukraine, wiederholte Kyrill seine mythologische Geschichtsauffassung, nach der die Russische Föderation die einzige und rechtmäßige Erbin der Kiewer Rus ist (eine Theorie, die mehrfach von Historikern widerlegt wurde): »Möge der Herr unsere Kirche bewahren, unser Volk stärken und uns allen, dem russisch-orthodoxen Volk, beistehen. Ich wiederhole: Wenn ich ›Russen‹ sage, meine ich den Ursprung der russischen Erde aus der Nestorchronik. Ich bete für alle, die in der Ukraine, in Weißrussland, in unserem russischen Land leben, dass wir alle im Geiste vereint sind und die Einheit im Glauben aufrechterhalten. […] Wenn wir überleben, so wird unsere russische Erde, die nun Russland, die Ukraine, Weißrussland und unsere Kirche umfasst und deren Kinder in verschiedenen Staaten beinahe überall auf der Welt leben, bewahrt werden.«[11] Im April 2022, als bereits 20 000 russische Soldaten in der Ukraine gestorben waren, rief Kyrill seine Landsleute auf, sich den »Kampf gegen die äußeren und inneren Feinde« Russlands zu eigen zu machen. Als der Krieg immer mehr Opfer forderte, verlor der Patriarch in der

Ukraine jegliche Autorität: Im Mai 2022 spalteten sich dort sämtliche bis dahin vom Patriarchat abhängige Gemeinden von Moskau ab.

Auch andere Ideologen, die sich als orthodoxe Christen ausgaben, versuchten, dem russischen Präsidenten eine Weltanschauung zu liefern, die das Volk an seine Macht binden würde. So unterschiedlich Konstantin Malofejew und Alexander Dugin sein mögen, bildeten sie bei der Website katehon.com doch ein Team. Malofejew gründete 2005 Marshall Capital, eine der führenden russischen Investmentgruppen, die sich auf Investitionen in den Bereichen Telekommunikation, Medien und Technologie sowie Immobilien und Landwirtschaft konzentriert.[12] Er ist Aufsichtsratsvorsitzender beim rechtsextremen Fernsehsender Tsargrad TV, der über ein Publikum von mehr als sieben Millionen Zuschauern verfügen soll. Als stellvertretender Vorsitzender des Weltkonzils des russischen Volkes fördert er den orthodoxen Glauben und verteidigt insbesondere durch die Stiftung St. Basilius der Große traditionelle Familienwerte.[13]

Alexander Dugin ist orthodoxen Glaubens, gehört aber den Jedinowerzy oder Altgläubigen an und ruft zur Überwindung der Spaltung zwischen alter und neuer Kirche auf. Er hat mehrere Dutzend Aufsätze veröffentlicht, in denen er nachzuweisen versucht, dass der Liberalismus ebenso wie der Faschismus und der Kommunismus für die Krise der Moderne verantwortlich sind. Beeinflusst von René Guénon und Alain de Benoist und eng verbunden mit Alain Soral, ist er der Ansicht, dass nur ein eurasisches Reich der postmodernen Dekadenz ein Ende setzen kann. Nur so werde der russischen Zivilisation ermöglicht, ihre religiös geprägte Wahrheit, die sogenannte Urtradition, in einer uneinnehmbaren Festung zu schützen.

Dugin ist Autor eines Buchs über Wladimir Putin und rechtfertigt seit Langem eine autoritäre, ja diktatorische Herrschaft in Russland. Er glaubt an die Fähigkeit des Kremlherrn, sich den liberalen Kräften des Antichristen zu widersetzen. Die russische Demokratie, so meint Dugin, hat in Putin eine Persönlichkeit gefunden, die ein reibungsloses Funktionieren der Macht garantieren kann: »Das Gleichgewicht zwischen den drei Gewalten wird zugunsten der durch Putin repräsentierten transzendenten Autorität aufrechterhalten. Dies ist meiner Meinung ein sehr passendes monarchistisch-autoritäres Modell. Sowohl die Exekutive, repräsentiert durch die Regierung, als auch die Legislative, repräsentiert durch die Staatsduma, und sogar die Judikative, repräsentiert durch den Obersten Gerichtshof, besitzen heute keine Autonomie. Und das ist sehr gut so. Denn die subjektive autoritäre Macht findet sich weder in einer der Gewalten noch in ihrer Gesamtheit, sondern außerhalb. Nämlich in Putin.«[14]

Unterstützt hat Dugin einen Krieg in der Ukraine besonders auch im Namen des Schutzes der russischsprachigen Bevölkerung, über die er bereits 2014 schrieb, sie sei einem »Völkermord« seitens der ukrainischen Behörden ausgesetzt. Am 6. Mai 2014 gab er der Nachrichtenagentur des Netzwerks ANNA-News ein Interview, in dem es auch um die Ereignisse in Odessa am 2. Mai 2014 ging – den Brand des Gewerkschaftshauses, bei dem 43 Menschen ums Leben kamen: »Töten, töten, töten«, verlangte er, müsse man die »Verursacher der Anarchie des 2. Mai«. Die ukrainischen Geheimdienste identifizierten in der Folge russischstämmige Personen als Verantwortliche des Dramas.[15] Als Reaktion auf seine Äußerungen wurden Dugins Bücher *Die eurasische Revanche Russlands* (2014) und *Die Ukraine. Mein Krieg. Geopolitisches Journal* (2015, beide auf Russisch) in der Ukraine verboten.

Der Oligarch Konstantin Malofejew teilt die kriegerische und imperialistische Vision seines Mentors. Die ukrainische Hackergruppe »Cyber Alliance« gab am 24. Oktober 2016 bekannt, sie habe die Kontrolle über das Postfach von Wladislaw Surkow übernommen. Zu den ersten veröffentlichten Dokumenten gehörte der »Plan zur Destabilisierung der Ukraine« (der sogenannte Schatun-Plan). Am 25. Oktober gab es weitere Leaks von Surkow, die alle Malofejews tragende Rolle bei der Destabilisierung des Donbass in den Jahren 2014/2015 offenbarten.[16] Er war es, der am 13. Mai 2014 Wladislaw Surkow, Putins Verbindungsmann zu den selbst ernannten Donbass-Republiken, mitteilte, welche Personen in Donezk und Luhansk in Positionen mit Entscheidungsmacht berufen werden sollten.[17]

Bei einer Versammlung des »Verbands der Donbass-Freiwilligen« am 2. November 2020 in Moskau erklärte Malofejew: »Wir leben in einer Art Delirium, das darauf zurückzuführen ist, dass der Staat in Stücke geteilt wurde. Und wenn man uns sagt, dass es eine gewisse souveräne Ukraine und einen gewissen Donbass gibt, ist das Unsinn. Warum ist die Ukraine souverän? Wer hat sie gehen lassen? Ist sie das Ergebnis der wahnwitzigen Verschwörung von Belowesch, die nun vom gesamten russischen Volk aus tiefster Überzeugung anerkannt werden muss? Ich betone: Dass sich die Krim und der Donbass Russland zugewandt haben, ist nur das erste Anzeichen. Die gesamte Ukraine muss Teil Russlands werden. Wenn dem jemand nicht zustimmt [...], dann können sich die westlichen Regionen wieder Polen oder Österreich oder sonst wem anschließen.«[18]

Malofejew, der wegen seiner Beteiligung am Krieg gegen die Ukraine von der Europäischen Union mit Sanktionen belegt wurde, veröffentlichte 2021/2022 einen dreibändigen historiosophischen Essay mit dem Titel »Das Imperium«, um eine historische Rechtfertigung für seine Beteiligung an den Kriegen des Kremls und seine Rehabilitierung des Großmachtstrebens zu liefern. Mit seinem manichäischen Geschichtsblick geht Malofejew davon aus, dass sich seit Jahrtausenden zwei Kräfte in der Welt gegenüberstehen: die dunkle Macht des Königreichs Kanaan und die leuchtende Macht des russischen Imperiums. Seiner Ansicht nach erfuhr dieser Kampf 1945 eben in Russland eine entscheidende Wende: »Um das ›Dritte Reich‹ zu besiegen, musste Sowjetrussland wieder zum ›Dritten Rom‹ werden. Und das wurde es im Mai 1945. Das Sowjetische Reich verdankt seine Entstehung der Persönlichkeit und der Weltanschauung des Georgiers Josef Dschugaschwili, der unter dem Parteinamen Stalin in die Geschichte einging.«[19]

Malofejew ist einer der Hauptfinanziers des Kriegs gegen die Ukraine. Er unterstützte 2014 aktiv Oberst Igor Girkin (Strelkow) bei seiner Operation zur Annexion der Krim und zur Destabilisierung des Donbass. Dieser steht inzwischen auf der Sanktionsliste der EU und ist international zur Verhaftung ausgeschrieben, weil er den Befehl zum Abschuss der Maschine von

Flug MH17 mit einer »Buk«-Boden-Luft-Rakete gab und damit alle 298 Menschen an Bord tötete.[20] Im Januar 2014 hatte Malofejew ihn auf die Krim begleitet, die Girkin als Mitglied einer Delegation von Patriarch Kyrill besuchte. Man wollte den Bewohnern der Halbinsel die Verehrung religiöser Reliquien nahebringen und die Annexion der Halbinsel vorbereiten. Im Jahr 2015 berichtete Girkin, dass er bei seinen Aktivitäten im Donbass im März und Juni 2014 von der russischen Kirche unterstützt wurde:

> »Gleich zu Beginn unseres ›slawischen Epos‹ in Slawjansk und auch in Donezk spürten wir die stete Unterstützung der Geistlichkeit der russisch-orthodoxen Kirche, der Mönche, vor allem aus dem Kloster Swjatohirsk. Trotz möglicher Repressionen bewegten sie sich frei umher und segneten die Miliz. Auch beim Passieren ukrainischer Kontrollpunkte bekannten sie sich klar zu ihrer Position. [...] Alle Priester, die ich getroffen habe, haben unseren Kampf unterstützt. Und das taten sie nicht aus nationalen, sondern aus religiösen Beweggründen: Sie begriffen, wer da in Kiew an die Macht gelangt war. Es sind Kräfte aufgekommen, die man als satanisch bezeichnen kann, weil alle ihre Taten auf Lügen basieren und besessen und fokussiert sind.«[21]

Die Bildung dieses Imperiums, so glaubt Malofejew, rechtfertigt jeden Kampf, angefangen mit dem Krieg in der Ukraine. Um den Anschluss der selbst ernannten Republiken Luhansk und Donezk an Russland vorzubereiten, setzte er auf die Bischöfe der ukrainisch-orthodoxen Kirche des Moskauer Patriarchats. Die ukrainische Journalistin Tetjana Derkatch hat ein von zahlreichen Dokumenten gestütztes Buch[22] veröffentlicht, in dem sie die direkte Beteiligung Dutzender Bischöfe und Tausender ukrainisch-orthodoxer Priester des Moskauer Patriarchats an dieser Operation aufzeigt.[23]

Doch diesen Krieg und die massive Beteiligung der russischen Kirche hätte es nicht gegeben, wenn nicht Putin mit voller Verantwortung dafür eingestanden wäre.

Die persönliche Verantwortung Wladimir Putins

Bevor Putin an die Macht kam, hatte sich der russische Staat stets vor den Opfern des kommunistischen Terrors verneigt – so noch im Juli 1998, als Boris Jelzin der Überführung der sterblichen Überreste der Zarenfamilie von Jekaterinburg in die Peter-und-Paul-Kirche in Sankt Petersburg beiwohnte. Alles änderte sich mit Putins Amtsantritt als Präsident am 26. März 2000. Bereits im März 2002 weihte Patriarch Alexius II. eine restaurierte orthodoxe Kirche im Zentrum von Moskau zur »Pfarrkirche des FSB«, damit man dort den vernachlässigten spirituellen Bedürfnissen von dessen Mitarbeitern gerecht würde. Die Veranstaltung fand in Anwesenheit des damaligen FSB-Direktor Nikolai Patruschew statt, der inzwischen Sekretär des Sicherheitsrats wurde. Vom Patriarchen bekam er eine Ikone der Gottesmutter oder »Eleusa« sowie eine Ikone seines Schutzpatrons überreicht.[24]

Putin erkannte früh, dass die orthodoxe Kirche die Rolle der Kommunistischen Partei als Identitätskitt übernehmen und sich dem unaufhaltsamen Aufschwung der demokratischen Bewegungen in Mittel- und Osteuropa widersetzen würde. Ebendiese Bewegungen würden irgendwann Putins persönliches Vermögen und seine mafiöse Staatsauffassung ins Visier nehmen, wie Jean-François Colosimo erklärt: »Im Inneren übernimmt die Kirche die Rolle, die früher der kommunistischen Partei zugedacht war. Sie ist für Patriotismus, Moral, gesellschaftliche Normen und die Rekrutierung der Eliten zuständig. Kyrill möchte damit seine Vorstellung von einem Katholizismus des 19. Jahrhunderts nachahmen. Einem Katholizismus, den es nie gegeben hat – eine Kasernenkirche, die über die Gesellschaft bestimmt. Er will ihn, ganz zur Unzeit, in die großen Kämpfe gegen die Moderne schicken, und dies mit einer inquisitorischen Dimension, die nicht traditionell orthodox ist.«[25]

Während seiner ersten beiden Amtszeiten von 2000 bis 2008 hegte Putin die chauvinistischen und fremdenfeindlichen Gefühle der Russen, indem er sie gegen die kaukasischen Gemeinschaften und insbesondere gegen die Tschetschenen aufhetzte.[26] Der zweite Tschetschenienkrieg jedoch brachte den Tod Zehntausender Menschen, hinterließ massive Zerstörungen und endete im März 2007 mit der Machtübernahme durch Ramsan Kadyrow, dessen neofeudale Herrschaft zutiefst fundamentalistische Strömungen des sunnitischen Islams verkörpert. Die Sicherheitskräfte des tschetschenischen Präsidenten, die Kadyrowzy, wurden seitdem von mehreren NGOs beschuldigt, an Entführungen, Folterungen und Morden beteiligt gewesen zu sein, darunter 2015 an der Ermordung von Boris Nemzow in Moskau. Diese Taten dienten dazu, Kadyrows Stellung in Tschetschenien und beim russischen Präsidenten zu stärken.

Putin war bewusst, dass sich in Russland zwar 41 Prozent der Bevölkerung als orthodoxe Christen bezeichnen, die Zahl der praktizierenden Christen aber nur auf etwa sechs Millionen geschätzt wird.[27] Der Antiklerikalismus hat während der Putin-Jahre deutlich zugenommen. Im Jahr 2014 zeichnete der russische Regisseur Andrej Swjaguinzew mit seinem Film *Leviathan* ein scharfes Porträt der russlandweiten Allianz zwischen korrupten Politikern und Bischöfen, welche die Botschaft der Seligpreisungen offenbar vergessen haben. Putin aber schmeichelte der orthodoxen Kirche, indem er ihr ermöglichte, eine Reihe von Grundstücken und Gebäuden zurückzuerhalten, die ihr während der Sowjetzeit weggenommen worden waren. Als Entschädigungsmaßnahme war es ihr teilweise sogar erlaubt, Tabak und Alkohol zu verkaufen, ohne Steuern an den Staat zu zahlen. Eine Richtlinie aus dem Jahr 2009 genehmigte den Religionsunterricht an öffentlichen Schulen, und 2012 wurde ein zwanzig Jahre altes Gesetz aufgehoben, das die Religionspraxis verboten hatte. Damit war der Weg für das neue Unterrichtsfach »Grundlagen der orthodoxen Kultur« geebnet. Obwohl damit angeblich keine Evangelisation beabsichtigt war, nutzte die Kirche es erfolgreich, um ihre Position in der russischen Gesellschaft zu stärken und ein Ideal russischer Identität zu predigen, das den Vorstellungen des Kremls nahesteht.[28]

Putin begann Umgang mit dem damaligen Pater und heutigem Bischof Tichon Schewkunow zu pflegen, den er angeblich zu seinem Beichtvater machte, und ermutigte ihn, den Mythos von Moskau als »Drittem Rom« wiederzubeleben. Schewkunow, der außerdem Filmregisseur ist, drehte daraufhin *Untergang eines Weltreichs: Die Lektion von Byzanz,* der 2008 mehrfach im russischen Fernsehen zu sehen war. Laut dem Publizisten Wladimir Mojegow war der Film Symptom für das Aufkommen eines russischen »orthodoxen Fundamentalismus«, der die Allmacht der »byzantinischen Symphonia« heraufbeschwöre. Über diese schrieb der orthodoxe Theologe Alexander Schmemann: »Neben seinem berühmten Codex schuf Justinian auch die fatale ›symphonische Theorie‹, eine antichristliche und antikirchliche Utopie, die das Bewusstsein der christlichen Kirche fortwährend beeinflusst hat und die Ursache für unzählige Tragödien des historischen Christentums war. Das Verhängnisvolle an der Justinianischen Theorie ist, dass es in ihr keinen Platz für die Kirche gibt. Indem der große Kaiser das Christentum zur unbedingten Grundlage aller Staatsangelegenheiten machte, übersah er die Kirche und leitete folglich jedes Verständnis der christlichen Welt von falschen Voraussetzungen ab.«[29] In der Tat führte diese Theorie zum Verlust der Grenze zwischen Staat und Kirche, die bis dahin deren unbegrenzte Freiheit garantiert hatte. Schon Paulus sagte schließlich: »Gebt dem Kaiser, was des Kaisers ist, und Gott, was Gottes ist.« Und: »Zur Freiheit hat uns Christus befreit. Steht daher fest und lasst euch nicht wieder ein Joch der Knechtschaft auflegen!«

Die dritte Amtszeit des Präsidenten leitete eine weitere Radikalisierung der Macht ein – symbolisch hierfür steht die 2012 erfolgte Gründung des ultranationalistischen »Iborsk-Club« durch Alexander Prochanow, den Chefredakteur der reaktionären Zeitung *Zavtra,* und Alexander Dugin. Die Vereinigung schrieb sich die Förderung der »russischen Welt« auf die Fahnen. Im Jahr 2015 unterstützte sie der Kremlchef mit einer Spende von zehn Millionen Rubel. Der Club gibt eine Zeitschrift heraus, betreibt eine einflussreiche Website und zählt Rechtsextreme wie Tichon Schewkunow (seit 2018 Metropolit von Pskow und Porchow), aber auch zahlreiche politische und intellektuelle Persönlichkeiten wie Sachar Priljepin, Natalja Narotschnizkaja und Sergej Glaziew zu seinen Mitgliedern.

Mit dem Rückhalt des Iborsk-Club und der orthodoxen Kirche strebte Putin 2015/2016 die Reform eines relativ liberalen Gesetzes von 1997 an, das die religiösen Strukturen in Russland regelte. Er ließ in der Duma Gesetze verabschieden, die alle religiösen Gemeinschaften ohne Sonderstatus verpflichteten, die Behörden über ihre Existenz und ihre Aktivitäten zu informieren. Das auch als »Jarovaja-Gesetz« bekannte Gesetzespaket von 2016 änderte das Extremismusgesetz von 2002, wodurch Proselytismus außerhalb der orthodoxen Kirche unterbunden und religiöse Versammlungen eingeschränkt wurden, indem man ihnen zur Auflage machte, nur an offiziell anerkannten religiösen Orten stattzufinden. Selbst ein Gebetstreffen in einer Privatwohnung war fortan verboten, was viele protestantische Gemeinschaften und die Zeugen Jehovas benachteiligte.[30]

Der russische Präsident rechtfertigte diese Gesetzesänderung mit der notwendigen Rückbesinnung auf die konservativen Werte Russlands. Er zeigte sich wiederholt an der Seite der Witwe von Alexander Solschenizyn und zitierte in seinen Reden mehrfach den faschistischen, nach der Oktoberrevolution emigrierten Philosophen Iwan Iljin. Er erklärte, dass Russland kein Teil des Westens sei, und berief sich dabei auf die von Dugin rehabilitierten eurasischen Denker. Die bekannte Journalistin Julia Latynina stellte daraufhin am 9. September 2014 auf der Website der *Nowaja Gaseta* die Frage: »Wenn wir nicht der Westen sind, wer sind wir dann?«[31] Ihr Artikel wurde jedoch vom föderalen Medienkontrolldienst Roskomnadsor geschwärzt. Latynina schrieb darin: »Ich habe eine schlechte Nachricht für die Regierung, die Journalisten und die Ideologen des Faschismus: Die russische Kultur ist groß geworden, als Russland europäisch wurde.« Als sie im August 2014 in Wien den Österreichischen Preis für Europäische Literatur entgegennahm, veröffentlichte die russische Schriftstellerin Ljudmila Ulitzkaja einen Essay im *Spiegel* mit dem Titel: »Mein Land krankt«. »Die gegenwärtige Politik Russlands ist selbstmörderisch und gefährlich«, warnt sie dort, »und in erster Linie eine Bedrohung für Russland selbst, könnte aber durchaus zu einem Auslöser eines Dritten Weltkriegs werden.«[32]

In Bezug auf Putins Außenpolitik bot das Moskauer Patriarchat als einzige russische Institution, die noch die gesamte ehemalige UdSSR abdeckt, eine hervorragende Plattform, um die

Macht des russischen Staates wiederherzustellen. Putin setzte sich persönlich dafür ein, dass die russisch-orthodoxe Kirche im Ausland mit ihren Dutzenden von Gemeinden in den USA, Europa und dem Nahen Osten im Jahr 2007 mit dem Moskauer Patriarchat zusammengeführt wurde. Er nutzte die Vertretungen des Patriarchats in Belarus, der Ukraine, den baltischen Staaten, Kasachstan und den zentralasiatischen Republiken, um diese Regionen zu destabilisieren. Genauso nutzte er das Netzwerk russischer Gemeinden auf der ganzen Welt (etwa in Paris, wo 2016 die Dreifaltigkeitskathedrale am Quai Branly eingeweiht wurde, die Teil des »russisch-orthodoxen spirituellen Zentrums« ist), um sich den Machtzentren zu nähern, militärische Verträge auszuhandeln (etwa den Mistral-Kriegsschiff-Deal mit dem französischen Präsidenten Sarkozy) und seine illiberale Agenda zu verbreiten.

Während seiner dritten Amtszeit rief der russische Präsident 2015 das Projekt einer Eurasischen Wirtschaftsunion mit Belarus, Kasachstan, Armenien und Kirgisistan ins Leben. Er ermutigte Patriarch Kyrill zu einem Treffen mit dem Papst in Kuba, um der Weltöffentlichkeit weiszumachen, dass es sich beim Ukrainekonflikt lediglich um einen Bürgerkrieg handelte. Angesichts der zögerlichen Haltung von Barack Obama nach dem Einsatz von Chemiewaffen durch Baschar al-Assad gelang es ihm sogar, sich bei Papst Franziskus als Friedensvermittler für Syrien anzupreisen. Ab seiner vierten Amtszeit, die im März 2018 begann, arbeitete Putin noch offensiver an der Spaltung der Europäischen Union und der Verschärfung der Streitigkeiten zwischen Mazedoniern und Bulgaren, Serben und Kroaten sowie Montenegrinern und Serben.

Durch die Missachtung des Völkerrechts und die Instrumentalisierung des Glaubens zur Seelenmanipulation konnte der Kremlchef die abscheulichsten Verbrechen legitimieren – angefangen beim zweiten Tschetschenienkrieg bis hin zu den Massakern von Butscha und Mariupol. Er hat noch nie gezögert, seine Gegner zu verhaften, jede freie Meinungsäußerung zu unterbinden und denjenigen, die noch nicht aus dem Land geflohen sind, mit Gefängnis zu drohen.

Pinchas Goldschmidt, über dreißig Jahre lang Oberrabbiner von Moskau, erklärte am 8. Juli 2022 von Israel aus, dass er sein Amt niedergelegt habe, weil seine offene Kritik an der Invasion der Ukraine die jüdische Gemeinschaft gefährde.[33]

Der ehemalige KGB-Oberstleutnant gab sich gar als Historiker, um seine Rolle als wahrer Erbe des russischen Imperiums herauszustellen: Am 12. Juli 2021 veröffentlichte Putin in russischer und ukrainischer Sprache (eine Premiere auf einer Kremlwebsite!) einen Artikel mit dem Titel »Über die historische Einheit von Russen und Ukrainern«,[34] in dem er herausstellt, Russen und Ukrainer würden »ein Volk bilden«.[35] Am 24. Februar 2022 erklärte er in seiner Ansprache anlässlich der russischen Invasion, die Ukraine sei vor 1922 niemals souverän gewesen. Wie jedoch der russische Historiker Michel Heller in seiner *Geschichte Russlands und seines Reiches*[36] gezeigt hat, gab es nach der Kiewer Rus bereits im 17. Jahrhundert einen ukrainischen Kosakenstaat[37] sowie die Ukrainische Nationalrepublik (1917–1920), die nach dem Fall des Zarenreichs ausgerufen wurde.

Auch als Theologe und autorisierter Schriftausleger hat sich der Kremlherrscher betätigt. Am 18. März 2022 zitierte er im Moskauer Luschniki-Stadion bei einer von mehreren Fernsehsendern übertragenen Veranstaltung das Evangelium, um sein Volk zum Kampf in der Ukraine zu bewegen: »Das Hauptziel und der Grund für die Militäroperation, die wir im Donbass und in der Ukraine gestartet haben, ist es, diese Menschen von ihrem Leid, von diesem Völkermord zu befreien. An dieser Stelle erinnere ich an die Worte der Heiligen Schrift: ›Es gibt keinen größeren Menschen als diesen, der sein Leben für seine Freunde hingibt.‹[38] Wir aber sehen nun, wie heldenhaft unser Militär während dieses Einsatzes kämpft. Die Worte stammen aus der Heiligen Schrift des Christentums, die von jenen, die sich zu dieser Religion bekennen, verehrt wird.«[39] Es gab nur wenige russisch-orthodoxe Priester, die wie Georgi Mitrofanow wagten, sich in Russland öffentlich gegen eine solche Verdrehung des Friedensappels des Evangeliums auszusprechen.[40]

Es drängt sich an dieser Stelle die Frage auf, wie religiös der Kremlherr tatsächlich ist. Putin, der als KGB-Agent in den

1970er-Jahren an antireligiösen Operationen beteiligt war, erzählt dennoch gerne, dass er als Kind heimlich in der orthodoxen Kirche getauft wurde. Und er geht sogar noch weiter und berichtet, dass er 1996 zum Christentum zurückfand: Als er damals in einem seiner Wohnhäuser ein Dampfbad nahm, brach plötzlich ein Feuer aus, und er hatte nur noch Zeit, seine Tochter aus den Flammen zu retten und durch das Fenster zu entkommen. Am nächsten Tag stellte er erschüttert fest, dass sein Taufkreuz aus Aluminium nicht geschmolzen war. Dies nahm er als »echte Offenbarung«, denn das Zeichen des Himmels zeigte, dass er besonderen Schutz genossen hatte. Seitdem besucht er regelmäßig die langen Gottesdienste des orthodoxen Kalenders. In dem Film *Die zweite Taufe Russlands* von Metropolit Hilarion aus dem Jahr 2013, der zu Ehren des Moskauer Patriarchats gedreht und im ersten russischen Fernsehkanal gezeigt wurde, erklärt Putin, seine entgegenkommende Politik gegenüber der russischen Kirche stehe in absoluter Treue zu Stalins Politik. Die Historikerin Françoise Daucé sieht das zur Schau gestellte Christentum des russischen Präsidenten jedoch nüchterner: Sein Glaube sei der eines Agnostikers, der auf patriotische Werte gesetzt habe, um sich zum Staatsoberhaupt wählen zu lassen und eine neue »Vertikale der Macht« zu errichten. Für jemanden, der in wissenschaftlichem Atheismus und dialektischem Materialismus geschult wurde, »sind alle Konfessionen von Menschen erfunden worden. Und wenn es einen Gott gibt, dann nur im Herzen der Menschen.«[41]

Darüber hinaus hat das Moskauer Patriarchat zahlreiche Häresien verbreitet – darunter Monophysitismus, eine Sakralisierung der Macht und die Verehrung von Gewalt –, die zu einem Wandel der postsowjetischen Zivilreligion geführt haben. Es erscheint daher konsequenter, auf die zahlreichen Zeichen aufmerksam zu machen, die Putins Glauben, den er als Pontifex der neoimperialen Religion des Homo post-sovieticus vertritt, in die Nähe eines griechisch-römischen polytheistischen Kults rücken. Als Beispiel könnte man die runden Daten nennen, die Putin für seine Angriffskriege wählt: den 8.8.2008 für den Einmarsch in Georgien oder den 22.2.2022 für die Ausweitung des Konflikts in der

Ukraine (am Ende war es der 23.). Oder den Umstand, dass in der Architektur der Hauptkirche der Streitkräfte Russlands bestimmte Zahlen eine Rolle spielen, die für bedeutende Ereignisse der russischen Geschichte und insbesondere des Zweiten Weltkriegs stehen. Dieser Sinn für Numerologie ist typisch für Anhänger einer Fatum-Theorie. Auch dass Putin 2016 Anton Vaino zum Leiter der Präsidialverwaltung berief – einen Mann, der für seine manichäischen und gnostischen Theorien bekannt ist –, sagt viel über seine religiöse Entwicklung. Am 12. April 2022 erklärte der Kremlherr der Presse, dass er keine andere Wahl gehabt habe, als die Ukraine anzugreifen, die Militäroperation sei »unvermeidlich« gewesen.[42]

Noch beunruhigender klingt Putins Erklärung vom 18. Oktober 2018 in Sotschi: Im Falle eines nuklearen Konflikts würde der Angreifer Russlands sterben, »ohne noch Zeit für Reue zu haben«. Die Russen aber hätten nichts zu befürchten: »Wir werden als Märtyrer in den Himmel kommen.«[43]

23

Eine pseudokonservative Gesellschaft auf dem Marsch in die Vergangenheit

Galia Ackerman

Im Westen ist viel davon die Rede, wie das Putin-Regime die Geschichte neu schreibt, um ein weichgezeichnetes, ruhmreiches Bild der russischen Geschichte im Allgemeinen und der Stalinzeit im Besonderen zu schaffen. Wenn sich eine Gesellschaft aber an der – noch dazu repressiven – Vergangenheit orientiert, an einem Regime, das die Menschen in »kleine Rädchen« verwandelte und jede Form von Individualität unterdrückte, dann kann sie nur bei überholten und reaktionären gesellschaftlichen Werten landen. Eine derartige Entwicklung war schon unter Stalin zu beobachten.

Nach den ersten postrevolutionären Jahren, als ein Individuum beim kleinsten Verdacht einer antisowjetischen Aktivität »liquidiert« werden konnte, wie etwa Nikolai Gumiljow, der 1921 hingerichtete große Dichter und erste Ehemann von Anna Achmatowa, »kompensierte« eine »befreiende« Moral den bolschewistischen Terror. Schnell erkannte Stalin jedoch, dass sein totalitäres Regime durch ein freieres Privatleben bedroht war, selbst wenn die Betreffenden sich dem sozialistischen Vaterland mit Haut und Haar verschrieben hatten. Daher ließ er die entsprechende Gesetzgebung in den 1930er-Jahren verschärfen: Homosexualität wurde gnadenlos verfolgt und Abtreibungen verboten, Scheidungen wurden kompliziert und kostspielig, für Parteimitglieder sogar ganz unmöglich. Die Familie galt nun als »Keimzelle der Gesellschaft« und hatte nach den Vorgaben des Staates zu funktionieren.

Im Lauf der Jahre häuften sich die Verbote und Einschränkungen: Jungen und Mädchen wurden wieder getrennt unterrichtet und mussten Uniformen tragen, die stark an das zaristische Russland erinnerten; westliche Unterhaltungsmusik, besonders Jazz und später Rock, wurden verboten, ebenso lange Haare und Bärte bei jungen Männern oder generell das Tragen von Jeans; sanktioniert wurde auch etwas gewagtere Kleidung, etwa ein Dekolleté bei Frauen, eine enge oder im Gegenteil weite Hose. In der Heimat der künstlerischen Avantgarde wurde die moderne Kunst geächtet, Kunstschätze von unermesslichem Wert fielen der Vernichtung anheim, der Zugang zur westlichen Literatur und Philosophie des 20. Jahrhunderts beschränkte sich auf kommunistische Autoren oder deren Sympathisanten und vieles mehr. Lebende Künstler wie Sergej Paradschanow, Dmitri Schostakowitsch oder Michail Bulgakow wurden politisch verfolgt. In der Literatur und in der bildenden Kunst nahmen die Werke des sozialistischen Realismus und als »progressistisch« bezeichnete Werke der Zarenzeit einen Ehrenplatz ein. Und im Alltagsleben durfte man nicht hervorstechen, sondern musste sich bescheiden und regimetreu verhalten.

Viele dieser Vorschriften und Verbote bestanden bis zum Ende der Sowjetzeit, als plötzlich eine Sturzflut literarischer und künstlerischer Werke, historischer und philosophischer Arbeiten auf die überraschte Öffentlichkeit niederging. Eine entscheidende Rolle spielte hier die Stiftung Open Society von George Soros: Dank seiner Fördermittel und weiterer Initiativen wurden Tausende von Büchern übersetzt und an die Bibliotheken in ganz Russland verteilt, die Forschung wurde ebenso finanziert wie Lehrkräfte.[1] Innerhalb weniger Jahre machte die Gesellschaft als Ganzes riesige Fortschritte – es war die Zeit der wachsenden politischen Freiheit – und erlebte insgesamt eine Revolution, wie sich am Aufblühen der Psychoanalyse oder an der Abschaffung des Straftatbestands Homosexualität ablesen lässt. Wenn man in alten Dokumentarfilmen die leuchtenden Augen der Menschen bei öffentlichen Diskussionen über die Perestroika oder die ersten postkommunistischen Jahre sieht, begreift man, welch weitgespannte neue Welt sich den Russen gerade auftat.

Leider war dieses Erwachen, diese Aufwallung nur von kurzer

Dauer. Schon in den ersten Putin-Jahren wurden die politischen Freiheiten schrittweise abgeschafft, und auch die gesellschaftlichen Freiheiten verschwanden eine nach der anderen. Zunächst handelte es sich um Einzelfälle, die man für lokale Exzesse hätte halten können. Doch im Jahr 2000 rief die Präsidialverwaltung auf Vorschlag von Wladimir Surkow eine überregionale Jugendorganisation ins Leben, »Vereint marschieren«, um Kinder und Jugendliche ab elf, zwölf Jahren zu erfassen und ihnen »gesunde« und patriotische Werte einzuimpfen. Sie machte mit lautstarken und eher extravaganten Aktionen von sich reden, etwa als sie 2001/2002 in der gesamten Bevölkerung Werke von »schädlichen« Schriftstellern, besonders Viktor Pelewin und Wladimir Sorokin, einsammelte und gegen die Kriegsgeschichten des »guten« sowjetischen Autors Boris Wassiljew austauschte. Mit den gesammelten Büchern errichteten die »Marschierer« in der Nähe des Bolschoi-Theaters eine gigantische Toilettenschüssel, in die sie brutal zerfetzte satirische und dystopische Werke warfen – sie haben sich inzwischen als prophetisch erwiesen.[2] Wladimir Sorokin selbst beschrieb das Wesen dieser Aktion: »Der Wunsch, die Kultur zu ›säubern‹, sie achtbar zu machen, ist ein Symptom der neuen Macht, ein Zeichen der sich abzeichnenden neuen Staatsordnung. Aber im Moment handelt es sich noch um eine eher sanfte ›Reinigung‹. Ich würde diese Kids als beige Braunhemden bezeichnen.«[3]

Eine neue Stufe der Eskalation wurde erreicht, als das Moskauer Sacharow-Zentrum im Jahr 2003 eine Ausstellung mit dem Titel »Achtung, Religion!« organisierte, an der sich etwa 40 Künstler beteiligten, einige von ihnen sehr bekannt wie der Aktionskünstler Oleg Kulik oder Alexander Kossolapow, einer der Gründer von Soz-Art (oder sowjetischer Pop-Art). Angesichts des rasant wachsenden Einflusses der Kirche in Russland wollte diese bunt zusammengewürfelte Künstlergruppe über das Wesen der Religion nachdenken, aber auch auf die Gefahren hinweisen, die die Verschmelzung von Religion und Staat mit sich bringt. Allerdings war das Sacharow-Zentrum in Moskau nie gut besucht gewesen, und vier Tage nach der Vernissage hatten erst ein paar Dutzend Besucherinnen und Besucher den Weg hierhergefunden, als die Ausstellung durch ein Pogrom »empörter Christen« zerstört wurde. Der Haken dabei: Nicht die sechs Rowdys wurden angeklagt, sondern der Leiter des Zentrums, Juri Samodurow, sowie die als Mitorganisatorin geltende Künstlerin Anna Altschuk und eine Mitarbeiterin mussten sich in einem langwierigen Prozess vor Gericht verantworten. Pogrom und Prozess sollten die radikalen Kräfte der russischen Orthodoxie und die »Patrioten« mobilisieren. Und tatsächlich bekräftigten Literaten und Kulturschaffende wie Nikita Michalkow, Ilja Glasunow oder Valentin Rasputin in einem offenen Brief, man könne diese Ausstellung nicht einmal mit der kirchenfeindlichen kommunistischen Propaganda auf eine Ebene stellen, vielmehr sei sie direkt einem »bewussten Satanismus«[4] entsprungen.

Der Philosoph Michail Ryklin, Ehemann von Anna Altschuk, der den Prozess im Gerichtssaal verfolgte, widmete diesem »Hexensabbat« ein Buch: *Hakenkreuz, Kreuz, Stern. Das Kunstwerk in den Zeiten der kontrollierten Kunst.*[5] Für ihn war es der erste ideologische Strafprozess gegen Künstler, die sich im modernen Russland mit religiösen Themen befassten, ein Hinweis auf die Entstehung eines faschistoiden Regimes in Russland. Samodurow und seine Mitarbeiterin wurden wegen »religiöser Hasspropaganda« zu hohen Geldstrafen verurteilt, Anna Altschuk freigesprochen. Das Paar war von diesem mittelalterlichen Prozess mit seiner starken antisemitischen Unterströmung jedoch so traumatisiert, dass es nach Deutschland emigrierte, wo Anna, tief verstört nach ihrer langen Leidenszeit, ihrem Leben ein Ende setzte. Wie der Moskauer Intellektuelle, Priester und Dissident Jakow Krotow schrieb: »Die Ereignisse rund um die Ausstellung entwickelten sich in einem für das heutige Russland typischen Szenario. Das Besondere an dieser Psychose ist die Tatsache, dass sie in ihrem Inneren Fantasiegebilde mit einer ganz eigenen Realität ausbrütet, die realer werden als jede von unseren Sinnen erfassbare Realität. In der Logik der Psychose spielt es keine Rolle, dass Religion und Staat getrennt sind und dass die Verwüstung von Ausstellungen genauso verboten ist wie die von Kirchen, Pagoden und Moscheen. Gefährlich ist der Psychotiker, weil er nach den Regeln seiner eigenen imaginierten Gesetzgebung lebt und die Gottesfurcht weit über das Gesetz stellt.«[6] Hier ist deutlich zu sehen, dass die Ersetzung der Realität durch eine imaginierte Realität, die in der russischen Ukrainepolitik ihren Höhepunkt erreicht, sich bereits in den ersten Jahren von Putins Herrschaft herausgebildet hat.

Die Wirkung auf die russischen Intellektuelle, die Künstlerinnen und Künstler war verhängnisvoll. Aus Angst vor Verfolgung zensierten die Leitungsgremien verschiedener Kulturinstitutionen und Museen sich nun selbst, um so den von Kirchenführern begrüßten Angriffen durch »empörte Christen« und Teile der schnell wieder in sowjetische Reflexe verfallenen Öffentlichkeit zuvorzukommen. Auf Anregung von Andrej Jerofejew, einem der Kuratoren der Tretjakow-Galerie, organisierte das Sacharow-Zentrum im Jahr 2006 eine zweite umstrittene Ausstellung: »Verbotene Kunst 2006«, die die zensierten Werke des vergangenen Jahres zeigte; tatsächlich hatten mehrere Institutionen in vorauseilender Selbstzensur gar nicht erst gewagt, sie zu präsentieren.[7] Diese Ausstellung, in der man die 23 Werke nur hinter Gucklöchern in Stellwänden sehen konnte, um ihren »verbotenen« Charakter zu unterstreichen, wurde ihrerseits scharf kritisiert. Im März 2007 erstattete die orthodox-patriotische Bewegung *Narodny Sobor* Anzeige gegen die Organisatoren der Ausstellung, da ihre Mitglieder der Meinung waren, dass die Kunstwerke die Gefühle der Gläubigen verletzten und den religiösen Hass schürten. In ihren Augen war die Ausstellung »antireligiös, staatsfeindlich, extremistisch und außerdem beleidigend für die russischen Streitkräfte und die russisch-orthodoxe Kirche.« Eine lange strafrechtliche Voruntersuchung mit mehreren Gutachten folgte, im Jahre 2010 dann ein ausgedehnter Prozess, der wieder mit hohen Geldstrafen endete. Vor allem verlor Samodurow seinen Posten als Leiter des Sacharow-Zentrums und Jerofejew den als Kurator in der Tretjakow-Galerie.[8]

In beiden Prozessen wurden die Angeklagten nicht zu Haftstrafen verurteilt, wie von der Staatsanwaltschaft gefordert, sondern nur zu hohen Geldzahlungen. Nicht einmal zwei Jahre später brachte eine künstlerische Performance ihren Teilnehmerinnen wesentlich härtere Urteile ein. Der Fall Pussy Riot ist weithin bekannt. Die 2011 gegründete feministische Punkgruppe setzte sich lautstark für den Feminismus, die LGBT-Rechte und den Umweltschutz ein und erwarb sich außerdem den Ruf, Putin abzulehnen. Kurz nach dessen dritter Wiederwahl 2012 organisierten einige Mitglieder ein etwas spezielles Gebet in der Moskauer Christ-Erlöser-Kathedrale. Mit bunten gestrickten Sturmhauben maskiert, flehten die jungen Frauen die Muttergottes an, Putin zu verjagen, und kritisierten das Oberhaupt der russisch-orthodoxen Kirche mit deutlichen Worten: »Der Patriarch Gundjajew [so der weltliche Name von Patriarch Kyrill] glaubt an Putin, besser sollte er, der Hund, an Gott glauben!«[9] Kurz nach dem Beginn der Performance wurden einige Pussy Riots von Sicherheitskräften festgenommen. Im Oktober 2012 wurden zwei von ihnen zu zwei Jahren Straflager verurteilt, die dritte kam mit Bewährung davon. Trotz der weltweiten Proteste begrüßte der Präsident die Urteile höchstpersönlich: »Sie wurden zu Recht festgenommen, und es war richtig, dass das Gericht dieses Urteil gefällt hat. Denn ihr könnt die Fundamente von Sittlichkeit und Moral nicht untergraben, ihr könnt das Land nicht zerstören. Was bleibt uns dann noch übrig?«[10]

Diese drei Prozesse markieren einen gesellschaftlichen Wendepunkt. Die Verteidigung von Moral, Sittlichkeit, traditionellen Werten im absoluten Gegensatz zum »dekadenten« Westen nahm nach Putins Rückkehr zur Präsidentschaft 2012 Fahrt auf, zur gleichen Zeit wie die verstärkte militärisch-patriotische Schulung der Jugendlichen. Die Amtsgewalt vermied zwar einen weiteren Prozess wie den gegen Pussy Riot, der diese in der ganzen Welt bekannt und Putin zum Gespött gemacht hatte, doch jegliche Kritik an Kirche und traditionellen Werten sowie die Hinwendung zu westlichen Werten wurden immer mehr aus der Öffentlichkeit verbannt. Aufschlussreich ist die Geschichte des berühmten Galeristen und Sammlers Marat Gelman. Einige Jahre lang leitete der Direktor des Museums für zeitgenössische Kunst das Kunstfestival in Perm im Ural. Nach einer Reihe von Skandalen war damit Schluss. Ein Kritiker schrieb: »Gelman hat es nicht nur geschafft, Vulgarität und Obszönität in der Gesellschaft zu verankern, sondern hat das manchmal auch noch auf

Staatskosten getan. Mit anderen Worten, die *Zerstörung der russischen Kultur, eines Grundpfeilers des russischen Staates,*[11] wurde mit russischem Geld ermöglicht.«[12] So wurde der letzte bedeutende Hort der zeitgenössischen Kritik an der Macht – auf der ganzen Welt ein Ziel politischer Künstler[13] – liquidiert und der Gouverneur der Region Perm, Oleg Tschirkunow, der Gelman unterstützt hatte, kaltgestellt.[14] Als »Hauptideologe der Kulturrevolution in Perm« bezeichnet, emigrierte Letzterer nach Montenegro und wurde 2021 als »ausländischer Agent« gebrandmarkt.[15]

Ab 2012/2013 wurden mehrere freiheitsfeindliche Gesetze verabschiedet. Die Propaganda wurde durch Journalisten wie Kisseljow, Solowjow, Skabejewa und Simonjan verbreitet, die Verteidigung der traditionellen Werte lag vor allem bei einigen besonders abstoßenden bekannten Personen wie Jelena Misulina, Irina Jarowaja, Witali Milonow, Wjatscheslaw Wolodin, Alexander Kinstein oder Nikita Michalkow. In gleicher Weise, wie Wladimir Schirinowski sich in den 1990er-Jahren als Pionier der imperialistischen Haltung und der Rüpelhaftigkeit gegenüber dem Westen profilierte, werden auch diese Prominenten von den oben genannten Propagandisten bis heute gern in Talkshows aller Art eingeladen und erreichen so ein großes Publikum.

Nehmen wir als Beispiel zwei Galionsfiguren der konservativen Werte. Jelena Misulina war Duma-Abgeordnete, seit 2015 ist sie Senatorin. Ihr ist das 2012 verabschiedete Gesetz über schärfere Kontrollen des Internets zu verdanken. Es erlaubt die Abschaltung von Netzbetreibern, wenn sie nicht die Webseiten löschen, die die Regierungsbehörde Roskomnadsor – ein föderaler Dienst für die Überwachung von Telekommunikation, Informationstechnologien und Massenmedien – auf die schwarze Liste gesetzt hat. Angeblich enthielten diese Webseiten Kinderpornografie, Drogenkriminalität, extremistische Dokumente und *weitere in Russland verbotene Inhalte,* wodurch die Zensur de facto legalisiert wird.[16] Die besondere Spezialität Misulinas ist jedoch die Familienpolitik. Im Juni 2013 verabschiedete der von ihr geleitete Familienausschuss der Duma die »Konzeption einer Strategie der Familienpolitik bis 2025«, die eine Geldstrafe bei

Scheidungen und weitere Restriktionen bei Abtreibungen vorsieht. Gleichzeitig sollte die orthodoxe Kirche stärker in die Familiengesetzgebung eingebunden werden, die Zahl der »multigenerationellen« Familien, in denen Großeltern, Kinder und Enkel zusammenleben, sollte sich vervielfachen, und kinderreiche Familien sollten aktiv gefördert werden. Außerdem kämpft diese Hüterin der Moral dafür, dass sexuelle Beziehungen erst ab 18 statt ab 16 Jahren straffrei sind, dass häusliche Gewalt entkriminalisiert wird, und schließlich engagiert sie sich auch gegen Polygamie und ganz besonders gegen Homosexualität.[17] Wie der Politologe Mark Urnow unterstreicht, zeichnen sich »die von Misulina eingebrachten Gesetzesentwürfe [...] durch ein besonderes Merkmal aus: Sie säen Intoleranz.«[18]

Die andere Galionsfigur, Irina Jarowaja, von Haus aus Juristin, sitzt seit 2007 in der Duma und hält die konservative Ausrichtung Russlands für eine Trumpfkarte in einer globalisierten Welt. Aus ihrer Feder stammen mehr als 200 Gesetze oder Gesetzesänderungen; sie befürwortet die patriotische Erziehung der Kinder, vor allem ein staatlich geprüftes einheitliches Geschichtsbuch, strengere Strafen für diverse Verstöße gegen Gesetze und Vorschriften sowie die Einführung der Todesstrafe.[19] Sie war an einer Gesetzesinitiative für den Schutz des historischen Gedächtnisses beteiligt, die die Verletzung der historischen Erinnerung an den Zweiten Weltkrieg unter Strafe stellt. Das Gesetz vervollständigte die Gesetze über die internationalen Verbrechen durch einen neuen Paragrafen: Er stellt die Leugnung, aber auch die öffentliche Zustimmung zu den Verbrechen des Nationalsozialismus und den Nazitätern unter Strafe und wurde von Putin unmittelbar vor dem 9. Mai 2014 unterzeichnet.[20] Und damit darf die russische Justiz die ukrainischen »Nazis« verfolgen!

Traurige Berühmtheit erlangte Jarowaja vor allem mit dem Gesetz, das inoffiziell ihren Namen trägt. Im April 2016 präsentierte sie gemeinsam mit dem Senator Viktor Oserow Gesetzesvorhaben zur Verschärfung der Strafen für Terrorismus und Extremismus, zu denen auch nicht genehmigte Demonstrationen gehören; die Strafmündigkeit wird auf 14 Jahre herabgesetzt. Das »Jarowaja-Gesetz« sieht verlängerte Haftstrafen für eine Reihe von Straftatbeständen vor, zusätzliche Gründe für Reiseverbote und Einreiseverbote, längere Datenspeicherung der Mobilfunkbetreiber bei Empfang, Übermittlung und Inhalt der Informationen und Sprachnachrichten – sechs Monate bis drei Jahre –, die Ermächtigung der Untersuchungsbeamten, auf die elektronische Korrespondenz zuzugreifen, eine neue Definition des »internationalen Terrorismus« sowie Strafen, wenn diese Delikte nicht gemeldet werden. Schließlich werden alle Arten von missionarischer Betätigung stark eingeschränkt, allerdings gilt das nur für religiöse Minderheiten, insbesondere Protestanten.[21] Trotz massiver Proteste wurde das Gesetz vom Parlament verabschiedet und von Wladimir Putin unterzeichnet.[22] Diese neuen Einschränkungen richteten sich vor allem gegen die Krimtataren: Viele wurden zu Haftstrafen von 15 bis 20 Jahren verurteilt: wegen Gebeten an nicht genehmigten Orten, wegen »Terrorismus« und »Extremismus«.[23] Die Damen Jarowaja und Misulina haben also ganz erheblich am stalinistischen Klima in Russland mitgewirkt.

Zu dieser Atmosphäre der Verfolgung aus politischen Gründen, aber auch wegen nicht konformen Verhaltens, trägt auch der Kampf gegen die Homosexualität bei. Laut Sergej Medwedew, einem Experten für politische Philosophie, will das Putin-Regime wie jedes totalitäre Regime das Privatleben seiner Bürger kontrollieren, indem es ihm seine Vorschriften aufzwingt.[24] Damit verfolgt es zwei Hauptziele. Zum einen will der Staat den Bevölkerungsrückgang durch seine Geburtenpolitik bremsen[25] und deshalb die Zahl der auf sieben Millionen geschätzten Homosexuellen eindämmen.[26] Zum anderen gehört die offene Homosexualität zu den verpönten Schandflecken der westlichen Gesellschaften, und durch ihr Verbot oder ihre Verunglimpfung wie zu Sowjetzeiten lässt sich der Volkszorn perfekt auf den Westen lenken, besonders auf »Gayropa« – eine Wortschöpfung aus dem englischen »gay« (für »schwul«) und »Europa«. Seit den letzten großen Demonstrationen der Opposition 2011/2012 gegen den Wahlbetrug und gegen Putins Wiederwahl ist ein Diskurs über die »westliche Genderideologie« entstanden, die die »traditionellen Werte« Russlands angeblich unterhöhlt. Also musste die prowestliche Schicht der Zivilgesellschaft unterdrückt und ihre

Freiheiten, etwa die sexuelle Selbstbestimmung, eingeschränkt werden. Eine Konsequenz war die Verabschiedung eines Gesetzes zum Verbot der »Propaganda für nicht traditionelle sexuelle Beziehungen«, wodurch die Homosexuellen völlig »unsichtbar« wurden. Einer der Anführer dieses Kampfes gegen die »Päderasten« ist der Duma-Abgeordnete Witali Milonow, der sich zu schockierenden Erklärungen hinreißen ließ: »Als ehemaliger Dämonenjäger habe ich eine Nase für Homos. Man kann sie ja auch riechen: Sie stinken nach Schwefel.«[27] Im Jahr 2014 hat die Administration außerdem ein Gesetz verabschiedet, das die Adoption von Kindern in Länder verbietet, in denen gleichgeschlechtliche Ehen anerkannt werden.[28]

In den letzten zehn Jahren hat das LGBT-Thema politisch an Bedeutung zugenommen. Es geht um den Gegensatz zwischen einem »gesunden« Russland mit seiner Unterscheidung zwischen Mann und Frau, und dem zügellosen Westen. Der Vorwurf der Homosexualität impliziert, dass die Betreffenden mit dem Westen sympathisieren und moralisch verdorben sind. Als der sehr populäre Komiker und Fernsehmoderator Maxim Galkin, Ehemann der Diva Alla Pugatschowa, nach dem Angriff auf die Ukraine aus Russland wegging, und als er sich erlaubte, den Krieg zu kritisieren und die offiziellen russischen Verlautbarungen anzuzweifeln, hetzte Margarita Simonjan, die Chefin von Russia Today, in der berühmten Talkshow von Wladimir Solowjow in Rossia 1, dem wichtigsten Sender des Landes: »Wenn ein Mann, von dem die ganze Welt mit Bestimmtheit weiß, dass er homosexuell ist, eine viel ältere Frau heiratet, um davon abzulenken, um sich zu bereichern, um seine Karriere zu fördern und sein gutgläubiges Publikum von ihrer Liebe zu überzeugen … Merken Sie, auf welchem Niveau von Heuchelei, Lügen und Qualität ganz allgemein dieser Mann sich bewegt? Aber so sind sie alle, Abschaum.« Und an Galkin direkt: »Ein Mann wie du, ein Lügner und Betrüger, erlaubt sich, meine Heimat mit Dreck zu bewerfen, ohne dass er von irgendwas eine Ahnung hat. Weder von der Spezialoperation noch von Geopolitik oder dem Vaterland. Scheißkerl!« Das Boulevardblatt *Komsomolskaja Prawda* berichtete über Simonjans Ausfälle unter dem Titel: »Pugatschowa und Galkin haben einen vernichtenden Schlag bekommen: Ein ekelhaftes Geheimnis der Künstler wurde aufgedeckt!«[29] Diese Unterstellungen sind aus der Luft gegriffen – das Paar ist seit mehreren Jahren verheiratet und hat zwei gemeinsame Kinder.

Die Propaganda gegen Schwule und LGBT verbreitet sich immer weiter. Während wir diese Zeilen schreiben, befasst die Duma sich in erster Lesung mit dem Gesetzentwurf, den der Filmschauspieler, Regisseur und Duma-Abgeordnete Nikolai Burljajew eingebracht hat. Das Gesetz soll die Verbreitung von *Childfree* – die bewusste Weigerung, Kinder zu bekommen – ebenso verbieten wie von nicht traditioneller sexueller Orientierung und »Leugnung der Familienwerte« in Musik, Film, Theater, Medien und Internet. Wenn man ihm glauben darf, liegt das »Problem [darin], dass die Welt irrational und unvernünftig geworden ist. Russland hat eine Mission: Die göttliche Vorsehung bietet ihm die einmalige Chance, auf einer neuen Grundlage wiedergeboren zu werden und der Welt das neue Zivilisationsmodell eines aufgeklärten, harmonischen, positiven und vernunftgeleiteten Staates zu präsentieren.«[30]

Auch an einem weiteren Thema zeigt sich der rückwärtsgewandte und reaktionäre Charakter des russischen Regimes, nämlich bei der Gewalt in der Gesellschaft, besonders in der Armee, in den Gefängnissen und Lagern, zwischen Erwachsenen, im Schoß der Familie, gegenüber Frauen und Kindern … Eine Gewalt, um deren Eindämmung das Putin-Regime sich nicht bemüht – die Justiz wird nur tätig, wenn ein Skandal droht wie bei den Videos, die zeigen, wie Häftlinge in den Gefängnissen von Irkutsk, Saratow und Wladimir durch die Strafvollzugsbeamten gefoltert und vergewaltigt werden, um sie zur Kollaboration zu zwingen.[31] Als diese Videos ins Ausland gelangten, wurde eine Untersuchung eingeleitet und mehrere Verantwortliche verurteilt oder degradiert. Bekannt sind auch die vielen Suizide in der Armee nach den brutalen Initiationsriten, denen die neuen Rekruten von »Dienstälteren« unterworfen werden. Bekanntlich wird der Männlichkeitswahn in Russland offiziell gutgeheißen, auch von Putin. Im Glauben, das Mikrofon sei abgestellt, sagte er am 19. Oktober 2006 zu dem israelischen Premierminister Ehud

Olmert: »Grüßen Sie Ihren Präsidenten. Was für ein starker Kerl! Zehn Frauen hat er vergewaltigt! Das hätte ich ihm nie zugetraut! Er hat uns alle überrascht! Wir beneiden ihn alle!«[32] Später musste der fragliche Präsident Mosche Katzaw zurücktreten und wurde zu sieben Jahren Haft verurteilt. Der loyale Kremlpropagandist Dmitri Kisseljow verteidigte in seiner viel gesehenen Sendung »Nachrichten der Woche« im Jahr 2017 den einstigen Filmmogul Harvey Weinstein und verhöhnte dessen mutmaßliche Opfer von Vergewaltigungen und Aggressionen. Seiner Meinung nach hat Amerika seinen Humor verloren, wenn es um Sex geht.[33]

Das Regime hat sogar die häusliche Gewalt entkriminalisiert, als es 2017 auf Initiative von Jelena Misulina ein Gesetz annahm, das nur noch Ordnungsstrafen, etwa Geldstrafen, bei Gewalt in der Familie vorsieht, solange das Opfer keine Gesundheitsschäden davonträgt.[34] Laut Misulina »dürfen die Strafen der Ordnung der Familienwerte nicht widersprechen«. Die Entkriminalisierung von Prügeln würde »die Familien vor einer ungerechtfertigten Einmischung schützen« und die »traditionelle Familie« stärken.[35] So sieht es auch die russisch-orthodoxe Kirche, die 2016 ihre Besorgnis darüber ausdrückte, dass nach einer Strafrechtsänderung die körperliche Züchtigung von Kindern verboten ist. Auf der Grundlage der Heiligen Schrift sieht die Kirche »die vernünftige und liebende Handhabung der körperlichen Strafe als integralen Bestandteil der von Gott selbst geschaffenen Elternrechte«. Die Kommission des Patriarchen für Familie, Mutterschaft und Kindheit forderte, dass die gewissenhaften Eltern, die ihren Nachwuchs »maßvoll und vernünftig« strafen, nicht verfolgt werden dürfen. Bei der Gelegenheit gab der Vorsitzende der Kommission, Erzpriester Dmitri Smirnow, auch gleich Ratschläge, wie man die Kinder schlagen solle: »mit einem biegsamen, möglichst geflochtenen Gürtel«.[36]

Manchmal hat man den Eindruck, Kadyrows Tschetschenien würde die Richtung vorgeben, die Russland einschlagen könnte. Genau dort herrscht die Gewalt der Macht, aber auch die gesellschaftliche Gewalt und die totale Unterwerfung der Bevölkerung. Dort fanden auf Kadyrows Befehl die Kundgebungen mit Hunderttausenden Menschen statt, bei denen es darum ging, die Mohammed-Karikaturen zu verdammen, nicht etwa die Mörder von mehreren Mitarbeitern von *Charlie Hebdo.* Dort werden Homosexuelle, von Kadyrow als »Teufel«[37] bezeichnet, entführt, gefoltert und umgebracht. Dort gibt es eine besondere Einrichtung, in der »Freiwillige« aus ganz Russland ausgebildet werden, um gegen die Ukraine zu kämpfen und ethnische Säuberungen durchzuführen, indem die »Nazis« in Dünger umgewandelt werden.[38]

Seit gut einem Jahrzehnt ist die konservative Rhetorik in Russland in Mode: Man bewahrt die Werte unserer Ahnen, man respektiert die Gefühle der Gläubigen aller in Russland verankerten Glaubensrichtungen, man verhindert jegliche soziale Unruhen, jede nicht genehmigte Demonstration, man untersagt den als »unerwünscht« angesehenen NGOs auch die kleinste politische Äußerung oder Verteidigung der Menschenrechte, bestenfalls überwacht man sie als »ausländische Agenten« – sogar Facebook und Instagram wurden schon als extremistisch entlarvt, selbst wenn die Nutzer hier neutrale Inhalte posten können –, man kontrolliert das Internet immer schärfer, man erschwert Auslandsreisen, indem keine biometrischen Pässe mehr ausgestellt werden, man fördert den Patriotismus und die patriotische Erziehung, man beschränkt die Rechte von sexuellen Minderheiten massiv, man kontrolliert die Kunstszene, man zensiert Aufführungen, Filme und Konzerte. Auch wenn es offiziell keine Zensur gibt, kann Roskomnadsor doch jede Veröffentlichung oder Kulturveranstaltung verbieten und Strafanzeige stellen.

Was vor einigen Jahren noch wie extreme Initiativen einzelner fanatischer Abgeordneter und sonstiger Politiker wirkte, wurde nach den von Wladimir Putin persönlich initiierten Änderungen 2020 in einer neuen Fassung der Verfassung kodifiziert. Unmittelbar vor der zweiten Lesung legte er sein Änderungspaket als Letzter vor. Es enthält das ganze konservative Programm. Besonderen Wert legte der Herr des Kremls darauf, dass das russische Volk die Nation bildet und Russisch Staatssprache ist, dass die Ehe eine Verbindung von Mann und Frau ist und dass »die Kinder das wichtigste Gut der Russischen Föderation sind«. Er war es auch, der durch einen verzwickten Satz Gott in die Verfassung eines laizistischen Staates einführte: »Die durch eine tausendjährige Geschichte vereinte Russische Föderation wahrt das Andenken der Vorfahren, die uns Ideale, den Glauben an Gott sowie Kontinuität in der Entwicklung des russischen Staates hinterlassen haben, und erkennt die historisch gewachsene Einheit des Staates an.« Auf seinen Vorschlag hin wurde in der Verfassung festgelegt, dass Russland »das Andenken der Verteidiger des Vaterlandes [ehrt] und den Schutz der historischen Wahrheit [garantiert]«. »Die Bedeutung der Heldentaten des Volkes zu schmälern ist nicht erlaubt«, sagt das Dokument.[39] Die Verfassung wurde nach einem Referendum angenommen, bei dem die Bevölkerung en bloc dafür oder dagegen stimmen konnte, einige »Leckerlis« wie Rentenanpassungen eingeschlossen, und so gab die Verfassung einer Fülle neuer freiheitsfeindlicher Gesetze einen legalen Anstrich.

Putin und seine Hofschranzen erklärten den Konservatismus zur Staatsideologie. Im Oktober 2021 sagte er beim Jahrestreffen des Valdai-Clubs: »Wir werden uns von der Ideologie des gesunden Konservatismus leiten lassen. [...] Gerade jetzt, wo die Welt eine Strukturkrise durchmacht, ist die Bedeutung eines vernunftgeprägten Konservatismus enorm gestiegen.« Der Begriff des Fortschritts selbst habe sich in der Welt gewandelt. Zur Untermauerung seiner konservativen Ideologie zitierte er den Philosophen Nikolai Berdjajew: »Der Konservatismus hindert uns nicht daran, uns zu erheben und voranzukommen, vielmehr hindert er uns daran, zurückzufallen und im Chaos zu versinken«[40] (Putin scheint gern russische Philosophen zu zitieren,[41] wahrscheinlicher ist es aber, dass seine Berater die Zitate zusammengestellt haben).

Nach Auffassung der Apologeten des Regimes hat Putin in dieser Rede die Ideologie und das strategische Ziel des Landes, vielleicht sogar seine nationalen Vorstellungen formuliert.[42] Allerdings beweist sein Berdjajew-Zitat, dass er dessen Text nicht komplett gelesen hat, denn der 1904 erstmals veröffentlichte Artikel des russischen Emigranten »Das Schicksal des russischen Konservatismus« endet mit diesen Worten: »Der russische Konservatismus ist unmöglich, denn *er hat nichts zu bewahren.* Die slawische Romantik hat die zu bewahrenden idealen Anfänge erfunden, die in unserer Geschichte jedoch nicht existiert haben. Folglich hat unser Konservatismus nicht eine bestimmte Art von Kultur bestätigt, sondern er hat die Schöpferkraft der Kultur geleugnet und ist zu einer nihilistischen Reaktion verkommen. Die Schöpferkräfte schließen sich zusammen, um die Macht der nihilistischen Negation zu zerstören.«[43]

Dieser mehr als hundert Jahre alte Satz benennt perfekt die fehlenden Perspektiven von Putins konservativer Ideologie, die auf nicht existenten Grundlagen aufbaut, nämlich der Verherrlichung Stalins, eines der furchtbarsten Schlächter der Geschichte; die Glorifizierung des Sieges im Zweiten Weltkrieg, durch den die Nomenklatura halb Europa kolonisieren konnte; die Vormachtstellung des russischen Imperiums, die in Putins Augen den Überfall auf die Ukraine und die vergangenen »Befriedungen« wie im Fall von Tschetschenien und Georgien rechtfertigt; die Glorifizierung einer traditionellen Lebensweise, zu der die Unterwerfung der Frau ebenso gehört wie die Brutalität innerhalb der Familie; oder auch der Glaube an Gott, in dessen Namen alles verboten und verwüstet werden darf, das den Kirchenführern missfällt. Solange die russische Gesellschaft das nicht erkennt, kann sie den Teufelskreis ihrer Geschichte niemals durchbrechen.

Wohin steuert Russland?

Galia Ackerman und Stéphane Courtois

Im vorliegenden Buch haben wir verschiedene Facetten der Persönlichkeit Wladimir Putins und des Regimes beleuchtet, das er auf der Basis der Doktrin und der Praktiken des KGB und seiner Nachfolgeorganisation FSB aufgebaut hat. Wie wir gesehen haben, betrachten der russische Präsident und der ganze Geheimdienstapparat den Niedergang der UdSSR – und damit auch das Ende des kommunistischen Regimes – als die größte geopolitische Katastrophe des vergangenen Jahrhunderts. Genau daher rührt auch Putins Besessenheit von der Idee, einerseits das Imperium wiederherzustellen und die ehemaligen Sowjetrepubliken daran zu hindern, sich vom »großen Bruder« zu emanzipieren, andererseits ein Regierungssystem nach sowjetischem Vorbild aufzubauen, mit einem *Vojd* (»Führer«) und einem Elitekorps – den KGB/FSB – an der Spitze, ohne regelmäßige Machtwechsel. Der 1885 in Sankt Petersburg geborene Psychiater Eugène Minkowski brachte diese Art Obsession gut auf den Punkt: »Die spezifische Form einer Wahnvorstellung ist im Kern nichts anderes als ein Versuch des intakt gebliebenen Denkvermögens, eine logische Verbindung zwischen den Steinen des eingestürzten Gebäudes herzustellen.«

Im Grunde hat Putin sich in den Kopf gesetzt, ein Fantasiegebäude wiederaufzubauen, das auf drei Wahnideen basiert. Die erste zielt auf eine Wiederherstellung der geopolitischen Größe der UdSSR, unter kompletter Leugnung der historischen Niederlage des Kommunismus von 1989 am Ende des Kalten Krieges. Diese Niederlage führte 1991 schließlich zum krachenden Zusammenbruch jenes absurden Systems des Massenterrors und der Ablehnung von Privateigentum, das am 7. November 1917 eingeläutet worden war, und setzte dem ersten totalitären Regime der Geschichte damit ein Ende. Keine der Nationen, die jahrzehntelang hinter dem Eisernen Vorhang oder in der UdSSR eingesperrt gewesen waren, hat heute Lust, dorthin zurückzukehren. Um sein Projekt zu legitimieren, spielt Putin mit dem Prestige des Sieges der UdSSR über den Nazismus im Jahr 1945 und »vergisst« dabei, dass der Zweite Weltkrieg aufgrund einer Allianz zwischen Hitler und Stalin ausgebrochen war, die Polen (zu dem auch die Westukraine gehörte), die baltischen Staaten und Rumänisch-Bessarabien, die heutige Moldau, ihrer Existenz beraubte.

Die zweite Wahnidee Putins kreist um die Mythologie von der Größe des reaktionären Zarenreichs. Er stützt sich dabei auf eine ultranationalistische Geopolitik der Einflusszonen, die vorsieht, dass nur bestimmte Länder, wie Russland, wirklich souverän sind, während andere sich dem Diktat dieser Länder beugen müssen – ein Konzept, das 1918 mit dem Grundsatz des Selbstbestimmungsrechts der Völker obsolet wurde. Diese Geopolitik basiert auch auf der expansionistischen Sichtweise eines von den Europäern abgelehnten Eurasiens und auf der Mythologie einer offiziellen orthodoxen Kirche – sprich des Moskauer Patriarchats –, die die Einheit der Slawen gewährleisten soll, obwohl es sich dabei seit 1929 nur noch um einen Organismus des NKWD/KGB handelt.

Die dritte Wahnidee ist die Fantasievorstellung von der Einheit der russischen und ukrainischen »Brüder« und »Brudervölker«. Trotz der langjährigen Beziehungen zu Russland hatte man zu Sowjetzeiten in der Ukraine ausgiebig Gelegenheit festzustellen, dass die Bolschewiken sie mit allen Mitteln – einschließlich des Holodomor, des Völkermords durch Hunger in den Jahren 1932/1933 – daran zu hindern versuchten, eine eigene Kultur und Nation, einen eigenen Staat aufzubauen und weiterzuentwickeln. Vor allem zeigte die Ukraine ab 1991, nachdem sie die seit Jahrhunderten angestrebte Unabhängigkeit erlangt hatte, dass ihr, ganz in der Tradition der freien und oft gegen die Zaren aufbegehrenden kosakischen Bauern, viel an ihren Freiheiten und am Aufbau eines Rechtsstaats lag.

Mit den drei Wahnideen, die Putins Regime zu irreparablen politischen Fehlern veranlassten, vergiftete es sich selbst: Der große Chef und seine Spießgesellen – die Putin-Bande, die sich in den Jahren 1991 bis 1996 in Sankt Petersburg bildete und die seit 2000 an der Macht ist – haben keinen Moment mit diesem bewaffneten Massenwiderstand des ukrainischen Volkes gerechnet, ebenso wenig mit der geeinten Reaktion der Europäischen Union, der deutlichen Verurteilung durch die UN-Generalversammlung und dem Ausmaß der Sanktionen, mit denen Russland belegt wurde. Ähnlich hatte auch Hitler – ohne die beiden gleichsetzen zu wollen – im September 1939 nicht damit gerechnet, dass Frankreich und Großbritannien wegen Polen in den Krieg ziehen und dass die Vereinigten Staaten eingreifen würden, ein fataler Fehler, für den Deutschland jahrzehntelang einen hohen Preis zahlen musste. Nun führt Putins schon immer da gewesener ideologischer Hass gegen die Demokratie dazu, dass Russlands Image und Stärke für das ganze 21. Jahrhundert stark in Mitleidenschaft gezogen werden. »Die Tatsachen dringen nicht in die Welt ein, in der unsere Überzeugungen leben«, war schon Marcel Proust klar geworden.[1]

Nach dem schicksalhaften 24. Februar 2022 schaffte Wladimir Putin das Kunststück, innerhalb weniger Tage das genaue Gegenteil seiner Ziele zu erreichen. Er wollte Kyiv in wenigen Tagen einnehmen und die ganze Ukraine in wenigen Wochen erobern: Fehlanzeige! Er wollte zeigen, dass der ukrainische Präsident Selenskyj ein »Clown« ist und seine Regierung ein wilder Haufen »degenerierter«, »nazistischer« Marionetten: Fehlanzeige! Er behauptete, die Ukraine existiere nicht als Staat und die »Brudervölker« Russland und Ukraine gehörten ein und derselben »russischen Welt« an: Fehlanzeige! Er dachte, die Europäische Union werde aufgrund ihrer Abhängigkeit vom russischen Gas nicht reagieren und auseinanderbrechen: Fehlanzeige! Er hielt, wie andere im Westen, die NATO für »hirntot«: Fehlanzeige! Er wollte die Vereinigten Staaten unbedingt von der europäischen Bühne verdrängen: Fehlanzeige!

Wie ist es möglich, dass eine Weltmacht von einem so inkompetenten und obendrein arroganten Oberhaupt regiert wird? Leider muss man feststellen, dass – nach 1560 und der Versklavung der Bauern durch Iwan den Schrecklichen, nach 1825 und der Unterdrückung der Dekabristen durch Nikolaus I. und nach der bolschewistischen Machtübernahme vom 7. November 1917 – das russische Unheil zurückgekehrt ist und bei den Russen, ihren Nachbarn und in der ganzen Welt große Katastrophen verursacht. Russland rast tatsächlich auf einen Abgrund zu.

Der Krieg gegen die Ukraine hat hinter der Nebelwand, in die sich der Kreml und seine Diplomatie seit 20 Jahren hüllen, die wahre Natur des alten KGB-Agenten und seines Regimes zum Vorschein gebracht. Selbst der »liberale« Dmitri Medwedew, der als Putins Zweitbesetzung 2008 bis 2012 an der Macht war, hat sein wahres Gesicht gezeigt und sich als Befürworter von Völkermord erwiesen. Am 7. Juni 2022 sagte er über die Ukrainer: »Das sind degenerierte Bastarde. Sie wollen unseren Tod, den Tod Russlands. Solange ich lebe, werde ich alles dafür tun, sie zum Verschwinden zu bringen.«[2] Paranoia, das Thema Untermenschen, der Wille zur Vernichtung … von Goebbels war Gleiches zu hören! Übrigens merkte Medwedew schon Ende Februar erfreut an, der Krieg gegen die Ukraine sei »eine gute Gelegenheit, im Land einige wichtige Dinge wie etwa die Todesstrafe wieder einzuführen«. Auch Lenin hatte am 21. Februar 1918 beschlossen, die Todesstrafe wieder einzuführen, nachdem sie im Zuge der demokratischen Revolution vom Februar 1917 abgeschafft worden war. Alles kehrt wieder …

Der ultranationalistische Schriftsteller und Dumaabgeordnete Sachar Prilepin trat in die Fußstapfen Medwedews und regte am 3. August 2022 die Bildung einer parlamentarischen Arbeitsgruppe namens GRAD[3] an (benannt nach dem Mehrfachraketensystem, das jeden Tag Tausende Granaten auf die Ukraine abfeuert), die sich mit antirussischen Aktivitäten im Kulturbereich befassen soll. Ziel der Arbeitsgruppe: »Säuberung des Kulturbereichs«, dazu ein Aufruf zur Denunziation »antirussischer Agenten und ihrer Komplizen«. Bereits wurde eine Liste von 150 solchen »Agenten« erstellt. Um von dieser Liste wieder gestrichen zu werden, braucht man nur die »militärische Sonderoperation« öffentlich zu unterstützen, also den Krieg gegen die Ukraine. Die

Sowjetunion lässt grüßen! Wie sich während der Schreckensherrschaft der Französischen Revolution gezeigt hat, erhält in einer ideologischen Diktatur nur jener eine Art Legitimität, der sich beim Griff nach der Macht in Worten, aber auch Taten noch ultranationalischer und völkermordwütiger gibt als die anderen.

Hat der Machtkampf in Moskau ein Ausmaß erreicht, dass es, wie zu Zeiten des Wohlfahrtsausschusses, Aufgabe der Guillotine – heute einer Autobombe – sein wird, über die Streitigkeiten zu entscheiden? Alexander Dugin, der extremste Ideologe des Regimes, musste diese bittere Erfahrung am 21. August 2022 machen, auch wenn bei der Explosion des Autos, in das der Vater hätte einsteigen sollen, letztlich die Tochter gestorben ist …

Im Jahr 1950 gab Stalin dem nordkoreanischen Kommunisten Kim Il-sung grünes Licht für die Invasion in Südkorea, was beinahe einen Dritten Weltkrieg ausgelöst hätte und die internationalen Beziehungen im Fernen Osten bis heute belastet. Mit dem Einmarsch in der Ukraine trat Putin in die Fußstapfen seines berühmten Vorgängers, und ohne Zögern droht er mit einem nuklearen Dritten Weltkrieg, der per Definition der letzte wäre!

Wenn der Kremlherrscher heute, während wir diese Zeilen schreiben, bereits auf iranische Drohnen und nordkoreanische Granaten zurückgreifen muss, wenn er inhaftierte Kriminelle[4] und Obdachlose[5] in die Reihen der ruhmreichen russischen Armee einlädt, dann bedeutet das, dass diese allmählich unter den Rückschlägen zu leiden beginnt. Putin darf seine Niederlage jedoch nicht eingestehen, weil die Gefahr groß wäre, dass er dann seine Macht, seine Milliarden und vielleicht auch sein Leben verlieren würde. Er wird also die Flucht nach vorne ergreifen, bis er vielleicht ausgeschaltet wird.

In diesem Moment wird der Westen seine Aufmerksamkeit verdoppeln müssen. Denn nach Putin wird das Regime möglicherweise Entspannung signalisieren, wie das Medwedew als Präsident tat, und nur gerade die für eine Aufhebung der Sanktionen nötigen Konzessionen machen, um Kräfte für den nächsten Schlag zu sammeln. Glaubwürdig wird Russland nur sein können, wenn es sich bis auf den letzten Zentimeter von ukrainischem Boden zurückzieht, auch von der Krim, und wenn es zulässt, dass die

Ukraine der NATO und der Europäischen Union beitritt. Das Land wird für alle Zerstörungen und zivilen Opfer Reparationszahlungen an die Ukraine leisten müssen, es wird deportierte Bürgerinnen und Bürger, einschließlich der Kinder, zurückkehren lassen und ein Friedensabkommen mit der Ukraine unterzeichnen und ratifizieren müssen, dem zufolge die ukrainische Sicherheit und Unverletzlichkeit der Grenzen durch die großen europäischen Länder und die Vereinigten Staaten garantiert wird. Der Aggressor muss für seine Aggression hart bestraft werden und darf keine Möglichkeit bekommen, erneut anzufangen. Nur eine solche Bestrafung wird die Russinnen und Russen, die den Krieg nach sechs Monaten Kampfhandlungen immer noch zu 70 Prozent unterstützen, zur Besinnung bringen. Eine Rückkehr zum Vorkriegsverhältnis zu Russland darf nicht infrage kommen, weil das nicht wirksam wäre, nicht einmal garniert mit nationaler Reue und einer harten Bestrafung der Schuldigen (Behörden, Streitkräfte, Propagandisten usw.). Nur dynamische neue Kräfte, die bereit sind, dem Sowjetismus und der Machtkontrolle durch den KGB/FSB ein Ende zu setzen, können Russland und sein Volk vor den Chimären einer blutigen Vergangenheit retten.

Über die Autorinnen und Autoren

GALIA ACKERMAN (1948) promovierte an der Universität Paris 1 Panthéon-Sorbonne in Geschichte und ist assoziierte Forscherin an der Universität Caen. Ihr Spezialgebiet ist die Geschichte der UdSSR, des postsowjetischen Russlands und der Ukraine. Sie hat ein Dutzend Bücher veröffentlicht, u.a. *Le Régiment immortel. La guerre sacrée de Poutine* (Premier Parallèle, Paris 2019, Neuauflage 2022), eine innovative Erkundung der Ideologie des putinschenRusslands.

Sie ist Chefredakteurin der englisch-französischen Medienplattform *Desk Russie,* die Desinformation bekämpft und dem französischen und internationalen Publikum Schlüssel zum Verständnis des Putin'schen Russlands liefert. Zusammen mit Stéphane Courtois gab sie den Band *La Seconde Guerre mondiale dans le discours politique russe. À la lumière du conflit russo-ukrainien* (L'Harmattan, Paris 2016) heraus.

ANTOINE ARJAKOWSKY (1966), Franzose ukrainischer Herkunft, ist Historiker mit Spezialisierung auf das orthodoxe religiöse Denken, insbesondere das russische und ukrainische. Er war Leiter des Collège Universitaire Français in Moskau, stellvertretender Leiter des ukrainischen Institut français (1998–2004) und Gründer und Leiter des Instituts für Ökumenische Studien an der Ukrainischen Katholischen Universität (2004–2011). Seit 2011 ist er Co-Leiter der Abteilung »Gesellschaft, Freiheit, Frieden« am Collège des Bernardins in Paris. Er hat rund ein Dutzend Bücher veröffentlicht, darunter *Russland-Ukraine. De la guerre à la paix?* (Parole et Silence, Sion 2014) und *Occident-Russie. Comment sortir du conflit?* (Balland, Paris 2017).

STÉPHANE COURTOIS (1947) ist Historiker mit Schwerpunkt französischer und internationaler Kommunismus. Gründer und Leiter der wissenschaftlichen Zeitschrift *Communisme* (1982–2017), Autor mehrerer Dutzend Werke und Herausgeber von Reihen in den Verlagen Seuil, Éditions du Rocher und Cerf. Er war Herausgeber des *Livre noir du communisme,* das in 26 Sprachen übersetzt wurde und auf Deutsch unter dem Titel *Das Schwarzbuch des Kommunismus* (Piper, München 1998/2004) erschien. Seit 20 Jahren hält er am Institut catholique d'études supérieures (La Roche-sur-Yon) eine Vorlesung über den Kommunismus. 2007 veröffentlichte er das Buch *Lénine, l'inventeur du totalitarisme* (Perrin, Paris 2017), das mit dem Grand Prix du livre d'histoire *(Le Figaro*/Sender Histoire) und dem Grand Prix de la biographie politique von Le Touquet-Paris-Plage ausgezeichnet wurde.

IRYNA DMYTRYSCHYN (1971) ist Historikerin mit Schwerpunkt Ukraine, Übersetzerin und Dozentin für Ukrainisch am Nationalen Institut für östliche Sprachen und Kulturen INALCO in Paris. Sie hat mehrere Bücher publiziert und ist seit 2001 Mitherausgeberin der Reihe »Présence ukrainienne« im Verlag L'Harmattan, wo sie insbesondere die Bände *L'Ukraine vue par les écrivains ukrainiens* (Paris 2006), *Le voyage de Monsieur Herriot. Un épisode de la grande famine en Ukraine* (Paris 2018) und die *Anthologie du Donbas* (Paris 2018) sowie zusammen mit Galia Ackerman *Tchernobyl. Vivre, Penser, Figurer* (Paris 2021) veröffentlichte.

KATJA GLOGER (1960) beschäftigt sich seit über 25 Jahren mit Russland. Sie studierte Russische Geschichte, Politik und Slawistik in Hamburg und Moskau und ging Anfang der Neunzigerjahre als Korrespondentin für den *Stern* nach Moskau. Dort erlebte sie den Zusammenbruch der Sowjetunion. Sie interviewte Michail Gorbatschow ebenso wie Boris Jelzin und Wladimir Putin. Gloger war *Stern*-Korrespondentin in den USA und arbeitete als Autorin des Nachrichtenmagazins mit den Schwerpunkten Russland, Internationale Politik und Sicherheitspolitik. 2010 erhielt sie den Henri-Nannen-Preis, 2014 wurde sie als politische »Journalistin des Jahres« ausgezeichnet. Zuletzt erschienen *Ausbruch, Fremde Freunde* und *Putins Welt* (Piper, München 2021/2019/2017)

THORNIKE GORDADZE (1975) ist Georgier, lernte im Gymnasium von Kutaissi (UdSSR) Französisch, zog später nach Frankreich und wurde am Institut d'études politiques (IEP) von Bordeaux und dann von Paris diplomiert. 2001 erhielt er die französische Staatsbürgerschaft. 2010 wurde er vom neu gewählten georgischen Präsidenten Micheil Saakaschwili zum stellvertretenden Außenminister ernannt, zuständig für die Beziehungen zur Europäischen Union, und 2012 zum Staatsminister, zuständig für europäische und euroatlantische Integration. Er ist assoziierter Forscher am Centre d'étude des relations internationales de Sciences-Po und gehörte 2013 zu den Mitbegründern des Georgian Institute for Strategic Studies. Seit 1999 hat er unzählige Artikel über die Situation im postsowjetischen Kaukasus und die Bedrohungen durch das Putin'sche Russland verfasst.

YVES HAMANT (1946), diplomierter Dozent für Russisch und Doktor der Politikwissenschaften. Er lebte zu Zeiten Leonid Breschnews mehrere Jahre in der UdSSR, wo er 1974 bis 1979 Kulturattaché der französischen Botschaft in Moskau war. Erstübersetzer des *Archipel Gulag* von Alexander Solschenizyn ins Französische. 1990 promovierte er mit einer Dissertation zum Thema Sowjetmacht und russische Identität. Er lehrte russische Kultur und Zeitgeschichte an der Universität Paris-Nanterre (früher Paris-X). Als katholischer Intellektueller veröffentlichte er 2000 eine Biografie über den orthodoxen Priester Alexander Men, eine wichtige spirituelle Persönlichkeit der UdSSR, mit dem er befreundet war und der 1990 unweit seiner Kirche mit dem Beil erschlagen wurde. Im März 2022 erschien in der Zeitschrift *Esprit* der aufschlussreiche Artikel »Le poutinisme, un phénomène multifactoriel«.

ANDREÏ KOZOWOÏ, geboren 1975 in Moskau, Sohn eines Lyrikers, Übersetzers und ehemaligen politischen Gefangenen, der 1981 nach Frankreich ins Exil ging. Er ist habilitierter Dozent für russische Sprache und Literatur an der Universität Lille und Autor von mehreren Büchern über die UdSSR: *La chute de l'Union soviétique* (Tallandier, Paris 2011), *Russie, réformes et dictatures – 1953–2016* (Perrin, Reihe »Tempus«, Paris 2017), *Les Services secrets russes. Des tsars à Poutine* (Tallandier, Paris 2020), *Brejnev l'anthihéros* (Perrin, Paris 2021).

MYKOLA RJABTSCHUK (1953), Politologe, geboren in der Westukraine, studierte in Lemberg und Moskau und lebte anschließend drei Jahre in den USA. Er beschäftigt sich mit Fragen der nationalen Identität, der Bildung einer Zivilgesellschaft, der Entstehung eines Nationalstaats und der postkommunistischen Epoche. Er ist Forschungsleiter am Institut für politische und nationalpolitische Studien der ukrainischen Nationalen Akademie der Wissenschaften und Dozent an der Universität Warschau, Ehrenpräsident des ukrainischen PEN-Clubs, derzeit Gastforscher am Institut d'études avancées in Paris. Auf Französisch erschien von ihm *De la »Petite-Russie« à l'Ukraine* (L'Harmattan, Paris 2003) und in *Le Monde* am 10. Mai 2022 der ganzseitige Artikel »L'Occident est bien plus influencé par l'impérialisme russe qu'il ne l'admet«. Auf Deutsch liegt der von Juri Durkot aus dem Ukrainischen übersetzte Essay *Die reale und die imaginierte Ukraine* vor (Suhrkamp, Berlin 2016).

KARL SCHLÖGEL (1948) hat an der Freien Universität Berlin, in Moskau und Leningrad Philosophie, Soziologie, Osteuropäische Geschichte und Slawistik studiert. Bis 2013 lehrte er als Professor für Osteuropäische Geschichte an der Europa-Universität Viadrina in Frankfurt/Oder. 2016 erhielt er den Preis des Historischen Kollegs. Zuletzt erschienen *Der Duft der Imperien* und *Entscheidung in Kiew. Ukrainische Lektionen* (Hanser, München 2020/2022).

NICOLAS TENZER (1961) studierte an der École normale supérieure, am Sciences-Po Paris und an der École nationale d'administration. 1987 bis 2008 war er in hohen Positionen als Beamter tätig, ab 1986 unterrichtete er am Sciences-Po. Gründungspräsident des Centre d'étude et de réflexion pour l'action politique (CERAP), Leiter der dazugehörigen Zeitschrift *Le Banquet* und Autor eines Dutzends Bücher über politische Doktrinen und das politische Leben in Frankreich, darunter *Le Monde à l'horizon 2030. La règle et le désordre* (Perrin, Paris, 2011). Er ist ein Verfechter der weltweiten Tätigkeit der NATO und arbeitet mit dem Centre d'analyse politique européenne zusammen, das sich für die transatlantische Allianz und demokratische Werte und Prinzipien einsetzt.

FRANÇOISE THOM (1951) ist eine französische Historikerin, diplomierte Dozentin für Russisch, Spezialistin für Russland und die UdSSR und habilitierte Dozentin für Zeitgeschichte an der Universität Paris-Sorbonne. Nach ihrer viel beachteten Dissertation *La Langue de bois* (Julliard, Paris 1987) veröffentlichte sie ein Dutzend Werke, unter anderen *Le moment Gorbatchev* (Hachette, Paris 1989), *Géopolitique de la Russie* (PUF, Reihe »Que sais-je«, Paris 2016), *Comprendre le poutinisme* (Desclée de Brouwer, Paris 2018) und *La Marche à rebours. Regards sur l'histoire soviétique et russe* (Sorbonne Université Presses, Paris 2021). Für ihre bemerkenswerte Biografie *Beria. Le Janus du Kremlin* (Cerf, Paris 2013) erhielt sie einen Preis der Académie des sciences morales et politiques.

CÉCILE VAISSIÉ (1962) ist Historikerin, diplomierte Dozentin für Russisch und UdSSR-Spezialistin. Nach ihrer Dissertation *Pour votre liberté et pour la nôtre: le combat des dissidents en Russie* (Robert Laffont, Paris, 1999) unterrichtete sie auf gymnasialer und universitärer Stufe, bis sie die Leitung des Instituts für Russisch der Universität Rennes-II übernahm. 2008 veröffentlichte sie *Les ingénieurs des âmes en chef. Littérature et politique en URSS (1946–1986)* (Berlin, Paris) und 2019 *Le clan Mikhalkov. Culture et pouvoirs en Russie (1917–2017)* (PUR, Rennes). 2016 erschien

Les réseaux du Kremlin en France (Les Petits Matins, Paris), in dem sie aufzeigt, mit welchen Soft-Power-Mitteln Wladimir Putin in Frankreich Einfluss nimmt. Die Publikation führte zu einem orchestrierten Angriff durch Verleumdungsklagen, die, mit einer Ausnahme, vom Gericht allesamt abgewiesen wurden, da es keine Verletzung der »Ehre« darstelle, jemanden als kremlfreundlich zu bezeichnen.

MAIRBEK WATSCHAGAJEW (1965), geboren in Tschetschenien, studierte an der historischen Fakultät der Staatlichen tschetschenisch-inguschischen Universität und schloss mit einer Arbeit über Tschetscheniens Rolle im Kaukasuskrieg ab. Nach Fortbildungen am Institut für russische Geschichte der Russischen Akademie der Wissenschaften in Moskau 1991 bis 1994 kehrte er nach Tschetschenien zurück, wo er zu einem engen Mitarbeiter des Unabhängigkeitskämpfers und späteren tschetschenischen Präsidenten Aslan Maschadow wurde. Er war bevollmächtigter Vertreter der Tschetschenischen Republik Itschkerien in Moskau und wurde verhaftet, als unter Wladimir Putin 1999 der zweite Krieg anfing. Nach einer Verurteilung zu Gefängnis und späterer Begnadigung ging er 2000 nach Frankreich ins Exil, wo er sich seither mit Geschichte und Journalismus beschäftigt. 2008 veröffentlichte er zusammen mit Aude Merlin *L'aigle et le loup. La Tchétchénie dans la guerre du Caucase au XIXe siècle* (Buchet-Chastel, Paris).

Anmerkungen

Vorwort

1 Vgl. Sarkozys Interview mit dem *Figaro Magazine* vom 18./19. August 2023 und seine Äußerungen in den 20-Uhr-Nachrichten von *TF1* am 23. August 2023.

2 Interview, *Le Monde*, 16. Februar 2023.

Kapitel 1

1 Putins Großvater Spiridon war ein ehemaliger Bauer, der sich als Koch verdingte. Er soll im in der Oblast Moskau gelegenen Gorki gearbeitet haben und dort zusammen mit anderen Küchenangestellten nach dessen Tod Lenins Familie versorgt haben. Bei Stalin war er jedoch nie beschäftigt.

2 Dies erklärt Putin in einem wenig kritischen Buch mit Interviews, die er drei russischen Journalisten gewährte. Die deutsche Ausgabe erschien im Jahr 2000 unter dem Titel *Aus erster Hand: Gespräche mit Putin* bei Heyne, München.

3 Vgl. »Die Phantome des Wladimir Putin«, https://veridik.fr/2022/03/01/les-fantomes-de-vladimir-poutine/.
Ein angesehener UdSSR-Experte der 1980er-Jahre ging sogar so weit, Putin als Adoptivsohn von Juri Andropow anzusehen, der KGB-Chef und später noch Staatschef der Sowjetunion war: Alexandre Adler, Interview mit dem RTBF vom 3. März 2022.

4 Laut dem ehemaligen KGB-Agenten Sergej Jirnow wurde Putin am Institut Andropow, der Kaderschmiede für Sowjetspione, für ungeeignet befunden. Siehe Sergej Jirnow, »À l'Institut Andropov, on avait déclaré Vladimir Poutine inapte« (lefigaro.fr).

5 Siehe hierzu Stéphane Courtois, »Poutine, kompromat et chantage sexuel«, *Desk Russie*, Nr. 18, März 2022.

6 In Ungarn kam es bereits ab Ende 1988 zu einem demokratischen Umbruch.

7 Siehe insbesondere Jewgenija Albaz, *La Bombe à retardement. Enquête sur la survie du KGB*, Paris, Plon 1995.

8 *Katechismus eines Revolutionärs*, zitiert in: Robert Payne, *Lenin. Sein Leben und sein Tod*, Rütten & Loening, München 1965, S. 17 – 20.

9 Чем клянутся воры в законе | Media news (maxpark.com).

10 Zitiert von Nicolas Werth, in: Stéphane Courtois, Nicolas Werth u. a., *Schwarzbuch des Kommunismus*, München, Piper 1998, S. 82.

11 Wladimir Bukowski, *Abrechnung mit Moskau. Das sowjetische Unrechtsregime und die Schuld des Westens*, Bergisch Gladbach, Lübbe 1996.

12 Alexander Litwinenko, LPG: Lubianskaia Prestupnaia Gruppirovka: Ofitser FSB Daet Pokazaniia, Moskau, Grani 2002.

13 »Who Was Who? The Key Players In Russia's Dramatic October 1993 Showdown« (turbopages.org).

14 Первая чеченская война (frwiki.wiki).

15 Россия (банк) – Википедия (wikipedia.org).

16 »All Putin's Men: Secret Records Reveal Money Network Tied to Russian Leader – ICIJ« (turbopages.org).
Zu den undurchsichtigen Geldgeschäften Putins in Sankt Petersburg siehe auch: ТЕМНОЕ ПРОШЛОЕ ПУТИНА (livejournal.com).

17 Einen guten Überblick über den Werdegang von Juri Skuratow liefert: Последний независимый прокурор России (politforums.net).

18 Zur Beteiligung des russischen Geheimdienstes an den Anschlägen vgl. David Satter, *The Less You Know, The Better You Sleep: Russia's Road to Terror and Dictatorship under Yeltsin and Putin*, New Haven: Yale University Press 2016.

19 Die beste Quelle zum zweiten Tschetschenienkrieg sind die Bücher der russischen Journalistin Anna Politkowskaja, die 2006 in Moskau ermordet wurde, etwa: *Tschetschenien: Die Wahrheit über den Krieg*, Köln, DuMont 2003.

20 Eine gute Zusammenfassung der Wahl findet man unter: Выборы в Государственную думу 1999 года. Как это было –VATNIKSTAN.

21 https://correctiv.org/aktuelles/korruption/system-putin/2015/07/30/putins-fruehe-jahre/.

22 Galia Ackerman hat ein hervorragendes Interview mit Alexander Dugin geführt: »L'idéologue de Poutine«, *Politique internationale*, Nr. 144 (2014), https://politiqueinternationale.com/revue/n144/article/lideologue-de-poutine.

Kapitel 2

1 ОПЕРАЦИЯ »ВНЕДРЕНИЕ« ЗАВЕРШЕНА! ОТДЕЛЬНЫЙ РАЗГОВОР (novayagazeta.ru).

2 Siehe Catherine Belton, *Putins Netz. Wie sich der KGB Russland zurückholte und dann den Westen ins Auge fasste.* Aus dem Englischen übersetzt von Elisabeth Schmalen und Johanna Wais, Hamburg, HarperCollins, 2022, vor allem Kapitel 6.

3 Крыштановская у Альбац: tapirr – LiveJournal.

4 »Реформирование администрации президента Российской Федерации«, – публикации »Коммерсанта« и комментарий Олега Гордиевского (svoboda.org).

5 Полномочный представитель президента Российской Федерации в федеральном округе – Википедия (wikipedia.org).

6 Zu NTV siehe Разгром НТВ: мрачный юбилей (svoboda.org), zu ORT Волошин рассказал, как Путин лишил Березовского »любимой игрушки« – ОРТ – TOPNews.RU.

7 Der Opferverband spricht von 174 Opfern unter den Zuschauern. Теракт на Дубровке – Википедия (wikipedia.org).

8 Die Spezialeinheiten hatten ein unbekanntes lähmendes Gas verwendet, ohne Gegengift bereitzustellen – daher die hohe Zahl der Todesopfer. NEWSru.com: Газ, примененный на Дубровке, засекретили. Депутатам в информации отказали.

9 Françoise Thom, *Comprendre le poutinisme*, Paris, Desclée de Brouwer 2018, S. 79.

10 Ebda., S. 78.

11 Michail Chodorkowski, Natalija Geworkjan, *Mein Weg. Ein politisches Bekenntnis*, München, DVA 2012.

12 Siehe insbesondere Catherine Belton, *Putins Netz*, a. a. O., Kapitel 7: »Operation Energie«.

13 »Le Poutineland«, *Desk Russie* (desk-russie.eu).

14 Abramow, der den Ruf hatte, unbestechlich zu sein, und die Posten zuerst des Finanzministers, dann des Ministerpräsidenten und schließlich des Interimspräsidenten von Tschetschenien bekleidet hatte, war innerhalb von vier Jahren (2001 – 2005) Ziel eines Attentats und Opfer zweier wahrscheinlich vorsätzlich herbeigeführter Verkehrsunfälle geworden. Абрамов, Сергей Борисович – Википедия (wikipedia.org).

15 Vgl. Anna Politkovskaya, »Poisoned by Putin«, *The Guardian*, 9. September 2004. Mehrere Hundert Angehörige von Opfern führten vor dem Europäischen Gerichtshof für Menschenrechte einen erfolgreichen Prozess wegen der wahllosen Anwendung von Gewalt durch die Angreifer der russischen Spezialtruppen, die ein reines Massaker veranstaltet hatten, vgl. Решение ЕСПЧ о взыскании компенсации в пользу жертв теракта на Дубровке вступило в силу – Международная Юридичес кая фирма »Трунов, Айвар и партнеры« (trunov.com).

16 Françoise Thom, *Comprendre le poutinisme*, a. a. O., S. 137.

17 Polémiques et manifestations contre la visite de Vladimir Poutine (lemonde.fr).

18 Siehe das vorige Kapitel.

19 2014 gegründetes privates russisches Militärunternehmen, das offensichtlich von einem Putin nahestehenden Oligarchen und vom russischen Generalstab geführt wird. Die Gruppe nahm aktiv an den Kämpfen u. a. in Syrien, Afrika und der Ukraine teil und ist berüchtigt für von ihren Mitgliedern begangene Gräueltaten. Gruppe Wagner – Wikipedia (wikipedia.org).

20 Russische Soldaten ohne Hoheitszeichen, die 2014 die Krim militärisch besetzten.

21 Siehe Victor Zaslavsky, *Le Massacre de Katyn. Crime et mensonge*, Monaco, Éditions du Rocher, 2003.

22 *Die Zeit*, 1. September 1972, https://www.zeit.de/1972/35/im-kampf-mit-der-luege. Die gesamte Rede auf Englisch: https://www.nobelprize.org/prizes/literature/1970/solzhenitsyn/lecture/. Die zitierte Stelle findet sich in Abschnitt 7.

23 Обращение Президента России Владимира Путина • Президент России (kremlin.ru), zitiert in Françoise Thom, *Comprendre le poutinisme*, a. a. O., S. 86.

24 Администрация президента назвала главных врагов России, 30 сентября 2004 –аналитический портал ПОЛИТ.РУ (polit.ru).

25 Siehe Stéphane Courtois, *Lénine, l'inventeur du totalitarisme*, Paris, Perrin 2017.

26 L'empoisonnement de Viktor Iouchtchenko raconté par son médecin (lemonde.fr).

27 Diese Bewegung absorbierte eine ähnliche, im Jahr 2000 gegründete Jugendbewegung namens »Diejenigen, die zusammen marschieren«, die als zu aggressiv und nicht ausreichend kontrolliert galt. Siehe Идущие вместе – Википедия (wikipedia.org).

28 Послание Федеральному Собранию Российской Федерации • Президент России (kremlin.ru).

29 2011 wurde Beltransgaz vollständig von Gazprom übernommen. Siehe История »Белтрансгаза«: как Лукашенко продал России »ржавую трубу« – Салідарнасць (gazetaby.com).

30 Siehe den Werdegang von Anna Politkowskaja in Marina Goldowskajas erstaunlichem Film *A Bitter Taste of Freedom* (https://www.youtube.com/watch?v=loAemX4OUFU; deutsche Fassung: *Anna Politkowskaja – Ein Leben für die Freiheit*) und den Sammelband *Hommage à Anna Politkovskaïa*, Paris, Buchet-Chastel 2007.

31 Jens Hovsgaard, *Gier, Gas und Geld. Wie Deutschland mit Nord Stream Europas Zukunft riskiert*, München, Europa Verlag 2019.

32 Françoise Thom, *Comprendre le poutinisme*, a. a. O., S. 95.

33 Реформа Вооружённых сил России (2008 – 2020) – Википедия (wikipedia.org).

34 Zwischen 2012 und 2016 beispielsweise stieg der Anteil der Ausgaben für den militärisch-industriellen Komplex von 14,1 auf 23,8 Prozent des Staatshaushaltes; siehe Денег нет? Деньги есть! – Андрей Илларионов – LiveJournal.

35 Выступление Владимира Путина на митинге в Лужниках – РИА Новости, 23. 2. 2012 (ria.ru); zitiert bei Françoise Thom, *Comprendre le poutinisme*, a. a. O., S. 104.

Kapitel 3

1 F. Thom, a. a. O., S. 104.

2 »Госдума за пять минут расширила уголовную статью о госизмене. Противники: это ›дамоклов меч‹ для граждан«, NEWSru.com, https://www.newsru.com/russia/24oct2012/traitors.html?ysclid=l6cqfq22ti207081066.

3 »Пять лет приговору Pussy Riot: что он изменил в России«, BBC News Русская служба, https://www.bbc.com/russian/features-40935319.

4 »Патриарх Кирилл сообщил о развитии церковно-государственного диалога в странах ближнего зарубежья«, Православие.Ru, https://pravoslavie.ru/44475.html?ysclid=l6crw5c11h167115352.

5 »Puy du Fou, Dieu et extrême droite … Le monde de l'oligarque russe Konstantin Malofeev«, france24.com, https://www.france24.com/fr/europe/20220409-puy-du-fou-dieu-et-extr%C3%AAme-droite-le-monde-de-l-oligarque-russe-konstantin-malofeev.

6 Ingo Mannteufel, »Putins Stagnationsrede«, *Deutsche Welle*, 12. Dezember 2012, https://www.dw.com/de/kommentar-putins-stagnationsrede/a-16446411; Klaus-Helge Donath, »Putins Rede an die Nation. Vom Macho zum weisen Patriarchen«, *taz*, 12. Dezember 2012, https://taz.de/Putins-Rede-an-die-Nation/!5077398/.

7 F. Thom, a. a. O., S. 107.

8 Ebda., S. 111.

9 »Канал Кернеса КП ›Харьковские известия‹ работает на российских агрессоров, – журналисты«, antikor.com.ua, https://antikor.com.ua/articles/148540-kanal_kernesa_kp_harjkovskie_izvestija_rabotaet_na_rossijskih_agressorov_-_hurnalisty.

10 »Голодомор нельзя признавать геноцидом украинцев – Янукович«, baltinfo.ru, https://baltinfo.ru/2010/04/27/Golodomor-nelzya-priznavat-genotcidom--Yanukovich-141506.

11 »Заседание международного дискуссионного клуба ›Валдай‹«, kremlin.ru, http://www.kremlin.ru/events/president/news/19243.

12 »Статья Владимира Путина, ›Об историческом единстве русских и украинцев‹«, kremlin.ru, http://www.kremlin.ru/events/president/news/66181.

13 »Как президент Янукович убегал с Украины«, compromat.ru, http://www.compromat.ru/page_34503.htm?ysclid=l6e6ps6aq5616940134; »Бегство Януковича, как это было: Рассказывает начальник охраны экс-президента«, livejournal.com, https://vena45.livejournal.com/4190982.html?ysclid=l6e78gojhg168326887.

14 Diese Urbevölkerung wurde 1944 von Stalin vollständig nach Zentralasien deportiert. Die Überlebenden und Nachkommen durften nach 1991 zurückkehren, nachdem die Krim Teil der unabhängigen Ukraine geworden war.

15 »Annexion der Krim 2014«, wikipedia.org, https://de.wikipedia.org/

wiki/Annexion_der_Krim_2014. Acht Jahre später erkennen nur Venezuela, Nicaragua, Syrien, Afghanistan, Nordkorea, der Sudan und Kuba offiziell an, dass die Krim zu Russland gehört. »Страны мира, признавшие Крым частью России. Инфографика«, aif.ru, https://krym.aif.ru/infographic/strany_mira_priznavshie_krym_chastyu_rossii_infografika?ysclid=l6f8ymch5u575550565.

16 »Вынужденные переселенцы на Украине (с 2014 года)«, wikipedia.org, https://ru.wikipedia.org/wiki/Вынужденные_переселенцы_на_Украине_(с_2014_года).

17 Benoît Vitkine, »Odessa, un an après le drame du 2 mai«, lemonde.fr, https://www.lemonde.fr/europe/article/2015/05/02/odessa-un-an-apres-le-drame-du-2-mai_4626395_3214.html.

18 Николай Петров, »20 лет Путина: трансформация силовиков«, vedomosti.ru, https://www.vedomosti.ru/opinion/articles/2019/08/21/809260-transformatsiya-eliti?ysclid=l6jsfu6p8s712854450.

19 Jean-Didier Revoin, »Le procès Oulioukaïev et les luttes de clans«, rfi.fr, https://www.rfi.fr/fr/emission/20170820-le-proces-oulioukaiev-luttes-clans.

20 Andrew-Sebastien Aschehoug und Nonfiction, »Les poupées russes de la propagande de Poutine en France«, Slate.fr, https://www.slate.fr/story/97835/idc-russie-france-poutine.

21 Natalia Narotchnitskaïa, *Que reste-t-il de notre victoire? Russie-Occident: le malentendu*, Vorwort und Nachwort von François-Xavier Coquin und Jacques Sapir, Paris, Éditions des Syrtes 2008.

22 Zitiert nach Michel Foucher, *Ukraine-Russie. La carte mentale du duel*, Paris, Gallimard 2022.

23 »Доклад Милова-Немцова: Олимпийский план Путина – грандиозная воровская афера и непоправимый удар по окружающей среде«, compromat.ru, http://www.compromat.ru/page_27628.htm?ysclid=l6mnulal5h502177122.

24 The Boris Nemtsov Report in English, in full length, »Putin. The War«, about the Involvement of Russia in the Eastern Ukraine conflict and the Crimea, *European Union Foreign Affairs Journal*, https://www.libertas-institut.com/wp-content/uploads/2015/05/EUFAJ-Special-Nemtsov Report-150521.pdf.

25 »Malaysia-Airlines-Flug 17«, wikipedia.org, https://de.wikipedia.org/wiki/Malaysia-Airlines-Flug_17.

26 Алексей Петров, »Полный текст доклада Бориса Немцова о войне в Украине«, socdep.ru, https://www.socdep.ru/blog/polnyy-tekst-doklada-borisa-nemcova-o-voyne-v-ukraine?ysclid=l6mo6u4xy4662675795.

27 Boris Toumanov, »L'Église orthodoxe noue une ›Sainte-alliance‹ avec le Kremlin«, *La Libre*, https://www.lalibre.be/international/2015/11/19/leglise-orthodoxe-noue-une-sainte-alliance-avec-le-kremlin-K53RATN7TZCDLPZ2ORUEUNLFQI/.

28 »Роскошь без декларации: какое имущество прячет от паствы

патриарх Кирилл«, compromat.group, https://compromat.group/main/investigations/48693-roskosh-bez-deklaracii-kakoe-imuschestvo-pryachet-ot-pastvy-patriarh-kirill.html.

29 Vgl. Galia Ackerman, *Le Régiment immortel. La guerre sacrée de Poutine*, Paris, Premier Parallèle 2019.

30 »Oberbürgermeisterwahl in Moskau 2013«, wikipedia.org, https://de.wikipedia.org/wiki/Oberb%C3%BCrgermeisterwahl_in_Moskau_2013.

31 Jean-Baptiste Naudet, »Pourquoi Moscou avait tout intérêt à empoisonner son ex-espion … et à ce que ça se sache«, nouvelobs.com, https://www.nouvelobs.com/monde/20180315.OBS3656/pourquoi-moscou-avait-tout-interet-a-empoisonner-son-ex-espion-et-a-ce-que-ca-se-sache.html.

32 »Ein Schloss für Putin – Eine Recherche des Fonds zum Kampf gegen Korruption«, YouTube, mit deutschen Untertiteln, https://www.youtube.com/watch?v=U3YUBfL85M0.

33 »Суд отправил Алексея Навального в колонию. Итоги акций протеста 2 февраля«, ovdinfo.org, https://ovdinfo.org/articles/2021/02/03/sud-otpravil-alekseya-navalnogo-v-koloniyu-itogi-akciy-protesta-2-fevralya.

34 »Алексея Навального приговорили к девяти годам колонии: Следствие и суд: Силовые структуры«, Lenta.ru, https://lenta.ru/news/2022/03/22/court/.

35 Надежда Андреева, »Все как-то разом навальнилось. Судьбы людей, работавших в штабах Навального*: что они делают после разгрома оппозиции«, novayagazeta.ru, https://novayagazeta.ru/articles/2021/10/20/vse-kak-to-razom-navalnilos.

36 Vgl. dazu die unvollständige, bis August 2021 geführte Liste: »Что произошло с российскими медиа и НКО за 2021 год (ничего хорошего)«, the-village.ru, https://www.the-village.ru/city/the-village-guide/russianmedia-2021.

37 »Верховный суд ликвидировал международный ›Мемориал‹«, rbc.ru, https://www.rbc.ru/politics/28/12/2021/619f93a29a79479fd98185b7?ysclid=l6nhqqa1to428716416.

38 »О НАШЕЙ ЛИКВИДАЦИИ. Правозащитный центр ›Мемориал‹«, memohrc.org, https://memohrc.org/ru/news_old/o-nashey-likvidacii.

39 Galia Ackerman, »La liquidation de Memorial: pourquoi maintenant?«, *Desk Russie*, https://desk-russie.eu/2022/01/03/la-liquidation-de-memorial.html.

40 Françoise Thom, »Que signifie l'ultimatum russe aux occidentaux?«, *Desk Russie*, https://desk-russie.eu/2021/12/30/que-signifie-l-ultimatum.html.

41 »Putins Four Wars. Why Does Russia Want to Become a Empire again?«, robert-schumann.eu, https://www.robert-schuman.eu/en/news/4219-putin-s-four-wars-why-does-russia-want-to-become-an-empire-again.

42 Статья Владимира Путина, a. a. O.
43 »Gerhard Schröder«, wikipedia.org, https://de.wikipedia.org/wiki/Gerhard_Schr%C3%B6der.
44 »Rede des russischen Präsidenten Putin zur Ukraine vom 24. 02. 2022«, *Deutschlandfunk*, https://www.deutschlandfunk.de/putin-rede-ukraine-100.html.
45 Alexander Solschenizyn, *Comment réaménager notre Russie*, Paris, Fayard 1990.

Kapitel 4

1 Das französische Wort *énarque* ist zusammengesetzt aus dem Akronym »ENA« für École nationale d'administration (Nationale Hochschule für Verwaltung) und dem Suffix »-arque« (-arch), das Herrschaft bezeichnet (vgl. das Wort Monarch). Ein Enarch ist ein Angehöriger einer Oligarchie, in der alle Schlüsselpositionen von ehemaligen Studenten der ENA besetzt werden. Das Wort ist hier natürlich in einem auf russische Verhältnisse übertragenen Sinne gebraucht. (Anm. d. Übers.)
2 Der Name, den die Gefangenen sich selbst gegeben hatten, bekannt gemacht von Alexander Solschenizyn in seinem Buch *Der Archipel Gulag*.
3 Deutsch unter dem Titel *Im Labyrinth der Abwehr*, aus dem Russischen ins Deutsche übertragen von Helmut Heinrich. Illustrationen von Hans Mau, gekürzt und bearbeitet, Berlin, Verlag Neues Leben 1969. Schreibweise des Autors hier: Koshewnikow. (Anm. d. Übers.)

Kapitel 5

1 Brief an den Rat der Volkskommissare der Sowjetunion vom 21. Dezember 1934.
2 https://www.kasparov.ru/material.php?id=629A750786C88.
3 https://rummuseum.ru/portal/node/2553.
4 https://en.wikipedia.org/wiki/Vladimir_Zhirinovsky.
5 *Ekho Moskvy*, 15. Oktober 2014.
6 Siehe Irina Koulikova, *Fenomen Zirinovskovo*, Moskau, Kontrolling 1992.
7 https://www.rulit.me/books/poslednij-vagon-na-sever-read-449603-1.html.
8 http://anton-shekhovtsov.blogspot.com/2014/10/vladimir-zhirinovskys-contacts-with.html.
9 https://www.courrierinternational.com/article/2006/01/19/delicat.
10 https://www.washingtonpost.com/news/morning-mix/wp/2014/04/21/russian-politician-orders-aide-to-violently-rape-pregnant-journalist-on-live-tv/.
11 https://www.lefigaro.fr/international/2007/09/17/01003-20070917ARTFIG90360-le_nouveau_pied_de_nez_de_lougovoi_aux_britanniques.php.
12 https://www.courrierinternational.com/article/2013/12/04/nostalgique.
13 https://ria.ru/20210823/ukraina-1746911493.html.

14 Christian Neef, »Fortress of Nationalism: Russia Is Losing Its Political Morals«, *Der Spiegel*, 31. März 2015. https://www.spiegel.de/international/world/russia-recedes-into-nationalism-and-political-immorality-a-1026259.html.
15 https://www.britannica.com/biography/Vladimir-Zhirinovsky.
16 https://www.interpretermag.com/russia-this-week-roots-of-pro-russian-separatists-in-russian-ultranationalist-groups/.
17 https://news.obozrevatel.com/politics/58403-vrag-nomer-odin-zhirinovskij-predlozhil-szhech-turtsiyu-yadernyim-pozharom.htm.
18 https://www.reuters.com/article/us-usa-election-russian-trump-idUSKCN12C28Q.
19 http://rusnovosti.ru/posts/410932. Interview vom 3. März 2016.
20 https://www.newsweek.com/brussels-attacks-russian-nationalist-leader-says-attacks-are-good-russia-439891.
21 https://www.kasparov.ru/material.php?id=62B610437935E.
22 http://news.bbc.co.uk/2/hi/programmes/hardtalk/7252639.stm.
23 https://www.fontanka.ru/2022/02/20/70457303/.
24 https://www.unian.net/russianworld/lavrov-v-razgovore-s-zapadom-pereshel-na-fenyu-pacan-skazal-pacan-sdelal-novosti-rossii-11709259.html.
25 https://www.letemps.ch/opinions/une-guerre-totale-europe-helas-nest-une-idee-folle.
26 https://www.kasparov.ru/material.php?id=625DC7B425FDE.
27 https://www.kasparov.ru/material.php?id=62331E0E31D99.
28 https://svpressa.ru/economy/article/329665/.
29 https://www.kasparov.ru/material.php?id=62C84EE45FEC3.
30 https://life.ru/p/1309713.
31 https://www.themoscowtimes.com/2016/12/09/russias-foreign-minister-runs-his-potty-mouth-once-again-a56495.
32 https://m.lenta.ru/news/2021/10/13/putinjoke/.
33 https://www.kasparov.ru/material.php?id=62B4A1C8D4A3A.
34 https://vz.ru/opinions/2022/3/31/1151338.html.
35 Zitiert in Jean Orieux, *Catherine de Médicis*, Paris, France Loisirs 1987, S. 545.

Kapitel 6

1 Da es schwierig ist, für Gossensprache eine Übersetzung mit exakt derselben Konnotation zu finden, verweisen wir hier, von wenigen Ausnahmen abgesehen, durchgängig auf das russische Original.
M. T. Diatchok, *Polititcheskaïa lingvistika*, vyp. 2 (22), Jekaterinburg 2007.
M. Diomin, *Blatnoï*, Nowosibirsk, 1994. Erst gekürzte Ausgabe auf Russisch 1978 in der Zeitschrift *Vremia i my* in New York, zahlreiche Übersetzungen.

Alexander Solschenizyn, *Der Archipel Gulag*, in *Sobranie sotchinenii*, Vermont-Paris 1980, Bd. 6, glava 13, Sotsialno-blizkie.
Françoise Thom, *Comprendre le poutinisme*, Desclée de Brouwer, 2018 (Kapitel: »L'empreinte de la zone«).
Internetquellen:
Blatnoï-Jargon: https://fsin-pismo-gid.ru/blatnoj-zhargon?ysclid=l5azmuyj5s936404772.
»Iazyk Poutina« kak predmet izoutcheniia dlia lingvistov, 26. August 2017: https://ru.krymr.com/a/28698494.html.
Kar rossiïskaïa propaganda ispol'zouet moujskie strasti, kolonka psikhologa Stanislava Khotskogo 26. Mai 2022:
https://verstka.media/strahi-muzchin/.
Mikhalkov protiv mata v kino, 28. Juni 2014:
https://www.rbc.ru/society/28/06/2014/57041ec49a794760d3d3fa42?ysclid=l4o8l842up716468982.
Potchemou fil'm Brat noujno ostavit‹ v prochlom? Elizaveta Fandorina, 2. April 2017:
https://zen.yandex.ru/media/artforintrovert/pochemu-film-brat-nujno-ostavit-v-proshlom-61fd415091c63d4d1c90a026
Pole brani: naoutchnoe osmyslenie fenomena rousskogo mata:
https://theoryandpractice.ru/posts/12078-russkiy-mat?ysclid=l5az45ulm9578682619.
Putin: 15 let gop-stopa, 27. März 2017: https://right-dexter.com/index.php/analytika/rossiya/putin-15-let-gop-stopa/?ysclid=l5b3906fm1599795909#.YsblGoTP2M8.
Victor Erofeev o mate v rousskom iazyke, 27. Juli 2004:
https://www.pravda.ru/news/culture/24402-viktor_erofeev_pisatel_priroda_russkogo_mata/.
(Alle Internetquellen wurden zuletzt aufgerufen am 29. September 2022.)

Kapitel 7

1 Bei der muslimischen Bevölkerung im Kaukasus umfasst das *Adat,* wie auch in anderen Teilen der muslimischen Welt, eine ganze Reihe traditionell überlieferter, lokaler rechtlicher und alltäglicher Institutionen und Normen, die sich nicht in der Scharia wiederfinden.

2 Alexandre Bennigsen und Chantal Lemercier-Quelquejay, *Le Soufi et le Commissaire. Les confréries musulmanes en URSS*, Paris, Seuil 1986.

3 http://www.consultant.ru/cons/cgi/online.cgi?req=doc&base=ESU&n=17#VwBovATQjPd2fmdM.

4 »В Чеченской республике сохраняется военное положение«, *Kommersant*, 18. November 1991, https://www.kommersant.ru/doc/1411.

5 Vgl. »Menschenrecht und Kriegsrecht«, Wissenschaftliche Dienste des Deutschen Bundestages, Fachbereich II, 3. März 2006, S. 7, https://www.bundestag.de/resource/blob/415012/cbaf3931bc80d6586769500c0cbf6bdf/wf-ii-040-06-pdf-data.pdf.

6 Lee Hockstader, »Shattered Grozny Waits«, *Washington Post*, 19. November 1995, https://www.washingtonpost.com/archive/politics/1995/11/19/shattered-grozny-waits/7ca94d3f-567b-42cf-a19f-487640ef4ab7/.

7 Wladimir Kara-Murza, »Захлебнувшийся штурм Грозного«, svoboda.org, https://www.svoboda.org/a/1913853.html.

8 Der Duma-Abgeordnete Sergej Juschenkow war ein radikaler Kritiker der russischen Militärintervention in Tschetschenien. Der Überläufer Alexander Litwinenko sagte, er habe ihm Beweise für die Beteiligung des FSB an der Geiselnahme im Moskauer Dubrowka-Theater durch tschetschenische Terroristen übermittelt, bei der 174 Geiseln ums Leben gekommen waren. Um die Weitergabe dieser Beweise zu verhindern, sei Juschenkow ermordet worden. Vgl. »Юшенков, Сергей Николаевич«, wikipedia.org, https://ru.wikipedia.org/wiki/Юшенков,_Сергей_Николаевич; »Литвиненко: Юшенкова убили за расследование теракта в ›Норд-Осте‹«, Lenta.ru, https://lenta.ru/news/2003/04/25/litvinenko/.

9 Der ehemalige Offizier in der Sowjetarmee und spätere Stabschef im unabhängigen Tschetschenien Aslan Maschadow wurde 1997 zum Präsidenten Tschetscheniens gewählt. Als moderater Unabhängigkeitsbefürworter bekannt, nahm er Wahhabiten in seine Regierung auf. Mit dem Beginn des »zweiten« Tschetschenienkriegs unterstützte er den Widerstand gegen die russische Armee, verurteilte aber systematisch die Angriffe auf russische Zivilisten. Im Jahr 2000 wurde er nach der Eroberung Grosnys durch die Russen zum Chef der tschetschenischen Guerilla und fiel 2005 einem Anschlag zum Opfer. Vgl. »Aslan Alijewitsch Maschadow«, wikipedia.org, https://de.wikipedia.org/wiki/Aslan_Alijewitsch_Maschadow.

10 Vgl. Adrian Florea, »De Facto States in International Politics (1945–2011): A New Data Set«, *International Interactions* 40(5), S. 788–811. Zugriff auf den Artikel über researchgate.net, https://www.researchgate.net/publication/267816827_De_Facto_States_in_International_Politics_1945-2011_A_New_Data_Set.

11 In Russland wurden die aus freiwilligen Stücken Angereisten als Söldner abgestempelt, obgleich es doch diese Ausländer waren, die die völlig mittellose tschetschenische Bevölkerung unterstützten und nicht umgekehrt.

12 Dies erklärte Putin so während eines ausführlichen Interviews mit drei russischen Journalisten kurz vor seiner Wahl zum Präsidenten, vgl. Wladimir Putin, a. a. O. Hierbei verwendet er dieselben Argumente, die er später für seine Rechtfertigung der Invasion der Ukraine heranziehen sollte.

13 Vgl. Ilyas Akhmadov und Miriam Lanskoy, *The Chechen Struggle: Independance Won and Lost*, London, Palgrave Macmillan 2010.

14 »Un mufti à la tête de la Tchétchénie«, liberation.fr, https://www.liberation.fr/planete/2000/06/13/un-mufti-a-la-tete-de-la-tchetchenie_329773/.

15 Im Oktober 2022 wurde Ramsan Kadyrow als treuer Recke im Ukrainekrieg von Putin zum Generaloberst befördert. Er nahm damit den dritthöchsten Rang in der russischen Armee ein – und konnte es kaum erwarten, seine drei im Teenageralter befindlichen Söhne im Krieg kämpfen zu sehen, es sei für sie an der Zeit, sich zu beweisen. Vgl. Kirsten Ripper, »Kadyrow will seine drei Söhne (16, 15 und 14) in den Krieg in der Ukraine schicken«, Euronews, 11. Oktober 2022, https://de.euronews.com/2022/10/06/kadyrow-will-seine-drei-sohne-16-15-und-14-in-den-krieg-in-der-ukraine-schicken.

16 »Семейный метод Кадырова«, azattyq.org, https://rus.azattyq.org/a/chechnya-zakonoproekt-nakazanie-semey-boevikov/26792698.html/; »Как в Чечне всем миром выселяют родственников террористов«, rambler.ru, https://news.rambler.ru/incidents/36040100-kak-v-chechne-vsem-mirom-vyselyayut-rodstvennikov-terroristov/?ysclid=l6jdyea1z932868468.

17 Vgl. Luiza Mchedlishvili, »›We have only one enemy – this is Russia‹: the Chechens taking up arms for Ukraine«, oc-media.org, https://oc-media.org/features/we-have-only-one-enemy-this-is-russia-the-chechens-taking-up-arms-for-ukraine/; »Командир чеченских добровольцев рассказал о позоре Кадырова на Украине«, maxpark.com, https://maxpark.com/user/4296757178/content/7570310?ysclid=l6jeolazss755598710.

18 »›Животная сущность‹. Правда ли кадыровцы – самые жестокие подразделения на войне в Украине?«, kavkazr.com, https://www.kavkazr.com/a/zhivotnaya-suschnostj-pravda-li-kadyrovtsy-samye-zhestokie-podrazdeleniya-na-voyne-v-ukraine-/31926751.html; »На войну в Украину из Чечни отправили уголовников«, kavkazr.com, https://www.kavkazr.com/a/na-voynu-v-ukrainu-iz-chechni-otpravili-ugolovnikov/31876975.html.

Kapitel 8

1 Im englischen Sprachraum ist hier von *political warfare* die Rede.

2 »Independent International Fact-Finding Mission on the Conflict in Georgia, Report«, *ECHR*, https://www.echr.coe.int/Documents/HUDOC_38263_08_Annexes_ENG.pdf.

3 *Gazeta.ru*, 6. Juli 2006.

4 *Qvakutkhedi* (»Eckpfeiler«), Nr. 8, 27. September 2008.

5 Interview mit Patriarch Ilia II., zitiert in *Tabula*, Juli 2016.

6 Das Ziel eines NATO-Beitritts wurde zum ersten Mal von Schewardnadse erwähnt, zunächst während eines Interviews 1998 (»Wir werden an die Tür der NATO klopfen«) und anschließend offiziell beim NATO-Gipfel in Prag im November 2002.

7 So lautete der Name des von den Separatisten ausgerufenen de facto unabhängigen Tschetscheniens zwischen 1991 und 2000.

8 Dieser Zusammenhang verdeutlicht, wie wichtig dem KGB-Offizier Putin seine Stationierung in der DDR war.

9 Putins Rede vor seinem Kabinett, zitiert im *Wall Street Journal*, 29. November 2008.

10 So Saakaschwili in einem persönlichen Gespräch mit dem Autor.

11 Vgl. David Iberi, »Why Lavrov calls Georgia ›an anomaly‹ in the post-soviet space«, Jamestown Foundation, https://jamestown.org/why-does-lavrov-call-georgia-an-anomaly-in-the-post-soviet-space/.

12 Das Buch der russischen Ökonomin Larisa Burakowa Почему у Грузии получилось (Warum war Georgien erfolgreich?) entwickelte sich in den liberalen Kreisen Russlands zu einem Bestseller.

13 »Russia runs peace enforcement in S. Ossetia – Medvedev«, reuters.com, https://www.reuters.com/article/idUSL9268068.

14 Laut *Le Nouvel Observateur*, der den Präsidentenberater Jean-David Levitte zitiert.

15 Man setzte das offizielle Datum für den Beginn der Reset-Politik auf den 6. März 2009, als sich Hillary Clinton und Sergej Lawrow in Genf trafen. Siehe zum Thema auch die Pressemitteilung des Weißen Hauses vom 24. Juni 2010, »U. S.-Russia Relations: ›Reset‹ Fact Sheet«, https://obamawhitehouse.archives.gov/the-press-office/us-russia-relations-reset-fact-sheet, sowie David Smith, »Georgia the Key to US-Russia ›Reset‹«, Atlantic Council, 2. Juni 2009, https://www.atlanticcouncil.org/blogs/new-atlanticist/georgia-the-key-to-usrussia-reset/.

16 »Obama tells Russia's Medvedev more flexibility after election«, *reuters.com*, https://www.reuters.com/article/us-nuclear-summit-obama-medvedev-idUSBRE82P0JI20120326.

17 Dies war nicht zuletzt der Fall im Text des Assoziierungsabkommens zwischen der Europäischen Union und Georgien, das zwischen 2010 und 2012 verhandelt wurde. Die EU weigerte sich systematisch, die illegale Anwesenheit der russischen Armee auf georgischem Boden auch als solche zu bezeichnen.

Kapitel 9

1 Siehe den Wikipedia-Eintrag »Reforma Wooruschonnych sil Rossii (2008–2020)«; »Armée russe, le temps de la réforme«, Gespräch von Pavel Felgenhauer mit Galia Ackerman, *Politique internationale*, Nr. 126, Winter 2010.

2 »Un docteur Folamour au Kremlin ?« (desk-russie.eu).

3 Taraki wurde später im Auftrag von Hafizullah Amin ermordet und dieser seinerseits durch den KGB, der Babrak Karmal an die Macht brachte, ihn aber im Auftrag Gorbatschows wieder des Amtes enthob. Siehe »Afghanistan, des Soviétiques aux talibans« (radiofrance.fr).

4 Swetlana Alexijewitsch, *Zinkjungen. Afghanistan und die Folgen*. Aus dem Russischen von Ingeborg Kolinko und Ganna-Maria Braungardt, München, Hanser Berlin 2014.

5 Mehr zur Russischen Gesellschaft für Militärgeschichte und ihren Aktivitäten siehe Galia Ackerman, *Le Régiment immortel*, a. a. O.; Website der

Russischen Gesellschaft für Militärgeschichte (Россииское военно-историческое общество): histrf.ru.

6 »En Russie, l'historien du goulag Iouri Dmitriev condamné à quinze ans de prison« (lemonde.fr).

7 »Следы преступления. Что раскопало в Сандармохе Военно-Историческое общество« (urokiistorii.ru).

8 »Шоигу: основная задача ›Юнармии‹ – воспитать патриотов РФ, а не военных« (tass.ru).

9 Für den vollständigen Text der Junarmija-Hymne »Служить России« siehe https://teksti-pesen.pro/4/gimn-yunarmii/tekst-pesni-slujit-rossii.

10 Das erwähnte Putin mehrmals, siehe den Artikel »Путин заявил о военнои угрозе для Крыма в случае вступления Украины в НАТО«, *Izwestija*, 1. Februar 2022 (iz.ru).

11 *ЛиС Раскраска с наклеиками, Военная техника*, RN-781, z. B. im Onlineshop www.ozon.ru.

12 Екатерина Рыданская, *Армеиских спецназ. Раскраска для мальчиков*, z. B. im Onlineshop ruslania.com.

13 Eines der unzähligen online erhältlichen Modelle ist beispielsweise das »Костюм Бока Военная форма Солдат« auf yandex.ru.

14 »Военная вечеринка для детеи: аты-баты, все в солдаты!« (fiestino.ru).

15 Russischsprachiger Wikipedia-Eintrag zur Hauptkirche der Streitkräfte Russlands, »Главныи храм Вооруженных сил Россиискои Федерации« (ru.wikipedia.org).

16 Für eine detaillierte Analyse des Phänomens siehe Galia Ackerman, *Le Régiment immortel*, a. a. O.

17 »Сенатор: Рекорд числа участников ›Бессмертного полка‹ показал единство нашего общества«, vz.ru, in der Rubrik Новости дня.

18 »Александр Проханов – о том, как потрясает сознание мистерия, имя которои – Бессмертныи полк«, https://www.livejournal.com/.

19 »Mettre le feu à cette maison« (desk-russie.eu).

20 *Дядя Вова/Uncle Vova* ist (mit englischen Untertiteln) auf YouTube zu finden.

Kapitel 10

1 Siehe insbesondere Nicolas Tenzer, »La guerre de l'information russe: pour une réponse globale«, *The Conversation*, 24. Juni 2016.

2 Anna Politowskaja, *Tschetschenien: Die Wahrheit über den Krieg*, Köln 2003.

3 Luke Harding, »Russia Committed Human Rights Violation in Georgia War, ECHR Rules«, *The Guardian*, 21. Januar 2021.

4 Eine kritische Analyse hierzu findet sich bei Marco Longobardo und Stuart Wallace, »The 2021 ECtHR Decision in Georgia v Russia (II) and the Application of Human Rights Law to Extraterritorial Hostilities«,

Israel Law Review, vol. 55, issue 2, Juli 2022, S. 145 – 177, Cambridge University Press.

5 Elizabeth Tsurkow, »Russia Has Killed More Syrian Civilians than ISIS. Why Are They Getting Away With It?«, *Forwards*, 24. Februar 2020.

6 Isobel Koshiw, »Makeshift Graves and Notes on Doors: The Struggle to Find and Bury Mariupol's Dead«, *The Guardian*, 1. Juni 2022.

7 Zu Entstehung und Eigenschaften dieser Massenverbrechen in der Ukraine siehe Nicolas Tenzer, »Russian Mass Crimes in Ukraine: A Deliberate Political Will. Genealogy of State Terror«, *Tenzer Strategics*, 1. Juni 2022. Zu ihren Auswirkungen siehe Anthony Dworkin, »Laws against Slaughter: The Crimes that Shape Russia's War on Ukraine«, European Council of Foreign Relations (ECFR), 12. April 2022. Zum Verbrechen des Angriffskriegs, dessen Putin direkt angeklagt werden kann, siehe Philippe Sands, »Inculper Poutine du crime d'agression permettrait de gagner du temps«, *Le Monde*, 15. März 2022.

8 *Le Monde*, 21. Juni 2022.

9 Zur strategischen Bedeutung dieses Schweigens siehe Nicolas Tenzer, »La guerre russe en Syrie change l'ordre du monde et le visage du XXIe siècle«, *HuffPost*, 20. Dezember 2016.

10 Siehe insbesondere Jean-Baptiste Jeangène-Vilmer, »The ›Macron Leaks‹ Operation: A Post-Mortem«, Atlantic Council und IRSEM, Juni 2019.

11 Siehe Nicolas Tenzer, »La propagande ›douce‹: une menace invisible et invasive », *Desk Russie*, 22. Juni 2021.

12 Jean-Baptiste Jeangène Vilmer, Alexandre Escorcia, Marine Guillaume und Janaina Herrera, *Les Manipulations de l'information. Un défi pour nos démocraties*, Bericht des Centre d'analyse, de prévision et de stratégie (CAPS), des französischen Ministeriums für Europa und auswärtige Angelegenheiten, und des Institut de recherche stratégique de l'École militaire (IRSEM), des Ministeriums der Streitkräfte, August 2018.

13 Siehe die Website gulagu.net und die Videos des Whistleblowers Sergej Sawaljew.

14 Zur Desinformation via Facebook im Zusammenhang mit der Gelbwestenbewegung und zu deren Unterlaufung durch die russische Propaganda siehe die Studie von Avaaz, »Yellow Vests Flooded by Fake News. Over 100M View of Disinformation on Facebook«, 12. März 2019.

15 Siehe insbesondere Olivier Schmitt, »›Je ne fais que poser des questions‹. La crise épistémologique, le doute systématique et leurs conséquences politiques«, *Fragments sur les temps présents*, 15. Juni 2018.

16 Zum Einsatz dieser Propagandaerzählung im russischen Krieg gegen die Ukraine siehe Nicolas Tenzer, »How the Kremlin's Narratives Are Still Influencing Some Western Political Leaders. Don't Think that Russian Influence Has Disappeared«, *Tenzer Strategics*, 6. April 2022.

Kapitel 12

1 Zu diesem Projekt der radikalen Zerstörung als Grundlage der putinschen Ideologie vgl. Nicolas Tenzer, »What Does Vladimir Putin Want? Ideology, Movement and Destruction«, *Tenzer Strategics*, 23. Dezember 2021.

2 Zu Putins ideologischen Inspirationsquellen vgl. vor allem Timothy Snyder, *Der Weg in die Unfreiheit. Russland, Europa, Amerika.* Aus dem Engl. übersetzt von U. Höber und W. Roller, München, C. H. Beck 2018.

3 Unter der umfangreichen Literatur zu diesem Thema sei vor allem empfohlen C. Belton, a. a. O.

4 Dieser Punkt wurde bereits in Kapitel 10 behandelt. Zur Verwundbarkeit von Demokratien vgl. auch unser vom Finnish Institute of International Affairs herausgegebenes Dokument »Tackling Democratic Vulnerabilities in the Post-truth Era: Domestic and International Responses«, FIIA Briefing Paper 252, 3. Dezember 2018.

5 Über die Bedeutung und die Tragweite der massiven von Putin begangenen Verbrechen in der Ukraine vgl. Nicolas Tenzer, »Russian Mass Crimes in Ukraine: A Deliberate Political Will. Genealogy of State Terror«, a. a. O.

6 Rede vom 25. April 2005.

7 Seit Juni 2021 ruht die Partnerschaft jedoch aufgrund der im Folgenden noch geschilderten Affäre um die zur Landung in Minsk gezwungene Ryanair-Maschine. Zu der im Mai 2009 unterzeichneten Partnerschaft vgl. dennoch vor allem die differenzierte Studie von Gustav Gressel, »Promoting European Strategic Sovereignty in the Eastern Neighbourhood«, European Council of Foreign Relations (ECFR), 1. Dezember 2020; oder auch Pierre Mirel, »The Eastern Partnership, between Resilience and Interference«, Fondation Robert Schuman, *European Issue*, 5809, 17. März 2021; außerdem die kritische Studie von Amanda Paul und Ionela Maria Ciolan, »Lessons from the Eastern Partnership: Looking back to Move forward«, European Policy Centre (EPC), 14. Dezember 2021.

8 Zwar haben die Mitgliedsstaaten der Östlichen Partnerschaft mehrere Milliarden Euro von der Europäischen Union erhalten, wenn auch auf ganz unterschiedlichen Wegen, doch die Ergebnisse scheinen in Hinblick auf Reformen, die Ausrichtung der Finanzströme (viele Länder bevorzugen eine Hinwendung zu Russland) und institutionelle Reformen uneinheitlich zu sein. Vgl. dazu vor allem Pierre Andrieu: »La politique de Partenariat de l'Union européenne: dix ans après«, *Note de la FRS*, 49/2020, 15. Juni 2020.

9 Zur Bedeutung und Tragweite dieser friedlichen Revolution vgl. Katia Glod, »The Future of Belarus«, Center for European Policy Analysis (CEPA), 18. November 2020; und »Bloodied but Unbowed: Belarusian Opposition Fights On«, a. a. O., 15. Oktober 2021; außerdem Nicolas Tenzer, »What's at Stake with Belarus? Saving Belarus from the Grip of the Russian Regime«, *Tenzer Strategics*, 29. Juni 2021.

10 Zu dieser Beziehung vgl. vor allem Alla Leukavets, »Crisis in Belarus:

Main Phases and the Role of Russia, the European Union and the United States«, Wilson Center, *Kennan Cable*, Nr. 74, Januar 2022.

11 Vgl. dazu EUvsDisinfo, »Question Less: RT Strike-Breakers Replace Belarusian Journalists on Strike«, 11. September 2020.

12 Im Oktober 2022 ließ Lukaschenko über die staatliche Nachrichtenagentur jedoch die Entscheidung verkünden, »einen regionalen Verbund der Russischen Förderation und der Republik Belarus aufzustellen«. Vgl. »Belarus kündigt gemeinsame Truppe mit Russland an«, *Zeit Online*, 10. Oktober 2022.

13 Zum Transnistrienkonflikt vgl. Natalya Belitzer, »The Transnistrian Conflict«, in Anton Bebler (Hg.), *»Frozen Conflicts« in Europe*, Leverkusen, Verlag Barbara Budrich 2015.

14 Zu den größten Risiken, die drohen, sollte Putin Transnistrien als Hilfsmittel für seinen Krieg in der Ukraine einsetzen, vgl. David Brewster, »Transnistria: The Next Front of the Ukraine War«, *The Interpreter*, Lowy Institute, 2. Mai 2022.

15 Vgl. dazu insbesondere den Bericht von Human Rights Watch aus dem Jahr 2020, der die Inhaftierung von Dissidenten, die Einschränkung der Demonstrationsfreiheit, die Behinderung der Presse und die Einschüchterung von Anwälten thematisiert.

16 Am meisten Aufsehen hat der Versuch erregt, den Europarat massiv zu bestechen (vgl. dazu Transparency International, »La machine à blanchir l'Azerbaïdjan: un an après où en est la justice?«, 30. Januar 2018).

17 Vgl. dazu Rahim Rahimov, »Israel Delivers Aid to Azerbaijan: Background and Implications«, *Eurasia Daily Monitor*, Bd. 17, 159, Jamestown Foundation, 10. November 2020.

18 Für eine Gesamtanalyse der geostrategischen Dimensionen der Kriegs um Bergkarabach 2020 vgl. Nicolas Tenzer, »Who is the Real Winner in the Nagorno-Karabakh Conflict? Diplomatic Lessons from a Western Failure«, *Tenzer Strategics*, 29. Oktober 2021.

19 Die OVKS ist ein am 7. Oktober 2002 gegründetes politisch-militärisches Bündnis, dem Russland, Armenien, Belarus, Kasachstan, Tadschikistan und Kirgisistan angehören. Wegen des Angriffs Aserbaidschans hatte schon Armenien selbst im Frühjahr 2021 um OVKS-Beistand gebeten – aber das von Russland geführte Bündnis aktivierte die Beistandsklausel aus diesem Anlass bemerkenswerterweise nicht.

20 Zu der Neuausrichtung Kasachstans vgl. Temur Umarov, »After Ukraine, Is Kazakhstan Next in the Kremlin's Sights?«, Carnegie Endowment for International Peace, 10. August 2022.

21 Es lassen sich übrigens einige Parallelen zwischen den Kriegen im ehemaligen Jugoslawien und dem Krieg Putins gegen die Ukraine ziehen. Vgl. dazu Bruno Tertrais und Loïc Tregoures, »De Sarajevo à Marioupol: ce que les guerres en ex-Yougoslavie nous disent du destin de l'Ukraine«, Institut Montaigne, 14. April 2022.

22 Für einen Gesamtüberblick vgl. Sylvie Kauffmann, »Dans les Balkans, le

spectre des années 1990 rôde, insidieux, poussé par la Serbie et la Russie«, *Le Monde*, 10. November 2021.

23 Vgl. dazu vor allem Simon Piel und Thomas Saintourens, »En Serbie, guerre de la cocaïne, corruption et méthodes brutales inspirées des narcos du Mexique«, *Le Monde*, 19. Mai 2022; sowie Rémy Ourdan, »Dans les Balkans, les gangs au cœur d'un système d'État«, *Le Monde*, 30. Juli 2021.

24 Zu den »eindeutigen Doppeldeutigkeiten« vgl. vor allem Engjellusshe Morina, »Bound to Russia: Serbia's Disruptive Neutrality«, European Council on Foreign Relations (ECFR), 14. März 2022.

25 All diese Elemente finden sich ausführlich in Mira Milosevich, »Russia's Weaponization of Tradition: the Case of the Orthodox Church in Montenegro«, Center for Strategic and International Studies (CSIS), 25. September 2000.

26 Zu diesem Thema vgl. vor allem die Bellingcat-Studie, »Second GRU Officer Indicted in Montenegro Coup Unmasked«, 22. November 2018.

27 Zu Moskaus Absichten in Bosnien vgl. vor allem Ismet Fatih Čančar, »Russia's New Front with the West in Bosnia«, Royal United Services Institute (RUSI), 21. März 2022.

28 Davon sprach sogar das russische Verteidigungsministerium selbst, vgl. »All of Russia's Latest Weapons Tested in Syria, Says Defense Chief«, *Tass*, 30. August 2021.

29 Vgl. dazu »Putin-Vertrauter gibt Wagner-Gründung zu«, tagesschau.de, 26. September 2022; und auch Irina Malkova und Anton Baev, »A Private Army for the President: The Tale of Evgeny Prigozhin's Most Delicate Mission«, *The Bell*, 31. Januar 2019.

30 Vgl. vor allem Élise Vincent, »Exactions et prédations minières: le mode opératoire de la milice russe Wagner en Afrique«, *Le Monde*, 14. Dezember 2021.

31 Im September 2022 enthüllte Jewgeni Prigoschin allerdings, dass er selbst die Gruppe Wagner gegründet habe. Vgl. dazu die ausgezeichnete, von France 5 produzierte Dokumentation von Ksenia Bolchakova und Alexandra Jousset, *Wagner, l'armée de l'ombre de Poutine*, 2021.

Kapitel 13

1 »Russian Losses to Date: Almost 40 000 Military Personnel«, *Ukrayinska Pravda*, 24. Juli 2022, https://www.pravda.com.ua/eng/news/2022/07/24/7359880/. Das Pentagon nennt noch höhere Zahlen: In diesem Zeitraum seien zwischen 70 000 und 80 000 russische Soldaten getötet oder verletzt worden, vgl. Thomas Burgel, »Le Pentagone révèle ses chiffres: les pertes russes en Ukraine sont colossales«, *korii.* (slate.fr), 9. August 2022, https://korii.slate.fr/et-caetera/ukraine-russie-pentagone-chiffres-pertes-blesses-morts-80000-blindes-4000-aide-1-milliard-dollars.

2 Jeffrey Sonnenfeld, Steven Tian, »Actually, the Russian Economy Is Imploding«, *Foreign Policy*, 22. Juli 2022, https://foreignpolicy.com/2022/07/22/russia-economy-sanctions-myths-ruble-business.

3 Vgl. Brendan Cole, »Gorbachev Feels His Life's Work Being Destroyed by Putin«, *MSN News*, 22. Juli 2022, www.msn.com/en-us/news/world/gorbachev-feels-his-life-s-work-being-destroyed-by-putin-closefriend-says/ar-AAZRk8U.

4 »Vladimir Putin Is in Thrall to a Distinctive Brand of Russian Fascism«, *The Economist*, 28. Juli 2022, https://www.economist.com/briefing/2022/07/28/vladimir-putin-is-in-thrall-to-a-distinctive-brand-of-russian-fascism.

5 »Russian Forces Conducting Detentions and Forced Deportations Through Systematic Filtration Operations«, U.S. National Intelligence Council, unclassified memorandum, 15. Juli 2022, https://www.dni.gov/files/ODNI/documents/assessments/NICM-Unclassified-Assessment-on-Russian-Filtration-Camps-2022.pdf.

6 »In Mid-May, the Estimated Figure Was 1.3 million, Including 223 000 Children«, *Glavkom*, 17. Mai 2022, https://glavcom.ua/country/incidents/rosiya-vikrala-ponad-milyon-ukrajinciv-oon-ne-maje-do-nih-dostupu-846312.html. Siehe auch den Bericht von Human Rights Watch, »Ukraine: Torture, Disappearances in Occupied South«, HRW, 22. Juli 2022, https://www.hrw.org/news/2022/07/22/ukraine-torture-disappearances-occupied-south, sowie der vorhergehende Bericht »Russia: Forcible Disappearances of Ukrainian Civilians«, HRW, 14. Juli 2022, https://www.hrw.org/news/2022/07/14/russia-forcible-disappearances-ukrainian-civilians.

7 Robbie Gramer, Amy Mackinnon, »Ukraine's ›Nuremberg Moment‹ Amid Flood of Alleged Russian War Crimes«, *Foreign Policy*, 10. Juni 2022, https://foreignpolicy.com/2022/06/10/ukraines-nuremberg-moment-amid-flood-of-alleged-russian-war-crimes, sowie Dan Bilefsky, Matthew Mpoke Bigg, »The Many Parties Involved Complicate War Crimes Investigations«, *The New York Times*, 15. Juli 2022, https://www.nytimes.com/2022/07/15/world/the-many-parties-involved-complicate-war-crimes-investigations.html.

8 Vgl. Alex Hinton, »War Crimes or Genocide? Either Way, We Can't Let Russian Atrocities Go Unanswered«, *Los Angeles Times*, 5. April 2022, https://www.latimes.com/opinion/story/2022-04-05/ukraine-russia-bucha-genocide-war-crimes; Tyler Pager, »Biden Calls Russia's War in Ukraine a ›Genocide‹«, *The Washington Post*, 12. April 2022, https://www.washingtonpost.com/politics/2022/04/12/biden-calls-russias-war-ukraine-genocide; Claire Parker, »What Is Genocide, and Is Russia Carrying It out in Ukraine?«, 17. April 2022, https://www.washingtonpost.com/world/2022/04/17/genocide-definition-russia-ukraine; Azeem Ibrahim, »Russia's War in Ukraine Could Become Genocide«, *Foreign Policy*, 27. Mai 2022, https://foreignpolicy.com/2022/05/27/russia-war-ukraine-genocide; Victoria Kim et al., »Ferocious Russian Attacks Spur Accusations of Genocide in Ukraine«, *The New York Times*, 27. Mai 2022, https://www.nytimes.com/live/2022/05/27/world/russia-

ukraine-war#ferocious-russian-attacks-spur-accusations-of-genocide-in-ukraine.

9 Philippe Sands, *Retour à Lemberg*, Paris, Albin Michel 2017. Deutsch: *Rückkehr nach Lemberg*, aus dem Englischen übersetzt von Reinhild Böhnke, Frankfurt am Main, S. Fischer Verlag 2018.

10 Zitiert in Brendan Cole, »Russia Committing Genocide in Ukraine, Says Holocaust Expert«, *Newsweek*, 5. April 2022, https://www.newsweek.com/ukraine-russia-zelensky-putin-genocide-war-crime-1695051.

11 United Nations, The 2005 World Summit Outcome Document, Paragraph 139, https://www.un.org/en/genocideprevention/about-responsibility-to-protect.shtml. Deutscher Volltext des Ergebnisdokuments: https://www.un.org/depts/german/gv-60/band1/ar60001.pdf.

12 Stéphanie Maupas, »La Cour internationale de justice appelle à la ›suspension immédiate‹ des opérations militaires russes en Ukraine«, *Le Monde*, 17. März 2022, https://www.lemonde.fr/international/article/2022/03/17/la-cour-internationale-de-justice-appelle-a-la-suspension-immediate-des-operations-militaires-russes-en-ukraine_6117919_3210.html.

13 Philippe Sands, »Prosecuting Putin's Aggression«, *The Nation*, 14. April 2022, https://www.thenation.com/article/world/ukraine-putin-aggression-crime.

14 Sevgil Musaïeva, »The International System Is Broken. British Lawyer Philip Sands on How to Punish Putin for the War in Ukraine«, *Ukrainska Pravda*, 12. April 2022, https://www.pravda.com.ua/eng/articles/2022/04/12/7338924/.

15 Zitiert in Brendan Cole, a. a. O.

16 Evgeny Finkel, *Ordinary Jews: Choice and Survival during the Holocaust*, Princeton, Princeton University Press 2017.

17 Zitiert in Brendan Cole, a. a. O.

18 https://www.justsecurity.org/81789/russias-eliminationist-rhetoric-against-ukraine-a-collection/

19 Timofej Sergejzew, »Что Россия должна сделать с Украиной«, RIA Nowosti, 3. April 2022, https://ria.ru/20220403/ukraina-1781469605.html.

20 Timothy Snyder, »Russia's Genocide Handbook«, 8. April 2022, https://snyder.substack.com/p/russias-genocide-handbook. Deutsche Fassung als Gastkommentar in der *Neuen Zürcher Zeitung* vom 12.04.2022, https://www.nzz.ch/meinung/snyder-ein-russisches-handbuch-zum-voelkermord-in-der-ukraine-ld.1678933 (abgerufen am 29.09.2022).

21 Ebda.

22 Timothy Snyder, »Nazis, Nukes, and NATO, or What the Russo-Ukrainian War Is Not About«, 21. Juli 2022, https://snyder.substack.com/p/nazis-nukes-and-nato.

23 Timofej Sergejzew, a. a. O. Englisch: »What Should Russia Do with Ukraine?«, https://russiavsworld.org/what-should-russia-do-with-ukraine.

Deutsch: »Was Russland mit der Ukraine tun sollte«, *Blätter* 5/22, Übersetzung von Manfred Quiring, https://www.blaetter.de/ausgabe/2022/mai/dokumentiert-was-russland-mit-der-ukraine-tun-sollte (abgerufen am 29.09.2022).

24 Ebda.

25 Zitiert in Brendan Cole, a.a.O.

26 Timofej Sergejzew, a.a.O. Englisch: »What Should Russia Do with Ukraine?«, https://russiavsworld.org/what-should-russia-do-with-ukraine, sowie »RIA Novosti Has Clarified Russia's Plans vis-à-vis Ukraine and the Rest of the Free World in a Program like Article: What Russia Should Do with Ukraine?«, Center for Civic Liberties, 4. April 2022, https://ccl.org.ua/en/news/ria-novosti-has-clarified-russias-plans-vis-a-vis-ukraine-and-the-rest-of-the-free-world-in-a-program-like-article-what-russia-should-do-with-ukraine-2/. Siehe auch Françoise Thom, »Les idéologues russes visent à liquider la nation ukrainienne«, *Desk Russie*, 6. April 2022, https://deskrussie.eu/2022/04/06/les-ideologues-russes.html.

27 Milàn Czerni, »Comment Poutine veut effacer l'Ukraine«, *Le Grand Continent*, 23. Februar 2022, https://legrandcontinent.eu/fr/2022/02/23/comment-poutine-veut-effacer-lukraine/.

28 https://censor.net/ru/news/3331466/ukrainstvo_feyik_ego_ne_bylo_i_net_izmenit_soznanie_vajneyishaya_tsel_medvedev.

29 Alexander Motyl, »Is Putin Committing Genocide in Ukraine?«, *Tablet*, 24. Mai 2022, https://www.tabletmag.com/sections/news/articles/is-putin-committing-genocide-in-ukraine.

30 New Lines Institute for Strategy (Washington, DC) und Policy and Raoul Wallenberg Centre for Human Rights (Montreal), »An Independent Legal Analysis of the Russian Federation's Breaches of the Genocide Convention in Ukraine and the Duty to Prevent«, Mai 2022, https://newlinesinstitute.org/an-independent-legal-analysis-of-the-russian-federations-breaches-of-the-genocide-convention-in-ukraine-and-the-duty-to-prevent/. Deutsche Übersetzung: https://newlinesinstitute.org/wp-content/uploads/German-package.pdf (abgerufen am 01.10.2022).

31 Simon Bouvier, »Macron Rejects Use of the Term ›Genocide‹ to Describe Russian Atrocities in Ukraine«, *CNN*, 13. April 2022, https://edition.cnn.com/europe/live-news/ukraine-russia-putin-news-04-13-22#h_e5589f9c279f7e5568fb9aebe5dfdb8e.

32 »Zelenskiy Trolls Putin after Russian President Publishes Article on Ukraine«, *RFE/RL Newsline*, 13. Juli 2021, https://www.rferl.org/a/zelenskiy-trolls-putin-ukraine/31356912.html.

33 Vgl. Peter Kenez, *Civil War in South Russia, 1918. The First Year of the Volunteer Army*, insbesondere Kapitel 8: »A Russia Great, United, and Indivisible«, Berkeley, University of California Press 1971.

34 Zitiert in Mykola Riabchuk, »A Long Ongoing War. Putin's Imaginary Ukrainians And A Mythic Russian Identitiy«, SciencesPo, Centres de Recherches Internationales, April 2022, https://www.sciencespo.fr/ceri/

fr/content/dossiersduceri/long-ongoing-war-putin-s-imaginary-ukrainians-and-mythic-russian-identity.

35 »Aggressor and Professor«, *Svoboda*, 20. März 2015, https://www.svoboda.org/a/26907371.html.

36 Игорь Джадан, »Операция ‚Механический апельсин'«, *Русский журнал*, 21. April 2008, http://www.russ.ru/pole/Operaciya-Mehanicheskijapel-sin.

37 Anton Barbashin, Hannah Thoburn, »Putin's Brain. Alexander Dugin and the Philosophy Behind Putin's Invasion of Crimea«, *Foreign Affairs*, 31. März 2014, https://www.foreignaffairs.com/articles/russia-fsu/2014-03-31/putins-brain; Anton Shekhovtsov, »Putin's Brain?«, *New Eastern Europe*, Nr. 4, 2014, S. 72–79, https://www.ceeol.com/search/article-detail?id=429899; David von Drehle, »Russian Intellectual Aleksandr Dugin Is also Commonly Known as ›Putin's Brain‹«, *NPR*, 27. März 2022, https://www.npr.org/2022/03/27/1089047787/russian-intellectual-aleksandr-dugin-is-also-commonly-known-as-putins-brain; Peter Hughes, »›Putin's Brain‹: What Alexander Dugin Reveals about Russia's Leader«, *Spectator*, 19. April 2022, https://www.spectator.co.uk/article/-putin-
s-brain-what-alexander-dugin-reveals-about-russia-s-leader; Michael Millerman, *Inside »Putin's Brain«: The Political Philosophy of Alexander Dugin*, Toronto, Millerman School 2022.

38 Vgl. Истинный Иван Ильин только-только начинает открываться вдумчивому читателю из Кремля – Газета. Ru | Колумнисты (gazeta.ru).

39 Злободневный Солженицын: о войне между Россией и Украиной – Рамблер/новости (ramblerSru).

40 Edward Keenan, »On Certain Mythical Beliefs and Russian Behaviors«, in Stephen Frederick Starr (Hg.), *The Legacy of History in Russia and the New States of Eurasia*, Armonk, New York, M. E. Sharpe 1994, S. 19 – 40.

41 Diese Idee wird vor allem von zahlreichen »Tauben« im Kreml und von Putins Berufsgroupies vertreten, ebenso von renommierten Spezialisten insbesondere der »realistischen« Schule der Internationalen Beziehungen. Vgl. etwa John Mearsheimer, »Why the Ukraine Crisis Is the West's Fault. The Liberal Delusions That Provoked Putin«, *Foreign Affairs*, September/Oktober 2014, S. 77 – 89.

42 https://koerber-stiftung.de/internationale-politik/bergedorfergespraechskreis/protokolle/protokoll-detail/BG/russland-und-derwestenbrinternationale-sicherheit-und-reformpolitik.html.

43 Timothy Garton Ash, »Putin's Deadly Doctrine«, *The New York Times*, 18. Juli 2014, https://www.nytimes.com/2014/07/20/opinion/sunday/protecting-russians-in-ukraine-has-deadly-consequences.html. Deutsche Übersetzung von Dominik Kamalzadeh: https://www.derstandard.at/story/2000003401831/putins-toedliche-schutzdoktrin, 23. Juli 2014 (abgerufen am 06. 10. 2022).

44 Zitiert in Robert Person, Michael McFaul, »What Putin Fears Most«, *Journal of Democracy*, 22. Februar 2022, https://www.journalofdemocracy.org/what-putin-fears-most/. [Kursive Hervorhebung im Zitat durch die Autoren.]

45 Vladimir Putin: National Public Radio's interview, 15. November 2001, https://legacy.npr.org/news/specials/putin/nprinterview.html.

46 President of Russia [offizielle Website], »Press Statement and Answers to Questions at a Joint News Conference with Ukrainian President Leonid Kuchma«, Sotschi, 17. Mai 2002, http://en.kremlin.ru/events/president/transcripts/21598.

47 President of Russia [offizielle Website], »After the Russia-NATO Summit President Vladimir Putin took part in a joint press conference with NATO Secretary General George Robertson and Italian Prime Ministers Silvio Berlusconi«, 28. Mai 2002, http://www.en.kremlin.ru/events/president/news/43122.

48 James Sherr, »The Dismissal of Borys Tarasyuk. Occasional Brief«, Royal Military Academy Sandhurst, Camberley, Conflict Studies Research Centre, 6. Oktober 2000.

49 https://zakon.rada.gov.ua/laws/show/964-15#Text

50 Zitiert in Leonid Shvets, »KGB Agent Who Dreamed of NATO«, *Promote Ukraine*, 6. August 2021, https://www.promoteukraine.org/kgb-agent-who-dreamed-of-nato/.

51 President of Russia [offizielle Website], »Russia Takes a Negative View of NATO Expansion but Has always Seen the European Union's Enlargement as a Positive Process«, 10. Dezember 2004, http://www.en.kremlin.ru/events/president/news/32366.

52 Jan Maksymiuk, »Ukraine: Parliament Recognizes Soviet-Era Famine as Genocide«, *RFE/RL*, 29. November 2006, https://www.rferl.org/a/1073094.html.

53 Pål Kolstø, »Dmitrii Medvedev's Commission against the Falsification of History: Why Was It Created and What Did It Achieve? A Reassessment«, *Slavonic and East European Review*, Nr. 4, 2019, S. 738–760, https://www.jstor.org/stable/10.5699/slaveasteurorev2.97.4.0738. Siehe auch Ivan Kurilla, »The Implications of Russia's Law against the ›Rehabilitation of Nazism‹«, *PONARS Eurasia Policy Memo*, Nr. 331, August 2014; und Nikolay Koposov, *Memory Laws, Memory Wars. The Politics of the Past in Europe and Russia*, insbesondere Kapitel 6, »Memory Laws in Putin's Russia«, Cambridge, Cambridge University Press 2017.

54 »How Kremlin Uses ›Soft Power‹ for Malign Influence: Case of Rossotrudnichestvo in Ukraine«, Hybrid Warfare Analytical Group, 9. September 2020, https://uacrisis.org/en/how-kremlin-uses-soft-power-for-malign-influence-case-of-rossotrudnichestvo-in-ukraine; Yulia Masiyenko et al., »›The Russian Flag Will Be Flown Wherever Russian Is Spoken‹: ›Russkiy Mir‹ Foundation«, Ukrainian Institute, 2022, https://ui.org.ua/en/sectors-en/russkiy-mir-foundation-2/.

55 »Außenminister: Neue EU-Sanktionen gegen Russland ›ein guter Schritt‹«, PolskieRadio, Deutsche Redaktion Nachrichten, 22. Juli 2022, https://www.polskieradio.pl/400/7764/Artykul/3005863,Außenminister-Neue-EUSanktionen-gegen-Russland-ein-guter-Schritt.

56 https://www.unian.info/world/111033-text-of-putin-s-speech-at-nato-summit-bucharest-april-2-2008.html

57 President of Russia [offizielle Website], »Address to the President of Ukraine Victor Yushchenko«, 13. August 2009, http://en.kremlin.ru/supplement/4938.

58 James Sherr, *The Mortgaging of Ukraine's Independence. Briefing Paper*, London, Chatham House, 2010.

59 Ebda., S. 3.

60 Ebda., S. 16.

61 Valentina Pop, »Ukraine Drops Nato Membership Bid«, *EUobserver*, 4. Juni 2010, https://euobserver.com/news/30212.

62 Andrew Wilson, *Virtual Politics. Faking Democracy in the Post-Soviet World*, New Haven/London, Yale University Press, 2005.

63 https://gordonua.com/news/politics/surkov-prinuzhdenie-siloy-k-bratskim-otnosheniyam-edinstvennyy-metod-istoricheski-dokazavshiy-effektivnost-na-ukrainskom-napravlenii-1488549.html.

64 https://www.rferl.org/a/ukraine-medvedchuk-house-arrest-extended/31647523.html.

65 https://en.desk-russie.eu/2021/12/30/what-does-the-russian-ultimatum.html.

Kapitel 15

1 Alexander Prochanow, »Газопоклонники«, zavatra.ru, https://zavtra.ru/blogs/gazopoklonniki.

2 Vgl. F. Thom, *Comprendre le poutinisme*, a. a. O., S. 11–28.

3 Zitiert nach N. A. Efimow, »Sergej Mironovič Kirov«, Voprosy istorii, Nr. 11, 1995, S. 58.

4 Patrick Wintour, »›We were all wrong‹: how Germany got hooked on Russian energy«, The Guardian, https://www.theguardian.com/world/2022/jun/02/germany-dependence-russian-energy-gas-oil-nord-stream.

5 »Влияние войны в Украине на ход мировой истории«, kasparov.ru, https://www.kasparov.ru/material.php?id=629A750786C88.

6 *Nesawissimaja Gaseta*, 18. Oktober 2004.

7 »Зачем Россия помогает Германии выстроить гегемонию в Европе«, russtrat.ru, https://russtrat.ru/analytics/27-dekabrya-2020-0010-2544.

8 »Vice President's Remarks at the 2006 Vilnius Conference«, The White House, https://georgewbush-whitehouse.archives.gov/news/releases/2006/05/20060504-1.html.

9 Alan Riley, »Gazprom's folly: In seeking to deliver Nord Stream 2, it may undermine its own access to EU markets«, atlanticcouncil.org, https://

www.atlanticcouncil.org/blogs/energysource/gazproms-folly-in-seeking-to-deliver-nord-stream-2-it-may-undermine-its-own-access-to-eu-markets/.

10 »Неужели Меркель сдала Украину Путину?«, ria.ru, https://ria.ru/20210724/ukraina-1742591871.html.

11 Blake Hounshell, Leah Askarinam, »Explaining Putin's Decades-Long Obsession With Ukraine«, nytimes.com, https://www.nytimes.com/2022/02/18/us/politics/putin-ukraine.html.

12 Александр Владимиров, »Путин: рассчитываю на то, что наши озабоченности будут восприняты всерьёз«, russtrat.ru, https://russtrat.ru/comments/17-iyulya-2021-0010-5091.

13 Milana Gelikova, »Дефицит растет: ›Газпром‹ снизил поставки в Европу«, gazeta.ru, https://www.gazeta.ru/business/2021/08/01/13823180.shtml?updated.

14 Виталий Портников, »Оправдается ли газовый шантаж Кремля?«, svoboda.ru, https://www.svoboda.org/a/opravdaetsya-li-gazovyy-shantazh-kremlya-efir-v-20-30/31480777.html.

15 Сергей Савчук, »›Газпром‹ нашел способ заставить Европу платить«, ria.ru, https://ria.ru/20210706/gazprom-1739985532.html.

16 Wladimir Woloschin, »Европа готовится мерзнуть«, svpressa.ru, https://svpressa.ru/blogs/article/312475/?aft=1.

17 Sofija Satschiwko, »В 2023 году замерзающая Европа будет жечь библиотеки в каминах«, svpressa.ru, https://svpressa.ru/world/article/324016/.

18 Дмитрий Бавырин, »Зачем Россия сделала Сербии щедрый подарок«, взгляд, https://vz.ru/world/2021/11/26/1131154.html.

19 Мюрид Эль, »Просто закупали за границей …«, kasparov.ru, https://www.kasparov.ru/material.php?id=62BE875ED48E6.

20 Iwan Tschukowskij, »На Западе опасаются новой сырьевой ловушки России«, gazeta.ru, https://www.gazeta.ru/politics/2022/06/27/15043916.shtml.

21 Ярослав Шимов, »В радиоактивный пепел? Чем и когда закончится ›новая холодная война‹«, svoboda.ru, https://www.svoboda.org/a/v-radioaktivnyy-pepel-chem-i-kogda-zakonchitsya-novaya-holodnaya-voyna/31386334.html.

22 Das aus dem Jahr 2012 stammende US-Gesetz sah Finanzsanktionen und Einreiseverbote für jene russischen Funktionäre vor, die verdächtigt wurden, am Tod des Anwalts Sergej Magnitski beteiligt gewesen zu sein. Der Vorkämpfer gegen die Korruption in Russland war 2009 unter ungeklärten Umständen in russischer Haft verstorben. Schlussendlich wurden die Regelungen des Gesetzes auf andere Fälle unverhohlener Menschenrechtsverstöße ausgeweitet.

23 »Телепропаганда. Октябрь 2016. Часть Первая«, graniru.org, http://graniru.org/Society/Media/Television/m.255090.html.

24 »СМИ: в Петербурге утвердили суточную норму хлеба на случай

войны«, gazeta.ru, https://www.gazeta.ru/social/news/2016/10/10/n_9202727.shtml.

25 АЛЕКСАНДР ГОЛЬЦ, »За Асада ценой не постоим«, ej.ru, http://www.ej.ru/?a=note&id=30275.

26 Олег Одноколенко, »Европа пытается поменять ориентацию«, nvo.ng.ru, https://nvo.ng.ru/realty/2016-12-02/1_928_europe.html.

27 »Presidential Adress to the Federal Assembly, 1. März 2018, http://en.kremlin.ru/events/president/news/56957

28 Ryan Pickrell, »Putin's rush to build doomsday weapons able to devastate the US is likely to end in more tragedies like its deadly missile disaster«, Business Insider, https://www.businessinsider.com/putins-doomsday-weapons-push-likely-to-cause-more-deadly-accidents-2019-8.

29 Ciaran McGrath, »Putin's doomsday missile can stay airborne for years – Russia can strike at any second«, Express, https://www.express.co.uk/news/world/1335001/vladimir-putin-russia-missile-skyfall-Burevestnik-world-war-3-nuclear-war.

30 Владимир Мухин, »›Сарматы‹ нацелят на побережье агрессора«, Н езависимая, https://www.ng.ru/armies/2021-08-08/2_8219_sarmat.html.

31 A. a. O.

32 A. a. O.

33 Владимир Можегов, »Россия перехватила стратегическую инициативу«, взгляд, https://vz.ru/opinions/2021/12/27/1135477.html.

34 »Satellite images show huge Russian military buildup in the Arctic«, 9news.com.au, https://www.9news.com.au/world/russia-military-weapons-arctic-circle-superweapon-stealth-torpedo-vladimir-putin-norway/826f9279-653f-475a-83aa-7f8bfad08b9e.

35 Thomas Colson, »Russia is testing a nuclear torpedo in the Arctic that has the power to trigger radioactive tsunamis off the US coast«, Business Insider, https://www.businessinsider.com/russia-tests-nuclear-doomsday-torpedo-in-arctic-expands-military-2021-4.

36 Alex Lockie, »The real purpose of Russia's 100 megaton underwater nuclear doomsday device«, Business Insider, https://www.businessinsider.in/the-real-purpose-of-russias-100-megaton-underwater-nuclear-doomsday-device/articleshow/67948299.cms.

37 Jean-Sylvestre Mongrenier, »Les ›armes nouvelles‹ russes : de la dissuasion à la coercition?«, *Desk Russie*, https://desk-russie.eu/2022/01/14/les-armes-nouvelles-russes.html.

38 X. M. und M.P, »Guerre en Ukraine : La Russie introduit de lourdes peines de prison pour les appels à agir contre sa sécurité«, *20 Minutes*, https://www.20minutes.fr/monde/3321239-20220706-guerre-ukraine-direct-donbass-civils-appeles-evacuer-sloviansk.

39 Rebekah Koffler, »Putin's flying nuclear command center presents a Doomsday scenario indeed«, *The Hill*, https://thehill.com/opinion/national-security/566090-putins-flying-nuclear-command-center-presents-a-doomsday-scenario.

40 »ЭКСКЛЮЗИВ НГ: Жириновский о послании, дебатах, спор с А.Колесниковым (Ъ)«, Независимая, http://www.ng.ru/video/609542.html.

41 Петр Акопов, »Зачем Путин шокирует Запад новым русским оружием«, взгляд, https://vz.ru/politics/2018/3/1/910627.html.

42 »Weltordnung 2018. Ein neuer Film von Wladimir Solowjow über Putin«, YouTube, https://www.youtube.com/watch?v=9Bxik6kLEbM.

43 Иван Беляев, »Зачем мир без России? Соцсети обсуждают откровения Путина«, svoboda.org, https://www.svoboda.org/a/29086249.html.

44 »Культ смерти. Андрей Пионтковский – о путинском ›да‹«, svoboda.org, https://www.svoboda.org/a/29244779.html.

45 »›Мы в рай, а они просто сдохнут‹: Путин объяснил суть ядерной доктрины«, ntv.ru, https://www.ntv.ru/novosti/2089644/.

46 Ярослав Шимов, »В радиоактивный пепел? Чем и когда закончится ›новая холодная война‹«, svoboda.org, https://www.svoboda.org/a/v-radioaktivnyy-pepel-chem-i-kogda-zakonchitsya-novaya-holodnaya-voyna/31386334.html.

47 F. Thom, a. a. O., S. 118 f.

48 »Куда делся хаос? Распаковка стабильности. Владислав Сурков«, russiapost.su, https://www.russiapost.su/archives/269405.

49 Сергей Аксенов, »Ультиматум Путина: Россия, если хотите, похоронит всю Европу и две трети США за 30 минут«, svpressa.ru, https://svpressa.ru/war21/article/319616/.

50 A. a. O.

51 Irina Alksnis, »Ультиматум России Западу: что случится, если он его не примет«, ria.ru, https://ria.ru/20211220/ultimatum-1764453150.html.

52 www.yandex.ru/video/preview/?text=воскресный%20вечер%20с%20владимиром%20соловьёвым%20последний%20выпуск%20сегодня&path=wizard&parent-reqid=1642406640864314-1588867087559753O364-man1-2538-man-l7-balancer-8080-BAL-831&wiz_type=vital&filmId=16703483382925782843.

53 »Война, мир, тюрьма«, kasparov.ru, https://www.kasparov.ru/material.php?id=61E5B5F409FB9.

54 »Когда рассеется угар войны«, kasparov.ru, https://www.kasparov.ru/material.php?id=61EAEE5A1EB46.

Kapitel 16

1 Vgl. besonders Cécile Vaissié, *Les Réseaux du Kremlin en France*, Paris, Les Petits Matins 2016; oder Nicolas Hénin, *La France russe*, Paris, Fayard 2016.

2 Catherine Belton, *Les hommes de Poutine. Comment le KGB s'est emparé de la Russie avant de s'attaquer à l'Ouest*, Paris, Talents Éditions 2022, S. 39. Deutsch: *Putins Netz. Wie sich der KGB Russland zurückholte und*

dann den Westen ins Auge fasste. Aus dem Engl. übersetzt von E. Schmalen und J. Wais. Hamburg, HarperCollins 2022.

3 »Počemu neobxodimo byt‹ so svoej stranoj, kogda ona soveršaet istoričeskij povorot I vybor. Otvečaet Mixail Piotrovskij«, *Rossijskaja gaseta*, 22. Juni 2022, https://rg.ru/2022/06/22/kartina-mira.html.

4 Olga Medvedkova, »Ilya Répine: pour en finir avec l›âme russe‹«, *Desk Russie*, 10. Juni 2022.

5 Valentina Di Liscia, »Sanctioned Russian Oligarchs Ousted From Tate Museums«, *Hyperallergic*, 14. März 2022.

6 https://www.festival-cannes.com/fr/infos-communiques/communique/articles/declaration-du-festival-de-cannes-sur-la-situation-en-ukraine.

7 https://quandlesrussesnousetonnent.quandlesrusses.com/les-partenaires-du-festival.html.

8 Blavatnik wurde im ukrainischen Odessa geboren, das damals noch zur Sowjetunion gehörte, er wäre also vermutlich kein Russe. Anm. d. Übers.

9 »Lawyers for Mr Blavatnik contacted us after publication, in May 2016, stating that Mr Blavatnik is not an associate of Vladimir Putin, with whom he has had no personal contact since 2000.« Redaktionelle Erklärung am Fuß des Onlineartikels »Oxford University must stop selling its reputation to Vladimir Putin's associates«, *theguardian.com*, 3. November 2015.

10 Kim Masters, »Music's Mystery Mogul: Len Blavatnik, Trump and their Russian Friends«, *hollywoodreporter.com*, 10. Oktober 2018.

11 »Oxford University must stop selling its reputation to Vladimir Putin's associates«, *theguardiancom*, 3. November 2015.

12 Casey Michel, »How Russia's Oligarchs Laundered Their Reputations in the West«, *Intelligencer*, 1. April 2022.

13 V. Di Liscia, a. a. O.

14 C. Belton, a. a. O., S. 29.

15 Ebda.

16 Ebda.

17 Ebda.

18 Robin d'Angelo, Antoine Malo, »Quand les Russes choyaient Éric Zemmour«, *JDD*, 5. März 2022.

19 »DSK: nouvelle fonction en Russie«, *Le Figaro*, 19. Juli 2013.

20 »›Pandora Papers‹: révélations sur les bonnes affaires fiscales de Dominique Strauss-Kahn au Maroc et aux Émirats arabes unis«, *Franceinfo*, 4. Oktober 2021.

21 Mark Ames, Ari Berman, »McCain's Kremlin Ties«, *The Nation*, 1. Oktober 2008.

22 https://www.kp.ru/daily/26325/3206463/.

23 »Federal'nyj zakon Rossijskoj Federacii ot 23 ijulja 2010 g. N 179-F3«, *Rossijskaja gaseta*, 27. Juli 2010, https://rg.ru/

24 https://dossier.center/rossotr/.

25 Andrei Soldatov, Irina Borogan, *The Compatriots. The Brutal and Chaotic History of Russia's Exiles, Emigres, and Agents Abroad*, New York, PublicAffairs 2019, e-book.

Kapitel 17

1 https://www.tert.am/en/news/2011/01/26/saakashvilikrokodile/235569.
2 *Forbes*, 1. Oktober 1999.
3 https://www.forbes.ru/biznes/100-let-forbes351387-dogovor-s-dyavolom-chto-svyazyvalo-borisa-berezovskogo-i-liderov.
4 https://www.mk.ru/editions/daily/article/2006/06/22/180995-tayna-atolla-chast-iii.html.
5 https://www.mk.ru/editions/daily/article/2006/06/22/180995-tayna-atolla-chast-iii.html.
6 https://cnnn.ru/06/02/2020/23385/gennadij-shpigun-kto-na-samom-dele-stoyal-z.a-poxishheniem-generala.html.
7 George Soros ist ein aus Ungarn stammender US-amerikanischer Milliardär, der einen großen Teil seines Vermögens in die von ihm gegründete Stiftung *Open Society* (Stiftungsvermögen 32 Milliarden Dollar) investiert hat, um so an der Liberalisierung und Demokratisierung des postkommunistischen Osteuropas und Russlands mitzuwirken. Damit hat er sich den Hass der autoritären Regime wie Ungarn und Russland ebenso zugezogen wie den der europäischen Rechtsextremisten.
8 https://www.mk.ru/editions/daily/article/2006/06/22/180995-tayna-atolla-chast-iii.html.
9 https://biography.wikireading.ru/63696.
10 https://biography.wikireading.ru/63696.
11 Interview mit dem Sender Rossia 1, 5. Oktober 2016.
12 NTV, 26. Dezember 1999.
13 https://politkovskaya.novayagazeta.ru/pub/1999/1999-29.shtml.
14 https://fr.wikipedia.org/wiki/Seconde_guerre_de_Tch%C3%A9tch%C3%A9nie.
15 https://www.lefigaro.fr/international/les-coulisses-de-la-diplomatie-du-telephone-entre-macron-et-poutine-20220701.
16 https://ria.ru/20220403/ukraina-1781469605.html. Allerdings wurde der fragliche Text schnell von der Website von RIA Novosti entfernt, weil er in den westlichen Medien zu einem Aufschrei führte. Das von Sergejzew formulierte Programm wird jedoch Schritt für Schritt umgesetzt.
17 Zum Asow-Bataillon und seiner von der russischen Propaganda behaupteten Nähe zur Naziideologie vgl. den erhellenden Artikel von Anton Shekhovtsov: »Das Asow-Bataillon und das moralische Zaudern des Westens«, Desk Russie (desk-russie.eu).
18 Anhänger von Stepan Bandera, der von 1930 bis zu seiner Ermordung 1959 durch den KGB die Union Ukrainischer Nationalisten anführte, die für die Unabhängigkeit der Ukraine kämpfte. Bandera ist höchst umstrit-

ten. Die russische Propaganda sieht in ihm einen Nazi, obwohl seine Kollaboration mit dem Naziregime nur kurz dauerte (er hoffte 1939, dass Hitler eine unabhängige Ukraine akzeptieren würde); für die Ukrainer ist er ein Nationalheld, als Ideologe des antikolonialen Kampfes und als einer der Chefs der ukrainischen Partisanen, die bis 1956 gegen die Besetzung der Westukraine durch die Sowjets kämpften. Heute bezeichnet die russische Propaganda das ukrainische Militär missbräuchlich als »Banderisten«.

19 Vgl. Stéphane Courtois (Hg.), *»Du passé faisons table rase!« Histoire et mémoire du communisme en Europe*, Paris, Robert Laffont 2000, besonders die Kapitel über Estland, Bulgarien, Rumänien und die DDR.

20 https://www.kasparov.ru/material.php?id=62C877A247487. Anfang August haben sich die Zahlen fast verdoppelt: Mehr als drei Millionen Menschen, darunter 486000 Kinder.С начала спецоперации в Россию из Донбасса и Украины эвакуировали более 3 млн человек | Телеканал »Санкт-Петербург« (topspb.tv)

21 https://www.kasparov.ru/material.php?id=62C877A247487.

22 UKRAINE WATCH BRIEFING #4, 1 2 . – 2 6 . 0 6 . 2 0 2 2.

23 Ukrajinska Prawda, 30. Juni 2022.

24 https://www.washingtonpost.com/world/2022/07/13/ukraine-russia-forced-deportation-antony-blinken/.

25 https://www.washingtonpost.com/world/2022/07/18/russia-teachers.

26 https://tsn.ua/ru/ato/okkupanty-uzhe-brosayut-mobilizovannyh-muzhchin-iz-okkupirovannoy-luganschiny-dlya-nastupleniya-na-bahmut-gayday-2112967.html.

27 https://www.newsru.com/background/21feb2006/berezoffsky.html.

28 Voir Françoise Thom, *Comprendre le poutinisme*, Paris, Desclée de Brouwer 2018, S. 121 ff. Der amerikanische Journalist Paul Klebnikov beschrieb Nuchajew in seinem Buch *Gespräche mit einem Barbaren*, veröffentlicht in Moskau 2003, wenige Monate vor seiner Ermordung.

29 https://www.rbc.ru/politics/24/01/2022/61eeb86c9a7947253a982a9b. https://anastasiatruth.livejournal.com/622171.html.

30 https://www.ndtv.com/world-news/vladimir-putin-ally-says-chechen-spies-infiltrate-isis-1275246.

31 Seinen Schergen werden die Morde an Anna Politkowskaja, Natalia Estemirowa und Boris Nemzow angelastet, um nur die bekanntesten Opfer zu nennen.

32 https://www.lefigaro.fr/international/c-est-une-recolonisation-comment-la-russie-annexe-l-ukraine-20220701.

33 *Ukrajinska Prawda*, 30. Juni 2022.

34 UKRAINE WATCH BRIEFING #4, 1 2 . – 2 6 . 0 6 . 2 0 2 2.

35 https://tsn.ua/ru/ato/nedovolstvo-rastet-putin-brosaet-na-voynu-v-ukraine-nacmenshinstva-vmesto-mobilizacii-etnicheskih-rossiyan-2113825.html.

36 lemonde.fr/international/article/2022/06/24/la-resilience-de-l-armee-

russe-cle-de-la-guerre-en-ukraine_6131867_3210.
html#:~:text=Côté%20équipements%20militaires%2C%20 l'Ukraine, dire%20qu'ils%20sont%20surévalués.

37 https://www.lindependant.fr/2022/07/19/guerre-en-ukraine-une-guerre-sainte-contre-les-valeurs-sataniques-de-leurope-et-des-lgbt-le-discours-hallucinant-du-bras-droit-de-ramzan-kadyrov-10444012.php.

Kapitel 18 Literatur

Ulrich Schmid, *Technologien der Macht. Vom Verfertigen der Wahrheit in der russischen Gegenwartskultur*, Berlin, Suhrkamp 2015.

Peter Pomerantsev, *Nothing Is True and Everything Is Possible. The Surreal Heart of the New Russia*, New York, Public Affairs 2014.

Richard Wortman, *Scenarios of Power. Myth and Ceremony in Russian Monarchy. From Peter the Great to the Abdication of Nicholas II*, Princeton, Princeton University Press 2006.

Riccardo Nicolosi, »Paranoia, Ressentiment und Re-Enactment. Der russische politische Diskurs über den Ukraine-Krieg«, in: *Merkur*, Heft 881, Oktober 2022, 76. Jahrgang, S. 19–31.

Birgit Menzel, »Glamour Style: The Putin Era«, in: *Russian Analytical Digest* No. 126, 10. April 2013, S. 6–10.

Rosalinde Sartorti, »Politiker in der russischen Ikonographie: Die mediale Inszenierung Vladimir Putins«, in: *Kultur in der Geschichte Russlands*, hrsg. v. Bianka Pietrow-Ennker, Tübingen, Vandenhoeck & Ruprecht, 2007, S. 333 – 348.

Kapitel 19

1 Agathe Duparc, »Andreï Babitski, correspondant de Radio Svoboda, a été marchandé contre trois soldats russes«, *Le Monde*, 5. Februar 2000.

2 Marie Jégo, »L'affaire Babitski illustre la nature du nouveau pouvoir en Russie«, *Le Monde*, 11. Februar 2000.

3 Masha Gessen, *The Man Without a Face. The Unlikely Rise of Vladimir Putin*, London, Granta 2012–2014, e-book, S. 33, 314.

4 François Bonnet, »Le naufrage des médias russes«, *Le Monde*, 25. April 2001.

5 M. Gessen, a. a. O., S. 35 – 36, 314.

6 Michail Sygar, »*Vsja Kremlevskaja rat*«. *Kratkaja istorija sovremennoj Rossii*, Moskau, OOO Intellektual'naja literatura, 2016, S. 43.

7 https://www.youtube.com/watch?v=uourVV8tBSU.

8 Viktor Senderovic, »*Zdes‹ bylo NTV*« *i drugie istorii*, Moskau, Zaxarov 2004, S. 44.

9 *L'Humanité*, 15. Juni 2000.

10 F. Bonnet, a. a. O.

11 *Le Monde*, 17. April 2007, S. 6.

12 Michail Gorbatschow, O. Gornakova, A. Goransky (Hg.), *Manipuljativnye texnologii v izbiratel'nyx kampanijax Rossii 1*, Moskau, Krasnye Vorota 2003, S. 10, 371.

13 https://www.yabloko.ru/Publ/2004/2004_09/040930_kp_surkov.html.
14 *Libération*, 4. Juli 2006.
15 *Libération*, 27. April 2007
16 M. Sygar, a. a. O., S. 103.
17 *Libération*, 16. April 2007, S. 9.
18 *Libération*, 1. Oktober 2007.
19 Michael Idov, *Dressed up for a Riot*, New York, Farrar, Straus and Giroux 2018, S. 46, 278.
20 Masha Gessen, *The Future Is History. How Totalitarism Reclaimed Russia*, New York, Riverhead Books 2017, e-book, S. 345, 515. Deutsch: *Die Zukunft ist Geschichte. Wie Russland die Freiheit gewann und verlor.* Aus dem Engl. übersetzt von A. Bühling, Berlin, Suhrkamp 2018.
21 M. Idov, a. a. O., S. 113, 278.

Kapitel 20

1 Annie Kriegel, *Le système communiste mondial*, Paris, PUF 1984.
2 Vgl. Bernard Bruneteau, *Le bonheur totalitaire. La Russie stalinienne et l'Allemagne hitlérienne en miroir*, Paris, Éditions du Cerf, 2022 sowie Bernard Bruneteau, François Hourmant (Hg.), *Le vestiaire des totalitarismes*, Paris, CNRS éditions, 2022.
3 Masha Cerovic, *Les enfants de Staline. La guerre des partisans soviétiques, 1941–1945*, Paris, Seuil, 2018.
4 Vgl. Stéphane Courtois, »Le génocide de classe«, *Les Cahiers de la Shoah*, Nr. 6, 2002, S. 89 – 122.
5 Stéphane Courtois (Hg.), *Sortir du communisme, changer d'époque*, Paris, Fondapol/Presses universitaires de France 2011.
6 Vgl. Nikita Petrow, »Bourreaux de l'époque de la terreur stalinienne«, in Stéphane Courtois (Hg.), *1917. La révolution bolchevique*, Paris, Vendémiaire, »Communisme«, 2017, S. 69 – 88.
7 Nicolas Werth, *Histoire de l'URSS*, Paris, Presse universitaires de France 1990.
8 Zitiert in Nicolas Werth, *Poutine historien en chef*, Paris, Gallimard, »Tract«, 2022, S. 29.
9 Ebda., S. 24.
10 Vgl. hierzu beispielsweise das große internationale Kolloquium vom 4. und 5. April 2012, das von dieser Stiftung unter Beteiligung mehrerer russischer Historiker organisiert wurde; die Tagungsakten wurden herausgegeben von Marie-Pierre Rey und Thierry Lentz: *1812, La campagne de Russie*, Paris, Perrin 2012.
11 N. Werth, *Poutine historien en chef*, a. a. O., S. 5.
12 *Précis d'histoire du PC(b)US*, Paris, Éditions Gît-le-cœur [1969].
13 Zu den ideologischen Einflüssen auf Putin vgl. Michel Eltchaninoff, *Dans la tête de Vladimir Poutine*, Paris, Solin/Actes Sud 2015. Deutsche Ausgabe: *In Putins Kopf. Logik und Willkür eines Autokraten*, Stuttgart, Tropen 2022 (übersetzt von Till Bardoux).

14 Für eine detaillierte und länderübergreifende Behandlung dieser Thematik vgl. Stéphane Courtois, Galia Ackerman (Hg.), *La Seconde Guerre mondiale dans le discours politique russe. À la lumière du conflit russo-ukrainien*, Paris, L'Harmattan 2016.

15 Wladimir Putin, »Les leçons de la victoire sur le nazisme«, *Le Figaro*, 7. Mai 2005. Vgl. die Entgegnung von Stéphane Courtois und Jean-Louis Panné, »Les leçons d'histoire du ›professeur‹ Poutine«, *Le Figaro*, 30. Mai 2005.

16 Galia Ackerman, *Le Régiment Immortel. La guerre sacrée de Poutine*, Paris, Premier parallèle 2019, S. 132.

17 Ebda., S. 134 f.

18 *Nazi-Soviet Relations, 1939–1941. Documents from the archives of the German Foreign Office*, Washington, Department of State, 1948.

19 Vgl. beispielsweise den Historiker Arsen Martirosyan, *Mythen des Molotow-Ribbentrop-Paktes* (auf Russisch), 3 Bände, Moskau, Veče 2009; zitiert in G. Ackerman, a. a. O., S. 141.

20 Jean Bouvier, Jean Gacon, *La vérité sur 1939 : la politique extérieure de l'URSS d'octobre 1938 à juin 1941*, Paris, Éditions sociales 1953. Zu dieser Schlacht um das historische Gedächtnis innerhalb des PCF vgl. S. Courtois, »Le PCF historien du PCF dans la Deuxième Guerre mondiale«, *Communisme*, Nr. 4, 1983, S. 5–26.

21 Georgi Dimitrov, *Journal 1933 – 1949*, Paris, Belin 2005. Dieses Zeugnis von grundlegender Bedeutung ermöglicht es, die Entwicklung von Stalins Denkweise fast Tag für Tag zu verfolgen.

22 Zitiert in Stéphane Courtois, *1939, l'alliance soviéto-nazie: aux origines de la fracture européenne*, Paris, Fondation pour l'innovation politique 2019, S. 26 f.; was hier kursiv gedruckt ist, entspricht unterstrichenen Passagen im Original.

23 Sylvie Kauffmann, »À l'Est, l'histoire revue et corrigée«, *Le Monde*, 5. September 2019.

24 Zitiert in G. Ackerman, a. a. O., S. 176.

25 Stéphane Courtois, »Du passé faisons table rase!«, in S. Courtois (Hg.), *Histoire et mémoire …*, a. a. O.; und für eine aktuellere Bilanz S. Courtois, »La mémoire du communisme, un enjeu européen«, in S. Courtois (Hg.), *La guerre des mémoires*, Paris, Vendémiaire, »Communisme 2015«, 2015, S. 5 – 44. Für eine umfassendere Analyse der russischen, sowjetischen und postsowjetischen Geschichte vgl. Korine Amacher, Éric Aunoble, Andrii Portnov (Hg.), *Histoire partagée, mémoires divisées. Ukraine, Russie, Pologne*, Paris, Antipodes 2021.

26 Vgl. hierzu das grundlegende Werk des amerikanischen Historikers Timothy Snyder, *Terres de sang. L'Europe entre Hitler et Staline*, Paris, Gallimard 2022 (erweiterte Ausgabe).

27 Stéphane Courtois, »L'honneur perdu de la gauche européenne«, *2050*, Nr. 1, 2006, S. 110 – 116.

28 Vgl. das bemerkenswerte Werk von Bernard Bruneteau, *Le totalitarisme. Origines d'un concept, genèse d'un débat, 1930–1942*, Paris, Cerf 2010.
29 G. Purves (Hg.), *Pour ne pas oublier. Mémoire du totalitarisme en Europe. Récits biographiques à l'usage des lycéens d'Europe*, Prag, Institut für das Studium totalitärer Regime, 2013 (Buch mit DVD).
30 *La mémoire à venir. Enquête internationale réalisée auprès des jeunes de 16 à 29 ans dans 31 pays*, Paris, Fondation pour l'innovation politique/Fondation pour la mémoire de la Shoah, 2014.
31 Alexander Solschenizyn, *Révolution et mensonge*, Paris, Fayard 2018.

Kapitel 21

1 Arnaud Lefèbvre, »Les Russes ridiculement riches: ›35% de la richesse du pays entre les mains de … 110 personnes‹«, *Business AM*, 9. Oktober 2013.
2 Isabelle Mandraud, »La Russie, palme d'or des inégalités extrêmes«, *Le Monde*, 14. Januar 2017.
3 Paul Klebnikov, *Parrain du Kremlin. Boris Berezovski et le pillage de la Russie*, Paris, Robert Laffont 2001, S. 71.
4 Karen Dawisha, *Putin's Kleptocracy. Who Owns Russia?*, New York, Simon & Schuster Paperbacks 2014, S. 32.
5 Ebda., S. 16.
6 Olga Krychtanowskaja, *Anatomija rossijskoj èlity*, Moskau, Zaxarov 2004, S. 294–307.
7 C. Belton, a. a. O., S. 69.
8 Vgl. Pierre Lorrain, *La Mystérieuse Ascension de Vladimir Poutine*, Monaco, Éditions du Rocher 2000–2004, S. 313.
9 O. Krychtanowskaja, a. a. O., S. 314–318.
10 C. Belton, a. a. O., S. 69.
11 P. Klebnikov, a. a. O., S. 157.
12 K. Dawisha, a. a. O., S. 31.
13 P. Klebnikov, a. a. O., S. 198–200.
14 Boris Eltsine, *Mémoires*, Paris, Flammarion 2000, S. 160 f; außerdem Alexandre Korjakov, *Boris El'cin : ot rassveta do zakata*, Moskau, Izdatel'stvo Interbuk 1997, S. 284.
15 Vgl. den Film von Madeleine Leroyer, *Krimi im Kreml. Die Wiederwahl des Boris Jelzin* (Arte, 2021).
16 Vgl. Bill Browder, *Red Notice. Wie ich Putins Staatsfeind Nr. 1 wurde*. Aus dem Engl. übersetzt v. H. Freundl und S. Schmid, München, dtv 2016.
17 M. Zygar, a. a. O., S. 72.
18 Giacomo Tognini und John Hyatt, »The Forbes Ultimate Guide To Russian Oligarchs«, *Forbes*, 7. April 2022, https://www.forbes.com/sites/giacomotognini/2022/04/07/the-forbes-ultimate-guide-to-russian-oligarchs/?sh=25d282e6276d.
19 C. Belton, a. a. O., S. 94.
20 M. Zygar, a. a. O., S. 14.

21 C. Belton, a. a. O., S. 176.
22 Interview mit dem *Figaro* im Oktober 2000, zitiert in P. Klebnikov, a. a. O., S. 18.
23 A. Korjakow, a. a. O., S. 295 f.
24 M. Zygar, a. a. O., S. 75.
25 Petr Orexin, »Razgrom«, *Nesawissimaja Gaseta*, 21. Juli 2004.
26 C. Belton, a. a. O., S. 297 und 489.
27 Alexeï Šepovalov, »Arkadij Vol'skij pones social'nuju otvetstvennost‹«, *Kommersant*, 6. August 2004.
28 Mikhaïl Fishman, »Xozjain u nas odin«, *Newsweek*, 2. August 2004.
29 C. Belton, a. a. O., S. 12 und 489.
30 »Валентин Юмашев купил дом на острове пиратов«, rbc.ru, https://www.rbc.ru/politics/07/04/2021/606d8ff99a7947a928e8a162.
31 *Financial Times*, 19. Juni 2006, S. 13.
32 K. Dawisha, a. a. O., S. 101.
33 Die geschätzten Vermögenswerte der Oligarchen stammen für 2021 aus der *Forbes*-Liste der 200 reichsten Geschäftsmänner Russlands, auch wenn nicht alle Namen auf der Liste als Oligarchen angesehen werden: »200 богатейших бизнесменов России – 2021«, forbes.ru, https://www.forbes.ru/rating/426935-200-bogateyshih-biznesmenov-rossii-2021-reyting-forbes. Die Zahlen für April 2022 und die damit verbundenen prozentualen Rückgänge stammen aus *Challenges*, das die *Forbes*-Zahlen aufgegriffen hat: *Challenges*, 5. Mai 2022, S. 50 f. Der Rückgang liefert einen ersten Hinweis auf die Wirksamkeit der Sanktionen gegen Russland.
34 C. Belton, a. a. O., S. 90 f., 99, 139, 311, 321–323 und 489.
35 »Шеф РЖД Якунин на волне скандала с ›увольнением‹ не сдержался и впервые ответил на слова о ›супердаче‹«, newsru.com, http://realty.newsru.com/article/21jun2013/yakunin_akul; »Это гибкое слово ›свобода‹«, kommersant.ru, http://www.kommersant.ru/doc/2216244.
36 »Якунин: ›Я не принадлежу к политической элите. Я считаю себя частью гражданского общества‹«, tvrain.ru, https://tvrain.ru/articles/albion-396148/; »Как пилят в РЖД«, navalny.livejournal.com, http://navalny.livejournal.com/823244.html.
37 »10 выдвиженцев КГБ«, kommersant.ru, http://www.kommersant.ru/doc/1802255.
38 K. Dawisha, a. a. O., S. 101.
39 Sébastian Seibt, »Arkadi Rotenberg, loyal oligarque et heureux propriétaire du ›palais de Poutine‹«, *France 24*, 2. Juni 2021.
40 P. Klebnikov, a. a. O., S. 222–241.
41 Alexej Poluxin, »Spekuljant gosudarev«, *Nowaja Gaseta*, 2. August 2007.
42 Catherine Belton, »›I don't need to defend myself‹ An old dispute returns to haunt Rusal's Deripaska«, *Financial Times*, 13. Juli 2007, https://docslib.org/doc/5479941/russian-oligarch-oleg-deripaska.
43 M. Gessen, a. a. O., S. 483 f. und 515.

44 Khadija Sharife, Alina Tsogoeva und Kira Zalan, »Despite Denials, Abramovich Companies Have Supplied Materials for Russian Military«, Organized Crime and Corruption Reporting Project (OCCRP), 20. Juli 2022, https://www.occrp.org/en/37-ccblog/ccblog/16587-despite-denials-abramovich-companies-have-supplied-materials-for-russian-military.

45 Vgl. B. Browder, a. a. O.

46 Vgl. »Putin and the Proxies«, Organized Crime and Corruption Reporting Project (OCCRP), 24. Oktober 2017, https://www.occrp.org/en/putinandtheproxies/.

47 Grégoire Sauvage, »En Russie, révélations sur la fortune cachée de Vladimir Poutine«, *France 24*, 22. Juni 2022.

48 Andrew Rettman, »Russian Oligarchs Spam EU Court with Sanctions Cases«, *euobserver*, 2. Juni 2022, https://euobserver.com/world/155119.

Kapitel 22

1 »La loyauté de l'Église russe vis-à-vis du pouvoir soviétique. Réflexions autour de la déclaration du métropolite Serge« (Persée, persee.fr).

2 РПЦ КГБ обговорювали? (pravda.com.ua); »Why Do the Russians Trust the Church Set Up By the KGB?« (newsweek.com).

3 Christopher Andrew, Wassili Mitrochin, *Le KGB contre l'Ouest, 1917–1991. Les Archives Mitrokhine*, Paris, Fayard 2000.

4 Ebda.

5 Dimitri Pospielowski, *Ruskaia pravoslavnaia Tserkov v XX veke*, Moskva Respuublika, 1995.

6 Antoine Arjakowski, *Anatomie de l'âme russe*, Paris, Salvator 2018.

7 Дорога памяти 2020 официальный сайт (doroga-pamyati.org).

8 »L'Église russe veut créer un ›Vatican orthodoxe‹« (la-croix.com).

9 https://publicorthodoxy.org/wp-content/uploads/2022/03/LOrthodoxie-la-Russie-et-lUkraine-De%CC%81 claration-sur-le-Monde-russe-13-mars-2022-Rev2.pdf.

10 Щипков А. В. *Дискурс ортодоксии. Описание идейного пространства современного русского православия,* М., Издательство Московской Патриархии Русской Православной Церкви, 2021.

11 Antoine Arjakowski, *Russie-Ukraine. De la guerre à la paix?*, Paris, Parole et Silence 2014.

12 Laut Wikipedia behauptete der russische Oligarch Ende 2014, dass Marshall Capital unter die Leitung des französischen Fonds CFG Capital gewechselt sei, eines europäischen Privatinvestors, der sich auf Investitionsprojekte in Russland und den GUS-Staaten konzentriert. Diese nicht existente Partnerschaft wurde von Konstantin Malofejew erfunden, um den EU-Sanktionen infolge des Ukrainekriegs zu entgehen, was ihm jedoch nicht gelang.

13 Im Juni 2010 wurde die Gesellschaft St. Basilius der Große in die Wohltätigkeitsstiftung St. Basilius der Große umbenannt. Zu ihren Zielsetzun-

gen gehört es, die Gesundheit von Kindern zu verbessern, Bildung und Ausbildung zu fördern sowie die Entwicklung und das Wachstum der russisch-orthodoxen Kirche zu stärken und finanziell zu unterstützen.

14 Нейтрализация и ее пределы. Политическая система современной России | Аналитический центр Катехон. Русский Имперский Ренессанс (katehon.com).

15 СБУ уточнила список росіян, причетних до бойні в Одесі | Українська правда (pravda.com.ua).

16 Die ukrainische Hackergruppe »Cyber Alliance« hat die E-Mail-Korrespondenz Surkows, die den Zeitraum von September 2013 bis November 2014 und knapp 1 GB umfasst, an das Inform Napalm Projekt übergeben.

17 Zitiert in Alya Shandra und Robert Seely, *The Surkov Leaks. The Inner Workings of Russia's Hybrid War in Ukraine*, RUSI Occasional Paper, Juli 2019, Royal United Services Institute for Defence and Security Studies, S. 94.

18 Добровольцы Российской Империи: Главные итоги съезда СДД | Аналитический центр Катехон. Русский Имперский Ренессанс (katehon.com).

19 Читать книгу Империя. Настоящее и будущее. Книга 3 Константина Малофеева : онлайн чтение – страница 3 (iknigi.net).

20 Стрелок-Гиркин признал, что авиалайнер сбили его подчиненные (profi-forex.org).

21 https://starove.ru/izbran/russkaya-vesna-intervyu-igorya-strelkova-o-vere-i-ubezhdeniyah/.

22 Tetjana Derkatch, *Russian Church in Hybrid War Against Ukraine*, Kiew, Cerkvarium 2019.

23 https://myrotvorets.center/criminal/dublyazhenko-aleksandr-nikolaevich/ Einige dieser Geistlichen unterhalten Beziehungen zu Vertretern kremlfreundlicher Kosakenorganisationen wie Radomir in Saporischschja, die sich an den Feindseligkeiten im Donbass aufseiten der »Separatisten«, beteiligen, welche die Ukrainer, ohne zu zögern, als »Terroristen« bezeichnen würden. Radomir hat zudem die Paraden des »Unsterblichen Regiments« anlässlich der Siegesfeierlichkeiten am 9. Mai in der Ukraine unterstützt.

24 Christopher Andrew und Wassili Mitrochin, Le KGB à l'assaut du tiers-monde: agression – corruption – subversion. 1945 – 1991, Paris, Fayard 2008, S. 881.

25 »Kirill suivra Poutine dans sa chute« (aleteia.org).

26 i9782800414904_000_f.pdf (ulb.ac.be).

27 Antoine Arjakowsky, »Le règne controversé de l'orthodoxie russe«, in: *Le Livre noir de la condition des chrétiens dans le monde*, Paris, XO éditions 2014.

28 Tobias Köllner, »Patriotism, orthodox religion and education: empirical

findings from contemporary Russia«, *Religion State Society*, Nr. 4 (2016), S. 366–386.

29 Роковая симфония (ruskline.ru).

30 »Russia 2020 International Religious Freedom Report« (state.gov).

31 Julia Latynina, »Если мы не Запад, то кто мы?«, in *Novaya Gazeta*, 9. September 2014 (www.novayagazeta.ru/arts/65180.html).

32 https://magazin.spiegel.de/EpubDelivery/spiegel/pdf/128743771.

33 »Le grand rabbin de Moscou reconnaît être parti à cause de la guerre en Ukraine«, The Times of Israël (timesofisrael.com).

34 Стаття Володимира Путіна «Про історичну єдність росіян та українців» • Президент России (kremlin.ru).

35 »Les réactions ukrainiennes à la réécriture de l'histoire par Vladimir Poutine« (theconversation.com).

36 Perrin u. a., »Tempus«, Paris 2015.

37 Antoine Arjakowski, »L'État-nation ukrainien et l'Europe, mémoires et histoire«, Académie des sciences morales et politiques (academiescience smoralesetpolitiques.fr).

38 Das Zitat aus dem Johannesevangelium 15,13 lautet richtig: »Es gibt keine größere Liebe, als wenn einer sein Leben für seine Freunde hingibt.«

39 »Discours de Vladimir Poutine le 18 mars 2022 au stade Loujniki de Moscou à l'occasion du huitième anniversaire du rattachement de la Crimée à la Fédération de Russie«, Spiritualité, Ésotérisme et Réinformation (soleilverseau.com).

40 Георгий Митрофанов:«Никаких оптимистичных перспектив для нас я не только не вижу, но и не предчувствую« (newprospect.ru).

41 Françoise Daucé, »Poutine, une conversion peu orthodoxe«, in: *Ces croyants qui nous gouvernent*, Paris, Payot 2006, S. 149–166.

42 »Guerre en Ukraine : ›Nous n'avions pas le choix. C'était la bonne décision‹, assure Vladimir Poutine«, L'Opinion (lopinion.fr).

43 Путин исключил нанесение Россией опережающего ядерного удара – Газета.Ru (gazeta.ru).

Kapitel 23

1 Что сделал Фонд Сороса в России Как «нежелательная организац ия» спасала российскую науку, образование и культуру – Meduza.

2 Vgl. »Идущие« против Сорокина | Намедни-2002 (namednibook.ru).

3 Движение »Идущие вместе« проводит обмен »вредных для России« книг (svoboda.org).

4 Ein Überblick über die Reaktionen findet sich in Разгром выставки в музее Сахарова / Январь / 2003 / Выставка в Музее им. А.Сахарова / Отношения с учреждениями культуры / Образование и культура / Новости / Религия в светском обществе / СОВА (sova-center.ru).

5 Moskau, Logos, 2006. Deutsch: *Mit dem Recht des Stärkeren*. A. d. Russ. übersetzt von G. Leupold. Berlin, Suhrkamp, 2006.

6 Михаил Рыклин (krotov.info).

7 Ерофеев, Андрей Владимирович – Википедия (wikipedia.org).

8 Vgl. Прокуратура картин не видела, но тоже против : Новая газета : 15.05.2008. : Уголовное дело о выставке »Запретное искусство – 2006« >> Отзывы. Российские СМИ >> : Музей и общественный центр им. А.Сахарова (sakharov-center.ru) ; Грани.Ру: Суд приговорил Ерофеева и Самодурова к штрафу | Культура / Арт (graniru.org).

9 Text des »Gebets«: Текст песни Pussy Riot – Богородица, Путина прогони перевод, слова песни, видео, клип (songspro.pro). Auf Deutsch u. a. https://www.tagesspiegel.de/politik/das-punk-gebet-von-pussy-riot-6681574.html.

10 Би-би-си: Путин одобрил приговор по делу Pussy Riot – KLOOP.KG – Новости Кыргызстана.

11 Hervorhebungen hier und weiter unten von der Autorin.

12 Прокуратура заинтересовалась »современным искусством« ПИДАгога и галериста – Всё, что ты знаешь – ложь . – LiveJournal.

13 Besonders beeindruckend ist das Werk des politischen Künstlers Wassili Slonow aus Krasnojarsk, dessen satirische Bilderserie »Welcome! Sotschi 2014« Gelman 2013 ausstellte. Zu sehen waren etwa der olympische Bär mit dem Gesicht Stalins oder eine Handgranate in Gestalt einer Matrjoschka. Vgl.Красноярский художник создал плакаты с обнаже нными символами Олимпиады (фото) | НГС24 - новости Краснояр ска (ngs24.ru).

14 Marat Gelman – Wikipedia.

15 Марата Гельмана, главного идеолога пермской культурной революции признали иностранным агентом 30 декабря 2021 г | 59.ru – новости Перми.

16 Российский законопроект об ограничении доступа в Интернет – Википедия (turbopages.org).

17 Мизулина, Елена Борисовна – Википедия (wikipedia.org).

18 »Законы Мизулиной сеют нетерпимость« (svoboda.org).

19 Яровая, Ирина Анатольевна – Википедия (wikipedia.org).

20 »Закон Путина и Яровой« – это позднесталинский период после ВОВ, когда была очень жесткая ценз – Олег Валецкий – LiveJournal.

21 Vgl. Что такое «пакет Яровой». Объясняем простыми словами – Секрет фирмы (secretmag.ru); Putin's War on Prayer – WSJ.

22 Путин подписал »закон Яровой« (interfax.ru).

23 »Законы Яровой« ударят по крымским мусульманам – правозащитница (krymr.com).

24 Sergueï Medvedev, *Les Quatre Guerres de Poutine*, Paris, Buchet-Chastel 2020.

25 Гендер для чайников – краткий курс | Colta.ru.

26 Andere Aspekte dieser Geburtenpolitik sind die Verdammung der bis heute legalen Abtreibung durch die orthodoxe Kirche und die Deporta-

tion der ukrainischen Bevölkerung, besonders der Kinder, ins tiefste Russland. Laut den Statistiken von UNHCR wurden Ende Juli 2022 in Russland mehr als 1,7 Millionen Flüchtlinge, unter ihnen 300 000 Kinder, gezählt, die meisten deportiert und nicht aus eigenem Antrieb geflohen. Die von ihren Eltern getrennten Kinder oder Waisen werden umgehend zur Adoption in russische Familien vermittelt. Vgl. Russie: plus de 1,7 million de déportés venant d'Ukraine … | Médias Citoyens Diois (mediascitoyens-diois.info); »Хочешь победить народ – воспитай его детей«. Как запрет на усыновление для »недружественных стран« может сказаться на вывезенных в Россию украинских детях (zona.media).

27 Милонов рассказал, чем пахнут геи // НТВ.Ru (ntv.ru).

28 В России запретили усыновление в страны, где разрешены однополые браки – Картина дня – Коммерсантъ (kommersant.ru).

29 По Пугачевой и Галкину нанесли сокрушительный удар: раскрыта постыдная тайна артистов – KP.RU.

30 »Голубые роились вокруг меня« Зачем в России хотят запретить ЛГБТ и чайлдфри – отвечает один из авторов законопроекта: Общество: Россия: Lenta.ru.

31 Насилие на камеру. Три минуты из 40 Гб видео пыток в тюрьмах от Gulagu.net – Вот Так (vot-tak.tv).

32 Путин о Моше Кацаве: »Десять женщин изнасиловал! Оказался очень мощный мужик! Мы все ему завидуем!« (ura.news).

33 Putin crony Dmitry Kiselyov comes to defense of Weinstein – Daily Mail Online.

34 Путин подписал закон о декриминализации побоев в семье – РБК (rbc.ru).

35 »Шлепки Мизулиной«: к чему приведет декриминализация насилия в семье – РБК (rbc.ru).

36 »Ремень. Лучше плетеный« / Православие.Ru (pravoslavie.ru).

37 Чечен-гейт. 18+ Как следователи доказали, что в Чечне пытали и убивали геев и почему не стали возбуждать уголовное дело (novayagazeta.ru).

38 Кадыров рассказал о превращении в удобрения »бандеровских грызунов« (pravda.ru).

39 Путин внес поправки про бога, русский народ и союз мужчины и женщины – РБК (rbc.ru).

40 Путин назвал умеренный консерватизм самым разумным принципом – РИА Новости, 21.10.2021 (ria.ru).

41 Vgl. das sehr erhellende Buch von Michel Eltchaninoff, *Dans la tête de Vladimir Poutine*, Éditions Solin/Actes Sud, 2015. Ergänzt im März 2022, nach dem Angriff auf die Ukraine. Deutsch: *In Putins Kopf. Die Philosophie eines lupenreinen Demokraten*. Aus dem Franz. übersetzt von T. Bardoux. Stuttgart, Tropen 2016. Aktualisierte Neuausgabe 2022 mit Zusatzkapitel zum Ukrainekrieg.

42 Здоровый консерватизм: зачем Путин похоронил эпоху – РИА

Новости, 22.10.2021 (ria.ru) ; ВЗГЛЯД / Путин сформулировал новую русскую идеологию :: Автор Владимир Можегов (vz.ru).

43 Russischer Text von Berdjajew: Lib.ru/Классика: Бердяев Николай Александрович. Судьба русского консерватизма.

Wohin steuert Russland?

1 Zitiert nach der Übersetzung von Bernd Jürgen Fischer: Marcel Proust, Auf der Suche nach der verlorenen Zeit, Stuttgart, Reclam 2022.

2 Siehe »En Russie, les outrances de Dmitri Medvedev, le faucon de Poutine« (lemonde.fr.).

3 Siehe https://srzapravdu.org/news/partiya-spravedlivaya-rossiya-za-pravdu-provela-pervoe-zasedanie-gruppy-po-rassledovaniyu-antirossijskoj-deyatelnosti-grad-v-sfere-kultury.

4 Siehe https://netnadzor.media/novosti/23-07-2022-etap-na-uboj.

5 Siehe https://www.moscowtimes.news/2022/09/01/dobrovoltsev-dlya-voini-s-ukrainoi-nachali-iskat-sredi-bezdomnih-a23816.

Register

C

D

J

K

L

M

T

U

V